Maie Mörsch
Dogmatik als soziale Praxis

AF799338

Maie Mörsch

Dogmatik als soziale Praxis

Umrisse einer Theorie
rechtlicher Wirklichkeitskonstruktion
am Beispiel der Ungleichheit

VELBRÜCK
WISSENSCHAFT

© Velbrück Wissenschaft in der Velbrück GmbH Verlage, 2025
Meckenheimer Str. 47 · 53919 Weilerswist-Metternich
info@velbrueck.de
www.velbrueck.de

Printed in Germany
ISBN 978-3-95832-419-0

Bibliografische Information der Deutschen Nationalbibliothek
Die Deutsche Nationalbibliothek verzeichnet diese Publikation in der Deutschen Nationalbibliografie; detaillierte bibliografische Daten sind im Internet über http://dnb.d-nb.de abrufbar

Inhalt

Vorwort

Der Arbeit liegt die Beobachtung zugrunde, dass das dogmatische Wissen über Recht in den sozialen Praktiken der Dogmatik hergestellt wird. Die dogmatischen Wissensgenerierungsprozesse sind eingebettet in sozialen Interaktionszusammenhängen. Sie finden stets in ihren jeweiligen sozioökonomischen und soziokulturellen Kontexten statt. Diese Rahmenbedingungen prägen die sozialen Praktiken der Dogmatik und damit auch das dogmatische Wissen über Recht. Sie bleiben demnach dem produzierten Wissen nie äußerlich.

Das Promovieren ist so gesehen auch ein Wissensgenerierungsprozess, der in sozialen Interaktionszusammenhängen stattfindet und geprägt ist durch den Kontext, in dem Forschung stattfindet.

Diese Arbeit ist im Wintersemester 2023/24 von der Fakultät Rechtswissenschaft der Goethe Universität Frankfurt am Main als Dissertation angenommen worden. Die Zugänge meiner Forschung gehen maßgeblich auf das Umfeld zurück, in dem diese Arbeit entstanden ist. Zum Gelingen der Dissertation hat in besonderer Weise die Betreuung von Prof. Dr. Roland Broemel beigetragen, der auch das Erstgutachten für die Arbeit erstellt hat. Von ihm durfte ich lernen, dass Neugier und Interesse am Unbekannten wichtige Triebkräfte wissenschaftlichen Arbeitens sind. Für seine unermüdliche Begleitung und Unterstützung meiner Dissertation bin ich ihm sehr dankbar. Den Mut, Ungleichheit aus rechtstheoretischer Perspektive zu untersuchen, verdanke ich Prof. Dr. Matthias Goldmann. Er hat mich in meinem Vorhaben bestärkt, über Ungleichheit zu promovieren.

Prägend für diese Arbeit war vor allen Dingen das Umfeld an der Yale University, an der ich bei Prof. Dr. Samuel Moyn ein Forschungssemester absolvieren durfte. Der intensive Austausch mit Wissenschaftler:innen verschiedener Rechts- und Wissenschaftskulturen hat mir neue Perspektiven auf meine Arbeit eröffnet und meine methodischen Ansätze wesentlich geschärft. Ohne die finanzielle Unterstützung durch mein Promotionsstipendium der Friedrich Ebert Stiftung wäre dieser Forschungsaufenthalt nicht möglich gewesen. Auch der Klett-Stiftung bin ich für den großzügigen Druckkostenzuschuss zum Dank verpflichtet.

Ein Buch zu schreiben ist ein Prozess, der nicht nur intellektuell, sondern auch persönlich herausfordernd ist. Meiner Familie danke ich im Besonderen für ihr liebevolles Begleiten dieses Weges und den unerschütterlichen Rückhalt, den sie mir in meinem Leben gibt. Ich bin ihnen für ihren Zuspruch zutiefst dankbar.

Der größte Dank gebührt zum Schluss dem einen, der immer da ist und mit dem ich jedes Abenteuer teilen darf: meinem wundervollen

Mann Maximilian. Er war in diesem Schaffensprozess omnipräsent. Er hat mein Promotionsvorhaben aufmerksam begleitet, mir den Rücken gestärkt, wenn ich den Mut verloren habe und sich schützend vor mich gestellt, als ich es am meisten brauchte. Er ist die Quelle meiner Kraft.

Frankfurt am Main, 31.03.2025 Maie Mörsch

Einleitung

A. Facetten der Ungleichheit in unterschiedlichen Gesellschaftsbereichen

Ungleichheit ist ein komplexes Phänomen, das in nahezu allen Lebensbereichen in unterschiedlicher Ausprägung beobachtet werden kann, etwa in Form von ökonomischer, sozialer, kultureller oder politischer Ungleichheit. Sie kann Einzelpersonen und Gemeinschaften auf unterschiedliche Weise betreffen und ihre Ausprägungen wie Auswirkungen fallen auf lokaler, nationaler und globaler Ebene unterschiedlich aus.[1] Auch die Faktoren, die zu Ungleichheit beitragen, variieren und weichen je nach Kontext und Bereich ab. Die ökonomische Ungleichheit umfasst die ungleiche Verteilung von Vermögen, Einkommen und Möglichkeiten innerhalb und zwischen Ländern.[2] Sie wird mit finanzieller Instabilität und Armut in Verbindung gebracht,[3] was mit einer Reihe negativer Folgen einhergehen kann, etwa einem schlechteren Gesundheitszustand, einem niedrigeren Bildungsniveau und einer geringeren soziale Mobilität.[4] Faktoren ökonomischer Ungleichheit werden oftmals auf Veränderungen der Wirtschaft wie z. B. technologischen Wandel oder Verschiebungen im globalen Handelsgefüge zurückgeführt, können aber auch durch politische Maßnahmen wie etwa im Bereich der Fiskal- und Steuerpolitik[5] oder der Arbeits- und Sozialpolitik entstehen.[6] Politische Ungleichheit bezieht sich auf die

1 Anja Weiß, »Globale Ungleichheiten«, in: Hans Joas und Steffen Mau (Hg.), *Lehrbuch der Soziologie*, Frankfurt am Main: Campus 2020, S. 727.

2 Branko Milanovic, *Global inequality. A new approach for the age of globalization*, Cambridge: Harvard University Press 2016; Anthony B. Atkinson, *Inequality*, Cambridge: Harvard University Press 2015; Thomas Piketty, *Das Kapital im 21. Jahrhundert*, München: C.H. Beck 2014.

3 World Bank, *Poverty and shared prosperity. Correcting course*, The World Bank 2022; James Galbraith, *Inequality and instability. A study of the world economy just before the great crisis*, Oxford: Oxford University Press 2012; Piketty, *Das Kapital im 21. Jahrhundert*.

4 Karina Fernandez und Gerlinde Janschitz, »Bildung und soziale Ungleichheit«, in: Cornelia Dlabaja u.a. (Hg.), *Aktuelle Ungleichheitsforschung. Befunde, Theorien, Praxis*, Weinheim: Beltz Juventa 2023, m.w.N.; Kate E. Pickett und Richard G. Wilkinson, »Income inequality and health. A causal review«, in: *Social science & medicine*, 128 (2015); Richard G. Wilkinson und Kate E. Pickett, »Income inequality and social dysfunction«, in: *Annual Review of Sociolgy*, 35 (2009).

5 OECD, *The Role and Design of Net Wealth Taxes in the OECD*, OECD 2018.

6 Carina Altreiter und Roland Atzmüller, »Arbeit und soziale Ungleichheit«, in: Cornelia Dlabaja u.a. (Hg.), *Aktuelle Ungleichheitsforschung. Befunde, Theorien, Praxis*, Weinheim: Beltz Juventa 2023, m.w.N.

ungleiche Verteilung von politischer Macht und Einfluss innerhalb einer Gesellschaft.[7] Forschung zu politischer Ungleichheit möchte zeigen, dass wohlhabendere Einzelpersonen und Gruppen oft einen unverhältnismäßig großen Einfluss auf den politischen Prozess haben, was zu politischen Maßnahmen führe, die die Bedürfnisse und Anliegen weniger wohlhabender Gemeinschaften nicht angemessen berücksichtigen.[8] Aber auch soziale Normen, Werte und Praktiken, die bestimmte Gruppen oder Einzelpersonen diskriminieren, können Ungleichheiten erzeugen und aufrechterhalten. Mit Blick auf soziale Ungleichheit versuchen Studien zu zeigen, dass Randgruppen wie ethnische Minderheiten, Frauen und LGBTQ+-Personen in Bereichen wie Bildung, Beschäftigung und Gesundheit häufig diskriminiert und benachteiligt werden.[9] Diese Formen der Ungleichheit können zu sozialer, politischer und ökonomischer Instabilität beitragen. Besonders akut kann dies in Gesellschaften sein, in denen es seit langem bestehende Ungleichheiten gibt, die nicht angemessen adressiert wurden. Sie untergraben den sozialen Zusammenhalt innerhalb einer Gemeinschaft, was wiederum mit negativen Folgen etwa für die Stabilität einer Demokratie einhergehen kann.[10] Ungleichheiten können neben ökonomischen,

7 Sigrid Roßteutscher und Armin Schäfer, »Asymmetrische Mobilisierung: Wahlkampf und ungleiche Wahlbeteiligung«, in: *Politische Vierteljahresschrift* (2016); Kay Lehman Schlozman u.a., *Unequal and unrepresented. Political inequality and the people's voice in the new Gilded Age,* Princeton: Princeton University Press 2018.

8 Ben W. Ansell und David J. Samuels, *Inequality and Democratization. An Elite-Competition Approach,* Cambridge: Cambridge University Press 2014; Jakob Hartl, »Politische Teilhabe und soziale Ungleichheit«, in: Cornelia Dlabaja u.a. (Hg.), *Aktuelle Ungleichheitsforschung. Befunde, Theorien, Praxis,* Weinheim: Beltz Juventa 2023, m.w.N.

9 Kristina Binner und Fabienne Décieux, »(Sorge-)Arbeit, Geschlecht und soziale Ungleichheit«, in: Cornelia Dlabaja u.a. (Hg.), *Aktuelle Ungleichheitsforschung. Befunde, Theorien, Praxis,* Weinheim: Beltz Juventa 2023; Brigitte Aulenbacher, »Auf neuer Stufe vergesellschaftet: Care und soziale Reproduktion im Gegenwartskapitalismus«, in: Karina Becker u.a. (Hg.), *Gespannte Arbeits- und Geschlechterverhältnisse im Marktkapitalismus,* Wiesbaden: Springer Fachmedien 2020; Brigitte Aulenbacher u.a., »Geschlecht, Ethnie, Klasse im Kapitalismus. Über die Verschränkung sozialer Verhältnisse und hegemonialer Deutungen im gesellschaftlichen Reproduktionsprozess«, in: *Berliner Journal für Soziologie*, 22: 1 (2012).

10 Anaid Flesken und Jakob Hartl, »Ethnicity, inequality, and perceived electoral fairness«, in: *Social Science Research*, 85 (2020); Tamara Ehs und Martina Zandonella, »Different Class Citizens. Understanding the Relationship between Socio-economic Inequality and Voting Abstention«, in: *Politics in Central Europe*, 17: 3 (2021); Daron Acemoglu und James A. Robinson, *Economic origins of dictatorship and democracy,* Cambridge: Cambridge University Press 2006.

politischen und sozialen Faktoren ihre Wurzeln auch in historischen Ungerechtigkeiten wie Kolonialismus, Sklaverei und Rassentrennung haben, die auch heute noch politische und ökonomische Machtdynamiken beeinflussen.[11]

Vor dem Hintergrund, dass Ungleichheit unterschiedliche Facetten aufweist, ihre Wirkungen je nach Bezug und Kontext variieren und auch die Ursachen und Faktoren ihrer Entstehung unterschiedlich ausfallen, überrascht es nicht, dass es auch keinen einheitlichen normativen Bezugspunkt gibt, an dem Ungleichheit gemessen werden könnte.[12] Ungleichheitswahrnehmung und -bewertung wie auch empirische und theoretische Analysen von Ungleichheitsstrukturen und daraus abgeleitete Umgangsüberlegungen liegen teilweise weit auseinander. Es scheint keine Synthesen zwischen den verschiedenen Ungleichheitsperspektiven zu geben. Die Auseinandersetzung, ob Ungleichheit überhaupt ein kritisches Thema sei, bis hin zur Frage, ob ihre Adressierung mit negativen oder zumindest mit nicht kalkulierbaren Auswirkungen auf andere Bereiche einhergehe, spiegeln den eher vorherrschenden Dissens als Konsens wider.[13] Aus wirtschaftlicher Sicht gibt es beispielsweise unterschiedliche Ansichten über die Beziehung zwischen Ungleichheit und Wirtschaftswachstum. Einige argumentieren, dass Ungleichheit für das Wirtschaftswachstum förderlich sein kann, da sie Anreize für Innovation und Investitionen bietet. Andere argumentieren, dass ein hohes Maß an Ungleichheit zu einem geringeren Wirtschaftswachstum führen kann, da die Verbrauchernachfrage sinke und soziale Konflikte zunehmen.[14] Aus sozialer Sicht kann Ungleichheit negative Auswirkungen auf den gesellschaftlichen Zusammenhalt und das Wohlbefinden haben. Ein hohes Maß an Ungleichheit kann zu erhöhter Kriminalität, geringerem Vertrauen in Institutionen und schlechteren Gesundheitsergebnissen führen. Andererseits gibt es Argumente dafür, dass Ungleichheit nicht per se schädlich ist und dass sie das Ergebnis individueller Entscheidungen und Verdienste sei, demnach in dem individuellen

11 Karin Fischer und Margarete Grandner (Hg.), *Globale Ungleichheit. Über Zusammenhänge von Kolonialismus, Arbeitsverhältnissen und Naturverbrauch,* Wien: Mandelbaum 2019; Daron Acemoglu und James A. Robinson, *Why nations fail. The origins of power, prosperity, and poverty,* New York: Crown Publishing 2012.

12 Martin Diewald und Thomas Faist, »Von Heterogenitäten zu Ungleichheiten. Soziale Mechanismen als Erklärungsansatz der Genese sozialer Ungleichheiten«, in: *Berliner Journal für Soziologie*, 21: 1 (2011), S. 92 f.; Weiß, *Globale Ungleichheiten*, S. 727.

13 Diewald und Faist, *Von Heterogenitäten zu Ungleichheiten*, S. 93.

14 Für eine Übersicht Clemens Fuest u.a., »Ungleichheit und Wirtschaftswachstum:. Warum OECD und IWF falsch liegen«, in: *ifo Schnelldienst*, 71: 10 (2018), m.w.N.

Verantwortungsbereich einer Person läge.[15] Auch aus politischer Sicht gibt es unterschiedliche Ansichten über die Rolle von Politik und des Staates bei der Adressierung von Ungleichheit. Einige sind der Meinung, dass Interventionen notwendig sind, um soziale Gerechtigkeit zu fördern, während andere argumentieren, dass staatliche Eingriffe die Ungleichheit verschärfen könnten, indem sie etwa negative Anreize wie etwa für Arbeit und Investitionen schaffen.[16]

Ungleichheit ist ein vielschichtiges Phänomen, nicht nur in ihren Ausformungen in den unterschiedlichen Gesellschaftsbereichen, sondern auch hinsichtlich ihrer Ursachen und Faktoren.[17] Dies legt nahe, dass Ungleichheit auch ein Thema des Rechts ist und sich Recht auf den Grad von Ungleichheit auswirkt. Zentrale Frage ist, wie Ungleichheit rechtstheoretisch im Recht verortet werden kann. Die Vielschichtigkeit der Ungleichheit erschwert es bereits allgemein, das Phänomen Ungleichheit als »*einen Gegenstand*«[18] zu beschreiben und bestimmte Erwartungen im Umgang mit Ungleichheit zu formulieren. Es erschwert es schließlich auch, angemessen die Rolle des Rechts bei der Etablierung und Aufrechterhaltung der Ungleichheit zu untersuchen und methodische Anforderungen im Umgang mit Ungleichheit zu formulieren. Die Unmöglichkeit, Ungleichheit als einheitlichen Gegenstand zu erfassen, beruht auf ihrer Wirk- und Entstehungsweise in dezentralen Praktiken, das heißt in Einzelentscheidungsprozessen. Für diese dezentralen Praktiken gibt es keinen einheitlichen quasi-ontologischen Rahmen und keinen fixen normativen Bezugspunkt. Für eine Untersuchung der Rolle des Rechts bedeutet dies eine Abkehr von feststehenden Ungleichheitsergebnissen und einzelnen Gesetzen oder Rechtsgebieten als zentrale Untersuchungsgegenstände hin zu einer Untersuchung der dezentralen Praktiken des Rechts, das heißt vor allen Dingen eine Untersuchung der sozialen Praxis der Dogmatik.

Anliegen der Arbeit ist es, die soziale Praxis der Dogmatik aus wissenstheoretischer Perspektive zu analysieren. Im Mittelpunkt steht die

15 Für eine Übersicht Sabine Carl, »Geteilte Verantwortung als Bedingung für eine ökologisch nachhaltige, sozial gerechte, geschlechtergerechte Postwachstumsgesellschaft«, in: Anna Henkel u.a. (Hg.), *Reflexive Responsibilisierung : Verantwortung für nachhaltige Entwicklung*, Bielefeld: transcript Verlag 2018, m.w.N.

16 Für eine Übersicht Bettina Leibetseder, »Sozialpolitik und soziale Ungleichheit«, in: Cornelia Dlabaja u.a. (Hg.), *Aktuelle Ungleichheitsforschung. Befunde, Theorien, Praxis*, Weinheim: Beltz Juventa 2023, S. 59 ff.

17 Vgl. Per Molander, *The Origins of Inequality. Mechanisms, Models, Policy*, Cham: Springer International Publishing 2022, S. 2.

18 Karl-Heinz Ladeur, »Kann das Bundesverfassungsgericht seine Rechtsprechung auf den gesellschaftlichen und technologischen Wandel einstellen?«, in: *JuristenZeitung*, 77: 23 (2022), S. 1132.

Untersuchung, wie die soziale Praxis der Dogmatik Wissen generiert und damit nicht nur Recht, sondern auch Wirklichkeit konstruiert. Diese rechtstheoretische Analyse der sozialen Praxis der Dogmatik erfolgt am Beispiel der Ungleichheit als eine Facette von Wirklichkeit.

B. Die Wirk- und Entstehungsweise der Ungleichheit und die Schwierigkeit ihres Erfassens

Ungleichheit entsteht in einer und durch eine Vielzahl dezentraler Einzelentscheidungsprozesse in den unterschiedlichen, etwa genuin ökonomischen, politischen oder rechtlichen Bereichen, deren Strukturen und Eigendynamiken die Kontexte der Einzelentscheidungsprozesse prägen. Ungleichheit ist dabei nicht etwas Feststehendes und den Einzelentscheidungsvorgängen der Praxis der jeweiligen Bereiche Außenstehendes. Ungleichheit ist vielmehr konstitutives Element der Einzelentscheidungsvorgänge der Praxis, welche zugleich Ungleichheit selbst mitbestimmen. Gleichzeitig ist die Entstehungs- und Wirkweise von Ungleichheit nicht auf einen Gesellschaftsbereich und die jeweiligen spezifischen Strukturen der jeweiligen Bereiche begrenzt. Vielmehr scheinen die verschiedenen Ungleichheitsdimensionen zwar in den jeweiligen sachlichen Kontexten der Gesellschaftsbereiche strukturell zu entstehen (und wiederum selbst den Kontext für Einzelentscheidungsvorgänge zu stellen). Sie sind allerdings so miteinander vernetzt, dass sie sich gegenseitig bedingen und verstärken, ohne dass ihre Wirkzusammenhänge linear erfassbar wären.

Diese fragmentierte, kontextspezifische, zugleich vernetzte und nichtlineare Wirk- und Entstehungsweise der Ungleichheit, die es lediglich möglich macht, Ausschnitte der Querschnittsdimensionen des Gesamtphänomens Ungleichheit von unterschiedlichen Betrachtungspunkten zu erfassen, geht mit einer spiegelbildlichen Fragmentierung der Wissensbestände über Ungleichheit einher. Sie können nicht im Sinne eines übergreifenden Rahmens zusammengesetzt werden, um daraus ein einheitliches und schlüssiges Bild von Ungleichheit abzuleiten, das durch eine zentrale Perspektive erfasst und von einer zentralen Stelle aus beobachtet und letztlich dirigiert werden kann. Diese fragmentierte, zugleich vernetzte und nichtlineare Entstehung und Wirkung von Ungleichheit macht es schwierig, Ungleichheit zu erfassen. Diese Facetten von Transformation und Veränderlichkeit lassen sich dabei nicht nur anhand des Phänomens der Ungleichheit beobachten. So gesehen ist Ungleichheit kein Ausnahmephänomen gesellschaftlicher Prozesse. Facetten der Transformation und Veränderlichkeit, die mit der zentralen Herausforderung der Ungewissheit einhergehen, sind keine Ausnahme, sondern der Normalfall gesellschaftlicher Prozesse.

I. Charakteristiken der Wirk- und Entstehungsweise

Die Wirk- und Entstehungsweise der Ungleichheit manifestiert sich zunächst durch Fragmentierung und Verschleifung. Das Phänomen der Ungleichheit entsteht durch eine Vielzahl dezentraler Einzelentscheidungsprozesse in den unterschiedlichen Bereichen der Gesellschaft. Sie sind dabei durch den spezifischen Kontext, in dem ein Einzelentscheidungsvorgang ad hoc und problembezogen stattfindet, als auch durch den erweiterten Kontext im Sinne der jeweiligen Strukturen und Eigendynamiken dieser Gesellschaftsbereiche bedingt.[19]

Die unterschiedlichen gesellschaftlichen Bereiche sind etwa Politik, Ökonomie, Recht, Familie oder Religion, aber auch in deren Subbereiche, etwa der Bildung, Gesundheit, Erziehung oder Medien. In jedem dieser Gesellschaftsbereiche werden Aspekte der Ungleichheit in spezifischer Ausgestaltung und Prägung sichtbar, was auch auf die verschiedenen wissenschaftlichen Kategorisierungsleistungen von Ungleichheit (etwa ökonomischer Ungleichheit, Verwirklichungschancenungleichheit, Geschlechterungleichheit, Ungleichheit in Bildung, Gesundheit und Arbeit, politische Ungleichheit, Entwicklungsungleichheit oder Armut) verweist. Die verschiedenen Ausprägungen von Ungleichheit werden allerdings nicht lediglich in diesen Bereichen sichtbar, vielmehr entstehen sie in und durch unterschiedlichsten Einzelvorgängen vor dem Hintergrund eines spezifischen Anwendungsfalls und damit ad hoc und problembezogen.[20] Entsprechend der Pluralisierung der Lebensformen moderner Gesellschaften und sozialer Differenzierung gibt es eine Vielzahl an Ungleichheitskonstellationen. Dabei sind die Strukturen der unterschiedlichen Bereiche für die Vielzahl der Einzelentscheidungsprozesse und damit für den Prozess der Ungleichheitsentstehung konstitutiv.[21] Erst der Kontext entscheidet darüber, »ob eine Eigenschaft zu einer ungleichheitsrelevanten Ressource wird«[22]. Gleichzeitig prägt Ungleichheit selbst als konstitutives Element wiederum den Kontext der Einzelvorgänge der verschiedenen Gesellschaftsbereiche. Für den Prozess der Entstehung von Ungleichheit in und durch die unterschiedlichsten einzelnen Prozesse und Operationen der unterschiedlichen Bereiche bedeutet dies zum einen, dass es keinen klaren Anfangspunkt gibt, sondern ihre Entstehung vielmehr eine Art Verschleifung markiert, was verdeutlicht,

19 *P. Molander* spricht von ›oszillierenden Bewegungen‹ zwischen verschiedenen Komponenten innerhalb eines Systems und zwischen dem System und seiner Umwelt, Molander, *The Origins of Inequality*, S. 3-7, insbes. Kapitel 5.

20 Ebd., S. 114.

21 Anja Weiß, *Soziologie globaler Ungleichheiten*, Berlin: Suhrkamp 2017, S. 14; Leslie McCall, *Complex inequality. Gender, class, and race in the new economy*, New York: Routledge 2001, S. 192.

22 Weiß, *Soziologie globaler Ungleichheiten*, S. 14.

dass Ungleichheit nicht etwas den einzelnen Gesellschaftsbereichen, damit auch nicht dem Recht, Gegenüberstehendes oder Außenstehendes ist. Zum anderen bedeutet dies für den Prozess der Ungleichheit, dass sie spezifisch jeweils innerhalb der einzelnen Gesellschaftssphären in unterschiedlichsten Einzeloperationen kontextspezifisch und dynamisch entsteht, was verdeutlicht, dass Ungleichheit weder als ein einheitlicher Gegenstand rekonstruiert werden kann, indem ungleichheitsrelevante Einzelerkenntnisse lediglich zu einer Einheit zusammengefügt werden müssten, noch etwas Feststehendes ist. Die Komplexität des Phänomens der Ungleichheit erschöpft sich daher nicht allein in der Summe der zu berücksichtigenden Informationen, die zum einen aus der Vielzahl an Einzelentscheidungsprozessen fließen und zum anderen kontextspezifisch aus den strukturellen Eigenheiten des jeweiligen Gesellschaftsbereichs folgen, was allein vor dem Hintergrund der Quantität an zu berücksichtigenden Variablen bereits für sich genommen Ungleichheit zu einem komplexen Untersuchungsphänomen macht. Die Komplexität beruht auch auf der strukturell verschleiften Entstehung und Wirkung der Ungleichheit,[23] die das kognitive Erfassen von Ungleichheit erschweren.

Die Wirk- und Entstehungsweise der Ungleichheit manifestiert sich darüber hinaus durch ihre Vernetztheit. Die verschiedenen Dimensionen und Variablen des Gesamtphänomens der Ungleichheit sind dabei nicht auf spezifische Gesellschaftsbereiche und deren spezifische Strukturen und Dynamiken begrenzbar, vielmehr verweisen sie aufeinander und hängen voneinander ab; sie sind miteinander vernetzt. Das Phänomen der Ungleichheit erfährt durch diese Interdependenzen eine weitere Komplexitätssteigerung, indem eine nicht überblickbare Vielzahl an Problem- und Konfliktkonstellationen entsteht.[24] Die verschiedenen Dimensionen und Variablen des Gesamtphänomens der Ungleichheit scheinen zusammengeflochten, verbunden zu sein und ineinander zu greifen und so in einer jeweils spezifischen Art und Weise ›neue‹ Formen der Ungleichheit hervorzubringen. Sie addieren sich dabei nicht zwangsläufig, sondern können sich je nach Kontext überschneiden, ergänzen, verstärken oder auch abschwächen.[25] Entscheidend ist dabei das *Zusammenwirken* unterschiedlicher Variablen wie etwa Geschlecht, Ethnie und Klasse.[26] In dem Zusammenwirken verschiedener Variablen bestehen

23 Molander, *The Origins of Inequality*, S. 7.
24 Ebd., S. 58.
25 Weiß, *Soziologie globaler Ungleichheiten*, S. 30.
26 So überrascht es auch nicht, dass Begründerinnen intersektionaler Ungleichheitsforschung afroamerikanische Feministinnen in den USA waren, die auf die Überkreuzungen von Diskriminierungsmechanismen aufmerksam machten und forderten zur Analyse von Ungleichheiten zwischen Geschlechtern, aber auch innerhalb des Geschlechts, die Klassenzugehörigkeit und den

keine Hierarchien dergestalt, dass etwa die ökonomische Ungleichheit oder die Strukturen einer kapitalistischen Wirtschaftsordnung die Ungleichheit als Gesamtphänomen determinierend organisieren. Sie können auch nicht als Ausgangspunkt einer Beobachtung oder Analyse gewählt werden.[27] Anstelle einer hierarchischen Anordnung sind die Variablen der Ungleichheit horizontal miteinander vernetzt. Diese Vernetzung ist dabei selbst keine lineare, sondern geprägt durch wechselseitige, sich permanent ändernde Beziehungen, auch weil die Faktoren und Elemente der Ungleichheit als auch die Strukturen der jeweiligen Gesellschaftsbereiche sich selbst ständig verändern.[28] Die einzelnen Variablen erfahren häufig erst in ihren Kombinationen und in ihren unterschiedlichen sozialen Kontexten mit unterschiedlichen Akteurs- und Interessenkonstellationen ihre spezifische Ungleichheitswirkung.[29] Dieses Zusammenwirken unterschiedlicher Ungleichheitsvariablen in unterschiedlichen sozialen Kontexten verweist auch auf das Prozesshafte der Wirk- und Entstehungsweise von Ungleichheitsvariablen.[30]

Die Wirk- und Entstehungsweise der Ungleichheit manifestiert sich schließlich durch ihre Nicht-Linearität. Durch das Zusammenwirken verschiedener Ungleichheitsvariablen, die oftmals erst in ihren Kombinationen und in ihren unterschiedlichen Kontexten ihre spezifische Ungleichheitswirkung entfalten, entstehen neue, sich unablässig verändernde Formen von Ungleichheit, die sich nicht linear entwickeln und

nationalstaatlichen Kontext zu berücksichtigen, vgl. Brigitte Aulenbacher und Birgit Riegraf, *Intersektionalität und soziale Ungleichheit* 2012. http://portal-intersektionalitaet.de/theoriebildung/ueberblickstexte/aulenbacher-riegraf/ (07.03.2023).; Annette von Alemann, »Soziale Ungleichheit und Intersektionalität«, in: Astrid Biele Mefebue u.a. (Hg.), *Handbuch Intersektionalitätsforschung,* Wiesbaden: Springer Fachmedien 2022, S. 23.

27 Eva Cyba, *Geschlecht und soziale Ungleichheit: Konstellationen der Frauenbenachteiligung,* Wiesbaden: Springer Fachmedien 2013, S. 13 ff.; Brigitte Aulenbacher, »Auf gute Nachbarschaft? Über Bewegungen im Verhältnis von Soziologie und Geschlechterforschung«, in: *Österreichische Zeitschrift für Soziologie*, 33: 4 (2008); Aulenbacher und Riegraf, *Intersektionalität und soziale Ungleichheit*; für das Identifizieren klarer Anfangs- und Endpunkte vgl. etwa Diewald und Faist, *Von Heterogenitäten zu Ungleichheiten.*

28 McCall, *Complex inequality*, S. 119; Alemann, *Soziale Ungleichheit und Intersektionalität*, S. 23.

29 Vgl. etwa Joan Acker, »Gendered organizations and intersectionality: Problems and possibilities«, in: *Equality, Diversity and Inclusion*, 31: 3 (2012); Diewald und Faist, *Von Heterogenitäten zu Ungleichheiten*, S. 108; Alemann, *Soziale Ungleichheit und Intersektionalität*, S. 23.

30 Die prozessuale Entstehung von Ungleichheit wird oftmals in der Literatur mit »*doing gender*«, »*doing race*« oder »*doing class*« verdeutlicht, vgl. Alemann, *Soziale Ungleichheit und Intersektionalität*, S. 28.

nach einem Ursache-Wirkungs-Prinzip erfassbar sind. Die Vielzahl an Faktoren, die miteinander interagieren, lässt sich nicht oder zumindest nicht ohne Weiteres nachvollziehen. Aufgrund ihrer vielzähligen und vielgestaltigen Elemente, Beziehungen und interdependenten Wirkzusammenhänge sind die Phänomene der Ungleichheit nur schwer (und erst recht nicht nur aus einer Perspektive) durchschaubar, erklärbar und verständlich kommunizierbar. Allzu vielschichtig und heterogen ist das Zusammenwirken der Ausprägungen von Ungleichheit untereinander und der spezifischen Strukturen der gesellschaftlichen Bereiche, innerhalb deren durch eine Vielzahl an Einzelvorgängen und Operationen Ungleichheiten ad hoc und sach- und situationsbezogen entstehen,[31] um Ungleichheitsprozesse als linear oder kausal beschreiben zu wollen.

II. Erklärungen sozialer Ungleichheiten

Die komplexe Wirk- und Entstehungsweise der Ungleichheit verdeutlicht, dass sie nicht als einheitlicher Gegenstand aus einer singulären Perspektive beobachtbar und untersuchbar ist. Selbst im Rahmen der Subdisziplin der Ungleichheitssoziologie fällt auf, dass es keinen übergreifenden, einheitlichen Begriff der Ungleichheit gibt. Der Begriff ›Ungleichheit‹ ist nur der Versuch, die Mannigfaltigkeit unter dem Gesichtspunkt der Einheit greifbar zu machen. Genauso wenig gibt es eine einheitliche Theorie zur Ungleichheit. Ungleichheit als Gegenstand wissenschaftlicher Forschung kann daher nur einzelne Facetten von Ungleichheit meinen.

Die großen Theorien der Ungleichheitssoziologie stellen in der Regel eine Gesellschaftssphäre (meist die Ökonomie oder die Politik) ins Zentrum ihrer Untersuchung und leiten daraus soziale Ungleichheit ab, ohne die Verflechtungen zu den jeweils anderen Sphären (wie etwa des Rechts) zu beleuchten. So verweist beispielsweise der kapitalakkumulationstheoretische Erklärungsansatz auf die Beobachtung, dass das Kapital in entwickelten Volkswirtschaften schneller wächst als der Rest der Wirtschaft mit der Konsequenz, dass sich in der Vergangenheit angehäuftes Vermögen im Vergleich zu anderem schneller anhäufen wird.[32] Ein globalisierungsskeptischer Erklärungsansatz geht davon aus, dass durch die exzessive Globalisierung der Handlungsspielraum von Staaten, einen Teil der durch Globalisierung entstandenen Profite durch Sozialprogramme und

31 Vgl. Karl H. Hörning, *Experten des Alltags. Die Wiederentdeckung des praktischen Wissens*, Weilerswist: Velbrück Wissenschaft 2001, S. 27.

32 Piketty, *Das Kapital im 21. Jahrhundert;* Thomas Piketty, *Ökonomie der Ungleichheit. Eine Einführung,* München: C.H. Beck 2020.

eine progressive Besteuerung umzuverteilen, begrenzt ist.[33] Während der kapitalakkumulationstheoretische Ansatz Ungleichheit vor dem Hintergrund der Ökonomie betrachtet, untersucht der globalisierungsskeptische Ansatz die politische Sphäre. Beide Ansätze nehmen dabei unterschiedliche Analyseebenen ein: Der kapitalakkumulationstheoretische Ansatz betrachtet das Verhältnis zwischen Privaten, der globalisierungsskeptische Ansatz die wirtschaftspolitische Ordnung. Trotz des gemeinsamen Fluchtpunktes der Ungleichheit beschreiben sie unterschiedliche Muster und Dynamiken in ihren jeweils eigenen Systemen bzw. Sphären. Diese Differenzierung zwischen den Bereichen Ökonomie und Politik ermöglicht es, die spezifischen Kräfte und Strukturen des eigenen Bereichs zu identifizieren und zu beleuchten. Dies setzt voraus, dass Informationen, die nicht zu dem eigenen Bereich gehören, ausgeklammert werden. Erst durch den Zuschnitt können spezifische Strukturen sichtbar gemacht werden, die bei einer Gesamtbetrachtung im Verborgenen geblieben wären.

So stellt beispielsweise der kapitalakkumulationstheoretische Ansatz *Thomas Pikettys* die unterschätzte Relevanz des Kapitals für die Entstehung und Wirkung von Ungleichheit heraus.[34] Unter dem perspektivischen Zuschnitt der ökonomischen Ungleichheit und des Faktors Kapital wertet *Piketty* Steuerdaten unterschiedlicher Länder und Regionen über einen Zeitraum von mehr als hundert Jahren aus, um so Informationen über die Strukturen und Gesetzmäßigkeiten der Kapitalakkumulation zu gewinnen. Er beobachtet, dass in kapitalistischen Gesellschaften das Wachstum des Profits aus der wirtschaftlichen Nutzung von Kapital tendenziell das Wachstum des Bruttoinlandsprodukts übersteigt, was *T. Piketty* in seiner Formel r>g festzuhalten versucht. Als treibende Kraft dieses Prozesses führt er die Akkumulation des Kapitals an, die – quasi automatisch – zu einer ständig größeren Konzentration von Vermögen führt. Da die Vermögen ungleich über die Bevölkerung verteilt beziehungsweise in den Händen des oberen Zehntels konzentriert sind, führt r>g im Zeitverlauf zu immer größerer ökonomischer Ungleichheit und zu einer kontinuierlichen Verschärfung der Konzentration von Kapital: Je größer der Besitz ist, desto leichter vermehrt er sich, während das Arbeitseinkommen weder einen solchen Automatismus noch eine solche Entwicklung erkennen lässt. Der Kapitalakkumulation liege ein selbstverstärkender Automatismus zugrunde, der den Abstand der Handlungsmöglichkeiten zwischen Privaten vergrößert. Damit steht *T. Piketty* in

33 Michael Opielka, »Wohlfahrtsglobalisierung: Wie Sozialpolitik die Globalisierungskritik unterläuft«, in: Ivonne Bemerburg und Arne Niederbacher (Hg.), *Die Globalisierung und ihre Kritik(er): Zum Stand der aktuellen Globalisierungsdebatte,* Wiesbaden: VS Verlag für Sozialwissenschaften 2007. Für eine Übersicht, vgl. u.a. Maria Funder, *Soziologie der Wirtschaft. Eine Einführung,* München: Oldenbourg 2012, Kapitel 6.2. »Wandel: Triebkraft Globalisierung«.

34 Piketty, *Das Kapital im 21. Jahrhundert*, S. 44 ff.

der Tradition der Klassentheorie von *K. Marx*, der annahm, dass Ungleichheiten durch die Produktionsweise hervorgebracht würden und dass die Stellung einer Person im Produktionsprozess ausschlaggebend für deren Lebens- und Verwirklichungschancen sei.[35]

Der kapitalakkumulationstheoretische Ansatz, der die Ursache von Ungleichheit in den ökonomischen Gesetzmäßigkeiten der Kapitalakkumulation sucht, um die objektiven Handlungsmöglichkeiten zu erklären, die für die einen die Chance bieten, ihre Lebensziele zu verwirklichen, und zugleich für andere einschränkend wirken, klammert die Implikationen, die etwa ökonomische Ungleichheit auf die Sphäre der Politik und die politische Reaktionsmöglichkeit hat, aus. Der globalisierungstheoretische Ansatz nimmt etwa genau diese politische Perspektive auf Fragen der Ungleichheit, die über den Rahmen des Nationalstaats reichen, in Zeiten der Globalisierung ein. Auch er betrachtet Ungleichheit vor dem Hintergrund der Strukturen des eigenen Systems und fragt nach den Dynamiken, welche den politischen Spielraum bestimmen, das Marktwirtschaftssystem einzuhegen.[36] Ein Ansatz, der die Dynamiken von ökonomischer und politischer Ordnung auf einer Makroebene betrachtet, klammert hingegen die Strukturen, die in ökonomischen Gesetzen auf der Mikroebene zu finden sind, aus.

Allein die globalisierungskritische Perspektive auf Ungleichheit zeigt, dass »die Identifikation *einer* Ursache nicht ausreichend ist, um die Mehrzahl der Ungleichheit*en* und der ungleichheitsgenerierenden sozialen Prozesse zu erfassen.«[37] Ein weiterer ungleichheitsgenerierender sozialer Prozess markiert die bisher unbeobachtete Rolle des Rechts. So beantwortet der Kapitalakkumulationsansatz beispielsweise nicht die grundlegendere Frage nach den Strukturen der Genese des Kapitals. Mit Blick auf den globalisierungskritischen Ansatz bleibt unbeantwortet, welche rechtlichen Strukturen zu einer Begrenzung des Spielraums für soziales Einhegen des globalen Marktwirtschaftsregimes führen. Antworten auf diese entscheidenden Fragen finden sich unter anderem im Recht. Die Hinzuziehung der rechtlichen Perspektive eröffnet für den Kapitalakkumulationsansatz die Frage, inwiefern die Kreation und Akkumulation von Kapital rechtlich strukturiert ist.[38] Anders als bei den rein ökonomischen Kapitalakkumulationstheorien beispielsweise *K. Marx'*[39] oder *T. Pikettys*[40] werden die Strukturen der Kreation und

35 Weiß, *Globale Ungleichheiten*, S. 25.

36 Opielka, *Wohlfahrtsglobalisierung: Wie Sozialpolitik die Globalisierungskritik unterläuft.*

37 Weiß, *Globale Ungleichheiten*, S. 26.

38 Katharina Pistor, *Der Code des Kapitals. Wie das Recht Reichtum und Ungleichheit schafft,* Berlin: Suhrkamp 2020.

39 Karl Marx, *Das Kapital: Kritik der politischen Ökonomie* 2019.

40 Piketty, *Das Kapital im 21. Jahrhundert.*

Akkumulation von Kapital vor dem Hintergrund des Rechts betrachtet. Hiernach entsteht Kapital durch rechtliche Codierung im Sinne einer Programmierung. Zentrale Akteure dieser Codierung, die sogenannten »Herren des Codes«, sind Jurist:innen, insbesondere Anwält:innen.[41] Recht ist mehr als eine reine Verkörperung der Regeln, die durch Brauchtum entstanden sind, und mehr als eine spontane Ordnung, welche lediglich individuelle Interaktion regelt.[42] Eine solche Reduktion der Rolle des Rechts wird insbesondere bei *K. Marx* deutlich, der Recht als einen rein ideologischen Überbau beschreibt: »Die Gesamtheit [der] Produktionsverhältnisse bildet die ökonomische Struktur der Gesellschaft, die reale Basis, worauf sich ein juristischer und politischer Überbau erhebt [...].«[43] In der Dialektik von Basis und Überbau sind Staat und Recht Elemente eines Überbaus, die allerdings nicht Teil der wahren Grundlage von Gesellschaft sind. Die wahre Grundlage sind die Produktionsverhältnisse; das Recht fungiert lediglich als Spiegel der Produktionsverhältnisse, ist dabei selbst nicht formgebend für die inhaltliche Ausgestaltung der Produktionsverhältnisse und ihrer Effekte.[44] Auch wenn mittlerweile überwiegend anerkannt ist, dass Ökonomie nicht ohne rechtliche Konzepte wie beispielsweise des Vertragsrechts, der Eigentumsrechte oder des Arbeitsrechts verstanden werden können[45] und damit Staat und Recht Voraussetzungen kapitalistischen Wirtschaftens, sogenannte *rules of the game*, sind,[46] bleibt die rechtliche Codierung der Produktionsverhältnisse, der Güter oder allgemein des kapitalistischen Wirtschaftens bezogen auf Ungleichheit oftmals unklar.[47] So hat beispielsweise *D. Grewal*

41 Pistor, *Der Code des Kapitals*, S. 251 ff.

42 Geoffrey M. Hodgson, *Conceptualizing Capitalism. Institutions, Evolution, Future*, Chicago: University of Chicago Press 2015, S. 8.

43 Marx, *Das Kapital: Kritik der politischen Ökonomie*.

44 Hodgson, *Conceptualizing Capitalism*, S. 8; Maie Mörsch, »Ungleichheit–Effekte grundlegender Strukturen des Rechts am Beispiel der Corona-Pandemie«, in: *Kritische Vierteljahresschrift für Gesetzgebung und Rechtswissenschaft*, 103: 2 (2021), S. 167.

45 Samuel Moyn, »Thomas Piketty and the future of legal scholarship«, in: *Harvard Law Review*, 128 (2014), S. 50; Jedediah Purdy, *The meaning of property. Freedom, community, and the legal imagination*, New Haven: Yale University Press 2010, S. 29–44.

46 Hanoch Dagan u.a., »The Law of The Market«, in: *Law and Contemporary Problems*, 82: 2 (2020), S. ii; Louis Pahlow, »Recht und Kapitalismus. Die Justiz im 19. Jahrhundert zwischen Anpassung und Überforderung«, in: Jan-Otmar Hesse u.a. (Hg.), *Moderner Kapitalismus. Wirtschafts- und unternehmenshistorische Beiträge*, Tübingen: Mohr Siebeck 2020.

47 Klaas Hendrik Eller, »Rechtswissenschaft als transdisziplinäres Netzwerk. Zur Verortung von Rechtssoziologie und Rechtsvergleichung«, in: *Zeitschrift für Rechtssoziologie*, 41: 2 (2021), S. 356.

in Anknüpfung an die »fundamentalen Gesetze des Kapitalismus« *T. Pikettys* zwar herausgearbeitet, dass diese Gesetze weniger Quasi-Naturgesetze darstellen, sondern auf Rechtskonzepten basieren.[48] Wie das Recht allerdings genau *codiert* wird, welche Reproduktionsprozesse im Recht hierfür identifiziert werden können oder wie der politökonomische Kontext das Recht prägt, beantwortet *D. Grewal* nicht. Die Analyse der Strukturen des Rechts und rechtlicher Entscheidungsfindungsprozesse wie etwa Rechtsanwendung geht folglich über das durch den US-amerikanischen Rechtsrealismus geprägte Zusammendenken von Ökonomie und Recht hinaus.[49] Der Mehrwehrt der Analyse des *Rechtscodes* beispielsweise von Kapitalgütern[50] liegt folglich nicht in der Feststellung, dass die Privatrechtsordnung und damit marktwirtschaftliche Prozesse durch staatliches Recht beeinflusst sind und dass Grundinstitutionen des Kapitalismus Konstruktionen des Rechts sind. Die Analyse geht mit ihren Überlegungen über die Rolle staatlichen Rechts im Sinne von Gesetzen weiter und identifiziert rechtliche Codierungsprozesse durch rechtliche Entscheidungsfindungsprozesse, das heißt durch die rechtliche Praxis. Diese umfassendere Perspektive auf Recht durch den Einbezug von Entscheidungsfindungspraktiken zeigt zum einen, dass der Bedeutungsgehalt des Rechts nicht etwas Feststehendes ist, das einer Norm einfach entnommen werden kann, sondern sich durch eine Vielzahl an Entscheidungsfindungsprozessen, etwa im Rahmen der Rechtsanwendung, ausformt. Darüber hinaus legt der Einbezug von Entscheidungsfindungsvorgängen die Eigenrationalitäten des Rechts offen,[51] was mit

48 David Singh Grewal, »The Laws of Capitalism«, in: *Harvard Law Review*, 128 (2014).

49 Für eine Übersicht zum US-amerikanischen Rechtsrealismus, vgl. u.a. Alexander Somek, *Rechtstheorie zur Einführung*, Hamburg: Junius 2017, S. 55 ff.; Morris R. Cohen, »The Basis of Contract«, in: *Harvard Law Review*, 46 (1932); Morris R. Cohen, »Property and Sovereignty«, in: *Cornell Law Review*, 13 (1927); Alexander Somek, »Kategoriale Unterscheidung von Öffentlichem Recht und Privatrecht?«, in: Ute Sacksofsky u.a. (Hg.), *Öffentliches Recht und Privatrecht*, Berlin, Boston: De Gruyter 2020; Somek, *Kategoriale Unterscheidung von Öffentlichem Recht und Privatrecht?*, m.w.N. in Fn. 1; vgl. insbes. auch Cohen, *Property and Sovereignty;* Cohen, *The Basis of Contract.*

50 Pistor, *Der Code des Kapitals.*

51 Vgl. etw. zur Eigenrationalität der Gesetzgebung, Georg Lienbacher, »Rationalitätsanforderungen an die parlamentarische Rechtsetzung im demokratischen Rechtsstaat«, in: Georg Lienbacher u.a. (Hg.), *Grundsatzfragen der Rechtsetzung und Rechtsfindung*, Berlin, Boston: De Gruyter 2012 und zur Eigenrationalität der Rechtsprechung etw. Marion Albers, »Höchstrichterliche Rechtsfindung und Auslegung gerichtlicher Entscheidungen«, in: Georg Lienbacher u.a. (Hg.), *Grundsatzfragen der Rechtsetzung und Rechtsfindung*, Berlin, Boston: De Gruyter 2012 und Christoph Schönberger,

Blick auf das Verhältnis von Recht zu Politik und Ökonomie bedeutet, dass Recht nicht etwa auf eine sekundäre Rolle eines Wegbereiters des Kapitalismus oder der die Ungleichheit hervorbringenden Gesetzmäßigkeiten reduziert werden kann, so wie es etwa bei *D. Grewal* anklingt.[52] Die Rolle rechtlicher bzw. spezifischer die Rolle rechtsanwendungsspezifischer Strukturen in der Ausformung der politischen Ökonomie kann daher nicht mit einer Maschine verglichen werden, in die ein ökonomisches Gut eingeworfen wird und in der schließlich ein ökonomisch gefärbtes Rechtsprodukt entsteht.[53] Vielmehr unterliegen das Recht und die Rechtsanwendung Eigenrationalitäten und bringen rechtseigene Dynamiken hervor, die selbst wieder eine strukturierende Rolle einnehmen. Die Analyse rechtlicher Codierung ökonomischer Güter oder Verhältnisse wie etwa bei *K. Pistor* geht zwar auch davon aus, dass ökonomische Strukturen und Gesetzmäßigkeiten das Recht und die Rechtsanwendung prägen, möchte sie allerdings nicht auf ein reduziertes Verständnis des Rechts als Wegbereiter reduzieren. Das Recht hält eigene Dynamiken und Reproduktionsprozesse bereit, die über rein ökonomische Gesetzmäßigkeiten hinausreichen und eine entscheidende Rolle bei der Codierung von Gütern zu Kapital spielen.[54]

Eine rechtsspezifische Perspektive auf Ungleichheit möchte zeigen, dass es verschiedene Dimensionen sozialer Ungleichheit gibt, die auf unterschiedliche Ursachen zurückgeführt werden können. Je nach Perspektive, die eingenommen wird, oder anders gefasst, je nach Kategorie, die verwendet wird, gelangt man zu unterschiedlichen, zu Teilen auch entgegengesetzten, Schlüssen und Anschlussüberlegungen. Gleichzeitig verdeutlicht die rechtsspezifische Perspektive auf Ungleichheit, dass es Verflechtungen zu geben scheint, die eine vermeintlich saubere Sphärenbildung aufhebt. Für eine Untersuchung der Ungleichheit ist aus diesen unterschiedlichen Suchbewegungen einiges zu lernen: Ungleichheit kann weder als Ganzes von einer zentralen Perspektive und einer zentralen

»Höchstrichterliche Rechtsfindung und Auslegung gerichtlicher Entscheidungen«, in: Georg Lienbacher u.a. (Hg.), *Grundsatzfragen der Rechtsetzung und Rechtsfindung*, Berlin, Boston: De Gruyter 2012.

52 Moyn, *Thomas Piketty and the future of legal scholarship*, S. 49 f.; Grewal, *The Laws of Capitalism*, S. 652 f.; Mörsch, *Ungleichheit–Effekte grundlegender Strukturen des Rechts am Beispiel der Corona-Pandemie*, S. 168.

53 Moyn, *Thomas Piketty and the future of legal scholarship*, S. 49 f.

54 Vgl. Matthias Goldmann, »The European Economic Constitution after the PSPP Judgment: Towards Integrative Liberalism?«, in: *German Law Journal*, 21: 5 (2020), S. 1061; Duncan Kennedy, »Political ideology and comparative law«, in: Mauro Bussani und Ugo Mattei (Hg.), *The Cambridge Companion to Comparative Law*, Cambridge: Cambridge University Press 2012, S. 49; Eller, *Rechtswissenschaft als transdisziplinäres Netzwerk*, S. 356.

Stelle aus beobachtet werden noch können abgeschlossene Einzelerkenntnisse der Ausschnitte der Querschnittsdimensionen der Ungleichheit so zusammengefügt werden, dass Ungleichheit als »ein Ganzes« rekonstruierbar ist.[55] Gleichzeitig scheinen die Dimensionen der Ungleichheit sich nicht nur zu überlappen, sondern miteinander verbunden zu sein. Die Suche nach der *einen* Ursache für *die* Ungleichheit ist für eine Annäherung an die Ungleichheit unproduktiv.[56] Ziel einer Analyse der Ungleichheit kann demnach nicht sein, eine allumfassende übergreifende Theorie präsentieren zu wollen, sondern nur eine weitere, nämlich rechtliche und insbesondere rechtsanwendungsspezifische Facette von Ungleichheit zu untersuchen, ohne dabei die Verflechtungen von Faktoren und Dimensionen oder das Ineinanderschieben von Bereichen perspektivisch von vornherein auszuschließen.

III. Wissenssoziologischer Hintergrund

Die verschiedenen Dimensionen von Ungleichheit, die auf unterschiedliche Ursachen und Faktoren zurückgehen, mit unterschiedlichen Perspektiven und Methoden erfasst und anhand unterschiedlicher normativer Maßstäbe gemessen werden, sind nicht nur für das Gesamtphänomen Ungleichheit bezeichnend, sondern allgemein für komplexe Phänomene moderner Gesellschaften. Die Schwierigkeit, Ungleichheit als *einen Gegenstand* zu erfassen, »einen passenden Terminus zu finden, steht für die Schwierigkeit, die Gesellschaft als ganze in den Blick zu bekommen«.[57] Ungleichheit ist ein Phänomen, zu dem viele Faktoren beitragen und das Einzelpersonen, Gemeinschaften und Gesellschaften auf unterschiedliche Weise betrifft. Sie kann durch eine breite Palette von Faktoren wie Einkommen, Bildung, Ethnie, Geschlecht und geografische Lage, um nur einige zu nennen, bedingt sein. Ungleichheit kann sich in verschiedenen Formen manifestieren, einschließlich wirtschaftlicher, sozialer und politischer Ungleichheit, und unterschiedliche Folgen für das Wohlergehen und die Chancen von Einzelpersonen und Gruppen haben. Der Umgang mit Ungleichheit ist eine vielschichtige Herausforderung, bei der sich

55 Vgl. Hans-Heinrich Trute, »Staatsrechtslehre als Sozialwissenschaft?«, in: Helmuth Schulze-Fielitz (Hg.), *Staatsrechtslehre als Wissenschaft*, Berlin: Duncker & Humblot 2010, S. 131.

56 Zur Problematik etwas als einheitliches Ganzes beschreiben zu wollen, etwa die Konzeptualisierung eines umfassenden Nationalstaates, Weiß, *Soziologie globaler Ungleichheiten*, S. 123.

57 Ino Augsberg, *Informationsverwaltungsrecht. Zur kognitiven Dimension der rechtlichen Steuerung von Verwaltungsentscheidungen*, Tübingen: Mohr Siebeck 2014, S. 8.

sowohl die Ursachen, die Auswirkungen der Ungleichheit als auch die verschiedenen Bedürfnisse und Perspektiven unterschiedlicher Personen, Gemeinschaften und Gesellschaften unterscheiden. Darüber hinaus entwickelt sich Ungleichheit dynamisch. Verschiedene Gruppen können zu verschiedenen Zeiten in verschiedenen Kontexten unterschiedliche Privilegien oder Benachteiligungen erfahren. Bemühungen zur Adressierung von Ungleichheit stehen dabei selbst vor zahlreichen Herausforderungen, etwa begrenzten Ressourcen, Machtungleichgewichten, Interessenkonflikten, aber auch begrenztem Wissen und einer begrenzten Steuerbarkeit. All diese Aspekte machen es unmöglich, allgemeingültige und in ihren Effekten begrenzbare Ansätze zur Adressierung der Ungleichheit zu formulieren, sofern überhaupt ein Konsens darüber gefunden wird, ob Ungleichheit überhaupt ein zu adressierendes oder kritisches Thema ist.[58]

Ungleichheit lässt sich demnach nicht in abgeschlossene Einzelerkenntnisse zerlegen und kann gleichzeitig nicht als ein einheitlicher Gegenstand vor dem Hintergrund einer zentralen Perspektive und einer zentralen Stelle erfasst werden. Gesellschaftliche Prozesse im Allgemeinen können nicht als Ganzes von einer zentralen Stelle beobachtet oder dargestellt werden.[59] »Die moderne Gesellschaft ist gekennzeichnet dadurch, dass ihr ein quasi-ontologischer Rahmen, ein die soziale Ordnung garantierender Bezugspunkt, fehlt.«[60] Das, was gesellschaftlichen Prozessen an vorgegebenen Strukturen abgeht, produziert sie selbst über eine Vielzahl von Einzelentscheidungsprozessen.[61] Die

58 Einleitung B. II.

59 Diese Beobachtung machte bereits Niklas Luhmann, *Beobachtungen der Moderne,* Wiesbaden: VS Verlag für Sozialwissenschaften 1992, S. 100; für das Recht weiterentwickelt wurde diese Perspektive insbes. durch K. H. Ladeur: vgl. u.a. *Karl-Heinz Ladeur, »Die rechtswissenschaftliche Methodendiskussion und die Bewältigung des gesellschaftlichen Wandels. Zugleich ein Beitrag zur Bedeutung der ökonomischen Analyse des Rechts«, in: Rabels Zeitschrift für ausländisches und internationales Privatrecht, 64: 1 (2000), S. 78 ff.;* Karl-Heinz Ladeur, »Towards a Legal Theory of Supranationality. The Viability of the Network Concept«, in: *European Law Journal*, 3: 1 (1997); Karl-Heinz Ladeur, *Der Staat gegen die Gesellschaft. Zur Verteidigung der Rationalität der »Privatrechtsgesellschaft«*, Tübingen: Mohr Siebeck 2006, S. 3 f.; für eine Übersicht vgl. insbes. Lars Viellechner, »The Network of Networks. Karl-Heinz Ladeur's Theory of Law and Globalization«, in: *German Law Journal*, 10: 4 (2009), S. 518 ff.; Peer Zumbansen, »Law's Knowledge and Law's Effectiveness. Reflections from Legal Sociology and Legal Theory«, in: *German Law Journal*, 10: 4 (2009).

60 Augsberg, *Informationsverwaltungsrecht*, S. 8.

61 Ebd.

Vielzahl einwirkender Faktoren und Wirk- und Entstehungszusammenhänge der Ungleichheit ist derart undurchdringlich, dass sie nicht vor dem Hintergrund einer zentralen Perspektive[62] noch von einer zentralen Stelle,[63] weder von Wissenschaft noch von Institutionen der Praxis wie etwa der Gesetzgebung, aber auch NGOs oder Unternehmen, beobachtet werden kann. Für sie kann kein übergreifendes Konzept, ein Rahmen oder ein einheitlicher normativer Bezugspunkt gefunden werden, auf dessen Grundlage eine Strategie des Umgangs mit den Facetten der Ungleichheit entwickelt werden könnte. Auch die Wissenschaft kann nicht als eine solche zentrale Stelle verstanden werden, die das für den Umgang mit Ungleichheit benötigte Wissen in adäquater Form zur Verfügung stellt. Dies zeigt sich insbesondere vor dem Hintergrund, dass Ungleichheit in spezifischen sachlichen Kontexten der Wirklichkeit entsteht, demnach das relevante Wissen über Ungleichheit in der Praxis in und durch eine Vielzahl an Entscheidungsvorgängen entsteht. Die Wissensproduktion erfolgt damit nicht vollständig und ausschließlich in der Wissenschaft, sondern im Zusammenspiel mit der Praxis.[64] »Lösungen entstehen [dabei] nicht aus der Anwendung von Wissen, das es bereits irgendwo gibt und das daher bloß übertragen werden muss. Vielmehr wird das benötigte Wissen sozusagen nach Maß hergestellt, als Antwort auf die Spezifikation, die im konkreten Fall immer erst erarbeitet werden muss.«[65]

Das Fehlen eines einheitlichen quasi-ontologischen Rahmens, eines fixen normativen Bezugspunkts bedeutet für den Umgang mit den Facetten der Ungleichheit eine Abkehr von Ungleichheitsergebnissen als zentralem Untersuchungsgegenstand und daraus folgend eine Abkehr von der Adressierung der Ungleichheitsergebnisse hin zu einer Untersuchung der Praktiken, die Ungleichheit hervorbringen, und daraus folgend einer Untersuchung der Rahmenbedingungen, die dazu führen, dass Praktiken mit Facetten von Ungleichheit einhergehen.

62 Einleitung B. III. 1. a. und b.

63 Einleitung B. III. 2.

64 Ladeur, *Der Staat gegen die Gesellschaft*, S. 296; Ladeur, *Die rechtswissenschaftliche Methodendiskussion und die Bewältigung des gesellschaftlichen Wandels*, S. 64.

65 Helga Nowotny, *Es ist so – es könnte auch anders sein. Über das veränderte Verhältnis von Wissenschaft und Gesellschaft*, Frankfurt am Main: Suhrkamp 1999, S. 71; Augsberg, *Informationsverwaltungsrecht*, S. 10, Rn. 49.

C. Implikationen für eine rechtswissenschaftliche Ungleichheitsforschung

I. Implikationen der Komplexität von Ungleichheit

Die Vielschichtigkeit und Dynamik des Phänomens der Ungleichheit bedeutet für eine rechtswissenschaftliche Untersuchung der Ungleichheit Unterschiedliches.

1. Grenzen begrifflichen Wissens

Sie hat zunächst zur Folge, dass Ungleichheit nicht als ein bloßes Teilgebiet erfasst werden kann; sie ist noch nicht einmal innerhalb des Wissenschaftssystems einer Disziplin zuzuordnen. Es kann damit bei einer wissenschaftlichen – und mitgedacht rechtswissenschaftlichen – Untersuchung der Ungleichheit nicht allein darum gehen, einem klar abgrenzbaren Ausschnitt gesellschaftlicher Wirklichkeit eine spezifische, auch nicht rein rechtsspezifische, Thematisierung zuzuführen. Ähnlich wie bei Problemkonstellationen, die etwa den Bereichen der Umwelt oder Technologie entspringen, stellt auch Ungleichheit kein spezielles Sachgebiet mit speziellen rechtlich zu regulierenden Konstellationen oder Fallgruppen dar.[66] Ungleichheit ist kein feststehendes, geschlossenes Phänomen oder ein sachlich geschlossenes Konzept, sondern eher als notwendig fragmentierte Querschnittsdimensionen zu beschreiben, die so miteinander vernetzt sind, dass ihre Wirk- und Entstehungszusammenhänge nicht linear erfassbar sind.[67] Die spezifische Relevanz der Ungleichheit für Gesellschaft im Allgemeinen und für Recht, Rechtsanwendung und Rechtssetzung im Besonderen folgt oftmals gerade aus der Kombination unterschiedlicher Elemente und Merkmale, die für sich genommen nicht per se ungleichheitsrelevant sein müssen.

Vor dem Hintergrund, dass Ungleichheit keiner spezifischen Disziplin zugeordnet werden kann und Ungleichheit erst recht nicht ein Sachgebiet mit rechtlich regulierbaren Sachverhaltskonstellationen oder Fallgruppen darstellt, folgt, dass eine »rein« juristische Thematisierung »einer« Ungleichheit bereits nicht möglich ist. Das besagt nicht, dass es nicht spezifische Rechtsgebiete wie etwa jene der Grund- und Menschenrechte

66 Vgl. ebd., S. 1.

67 Vgl. Marion Albers, »Die Komplexität verfassungsrechtlicher Vorgaben für das Wissen der Verwaltung. Zugleich ein Beitrag zur Systembildung im Informationsrecht«, in: Indra Spiecker genannt Döhmann und Peter Collin (Hg.), *Generierung und Transfer staatlichen Wissens im System des Verwaltungsrechts*, Tübingen: Mohr Siebeck 2008, S. 68.

gibt, die eine besondere sachliche Nähe zu Fragen der Ungleichheit aufweisen. Sie strukturieren dabei allerdings nicht die Querschnittsdimensionen der Ungleichheit als einzelne *Gegenstände*, etwa für Rechtsanwendung oder Rechtssetzung, vor.[68] Bei dem Phänomen der Ungleichheit und der Vielzahl an Konflikten und Problemkonstellationen ist es bereits schwierig, überhaupt ›einen Gegenstand beschreiben zu wollen, geschweige denn bestimmte Erwartungen an eine gesetzliche Regelung‹[69] als auch an Rechtsanwendung im Umgang mit ungleichheitsrelevanten Wirklichkeitsbeschreibungen zu formulieren. Wenn weder eine rein rechtliche Thematisierung noch eine Fassung eines sachlichen Gegenstands gelingt, verwundert es auch nicht, dass allein der *Begriff* Ungleichheit in der klassischen Dogmatik nicht nur vernachlässigt ist, sondern es bereits keine dogmatische Begriffsbildung gibt, an die angeknüpft werden könnte, um für die unterschiedlichen Facetten von Ungleichheit einen anschlussfähigen Umgang durch Recht zu ermöglichen, was es für die Rechtspraxis umso anspruchs- und voraussetzungsvoller, aber auch aufwendiger macht, das Phänomen der Ungleichheit überhaupt ins Spiel der Rechtsanwendung oder Rechtssetzung zu bringen. Problematisch ist dabei allerdings weniger der Umstand eines fehlenden Begriffs der Ungleichheit, da ›Ungleichheit‹ bereits vor dem Hintergrund ihrer Natur als notwendig fragmentierte Querschnittsdimensionen nicht durch einen klaren und eindeutigen Begriff erfasst werden kann. Das Komplexitätsproblem und die Frage eines angemessenen rechtlichen Umgangs können durch Aufnahme oder Integration eines Begriffs der Ungleichheit allein nicht gelöst werden. Wenn es bereits keinen eindeutigen und klaren Begriff der Ungleichheit gibt, begriffliches Wissen begrenzt ist und konsequenterweise mit einer dogmatischen Begriffsbildung als Beitrag einer rechtswissenschaftlichen Ungleichheitsforschung nicht viel gewonnen ist, stellt sich die Frage, was dann für eine Untersuchung der Ungleichheit und zugleich für einen angemessenen Umgang mit komplexen Phänomenen gilt.

2. Der konstruktive Charakter

Das Wissen, das in Begriffen festgehalten wird,[70] hängt von vorbegrifflichem praktischem Handeln ab.[71] Ursprung der Grenzen begrifflichen Wissens sind daher vielmehr die zugrundeliegenden praktischen Zwänge.

68 Vgl. Ladeur, *Kann das Bundesverfassungsgericht seine Rechtsprechung auf den gesellschaftlichen und technologischen Wandel einstellen?*, S. 1132.
69 Ebd.
70 Zu den dogmatischen Wissensformen, vgl. Teil 1 B. IV. 3. und Teil 3 C.
71 Zur Entstehung dogmatischer Wissensformen durch Praktiken dogmatischen Handelns, Entwerfens und Konstruierens, vgl. Teil 1 B. IV. 4 und Teil 3 D.

Vor dem Hintergrund der Begrenzung begrifflichen Wissens sind damit für eine Untersuchung der »Ungleichheit durch Recht« und für einen angemessenen Umgang letztlich weniger dogmatische Begriffsbildungen entscheidend (wie etwa der Freiheit, der Gleichheit, der Armut, des Existenzminimums, der Diskriminierung oder eben der Ungleichheit), sondern vielmehr die ihnen zugrundeliegenden Praktiken. Dem durch Praktiken entstehenden Wissen kommt dabei wirklichkeitskonstruierende Kraft zu.[72] Ausgangspunkt einer rechtswissenschaftlichen Näherung an »Ungleichheit durch Recht« ist damit zunächst den konstruierten Charakter von Ungleichheit als eine Facette von Wirklichkeit anzuerkennen. Um die wirklichkeitskonstruierende Kraft praktischen Wissens in den Blick zu bekommen, ist das rechtliche Verfahren zu untersuchen, wie das Recht sich das Reale in einer bestimmten Art und Weise vorstellt, um zu rekonstruieren, wie Ungleichheit durch *Praktiken* des Rechts, also durch rechtsrelevantes Handeln, hervorgebracht wird.[73]

Möchte man einen Ort im Recht identifizieren, der Anlass und Anreiz für die Praktiken rechtsrelevanten Handelns und damit für die Konstruktion von Wirklichkeit (und von Ungleichheit als einer Facette von Wirklichkeit) ist, dann markiert die Unbestimmtheit des Rechts eine Art Ausgangspunkt.[74] Sie ist produktive Ressource des Rechts, um mit gesellschaftlicher Komplexität rechtsanwendungsspezifisch umzugehen, da sie Spielräume für rechtsrelevantes Handeln bereitstellt, die eine Konkretisierung des Rechts vor dem Hintergrund eines spezifischen Falls ermöglicht sowie erfordert und so ein entwicklungsoffenes rechtliches Begleiten und Abstützen gesellschaftlicher Selbstorganisationsprozesse ermöglicht. Sie geht zugleich mit Ungewissheit einher, für die es einer operationalisierenden Zwischenschicht zwischen Unsicherheitsabsorption und Entwicklungsoffenheit bedarf.[75] Eine solche operationalisierende Zwischenschicht markiert die Dogmatik.[76] Sie ist auf die Reduktion von Komplexität bei gleichzeitiger Offenhaltung von Handlungsspielräumen

72 Zur theoretischen Herleitung der Zusammenhänge, vgl. Teil 1 B.

73 Zur theoretischen Herleitung der Zusammenhänge, vgl. Teil 1 B. und ihre Entfaltung anhand dogmatischer Wissensformen und ihren zugrundeliegenden Praktiken dogmatischen Entwerfens, vgl. Teil 3 C. und D.

74 Vgl. Teil 2.

75 Vgl. Teil 2 D.

76 Vgl. Martin Eifert, »Zum Verhältnis von Dogmatik und pluralisierter Rechtswissenschaft«, in: Gregor Kirchhof u.a. (Hg.), *Was weiß Dogmatik? Was leistet und wie steuert die Dogmatik des Öffentlichen Rechts?*, Tübingen: Mohr Siebeck 2012; Christian Boulanger, »Die Soziologie juristischer Wissensproduktion. Rechtsdogmatik als soziale Praxis«, in: Christian Boulanger u.a. (Hg.), *Interdisziplinäre Rechtsforschung. Eine Einführung in die geistes- und sozialwissenschaftliche Befassung mit dem Recht und seiner Praxis,* Wiesbaden, Heidelberg: Springer VS 2019b, S. 185.

angelegt.[77] Die aktuelle Ausformung und Gestalt der Struktur dogmatischer Wissensgenerierung hat dabei Schwierigkeiten in der angemessenen Verarbeitung komplexer Phänomene und läuft Gefahr, die Zusammenhänge, insbesondere kulturelle, klimabezogene oder eben ungleichheitsrelevante Zusammenhänge, nicht angemessen berücksichtigen zu können, was die Dogmatik dann mit Schwierigkeiten in der Gewährleistung von Entwicklungsoffenheit konfrontiert. Eine Untersuchung dogmatischer Wirklichkeitsverarbeitung kann Stellschrauben identifizieren, die zumindest Anknüpfungspunkte für eine entwicklungsoffene Verarbeitung von Wirklichkeit bereitstellen.

3. Rückblickende Beobachtung und Verdichtung zu Mustern

Das praktische Wissen, das in dogmatischen Wissensformen eingetragen ist, aber niemals vollständig artikuliert werden kann,[78] weist demnach eine verborgene Dimension auf, die zu Teilen aus unbewussten Mustern, gestiftet durch institutionalisierte Strukturen, besteht.[79] Infolgedessen können die Praktiken und ihre wirklichkeitskonstruierende Kraft nur begrenzt beobachtet werden. Dennoch ist es möglich, zumindest rückblickend Einzelerkenntnisse zu Erkenntnismustern der Ungleichheit zu verdichten, und demnach auch möglich, rechtliche und insbesondere rechtsanwendungsspezifische Stellschrauben der Ungleichheitsentstehung zu identifizieren, ohne dabei ein allgemeingültiges, einheitlich übergreifendes oder vorstrukturierendes rechtliches Konzept von Ungleichheit oder ihre Zerlegbarkeit in abgrenzbare rechtliche Einzelerkenntnisse nahelegen zu wollen. Dieses rückblickende Verdichten der Beobachtungen rechtlicher und insbesondere rechtsanwendungsspezifischer Effekte auf Wirklichkeit kann helfen, die einem bestimmten rechtlichen und insbesondere dogmatischen Bedeutungsgehalt zugrunde gelegten, teilweise auch einseitigen und damit unterkomplexen Wirklichkeitsannahmen dahingehend zu untersuchen, für welche Wirklichkeiten diese nur anschlussfähig und damit verarbeitbar sind und ob dies noch angemessen ist.[80]

77 Zu den strukturierenden Einflüssen der Rahmenbedingungen auf diese grundsätzlich gewährleistende Entwicklungsoffenheit, vgl. Teil 3 C.IV. und Teil 3 D.V.2.

78 Vgl. Teil 3 C. III. 3. und 4.

79 Vgl. Thomas Vesting, »Die grundlegende Neubestimmung des Verhältnisses von Staat und Gesellschaft. Die kollektive Dimension der Freiheitsrechte«, in: Ino Augsberg (Hg.), *Der Staat der Netzwerkgesellschaft. Karl-Heinz Ladeurs Verständnis von Staat und Gesellschaft*, Baden-Baden: Nomos 2023, S. 106.

80 Vgl. Teil 3 C. IV.

4. Die Kontextrelationalität

Für das rechtliche Verfahren, wie das Recht sich das Reale in einer bestimmten Art und Weise vorstellt und durch Praktiken rechtsrelevanten Handelns selbst hervorbringt, kommt es dabei nicht nur auf rein rechtliche Rahmenbedingungen und Strukturen der Dogmatik an, sondern auch auf den materiellen Kontext.[81]

Ungleichheit entsteht in nahezu allen Lebensbereichen, und zwar in Abhängigkeit von ihren spezifischen Sachkontexten, den zugrundeliegenden Strukturen und Eigenrationalitäten. Vor diesem Entstehungshintergrund ist es erforderlich, dass die materiellen Kontextbedingungen in Rechnung gestellt werden. Die kontextspezifische Wirk- und Entstehungsweise von Ungleichheit bedeutet zunächst für eine rechtswissenschaftliche Untersuchung, dass »Ungleichheit durch Recht« nicht erschöpfend durch eine rein juristische Untersuchung prozeduraler, institutioneller oder materiell-rechtlicher Vorschriften erfasst werden kann, die dann vor die Klammer einer rechtsgebietsspezifischen Untersuchung gezogen werden können. Die kontextspezifische Wirk- und Entstehungsweise von Ungleichheit verdeutlicht darüber hinaus, dass für einen angemessenen Umgang im Recht der materielle Kontext nicht einfach ausgeklammert und einem außerrechtlichen Bereich zugeordnet werden kann. Vielmehr bilden die spezifischen materiellen Sach- und Situationszusammenhänge der Entstehung und Entwicklung von Ungleichheit mit den rechtlichen Rahmenbedingungen eine gemeinsame Struktur rechtlicher Wirklichkeitsverarbeitung durch Praktiken.[82] Wenn eine entwicklungsoffene Verarbeitung von Wirklichkeit gelingen möchte, ist der jeweilige materielle Kontext als Funktionsvoraussetzung zu berücksichtigen. Dies erfordert differenzierte, kontextspezifische Erkenntnisse.

5. Plurale Perspektiven und Rezeption rechtsfremden Wissens

Vor dem Hintergrund, dass Ungleichheit kontextrelational entsteht, es demnach kein einheitlich-übergreifendes Konzept von Ungleichheit gibt und sie auch nicht von einer zentralen Perspektive aus beobachtet werden kann, ist die Anerkennung pluraler Perspektiven nicht nur naheliegend, sondern unhintergehbar. Gleichzeitig wirft dies Fragen der rechtlichen Rezeption auf.

Um die strukturellen Bedingungen der Wirk- und Entstehungsweise der Querschnittsdimensionen der Ungleichheit in ihren jeweiligen sachlichen Kontexten nachzuvollziehen, die wiederum von den Strukturen

81 Teil 1 V. III. 1. c. und Teil 3 D. V. 2.

82 Teil 2 V. IV. 4. d. und Teil 3 D. V. 3.

und Eigendynamiken dieser Bereiche abhängig sind, bedarf es multidisziplinärer Perspektiven, die die Vielfalt und Heterogenität ungleichheitsrelevanter Kontexte und die unablässige Bewegung und Entwicklung von Facetten der Ungleichheit berücksichtigen können, anstelle eines gemeinsamen, übergreifenden und einheitlichen Konzepts von Ungleichheit. Für den Zugang einer rechtswissenschaftlichen Untersuchung der Facetten der Ungleichheit bedeutet dies zunächst einmal nur eine Sensibilität dafür, dass Ungleichheit nicht einen klar abgrenzbaren Wirklichkeitsbereich der Gesellschaft darstellt, dessen verschiedene Erscheinungsformen und unablässige Entwicklung von einer Perspektive beobachtbar, sondern erst durch eine Vielzahl multidisziplinärer Einzelerkenntnisse erfassbar wären. Für eine angemessene Berücksichtigung im Recht bedarf es einer strukturellen Offenheit für multidisziplinäre Erkenntnisse, was wiederum Anforderungen an institutionelle, organisatorische und prozedurale Strukturen der unterschiedlichen Stationen der Wissensgenerierung im Rahmen der (Rechts-)Wissenschaft und ihrer Verzahnung mit der (Rechts-)Praxis stellt, um solche anschlussfähigen Knotenpunkte herauszubilden. Für die Herausbildung von Knotenpunkten durch Verzahnungen nicht nur zwischen Wissenschaft und Praxis, sondern auch innerhalb der Bereiche, etwa der Wissenschaft in Form der Verarbeitung multidisziplinärer Erkenntnisse, sind die Dogmatik und spezifische dogmatische Wissensgenerierungsprozesse relevante Anknüpfungspunkte.[83]

II. Zugänge zur Untersuchung der »Ungleichheit durch Recht«

1. »Vom Einzelnen zu einer allgemeinen Charakteristik ungleichheitsrelevanten Rechts«

Die mit der Vielschichtigkeit der Ungleichheit einhergehenden Implikationen werfen Fragen nach dem Zugang einer rechtswissenschaftlichen Untersuchung der »Ungleichheit durch Recht« auf.

Zunächst bedarf es der Klärung, wie Ungleichheit verstanden wird. Vor dem Hintergrund der Vielfalt der Facetten von Ungleichheit und ihren Interdependenzen erscheint es wenig produktiv, eine Facette der Ungleichheit herauszugreifen. Vor dem Hintergrund der Zentralität von Praktiken in der Konstruktion von Wirklichkeit (und damit mitgedacht auch der Ungleichheit) soll es darüber hinaus nicht um die (Ergebnis-)Verteilungsdimension von Ungleichheit, sondern vielmehr um die Entwicklungsoffenheit von Handlungsmöglichkeiten gehen. Dies hat den

83 Vgl. Teil 3 C. IV. und Teil 4.

Vorteil, von da aus zeigen zu können, wie aus der unterschiedlichen Strukturierung in der Entstehung und Vervielfältigung von Handlungsmöglichkeiten bestimmte Verteilungsergebnisse folgen. Ein solcher Ansatz ermöglicht darüber hinaus, noch genauer die Zusammenhänge der (rechtlichen und insbesondere dogmatischen) und damit auch potentielle Stellschrauben der unterschiedlichen Entwicklung von Handlungsmöglichkeiten zu identifizieren.

Diese Voranstellung des zugrunde gelegten Verständnisses von Ungleichheit sagt allerdings noch wenig darüber aus, wie sich komplexen Phänomenen als Untersuchungsgegenstand produktiv genähert werden kann. Einen in der Rechtswissenschaft zu beobachtenden Zugang zur Untersuchung von Phänomenen, die nicht oder zumindest nicht ohne Weiteres als *ein Gegenstand* erfasst werden können, markiert der induktive Ansatz.[84] Für die Untersuchung der »Ungleichheit durch Recht« würde dies bedeuten, die Gesamtheit jener rechtlichen Normen in den Blick zu nehmen, die sich auf ungleichheitsrelevante Sachgebiete und Wirklichkeitsbereiche beziehen oder im rechtsanwendungsspezifischen Umgang mit Recht Effekte der Ungleichheit hervorbringen und das Verhältnis zwischen Staaten, Staat und Bürger als auch zwischen Personen umfassen. Ein solcher Zugang zu »Ungleichheit durch Recht« würde bereits eine besondere Facette der rechtsspezifischen Mitbestimmung von Ungleichheit verdeutlichen, nämlich dass unterschiedliche Vorgänge und Konstellationen rechtsrelevanten Handelns unterschiedlicher Akteure in einem Gefüge »unterschiedlich verdichteter und relativ autonomer Rechtsbereiche«[85] vom Vertragsrecht und Gesetzesrecht bis zum Völkerrecht und Verfassungsrecht ungleichheitserheblich sein können und es insofern eines reflektierten rechtlichen Umgangs mit ihnen bedarf, was auf die besondere Relevanz der Ungleichheit nicht nur für Gesellschaft im Allgemeinen, sondern für Recht, Rechtsanwendung und Rechtssetzung im Besonderen verweist. Vor dem Hintergrund, dass Ungleichheit in nahezu allen Gesellschaftsbereichen beobachtet werden kann, damit ›Normen, die sich auf ungleichheitsrelevante Sachgebiete und Wirklichkeitsbereiche beziehen‹, noch kein produktives Selektionskriterium darstellen können, bedarf es eines weiteren Zuschnitts. Dies würde in einem ersten Schritt bedeuten, entsprechende rechtliche Regelungen anhand dafür besonders geeignet erscheinender Referenzgebiete zusammenzustellen, die das »Fallmaterial und die Beispiele für die

84 Vgl. insbes. für das Informationsverwaltungsrecht Augsberg, *Informationsverwaltungsrecht*, S. 1-4.

85 Zur Herausforderung der Pluralität des anzuwendenden Rechts für die Verwaltungsrechtswissenschaft, Eberhard Schmidt-Aßmann, *Das allgemeine Verwaltungsrecht als Ordnungsidee. Grundlagen und Aufgaben der verwaltungsrechtlichen Systembildung*, Dordrecht: Springer 2006, S. 26 f.

Aussagen des allgemeinen Rechts abgeben«[86]. In einem weiteren Schritt ist dann weiter nach unterschiedlichen, aber sachlich verbundenen und aufeinander bezogenen »Regelungssektoren«[87] zu differenzieren, aus deren Vergleich und Verallgemeinerung dann spezifische Regelungsmuster gewonnen werden können. In einem dritten Schritt können die identifizierten Muster und Strukturen dann schließlich als allgemeine Charakteristika ungleichheitsrelevanten Rechts bzw. rechtlichen Handelns bestimmt werden.

2. Rechtsspezifische Mitkonstruktion der Wirklichkeit

Bei der rechtsgebietsspezifischen Herangehensweise an eine Untersuchung der »Ungleichheit durch Recht« ist weniger der hermeneutische Zirkel[88] problematisch, das heißt, dass bereits vorab zumindest implizit eine Vorstellung davon besteht, was die gesuchten strukturellen Besonderheiten ausmachen soll und anhand dessen die exemplarischen Referenzen gewählt werden, um daraus dann allgemeine Strukturen und Muster abzuleiten.[89] Problematisch ist vielmehr, dass die rechtsgebietsspezifische Herangehensweise das, was die rechtsspezifische Entstehungs- und Wirkweise von Ungleichheit auszeichnet, eher verhüllt als klar benennt, indem sie (zumindest in der Darstellung) den Eindruck erweckt, im Sinne eines konstatierenden Vorgehens an bereits bestehende Gegebenheiten anzuknüpfen, statt den konstruktiven Charakter von Recht und Rechtsanwendung für die Wirklichkeit und damit für Ungleichheit zu beleuchten. Dem Law-and-Political-Economy-Ansatz geht es gerade um diesen schöpferischen Charakter von Recht und Rechtsanwendung für die Konstruktion spezifischer politischer und ökonomischer Kontexte, die dann wiederum die Kontexte für Recht und Rechtsanwendung stellen.[90] Im Sinne dieses Ansatzes ist Ungleichheit nicht etwas ›Feststehendes, einfach in der Außenwelt Vorfindliches‹[91], sondern mit dem rechtlichen und rechtsanwendungsspezifischen Konstruktionsprozess

86 Ebd., S. 8.

87 Andreas Voßkuhle, »Neue Verwaltungsrechtswissenschaft«, in: Wolfgang Hoffmann-Riem u.a. (Hg.), *Grundlagen des Verwaltungsrechts Bd. I. Methoden, Maßstäbe, Aufgaben, Organisation,* München: C.H. Beck 2022, Rn. 67.

88 Augsberg, *Informationsverwaltungsrecht*, S. 4.

89 Eberhard Schmidt-Aßmann, *Das allgemeine Verwaltungsrecht als Ordnungsidee. Grundlagen und Aufgaben der verwaltungsrechtlichen Systembildung,* Berlin, Heidelberg: Springer 2006, S. 9.

90 Vgl. Teil 5.

91 Augsberg, *Informationsverwaltungsrecht*, S. 5 f.; zum Verhältnis von Sachverhalt und Normen des Verwaltungsrechts; allgemein zum Verhältnis von

verwoben. Für die Untersuchung von »Ungleichheit durch Recht« bedeutet die Unmöglichkeit einer klaren Trennung der faktischen und kontrafaktischen Ebene von Recht und Rechtsanwendung zum einen, dass Ungleichheit nicht nur als äußere Umstände eines Sachverhalts und seiner Zusammenhänge – und damit als etwas grundsätzlich außerhalb des genuin rechtlichen Bereichs Stehendes – an das Recht herangetragen wird, sondern durch Recht und Rechtsanwendung selbst mit hervorgebracht, reproduziert und auch verfestigt wird.[92] Recht und Rechtsanwendung sind damit für die Konstruktions- und Reproduktionsprozesse von Ungleichheit konstitutiv. Formen der Selbstreferentialität des Rechts und der Rechtsanwendung verstärken die rechtsspezifischen Konstruktions- und Reproduktionsprozesse von Ungleichheit. Das bedeutet nicht, dass die strukturellen Eigendynamiken des Rechts und der Rechtsanwendung keine Brüche dieser Selbstreferentialität erlauben würden und es keine Räume für Neues geben könne. Ganz im Gegenteil können Recht und Rechtsanwendung auch Entwicklungspotential hervorbringen und damit konsequenterweise auch zu Brüchen in der Reproduktion von Ungleichheit führen. Die Unmöglichkeit einer klaren Trennung der faktischen und kontrafaktischen Ebene von Recht und Rechtsanwendung bedeutet zum anderen, dass Ungleichheit (insbesondere durch externe Faktoren wie etwa Formen der Macht- und Ressourcenverteilung)[93] die Art und Weise des juristischen Operierens prägt, Ungleichheit (als eine Facette von Wirklichkeit) damit eine mitprägende Dimension von Recht und Rechtsanwendung ist. Recht und Wirklichkeit (und mitgedacht Ungleichheit als ein spezifischer Ausschnitt der Wirklichkeit) sind demnach miteinander verflochten und prägen sich wechselseitig.

Sachverhalt und Norm bereits Friedrich Müller, *Strukturierende Rechtslehre,* Berlin: Duncker & Humblot 1994.

92 Vgl. Thomas Vesting, »Politische Verfassung? Der moderne (liberale) Verfassungsbegriff und seine systemtheoretische Rekonstruktion«, in: Gralf-Peter Calliess u.a. (Hg.), *Festschrift für Gunther Teubner. Soziologische Jurisprudenz,* Berlin, New York: De Gruyter 2009, S. 609.

93 Die Schwierigkeit der Beschreibung dieser Bedingungszusammenhänge hat bereits *M. Weber* beobachtet, vgl. Thomas Vesting, *Rechtstheorie. Ein Studienbuch,* München: C.H. Beck 2019, S. 157: »Während die Beschreibung des Bedingungszusammenhangs im Bereich der innerjuristischen Faktoren relativ leicht fällt, ist die Rekonstruktion der außerjuristischen Einflüsse [...] weitaus schwieriger. Weber verweist hier auf unterschiedliche Faktoren wie etwa auf das Verhältnis von theokratischer und profaner Gewalt, auf ökonomische Bedingungen wie z. B. Abhängigkeit der Vertragsfreiheit bzw. subjektiver Rechte von ökonomischen Prozessen (Markterweiterung), aber auch auf politische Machtverhältnisse.«

D. Anliegen der Arbeit

Anliegen der Arbeit ist es, Ungleichheit im Recht zu verorten und ihre Mitkonstruktion durch Recht zu untersuchen, das heißt Ungleichheit nicht als etwas dem Recht Außenstehendes und Feststehendes zu begreifen, sondern als eine Facette der Wirklichkeit, die durch Recht und insbesondere Praktiken des Rechts mit hervorgebracht und reproduziert wird. Bei der sozialen Konstruktion von Wirklichkeit kommen der Wissensdimension und insbesondere Praktiken der Wissensgenerierung eine zentrale Bedeutung zu. Für das Recht ist dies vor allen Dingen die soziale Praxis der Dogmatik. Die dogmatischen Wissensgenerierungsprozesse, die in sozialen Interaktionszusammenhängen stattfinden, sind an der Konstruktion der rechtseigenen Wirklichkeit strukturierend beteiligt. Für sich genommen sind Praktiken dogmatischer Wissensgenerierung grundsätzlich indifferent gegenüber (normativen oder materiellen) Präferenzen, wie es etwa für Selbstorganisationsprozesse typisch ist. Solche Färbungen kommen vielmehr hinzu, und zwar durch und aufgrund der Rahmenbedingungen von Dogmatik: Die in sozialen Interaktionszusammenhängen eingebetteten dogmatischen Praktiken der Wissensgenerierung finden stets in einem bestimmten sozioökonomischen und soziokulturellen Kontext statt. Dieser Kontext prägt die sozialen Praktiken der Dogmatik und demnach auch das entstehende dogmatische Wissen. Die strukturierenden Effekte der Rahmenbedingungen auf die sozialen Praktiken bewirken, dass diese der Dogmatik nicht äußerlich bleiben, sondern Teil des dogmatischen Wissens werden, die sich im Moment des Fruchtbarmachens materialisieren, indem sie mit spezifischen Anschlussmöglichkeiten wie -zwängen in der Verarbeitung von Wirklichkeit einhergehen. Diese Anschlussmöglichkeiten wie -zwänge bewirken eine abstandsvergrößernde Entwicklung spezifischer mit dieser Wirklichkeitsannahme einhergehender Handlungsmöglichkeiten, zunächst rechtlicher und schließlich faktischer Natur. Diese asymmetrische Entwicklung von Möglichkeitsräumen kann sich schließlich auch rechtsinkludierend bzw. -exkludierend auswirken.

Dogmatische Wissensgenerierung kann demnach nicht von gesellschaftlichen Strukturen losgelöst, allgemeingültig und objektiv begriffen werden. Sie ist gerade nicht herrschafts-, macht- oder verteilungsneutral, sondern immer Ausdruck gesellschaftlicher Verhältnisse. Entscheidend ist dabei, dass dogmatische Wissensgenerierungsprozesse nicht nur nicht neutral sind, sondern gesellschaftliche Verhältnisse mittelbar und im Laufe der Zeit mit hervorbringen, ohne dass dies etwa durch eine rückblickende Beobachtung oder rückblickende Verdichtung zu Mustern einer kritischen Reflektion der Angemessenheit unterzogen wird, geschweige denn überhaupt thematisierbar ist.

Anliegen der Arbeit ist demnach auch, die Dualität der sozialen Praxis der Dogmatik aufzuzeigen: Zum einen haben dogmatische

Wissensgenerierungsprozesse das Potential, Entwicklungsoffenheit zu gewährleisten, und zum anderen sind sie – als Kehrseite der Medaille des entstehenden Vakuums – für strukturierende Rahmenbedingungen zugänglich, die in ihrem Zusammenspiel mit der funktionsspezifischen Eigenrationalität der Dogmatik zu einer verschränkenden und selbstverstärkenden Entwicklung führen, die sich in ungleichen Entwicklungsspielräumen niederschlagen kann. Ziel der Arbeit ist es demnach auch, Stellschrauben dogmatischer Wissensgenerierungsprozesse zu identifizieren, die eine pluralere, offenere und lernfähige dogmatische Wissensordnung hervorbringen können. Konkret könnten so dogmatische Knotenpunkte entwickelt werden, die anschlussfähig etwa für Facetten der Ungleichheit sind, um so eine Möglichkeit für einen rechtlichen Umgang mit Ungleichheit zu schaffen.

E. Gang der Untersuchung

Aus dem Anliegen der Arbeit folgt das weitere Vorgehen der Untersuchung.

In *Teil 1* werden die theoretischen Fragmente einer Untersuchung der Ungleichheit durch Recht erarbeitet, die dann im dritten Teil spiegelbildlich anhand des Fokus auf Dogmatik nicht nur exemplifiziert, sondern in ihrer Bedeutung weiter entfaltet werden. Die identifizierten Fragmente betreffen die sozialen Praktiken, den strukturierenden Einfluss der Rahmenbedingungen auf die sozialen Praktiken und ihre Manifestation zu Kategorien, welche wiederum handlungskanalisierende Wirkung auf die sozialen Praktiken haben. In ihrem Zusammenwirken und ihrer rekursiven Verschleifung bringen sie nicht nur eine spezifische Wirklichkeitsannahme und damit spezifische Handlungskorridore hervor. Sie prägen auch die weitere Entwicklung der Handlungsmöglichkeiten. Dieses Zusammenwirken der Fragmente kann auch für das Recht und spezifischer für die Dogmatik identifiziert werden.

Am Anfang der Erarbeitung der theoretischen Fragmente steht eine nähere Bestimmung der Konstruktion von Wirklichkeit durch soziale Praktiken. Ihr ist ein wissenssoziologischer Zugriff zugrunde gelegt. Ziel ist es, zu zeigen, dass Wirklichkeit (und damit immer mitgedacht auch Ungleichheit als eine Facette von Wirklichkeit) nicht etwas dem jeweiligen Gesellschaftsbereich wie etwa dem Recht Außenstehendes oder etwas Feststehendes ist, sondern durch eine Vielzahl dezentraler Einzelentscheidungsprozesse mit hervorgebracht wird. Für die soziale Konstruktion von Wirklichkeit ist die Wissensdimension zentral. Wirklichkeit wird durch die permanente Erzeugung und Verwendung von Wissen in sozialen Interaktionszusammenhängen kontextrelational konstruiert. Die Praktiken des Machens, Handelns, Entwerfens und

Konstruierens finden in einem bestimmten Kontext statt. Er stellt die jeweiligen Rahmenbedingungen, die die Art und Weise der Praktiken und damit das aus ihnen hervorgehende Wissen strukturieren. Dieses Wissen hält dabei Wirklichkeitsbeschreibungen als vertypte Deutungsschemata oder Erkennungsmuster bereit, mit deren Hilfe sich ein Gesellschaftsbereich selbst beschreibt. Die permanente Erzeugung und Verwendung von Wissen bilden im Laufe der Zeit Muster, die sich in und zu Kategorien ausformen wie manifestieren. In der Formfassung des durch soziale Praktiken kontextrelational generierten Wissens zu Kategorien wird ein dekontextualisierter und vertypter Bedeutungsgehalt festgehalten und gespeichert. Die Ausformung und Formfassung in Kategorien ist vergleichbar mit einem mathematischen Integral, das Erfahrungen so verkürzt, dass sie nicht immer neu durchgerechnet werden müssen.[94] Die Kategorien stellen demnach ein ressourcensparendes und arbeitserleichterndes Vorratswissen für künftige Verwendungssituationen bereit. Es wirkt darüber handlungskanalisierend, indem es den Variationsrahmen für die Praktiken anzeigt. So wird zwar keine »ewige« Wirklichkeitsannahme reproduziert, allerdings ihre Entwicklung weiter fortgeschrieben. Die Verkürzung macht es dabei zum einen möglich, die Kategorien für neue Kontexte fruchtbar zu machen. Sie bedeutet jedoch keine Bereinigung des Wissens von kontextrelationalen Färbungen und problembezogenen Feinheiten. Vielmehr treten sie im Moment des Fruchtbarmachens der Kategorien in Form spezifischer Anschlusszwänge und -möglichkeiten in Erscheinung und materialisieren sich dergestalt, dass die Kategorien nur für spezifische neue Kontexte und damit nur für spezifische Wirklichkeitsannahmen fruchtbar gemacht werden können. Die Verkürzung macht es zum anderen schwierig, nicht mehr länger sichtbar gehaltene Variablen und damit einhergehende Effekte auf Wirklichkeit zu thematisieren. Zu diesen verzerrenden und ungleichheitsrelevanten Effekten zählen insbesondere die asymmetrische und abstandsvergrößernde Entwicklung von Handlungsspielräumen und die Herausbildung von Inklusionsfiltern. Diese ungleichheitsrelevanten Mechanismen stehen wiederum in einem sich gegenseitig verstärkenden Zusammenhang.

Dieses Zusammenwirken der Fragmente und ihre ungleichheitsrelevante Dimension finden sich auch im Recht und spezifischer in der Dogmatik. Die Wissensgenerierungsprozesse der Dogmatik sind für die Ausformung der rechtseigenen Wirklichkeit zentral. Auch sie basieren auf Praktiken dogmatischen Entwerfens, Herstellens und Konstruierens, die in sozialen Interaktionszusammenhängen zwischen pluralen Akteuren der Rechtswissenschaft und Rechtspraxis stattfinden. Diese sozialen

94 Vgl. zur Beschreibung der Rechtsdogmatik, die ›wie eine mathematische Funktion oder ein mathematisches Integral Erfahrungen verkürzt‹, ebd., S. 14.

Praktiken haben dabei nicht die Ermittlung eines generellen dogmatischen Bedeutungsgehalts vor Augen, sondern sind auf die plausible Begründung der Annäherung von Fall und Rechtsnorm in einer situationsspezifischen und problembezogenen Situation rechtsrelevanten Handelns ausgerichtet. Die sozialen Praktiken der Dogmatik sind in rechtliche wie materielle Kontexte eingebettet, die als Rahmenbedingungen das individuelle dogmatische Entwurfsgeschehen und damit den situations- und problemspezifisch ermittelten dogmatischen Bedeutungsgehalt, das heißt das generierte dogmatische Wissen, prägen. Aus der Vielzahl solcher dogmatischen Entwurfsgeschehen formen sich dogmatische Wissensformen, also dogmatische Kategorien, aus. Aufgrund der Prägung der sozialen Praktiken dogmatischen Entwerfens durch die materiellen Rahmenbedingungen bildet sich ein hybrid sozial-materieller Bereich, der mit spezifischen Anschlussmöglichkeiten wie -zwängen in der dogmatischen Wirklichkeitsverarbeitung einhergeht: Dogmatische Wissensformen halten in der Darstellung der Form einen sedimentierten, das heißt dekontextualisierten und vertypten Bedeutungsgehalt fest, ohne sich den in den Wissensformen ebenfalls lagernden, allerdings implizit gehaltenen, vertypten Wirklichkeitsannahmen entledigen zu können. Sie materialisieren sich im Moment der Heranziehung der dogmatischen Wissensform, indem nur solche Wirklichkeiten in einem dogmatischen Entwurfsgeschehen verarbeitet werden können, die zur vertypten Wirklichkeitsannahme einer dogmatischen Wissensform passen. Die auf Praktiken dogmatischen Entwerfens, Konstruierens und Herstellens basierenden dogmatischen Wissensformen haben eine handlungskanalisierende und -koordinierende Wirkung im Rahmen rechtsrelevanten und insbesondere rechtsanwendungsspezifischen Handelns und damit bei der Ausformung des Gehalts des Rechts. Dies kann sich in der Möglichkeit rechtlichen Abstützens und Begleitens von gesellschaftlichen Selbstorganisationsprozessen und den durch sie entstehenden wie sich vervielfältigenden Handlungsmöglichkeiten verzerrend auswirken.

Teil 2 nimmt die Anforderungen an ein solches rechtliches Begleiten und Abstützen gesellschaftlicher Selbstorganisationsprozesse und damit die Unbestimmtheit des Rechts in den Blick. Sie geht mit Ungewissheit einher. Dogmatische Wissensgenerierungsprozesse operationalisieren als eine Art Zwischenschicht, nicht nur zwischen Rechtsnorm und Rechtsanwendung, sondern zwischen Unsicherheitsabsorption und Entwicklungsoffenhaltung dieses Spannungsgefüges. In Teil 2 werden insbesondere die zwei Seiten gesellschaftlicher Selbstorganisationsprozesse und konsequenterweise des Rechts, welches auf ihre Abstützung und Begleitung ausgerichtet ist, beleuchtet: Gesellschaftliche Selbstorganisationsprozesse gehen sowohl mit offenem Entwicklungspotential als auch mit Ungleichheit einher. Sie sind wie zwei Seiten einer Medaille. Für das Recht ist diese Dualität von Entwicklungsoffenheit und Ungleichheit in der Unbestimmtheit des Rechts und insbesondere in den sie operationalisierenden dogmatischen Wissensgenerierungsprozessen zu verorten.

Die Unbestimmtheit des Rechts ermöglicht es, durch ihre Spielräume auf gesellschaftlichen Wandel und die damit einhergehenden Anforderungen zu reagieren. Die Spielräume des Rechts sind der Ort für rechtliche Weiterentwicklung und kontingent für persönliche, wirtschaftliche oder auch technologische Entfaltungsmöglichkeiten, indem sie den jeweiligen Möglichkeitsraum vergrößern: Die Spielräume des Rechts ermöglichen eine flexible Auslegung des Rechts, welche mittelbar den Möglichkeitsraum etwa für persönliche Entfaltung, neue Marktstrukturen oder technologische Produkte erweitert. Der Zusammenhang zwischen Flexibilität und Entfaltungsmöglichkeiten ist dabei nicht zwingend und unmittelbar, allerdings vor dem Hintergrund der Vergrößerung der Möglichkeitsräume in mittelbarer Art naheliegend. Die Unbestimmtheit des Rechts stellt demnach die Infrastruktur für die durch die subjektiven Rechte im Sinne einer Präentscheidung vorgegebene gesellschaftliche Selbstorganisation bereit, indem sie Flexibilität bei der Auslegung und Umsetzung von Recht ermöglicht. Diese Flexibilität schafft formal gleiche Möglichkeitsräume der Gestaltung durch Recht, welche allerdings je nach hinzutretenden rechtlichen wie materiellen Rahmenbedingungen faktisch ungleich fruchtbar gemacht werden können. Entwicklungspotential und Ungleichheit sind zwei Seiten einer Medaille gesellschaftlicher Selbstorganisationsprozesse und im Rahmen des rechtlichen Abstützens und Begleitens auch der Unbestimmtheit des Rechts.

Aus der Unbestimmtheit des Rechts folgt auch, dass eine Rechtsnorm nicht den Entscheidungsfindungsprozess, erst recht nicht das Entscheidungsergebnis und damit die Ausformung des Bedeutungsgehalt des Rechts determinieren kann, allein weil sie aufgrund der sprachlichen Vagheit bereits viel zu abstrakt und zu allgemein für eine solche Determinierung ist. Die Unbestimmtheit des Rechts stellt nicht die zentrale Stellung von Gesetzen grundsätzlich in Frage, zeigt allerdings die kognitiven Grenzen der Determinationsleistung des Gesetzes auf. Sie rückt damit die Rolle rechtlicher Praktiken bei der Bedeutungskonstitution in den Blick, was auch mit methodologischen Konsequenzen einhergeht. Diese rechtlichen Praktiken der Bedeutungskonstitution umfassen in der Rechtspraxis vor allen Dingen die Rechtsanwendung, die im Laufe der Zeit zu Dogmatik gerinnt und darüber rekursiv die Rechtsanwendung anleitet, und in der Rechtswissenschaft vor allen Dingen ihre dogmatische Aufbereitung. Dogmatische Wissensgenerierungsprozesse bilden ein produktives System zur Herstellung gleichförmiger, konsistenter und damit Erwartungen sichernder Entscheidungen im Angesicht der Herausforderung der bestehenden und auch bleibenden Ungewissheit. Sie sind insoweit vor allem daran ausgerichtet, diese Funktionen unabhängig von unterschiedlichen Kontexten und Rahmenbedingungen formal gleich und unter Einsatz begrenzter Ressourcen (zeitlicher wie personeller Natur) mit gegebenen Instrumenten zu gewährleisten. Diese Funktionen bilden eine Art Hintergrundfolie dogmatischer Wissensgenerierungsprozesse.

Teil 3 behandelt dann in spiegelbildlicher Entfaltung der theoretischen Fragmente des ersten Teils die dogmatischen Wissensgenerierungsprozesse. Sie spielen eine zentrale Rolle bei der Konstruktion der rechtseigenen Wirklichkeit. Dabei werden als prozedurale Stationen dogmatischer Wissensgenerierung die dogmatischen Wissensformen als Wissensspeicherung und die Praktiken dogmatischen Entwerfens, Herstellens und Konstruierens als Wissensproduktion in ihrer Wirkung und Bedeutung für die Handlungskanalisierung und -koordinierung im Rahmen der Rechtserzeugung in den Blick genommen.

Die dogmatischen Wissensformen sind dabei nicht lediglich passive Speichermedien, sondern wirken strukturierend auf die Praktiken dogmatischen Entwerfens, Konstruierens und Herstellens und sind damit für die konstitutive Leistung der Rechtsanwendung und darüber für die Ausformung des Gehalts des Rechts wesentlich. Sie bewirken eine Kanalisierung und Koordinierung rechtsrelevanten Handelns, indem sie den Variationsrahmen des dogmatischen Entwurfsgeschehens anzeigen. Sie gestalten dabei nicht nur die rechtlichen Möglichkeitsräume, sondern darüber, inwiefern spezifische, nämlich zur dogmatischen Wissensform passende, gesellschaftliche Selbstorganisationsprozesse abgestützt und begleitet werden. Sie strukturieren daher mittelbar die faktischen Handlungskorridore und damit die Spielräume, persönliche Entwicklungsmöglichkeiten unter Zuhilfenahme des Rechts zu verwirklichen. Die dogmatischen Wissensformen modifizieren die Möglichkeitsräume, indem sie zum einen die Bedingungen des juristisch und mittelbar faktisch Möglichen und zum anderen Anschlusszwänge an das bereits rechtlich Vorhandene und an die vertypten Wirklichkeitsannahmen bewirken. Durch diese Gestaltung der Handlungskorridore wirkt Dogmatik als Filter der Inklusion in das System Recht und bewirkt, dass sich Handlungskorridore mit Abstand zueinander asymmetrisch entwickeln, was in ihrer rekursiven Verflechtung eine Zuspitzung bewirken kann, wenn Dogmatik nicht strukturell zur Pluralisierung und Offenhaltung angeregt wird. Diese Mechanismen in der Entwicklung von Handlungsmöglichkeiten können sich als ungleichheitsrelevant erweisen.

Der Formungsprozess umfasst dabei neben der Wissensspeicherung vor allen Dingen auch die Wissensproduktion. Die dogmatische Wissensproduktion stellt die Hintergrundabläufe und regelmäßig die Hintergrundvoraussetzungen dar, die aufgrund des in der dogmatischen Wissensform explizit gehaltenen ergebnisorientierten materiell-rechtlichen Wissens nicht mehr ohne Weiteres thematisierbar sind. Dogmatisches Wissen basieren auf und entstehen durch Praktiken dogmatischen

Entwerfens, Konstruierens und Herstellens durch unterschiedliche Akteure der Rechtspraxis und der Rechtswissenschaft. Die Untersuchung der Entstehung dogmatischen Wissens in diesen sozialen Interaktionszusammenhängen nimmt dabei zum einen die Rolle pluraler Akteure und ihre jeweiligen Eigenrationalitäten und zum anderen die Rahmenbedingungen, rechtlicher wie materieller Natur, in den Blick. Der strukturelle Einfluss der kontextuellen Rahmenbedingungen einer Aussage praktizierten Rechts auf den Aussagegehalt selbst und das Festhalten ihrer durch die Rahmenbedingungen strukturierten Bedeutung in dogmatischen Kategorien bleibt oftmals aufgrund des in einer dogmatischen Wissensform artikulierten ergebnisorientierten, materiell-rechtlichen Wissens unbeobachtet und wird tendenziell nicht, jedenfalls nicht durch Dogmatik, thematisiert. Dies ist vor dem Hintergrund des Ineinanderschiebens des Sozialen und Materiellen und dem bewirkten Passungseffekt in der weiteren Wirklichkeitsverarbeitung insbesondere problematisch, da eine rückblickende Verdichtung von Mustern und eine rückblickende Beobachtung der Effekte auf Wirklichkeit ausbleiben. Dies hat wiederum Auswirkungen auf die notwendige Offenhaltung und Pluralisierung der Dogmatik.

Die vorangegangene Analyse erlaubt es dann in *Teil 4*, Anforderungen an die Qualität der Dogmatik als ein gelungenes handlungskanalisierendes Annäherungsprogramm von Fall und Rechtsnorm realitätsnäher zu formulieren. Dabei werden Stellschrauben identifiziert, an welche für eine Sicherstellung von Entwicklungsoffenheit und Pluralität in der Dogmatik angeknüpft werden könnte. Die Berücksichtigung der Rahmenbedingungen wie etwa der materiellen Gegebenheiten kann nicht lediglich einem außerrechtlichen (Verantwortungs-)Bereich überlassen werden. Gleiches gilt für die rechtlichen Rahmenbedingungen; auch sie können nicht einem außerdogmatischen (Verantwortungs-)Bereich überlassen werden. Sie sind als Funktionsvoraussetzungen einer entwicklungsoffenen und damit gelungenen Handlungskoordinierung durch Dogmatik zu thematisieren.

Ob und wie dann beispielsweise mit ungleichheitsrelevanten Rahmenbedingungen normativ umzugehen ist, hängt dann von dem gewählten normativen Zugriff ab. *Teil 5* greift als einen möglichen normativen Zugriff auf den Law-and-Political-Economy-Ansatz zurück und illustriert anhand diesem die Anforderungen und Herausforderungen, solche vernetzenden Perspektiven zu integrieren.

Was ein solcher normativer Zugriff dann für einen dogmatischen Entwurf bedeuten kann, illustriert *Teil 6* anhand einer Untersuchung der Zentralbankenunabhängigkeit.

Teil 1: Umrisse einer Theorie rechtlicher Wirklichkeitskonstruktion am Beispiel der Ungleichheit

A. Einleitung

Ungleichheit als ein komplexes Phänomen kann weder ausschließlich im Recht verortet noch auf in sich geschlossene rechtsspezifische Bausteine zurückgeführt werden. Auch im Recht gibt es unterschiedliche Facetten, Ursachen und Faktoren der Entstehung von Ungleichheit, die durch Regeln und Gesetze verschiedener Rechtsbereiche des nationalen, europäischen und internationalen Rechts als auch durch die Vielzahl dezentral interagierender Rechtsakteure, die Recht in unterschiedlichen Kontexten anwenden, bedingt sind. Konsequenterweise können keine feststehenden, einheitlichen oder rein rechtsspezifischen Bausteine identifiziert werden, die ein rechtliches Hervorbringen von Ungleichheit allgemeingültig erklären könnten. Allerdings lassen sich einzelne, gleichwohl grundlegende Fragmente identifizieren, die sich in ihrem Zusammenwirken als ungleichheitsrelevant erweisen. Das Ziel einer Untersuchung der Ungleichheit durch Recht muss sich daher auf das Aufzeigen der Fragmente und ihres Zusammenwirkens beschränken.

Erster Anknüpfungspunkt der Erarbeitung der theoretischen Fragmente ist die Konstruktion von Wirklichkeit durch soziale Praktiken. Das rechtsrelevante Handeln und insbesondere die Rechtsanwendung konstruieren als soziale Praktiken eine rechtseigene Wirklichkeit und damit immer mitgedacht auch Ungleichheit als eine Facette von Wirklichkeit. Für die soziale Konstruktion von Wirklichkeit ist die Wissensdimension wesentlich, welche die Rolle von Praktiken und darüber ihre kontextuellen, das heißt rechtlichen wie materiellen, Rahmenbedingungen als Funktionsvoraussetzungen in den Blick rückt. In Momenten rechtsrelevanten Handelns schieben sich die soziale Praxis und die Rahmenbedingungen, also das Soziale und Materielle, ineinander. Die einzelne Praktik erweist sich dabei noch nicht als strukturell ungleichheitsrelevant. Erst im Rahmen ihrer Wiederholungen und Manifestation zu Kategorien entsteht ein struktureller Passungseffekt, der eine bestimmte Wirklichkeit mit hervorbringt und verfestigt. Für die soziale Konstruktion der rechtseigenen Wirklichkeit spielen insbesondere die dogmatischen Wissensgenerierungsprozesse durch Praktiken dogmatischen Entwerfens, Konstruierens und Herstellens eine wesentliche Rolle. Sie vollziehen sich etwa in der Rechtsanwendung und damit im Rahmen rechtsrelevanten Handelns der Akteure der Rechtspraxis und darüber hinaus in dogmatischen Beitragsentwürfen der Akteure der Rechtswissenschaft. Diese pluralen Beiträge pluraler Akteure formen sich durch Wiederholungen im Laufe der Zeit dezentral zu dogmatischen Kategorien aus, was vor dem Hintergrund des strukturellen Passungseffekts nicht zu einer Randomisierung möglicherweise verzerrender Rahmenbedingungen eines Einzelfalls führt. Die auf den kontextrelationalen dogmatischen Praktiken basierenden dogmatischen Kategorien wirken dann handlungskanalisierend rekursiv auf die dogmatischen Praktiken zurück.

Für eine Untersuchung der Ungleichheit lassen sich als wesentliche Fragmente daher die sozialen Praktiken, das Hinzutreten strukturierender Rahmenbedingungen und die Manifestation von Kategorien identifizieren. Diese Fragmente können sich in ihrem Zusammenwirken als ungleichheitsrelevant erweisen. Die Ungleichheitsrelevanz offenbart sich erst durch eine rückblickende Rekonstruktion der Wirkzusammenhänge der Fragmente.

B. Rechtsanwendungsspezifische Mechanismen der Ungleichheit

I. Einleitung

Vor dem Hintergrund der Wirk- und Entstehungsweise von Ungleichheit[1] wird deutlich, dass Herausforderung einer Ungleichheitsuntersuchung die unmögliche Begrenzung der Ungleichheit auf einen Gesellschaftsbereich und innerhalb dessen auf einen Teilbereich, oder spiegelbildlich auf eine wissenschaftliche Disziplin und innerhalb dessen auf ein Sachgebiet ist. Es ist unmöglich, Ungleichheit als ein einheitliches Gesamtphänomen von einer zentralen Perspektive einer zentralen Stelle aus beobachten als auch steuern zu wollen. Dieses Komplexitätsproblem wirft Fragen einer produktiven Näherung an eine Untersuchung der Ungleichheit durch Recht auf. Anknüpfungspunkt rechtswissenschaftlicher Untersuchungen scheinen oftmals Gesetze zu sein, was zunächst auch für eine Untersuchung der Ungleichheit naheliegend erscheint, weil sie die politische Entscheidung des Parlaments für eine bestimmte normative Vorstellung verkörpern, die Aufgaben und Maßstäbe als auch Verfahren, Handlungsformen und Instrumente zur Erreichung dieser Vorstellung festlegen. All diese Aspekte haben unbestreitbar Auswirkungen auch auf Fragen der Ungleichheit. Vor dem Hintergrund des sich abzeichnenden Komplexitätsproblems, das letztlich nicht ungleichheitsspezifisch ist, sondern stellvertretend dafür steht, gesellschaftliche Prozesse insgesamt

1 Vgl. Einleitung A., B.

nicht von einer zentralen Stelle aus überblicken, geschweige denn steuern zu können, scheinen Gesetze trotz ihrer Bedeutung nicht zentraler Hort des rechtlichen Hervorbringens etwa der Ungleichheit zu sein. An der ökonomischen Ungleichheit – wie es etwa *K. Pistor* anschaulich an der rechtlichen Codierung von Gütern zu Kapitalgütern beschrieben hat[2] – zeigt sich, wie unterschiedliche Rechtsproduzenten, das heißt Unternehmen, Einzelpersonen, Anwält:innen, Gesetzgeber und Richter:innen auf nationaler, europäischer und internationaler Ebene und in unterschiedlichen und variierenden Konstellationen zwischen privat und staatlich Rechtswirklichkeiten produzieren, die sich als nützlich erweisen, um bestimmte Interessen bestimmter sozialer Gruppen strukturell zu verwirklichen. Die Unbestimmtheit des Rechts ist für diesen rechtlichen Konstruktionsprozess wesentlich. (De-)zentraler Hort des Hervorbringens der Ungleichheit ist damit weniger ein Gesetz (zumal es ihm allein aufgrund seiner – nicht nur, aber auch sprachlichen – Unbestimmtheit an Determinationskraft fehlt), sondern vielmehr das rechtsrelevante Handeln. Diese Lockerung der »Abhängigkeit« vom Gesetz und damit des Rechts vom »Staat« kann einerseits in Anlehnung an *U. Wesels* »stille Reform« bedeuten, dass das Recht zurück in die Gesellschaft kehrt,[3] verstanden in dem Sinne, dass durch die Unbestimmtheit des Rechts das Entwicklungspotential der Dynamiken gesellschaftlicher Selbstorganisationsprozesse anerkannt und rechtlich berücksichtigt wird.[4] Diese Lockerung kann sich allerdings auch als gefährlich für das Entwicklungspotential (und damit als ungleichheitsrelevant) erweisen, wenn die Machtasymmetrien in der Gesellschaft groß genug sind, dass das entstehende Vakuum einseitig gefüllt wird.[5]

Um diesen rechtlichen Konstruktionsprozess der Ungleichheit näher zu beschreiben, scheint daher weniger das Gesetz, sondern vielmehr das rechtsrelevante Handeln und damit vor allen Dingen die Rechtsanwendung tauglicher Anknüpfungspunkt der Konstruktion von Wirklichkeit und Ungleichheit als eine Facette von Wirklichkeit zu sein.

2 Pistor, *Der Code des Kapitals.*

3 Vgl. Uwe Wesel, »Wenn der Staat verhandelt. Die stille Reform: Der Staat kehrt in die Gesellschaft zurück«, in: *Die Zeit,* 18.11.1999 (1999) zitiert bei Günther Ortmann, *Regel und Ausnahme. Paradoxien sozialer Ordnung,* Frankfurt am Main: Suhrkamp 2003, S. 239; s. u.a. Albers, *Höchstrichterliche Rechtsfindung und Auslegung gerichtlicher Entscheidungen*, S. 260 f.

4 Teil 2.

5 Vgl. Ortmann, *Regel und Ausnahme*, S. 239 mit Verweis auf den »Neoliberalismus«. Zum Vakuum und der strukturierenden Rolle der Rahmenbedingungen vgl. Teil 3 D.V.

II. Rechtsanwendungsspezifische Konstruktion von Wirklichkeit

Ungleichheit ist nicht etwas Feststehendes, den einzelnen Bereichen (Ökonomie, Politik oder Recht) Außenstehendes, sondern entsteht durch eine Vielzahl an dezentralen Einzelentscheidungsprozessen, die durch den Kontext und damit durch die jeweiligen Rahmenbedingungen geprägt sind.[6] Gleichzeitig stellt Ungleichheit selbst den Kontext und ist Rahmenbedingung für Einzelentscheidungsprozesse. Ungleichheit stellt damit nicht einfach einen vorfindlichen, den Einzelentscheidungsprozessen gegenüberstehenden, anknüpfbaren Gegenstand dar, der einfach festgestellt werden kann, sondern ist eine soziale Konstruktion, die in einer kreiskausalen Verflechtung entsteht.[7] Für Recht und seine zugrundeliegenden Praktiken bedeutet dies spezifisch, dass Ungleichheit als ein Ausschnitt von Wirklichkeit nicht etwas außerhalb des Rechts Stehendes ist, an das sich das Recht wendet. Ungleichheit markiert nicht lediglich einen Sachverhalt, der festgestellt werden kann,[8] sondern der durch Praktiken und insbesondere durch Rechtsanwendung mit entsteht, das heißt in einer Vielzahl spezifischer Rechtsanwendungssituationen vor dem Hintergrund konkreter Sachverhalte und der Sachstrukturen der jeweiligen Kontexte, aber auch vor dem Hintergrund rechtlicher Rahmenbedingungen entsteht.[9] Recht und Wirklichkeit sind derart miteinander verwoben, dass eine Betrachtung des Rechts oder der Wirklichkeit von jeweils außen nicht möglich ist. Aus der rechtsanwendungsspezifischen Konstruktion von Wirklichkeit folgt als methodologische Konsequenz zum einen, dass dem Gesetz nicht allein und nicht ausschließlich eine vorstrukturierende Ordnungskraft zukommt, aus der dann eine rechtsspezifische Ungleichheit folge. Anstelle einer hierarchischen Überordnung des Gesetzes beziehungsweise des Gesetzgebers, der den entscheidungsrelevanten Sinn im Gesetzestext anlegt, entsteht der Sinn vielmehr durch Eigenleistung im Moment einer rechtsrelevanten Entscheidungsfindung, das heißt rechtsanwendungsspezifisch. Es gibt keine scharfe Trennlinie

6 Vgl. Einleitung A., B.

7 Peter L. Berger und Thomas Luckmann, *Die gesellschaftliche Konstruktion der Wirklichkeit. Eine Theorie der Wissenssoziologie*, Frankfurt am Main: Fischer-Taschenbücher 1980.

8 In Abgrenzung zur klassischen Konzeption der Rechtsanwendung und der methodologischen Grundannahme, dass Rechtsanwendung durch ein »Hin- und Herwanderns« des Blicks zwischen Norm und Sachverhalt erfolgt, vgl. Karl Engisch, *Logische Studien zur Gesetzesanwendung*, Heidelberg: C. Winter 1963, S. 15.

9 Kye I. Lee, *Die Struktur der juristischen Entscheidung aus konstruktivistischer Sicht*, Tübingen: Mohr Siebeck 2020, S. 52 ff., 97 ff. Vgl. Teil 3 D.V.2.

zwischen (»politischer«) Rechtssetzung und (vermeintlich »unpolitischer«) Rechtsanwendung.[10]

Rechtsanwendung ist dabei mehr als nur ein Hin- und Herwandern des Blicks zwischen Norm und Sachverhalt.[11] »Was als Sachverhalt festgestellt werden soll, entzieht sich dem schlicht betrachtenden Blick; es muss selbst aktiv konstruiert werden [...].«[12] Entscheidend ist jedoch weniger der Umstand der Konstruktion von Wirklichkeit durch Rechtsanwendung, sondern ihre Rückwirkung auf die Konstrukteur:innen: »Recht beeinflusst uns nicht von außen, sondern ist Teil unseres Selbstverständnisses. Wir beginnen uns zu sehen, wie das Recht uns sieht, indem wir an der Konstruktion von Bedeutungen teilnehmen, die das Recht vornimmt. Wir internalisieren die Repräsentation, die das Recht von uns formt, und können unsere Ziele und Einsichten nicht länger von ihnen trennen.«[13] Aus der Dezentralität der Wirk- und Entstehungsweise von Ungleichheit, das heißt in einer Vielzahl dezentraler Einzelentscheidungsvorgänge, folgt nicht nur die Absage an die Vorstellung einer alleinigen und ausschließlichen hierarchischen Ordnungskraft eines Gesetzes oder einer Rechtsordnung, sondern auch an die Vorstellung, dass der rechtsanwendungsspezifische Konstruktionsprozess der Ungleichheit durch ein einheitliches, übergreifendes Vorverständnis der Akteure vordeterminiert sei, und zwar weder in Form eines juristischen Professionalismus, eines Judiz oder eines gemeinsamen rechtskulturellen Überlieferungszusammenhangs, noch einer sachbestimmten Normativität oder einer argumentativen Autorität. Genauso wenig, wie es eine hierarchische Ordnungskraft gibt, besteht auch keine der genannten »vertikalen Autoritäten«, die im Moment einer rechtsanwendungsspezifischen Entscheidung einen die Konkretisierungsleistung vorstrukturierenden Maßstab vorgäben,[14] der im Rahmen der Rechtsanwendung lediglich erkannt oder reflektiert werden müsste, um mit ungleichheitsrelevanten Wirklichkeitsbeschreibungen im Recht »angemessen« umzugehen. Die Absage an eine Vorstrukturierung des rechtsanwendungsspezifischen Konstruktionsprozesses von Wirklichkeit (und damit mitgedacht Ungleichheit als einem Ausschnitt

10 Vgl. Wolfgang Kahl, *Wissenschaft, Praxis und Dogmatik im Verwaltungsrecht,* Tübingen: Mohr Siebeck 2020, S. 138.

11 Engisch, *Logische Studien zur Gesetzesanwendung*, S. 15; Vesting, *Rechtstheorie*, S. 135.

12 Augsberg, *Informationsverwaltungsrecht*, S. 11.

13 Ulrich Haltern, »Notwendigkeit und Umrisse einer Kulturtheorie des Rechts«, in: Horst Dreier und Eric Hilgendorf (Hg.), *Kulturelle Identität als Grund und Grenze des Rechts. Akten der IVR-Tagung vom 28.–30. September 2006 in Würzburg,* Stuttgart, Baden-Baden: Steiner; Nomos 2008, S. 207 f.

14 Vesting, *Rechtstheorie*, S. 136.

von Wirklichkeit) bedeutet allerdings nicht, dass dieser beliebig oder schicksalhaft sei[15] und es keine strukturierenden Mechanismen der Wirklichkeitsverarbeitung durch Recht gäbe, die so eine rechtseigene Wirklichkeit und rechtsspezifische Ungleichheit konstruieren. Vor dem Hintergrund des vielfältigen und auch komplexen Verfahrens juristischer Wirklichkeitskonstruktion ist es unmöglich, sie im Ganzen und in ihrem Detailreichtum beschreiben zu wollen,[16] sodass die Identifizierung von Mechanismen des Zusammenwirkens einen produktiven Ansatz einer Näherung darstellt. Zum einen ist der rechtsanwendungsspezifische Konstruktionsprozess durch materielle Rahmenbedingungen geprägt, was die scheinbar so ›saubere Sphärenbildung‹ zwischen Recht und Wirklichkeit unterläuft und zur Verkoppelung unterschiedlicher Perspektiven zwingt.[17] Recht stellt seine rechtseigene Realität nicht vollständig selbst her. »Im Gegenteil kann gerade ein genauerer Blick auch verdeutlichen, in welchem Maße diese Konstruktion selbst und damit das rechtliche Verfahren im Ganzen von kulturellen Voraussetzungen abhängt,«[18] ohne aber von einem einheitlichen kulturellen Selbstverständnis vordeterminiert zu sein, zumal dies mit Blick auf die Pluralität der Kulturen ohnehin fernliegend scheint.[19] Zum anderen prägen auch rechtliche Rahmenbedingungen die juristische Wirklichkeitsverarbeitung.

Diese Mechanismen sind für die rechtseigene Konstruktion der Realität zentral. Sie sind dabei ebenfalls nicht durch eine unüberschreitbare Linie voneinander getrennt. Vielmehr bestehen Verschleifungen, was auf die ungleichheitsrelevante Reproduktionsdynamik von Wirklichkeitsverarbeitung durch Recht verweist.

15 Vgl. Ino Augsberg, »Wissen und Recht - eine Problemskizze«, in: Ino Augsberg und Gunnar Folke Schuppert (Hg.), *Wissen und Recht*, Baden-Baden: Nomos 2022, S. 28.

16 Ebd.

17 Vgl. idem, *Informationsverwaltungsrecht*, S. 14.

18 Idem, *Wissen und Recht - eine Problemskizze*, S. 28. Zu Recht als Kultur, vgl. insbes. Thomas Vesting, »Legal Knowledge – die kulturwissenschaftliche Perspektive«, in: Ino Augsberg und Gunnar Folke Schuppert (Hg.), *Wissen und Recht*, Baden-Baden: Nomos 2022.

19 Vgl. Christoph Möllers, »Pluralität der Kulturen als Herausforderung an das Verfassungsrecht?«, in: Horst Dreier und Eric Hilgendorf (Hg.), *Kulturelle Identität als Grund und Grenze des Rechts. Akten der IVR-Tagung vom 28.–30. September 2006 in Würzburg*, Stuttgart, Baden-Baden: Steiner; Nomos 2008.

III. Die Wissensdimension der Wirklichkeitskonstruktion

Für die soziale Konstruktion von Wirklichkeiten ist die Wissensdimension zentral.[20] Eine Untersuchung der Wissensgenerierungsprozesse kann das Zusammenwirken der Fragmente realitätsnäher beschreiben und so mögliche Stellschrauben in der Wirklichkeitskonstruktion identifizieren.

1. Entstehung gesellschaftlichen Wissens in sozialen Praktiken und die Rolle der Rahmenbedingungen

a. Wissensgenerierung und Wirklichkeitsverarbeitung – eine Übersicht der Zusammenhänge

Berger und Luckmann gehen davon aus, dass sich Wirklichkeit durch die permanente Erzeugung und praktische Verwendung von Wissen konstituiert. Das Wissen hält dabei Wirklichkeitsbeschreibungen im Sinne von Deutungsschemata bereit, mit deren Hilfe sich eine Gesellschaft selbst beschreibt und definiert.[21] Hieraus folgt, dass Wirklichkeit kein ontologischer Gegenstand, sondern epistemologisch konstruiert ist. Spiegelbildlich zur Ausdifferenzierung der Gesellschaft ist auch das Wissen nicht homogen, sondern differenziert sich und variiert in den jeweiligen Gesellschaftsbereichen. Es entsteht ein Varietätspool an Wissensbeständen, der für die Vervielfältigung von Handlungsmöglichkeiten wesentlich ist. In dem Wissen sind Deutungsschemata festgehalten, wie Wirklichkeit zu sehen und wie dementsprechend das Verhalten auszurichten ist.[22] Diese Wirklichkeitsverarbeitung entlang der in dem Wissen lagernden Deutungsschemata und Erkennungsmuster verweist auf die Bedeutung eines möglichst pluralen Varietätspools, damit eine offene Wirklichkeitsverarbeitung gewährleistet werden kann.

20 Grundlegend insbes. Berger/Luckmann, *Die gesellschaftliche Konstruktion der Wirklichkeit*; Reiner Keller, »Kommunikative Konstruktion und diskursive Konstruktion«, in: Reiner Keller u.a. (Hg.), *Kommunikativer Konstruktivismus. Theoretische und empirische Arbeiten zu einem neuen wissenssoziologischen Ansatz,* Wiesbaden: Springer Fachmedien 2013; vgl. auch Helmut Willke, *Systemisches Wissensmanagement,* Stuttgart: Lucius und Lucius 2001, S. 11 ff.; Niklas Luhmann, *Soziale Systeme. Grundriß einer allgemeinen Theorie,* Frankfurt am Main: Suhrkamp 1987, S. 448.

21 Berger/Luckmann, *Die gesellschaftliche Konstruktion der Wirklichkeit.* Für eine Übersicht, s. insbes. Hubert Knoblauch, *Wissenssoziologie,* Konstanz: UVK Lucius 2014, II. Kapitel 2 »Die gesellschaftliche Konstruktion der Wirklichkeit«.

22 Ebd., S. 178.

Das Wissen wird dabei erst in den Handlungen von Individuen »wirklich«, indem auf Wirklichkeitsbeschreibungen zurückgegriffen und auf eine konkrete Situation zugeführt werden, und so Wirklichkeit permanent konstruiert wird.

b. Die ergebnisoffene Wissensgenerierung durch soziale Praktiken

Das Wissen erhält sich durch die wechselseitige Bestätigung in den sozialen Interaktionen zwischen Individuen und wird zugleich in diesen Interaktionen vor dem Hintergrund einer konkreten Anwendungssituation unablässig weiterentwickelt.[23] Die Entstehung, Tradierung und Veränderung des Wissens (und damit immer mitgedacht der Wirklichkeit) entsteht in einer Vielzahl dezentraler Einzelentscheidungsvorgänge durch *Praktiken*, die dabei weder vor dem Hintergrund einer zentralen Perspektive noch von einer zentralen Stelle, weder von Wissenschaft noch von der Praxis beobachtet oder antizipiert werden können. So stellt die Wissenschaft nicht als einzige zentrale Stelle und auch nicht durch ex ante aufgestellte Theorien, Modelle oder Paradigma neues Wissen her. Vielmehr entsteht neues Wissen kontextrelational in der Praxis in und durch eine Vielzahl an Einzelvorgängen ad hoc und problembezogen durch soziale Praktiken.[24] »Lösungen entstehen nicht aus der Anwendung von Wissen, das es bereits irgendwo gibt und das daher bloß übertragen werden muss. Vielmehr wird das benötigte Wissen sozusagen nach Maß hergestellt, als Antwort auf die Spezifikation, die im konkreten Fall immer erst erarbeitet werden muss.«[25] Es handelt sich um »ein Wissen, das auf Machen, Handeln, Entwerfen und Konstruieren beruht«[26], und damit um ein ›mitlaufendes, mittransportiertes und immer nur aktuell abrufbares Wissen‹ [27]. Die Herstellung dieses praktischen Wissens ist dabei eine »auf die Zukunft ausgerichtete Bewegung [...], die die Herstellung von Wissen als Aufgabe und Entwurf begreift, wobei man allerdings nicht genau weiß, wohin der Wurf geht,«[28] was kennzeichnend für gesellschaftliche Selbstorganisationsprozesse ist, deren Ziel in der Freisetzung

23 Vgl. ebd., S. 359; zur Dogmatik: einführend Teil 1 B. IV 4., vertiefend Teil 3 D.

24 Augsberg, *Informationsverwaltungsrecht*, S. 10 mit Verweis auf Karl-Heinz Ladeur, *Postmoderne Rechtstheorie. Selbstreferenz - Selbstorganisation – Prozeduralisierung*, Berlin: Duncker & Humblot 1995, S. 209 f.

25 Nowotny, *Es ist so – es könnte auch anders sein*, S. 71; Augsberg, *Informationsverwaltungsrecht*, S. 10.

26 Vesting, *Legal Knowledge – die kulturwissenschaftliche Perspektive*, S. 100.

27 Zum »gemeinsamen Wissen« als ein »mitlaufendes, mittransportiertes und immer nur aktuell abrufbares Wissen«, idem, *Rechtstheorie*, S. 142 f.

28 Idem, *Legal Knowledge – die kulturwissenschaftliche Perspektive*, S. 100.

von individueller Kreativität und darüber vermittelt der Vergrößerung des insgesamt in der Gesellschaft bestehenden »Varietätspools« von Wissensbeständen und daraus resultierenden Handlungsoptionen liegt.[29] Die Entstehung des Wissens im Moment des Machens, Handelns, Entwerfens und Konstruierens gestaltet sich im Verfahren und im Fortfahren durch experimentelles Suchen und Probieren, ohne den Ausgang oder das Ergebnis vorwegzunehmen. Für sich genommen sind die Praktiken der Wissensgenerierung in (gesellschaftlichen) Selbstorganisationsprozessen grundsätzlich ergebnisoffen und auch indifferent gegenüber (normativen oder materiellen) Präferenzen.

c. Das Hinzutreten strukturierender Rahmenbedingungen

Die sozialen Praktiken finden allerdings nicht im luftleeren Raum statt, sondern in sozialen, ökonomischen und kulturellen Kontexten, die die jeweiligen Rahmenbedingungen der sozialen Praktiken, damit der Wissensgenerierung und schließlich der Wirklichkeit stellen.

Der Kontext stellt die Rahmenbedingungen, welche wiederum die Weichenstellungen dafür sind, welches Wissen, welche Wirklichkeit und somit auch, welche Handlungskorridore hergestellt werden. Die Wissenssubjekte werden dabei gleichzeitig mit diesen Weichenstellungen als ein Gegenüber konfrontiert und führen sie selbst im Moment der Vornahme einer Praktik selbst herbei. Die Rahmenbedingungen der Umwelt werden im Moment der Vornahme der sozialen Praktiken Teil dessen und so selbst zur Bedingung der eigenen Möglichkeiten.[30] Mit Blick auf die Ungleichheitsrelevanz ist für die Frage, welche Handlungsoptionen und Möglichkeitsräume überhaupt entstehen und sich mit Abstand zueinander entwickeln,[31] dieses Ineinanderschieben von sozialen Praktiken (das heißt Wissen, das durch Machen, Handeln, Entwerfen und Konstruieren ad hoc und problembezogen entsteht) und den materiellen (verstanden als soziale, kulturelle und ökonomische) Gegebenheiten als auch den Eigendynamiken als Rahmenbedingungen essentiell. Dieses sich abzeichnende Ineinanderschieben von sozialen Praktiken und Kontext spielt für die Entstehung und Entwicklung von Handlungskorridoren eine wesentliche Rolle. Je nach den

29 Ino Augsberg, *Theorien der Grund- und Menschenrechte. Eine Einführung*, Tübingen: Mohr Siebeck 2021, S. 42 f.

30 Zu den strukturierenden materiellen Rahmenbedingungen und der Entstehung eines hybrid sozial materiellen Bereichs in der Dogmatik, einführend Teil 1 IV 4. d., vertiefend Teil 3 D. V.2. c. und 3.

31 Zu den Ungleichheitsmechanismen der Inklusion und Abstandsvergrößerung in der Dogmatik, einführend in Teil 1 IV. 5, vertiefend in Teil 3 C. VI.

Rahmenbedingungen gestalten sich die Art und Weise der Praktiken, das durch sie produzierte Wissen und damit die mit den Wirklichkeitsannahmen einhergehenden Möglichkeitsräume anders. Der Wissensgenerierungsprozess ist nicht neutral, objektiv oder wertfrei, sondern durch die sozioökonomischen und soziokulturellen Gegebenheiten bedingt. Wissensgenerierung kann demnach nicht losgelöst von gesellschaftlichen Strukturen verstanden werden und ist immer auch Ausdruck von Herrschafts-, Macht- oder eben Verteilungsstrukturen.

d. Zwischenergebnis

Für die spätere Untersuchung dogmatischer Wissensgenerierungsprozesse sind folgende Punkte festzuhalten: Für die Konstruktion von Wirklichkeit (und immer mitgedacht Ungleichheit) sind Praktiken des Herstellens, Konstruierens und Entwerfens zentral. Sie finden in sozialen Interaktionszusammenhängen statt. Wie für Selbstorganisationsprozesse typisch, weisen diese Praktiken einen experimentellen Charakter auf und sind nach vorne offen, was bedeutet, dass sie grundsätzlich ergebnisindifferent sind. Wenn ein Ausgangsmoment für diese Offenheit identifiziert werden soll, dann ließe sich auf die kreativ-schöpferische Kraft eines Individuums verweisen, das zunächst »eine Art der Gründung aus sich selbst heraus«[32] darstellt, allerdings auf soziale Interaktion angewiesen ist.

Die sozialen Praktiken werden durch die hinzutretenden Rahmenbedingungen strukturiert. Sie sind kontextuell bedingt, was der Vorstellung eines autonomen, von der Umwelt separierbaren Wissensgenerierungsprozesses und damit einem objektiven, neutralen und wertfreien Wissen eine Absage erteilt. Jedes Wissen ist kontextuell und durch die jeweiligen Rahmenbedingungen des Kontextes bedingt. Sie strukturieren den Prozess des Machens, Handelns, Entwerfens und Konstruierens, das daraus hervorgehende Wissen, darauf aufbauend die weitere Wirklichkeitsverarbeitung und damit die Fortentwicklung von Handlungskorridoren.

Das durch Selbstorganisationsprozesse generierte praktische Wissen ist damit auch der Ort des Ineinanderschiebens von scheinbar getrennten Fragmenten im Sinne der sozialen Praktiken und des Materiellen in Form der kontextuellen Rahmenbedingungen. In diesem Prozess des Ineinanderschiebens der Fragmente nimmt das Individuum, also das Wissenssubjekt, eine wesentliche Rolle ein.

32 Vesting, *Legal Knowledge – die kulturwissenschaftliche Perspektive*, S. 103.

2. Manifestation von Handlungsmustern in Kategorien

Aus den sozialen Praktiken des Machens, Handelns, Entwerfens und Konstruierens, die für die Generierung neuen Wissens und die Verarbeitung von Wirklichkeit zentral sind, folgen Handlungsmuster, die sich zu Kategorien ausformen. Diese Kategorien stellen Wissensformen dar.[33] Sie sind nicht als passive Speichermedien misszuverstehen, sondern prägen als ein eigenständiges Element den Wissensgenerierungs- und Wirklichkeitsverarbeitungsprozess.[34]

Der Formbildungsprozess von Wissen zu Kategorien erfolgt im Laufe der Zeit durch Wiederholungen. Die Wissensformen verkörpern ein Wissen, auf das man sich verlässt, weil es bereits sozial erprobt ist, sich bewährt hat und demnach nicht mehr selbst nachgeprüft werden muss.[35] Dieses Wissen geht aus einer Vielzahl vorangegangener Handlungen hervor, deren relevanter Gehalt sedimentiert und in einer Form der Kategorie gespeichert wird,[36] die dann zur Anwendung in einer neuen Situation herangezogen werden kann.[37] Sie halten demnach vertypte Realitätsannahmen fest, die wiederum die weitere Wirklichkeitsverarbeitung in einer neuen Situation anleiten.[38] Es handelt sich bei dem Verwenden einer Wissensform nicht um die Reproduktion einer »ewigen« Wirklichkeitsannahme. Aufgrund der durch Formfassung ermöglichten Wiederholung in einer neuen Anwendungssituation wird im Moment des Fruchtbarmachens der Wissensform eine winzige Differenz ins Spiel gebracht und damit die vertypte Realitätsannahme aktualisiert. Die Leistungsfähigkeit dieser Wissensform liegt zum einen in der Entlastung, indem ein bereits sozial erprobtes und bewährtes Wissen herangezogen werden kann, ohne dieses selbst kleinschrittig erarbeiten zu müssen. Die in der Darstellung der Wissensform erfolgte Verkürzung ermöglicht es, sie für neue Situationen ohne weitere Problematisierung oder weiteren Argumentationsaufwand heranzuziehen, was ebenfalls eine Facette der Entlastung ist.

Diese Kategorien und die in ihnen lagernden vertypten Realitätsannahmen haben dabei einen wesentlichen Anteil an der Wirklichkeitsverarbeitung und damit der Konstruktion von Wirklichkeit[39]: So hat etwa

33 Zur Dogmatik: einführend Teil 1 B. IV. 3., vertiefend Teil 3 C.

34 Zur Performativität von dogmatischen Wissensformen als Speichermedien, Teil 3 C. II. 1.

35 Ebd., S. 89.

36 Teil 3 C. III. 1.

37 Teil 3 C. III. 2.

38 Teil 3 C. III. 3.

39 Zur Selektionsleistung dogmatischer Wissensformen als Kategorien, vgl. Teil 3 IV, und zu ihren Rückkopplungseffekten, vgl. Teil V und VI. Für eine Übersicht zu »Klassifikation und Rückkoppelungseffekten«, insbes. Martina Klausner, »Klassifikationen und Rückkoppelungseffekte«, in: Stefan

Hacking anhand des *Labelling*-Ansatzes zeigen können, dass erst durch das Ausarbeiten von Normen und die Kennzeichnung die Art und Weise, sich selbst zu sehen und in der Gesellschaft zu leben, entsteht. So beschreibt *Hacking* etwa, dass erst in den 1980er Jahren durch die Ausarbeitung und Kennzeichnung von »Personen mit multipler Persönlichkeit« die multiple Persönlichkeit zu einer Art und Weise wurde, sich selbst zu sehen und letztlich zu sein im Sinne von »*a way to be a person*«.[40] Die vertypten und in Kategorien gefassten Realitätsannahmen schaffen so neues, allerdings selektives Wissen, nämlich auf der Grundlage des in den Kategorien gefassten und vertypten bestehenden Wissens.[41] Das in den Kategorien gefasste Wissen, das sich gerade dadurch auszeichnet, sich sozial (in und durch die Vielzahl der Praktiken) bewährt zu haben, nicht mehr im Einzelnen selbst konstruiert werden zu müssen, geht mit bestimmten Anschlussmöglichkeiten und Anschlusszwängen in der Verarbeitung von Wissen einher und verstärkt das bereits Vorhandene dadurch.[42] Das in den Kategorien gefasste Wissen wirkt seinerseits wieder als normative Erwartung auf die sozialen Interaktionen und Praktiken zurück.[43] Eine scharfe Trennung zwischen normativen und kognitiven Erwartungen (oder Faktizität und Normativität oder zwischen instituierten Praktiken und konstitutiven Ordnungen)[44] hebt sich durch den Einbezug der Wissensdimension auf; vielmehr verweist die Wissensdimension auf ein Ineinanderschieben von Bereichen und Ebenen.

IV. Die Wissensdimension der Dogmatik in der rechtseigenen Wirklichkeitskonstruktion

1. Einleitung

Dieses Ineinanderschieben von sozialen Praktiken des Machens, Handelns, Entwerfens und Konstruierens und den materiellen Gegebenheiten

Beck u.a. (Hg.), *Science and Technology Studies – Eine sozialanthropologische Einführung*, transcript Verlag 2012.

40 *I. Hacking* beschreibt dies auch als »Making Up People«, Ian Hacking, *Rewriting the soul. Multiple personality and the sciences of memory*, Princeton: Princeton University Press 1998. Für eine Übersicht Ian Hacking, »Making Up People«, in: *London Review of Books*, 28: 16 (2006); Klausner, *Klassifikationen und Rückkoppelungseffekte*, S. 284.

41 Vesting, *Legal Knowledge – die kulturwissenschaftliche Perspektive*, S. 98.

42 Teil 3 C. IV.

43 Zum verschleiften Prozess der Dogmatik, einführend Teil 1 B. V., vertiefend u.a. in Teil 3 C. V. und Teil 3 D.

44 Vgl. ebd.

der Rahmenbedingungen als auch ihrer Manifestation in Kategorien, die in ihrem Zusammenwirken ein bestimmtes Wissen und damit bestimmte Wirklichkeitsannahmen kreieren, kann auch im Recht und spezifischer in der Dogmatik[45] beobachtet werden. Ein Aufflechten des rechtlichen Wissens- und Wirklichkeitsverarbeitungsprozesses[46] unter Betrachtung des Wissens, das im Rahmen des Konstruktionsprozesses eines jeden rechtsrelevanten Handelns und seiner Rahmenbedingungen entsteht und zu dogmatischen Kategorien und Ordnungen gerinnt, zeigt zum einen, dass es kein »reines« dogmatisches Wissen gibt, sondern Wissen kontextrelational und damit durch die jeweiligen Rahmenbedingungen geprägt ist. Zum anderen gibt es Aufschluss über die Stellschrauben, die für die Varietät des rechtlichen Wissenspools und die daraus resultierenden rechtlichen (und letztlich faktischen) Optionsräume zentral sind. Ein Aufflechten des rechtlichen Wissens- und Wirklichkeitsverarbeitungsprozesses mit Fokus auf Dogmatik ist für die Frage nach der Ungleichheit durch Recht zentral.

2. Ungleichheit durch Recht – eine Frage dogmatischer Wissensgenerierung?

Für die Frage, ob und inwiefern Ungleichheit durch Recht mit konstruiert wird, sind die rechtsspezifischen Wissensgenerierungsprozesse und die rechtseigene Konstruktion von Wirklichkeit in den Blick zu nehmen.

45 Für eine Übersicht der unterschiedlichen Verständnisse von Rechtsdogmatik, vgl. Helmuth Schulze-Fielitz, »Die Wissenschaft des Öffentlichen Recht im Prozess der Selbstreflexion. Eine (Zwischen-)Bilanz«, in: Eric Hilgendorf und Helmuth Schulze-Fielitz (Hg.), *Selbstreflexion der Rechtswissenschaft,* Tübingen: Mohr Siebeck 2021, S. 357 ff.

46 Zum Zusammenhang zwischen Wirklichkeitskonstruktion, Wissen und Recht, Hans-Heinrich Trute, »Wissen - Einleitende Bemerkungen«, in: Hans Christian Röhl (Hg.), *Wissen - zur kognitiven Dimension des Rechts,* Berlin: Duncker & Humblot 2010, S. 14 ff.; Hans-Heinrich Trute, »Governance des Wissens«, in: Peter Weingart und Gert Wagner (Hg.), *Wissenschaftliche Politikberatung im Praxistest,* Baden-Baden: Nomos 2015, S. 117 f.; Thomas Vesting, »§ 20 Die Bedeutung von Informationen und Kommunikationen für die verwaltungsrechtliche Systembildung«, in: Wolfgang Hoffmann-Riem u.a. (Hg.), *Grundlagen des Verwaltungsrechts Bd. 2. Informationsordnung, Verwaltungsverfahren, Handlungsformen,* München: C.H. Beck 2012; Augsberg, *Informationsverwaltungsrecht*, S. 29 f.; Marion Albers, »Information als neue Dimension im Recht«, in: *Rechtstheorie*, 33: 1 (2002); im Zusammenhang mit dem Recht auf informationelle Selbstbestimmung: Marion Albers, *Informationelle Selbstbestimmung,* Baden-Baden: Nomos 2005, S. 87 ff.

Der Wissensdimension der Dogmatik kommt im Rahmen der rechtsspezifischen Wirklichkeitskonstruktion eine wesentliche Rolle zu. Sie ist für die rechtliche Informations- und Wirklichkeitsverarbeitung insbesondere der Rechtspraxis zentral. Dogmatik ist daher durch die Entscheidungsfindungsprozesse insbesondere der Rechtsanwendung an der rechtseigenen Wirklichkeitskonstruktion beteiligt. Die Besonderheit dogmatischer Wissensgenerierungsprozesse in Abgrenzung zu anderen Untersuchungen rechtseigener Wirklichkeitskonstruktion liegt in dem Einbezug der Vernetzung der rechtswissenschaftlichen Beiträge, die die rechtspraktischen Entscheidungsfindungen aufbereiten und weiterverarbeiten.[47]

Das Wissen der Dogmatik beruht auf Praktiken dogmatischen Entwerfens, Herstellens und Konstruierens. Diese dogmatischen Entwurfsgeschehen zielen darauf ab, situations- und problemspezifisch Fall und Rechtsnorm gelungen einander anzunähern und vor diesem konkreten Hintergrund den Bedeutungsgehalt einer dogmatischen Kategorie plausibel zu begründen. Dieses dogmatische Entwurfsgeschehen findet etwa in einer Rechtsanwendungssituation statt, in welcher ein Sachverhalt unter Heranziehung der einschlägigen Rechtsnorm kreativ-schöpferisch verarbeitet wurde. Dieses dogmatische Entwurfsgeschehen erfolgt anhand der Beobachtung der anderen, am dogmatischen Diskurs teilnehmenden Akteure als auch in mimetischer Orientierung an ihnen, und findet damit in sozialen Interaktionszusammenhängen statt. Das praktische Wissen der Dogmatik entsteht dabei in und durch eine Vielzahl an rechtsrelevanten Einzelvorgängen ad hoc und problembezogen als Antwort auf die Spezifikation einer Rechtsanwendungssituation. Durch diesen kreativ-schöpferischen Prozess in einer Rechtsanwendungssituation kann sich grundsätzlich die Varietät des rechtlichen Wissenspools vergrößern, woraus rechtliche Möglichkeitsräume zur Realisierung faktischer Handlungsmöglichkeiten resultieren. Die Momente rechtsrelevanten Herstellens, Entwerfens und Konstruierens sind durch den Kontext, insbesondere die materiellen Gegebenheiten der Rechtsanwendungssituation, bedingt. Diese materiellen Gegebenheiten umfassen etwa das

47 Vgl. Andreas von Arnauld, »Die Wissenschaft vom Öffentlichen Recht nach einer Öffnung für sozialwissenschaftliche Theorie«, in: Andreas Funke und Jörn Lüdemann (Hg.), *Öffentliches Recht und Wissenschaftstheorie*, Tübingen: Mohr Siebeck 2009, S. 68 ff.; Ino Augsberg, »Multi-, inter-, transdisziplinär? Zum Erfordernis binnenjuristischer Metaregeln für den Umgang mit extrajuridischem Wissen im Verwaltungsrecht«, in: ders., *Extrajuridisches Wissen im Verwaltungsrecht. Analysen und Perspektiven*, Tübingen: Mohr Siebeck 2013, S. 14; Philipp Sahm, *Elemente der Dogmatik*, Weilerswist: Velbrück Wissenschaft 2018, S. 21 ff.; Matthias Jestaedt, »Wissenschaft im Recht. Rechtsdogmatik im Wissenschaftsvergleich«, in: *JuristenZeitung*, 1 (2014), S. 6; Martin Morlok, *Was heißt und zu welchem Ende studiert man Verfassungstheorie?*, Berlin: Duncker & Humblot 1988, S. 40.

Geld- und Sachvermögen einer Person oder das durch soziokulturell geprägte Erfahrungen vermittelte Vermögen, Recht zu mobilisieren. Sie strukturieren im Sinne von Weichenstellungen, ob und inwiefern es zu einem rechtsrelevanten Handeln und letztlich zur Generierung dogmatischen Wissens kommt. Aus der Vielzahl von Konstruktionsprozessen im Rahmen der Rechtsanwendung folgen rechtsrelevante Handlungsmuster, deren sedimentierter Gehalt zu dogmatischen Kategorien gerinnt. Dogmatische Kategorien oder Wissensformen umfassen dabei sowohl dogmatische Begriffs- und Typologiebildungen und dogmatische Argumentationsfiguren als auch dogmatische Ordnungen und Teilordnungen. Wie das praktische Wissen der Dogmatik – insbesondere unter strukturierendem Einfluss der Rahmenbedingungen – entsteht, hat Einfluss auf die Formung dogmatischer Kategorien, die zum einen aufgrund der in ihnen lagernden vertypten Realitätsannahmen mit spezifischen Anschlussmöglichkeiten und Anschlusszwängen in der weiteren Wirklichkeitsverarbeitung eines dogmatischen Entwurfsgeschehens einhergehen und zum anderen den Ausformungsprozess des Bedeutungsgehalts dogmatischer Wissensformen kanalisieren.

Für die Frage nach der Ungleichheit durch Recht sind die dogmatischen Wissensgenerierungsprozesse insbesondere dahingehend bedeutsam, dass die dogmatischen Praktiken nicht nur Kategorien als Variationsrahmen für dogmatische Praktiken und damit einen dogmatischen Handlungskorridor hervorbringen, sondern vor dem Hintergrund der Bedeutung der Dogmatik für das Recht zugleich auch rechtliche Optionsräume mit konstruieren. Eine Ungleichheitsrelevanz erhalten diese rechtlichen Optionsräume dann, wenn sie Ressourcencharakter aufweisen, das heißt etwa für die faktischen Handlungsmöglichkeiten mitbestimmend sind. Die aus den gesellschaftlichen Selbstorganisationsprozessen resultierenden Handlungsoptionen bedürfen per se nicht des Rechts, allerdings kann ein rechtliches Begleiten und rechtliches Abstützen gesellschaftliche Selbstorganisationsprozesse optimieren und erleichtern. Den Ressourcencharakter einer Verrechtlichung etwa von Gütern zu Kapitalgütern hat unter anderem *K. Pistor* veranschaulicht.[48] Wie dogmatische Kategorien entstehen, welches Wissen aufgrund welcher Stellschrauben verarbeitet und produziert wird, gibt demnach Aufschluss über die Rolle des Rechts in der Ungleichheitsgenese.

3. Vertypte Realitätsannahmen in dogmatischen Kategorien

Dogmatik markiert eine rechtsspezifische Kompetenz der Selektion und Speicherung von Wissen, um Wirklichkeit aus der Perspektive des Rechts

48 Pistor, *Der Code des Kapitals.*

im Rahmen der Rechtsinterpretation einer Rechtsanwendungssituation unter Heranziehung einer Rechtsnorm operabel zu gestalten. Dogmatik wird in dieser Hinsicht auch als Zwischenschicht zwischen Rechtsnorm und Rechtsanwendung beschrieben.[49] Dogmatische Wissensformen (wie etwa Begriffsbildungen, Systematisierungsbeiträge, Prinzipien und Argumentationsfiguren) speichern Wissen, wie Wirklichkeit in einer Vielzahl von Rechtsanwendungssituationen unter Heranziehung einer Rechtsnorm verarbeitet wurde.[50] In dem sedimentierten Gehalt der Vielzahl an Rechtsanwendungssituationen lagern vertypte Wirklichkeitsbeschreibungen, die mit spezifischen Anschlussmöglichkeiten und -zwängen der weiteren Informationsverarbeitung einhergehen. Sie generieren so neues selektives Wissen.

Entscheidend ist dabei weniger die Speicherung des Wissens in dogmatischen Kategorien im Sinne einer Sammlung vergangener rechtsrelevanter Ereignisse und damit rechtsrelevanter Daten bzw. Informationen, sondern vielmehr die damit ›gewährleistete Möglichkeit der künftigen Wiederholung des gespeicherten Ereignisses, die erst das entstehen lässt, was rechtlich nicht als irrelevante Singularität verworfen wird, sondern als Faktum akzeptiert wird‹[51]. Bei der Speicherung dogmatischen Wissens in Kategorien geht es folglich nicht um die rückblickende Reflektion vergangener rechtsrelevanter Einzelereignisse, die letztlich zu Dogmatik gerinnen, sondern um ein auf die Zukunft ausgerichtetes Fruchtbarmachen des sedimentierten Gehalts für einen neuen Konstruktionsprozess etwa im Rahmen der Rechtsanwendung. Die dogmatischen Kategorien strukturieren dabei den Vorgang des Fruchtbarmachens und letztlich den Wirklichkeits- und Wissensverarbeitungsprozess. Entscheidend sind dabei die in dem dogmatischen Wissen gelagerten vertypten Realitätsannahmen. Sie halten Deutungsschemata für die rechtseigene Verarbeitung von Wirklichkeit in einer ungewissen Entscheidungs- und Anwendungssituation bereit und können so Wirklichkeit aus der Perspektive des Rechts im Rahmen der Rechtsinterpretation operabel gestalten. Indem sie den sedimentierten Gehalt einer Vielzahl an Rechtsanwendungsvorgängen, wie Wirklichkeit unter Heranziehung einer Rechtsnorm verarbeitet wurde, und damit einen Vorrat an vergangenen Ereignissen[52] festhält, stellt sie eine Form des Wissens bereit, auf das man sich verlässt, weil es in und durch eine Vielzahl an Fällen bereits erprobt ist und

49 Eifert, *Zum Verhältnis von Dogmatik und pluralisierter Rechtswissenschaft*, S. 81.

50 Zu den dogmatischen Wissensformen, Teil 3 C.

51 Eine Beobachtung, die *I. Augsberg* nicht mit Blick auf Dogmatik, sondern auf Akte und Archive, macht, allerdings auch auf Dogmatik übertragen werden kann, vgl. Augsberg, *Informationsverwaltungsrecht*, S. 13.

52 Elena Esposito, *Soziales Vergessen. Formen und Medien des Gedächtnisses der Gesellschaft*, Frankfurt am Main: Suhrkamp 2002, S. 24.

sich bewährt hat; ›ein implizites Wissen über Auslegung, Anwendung und Folgen bzw. Wirkungen von Normen, das über die Herausbildung von Regeln und Begriffen explizit gemacht wird‹[53]. Der Konstruktionsprozess muss nicht mehr im Einzelnen kleinschrittig nachvollzogen und selbst entworfen werden. Wie bereits bei *Hacking* gesehen, sind das Ausarbeiten von Normen und ihre Kennzeichnung durch Kategorien für die Konstruktion von Wirklichkeit zentral.[54] Entscheidend für die rechtseigene Konstruktion von Wirklichkeit ist dabei nicht, dass Kategorien vertypte Realitätsannahmen ausdrücken, sondern dass sie im Rahmen der durch die Formfassung ermöglichten Wiederholung selektiv nur für spezifische Wirklichkeitsbeschreibungen anschlussfähig sind,[55] indem nur diejenigen Wirklichkeiten verarbeitet werden, die zur vertypten Wirklichkeitsbeschreibung passen. Es wird damit eine spezifische Realität (nämlich auf der Grundlage der bestehenden Realitätsannahmen dogmatischer Kategorien) konstruiert und weiter verfestigt.[56] Das in Kategorien gefasste dogmatische Wissen und die darin gelagerten Realitätsannahmen konstruieren als kognitive Infrastruktur der Rechtsinterpretation in einer Rechtsanwendungssituation eine spezifische Wirklichkeit. Die am dogmatischen Diskurs beteiligten Akteure treffen damit nicht lediglich auf eine Wirklichkeit, die Fragen nach dem Umgang und der Verarbeitung aufwerfen. Sie sind die eigentlichen Erzähler der Geschichten der Wirklichkeit.[57] Mit der zugrunde gelegten Wirklichkeitsbeschreibung gehen dann bestimmte Handlungsmöglichkeiten, zunächst rechtlicher und mittelbar schließlich faktischer Natur, einher. Auch sie werden im Moment des Fruchtbarmachens einer dogmatischen Wissensform weiter ausgebaut und verfestigt.[58] Der Umgang mit komplexen Phänomenen wie etwa Ungleichheit hängt demnach maßgeblich von der Qualität der vertypten Wirklichkeitsbeschreibung ab.

53 Kahl, *Wissenschaft, Praxis und Dogmatik im Verwaltungsrecht*, S. 82.

54 Für das Recht am Beispiel des Geschlechts, vgl. etwa Berit Völzmann, »Postgender im Recht? Zur Kategorie ›Geschlecht‹ im Personenstandsrecht«, in: *JuristenZeitung*, 74: 8 (2019).

55 Vgl. etwa im Rahmen der Form der Rechte Christoph Menke, *Kritik der Rechte*, Berlin: Suhrkamp 2015.

56 Für das Recht am Beispiel des Geschlechts i.S.d. der juristischen Konstruktion von Geschlecht, vgl. Susanne Baer und Sarah Elsuni, »Feministische Rechtstheorien«, in: Eric Hilgendorf und Jan C. Joerden (Hg.), *Handbuch Rechtsphilosophie*, Stuttgart: J.B. Metzler 2021.

57 Vgl. Karl-Heinz Ladeur, »Soziale Epistemologie der Demokratie. Theoretische Überlegungen zur Bindung von Unbestimmtheit durch Insitutionen in der postmodernen Gesellschaft«, in: Ino Augsberg (Hg.), *Ungewissheit als Chance. Perspektiven eines produktiven Umgangs mit Unsicherheit im Rechtssystem*, Tübingen: Mohr Siebeck 2009, S. 135.

58 Einführend Teil 1 IV.5, vertiefend Teil 3 D. V. 3.

Diese strukturimmanenten Mechanismen dogmatischer Wissenserzeugung als Element rechtsspezifischer Wirklichkeitskonstruktion, die in den dogmatischen Kategorien strukturell angelegt sind, haben Implikationen auf den kreativ-schöpferischen Moment, wie Wirklichkeit unter Heranziehung einer Rechtsnorm in einer spezifischen Rechtsanwendungssituation verarbeitet wird, das heißt auf Momente rechtsrelevanten Herstellens, Entwerfens und Konstruierens. Sie haben damit Implikationen auf die Varietät rechtlicher Wissensbestände und die daraus resultierenden rechtlichen Möglichkeitsräume zur Verfolgung und Realisierung faktischer Optionsräume.

4. Die soziale Praxis der Dogmatik

a. Einleitung

Wird Dogmatik als soziale Praxis (das heißt als instituierende Praktiken)[59] in sozialen Interaktionszusammenhängen entstehend beschrieben (b.),[60] ermöglicht dies zum anderen die kontextuelle Bedingtheit und damit die strukturierenden Effekte der Rahmenbedingungen zu thematisieren. Die Rahmenbedingungen dogmatischer Praktiken stellen die Weichenstellungen dafür, welches Wissen und welche Wirklichkeit hergestellt werden und in den dogmatischen Kategorienbildungsprozess einfließen, der wiederum für die Ausformung und weitere Entwicklung des Gehalts des Rechts zentral ist. Entscheidend ist dabei, dass sich in den dogmatischen Kategorien als epistemische Räume (verstanden als Orte, an denen die Interaktionen und damit Wissensgenerierungsprozesse stattfinden) soziale und materielle Aspekte treffen (c.), ohne dass sich die materiellen und sozialen Dimensionen beziehungsweise die Sozialstrukturen der Dogmatik und die materiellen Gegebenheiten der Wirklichkeit als Rahmenbedingungen zwangsläufig wechselseitig determinieren und sich erst recht nicht eins zu eins übersetzen lassen. Es kommt vielmehr zu einem hybrid sozial-materiellen Bereich, der aus einer Passung zwischen *epistemischen Räumen* und Möglichkeitsräumen entsteht (d.). Die Weichenstellungen der materiellen Gegebenheiten der Wirklichkeit bleiben nicht länger außerrechtliche bzw. außerdogmatische Umstände, mit denen ein rechtsrelevant schöpferisch tätig werdender Akteur konfrontiert wird. Sie werden im Moment des Entwerfens, Herstellens und Konstruierens Teil der sozialen Praxis und damit Teil der dogmatischen,

59 Teil 3 D.

60 *W. Kahl* spricht auch von einem Interaktionsraum, vgl. Kahl, *Wissenschaft, Praxis und Dogmatik im Verwaltungsrecht*, S. 94.

rechtlichen und schließlich faktischen Optionsräume. Sie wirken auf die außerdogmatische und schließlich außerrechtliche Umwelt zurück. Dieses Ineinanderschieben von sozialer und materieller Dimension von Dogmatik hat Auswirkungen auf die Entwicklung der Handlungskorridore und damit auf die Ungleichheitsgenese (5.).[61]

b. Soziale Interaktionszusammenhänge

Zentral für die Entwicklung des in dogmatischen Kategorien gefassten Wissens und damit für die rechtseigene Konstruktion von Wirklichkeit sind Praktiken dogmatischen Entwerfens, Herstellens und Konstruierens. Das dogmatische Wissen (und abstrakter gefasst: Dogmatik) ist »Ergebnis probierenden Handelns«, aus dem dann im Laufe der Zeit institutionalisierte Praktiken hervorgehen. Dieses experimentelle Handeln findet in unterschiedlichen sozialen Interaktionszusammenhängen zwischen den einzelnen Akteuren der Rechtspraxis und Rechtswissenschaft statt.[62] Das dogmatische Wissen erhält sich durch die wechselseitige Bestätigung in den Interaktionen zwischen Akteuren der Rechtswissenschaft und Rechtspraxis und wird zugleich in diesen Interaktionen vor dem Hintergrund einer konkreten Anwendungssituation unablässig weiterentwickelt. Diese dogmatische Dynamik bringt eine Ordnung hervor, die allen dogmatischen Akteuren die Rolle eines beteiligten, nicht eines bestimmenden Subjekts zuweist.[63]

Charakteristisch für die dogmatischen Interaktionszusammenhänge ist die Kopräsenz der Akteure. Die einzelnen Beiträge, die etwa von

61 Weiß, *Globale Ungleichheiten*, S. 194; Peter Weichhart, »Gesellschaftlicher Metabolismus und Action Settings. Die Verknüpfung von Sach- und Sozialstrukturen im alltagsweltlichen Handeln«, in: Peter Meusburger (Hg.), *Humanökologie. Ansätze zur Überwindung der Natur-Kultur-Dichotomie*, Stuttgart: Steiner 2003.

62 Zur Dogmatik als gemeinsamer Kommunikationsraum, vgl. u.a. Kahl, *Wissenschaft, Praxis und Dogmatik im Verwaltungsrecht*, S. 94; Matthias Jestaedt, »Wissenschaftliches Recht. Rechtsdogmatik als gemeinsames Kommunikationsformat von Rechtswissenschaft und Rechtspraxis«, in: Gregor Kirchhof u.a. (Hg.), *Was weiß Dogmatik? Was leistet und wie steuert die Dogmatik des Öffentlichen Rechts?*, Tübingen: Mohr Siebeck 2012, S. 127; Horst Dreier, »Rechtswissenschaft als Wissenschaft. Zehn Thesen«, in: ders., *Rechtswissenschaft als Beruf*, Tübingen: Mohr Siebeck 2018, S. 47. Zur Dogmatik als Transmissionsriemen der Rechtswissenschaft, um Anschluss an reale Problemlagen zu finden, vgl. Klaus Ferdinand Gärditz, »Die ›Neue Verwaltungsrechtswissenschaft‹ - Alter Wein in neuen Schläuchen?«, in: Martin Burgi (Hg.), *Zur Lage der Verwaltungsrechtswissenschaft*, Berlin: Duncker & Humblot 2017, S. 128.

63 Zur Herausbildung diskursiver Autoritäten (bspw. des EuGH oder BVerfG) und ihren dekonstruktiven Effekten, vgl. Teil 3 D. V.2.b.cc.

der Rechtspraxis durch Gerichtsentscheidungen oder von der Rechtswissenschaft durch ihre Kommentierungen geleistet werden, stellen dabei jeweils keine »Einbahnstraße« dar,[64] die einseitig in das dogmatische System einfließen und sequenziell von der Rechtspraxis oder Rechtswissenschaft verarbeitet werden.[65] Vielmehr sind die einzelnen Beiträge als soziale Interaktionen zwischen Rechtswissenschaft und Rechtspraxis im Konstruktionsprozess von einer Gleichzeitigkeit geprägt. Sie sind wechselseitig aufeinander bezogen und beeinflussen sich gegenseitig. Für die Operationalität von Dogmatik kommt es gerade auf die Kopräsenz des jeweils anderen an. Es besteht damit nicht nur eine »produktive Wechselwirkung zwischen Wissenschaft und Praxis«,[66] vielmehr sind Rechtswissenschaft und Rechtspraxis im Rahmen der Dogmatik aufeinander angewiesen.[67] Rechtswissenschaftlich dogmatisches Handeln ist nur aufgrund der Kopräsenz der Rechtspraxis möglich und umgekehrt bedarf die Rechtspraxis der dogmatischen Beiträge der Rechtswissenschaft, um durch Kohärenz des geltenden Rechts Vorhersehbarkeit und damit Rechtssicherheit zu gewährleisten. Die Weiterentwicklung der Dogmatik bei gleichzeitiger Gewährleistung der Kohärenz der Rechtsordnung erfolgt aufgrund des kooperativen Prozesses zwischen den jeweils aufeinander bezogenen, sich gegenseitig beeinflussenden Beiträgen des jeweils anderen.[68] Die Wissensordnung der Dogmatik entsteht damit nur aufgrund der komplementären Interaktionen zwischen Rechtspraxis und Rechtswissenschaft. Ob und wie es zu den Interaktionszusammenhängen kommt, ist damit entscheidend für den Kategorienbildungsprozess, das heißt für die Speicherung eines sedimentierten Wissensstocks, wie Wirklichkeit in einer Vielzahl von Rechtsanwendungssituationen

64 Karl Larenz und Claus-Wilhelm Canaris, *Methodenlehre der Rechtswissenschaft*, Berlin, Heidelberg: Springer 1995, S. 56.

65 Zurückhaltender etwa bei *H. Schulze-Fielitz: »Das Gericht geht voran, die begleitende Wissenschaft trägt die Schleppe.«*, Helmuth Schulze-Fielitz, »Das Bundesverwaltungsgericht als Impulsgeber für die Fachliteratur«, in: Eberhard Schmidt-Aßmann (Hg.), *Festgabe 50 Jahre Bundesverwaltungsgericht*, Köln: Heymann 2003, S. 1071; Bernd Rüthers, »Rechtsdogmatik als Schranke des Richterrechts?«, in: *Jahrbuch des öffentlichen Rechts der Gegenwart*, 64: 1 (2016), S. 329.

66 Wolfgang Durner, »Die Wissenschaft vom Öffentlichen Recht in Verwaltung und Wirtschaft«, in: *Die Verwaltung*, 48: 2 (2015), S. 206; Friedrich Schoch, »Verwaltungsrechtswissenschaft zwischen Theorie und Praxis«, in: *Die Verwaltung Beiheft*, 12 (2017), S. 13.

67 Albers, *Höchstrichterliche Rechtsfindung und Auslegung gerichtlicher Entscheidungen*, S. 270.

68 Vgl. Karl-Peter Sommermann, »Das Verhältnis von Rechtswissenschaft und Rechtspraxis im Verwaltungsrecht. Vergleichende Betrachtungen zu Deutschland und Frankreich«, in: *Die Verwaltung*, 50: 1 (2017), S. 94.

unter Heranziehung einer Rechtsnorm verarbeitet wurde, was wiederum für die künftige Wiederholung mit spezifischen Anschlussmöglichkeiten und -zwängen einhergeht. Für die Frage, was rechtlich nicht als irrelevante Singularität verworfen wird, sondern als Faktum akzeptiert wird,[69] sind die rechtlichen Rahmenbedingungen der sozialen Interaktionszusammenhänge, insbesondere durch Beobachtung der anderen und die mimetische Orientierung an ihnen, entscheidend.[70] Selbstverständlich bedeutet der Umstand, dass ein Funktionssystem auf Interaktionen angewiesen ist, nicht zwangsläufig, dass die Logik der Interaktionen »nach oben« durchgreifen muss. Allerdings kommt der Dogmatik im Rahmen rechtsrelevanten Handelns für die Frage, welche Informationen der Wirklichkeit rechtlich relevant sind, das heißt als rechtlich relevant in das Recht inkludiert werden, eine zentrale Rolle zu, sodass das »Ob« und »Wie« des Zustandekommens dogmatischer Interaktionszusammenhänge für die Entwicklung des Rechts im Allgemeinen und für die Entstehung rechtlicher – und letztlich faktischer – Möglichkeitsräume von bestimmender Bedeutung ist.

Versteht man Dogmatik als soziale Praxis, das heißt in Interaktionszusammenhängen entstehend, stellt dogmatisches Wissen kein – wie etwa bei *J. Esser* sich aus einer historischen Kontinuität herausbildendes[71] – Vor-Verständnis dar, sondern ist vielmehr ein in jeder Interaktion mitlaufendes, mittransportiertes und immer nur aktuell abrufbares Wissen.[72] Auch vor dem Hintergrund der in dogmatischem Wissenangelegten zukunftsgerichteten Funktion einer Gewährleistung der Wiederholung kann dogmatisches Wissen kein vordeterminierendes Verständnis darstellen. Gleichzeitig ist die Ermittlung des Gehalts des Rechts und welches Wissen als relevant in den dogmatischen Kategorienformungsprozess einfließt, nicht beliebig oder schicksalhaft. In den Interaktionszusammenhängen entwickeln sich zugleich die impliziten Regeln und Kriterien, ob und inwiefern welches Wissen in den dogmatischen Kategorienbildungsprozess einfließen darf und wie ein angemessener Verarbeitungsprozess aussieht. Die Kriterien und Regeln entwickeln sich dabei sowohl explizit wie implizit durch das unablässige Einüben und den unablässigen Gebrauch dogmatischen Wissens. Die Einübung,

69 Eine Beobachtung, die *I. Augsberg* nicht mit Blick auf Dogmatik, sondern auf Akte und Archive, macht, allerdings auch auf Dogmatik übertragen werden kann, vgl. Augsberg, *Informationsverwaltungsrecht*, S. 13.

70 Vertiefend zur Mimesis, Teil 3 D. IV. 2. c. bb.

71 Josef Esser, *Grundsatz und Norm in der richterlichen Fortbildung des Privatrechts. Rechtsvergleichende Beiträge zur Rechtsquellen- und Interpretationslehre*, Tübingen: Mohr Siebeck 1990, S. 182; Josef Esser, *Vorverständnis und Methodenwahl in der Rechtsfindung. Rationalitätsgrundlagen richterlicher Entscheidungspraxis*, Scriptor 1975, S. 23.

72 Allgemein zum gemeinsamen Wissen, vgl. Vesting, *Rechtstheorie*, S. 142.

Überwachung und Durchsetzung der Kriterien und Regeln der Ermittlung des Gehalts des Rechts erfolgen zum einen unmittelbarer durch die institutionellen Rahmenbedingungen wie etwa der juristischen Ausbildung oder in der gerichtlichen Praxis und zum anderen mittelbarer in den soziokulturellen und materiellen Gegebenheiten der Interaktionszusammenhänge.

c. Dogmatische Kategorien als Interaktionsräume

Die dogmatischen Kategorien sind dabei nicht nur als Kristallisationspunkte dogmatischer Praktiken im Sinne einer Sammlung vergangener dogmatischer Entwurfsgeschehen zu verstehen, was dogmatische Kategorien auf eine rein nachträgliche, rückblickende Dimension verkürzen würde, ohne diese Nachträglichkeit gänzlich negieren zu wollen. Dogmatische Kategorien sind allerdings mehr: Sie werden für den dogmatischen Diskurs, das heißt für die sozialen Interaktionszusammenhänge, zu einer Art Aufhänger oder Treffpunkt[73] für Interaktionen zwischen den Akteuren der Rechtswissenschaft und der Rechtspraxis. Die dogmatischen Begriffsbildungen sind dafür ein anschauliches Beispiel. Wird zur Annäherung von Fall und Rechtsnorm etwa an einem dogmatischen Begriff gearbeitet, dann wird der Begriff zum Aufhänger der Beobachtung und der mimetischen Orientierung an den Begriffskonstruktionen anderer Akteure. Kennzeichnend für dogmatische Kategorien, verstanden als Interaktionsräume, ist,[74] dass sie bestimmte Handlungen nahelegen und Akteure sie zur Verfolgung einer gemeinsamen Intention aufsuchen.[75] Für die Dogmatik markiert diese gemeinsame Intention die Systemnutzung wie -bildung. Es geht dogmatischen Akteuren gerade darum, in komplementären Handlungen dogmatische Wissensbestände zugleich zu nutzen und systembildend zu wirken.[76] Die Interaktionsräume legen dabei den Variationsrahmen für rechtsrelevante Handlungen nahe, indem sie etwa in Form der vertypten Realitätsannahmen mit bestimmten Anschlussmöglichkeiten und Anschlusszwängen der weiteren Wirklichkeitsverarbeitung einhergehen.[77] Die Eigenschaften der

73 Nicht im örtlichen, sondern übertragenen Sinn verstanden.

74 Angelehnt an den Begriff der *action settings*. Ursprünglich sind action settings territorial, das heißt als ein sozial-territorialer Ort, konzeptualisiert., Weiß, *Soziologie globaler Ungleichheiten*, S. 192 ff. Sie können aber auch um »nicht-materielle bzw. virtuelle Fixpunkte herum entstehen«, ebd., S. 210.

75 Am Beispiel des Kaufhauses als action setting, ebd., S. 194.

76 Zur Dogmatik als Systemnutzung und Systembildung zugleich, Schmidt-Aßmann, *Das allgemeine Verwaltungsrecht als Ordnungsidee*, S. 5; vgl. auch Kahl, *Wissenschaft, Praxis und Dogmatik im Verwaltungsrecht*, S. 105.

77 Einleitend Teil 1 B IV. 5., vertiefend Teil 3 D. V. 3.

Interaktionsräume sind wesentlich für die Qualität der sozialen Praktiken, damit der Wissensgenerierung und schließlich der Wirklichkeitskonstruktion.

d. Der hybrid sozial-materielle Bereich

aa. Rahmenbedingungen als Funktionsvoraussetzung rechtsrelevanten Handelns

In den dogmatischen Kategorien manifestieren sich dabei nicht nur die sozialen Praktiken dogmatischen Entwerfens, Konstruierens und Herstellens der Dogmatik (im Sinne der sozialen Praxis), sondern auch die jeweiligen Rahmenbedingungen der Praktiken, etwa die materiellen Gegebenheiten. Die sozialen und materiellen Dimensionen determinieren sich nicht zwangsläufig gegenseitig. Mit Blick auf das *Luhmann'sche* soziale System kann grundsätzlich davon ausgegangen werden, dass die rekursiven kommunikativen Strukturen zwar Materielles thematisieren, dies allerdings nicht bedeuten muss, dass das Materielle zwangsläufig durch sie bedingt ist.[78] Die Sachstrukturen der materiellen Wirklichkeit, die je nach Kontext die faktischen Möglichkeitsräume einengen können, übersetzen sich nicht automatisch und nicht zwangsläufig in die Strukturen der Dogmatik als soziale Praxis. Umgekehrt bedeuten rechtliche Möglichkeitsräume durch dogmatische Wissensgenerierungsprozesse nicht automatisch faktische Möglichkeiten und erst recht nicht ihre Realisierung.

Begreift man Dogmatik als Interaktionssystem, dann lässt sich jedoch ein Überschneidungsbereich identifizieren, der ontologisch hybrid und zugleich materiell und sozial zu begreifen ist.[79] Für die Entstehung von Ungleichheitsstrukturen ist dabei nicht allein entscheidend, dass sich die materielle Dimension in die soziale Dimension der Dogmatik einmalig einschreibt, sondern vielmehr der Umstand, dass es zu einem hybrid sozial-materiellen Bereich kommt, der eine strukturelle Passung zwischen dogmatischen Kategorien und Möglichkeitsräumen bewirkt.[80] Der hybrid sozial-materielle Bereich einer dogmatischen Kategorie entwickelt sich in Form eines verschleiften, nichtlinearen und auf Dauer gestellten Prozesses, der nicht mit einem einmaligen Einschreiben des materiellen Aspekts in die soziale Dimension der Dogmatik entsteht und automatisch eine Passung zwischen dogmatischer Kategorie und Möglichkeitsräumen bedeutet. Vielmehr entwickelt sich der Prozess rekursiv und

78 Weichhart, *Gesellschaftlicher Metabolismus und Action Settings*, S. 39; Weiß, *Soziologie globaler Ungleichheiten*, S. 193.

79 Weiß, *Soziologie globaler Ungleichheiten*, S. 193.

80 Ebd., S. 194.

durch eine Vielzahl an Interaktionen unterschiedlicher Akteure im Laufe der Zeit. Dies bedeutet, dass es auch Brüche in dem Prozess geben kann, die eine neue Entwicklungsrichtung anstoßen können, was auch darauf verweist, dass je nach Justierung der strukturellen Stellschrauben ein solcher Prozess veränderbar ist.

Für die Fragen, wie sich die materielle Dimension in die soziale Praxis der Dogmatik einschreibt und wie es zu der für den hybrid sozial-materiellen Bereich charakteristischen Passung zwischen dogmatischer Kategorie und Möglichkeitsräumen kommt, sind die Rahmenbedingungen insbesondere im Sinne der sozioökonomischen und soziokulturellen Gegebenheiten produktive Anknüpfungspunkte. Die aus dem jeweiligen Kontext eines dogmatischen Entwurfsgeschehens fließenden Rahmenbedingungen sind dabei vielfältig und selbstverständlich nicht auf diese zu reduzieren. Sie sind allerdings vor dem Hintergrund des Bezugspunkts der Ungleichheit naheliegend. Als sozioökonomische und soziokulturelle Gegebenheiten lassen sich für die Untersuchung der Ungleichheit etwa die monetaristischen und kommerziellen Handlungsziele, die zur Verfügung stehenden ökonomischen Ressourcen und soziokulturellen Kompetenzen der Mobilisierung des Rechts nennen. Sie alle beschreiben zunächst Rahmenbedingungen der rechtlichen Umwelt. Sie legen nahe, ob und inwiefern dogmatische Kategorien im Rahmen eines dogmatischen Entwurfsgeschehens etwa in Form der Rechtsanwendung fruchtbar gemacht werden. Die Rahmenbedingungen determinieren dabei nicht, ob und inwiefern dogmatische Kategorien als Interaktionsräume im Rahmen rechtsrelevanten Handelns aufgesucht werden, sondern spannen vielmehr einen Plausibilitätsraum auf. Dieser durch Rahmenbedingungen aufgespannte Plausibilitätsraum strukturiert zunächst nur im Rahmen eines Einzelentscheidungsfindungsprozesses, wie sich ein dogmatisches Entwurfsgeschehen inhaltlich ausformt. Exemplarisch kann dies etwa an der rechtlichen Verfolgung marktwirtschaftlicher Interessen gezeigt werden, deren rechtliches Abstützen (und innerhalb dessen, das darauf gerichtete dogmatische Entwurfsgeschehen) mit finanziellem Anreiz einhergeht. So fließen dann (etwa im Vergleich zu ungleichheitsrelevanten Themen) solche Interessen verstärkt in den Ausformungsprozess ein. Dabei handelt es sich zunächst nur um eine Einzelinformation, die allerdings zum Anlass und Anreiz weiterer dogmatischer Entwurfsgeschehen wird und so im Laufe der Wiederholungen den Formungsprozess dogmatischer Kategorien (im Fall des Beispiels: marktwirtschaftlich) prägt.

Die Rahmenbedingungen stehen demnach als Funktionsvoraussetzung dogmatischer Praktiken nicht außerhalb der Dogmatik, sondern werden durch die soziale Praxis Teil der Dogmatik. Sie strukturieren mit, welche außerrechtlichen Handlungsziele als materiell-rechtlich legitime Ziele akzeptiert und nicht als Singularität wieder verworfen werden oder, abstrakter formuliert, welche Wirklichkeiten als relevant erachtet werden, rechtlich abgestützt und begleitet zu werden. Ob und inwiefern sich dogmatische Kategorien ausformen, reduziert sich dabei nicht auf das dogmatische System, sondern hat darüber Implikationen auf die Ausformung des Gehalts des Rechts, damit auf die rechtlichen Möglichkeitsräume, gesellschaftliche Selbstorganisationsprozesse rechtlich zu begleiten. Sie haben damit mittelbar Auswirkungen auf die rechtlichen Handlungskorridore zur Realisierung faktischer Möglichkeitsräume.

Diese materiellen Gegebenheiten bleiben weder ein »*Prä* der rechtlichen Umwelt«, noch bleiben sie randomisierbare Einzelinformationen. Bei einer rückblickenden Betrachtung sich verdichtender Muster fällt vielmehr auf, dass sich die Rahmenbedingungen als Funktionsvoraussetzungen auf Dauer in die dogmatischen Wissensformen einschreiben und als vertypte Realitätsannahmen die weitere Wirklichkeitsverarbeitung strukturieren. Der Einschreibungsprozess der materiellen Aspekte in die soziale Praxis ist dabei auch kein einseitiger, sondern wirkt auf die materiellen Gegebenheiten zurück, sodass von einem hybrid sozial-materiellen Bereich gesprochen werden kann.

bb. Passungseffekt

Indem dogmatische Kategorien strukturieren, was rechtlich möglich ist, kanalisieren sie rechtliches Handeln. Akteure der Rechtspraxis suchen diejenigen Kategorien auf, in denen sie ihre Intentionen verwirklichen können (etwa die Intention der aktiv-kreativen Nutzung des dogmatischen Systems[81] einer Rechtsanwältin, um die ökonomischen Interessen der Mandantin bestmöglich zu realisieren); gleichzeitig beeinflusst die Struktur der dogmatischen Kategorie (in Form der in ihr gelagerten vertypten Realitätsannahmen) die verfolgbaren Handlungsziele und damit die faktischen Möglichkeitsräume.[82] Diese Verschleifung erinnert an eine *self-fulfilling prophecy*, deren Ursache in der bewirkten strukturellen Passung liegt. Indem dogmatische Kategorien rechtsrelevante Handlungen kanalisieren, kommt es zur Passung zwischen den dogmatischen Kategorien und den verfolgbaren Möglichkeitsräumen. Die Passung entsteht nicht einmalig, sondern erst durch die Wiederholungen der dogmatischen Einzelbeiträge im Laufe der Zeit. Durch die dogmatischen Entwurfsgeschehen in sozialen Interaktionszusammenhängen aktualisiert sich unablässig die Struktur der dogmatischen Kategorien, das heißt die in Form gefasste Gesamtheit vertypter Merkmale, die sedimentiert aus den dogmatischen Einzelbeiträgen gewonnen werden. Diese Formfassung ermöglicht Wiederholung, allerdings nur selektiv, beruhend auf der

81 Schmidt-Aßmann, *Das allgemeine Verwaltungsrecht als Ordnungsidee*, S. 5.
82 Vgl. Weiß, *Soziologie globaler Ungleichheiten*, S. 194.

Struktur der Kategorien, die wiederum nur spezifische rechtsrelevante Handlungen zur Verfolgung spezifischer Handlungsziele nahelegt.

Dieser Einschreibungsprozess der Rahmenbedingungen über die Strukturierung der Praktiken dogmatischen Entwerfens und ihre Ablagerung in den manifestierten dogmatischen Kategorien zeigt sich nicht nur an der Einschreibung der (monetaristischen und kommerziellen) Handlungsziele und entsprechend verarbeitbarer Wirklichkeiten, sondern etwa auch an dem Sach- und Geldvermögen einer Person. Auch sie strukturieren, ob und inwiefern Dogmatik als Interaktionssystem überhaupt mobilisiert werden kann. Um Rechtshandlungen mit bestimmter Intention der Verwirklichung von Möglichkeitsräumen vorzunehmen, bedarf es Ressourcen und Infrastrukturen, welche das Fruchtbarmachen der dogmatischen Interaktionszusammenhänge ermöglichen, unterstützen, erleichtern und optimieren. Diese umfassen vor allen Dingen das Sach- und Geldvermögen einer Person. Wer etwa finanzielle Ressourcen hat, der kann Anwält:innen engagieren, die besonders geschickt darin sind, die Spielräume des Rechts – durch aktiv kreative Konstruktionen, das heißt durch Nutzung des dogmatischen Systems – fruchtbar zu machen, um die (oftmals kommerziellen und monetaristischen) Interessen der Mandant:innen zu verwirklichen, welche dann als Information in den Prozess der Herausbildung der Struktur einer dogmatischen Kategorie einfließt und aufgrund der Passungswirkung zu spezifisch anschlussfähigen Handlungszielen führt. Dieses Beispiel zeigt darüber hinaus, wie unterschiedliche Elemente materieller Rahmenbedingungen kombiniert werden und sich insbesondere in ihrer Kombination als ungleichheitsrelevant erweisen.[83]

Neben dem Sach- und Geldvermögen prägen auch die soziokulturellen Kompetenzen der Mobilisierung von Recht,[84] ob Rechtshandlungen mit bestimmter Intention der Verwirklichung von Möglichkeitsräumen überhaupt vorgenommen werden und in die Struktur dogmatischer Kategorien einfließen. Unter soziokulturelle Kompetenzen fällt unter anderem das Rechtsbewusstsein, das heißt »das grundsätzliche Wissen um die Existenz und den Geltungsanspruch von Recht. Dabei handelt es sich, empirisch betrachtet, um eine, wenn auch allgemeine, grobe Rechtskenntnis, ein ›Gefühl‹ dafür, wie die Dinge an diesem Ort und zu dieser Zeit – und nicht zuletzt: unter bestimmten Bedingungen der Macht – sein sollen.«[85] Dieses diffuse Gefühl entsteht erfahrungsorientiert und ist

83 Zur Intersektionalität medialer und ökonomischer Rahmenbedingungen, Teil 3 D. V. 2. c. bb.

84 Zur Mobilisierung von Recht, vgl. Susanne Baer, *Rechtssoziologie. Eine Einführung in die interdisziplinäre Rechtsforschung*, Baden-Baden: Nomos 2015, 217 ff.

85 Ebd., S. 220.

demnach geprägt von den jeweiligen soziokulturellen Umständen, etwa der Klasse, Bildung, Geographie und beruflichen Stellung usw.[86] Zur Mobilisierung des Rechts zur strategischen Verfolgung der Realisierung von Möglichkeitsräumen bedarf es des Bewusstseins, mit dem Recht etwas erreichen zu können und dass das Recht für die eigenen Handlungsziele funktional einsetzbar ist. Dieses erfahrungsbasierte Bewusstsein prägt wiederum die Erwartung an Recht und schließlich das rechtsrelevante Handeln,[87] welches dann in den Ausformungsprozess des Rechts als strukturierende Rahmenbedingungen einfließt und so wiederum auf das Rechtsbewusstsein zurückwirkt.[88]

Insbesondere für marginalisierte Handlungsziele (wie etwa Armut und Ungleichheit im Verhältnis zu Marktwirtschaft und Freiheit), marginalisierte Bevölkerungsgruppen und -schichten gewinnen anschlussfähige dogmatische Kategorien eine wichtige Bedeutung, da sie die Hemmschwelle der Mobilisierung des Rechts (etwa in Form des Argumentations- und Begründungsaufwandes) senken. Fließen solche marginalisierten Informationen nicht in den Prozess der Herausbildung der Struktur einer dogmatischen Kategorie ein, sind die Hürden der Mobilisierung des Rechts größer, was einen negativen Anreiz setzt, rechtliche Handlungen zur Realisierung faktischer Möglichkeitsräume vorzunehmen.

Der Passungseffekt zeigt, dass es bei den Rahmenbedingungen eines Einzelentscheidungsfindungsprozesses nicht bleibt, sie gerade nicht im dezentralen Entstehungsprozess randomisiert werden, sondern sich strukturell in den dogmatischen Kategorien abbilden und sich schließlich strukturell eine Schere auftut. Problematisch ist weniger das Ineinanderschieben des Sozialen und Materiellen oder, kritischer formuliert, eine Unterhöhlung des Sozialen durch das Ökonomische, sondern ihre verengende Stoßrichtung zukünftiger Wirklichkeitsverarbeitung. In einer pluralen Gesellschaft gibt es nicht die eine gleiche (zum Beispiel ökonomische) Wirklichkeit, sondern unterschiedliche Wirklichkeitsbeschreibungen, die mit immer neuen gesellschaftlichen Irritationen einhergehen, die das Recht unablässig neuen Anforderungen und Konfliktlagen aussetzen. Dies macht eine rechtliche und, spezifischer, dogmatische Koevolution notwendig, auch um der sich auftuenden Schere zwischen verengender Dogmatik und den pluralen sozialen Konfliktlagen und Bedürfnissen entgegenzuwirken. Es geht letztlich um eine spiegelbildliche

86 Davina Cooper, »Local government legal consciousness in the shadow of juridification«, in: *Journal of law and society*, 22: 4 (1995), S. 510.

87 Dave Cowan, »Legal consciousness: some observations«, in: *The Modern Law Review*, 67: 6 (2004).

88 Kathleen E. Hull, »The cultural power of law and the cultural enactment of legality: The case of same-sex marriage«, in: *Law & Social Inquiry*, 28: 3 (2003).

Steigerung der Komplexität und Differenzierung in der Dogmatik, die wiederum eine Vergrößerung und Diversifikation zunächst dogmatischer und schließlich rechtlicher Möglichkeitsräume zum offenen Begleiten und Abstützen pluraler sozialer Konfliktlagen und Bedürfnisse erzeugt.[89]

cc. Zwischenergebnis

Allein das (nicht hintergehbare) Ineinanderschieben der sozialen und materiellen Dimension in dogmatischen Kategorien und ihren weiteren handlungskanalisierenden Effekten auf die Praktiken dogmatischen Entwerfens, Herstellens und Konstruierens, die wiederum den Gehalt dogmatischer Kategorien und darüber vermittelt die rechtlichen und faktischen Handlungsmöglichkeiten ausformen, zeigen, dass Dogmatik nicht jenseits gesellschaftlicher Strukturen gedacht werden kann. Zum einen bedeutet dies, dass dogmatische Kategorien Ausdruck gesellschaftlicher Strukturen sind, die etwa im Rahmen der Dekonstruktion herangezogen werden können, um etwa Macht- und Herrschaftsverhältnisse zu analysieren. Zum anderen verweist dies darauf, dass eine Rechtstheorie der Dogmatik von der Gesellschaft und ihren Lebensformen her begründet werden muss.

5. Unterschiedliche Entwicklungsmöglichkeiten am Beispiel der Ungleichheitsgenese

Die Passung zwischen dogmatischen Kategorien und Möglichkeitsräumen kann sich als ungleichheitsrelevant erweisen, indem sie die Handlungs- und Entwicklungsmöglichkeiten unterschiedlich strukturiert. Mit den Ungleichheitsmechanismen der »Inklusion« und »Abstandsvergrößerung« können die ungleichheitsrelevanten Strukturen der Handlungs- und Entwicklungsmöglichkeiten beschrieben werden.

89 Vgl. allg. zum Zusammenhang zwischen »Steigerung der Ungewissheit« im Umgang der »pluralen Welt der Möglichkeiten«, Karl-Heinz Ladeur, *Recht – Wissen – Kultur. Die fragmentierte Ordnung*, Berlin: Duncker & Humblot 2016, S. 63; Karl-Heinz Ladeur, »Der Anfang des westlichen Rechts«, in: *Die Christianisierung der römischen Rechtskultur und die Entstehung des universalen Rechts* (2018), S. 111; Ino Augsberg, »Einleitung: Ungewissenheit als Chance - eine Problemskizze«, in: ders., *Ungewissheit als Chance. Perspektiven eines produktiven Umgangs mit Unsicherheit im Rechtssystem*, Tübingen: Mohr Siebeck 2009, S. 1 ff.; Vesting, *Die grundlegende Neubestimmung des Verhältnisses von Staat und Gesellschaft*, S. 119.

a. Mechanismen der Ungleichheit

Vor dem Hintergrund der relationalen Komponente von Ungleichheit ist die Identifikation von Ursachen und Faktoren, die nicht auf eine Beschreibung der Ungleichheit in Form eines übergreifenden, stabilen Modells hinauslaufen, konzeptionell voraussetzungsvoll. Ungleichheit kann daher produktiv durch Mechanismen beschrieben werden, da ihre Identifizierung nicht an eine bestimmte normative Theorie, eine bestimmte Perspektive oder an einen bestimmten Kontext gebunden ist. Die Untersuchung von Mechanismen ist so in der Lage, bei einer Mehrzahl von sich überlagernden, aber heterogenen Kontexten gleichwohl stabile Musterbildungen der Ungleichheit zu identifizieren, die sich letztlich zu sozialen Ungleichheiten zwischen Personen verdichten, indem sie die Möglichkeitsräume unterschiedlich strukturieren. Sie beziehen sich auf generative Prozesse, die unter bestimmten Ausgangsbedingungen bestimmte Ergebnisse hervorbringen. Sie können damit spezifizierbare Stellschrauben eines Konstruktionsprozesses identifizieren, die auch bei unterschiedlichen materiellen Referenzgebieten die gleichen Ergebnisse hervorbringen und damit regelhaft und verallgemeinerbar sind. Der Mechanismus-Ansatz ist in der Ungleichheitsforschung nicht neu.[90] Mit den Ungleichheitsmechanismen der »Inklusion« und »Abstandsvergrößerung« können die ungleichheitsrelevanten Strukturen der Entstehung, Offenhaltung und Blockierung der Handlungs- und Entwicklungsmöglichkeiten durch die Passungswirkung des hybrid sozial-materiellen Bereichs der Dogmatik produktiv beschrieben werden. Die Mechanismen der Ungleichheitsgenese gehen dabei auf strategisches Handeln von Individuen und Kollektiven zurück und sind vor allen Dingen in gesellschaftlichen Selbstorganisationsprozessen zu beobachten, die das Recht durch Rechtsanwendung verarbeitet, deren sedimentierter Gehalt dann in Form von und in dogmatischen Kategorien gefassten, vertypten Realitätsannahmen den weiteren rechtlichen Wissens- und Wirklichkeitsverarbeitungsprozess strukturieren.

b. Dogmatik als Inklusionsfilter

Mit »Inklusion« sind die Strukturen der Ungleichheitsgenese gemeint, die den Zugang zu einem System regeln, indem bestimmte Wirklichkeitsannahmen

90 Göran Therborn, *Inequalities of the world,* London, New York: Verso 2006; Charles Tilly, *Durable inequality,* Berkeley: University of California Press 2009; Barbara F. Reskin, »Including mechanisms in our models of ascriptive inequality«, in: *Handbook of employment discrimination research: Rights and realities* (2005); Thomas A. DiPrete und Gregory M. Eirich, »Cumulative advantage as a mechanism for inequality: A review of theoretical and empirical developments«, in: *Annual Review of Sociology*, 32 (2006).

Merkmale aufweisen, die durch das jeweilige System beobachtet werden können. Diese Merkmale der Wirklichkeitsannahmen gewinnen insbesondere dann Ressourcencharakter, wenn mit der Inklusion Leistungen der Systeme verbunden sind.[91] Dabei tragen weder die Inklusion noch die Merkmale per se zur Ungleichheitsgenese bei. So ist die Inklusion nicht per se vorteilhaft und bestimmte Merkmale einer Wirklichkeitsannahme sind nicht zwingend für eine Inklusion in das Recht. Der Mechanismus der Inklusion kann lediglich sachliche und soziale Relationen aufzeigen, indem er »auf den Begriff bringt, wie Ereignisse der sachlich formierten Funktionssysteme sozial zugerechnet werden«[92].

Indem Handlungsziele, das Sach- und Geldvermögen als auch das soziokulturell geprägte Vermögen einer Person, also die materiellen Rahmenbedingungen, und ihnen zugrundeliegende Wirklichkeitsannahmen sich im Laufe der Zeit in den dogmatischen Kategorien abbilden, welche dann in der Beobachtung durch Recht an Bedeutung gewinnen und verstärkt in die dogmatische Strukturbildung einfließen, strukturieren sie nicht unmittelbar und auch nicht im Sinne eines zwingenden Zusammenhangs die Relation zwischen Person und System und damit die Frage der Inklusion einer bestimmten Wirklichkeitsannahme in das System Recht, sondern mittelbar und kontingent in und durch die sich herausbildenden dogmatischen Strukturbildungen, welche nur für bestimmte Wirklichkeitsannahmen in der dogmatischen Wirklichkeitsverarbeitung anschlussfähig sind und wodurch es zu einer asymmetrischen Entwicklung von Handlungskorridoren kommt.[93] Für das Recht werden die Inklusionschancen damit nicht unmittelbar über die Rahmenbedingungen, etwa das sozioökonomische oder soziokulturelle Vermögen einer Person bestimmt, was bedeutet, dass »Ungleichheit durch Recht« nicht unmittelbar auf leicht erkennbare und messbare Merkmale oder Ressourcen wie etwa das Sach- und Geldvermögen zurückgeführt werden kann, was auch ein Grund dafür ist, dass »Ungleichheit durch Recht« sich dem Blick einer (überwiegend dogmatisch arbeitenden) Rechtswissenschaft entzieht, zumal für Dogmatik »Rahmenbedingungen« keine relevante Kategorie der Beobachtung und Orientierung darstellen und sie – wenn sie nicht theoretisch betrieben wird – nicht ihre eigenen Strukturbildungsprozesse reflektieren kann. Die Inklusionschancen bestimmen sich nicht unmittelbar nach den Rahmenbedingungen, sondern mittelbar über die kontingente Strukturbildung der Dogmatik, die bei begrenzten Aufmerksamkeits- und Verarbeitungskapazitäten der Rechtspraxis nach

91 Vgl. Weiß, *Soziologie globaler Ungleichheiten*, S. 205.

92 Armin Nassehi, »Die Theorie funktionaler Differenzierung im Horizont ihrer Kritik. The Theory of Functional Differentiation in the Horizon of Its Criticisms«, in: *Zeitschrift für Soziologie*, 33: 2 (2004), S. 110 f.

93 Vgl. ebd., S. 112 f.

kontingenten Kriterien (das heißt nach den dogmatischen Kategorien) Informationen selektiert.[94] Dogmatik ist für die Inklusion in das System »Recht« zentral: Das, was nicht zu Dogmatik gerinnt, wird im Alltag der Rechtspraxis nicht als relevant akzeptiert und letztlich nicht herangezogen. Ob und wie Handlungsziele zur Realisierung faktischer Möglichkeitsräume in der Dogmatik Anschluss finden, entscheidet mit darüber, ob diese in das Rechtssystem Eingang finden und damit rechtlich abgestützt und begleitet werden können. Dies hängt wiederum im Wesentlichen von dem Passungseffekt ab. Ressourcencharakter erhält der Mechanismus der Inklusion allerdings erst durch die Leistungen, die das Recht selektiv (nach erfolgreicher Inklusion) bereithält, nämlich das Abstützen und Begleiten von gesellschaftlichen Selbstorganisationsprozessen, deren Ziel die Freisetzung individueller Kreativität und darüber vermittelt die Vergrößerung des in der Gesellschaft bestehenden Varietätspools von Wissensbeständen und daraus resultierenden Handlungsoptionen ist,[95] wodurch es so letztlich zur Entwicklung faktischer Möglichkeitsräume kommt. Für das Entstehen faktischer Möglichkeitsräume durch Selbstorganisationsprozesse bedarf es nicht zwingend eines rechtlichen Abstützens und Begleitens. Allerdings können rechtliche Strukturen Selbstorganisationsprozesse – und damit die Entstehung und Vervielfältigung der Möglichkeitsräume – erleichtern, optimieren und auch ermöglichen.

c. Dogmatik als Abstandsvergrößerung

Asymmetrisch entwickeln sich die faktischen Möglichkeitsräume allerdings nicht allein aufgrund der Inklusion in das Recht. Über die Inklusion hinaus sind auch die Prozesse der Abweichungsverstärkung relevant. Sie führen zu einer Bündelung von Vorteilen oder Nachteilen in der Entstehung und Vervielfältigung von Möglichkeitsräumen und bringen damit die Ungleichheit nicht nur punktuell hervor, sondern verfestigt und reproduziert sie strukturell. Der Ungleichheitsmechanismus der Abstandsvergrößerung knüpft an die Prozesse an, die nach einer bereits erfolgten Inklusion die weitere Entwicklung der Möglichkeitsräume prägen. Damit sind die Strukturen gemeint, die dazu führen, dass Möglichkeitsräume mit Abstand zwischen ihnen produziert und so bereits bestehende Unterschiede in den Möglichkeitsräumen weiter verstärkt werden.[96] Unabhängig davon, ob Prozesse der Verstärkung bereits

94 Vergleichbar mit Organisationen, die eine begrenzte Anzahl von Plätzen aufweisen, über deren Besetzung sie nach kontingenten Kriterien entscheiden.

95 Augsberg, *Theorien der Grund- und Menschenrechte*, S. 42 f.

96 Göran Therborn, *The Killing Fields of Inequality*, New York: John Wiley & Sons 2014, S. 55 ff.

bestehender Unterschiede im Sinne der Meritokratie als Möglichkeit der Optimierung von Leistung[97] erachtet oder im Sinne des Matthäusprinzips als »Wer hat, dem wird gegeben« kritisiert werden, werden die Prozesse der Abstandsvergrößerung als kaum vermeidbar angesehen.[98] Diese Abstandsvergrößerung bedeutet dabei nicht per se, dass es zu einer Steigerung von Ungleichheit kommen muss. Wenn Strukturbildungen allerdings so angelegt sind, dass sie an bereits Bestehendes anknüpfen, das ungleichheitsrelevant ist, trägt dies zur Verfestigung und Reproduktion der Ungleichheit bei. Dogmatische Strukturbildungen sind aufgrund ihrer Speicher- und Stabilisierungs- als auch Entlastungsfunktion strukturell darauf angelegt, an bereits Bestehendes anzuknüpfen und so eine Art Vorrats- und Verfügungswissen als Ausgangspunkt zu gewährleisten. Das in Form der dogmatischen Figuren und Ordnungen vorgehaltene Wissen und die in ihnen lagernden vertypten Realitätsannahmen gehen mit spezifischen Anschlussmöglichkeiten und -zwängen der weiteren Wirklichkeitsverarbeitung einher, sodass es zu einer Verstärkung der bereits aufbereiteten Wirklichkeit und damit zu einer Abweichungsverstärkung im Sinne der Bündelung von Vorteilen und Nachteilen kommt, die mit den jeweiligen vertypten Realitätsannahmen einhergehen. Vor dem Hintergrund des Ressourcencharakters der Inklusion in Form des rechtlichen Abstützens und Begleitens gesellschaftlicher Selbstorganisationsprozesse und den daraus resultierenden Handlungsoptionen und Möglichkeitsräumen und damit der kontingenten Ungleichheitsrelevanz der Inklusion in das Recht, führt die in den Strukturbildungen der Dogmatik angelegte Tendenz, bestehende Wirklichkeitsannahmen weiter zu verstärken, zu einer ungleichheitsrelevanten Abstandsvergrößerung von Möglichkeitsräumen.

d. Zwischenergebnis

Die für den hybrid sozial-materiellen Bereich dogmatischer Kategorien charakteristische strukturelle Passung zwischen dogmatischen Kategorien und Möglichkeitsräumen zeigt zunächst, dass es ein »reines« dogmatisches Wissen, das völlig unabhängig von den materiellen und soziokulturellen Konstruktionsbedingungen des rechtsrelevanten Handelns ist, nicht geben kann. Der hybrid sozial-materielle Bereich dogmatischen Wissens verdeutlicht dessen kontextuelle Natur wie deren

97 Insbesondere vertragstheoretische Arbeiten zu Gerechtigkeit (wie etwa bei *Rawls*) argumentieren, dass ein Institutionensystem, das Unterschiede erhöht, gleichwohl gerechter sei als ein egalitäres System, wenn es die Armen absolut besser stellt, Weiß, *Soziologie globaler Ungleichheiten*, S. 32, Fn. 12.

98 Ebd., S. 32.

gesellschaftliche Grundlage und zeigt, dass das in dogmatischen Kategorien explizit gehaltene Wissen nicht in rein rechtlichen Zusammenhängen verarbeitet wird, sondern aufgrund des Passungseffekts die materiellen Gegebenheiten (etwa das Geld- und Sachvermögen oder das soziokulturell durch Erfahrungen geprägte Vermögen einer Person in einer Gesellschaft) sich in den dogmatischen Kategorien abbilden und die so erprobten Realitätsannahmen ohne weitere Überprüfung in anderen Rechtsanwendungssituationen übernommen werden können.[99] Die Konstruktionsbedingungen bleiben nicht als Rahmen der Rechtsanwendung außenstehend, sondern bilden sich in der Struktur des dogmatischen Wissens ab und werden so implizit Teil des rechtlichen Konstruktionsprozesses, ohne dort selbst zur Disposition zu stehen bzw. gestellt werden zu können. Der Passungseffekt prägt in Form der Anschlussmöglichkeiten und -zwänge die rechtseigene Wissens- und Wirklichkeitsverarbeitung und wirkt aufgrund der Hybridität zurück auf die außerrechtliche Umwelt, die sie verarbeitet. Die in der Dogmatik angelegten Pfadabhängigkeiten sind daher weniger im Sinne eines materiellen Vor-Verständnisses zu verstehen als im Sinne einer kontinuierlichen Pfad*kreation*, die das Verfahren der Verarbeitung außerrechtlichen Wissens (vor allen Dingen in der Rechtspraxis und mit Abstufungen teilweise auch in der Rechtswissenschaft) und damit die Entwicklung von Möglichkeitsräumen strukturiert. Die Orientierungsleistung dogmatischer Kategorien im Umgang mit außerrechtlichem Wissen führt zugleich zur produktiven Stabilisierung des Umgangs mit Ungewissheiten, da bestimmte Realitätsannahmen nicht mehr hinterfragt und überprüft werden müssen, da sie durch den Prozess der sozialen Praxis der Dogmatik erprobt sind, als auch zu einer Verengung in der Entwicklung offener Möglichkeitsräume, sofern keine neuen dogmatischen Optionsräume (insbesondere durch die Rechtswissenschaft) experimentell entworfen werden, um Differenzen ins Spiel bringen zu können. Methodologisch erfordert ein Offenhalten von Optionsräumen zum einen ein prozesshaftes Denken, das kleinschrittig genug ist, um die Stellschrauben eines jeden Schritts der Rechtsbildung – wenn gewünscht und über das Phänomen der Ungleichheit hinausgehend – nachzujustieren. Zum anderen zeigt sich anhand des hybriden sozial-materiellen Bereichs der Dogmatik, dass eine methodologische Begrenzung auf das positive materielle Recht und die juristische Dimension des Wissens blinde Flecken in der Beobachtung zentraler Aspekte des Rechts und der Rechtsbildung bewirkt, weil das Rechtliche gerade nicht im rein formalen Recht aufgeht.[100] Vor dem Hintergrund des strukturimmanenten Passungseffekts der Dogmatik und

99 Vgl. Vesting, *Legal Knowledge – die kulturwissenschaftliche Perspektive*, S. 96.

100 Vgl. ebd., S. 97 f.

des Ressourcencharakters des Rechts durch das rechtliche Begleiten und Abstützen von Selbstorganisationsprozessen ist ein kleinschrittiges Nachzeichnen der Schritte dogmatischer Wissens- und Wirklichkeitsverarbeitung und -konstruktion wichtig. So können Stellschrauben der dogmatische Wissensgenerierungsprozesse identifiziert werden, die eine pluralere, offenere und lernfähige dogmatische Wissensordnung hervorbringen können. Konkret könnten so dogmatische Knotenpunkte entwickelt werden, die anschlussfähig etwa für Facetten der Ungleichheit sind, um so eine Möglichkeit für einen rechtlichen Umgang mit Ungleichheit zu schaffen.

V. Selbstorganisationsprozesse

Selbstorganisationsprozesse sind sowohl für Entwicklungspotentiale und die Vervielfältigung von Handlungsmöglichkeiten wie auch für die Ungleichheitsgenese Dreh- und Angelpunkt.

Der Grund für die Entstehung und Vervielfältigung von Handlungsmöglichkeiten durch Selbstorganisationsprozesse wird oftmals unter Heranziehung ökonomischer Beschreibungsangebote von Marktwirtschaft und Wettbewerb erklärt: Zum einen liege der Grund in der spontanen Zusammenarbeit freier Menschen, die Dinge hervorbringe, die größer sind, als der einzelne Verstand es je ganz erfassen könne,[101] zum anderen folge der Grund aus der Idee, dass zwischen zerstreuten Einzelpositionen ein Wettbewerb als Entdeckungsverfahren[102] stattfinde, in welchem sich aufgrund des individuellen strategischen Handelns letztlich die besten, innovativsten und produktivsten Ansätze durchsetzen. Das, was für den ökonomischen Bereich zuerst und anhand von Marktwirtschaft und Wettbewerb beobachtet und beschrieben wurde, ist dabei allerdings nur eine Chiffre für komplexe dezentrale Selbstorganisationsprozesse, in denen (rechtlich mobilisiert, etwa durch subjektive Rechte) individuelle Kreativität freigesetzt, darüber vermittelt es zur Vergrößerung des in der Gesellschaft bestehenden Varietätspools von Wissensbeständen und schließlich zu einer Vervielfältigung von Handlungsmöglichkeiten kommt.[103]

101 Friedrich A. von Hayek, »Wahrer und falscher Individualismus (1945)«, in: Viktor Vanberg (Hg.), *Grundsätze einer liberalen Gesellschaftsordnung. Aufsätze zur Politischen Philosophie und Theorie Friedrich A. von Hayek*, Tübingen: Mohr Siebeck 2002, S. 9.

102 Friedrich A. von Hayek, *Der Wettbewerb als Entdeckungsverfahren*, Kiel: Inst. f. Weltwirtschaft 1968.

103 Thomas Vesting, *Staatstheorie. Ein Studienbuch*, München: C.H. Beck 2018, S. 108.

Zugleich hat man es bei Selbstorganisationsprozessen aufgrund der gegenseitigen Beobachtung und mimetischen Orientierung an anderen – die notwendig sind, da es keinen zentralen, allgemeingültigen und feststehenden normativen Fixpunkt für die Prozesse geben kann – typischerweise mit verzerrenden Effekten der Verstärkung und Reproduktion zu tun, etwa »Rückkopplung, Rekursivität, Rückeinspeisungen, Pfadabhängigkeit, *increasing returns*, *lock-ins*, Trajektorien«.[104] Dies Abweichungsverstärkungstendenzen können sich dann – wie bereits gesehen – ungleichheitsrelevant auswirken. Die Selbstorganisationsprozesse sind dabei für sich genommen inhaltlich indifferent. Ob sich auf diese Weise ökonomische, soziale oder kulturelle Ungleichheiten durch die Verstärkungen und Reproduktionen der Selbstorganisationsprozesse entwickeln, hat demnach erst mal nichts mit den Selbstorganisationsprozessen selbst zu tun. Entscheidend ist vielmehr, welche Ausgangsbedingungen bestehen, auf denen Selbstorganisationsprozesse aufbauen, und welche Rahmenbedingungen hinzutreten. Sowohl die Ausgangsbedingungen als auch die Rahmenbedingungen markieren Funktionsvoraussetzungen für gelungene, nämliche offene, Entwicklungsdynamiken. Indem es für Selbstorganisations*prozesse* aufgrund ihrer Komplexität gerade keinen einheitlichen, allgemeingültigen und feststehenden normativen Fixpunkt gibt, der von einer zentralen Stelle vorgegeben werden kann, sie demnach entmaterialisiert, flexibel, reversibel und Entscheidungsbefugnisse dezentralisierend sein müssen, bilden Selbstorganisationprozesse ein Vakuum, das für Entwicklungspotentiale produktiv und für ungleiche gesellschaftliche Bedingungen wie etwa Machtasymmetrien in der Gesellschaft fruchtbarer Nährboden ist, die Vorteile der Selbstorganisation einseitig fruchtbar zu machen, die – einmal eingespielt – durch die beschriebenen Effekte der Verstärkung und Reproduktion multipliziert werden.

Indem das Recht sich etwa in Form subjektiver Rechte dafür entscheidet, gesellschaftliche Selbstorganisationsprozesse rechtlich abzustützen und zu begleiten, nimmt es diese Effekte nicht nur in Kauf, sondern inkludiert sie in seine eigenen Dynamiken. Das Recht wird so zu einem Multiplikator der Effekte der Selbstorganisationsprozesse und ihrer ungleichheitsrelevanten Verstärkungsanlagen. Für die Intention, gesellschaftliche Selbstorganisationsprozesse rechtlich begleiten und abstützen zu wollen, ist die Unbestimmtheit des Rechts produktive Quelle. Sie geht gleichzeitig mit Ungewissheit einher, die Dogmatik als Zwischenschicht zwischen Entwicklungsoffenhaltung und Unsicherheitsabsorption operationalisiert.

Auch die Dogmatik erscheint vor dem Hintergrund des verschleiften Prozesses von Maßstab und Maßstabsbildung[105] zumindest Ähnlichkeiten mit Selbstorganisationsprozessen aufzuweisen. Die Praktiken

104 Ortmann, *Regel und Ausnahme*, S. 265. Vgl. insbes. Teil 3 C. IV. und V.4.
105 Teil 3 C. V.4.

dogmatischen Entwerfens, Herstellens und Konstruierens bilden im Laufe der Wiederholungen dogmatische Kategorien aus, die wiederum handlungskanalisierenden Effekt auf die dogmatischen Praktiken haben. Die dogmatischen Kategorien als (normative) Kriterien sind demnach ihrerseits *in* und *von* dieser Verschleifung *selbst* hervorgebracht. Dies lässt zumindest die Formulierung der These zu, dass sie wie »Normen [...] Resultierende einer sozialen Selbstorganisation, Selbstproduktion und -reproduktion [sind]«[106]. Dogmatische Wissensgenerierungsprozesse weisen sich durch einen selbstragenden Prozess dahingehend aus, dass aus ihnen dogmatische Outputs im Sinne dogmatischer Kategorien hervorgehen, die unweigerlich als Input in dogmatische Entwurfsgeschehen wieder eingehen und das weitere Prozessieren besorgen. Wie bei den gesellschaftlichen Selbstorganisationsprozessen geht auch dies mit verstärkenden Tendenzen einher. Die Ungleichheitsrelevanz der Dogmatik entsteht ebenfalls durch die strukturierenden Rahmenbedingungen, die bestimmte ungleichheitsrelevante Informationen einspeisen.

C. Konsequenzen für dogmatische Wissensgenerierung

Die Untersuchung dogmatischer Wissensgenerierung vor dem Hintergrund des Phänomens der Ungleichheit soll dabei nicht als Diskreditierung der Dogmatik missverstanden werden, sondern Aufmerksamkeit auf die Effekte und Konsequenzen, aber auch Stellschrauben lenken, zumal dogmatische Wissensgenerierungsprozesse nicht nur das dogmatische System selbst betreffen. Indem Dogmatik das gemeinsame Kommunikationsformat zwischen Rechtswissenschaft und Rechtspraxis darstellt, dogmatische Wissensbestände als auch ihre zugrundeliegenden Prozesse durch die Rechtspraxis Wirksamkeit in anderen gesellschaftlichen Bereichen erlangen, welche dann wiederum durch die Rechtswissenschaft aufgegriffen, verarbeitet und in dogmatische Beiträge gefasst werden, zeigt sich, dass dogmatische Wissensgenerierung über die Grenzen der Dogmatik hinaus Effekte auf das rechtsrelevante Handeln, schließlich die Ausformung des Rechts hat und damit den Handlungskorridor, gesellschaftliche Selbstorganisationsprozesse zu begleiten und abzustützen, strukturiert. Sie betrifft damit mittelbar die Entwicklung der Korridore gesellschaftlicher Selbstorganisationsprozesse.

106 Ebd., S. 239.

I. Der Balanceakt zwischen Entwicklungsoffenheit und Erwartungssicherung

Wenn dogmatische Kategorien auf Praktiken dogmatischen Entwerfens, Konstruierens und Herstellens basieren und ihrerseits wieder handlungskanalisierend auf die Praktiken zurückwirken, dann geht dies mit verzerrenden Effekten der Verstärkung und Reproduktion einher, etwa »Rückkopplung, Rekursivität, Rückeinspeisungen, Pfadabhängigkeit, *increasing returns*, *lock-ins*, Trajektorien«.[107] Um diese verengende Tendenz dogmatischer Wissensgenerierung zu irritieren, benötigt Dogmatik mehr als nur die Einführung neuer dogmatischer Kategorien (wie etwa durch Einführung von Begriffen wie »Ungleichheit«) und damit mehr als die reine Eröffnung neuer dogmatischer Möglichkeitsräume und schließlich rechtlicher Möglichkeitsräume, um gesellschaftliche Selbstorganisationsprozesse zu begleiten. Dogmatik benötigt vielmehr einen produktiven Prozess, um mit den in den dogmatischen Kategorien lagernden vertypten Realitätsannahmen umzugehen. Die Qualität der Wirklichkeitsbeschreibungen ist vor dem Hintergrund entscheidend, da mit den vertypten Realitätsannahmen spezifische Anschlussmöglichkeiten und vor allen Dingen -zwänge in der weiteren Wirklichkeitsverarbeitung einhergehen. Diese Notwendigkeit leuchtet ein, da sich die Zukunft zwangsläufig von der Vergangenheit unterscheidet und damit Anschlusszwänge vergangener Realitätsannahmen in dogmatischen Kategorien per se für zukünftige Wirklichkeitsverarbeitung problematisch sind. In Anlehnung an *Ladeurs* Beobachtung der Ungewissheit gesellschaftlicher Selbstorganisationsprozesse als ihr zentrales Merkmal und der sich anschließenden Frage eines produktiven rechtlichen Umgangs, die nicht einfach mit der Eröffnung neuer rechtlicher Möglichkeitsräume beantwortet werden kann, ist auf die Notwendigkeit gemeinsamer, aber variabler Wirklichkeitsbeschreibungen zu verweisen.[108] Ein solches Qualitätserfordernis an Wirklichkeitsbeschreibung ist für sich gesehen bereits anforderungsreich und mit Blick auf die Funktionen der Dogmatik zusätzlich voraussetzungsvoll, da sie Erwartungsbildungen unter Bedingungen des Wandels gewährleisten muss.[109] Könnte eine solche Qualität an Wirklichkeitsbeschreibungen durch dogmatische Wissensgenerierungsprozesse sichergestellt werden, dann würde Dogmatik eben nicht primär »bindende« dogmatische Kategorien hervorbringen, sondern die Voraussetzungen gewährleisten, dass etwas Neues praktisch

107 Ebd., S. 265; vgl. insbes. Teil 3 C. IV. und V.4.

108 Ladeur, *Recht – Wissen – Kultur*, S. 56.

109 Vgl. allg. für das Recht Vesting, *Die grundlegende Neubestimmung des Verhältnisses von Staat und Gesellschaft*, S. 120. Zu den Funktionsgewährleistungen der Dogmatik, vgl. Teil 2 D.

erzeugt werden kann.[110] Anforderungen an die dogmatischen Wissensgenerierungsprozesse müssten daher eine Balance finden zwischen der Öffnung für das Neue, um das Unbekannte zu ermöglichen, und der Erwartungssicherung, das heißt eine Öffnung ohne dabei die Erwartungen sichernde Leistung des dogmatischen Systems insgesamt zu gefährden.[111]

II. Anknüpfungspunkte der Gewährleistung der Qualitätsanforderungen

Um eine solche Qualitätsanforderung an dogmatische Wirklichkeitsverarbeitung zu gewährleisten, scheint die Forderung nach einer stärkeren Berücksichtigung der Sachstrukturen und der Kontexte der Wirklichkeit zunächst naheliegend. Die Rechtsinterpretation könne den »jeweiligen Fallkontext und dessen detailreiche Sachstrukturen nicht aus ihrem Verfahren ausschließen«.[112] Um diese Sachstrukturen der verschiedenen Gesellschaftsbereiche zu berücksichtigen, seien rechtsexterne und rechtsinterne Informationen in ein »überlappendes Netzwerk« von Rechtsargumenten zu übersetzen. Der Ansatz der »Übersetzung in Rechtsargumente« geht implizit von einer grundsätzlichen Unterscheidung von rechtlicher und nicht-rechtlicher Wirklichkeit aus, die es ermöglicht, »bewusst« sachliche Informationen und Elemente in das Recht mit hineinzunehmen.[113] Demnach bedürfe es im Umgang mit außerrechtlichen Informationen und Wissen nur eines Erkennens, inwiefern im Rahmen der Übersetzung außerrechtlichen Wissens in Rechtsargumente diese ungleichheitsrelevant sind, um einen angemessenen Umgang mit ungleichheitsrelevanten Wirklichkeitsbereichen zu gewährleisten. Nicht nur vor dem Hintergrund der Verflechtung von Wirklichkeit und Recht, sondern auch vor dem Hintergrund der komplexen Wirk- und Entstehungsweise von Ungleichheit, wonach die Ungleichheitsrelevanz oftmals erst durch die Kombination unterschiedlicher Elemente entsteht, schei-

110 Vgl. Ladeur, *Recht – Wissen – Kultur*, S. 69.

111 Zur Leistung des Rechts, die nicht (jedenfalls nicht nur) in der Gewährleistung von Regelmäßigkeit liegt, »sondern in der Ermöglichung vorübergehender, aber kontrollierbare Gleichgewichtsverluste«, Vesting, *Die grundlegende Neubestimmung des Verhältnisses von Staat und Gesellschaft*, S. 120 mit Verweis auf Karl-Heinz Ladeur, »Die Stellung des Abgeordneten im Parlament der digitalen Gesellschaft. Eine weitere Transformation der Repräsentation?«, in: Roland Broemel und Arne Pilniok (Hg.), *Die digitale Gesellschaft als Herausforderung für das Recht in der Demokratie*, Tübingen: Mohr Siebeck 2020, S. 45.

112 Vesting, *Rechtstheorie*, S. 141.

113 Ebd.

nen eine reflektierte »Hineinnahme von sachlichen Elementen« und ihre »Übersetzung in Rechtsargumente« als Konsequenzen unzureichend, um mit Phänomenen wie etwa Ungleichheit angemessen umzugehen. Vor dem Hintergrund, dass das in dogmatischen Kategorien gespeicherte Wissen und die dort gelagerten vertypten Realitätsannahmen mit spezifischen Anschlussmöglichkeiten und Anschlusszwängen für die Verarbeitung von Wirklichkeit einhergehen, liegt die Konsequenz vielmehr in der Notwendigkeit, unterschiedliche Fortentwicklungsmöglichkeiten offen zu lassen, was auf die Notwendigkeit gemeinsamer, aber variabler Wirklichkeitsbeschreibungen verweist.[114]

Um die Voraussetzungen zu schaffen, dass Dogmatik Neues praktisch erzeugen kann, bedarf es Strukturen in der Dogmatik, die eine offene, lernfähige und anpassungsfähige Entwicklung der Dogmatik ermöglichen. Ein möglicher Ansatz könnte die Herausbildung von Knotenpunkten sein, die für die Verarbeitung unterschiedlicher, sich ständig wandelnder gesellschaftlicher Selbstorganisationsprozesse anschlussfähig sind. Um solche Knotenpunkte in der Dogmatik herauszubilden, kann Dogmatik nicht als etwas der Gesellschaft Gegenüberstehendes, sondern müsste vielmehr als Teil gesellschaftlicher Prozesse verstanden werden. Dies würde heißen, Dogmatik von der Gesellschaft und ihren Lebensformen her zu begründen. Dies setzt eine Beobachtung gesellschaftlicher Prozesse durch Dogmatik zur Wissensgenerierung voraus, was nochmals auf variable und gemeinsame Wirklichkeitsbeschreibungen verweist. Ein erster Schritt auf dem Weg zur Herausbildung solcher Knotenpunkte könnte die Impfung des dogmatischen Systems mit pluralen Beiträgen sein.

Dass Dogmatik der Gesellschaft nicht gegenübersteht, zeigt sich etwa an dem illustrierten Ineinanderschieben der sozialen und materiellen Dimension und der Herausbildung eines hybrid sozial-materiellen Bereichs in dogmatischen Kategorien. Wenn sich in den dogmatischen Wissensgenerierungsprozessen unterschiedliche Bausteine ineinanderschieben und miteinander verflochten zu sein scheinen,[115] dann müsste Dogmatik von vornherein als ein Wissensnetzwerk verstanden werden, in welchem sich unterschiedliche Teilnehmer- und Beobachterperspektiven verknüpfen lassen,[116] um so Dogmatik nicht als eine allumfassende, einheitliche Befehlsstruktur, sondern als ein vielfältiges Wissensgenerierungsmodell[117] zu konzipieren, das durch die vertikale Vernetzung an Perspektiven in

114 Vertiefend Teil 4.

115 Vgl. insbes. Teil 3 D. IV. 2.

116 Vgl. Burkard Wollenschläger, *Wissensgenerierung im Verfahren*, Tübingen: Mohr Siebeck 2009, S. 46.

117 Zu einem solchen Wissensgenerierungsmodell insbes. Ino Augsberg, »Das Gespinst des Rechts: Zur Relevanz von Netzwerkmodellen im juristischen Diskurs«, in: *Rechtstheorie*, 38: 4 (2007).

einer reflexiven Wendung sich selbst beobachten, von sich selbst lernen und sich selbst optimieren kann, wodurch es so zur Herausbildung unterschiedlich anschlussfähiger Knotenpunkte kommen kann und damit zu einer Vergrößerung des dogmatischen und rechtlichen Wissenspools wie auch der daraus resultierenden rechtlichen Handlungsmöglichkeiten, unterschiedliche Facetten der gesellschaftlichen Selbstorganisationsprozesse begleiten und abstützen zu können.

Für eine dogmatisch arbeitende Rechtswissenschaft kann dies etwa bedeuten, einen dogmatischen Beitrag zum Beispiel in Form einer Systematisierungsleistung in einem Kommentar nicht als Verwaltung dogmatischer Wissensbestände im Sinne der »Masse an Material (insbesondere Gerichtsentscheidungen)«[118] zu verstehen, sondern als ein kombinierendes Zusammenstellen wissensgenerierender für Dogmatik relevante Diskurse unterschiedlicher Teilnehmer- und Beobachterperspektiven. Ein dogmatischer Beitrag im Sinne einer Diskursformation bedeutet für eine dogmatisch arbeitende Rechtswissenschaft die Rolle eines Koordinators wissensgenerierender Diskurse, was für die Rechtswissenschaft eine Möglichkeit darstellt, über den so erfolgenden vielfältigen und vergrößerten Wissensaufbau die Rechtspraxis mit neuen Optionsräumen zu versorgen, deren dogmatischer Beitrag (einer Teilnehmerperspektive) dann wieder in eine wechselbare Diskursformation einfließen kann. Es ginge damit bei dogmatischer Wissensgenerierung nicht um eine Hineinnahme außerrechtlicher Wissensbestände und ihre Übersetzung in Rechtsargumente, auch nicht um ein Aufhalten oder Auflösen des Ineinanderschiebens von Elementen der sozialen Praxis und materieller Gegebenheiten oder normativer und kognitiver Elemente, zumal sie unumgänglich sind, sondern um einen produktiven Umgang mit diesen Verflechtungen zur Herausbildung anschlussfähiger Knotenpunkte, was insbesondere mit Blick auf die Bedeutung der Dogmatik für die Entwicklung rechtlicher und letztlich faktischer Handlungsmöglichkeiten zentral ist.

118 So allerdings Kahl, *Wissenschaft, Praxis und Dogmatik im Verwaltungsrecht*, S. 82.

Teil 2: Die Unbestimmtheit des Rechts

A. Die Unbestimmtheit des Rechts als Dreh- und Angelpunkt – eine Einleitung

Recht erfüllt für Gesellschaft die Funktion, die Öffnung für das Neue und Unbekannte zu ermöglichen und Erwartungssicherheit zu gewährleisten, um gesellschaftliche Selbstorganisationsprozesse zu begleiten und abzustützen.[1] Die Unbestimmtheit des Rechts[2] ist ein wesentlicher Faktor, um die Entwicklungsdynamik gesellschaftlicher Selbstorganisationsprozesse abzustützen. Sie ermöglicht es grundsätzlich, flexibel und anpassungsfähig die Dynamiken gesellschaftlicher Selbstorganisationsprozesse produktiv zu begleiten, da sie sowohl formal als auch in materieller Hinsicht offen ist. Zentral für die Unbestimmtheit des Rechts ist die offene Struktur der Rechtsnormen: in ihrer ›Zeitlichkeit, Räumlichkeit, Rezipierbarkeit und Iterierbarkeit‹.[3] Diese offene Struktur eröffnet die notwendigen Spielräume für einen flexiblen Umgangs mit den unablässig entstehenden Neuerungen. Indem sie die Auslegung des Rechts ermöglicht und zugleich auch erfordert, initialisiert sie in Form der Praktiken einen produktiven Umgangsprozess mit der mit Selbstorganisationsprozessen einhergehenden Ungewissheit.[4] Sie ist damit auch wesentlicher

1 Vesting, *Die grundlegende Neubestimmung des Verhältnisses von Staat und Gesellschaft*, S. 120; Ladeur, *Die Stellung des Abgeordneten im Parlament der digitalen Gesellschaft*, S. 45; Ladeur, *Recht – Wissen – Kultur*, S. 56: »Gerade weil die westliche Gesellschaft sich seit dem Beginn im klassischen Griechenland darauf eingestellt hat, dass die Zukunft sich zwangsläufig von der Vergangenheit unterscheidet, benötigt sie weitaus mehr als die Eröffnung neuer Möglichkeitsräume durch das Recht, sie benötigt gemeinsame, aber variable Wirklichkeitsbeschreibungen, die Ermöglichung der Erwartungsbildung unter Bedingungen des Wandels [...]. Das Recht erzeugt dadurch eben nicht primär ›bindende Regeln‹, sondern die Voraussetzungen dafür, dass etwas Neues praktisch erzeugt werden kann.«

2 *S. Müller-Mall* umbeschreibt diese Unbestimmtheit des Rechts mit der Eigenschaft der *Unabgeschlossenheit*, um den umfassenderen Zugriff in Abgrenzung zur sprachlichen Bedeutung der Unbestimmtheit des Rechts oder der offenen Struktur des Rechts zu verdeutlichen, Sabine Müller-Mall, *Verfassende Urteile. Eine Theorie des Rechts*, Berlin: Suhrkamp 2023, S. 73.

3 Ebd.. Allgemein sind Rechtsnormen zentral für eine Näherung des Rechts, vgl. insbes. Christoph Möllers, *Die Möglichkeit der Normen. Über eine Praxis jenseits von Moralität und Kausalität*, Berlin: Suhrkamp 2018, S. 78–85.

4 Allgemein zur Rolle der Praktiken, insbes. Vesting, *Legal Knowledge – die kulturwissenschaftliche Perspektive* Zu den Praktiken der Dogmatik, vgl. Teil 3 D.

Faktor für Rechtsentwicklungen, die ihrerseits den rechtlichen Möglichkeitsraum erweitern, die Entwicklungsdynamiken der Selbstorganisationsprozesse produktiv zu begleiten. Die Unbestimmtheit des Rechts ermöglicht den Akteuren grundsätzlich formal gleiche Möglichkeitsräume zur Freisetzung der individuellen Kreativität, zum Eingehen von Kooperationen untereinander und zur Realisierung schließlich entstehender faktischer Handlungsmöglichkeiten, das Recht durch Auslegung zu gestalten bzw., abstrakter: Recht zu *praktizieren*. Ob sich auf diese Weise soziale, demokratische oder wirtschaftliche und autoritative Verhältnisse einspielen, entscheiden für sich betrachtet nicht die Selbstorganisationsprozesse selbst und die sie operationalisierende Unbestimmtheit des Rechts, da sie zunächst einmal ohne inhaltliche Präferenzen sind. Gleichzeitig wird dieses durch ihre »Ziel- und Objektlosigkeit« entstehende »Vakuum« dann gefährlich, wenn die Machtasymmetrien in der Gesellschaft oder, neutraler formuliert, die Asymmetrien der Entwicklungsmöglichkeiten in der Gesellschaft groß genug sind, um die formal gleiche inhaltliche Ausgestaltungsmöglichkeit des Rechts letztlich ungleich fruchtbar werden zu lassen. Die Unbestimmtheit des Rechts ist damit das Einfallstor hinzutretender (ökonomischer, kultureller, sozialer etc.) Faktoren, die die Praktiken des Rechts und schließlich die Rechtsentwicklung so strukturieren, dass das Recht selbst zu einem Faktor der ungleichen Entwicklung von Möglichkeitsräumen und damit der Ungleichheitsgenese wird.

Die mit der Unbestimmtheit des Rechts und den gesellschaftlichen Selbstorganisationsprozessen einhergehende Ungewissheit verweist zum einen auf die fehlende Determinationskraft und damit die fehlende Erwartungen sichernde Kraft von Normen, die das »Ideal der Kontemplation durch das Ideal des Machens und Konstruierens ersetzt«[5] und damit auf die Rolle von Praktiken rechtsrelevanten Handelns, (insbesondere) der Rechtsanwendung,[6] verweist, die schließlich zu Dogmatik gerinnen. Die Form, in der Recht seine Funktion des Begleitens gesellschaftlicher Entwicklungsdynamik und der Erwartungssicherung erfüllt, ist damit nicht die einzelne Rechtsnorm und ihre Anwendung, sondern Dogmatik und, spezifischer, praktizierte Dogmatik. Das Recht ist auf diese Praxis angewiesen. Dogmatik gibt dem Recht und dem rechtsrelevanten Handeln die Strukturen, Prozesse und Regeln vor, nach denen rechtliche

5 Idem, *Die grundlegende Neubestimmung des Verhältnisses von Staat und Gesellschaft*, S. 119 mit Verweis auf Amos Funkenstein, *Theology and the scientific imagination: from the middle ages to the seventeenth century*, Princeton: Princeton University Press 2018, S. 290 ff.; Victoria Kahn, *The Trouble with Literature*, Oxford: Oxford University Press 2020, S. 25 ff.

6 Zur performativen Kraft des Urteilens als ein spezifischer Fall der Rechtsanwendung und noch abstrakter des rechtsrelevanten Handelns, Müller-Mall, *Verfassende Urteile*, S. 74.

Entscheidungen zu treffen sind, um letztlich Unsicherheit zum Zwecke der Erwartungssicherung zu absorbieren und Anschluss- und Verzweigungsmöglichkeiten zum Zwecke der Entwicklungsdynamik bereitzustellen. Dogmatik setzt damit den Spiel- und Optionsraum für Recht und rechtsrelevantes Handeln (gesellschaftliche Selbstorganisationsprozesse zu begleiten), aus denen Dogmatik selbst hervorgeht.

I. Entwicklungspotential und Ungewissheit

Ein wichtiger Aspekt des rechtlichen Begleitens und Abstützens gesellschaftlicher Selbstorganisationsprozesse ist die Unbestimmtheit des Rechts, dessen Mehrdeutigkeit Wandelbarkeit und damit Entwicklungspotential ermöglicht, aber auch Ungewissheit und damit Unsicherheit in der Rechtsanwendung hervorruft.

Die Unbestimmtheit des Rechts meint zunächst, dass der spezifische Gehalt des Rechts nicht vorgegeben und unmittelbar aus den Gesetzen und Regeln selbst ableitbar ist. Gesetze geben selbst keine konkrete Orientierung und Anleitung vor, was in einer spezifischen Rechtsanwendungssituation der konkrete Gehalt einer Rechtsnorm ist, geschweige denn, wie dieser zu ermitteln ist. Die Tatbestandsmerkmale einer Rechtsnorm benennen zwar ihre Parameter, können allerdings allein aufgrund der Bedeutungsvagheit der Sprache nicht den konkreten Gehalt determinieren.[7] Sie sind daher lediglich taugliche Anknüpfungspunkte für dessen Ermittlung. Die Unbestimmtheit ist dabei produktive Ressource des Rechts, um mit gesellschaftlichem Wandel umgehen zu können und auf veränderte Anforderungen der Umwelt, das heißt auf unterschiedliche Sachverhalte und Verwendungskontexte etwa der Ökonomie oder der Politik, als auch unterschiedliche Interessen einzelner Rechtsakteure zu reagieren.[8] Die Unbestimmtheit ergibt sich dabei nicht nur aus der offenen Struktur der Rechtssprache, sondern auch aus dem Verhältnis der Vielzahl unterschiedlicher Normen verschiedener Rechtsquellen zueinander und der inhärent subjektiven Natur jeder rechtlichen Entscheidungsfindung, an die in einer anderen Rechtsanwendungssituation angeknüpft wird. Die Unbestimmtheit des Rechts macht das Recht auslegungsfähig, ermöglicht und erfordert es, das Recht für den spezifischen Kontext, Sachverhalt und die jeweiligen Interessen in einer spezifischen Rechtsanwendungssituation neu auszulegen: Sie ermöglicht und erfordert es, das Recht zu *praktizieren*. Die

7 Vgl. zur sprachlichen Bedeutung der Unbestimmtheit des Rechts: »open texture of law«, Herbert L. A. Hart, *The concept of law*, Oxford: Oxford University Press 1997, S. 128–136.

8 Ebd., S. 128.

Spielräume des Rechts ermöglichen Entwicklungspotential sowohl im Sinne rechtlicher Weiterentwicklung wie auch mittelbar im Sinne persönlicher, wirtschaftlicher oder auch technologischer Weiterentwicklung, wobei kein Anfangspunkt dergestalt identifiziert werden kann, dass das eine aus dem jeweils anderen hervorgeht. Jedes rechtsrelevante Handeln ist von Natur aus konstruierend und damit subjektiv, mit der Folge, dass verschiedene Jurist:innen bei der Zugrundelegung desselben Sachverhalts und der Auslegung derselben Regel zu unterschiedlichen Schlussfolgerungen gelangen würden. Die Unsicherheit bzgl. des konkreten Gehalts einer Rechtsnorm ermöglicht Auslegungsvielfalt und ist damit Nährboden sowohl für die Entwicklung verschiedener Perspektiven auf den Gehalt des Rechts als auch für Neuerungen außerhalb des Rechts. So ermöglicht die Unsicherheit über den Gehalt des Rechts es etwa dem EuGH, die Grundfreiheiten als subjektive Rechte zur Gewährleistung der Binnenmarktidee zu konzeptualisieren oder Rechtsanwält:innen, zur Verfolgung monetaristischer oder kommerzieller Interessen ihrer Mandant:innen das Recht so auszulegen, dass sie relative Wettbewerbsvorteile gegenüber anderen erlangen. Unabhängig davon, dass eine Vereinheitlichung und Gleichmachung dieser Räume ohnehin nicht möglich wäre, ist es vor dem Hintergrund des dadurch entstehenden Entwicklungspotentials auch nicht produktiv. Die Unsicherheit, die mit der Unbestimmtheit des Rechts einhergeht, ist die Bedingung für Entwicklung, das heißt die Prämisse, zu etwas anderem im Sinne alternativer Zustände zu werden. Sie ist zugleich der Nährboden der Entstehung von Ungleichheit, indem sie die Überantwortung der Rechtsproduktion und Entscheidungsbefugnisse an unterschiedliche Akteure, vor allen Dingen auch private, abgibt. Sie verfolgen dabei nicht nur Eigeninteressen (wie etwa Anwält:innen zur Verfolgung der monetaristischen und kommerziellen Interessen ihrer Mandant:innen), sondern unterliegen auch unterschiedlichen Rahmenbedingungen, insbesondere materieller Art, etwa der zur Verfügung stehenden finanziellen Ressourcen oder der soziokulturellen Fähigkeit zur Mobilisierung des Rechts. Diese Rahmenbedingungen strukturieren dabei, ob etwa soziale, demokratische oder autoritative, wirtschaftliche Präferenzen in das Recht Eingang finden. Gesellschaftliche Asymmetrien in den faktischen Möglichkeitsräumen für Entwicklung wirken sich als Rahmenbedingungen auf das rechtsrelevante Handeln und damit darauf aus, wie die Unbestimmtheit des Rechts zur Realisierung der Entwicklungsmöglichkeiten fruchtbar gemacht werden kann. Sie sind damit als Funktionsvoraussetzung rechtsrelevanten Handelns diesen nicht äußerlich. Sie prägen vielmehr den Ausformungsprozess des Gehalts des Rechts.

II. Das Wissensproblem und die Rolle der Rechtsanwendung: »Knowing as making«

Die Unbestimmtheit des Rechts, etwa im Sinne abstrakter allgemeiner Regelungen und Gesetze, erweist sich mit Blick auf die Ungewissheit gesellschaftlicher Selbstorganisationsprozesse als notwendig. Die unablässigen Veränderungen der Wirklichkeit durch gesellschaftliche Selbstorganisationsprozesse können nicht ex ante antizipiert und damit auch nicht durch das Recht inhaltlich vorweggenommen werden, dessen rechtliches Abstützen und Begleiten das Recht aber bezweckt.[9] Nur aufgrund der Unbestimmtheit kann das Recht auf die Neuerungen reagieren und diese verarbeiten. Dies schließt zugleich das (oftmals aus einer methodologischen Perspektive beschriebene) Wissensproblem zwischen Fall und Rechtsnorm ein.[10] Wenn die Rechtsnorm notwendigerweise an Determinationskraft verliert, nur die abstrakten Parameter der Ermittlung, aber nicht den Bedeutungsgehalt vorgeben kann, und auch die Wirklichkeitsannahmen nur situationsspezifisch entwickelt werden können, dann stellt sich die Frage, wie das notwendige Wissen dieser Facetten der Ungewissheit hergestellt wird, um schließlich Rechtsnorm und Fall gelungen einander anzunähern. Welche Wirklichkeitsannahmen der Rechtsnorm zugrunde liegen und welche Informationen des Falls als relevant erachtet und zu einem Sachverhalt konstruiert werden, erfolgt nicht allgemeingültig für Rechtsnormen und Fälle, sondern problem- und situationsspezifisch im Verfahren rechtsrelevanten Handelns.[11] In diesen Formen des rechtsrelevanten Handelns entsteht das notwendige Wissen, wie Rechtsnorm und Fall einander anzunähern sind, sowohl in Richtung der Parameter der Rechtsnorm als auch in Richtung der Wirklichkeitsannahmen. Es sind diese Formen des praktischen Wissens, die die rechtseigene Wirklichkeit und die Formen des Rechts verändern. Diese Orientierung an das praktische Wissen stellt zum einen das Dogma der einen richtigen Entscheidung in Frage und hat auch Implikationen für die Frage nach der Herstellung einer einheitlichen und damit Erwartungen sichernden Entscheidungspraxis.[12] Ein methodologischer Zugriff, der den Rechtsfindungsvorgang lediglich auf den Techniken des Rechtsquellenbezugs

9 Vgl. etwa zur Rolle der subjektiven Rechten, Vesting, *Die grundlegende Neubestimmung des Verhältnisses von Staat und Gesellschaft.*

10 Insbes. Karl-Heinz Ladeur und Ino Augsberg, »Auslegungsparadoxien. Zu Theorie und Praxis Juristischer Interpretation Abhandlungen und Aufsatze«, in: *Rechtstheorie*, 36: 2 (2005).

11 Müller-Mall, *Verfassende Urteile*, S. 75.

12 Hans-Heinrich Trute, »Die konstitutive Rolle der Rechtsanwendung«, in: Hans-Heinrich Trute u.a. (Hg.), *Allgemeines Verwaltungsrecht - zur Tragfähigkeit eines Konzepts,* Tübingen: Mohr Siebeck 2008, S. 217 f.

stützt und dabei Tatsachenfragen und die »Sachverhaltsermittlung« ausklammert, verkennt das zwischen Rechtsnorm und Fall eingeschlossene Wissensproblem und die wissensgenerierende Rolle von Rechtsanwendung bzw., abstrakter gefasst, von Praktiken und Verfahren.[13] Im Moment des rechtsrelevanten Handelns, also des rechtlichen Machens und Konstruierens, werden das notwendige Wissen produziert, die Wirklichkeitsannahmen und Bedeutungsgehalte der Rechtsnormen konstruiert. Aus der Realisation dieses praktischen Wissens resultiert eine Zunahme der Komplexität und Differenzierung des Rechts, die wiederum eine Vergrößerung und Diversifikation rechtlicher Möglichkeitsräume zum Begleiten und Abstützen gesellschaftlicher Selbstorganisationsprozesse erzeugt.[14] Die Praktiken rechtsrelevanten Handelns, Konstruierens und Entwerfens, initiiert durch die »Ziel- und Objektlosigkeit« der Unbestimmtheit des Rechts, markieren damit die zentralen Prozessfaktoren der (für alle sozialen Konfliktlagen und Bedürfnisse offenen oder aber asymmetrisch sich verengenden und schließlich exkludierenden) Entwicklung von Möglichkeitsräumen.[15]

Die unabdingbare Überantwortung der Rechtsentwicklung in eine Vielzahl von Einzelentscheidungsprozessen der Rechtsproduktion geht mit Zugewinnen im rechtlichen Umgang mit der Komplexität gesellschaftlicher Selbstorganisationsprozesse und der notwendigen Wissensgenerierung einher. Zugleich sind sie Einfallstor für Produktionsinteressen und Produktionsregime, die kontextrelational und damit in gesellschaftlichen (ökonomischen, politischen, technischen oder kulturellen) Strukturen eingebettet sind. Dieses Hinzutreten ist für die Entwicklung von Möglichkeitsräumen so lange nicht problematisch, wie plurale Interessen und Regime in die Rechtsproduktion Eingang finden können, sodass es nicht zu einer einseitig interessierten Vergrößerung und Diversifikation rechtlicher Möglichkeitsräume und damit zu einer Abstandsvergrößerung, die je nach Ausmaß inkludierenden bzw. exkludierenden Effekt haben kann, kommt. Mit Blick auf die vorherrschenden Asymmetrien faktischer Möglichkeitsräume in der Gesellschaft,

13 Zur wissensgenerierenden Rolle von Praktiken (»Knowing as making«), Vesting, *Legal Knowledge – die kulturwissenschaftliche Perspektive;* Karl Heinz Ladeur, *Die Textualität des Rechts. Zur poststrukturalistischen Kritik des Rechts,* Weilerswist: Velbrück Wissenschaft 2016, S. 169 f.

14 Allg. zum Zusammenhang zwischen »Steigerung der Ungewissheit« im Umgang der »pluralen Welt der Möglichkeiten«, Ladeur, *Recht – Wissen – Kultur*, S. 63; Ladeur, *Der Anfang des westlichen Rechts*, S. 111; Augsberg, *Einleitung: Ungewissenheit als Chance - eine Problemskizze*, S. 1 ff.; Vesting, *Die grundlegende Neubestimmung des Verhältnisses von Staat und Gesellschaft*, S. 119.

15 Zu den Ungleichheitsmechanismen der Abstandsvergrößerung und Inklusion, vgl. Teil 1 B. IV. 5.

das heißt der hinzutretenden Rahmenbedingungen, überrascht es nicht, wenn schwerpunktmäßig zur Realisierung kommerzieller und monetaristischer Interessen, eingebettet in entsprechende Produktregime mit ihren ökonomischen Kriterien und *biases* (insbesondere der Effizienz)[16], solche Produktionsinteressen überproportional Eingang in die Einzelentscheidungsprozesse und damit die Rechtsproduktion finden. Das impliziert, dass die Überantwortung der Rechtsproduktion in die Einzelentscheidungsprozesse nicht sich selbst überlassen werden kann, sondern kontinuierlich zur Entwicklungsoffenhaltung angehalten werden muss. In diesem Zusammenhang ist auf die Dogmatik als gemeinsame Kommunikationsplattform zwischen Rechtspraxis und Rechtswissenschaft und innerhalb dessen auf die rechtswissenschaftlichen Handlungsspielräume für solche notwendigen Irritationen zu verweisen.

III. Bedeutung dogmatischer Wissensgenerierungsprozesse

Der Umgang mit dem Wissensproblem, eingeschlossen zwischen Rechtsnorm und Fall, wird durch die soziale Praxis der Dogmatik als Wissensinfrastruktur institutionalisiert. Durch diese institutionell gestiftete und stabilisierte Erwartungssicherheit der Dogmatik kommt es sowohl zu einer Entfremdung vom Individualkonflikt selbst als auch zu einer Entfremdung der sie strukturierenden, insbesondere materiellen Rahmenbedingungen, etwa in Form der jeweiligen verfolgten Interessen, der zur Mobilisierung des Rechts zur Verfügung stehenden finanziellen Ressourcen oder des soziokulturellen Vermögens der Mobilisierung des Rechts. Sie wieder in den Blick zu nehmen und damit als Element dogmatischer Wissensgenerierungsprozesse beobachtbar und schließlich thematisierbar zu machen, um die Rechtsproduktion zur Entwicklungsoffenhaltung anzuregen, könnte insbesondere Rolle der Rechtswissenschaft sein.

1. Zwischen Entwicklungsoffenhaltung und Unsicherheitsabsorption

Im Umgang mit der Ungewissheit in einer Rechtsanwendungssituation kommt der Dogmatik wesentliche Bedeutung zu; zum einen mit Blick auf die Ausformung des Bedeutungsgehalts der Rechtsnorm und zum

16 Vgl. allg. Jedediah S. Britton-Purdy u.a., »Building a Law-and-Political-Economy Framework: Beyond the Twentieth-Century Synthesis«, in: *Yale Law Journal*, 129 (2020). Zur Effizienz vgl. Zachary Liscow, »Is Efficiency Biased?«, in: *The University of Chicago Law Review*, 85: 7 (2018).

anderen mit Blick auf die zu verarbeitenden Wirklichkeiten der rechtlichen Umwelt, ohne dass dies voneinander zu trennen wäre. Dogmatik hat sich im Umgang mit dieser dualen Ungewissheit als produktiv erwiesen, indem Dogmatik einerseits Unbestimmtheiten im Recht identifiziert und Anleitungsangebote im Umgang mit den Spielräumen der Rechtsnorm bereitstellt und andererseits in Form vertypter Wirklichkeitsannahmen eine Anleitung dahingehend bietet, welche Wirklichkeitsinformationen rechtsrelevant sind und weiter durch rechtsrelevantes Handeln verarbeitet werden.

Dogmatik stellt dabei zunächst eine Art operationalisierende Zwischenschicht zwischen der – Entwicklungspotential für alternative Möglichkeiten schaffenden – Rechtsnorm und der Rechtsanwendung im Einzelfall – das heißt das Fruchtbarmachen des Möglichkeitsraums – dar.[17] Dogmatik betrifft damit unmittelbar das zwischen Rechtsnorm und Rechtsanwendung eingeschlossene Wissensproblem. Sie ist allerdings nicht als Bestimmungsmaschinerie dahingehend misszuverstehen, dass sie die rechtliche Unbestimmtheit in Bestimmtheit, Unsicherheit in Sicherheit oder Ungewissheit in Gewissheit wandeln würde. Unabhängig von der Frage, ob dies überhaupt möglich wäre, kann es jedenfalls in Anbetracht der Produktivität der Unbestimmtheit des Rechts für das Entwicklungspotential nicht das Ziel sein. Dogmatik geht darüber hinaus mit einer eigenen Unbestimmtheit, Ungewissheit und konsequenterweise mit einem dogmatikeigenen Wissensproblem zwischen dogmatischer Kategorie und den Praktiken ihres Entwerfens, Konstruierens und Herstellens einher.[18] Wie für die Unbestimmtheit des Rechts gilt auch für die Unbestimmtheit der Dogmatik eine gewisse Dualität von Entwicklungspotential auf der einen Seite und Ungewissheit und Unsicherheit auf der anderen Seite. Dogmatik ist daher mehr als nur die von *M. Eifert* beschriebene operationalisierende Zwischenschicht zwischen Rechtsnorm und Rechtsanwendung, sondern stellt abstrakter gefasst eine Zwischenschicht zwischen Unsicherheitsabsorption und Herstellen der Möglichkeiten alternativer Zustände durch Ungewissheit dar. Indem die kontinuierlich und dezentral sich entwickelnden dogmatischen Begriffs-, System- und Ordnungsbildungen eine Anleitung für den Umgang mit den Spielräumen des Rechts bereithalten, absorbieren sie einerseits die Unsicherheit und schaffen andererseits durch die dogmatischen Wissensformen eigene, neue Formen der Unbestimmtheit, die ebenfalls Ungewissheit als produktiven Nährboden für Entwicklungspotential auf den Ebenen der Dogmatik, des rechtsrelevanten, insbesondere rechtsanwendungsspezifischen Handelns und schließlich, abstrakter, des Rechts schaffen. Es geht bei der Dogmatik damit um die Ermöglichung

17 Eifert, *Zum Verhältnis von Dogmatik und pluralisierter Rechtswissenschaft.*
18 Vertiefend Teil 3 D. II. 3.

»kontrollierbarer Gleichgewichtsverluste«.[19] Sie liegt in der Bereitschaft und Fähigkeit, die Öffnung für das Neue zu ermöglichen, ohne den Zerfall der dogmatischen Ordnung als Erwartungssicherung insgesamt zu riskieren.[20]

2. Ungleichheitsgenese

Für diese kontrollierten Gleichgewichtsverluste nehmen dogmatische Kategorien eine zentrale Rolle ein. In Abhängigkeit von der Ausgestaltung und Qualität strukturieren sie durch die in ihnen lagernden vertypten Wirklichkeitsannahmen die weitere Wirklichkeitsverarbeitung und damit die Balance zwischen Ermöglichung des Neuen und Erwartungssicherung. Mit Blick auf die Bedeutung dogmatischer Wissensgenerierungsprozesse nicht nur vor dem Hintergrund der Entwicklungsoffenhaltung und Unsicherheitsabsorption, sondern auch der Ungleichheitsgenese, ist der bereits skizzierte strukturelle Passungseffekt des Sozialen und Materiellen zentral.[21] Weniger problematisch ist dabei, dass sich das Soziale und Materielle ineinanderschieben und, kritisch formuliert, dass das Ökonomische das Soziale unterhöhlt, zumal die kontextuelle Prägung ein unhintergehbarer Effekt ist.[22] Problematisch mit Blick auf die Entwicklungsoffenheit im Allgemeinen und die Ungleichheitsgenese im Spezifischen ist vielmehr die strukturell sich auftuende Schere zwischen verarbeitbaren Wirklichkeitsannahmen durch dogmatische Kategorien und den pluralen sozialen Konfliktlagen und Bedürfnissen. Wesentlich für diese Entwicklung sind dogmatikeigene Dynamiken und Strukturbildungen.

IV. Hintergrund: Systemtheoretische Zusammenhänge der Dogmatik

Die wissensgenerierende Funktion sozialer Praktiken bei der Herausbildung von Dogmatik lässt sich systemtheoretisch plausibilisieren. Hinzu treten in dieser Analyse die strukturellen Effekte, die mit dem sozial-materiellen Bereich verbunden sind.

19 Vgl. allg. zum gesellschaftlichen Umgang mit der Ungewissheit als Merkmal gesellschaftlicher Selbstorganisationsprozesse, Vesting, *Die grundlegende Neubestimmung des Verhältnisses von Staat und Gesellschaft*, S. 120.

20 Vgl. allg. Ladeur, *Die Stellung des Abgeordneten im Parlament der digitalen Gesellschaft*, S. 45.

21 Teil 1 B IV. 4. d.

22 Vertiefend Teil 3 D. V. 2. c.

Differenzierte Ordnungen wie das Recht haben ihren obersten Bezugspunkt in Codes (wie dem Code Recht/kein Recht). Sie sind daraus aber nicht eindeutig ableitbar. Der Code Recht/kein Recht gibt keine konkrete Orientierung und Anleitung vor, was der Gehalt des Rechts ist und welche Informationen rechtsrelevant sind und welche nicht. Erst über Institutionalisierungen in kommunikativen Zusammenhängen entsteht aus dem jeweiligen Code eine Ordnung, die die spezifischen Gehalte konkretisiert und verhaltenswirksam normiert und sanktioniert. Hierfür werden Techniken bzw. Methoden entwickelt, die spezifische Standards, Regeln und Herangehensweisen erfinden und durchsetzen. Sie systematisieren das Rechtshandeln als auch das Rechtskommunizieren für und in bestimmten Kontexten und machen sie so voraussehbar und intersubjektiv kontrollierbar. Die Dogmatik ist eine solche in kommunikativen Zusammenhängen zwischen unterschiedlichen Akteuren entstehende institutionalisierte Praxis, die die spezifischen Gehalte des Rechts (mit) ermittelt und festlegt, welche Informationen rechtlich relevant sind. Durch ihre spezifischen Systematisierungsleistungen und Begriffs-, Typologie- und Figurenbildungen werden die Gehalte des Rechts ermittelt und durch kontinuierliches Wiederaufgreifen und Anknüpfen dezentral aktualisiert. Dieses kontinuierliche Anknüpfen nicht nur an bestehende inhaltliche Gehalte, sondern auch an ihren implizit miterfolgenden Rückgriff auf die spezifischen Formen, in die das dogmatisch generierte Wissen gefasst ist, hat eine stabilisierende Wirkung sowohl der Inhalte als auch ihrer Formen. Die Dogmatik bewirkt zugleich Pfadabhängigkeiten und Verengungen auf eine bestimmte Perspektive auf Wirklichkeit. Das auf diese Art und Weise strukturierte rechtsrelevante Handeln wird so konsistent und vorhersehbar, wirkt entlastend und sichert Erwartungen. Diese zentralen Funktionskriterien zeichnet die Leistungsfähigkeit der Dogmatik im Umgang mit der für das Recht charakteristischen Unbestimmtheit aus. Die an der Dogmatik beteiligten Akteure (Rechtswissenschaftler:innen in der Forschung oder in der Rechtspraxis, das heißt Anwält:innen und Richter:innen, aber auch Verlage und Plattformen wie etwa Juris oder Beck) konkretisieren nicht nur die inhaltlichen, materiell-rechtlichen Gehalte des Rechts. In den kommunikativen Zusammenhängen zwischen ihnen entwickeln sich dezentral auch die Regeln und Kriterien, nach denen der Gehalt ermittelt wird, und setzen sich verhaltenswirksam und sanktionierend durch. Wie die Interpretations- und Konkretisierungsarbeit der Dogmatik im Diskurs zwischen Rechtswissenschaft und Rechtspraxis aufgeteilt, welchem Akteur welcher Konkretisierungsspielraum zugesprochen wird (BverfG, EuGH oder erstinstanzliche Gerichte) und welche Ressourcen zugewiesen und verfügbar sind. Dies verweist auf die sozio-ökonomischen Strukturen und auf erste Anknüpfungspunkte des Phänomens der Ungleichheit im Recht und der Ermittlung des Gehalts insbesondere in der Rechtsanwendung.

Institutionalisierungsprozesse sind immer auch mit Interessens- und Machtfragen verbunden, auch wenn sie nicht auf diese reduziert werden können.

Auch die »strukturdefinierten« Kernoperationen der Dogmatik sind weitere Anknüpfungspunkte der Untersuchung von Ungleichheit. Sie sind in den Strukturen der Dogmatik angelegt und damit unvermeidbar mit ihr verbunden, was heißt, dass die Art und Weise, wie Dogmatik operiert, mit spezifischen Verzerrungen einhergeht. Sie betreffen dabei nicht nur, aber eben auch das Phänomen der Ungleichheit. Zu den strukturdefinierten Kernoperationen der Dogmatik, die ungleichheitsrelevante Effekte mit sich bringen können, gehört die bisher nicht angelegte Reflektionsmöglichkeit der Dogmatik, die eigenen Muster und Strukturen der Wissenserzeugung und -verarbeitung, ihre Leerstellen der Wirklichkeitsverarbeitung als auch ihre verschleifte Verwendung zu erkennen. Selbstverständlich bilden das Recht als auch dessen Umwelt jeweils eigenständige Ordnungen und Strukturen aus. Dies bedeutet allerdings nicht, dass sie autonom voneinander seien. Vielmehr stellen sie wechselseitig füreinander die Kontextbedingungen her. Das Recht und der dogmatisch ermittelte Gehalt des Rechts markieren den Rahmen für den Verwendungskontext und die Umstände des Tatsächlichen, die wiederum die Kontextbedingungen für die dogmatischen Wissenserzeugungsprozesse stellen. Dogmatik erkennt allerdings nicht, dass der Sachverhalt (und der abstraktere Verwendungskontext) eines rechtsrelevanten Handelns integraler und konstitutiver Bestandteil des Rechtsentscheidungsprozesses ist. Schwierigkeiten und mögliche Verzerrungen werden im Prozess der Verarbeitung des Tatsachenwissens als fallspezifische Effekte begriffen beziehungsweise auf fallspezifische Umstände zurückgeführt (etwa im Polizeirecht im Bereich der Gefahrenermittlung). Sie gehen jedenfalls nicht auf das Bestehen oder Nichtbestehen präskriptiver Strukturen der Mustererkennung (etwa der dogmatischen Fallgruppen zur Gefahr) zurück, die die Wahrnehmung (bzw. Nichtwahrnehmung) von Informationen anleitet und filtert. Problematisch ist diese fehlende Reflektionsmöglichkeit insbesondere bei Engführungen sowohl innerhalb dogmatischer Wissenserzeugung als auch in der Ordnung des Rechts im Sinne methodischer Engführung auf Dogmatik. Diese Engführungen gehen mit der Gefahr einher, dass die Wissensverarbeitungsprozesse zu hermetisch und zu homogen werden, was letztlich Kreativitäts- und Neuerungspotentiale schwächt.[23]

Wenn Ungleichheit nicht als rechtsspezifisches Phänomen wahrgenommen wird, d. h. einen blinden Fleck vorherrschender Diskursgemeinschaften in der Rechtswissenschaft und der Rechtsanwendungspraxis darstellt,

23 Ulf Matthiesen, »Wissensmilieus und KnowledgeScapes«, in: Rainer Schützeichel (Hg.), *Handbuch Wissenssoziologie und Wissensforschung*, Konstanz: UVK Lucius 2007, S. 683.

dann kann eine generelle Untersuchung der Ausdifferenzierung in der Rechtswissenschaft und damit inbegriffen der (kommunikativen und institutionellen) Strukturen der Wissensvermittlung, des Wissenserwerbs und der Wissenspflege ein produktiver Ansatz sein, um die Interaktionsarrangements innerhalb der Rechtswissenschaft als auch zwischen Rechtswissenschaft und Rechtsanwendungspraxis nachzuzeichnen. Mögliche Einschränkungen und Beschränkungen der Dogmatik wirken sich dabei nicht nur auf den inner-rechtswissenschaftlichen Diskurs aus, sondern wirken unmittelbar über die Dogmatik als gemeinsames Kommunikationsformat mit der Rechtspraxis auf die gesellschaftliche Wirklichkeit zurück und (re-)produzieren Wirklichkeitszugriffe. Sie verfestigen so in einer Art *self-fulfilling prophecy* die vorherrschenden Zugriffe, welche zu einer performativen, wirklichkeitskonstituierenden Macht werden.[24] An der in der Rechtswissenschaft vorherrschenden Dogmatik lässt sich zum einen die Definitions-, aber auch die Veränderungsmacht wissenschaftlicher Arbeit illustrieren und zum anderen, wie über kommunikatives (Rechts-)Handeln gesellschaftliche Wirklichkeit und, mitgedacht, gesellschaftliche Verteilungsverhältnisse konstruiert werden.[25]

B. Unbestimmtheit als rechtliche Infrastruktur der Selbstorganisation

I. Einleitung

Wie bereits an unterschiedlichen Stellen festgestellt, sind gesellschaftliche Selbstorganisationsprozesse zunächst einmal ohne inhaltliche Präferenzen. Ob sich auf diese Weise soziale oder wirtschaftliche Inhalte, demokratische oder autoritative Verhältnisse einspielen, darüber ist mit der Insistenz auf gesellschaftliche Selbstorganisationsprozesse nicht entschieden.[26] Solche inhaltlichen Präferenzen oder Verhältnisse treten vielmehr hinzu. Gleichzeitig weisen Selbstorganisationsprozesse Ungleichheitsrelevanz auf. Dies knüpft an die selbsttragende Konstruktion von Selbstorganisation an und verweist auf ihre selbsterhaltende Wiederholung.[27]

24 Reiner Keller, *Diskursforschung. Eine Einführung für SozialwissenschaftlerInnen*, Wiesbaden: VS Verlag für Sozialwissenschaften 2011, S. 8; Michel Foucault, *Überwachen und Strafen. Die Geburt des Gefängnisses*, Frankfurt am Main: Suhrkamp 2019, S. 250.

25 Hubert Knoblauch, *Die kommunikative Konstruktion der Wirklichkeit*, Wiesbaden: Springer Fachmedien 2016, S. 5.

26 Ortmann, *Regel und Ausnahme*, S. 239 f.

27 Mit Verweis auf *Derridas* »Ruf nach einer selbsterhaltenden Wiederholung«, ebd., S. 264 f.

Gesellschaftliche Selbstorganisationsprozesse gehen typischerweise mit Rückkopplungen, Rekursivität, Rückeinspeisungen, Pfadabhängigkeiten, *increasing returns* und *lock ins* einher, die wiederum mit Effekten der Abstandsvergrößerung und In- bzw. Exklusionen einhergehen können. Je nach Inhalten und Präferenzen, die in die Selbstorganisationsprozesse einfließen und diesen eine Richtung geben, entwickeln sie sich mit Abstand zueinander und je nach Ausmaß der asymmetrischen Entwicklung bewirken sie einen Inklusionsfilter. Diese Figur der hinzukommenden Inhalte, Präferenzen oder, allgemeiner gesprochen, der Faktoren soll dabei nicht darüber hinwegtäuschen, dass diese selbst wiederum aus selbstorganisierten Prozessen resultiert.

In selbstorganisierten Systemen können sich demnach durch hinzukommende Faktoren Strukturen der Ungleichheit bilden. Durch Rückkopplungsschleifen verdichten sie sich zu Mustern und Strukturen der Ungleichheit, etwa indem Personen mit mehr finanziellen Ressourcen die Möglichkeiten des selbstorganisierenden Systems besser fruchtbar machen können als andere, was sich dann wieder in neuen Möglichkeiten und einem Mehr an finanziellen Ressourcen niederschlagen kann. Recht und Rechtsanwendung spielen dabei eine strukturierende Rolle. Dies kann nicht zuletzt aufgrund der für Selbstorganisationsprozesse zentralen Privatautonomie anhand des Privatrechts gut beobachtet werden. Durch das geschickte Fruchtbarmachen der Spielräume des Rechts in und durch Sprache, der Rechtsnormen und des Verhältnisses von Rechtsnormen zueinander transformieren Anwält:innen mit Hilfe der Rechtsmodule des Privatrechts, etwa des Vertragsrechts, nicht nur Güter zu Kapital im Sinne eines Verrechtlichungsprozesses, sondern nutzen die Spielräume des Rechts, um die Kapitalgüter mit bestimmten Attributen auszustatten, die letztlich zu einer Privilegierung des Kapitals und damit des Kapitalinhabers führen,[28] was – unter Berücksichtigung von *T. Pikettys* Beobachtungen – mit einer Konzentration von Vermögen in den Händen weniger und aufgrund von Rückkopplungsschleifen mit einer sich kontinuierlich verschärfenden ökonomischen Ungleichheit einhergeht. Zentral für gesellschaftliche Entwicklungen und Neuerungen als auch für die Strukturen der Ungleichheit ist das Recht, spezifischer das Fruchtbarmachen der Spielräume des Rechts im Rahmen der Rechtsanwendung.

Die unbestimmte Struktur des Rechts ist Prämisse, um als Infrastruktur für Selbstorganisationsprozesse funktional sein. Die durch Unbestimmtheit ermöglichten Spielräume des Rechts schaffen so die Voraussetzung für Auslegungsvielfalt, um strategisch unterschiedlichen Interessen nachgehen zu können. Die Auslegungsvielfalt bringt dabei wechselseitig Entwicklung und Unsicherheit bei der Ermittlung des Gehalts des Rechts

28 Pistor, *Der Code des Kapitals*, S. 17 f.

hervor, die wiederum Nährboden für Entwicklung ist. Sie ist damit produktive Ressource, um mit gesellschaftlichem Wandel und den unterschiedlichen Anforderungen an Recht flexibel, offen und lernfähig umzugehen, und gleichzeitig der Ort der Entstehung von Musterbildungen wie etwa der Ungleichheit. Obwohl die Unbestimmtheit des Rechts durch die ermöglichten Spielräume ein beliebiges Fruchtbarmachen zur Realisierung unterschiedlicher Interessen und Zielvorstellungen (und mitgedacht damit eine Infrastruktur für inhaltlich beliebige Selbstorganisationsprozesse mit offenem Ergebnis) nahelegen könnte, scheinen die Spielräume und die damit einhergehenden Auslegungsmöglichkeiten nicht gleich fruchtbar gemacht zu werden. Vielmehr entwickeln sich die Spielräume des Rechts für spezifische Interessen unterschiedlich.

II. Recht als Infrastruktur der Selbstorganisation

Für Selbstorganisationsprozesse übernimmt das Recht die Funktion einer Infrastruktur. Recht ist zwar kein notwendiger, aber doch ein hilfreicher Unterbau für Selbstorganisationsprozesse. Die Erhaltung der Produktivität des Marktwirtschaftssystems etwa baut auf rechtlichen Institutionen auf, die ihre Prozesse begleiten und absichern. Maßgeblich sind dabei zunächst die Privatautonomie und ihre entsprechende rechtliche Fassung in Regeln und Gesetzen, etwa der Vertragsfreiheit oder Eigentumsfreiheit. Sie begleiten und sichern die Prozesse basierend auf dezentral privatautonomen Entscheidungen, aber auch die daran gebundenen Effekte (wie etwa Ungleichheit) ab.[29] Selbstorganisationsprozesse rechtlich begleiten und Entwicklungen abstützen zu wollen,[30] ist voraussetzungsvoll, nicht zuletzt, weil Selbstorganisationsprozesse unablässig Neues hervorbringen.[31] Allein aufgrund der beständigen Selbständerung

29 Vgl. Simon Deakin u.a., »Legal institutionalism: Capitalism and the constitutive role of law«, in: *Journal of Comparative Economics*, 45: 1 (2017); Pistor, *Der Code des Kapitals.*

30 Vgl. Arno Scherzberg, »Innovationen und Recht«, in: Wolfgang Hoffmann-Riem (Hg.), *Offene Rechtswissenschaft. Ausgewählte Schriften und begleitende Analysen,* Tübingen: Mohr Siebeck 2010, S. 293; Wolfgang Hoffmann-Riem, »Innovationen durch Recht und im Recht«, in: ders., *Offene Rechtswissenschaft. Ausgewählte Schriften und begleitende Analysen,* Tübingen: Mohr Siebeck 2010, S. 181.

31 Deregulierung wird oftmals als notwendige Antwort des Rechts gesehen, die Anforderungen, die mit der Entscheidung zur Selbstorganisation einhergehen, zu erfüllen. Bei Betrachtung der Komplexität von gesellschaftlichen Phänomenen erscheint jedoch Deregulierung ein zu eindimensionales und zu einfaches Vorgehen im Umgang mit Selbstorganisation zu sein, vgl. Hoffmann-Riem, *Innovationen durch Recht und im Recht*, S. 179.

des Gegenstands ist eine Orientierung an vergangenen Zuständen nicht möglich. Die unablässige Produktion des Neuen bedeutet zwangsläufig, sich auf Unbestimmtheit und Ungewissheit einlassen zu müssen.[32] Für die Eigenschaft der Infrastruktur bedeutet dies spiegelbildlich, dass das Recht ebenfalls unbestimmt sein muss, um mit den wandelnden Gegenständen und den daraus entspringenden Anforderungen umgehen zu können, sie zu prozessieren und so Raum für die Entfaltung von Vielfalt und Wandel zu gewähren. Die nicht vorherbestimmbaren Selbstorganisationsprozesse können nur durch eine spiegelbildliche Unbestimmtheit des Rechts bewältigt werden. Die Unbestimmtheit ist damit mehr als nur charakteristische Eigenheit des Rechts. Sie erweist sich als unhintergehbare Prämisse, wenn Selbstorganisationsprozesse rechtlich abgesichert und begleitet werden wollen.

Anschaulich zeigt sich dies etwa an der Vertragsfreiheit. Die an einem Vertrag beteiligten Parteien können nicht alle Möglichkeiten vorhersehen, die sich in der Zukunft möglicherweise ergeben könnten. Es ist bereits kognitiv nicht möglich, jedes Ereignis zu antizipieren, das das Vertragsverhältnis beeinflussen könnte, geschweige denn, dies vertraglich absichern zu wollen. Wenn die Vertragsparteien bereits nicht in der Lage sind, aufgrund sich ständig wandelnder und damit nicht vorherbestimmbarer Faktoren einen inhaltlich vollständig bestimmten Vertrag zu verfassen, dann kann das Recht selbstverständlich auch keine inhaltlich vollständig bestimmten Rechte festschreiben.[33] Nicht nur bei der Erfassung von beständig Neuem erfüllt die Unbestimmtheit des Rechts eine wichtige Funktion, sondern auch für die Gegenstände und Gegenstandsbereiche, in denen eine nähere Präzisierung unmöglich (wie etwa in Bereichen der Umwelt und Technologie), kontraproduktiv (etwa in Kunst und Kultur, aber auch für das Marktwirtschaftssystem[34]) oder zu voraussetzungs- und anspruchsvoll ist (wie etwa im Umgang mit Ungleichheit). Diese Beispiele verweisen auf das Potential der Unbestimmtheit des Rechts, mit den situativen, kontextuellen oder gegenstandsbedingten Anforderungen der Wirklichkeit offen, flexibel und lernfähig umzugehen.[35] Auch in Fragen der Steuerung oder

32 Thomas Vesting, *Subjektive Freiheitsrechte als Elemente von Selbstorganisation- und Selbstregulierungsprozessen in der liberalen Gesellschaft. Dargestellt am Beispiel der Bedeutung der Intellectual Property Rights in der neuen Netzwerkökonomie* 2000, S. 4.

33 Pistor, *Der Code des Kapitals*, S. 328.

34 Zur konstitutiven Bedeutung der Ungewissheit für die Wirtschaft vgl. Dirk Baecker, *Information und Risiko in der Marktwirtschaft,* Frankfurt am Main: Suhrkamp 1988, S. 31 ff.

35 Vesting, *Subjektive Freiheitsrechte als Elemente von Selbstorganisation- und Selbstregulierungsprozessen in der liberalen Gesellschaft*, S. 4; vgl. Peer Zumbansen, »Das soziale Gedächtnis des Rechts. oder: Juristische

Steuerbarkeit durch Recht übernimmt die Unbestimmtheit eine wichtige Funktion, etwa in und für Situationen, in denen es nicht nur einfacher und operationalisierbarer, sondern unter Umständen überhaupt nur so möglich ist, etwas rechtlich zu erfassen, indem auf die spezifische Vorgabe konkreter, prämissenbehafteter Anforderungen, das heißt auf eine ex ante Konzeptualisierung rechtlicher Voraussetzungen, überwiegend verzichtet wird. Gemeint sind etwa Situationen stark divergierender Interessen, sehr heterogener Regelungsgegenstände und Anwendungskontexte, einer sich schnell wandelnden Regelungsmaterie, die unüberschaubare Folgen für andere Regelungsbereiche haben oder Situationen, in denen präzise Regeln Umgehungsstrategien oder Ermessensspielräume situative Adäquanz erleichtern könnten.[36] Die Unbestimmtheit ist damit produktive Ressource des Rechts, um für solche voraussetzungs- und anspruchsvollen Kontexte einen strukturellen Umgang zu bieten,[37] und zwar erst einmal ohne die Notwendigkeit, neue Strukturen des Rechts bereitzustellen oder bestehende Rechtsstrukturen ändern zu müssen.

C. Rechtsanwendungsspezifische Bedeutungskonstitution

I. Normative Hintergrundfolien und methodische Konsequenzen

Mit Blick auf Selbstorganisationsprozesse und Entwicklungspotential wird die Unbestimmtheit des Rechts nicht etwa als produktive Ressource, sondern in erster Linie als eine – wenn auch unvermeidbare – Unvollkommenheit des Rechts wahrgenommen, die nicht nur ein praktisches

Dogmatik als Standeskunst«, in: Christian Joerges und Gunther Teubner (Hg.), *Rechtsverfassungsrecht. Recht-Fertigung zwischen Privatrechtsdogmatik und Gesellschaftstheorie,* Baden-Baden: Nomos 2003, S. 156; Pistor, *Der Code des Kapitals*, S. 332; Ansgar Ohly, »Generalklausel und Richterrecht«, in: *Archiv für die civilistische Praxis*, 201: 1 (2001), S. 7; Doris Schweitzer, »Macht der Unbestimmtheit? Unbestimmte Rechtsbegriffe als Provokation für die poststrukturalistische Theorie«, in: *Zeitschrift für Rechtssoziologie*, 35: 1 (2015), S. 103.

36 Günther Ortmann, »›Die Mauer um den Sumpf‹. Vom Affekt wider das Vage«, in: Julian Müller und Victoria von Groddeck (Hg.), *(Un)Bestimmtheit. Praktische Problemkonstellationen,* München: Wilhelm Fink 2013, S. 188.

37 Scherzberg, *Innovationen und Recht*, S. 293.

Problem[38] für die Rechtsanwendung, sondern auch eine Bedrohung für das Rechtsstaatsprinzip und das Bestimmtheitsgebot darstellt. »Unbestimmte Normen drohen, die Gesetzesbindung der Exekutive (Art. 20 Abs. 3 GG), den Rechtsschutz gegenüber der öffentlichen Gewalt (Art. 19 Abs. 4 GG) und die Rechtssicherheit zu beeinträchtigen.«[39] Auch das Bundesverfassungsgericht unterstreicht, dass »die Normenbestimmtheit die Verwaltung binden, die Justiziabilität von Eingriffen gewährleisten und die Rechtssubjekte befähigen, die Rechtslage zu erkennen, um ihr Verhalten entsprechend ausrichten zu können«[40]. So stellt das Bundesverfassungsgericht fest, dass eine Norm diesen Anforderungen nicht gerecht wird, die einen identisch formulierten Maßstab für unterschiedliche Situationen vorsieht und mit je unterschiedlichem Inhalt angewandt werden soll.[41] Die Unbestimmtheit des Rechts als Türöffner für Willkür und Inkonsistenz in der Rechtsanwendung bedrohe das Ideal formaler Gleichheit, Recht bei gleichen Umständen gleich anzuwenden, und ist demnach nicht im Sinne einer produktiven Ressource des Rechts erwünscht, sondern vielmehr problematisch.

Die Einordnung der Unbestimmtheit als Bedrohung formaler Gleichheit (und nicht als produktive Ressource für Selbstorganisation) hat ein bestimmtes Bild von Recht vor Augen und ist Ausdruck eines bestimmten normativen Zugriffs auf Recht.[42] Grundperspektive dieses Bildes von Recht ist, dass eine strikte Trennung von Gesetz und Gesetzesanwendung und eine Trennung von Recht und außerrechtlicher Wirklichkeit bestünden.[43] Hieraus folgt die Annahme, dass die rechtsanwendungsspezifische

38 So sprechen etwa *R. Christensen* und *H. Kudlich* ausdrücklich von dem »Unbestimmtheitsproblem«, Ralph Christensen und Hans Kudlich, *Theorie richterlichen Begründens,* Berlin: Duncker & Humblot 2001, S. 87 f.

39 Sven Opitz, »Unbestimmtheit im Recht – Oder: Wie biegsam sind Systeme?«, in: Julian Müller und Victoria von Groddeck (Hg.), *(Un)Bestimmtheit. Praktische Problemkonstellationen,* München: Wilhelm Fink 2013, S. 147.

40 Ebd. Vor diesem Hintergrund schlägt *Schmidt-Aßmann* daher vor, die Rechtsgebundenheit der Verwaltung als einen Auftrag zur bewussten, methodengeleiteter Rechtskonkretisierung zu verstehen, Schmidt-Aßmann, *Das allgemeine Verwaltungsrecht als Ordnungsidee*, Kap. 2, Rn. 19.

41 BVerfG 1 BvR 782/94 Rn. 185; Opitz, *Unbestimmtheit im Recht – Oder: Wie biegsam sind Systeme?*, S. 147.

42 Zur frühen Diskussion rechtswissenschaftlicher Methodendiskussion seit der »Zeit der Freirechtsschule« vgl. u.a. Schönberger, *Höchstrichterliche Rechtsfindung und Auslegung gerichtlicher Entscheidungen*, S. 300, m.w.N. in Fn. 6; s.a. Ladeur, *Die rechtswissenschaftliche Methodendiskussion und die Bewältigung des gesellschaftlichen Wandels*, S. 62 f.

43 Prägend für diese durch Differenzierung zwischen der Welt des Rechts und der Welt der Fakten war Kelsen:

Interpretation einer Rechtsnorm »ein Wissen zum Vorschein« bringe, dass in ihr bereits enthalten oder zumindest im Gesetzestext angelegt ist und nicht etwa in und durch Rechtsanwendung und des ihr zugrundeliegenden Kontextes erst entsteht.[44] Der Gehalt eines Gesetzes oder einer Rechtsregel offenbare sich durch Konkretisierung im Sinne der Aufdeckung eines im Gesetz bereits angelegten Gehalts. Die Rechtsfindung ist demnach ein Prozess der Rekonstruktion, des Nachvollziehens und der Erkenntnis.[45] Selbst bei der hiervon abweichenden Annahme, dass es sich bei dem Interpretationsvorgang nicht lediglich um einen deduktiven Subsumtionsvorgang handeln kann, sondern – allein aufgrund der Unbestimmtheit – vielmehr von Konstruktions- und Konkretisierungsleistungen ausgegangen werden müsse, mit der Konsequenz des Aufweichens einer scharfen Trennung von Gesetz und Gesetzesanwendung, bleibt es gleichwohl bei der Annahme, dass Recht und außerrechtliche Wirklichkeit grundsätzlich trennbar seien.[46] Vor dem Hintergrund einer solchen Perspektive ist die Annahme, dass sich der Kontext des Interpretationsaktes der Rechtsanwendung nicht auf den Gehalt des Rechts auswirke, nur konsequent. Problematisch ist dabei weniger der differenzierende Blick auf Recht und dessen sozialen, ökonomischen oder politischen Kontext, da eine Differenzierung von rechtlich relevantem und rechtlich nicht relevantem Wissen notwendige Voraussetzung eines jeden Interpretationsakts ist, unabhängig vom methodologischen Zugriff. Problematisch ist vielmehr die grundlegende Annahme, dass die rechtsanwendungsspezifische Interpretation den sich unablässig verändernden

»Das Sprungbrett für die Rechtstheorie Kelsens war die neukantische Unterscheidung von Sollen und Sein, 2 die hier in eine unüberbrückbare Differenz zwischen Rechtsnormen und außerrechtlicher Wirklichkeit übersetzt wurde. Diese Unterscheidung und Separierung begründete Kelsen mit Hilfe einer eigentümlichen Aussagenlogik, die nach seiner Auffassung im Bewusstsein (aller Menschen) verankert ist. Ihr Resultat ist eine Art Zwei-Welten-Lehre: Welt 1 ist die Welt der Rechtsnormen, die Welt des reinen (normativen) Sollens, Welt 2 ist die Welt der Faktizität, der Seinstatsachen und Fälle.«, Vesting, *Rechtstheorie*, S. 1; vgl. auch Matthias Jestaedt (Hg.), *Reine Rechtslehre: Einleitung in die rechtswissenschaftliche Problematik*, Tübingen: Mohr Siebeck 2020.

44 Vesting, *Rechtstheorie*, S. 117, Rn. 194.

45 So schreibt *P. Laband*, dass »die rechtliche Entscheidung [...] in der Subsumtion eines gegebenen Tatbestands unter das geltende Recht [besteht], sie ist wie jeder logische Schluss vom Willlen unabhängig; es besteht keine Freiheit der Entscheidung, ob die Folgerung eintreten soll oder nicht; sie ergibt sich –wie man sagt– von selbst, mit innerer Notwendigkeit.«, Paul Laband, *Das Staatsrecht des Deutschen Reiches Band 2*, Aalen: Scientia 1964, S. 178.

46 Ladeur, *Die rechtswissenschaftliche Methodendiskussion und die Bewältigung des gesellschaftlichen Wandels*, S. 65.

Kontexten enthoben sei, indem dogmatische Wissensformen die Interpretation der sich ständig wandelnden Lebenssachverhalte als selektierbar darstellen.[47] Jede Interpretationsleistung einer Rechtsanwendung ist durch ›Zeit-, Gesellschafts- oder Sachabhängigkeiten‹[48], damit durch außerrechtliche Wirklichkeit geprägt, was besonders anschaulich anhand von Sprache und der kontextuellen Bedingtheit eines Wortverständnisses deutlich wird. Die spezifische inhaltliche Ausformung des Rechts erfolgt dezentral durch die Interaktion rechtsrelevanter Einzelbeiträge, deren kollektives Ergebnis im Sinne des Gehalts des Rechts nicht bestimmt ist, sondern sich von Fall zu Fall durch unterschiedliche Einzel-Konstruktionsleistungen in unterschiedlichen Interessentenkonstellationen kontextrelational herausbildet.[49] Die inhaltliche Ausformung des Rechts ist durch die jeweiligen Rahmenbedingungen, das heißt auch durch die vorherrschenden (sozialen, ökonomischen, kulturellen etc.) Gegebenheiten rechtsrelevanten Handelns sowie durch die institutionalisierten Praktiken rechtsrelevanten Handelns, die selbst wiederum in kontextrelationalen sozialen Zusammenhängen entstehen, strukturiert. Weder existiert das Recht noch die Praktiken rechtsrelevanten Handelns vollständig losgelöst von der sozialen Realität, auf die sich das Recht bezieht.[50] Vielmehr bildet das Recht rechtsanwendungsspezifisch mit und in der Verarbeitung sozialer Wirklichkeit spezifische Rückkopplungsschleifen aus, die Musterbildungen in der Verarbeitung von Wirklichkeit bewirken.

Eine Lesart des Rechts, die auf der strikten Trennung von Gesetz und Gesetzesanwendung als auch der Trennung von Recht und Wirklichkeit besteht, limitiert ein Erkennen sowohl der Möglichkeiten (etwa im Sinne der Schaffung von Entwicklungspotential) als auch der Musterbildungen bei der Verarbeitung der Wirklichkeiten.

II. Der methodisch blinde Fleck der Wirklichkeitsverarbeitung

Die Betrachtung der Rechtsanwendungspraxis unter dem Blickwinkel des Rechtserkenntnismodells der Juristischen Methodenlehre nimmt den Rechtsfindungsvorgang schwerpunktmäßig unter Betrachtung der Rechtsnormen in den Blick und damit den Prozess des Auffindens der einschlägigen Rechtsnorm, ihrer Auslegung und Konkretisierung. Die

47 Vesting, *Rechtstheorie*, S. 116.

48 Ebd., S. 127 f., Rn. 210 f.

49 Ladeur, *Recht – Wissen – Kultur*, S. 26 m.w.N.

50 Vgl. Ino Augsberg, *Die Lesbarkeit des Rechts. Texttheoretische Lektionen für eine postmoderne juristische Methodologie*, Weilerswist: Velbrück Wissenschaft 2009, S. 181.

Juristische Methodenlehre möchte dabei die ›politische‹ Rechtssetzung von der ›unpolitischen‹ Rechtsanwendung trennen und sich ausschließlich um die Techniken des Rechtsquellenbezugs (wie etwa Auslegung und Konkretisierung)[51] kümmern.[52] Tatsachenfragen und »Sachverhaltsermittlung« sind – wenn überhaupt – ein Problem der Rechtspraxis. Sie sind insbesondere kein rechtsspezifisches Phänomen und erst recht kein generelles epistemologisches Problem.[53] Dass die Literatur, die von der Trennbarkeit von Gesetz und Gesetzesanwendung bzw. Recht und Wirklichkeit ausgeht, die Wirklichkeitsverarbeitung nicht in den Blick nimmt, ist nur konsequent.[54] Dass in der Literatur, die von einem Rechtserzeugungsmodell ausgeht, ebenfalls der Prozess der Wirklichkeitsverarbeitung entweder stiefmütterlich behandelt oder nur vage beschrieben wird, ist nur auf den ersten Blick verwunderlich, aber naheliegend, wenn in Rechnung gestellt wird, dass es keine allgemeingültige Beschreibung von »Wirklichkeit und Recht« geben kann. Selbst in den rechtswissenschaftlichen Bereichen, in denen die Verarbeitung von Tatsachenwissen unausweichlich ist (etwa naturwissenschaftliches Wissen im Bereich des Umwelt- und Arzneimittelrechts), bleiben die methodischen Voraussetzungen und Verarbeitungsschritte vage oder gänzlich im Dunkeln.[55] Selbst in diesen Bereichen scheint die Wirklichkeitsverarbeitung kein rechtsspezifisches Phänomen zu sein und demnach auch kein Anlass zu bestehen, sich dem Tatsachenbereich beziehungsweise der Wirklichkeitsverarbeitung und -konstruktion durch Recht zu widmen. Darüber hinaus scheint die Sorge zu bestehen, dass die Zugewinne, die mit der auf Ausdifferenzierung des Rechts zurückgehende Trennung von Tatsachen- und Rechtsfragen, welche sich auf rechtswissenschaftlicher Ebene im

51 Zum Verhältnis von Dogmatik und Juristische Methode, vgl. Jannis Lennartz, *Dogmatik als Methode*, Tübingen: Mohr Siebeck 2017.

52 Christoph Möllers, »Methoden«, in: Wolfgang Hoffmann-Riem u.a. (Hg.), *Grundlagen des Verwaltungsrechts Bd. I. Methoden, Maßstäbe, Aufgaben, Organisation*, München: C.H. Beck 2022, Rn. 21; Christoph Möllers und Andreas Voßkuhle, »Die deutsche Staatsrechtswissenschaft im Zusammenhang der internationalisierten Wissenschaften«, in: *Die Verwaltung*, 36 (2003), S. 327 f.

53 Augsberg, *Wissen und Recht – eine Problemskizze*, S. 18.

54 So beispielsweise Sebastian A. E. Martens, *Methodenlehre des Unionsrechts*, Tübingen: Mohr Siebeck 2013; *Wolf* spricht von einer nahezu völligen Missachtung durch die juristische Methodenlehre, vgl. Wilhelm Wolf, »Richterliche Entscheidungsroutinen als Gegenstand und Leitfaden juristischer Methodenlehre. Zivilrechtliche Perspektiven«, in: Franz Reimer (Hg.), *Juristische Methodenlehre aus dem Geist der Praxis?*, Baden-Baden: Nomos 2016, S. 81.

55 Klaus Ferdinand Gärditz, *Plädoyer für ein Naturwissenschaftsrecht*, Berlin: Berliner Wissenschafts-Verlag 2022, S. 6.

Bereich der Diskussion um das Proprium der Rechtswissenschaft etwa in Forderungen nach der Distinktion gegenüber anderen Wissenschaften (etwa den Sozialwissenschaften) spiegelt,[56] verlorengingen. Diese Zugewinne betreffen die Vorstellungen der normativen Geschlossenheit des Rechtssystems,[57] eines nach juristischer Eigenrationalität operierenden Rechts und der Wertfreiheit der Wissenschaft. Sie betreffen dabei sowohl die Vorstellung der Steuerbarkeit durch Recht als auch das Ideal formaler Gleichheit in Recht und Rechtsanwendung. Die Ausklammerung der Tatsachenfrage und Wirklichkeitsverarbeitung ist aufgrund ihrer vermeintlichen Komplexitätsreduktion »effizient«. Diese Zugewinne der Differenzierung könnten durch die »Kosten« eines Einbezugs der Fragen der Wirklichkeitsverarbeitung etwa in Form der Steigerung an Komplexität und Ungewissheit im Recht aufgezehrt werden. Möchte Recht gesellschaftliche Selbstorganisationsprozesse abstützen und begleiten, dann kann sich das Recht allerdings der Zunahme gesellschaftlicher Komplexität nicht entziehen, zumal sich die Komplexität im Recht auch nicht reduziert, indem sie den Wirklichkeitsbereich einfach ausklammert, da Wirklichkeit immer und automatisch durch rechtsrelevantes Handeln verarbeitet wird. Abgesehen von der Unhintergehbarkeit der Komplexitätssteigerung und Ungewissheit in der Gesellschaft[58] kann eine spiegelbildliche Steigerung der Ungewissheit im Recht auch eine produktive Ressource rechtlicher Entwicklung und damit Vergrößerung und Diversifikation rechtlicher Möglichkeitsräume sein.[59]

Problematisch ist die Ausklammerung der Fragen der Wirklichkeitsverarbeitung durch Recht auch vor dem Hintergrund der Effekte

56 Vgl. Christian Hillgruber, »Verfassungsrecht zwischen normativem Anspruch und politischer Wirklichkeit«, in: *Veröffentlichungen der Vereinigung der Deutschen Staatsrechtslehrer (VVDStRL)*, 67: 7 (2008).; Hasso Hofmann, »Von der Staatssoziologie zu einer Soziologie der Verfassung?«, in: *JuristenZeitung* (1999); Matthias Jestaedt, *Das mag in der Theorie richtig sein. Vom Nutzen der Rechtstheorie für die Rechtspraxis,* Tübingen: Mohr Siebeck 2006; Oliver Lepsius, »Sozialwissenschaften im Verfassungsrecht - Amerika als Vorbild?«, in: *JZ*, 60 (2005); Bernd Rüthers, *Die unbegrenzte Auslegung. Zum Wandel der Privatrechtsordnung im Nationalsozialismus,* Tübingen: Mohr Siebeck 2017. Mit weiteren Verweisen vgl. Gärditz, *Plädoyer für ein Naturwissenschaftsrecht*, S. 7, Fn. 1.

57 Zur Differenz von ›kognitiv offen‹ und ›normativ geschlossen‹ vgl. Niklas Luhmann, *Das Recht der Gesellschaft,* Frankfurt am Main: Suhrkamp 1993, S. 77 ff.

58 »Diese Ungewissheit ist für die moderne liberale Gesellschaft konstitutiv [...]«, Vesting, *Die grundlegende Neubestimmung des Verhältnisses von Staat und Gesellschaft*, S. 119. Vgl. auch Ladeur, *Recht – Wissen – Kultur*, S. 63; Ladeur, *Der Anfang des westlichen Rechts*, S. 111.

59 Vgl. Abschnitt III.

institutionalisierter Praktiken. Jede Rechtsanwendung erarbeitet im Moment der Konkretisierung die zugrunde gelegte Wirklichkeitsannahme. Die institutionell gestifteten Wiederholungen bewirken eine Vertypung bestimmter Wirklichkeitsannahmen, die im Moment der Verwendung dogmatischer Kategorien als Deutungsschema oder Erkennungsmuster die Verarbeitung von Wirklichkeit als Latenzstruktur anleiten.[60] Eine ausbleibende Reflektion der Wirklichkeitsverarbeitung, etwa in Form rückblickender Beobachtung und Verdichtung von Mustern, birgt zum einen die Gefahr einer unreflektierten und damit einseitigen Entwicklung der Wirklichkeitsverarbeitung und schließlich einseitiger rechtlicher Möglichkeitsräume und zum anderen birgt dies die Gefahr der Verkennung der Bedeutung der Wirklichkeit eines konkreten Falls und damit der Entfremdung vom Individualkonflikt[61] und der strukturierenden, insbesondere materiellen, Rahmenbedingungen. Schwierigkeiten in der Verarbeitung von Tatsachenwissen werden dabei nicht als strukturelle Effekte dieser oftmals unbeobachtet bleibenden vertypten Wirklichkeitsannahmen gesehen, sondern als Schwierigkeit der konkreten Gewinnung im einschlägigen Sachzusammenhang und damit im Kontext von Beweisregeln oder der Regeln des Einbezugs von Sachverständigen verortet,[62] nicht aber als Ausdruck grundsätzlicher Informationsverarbeitungsprozesse anhand von in dogmatischen Wissensformen angelegter strukturimmanenter Mustererkennung. Diese Ausklammerung bedeutet auch, dass mögliche rekursive Effekte innerhalb der Strukturen, die für die Mustererkennung und damit für die Verarbeitung als auch Selektion von Informationen entscheidend sind, unbeobachtet bleiben und damit auch mögliche Stellschrauben bereits nicht thematisierbar sind.[63]

Trotz dieser Zentralität erinnert der Umgang mit Tatsachenwissen und Wirklichkeitsverarbeitung an ein »hemdsärmeliges *muddling through* zu Zwecken der Fallentscheidung [...], welches außerhalb der Behörden- und Gerichtsakten kaum reflektiert wird«.[64] Obwohl die Rechtswissenschaft im Rahmen ihrer Selbstreflexion umfangreich ihre eigenen Methoden, Operationsweisen und Arbeitstechniken in den Blick nimmt,

60 Vgl. Teil 3 C. III. 4.

61 Oliver Lepsius, »Problemzugänge und Dektraditionen im Öffentlichen Recht«, in: Eric Hilgendorf und Helmuth Schulze-Fielitz (Hg.), *Selbstreflexion der Rechtswissenschaft,* Tübingen: Mohr Siebeck 2021, S. 57.

62 Vgl. Klaus Ferdinand Gärditz, »Gerichtliche Feststellung genereller Tatsachen (legislative facts) im Öffentlichen Recht«, in: Hans-Ullrich Paeffgen u.a. (Hg.), *Festschrift für Ingeborg Puppe. Strafrechtswissenschaft als Analyse und Konstruktion,* Berlin: Duncker & Humblot 2011.

63 Die Tragweite dieser Ausklammerung in der Beobachtung zeigt sich im Nachzeichnen der einzelnen Stationen auf dem Weg zur Formbildung dogmatischer Kategorien, vgl. Teil 3.

64 Gärditz, *Plädoyer für ein Naturwissenschaftsrecht*, S. 7.

unterbleibt eine Überprüfung der Prozesse der Verarbeitung von Wirklichkeit und Verarbeitung des Tatsachenwissens. Insbesondere für eine Untersuchung der Ungleichheit im und durch Recht sind die Prozesse und Praktiken der Verarbeitung von Wirklichkeit elementar, was insbesondere die Wissensgenerierungsprozesse der Dogmatik in den Blick rückt.

III. Institutionalisierte Praktiken rechtsrelevanten Handelns als Faktor der Rechtsentwicklung

Die fehlende Determinationskraft einer Rechtsnorm bedeutet allerdings nicht, dass sie für den Konkretisierungsvorgang bedeutungslos wäre.[65] Sie spannt vielmehr den Rahmen dafür auf, was als Konkretisierung bzw. Begründung einer Entscheidung als plausibel erachtet wird.[66] Rechtsnormen vermitteln eine relative Bindung an diesen Rahmen und wirken dementsprechend handlungskanalisierend auf den Konkretisierungsvorgang zurück. Dabei wird die Rechtsnorm, die den Entscheidungsfindungsprozess anleiten soll, erst in den Prozessen rechtsrelevanten Handelns hergestellt[67]: Die normativen Kriterien einer Norm, die den Maßstab für rechtsrelevantes Handeln vermitteln, werden durch das rechtsrelevante Handeln, das heißt im Prozess der Rechtskonkretisierung einer Rechtsanwendung, hergestellt.[68] Maßstab und Maßstabsbildung sind damit verflochten.[69] »Das Recht, mit dem die Rechtsanwendung operiert, ist zugleich ihr eigenes Produkt.«[70]

Für die Rechtsentwicklung folgt hieraus Unterschiedliches: Zum einen zeigt dies, dass Rechtsentwicklungen und damit rechtliche Neuerungen vom Alten als einer Art Widerlager abhängen. Es kann demnach keine

65 Allg. zum Zusammenhang zwischen »Steigerung der Ungewissheit« im Umgang der »pluralen Welt der Möglichkeiten«, Ladeur, *Recht – Wissen – Kultur*, S. 63; Ladeur, *Der Anfang des westlichen Rechts*, S. 111; Augsberg, *Einleitung: Ungewissenheit als Chance - eine Problemskizze*, S. 1 ff.; Vesting, *Die grundlegende Neubestimmung des Verhältnisses von Staat und Gesellschaft*, S. 119.

66 Friedrich Müller und Ralph Christensen, *Juristische Methodik Bd. I. Grundlegung für die Arbeitsmethoden der Rechtspraxis*, Berlin: Duncker & Humblot 2013, S. 362.

67 Trute, *Die konstitutive Rolle der Rechtsanwendung*, S: 216; Ladeur und Augsberg, *Auslegungsparadoxien*, S. 144 f.; Alexander Somek, *Rechtliches Wissen*, Frankfurt am Main: Suhrkamp 2006, S. 112 ff.

68 *Ladeur/Augsberg*, Auslegungsparadoxien, Rechtstheorie 36 (2005), 143, S. 144 f.; *Somek*, Rechtliches Wissen 2006, S. 112 ff.

69 Für Dogmatik vertiefend Teil 3 C. V. 4.

70 Trute, *Die konstitutive Rolle der Rechtsanwendung*, S. 216.

reinen Neuerungen im Sinne einer *creatio ex nihilo* geben.[71] Das Paradox der Innovation gilt damit auch für rechtliche Neuerungen: Auch sie setzen zugleich etwas voraus, das sie erneuern.[72] *Nietzsches* »Tanzen in Ketten«[73] entlehnt, handelt es sich bei der Rechtsentwicklung um rechtliche Neuerungen durch Konkretisierung in den Ketten des Vorangegangenen.[74] Der auch für die Rechtsentwicklung passende Ausdruck des »Tanzens in Ketten« lässt bereits die zentrale Rolle des Raums für Zufälle oder Kreativität[75] auf der einen Seite und Wiederholungen und das Herausbilden institutionalisierter Praktiken auf der anderen Seite erahnen. Wenn der Bedeutungsgehalt einer Rechtsnorm problem- und situationsspezifisch rechtlich entwickelt werden muss, weil weder die Wirklichkeitsbeschreibung noch der Bedeutungsgehalt allgemeingültig und im Vorhinein feststehen, demnach ein Wissensproblem besteht, das heißt nach etwas Unbestimmtem gesucht wird, bezieht sich der Akteur auf eine »Ahnung des Zusammenhangs«.[76] Es handelt sich dabei um ein Tasten, das aus iterativen Versuchen besteht, das Unbestimmte zu bestimmen. Dieses implizite Können oder Wissen entsteht durch Wiederholungen, die eine institutionalisierte Praxis hervorbringen, und bedarf zugleich eines Raums für Zufälle und Kreativität. Für beides erweisen sich die dogmatischen Wissensgenerierungsprozesse als grundsätzlich produktiv.

IV. Effekte der Überantwortung der Rechtsproduktion am Beispiel der Kapitalcodierung (K. Pistor)

Die Modalitäten dezentraler Rechtsproduktion öffnen das Recht für verzerrende Einflüsse. Sie sind Einfallstor für Produktionsinteressen und Produktionsregime, die kontextrelational und damit in gesellschaftlichen (ökonomischen, politischen, technischen oder kulturellen) Strukturen eingebettet sind. Diese Kopplung gewinnt dabei eine Art Eigendynamik,

71 Günther Ortmann, »Innovation. In Ketten tanzen«, in: Werner Rammert u.a. (Hg.), *Innovationsgesellschaft heute: Perspektiven, Felder und Fälle,* Wiesbaden: Springer Fachmedien 2016, S. 237.

72 Ebd.

73 Friedrich Nietzsche, *Menschliches, Allzumenschliches I und II,* Berlin, Boston: De Gruyter 1999, S. 612; Ortmann, *Innovation*, S. 237.

74 *Ortmann* beschreibt dies auch als »konstitutive Nachträglichkeit«, Ortmann, *Regel und Ausnahme*, S. 138 ff., 193.

75 *Ortmann* verwendet dafür den Begriff »Serendipity«: »the faculty of making happy and unexpected discoveries by accident«, als etwas zu finden, wonach man gar nicht gesucht hatte, idem, *Innovation*, S. 240. Zur Dogmatik, vgl. Teil 3 D. IV 1. und 2.

76 Michael Polanyi, *Implizites Wissen,* Frankfurt am Main: Suhrkamp 2016, S. 28 f.

die mit Anschlusszwängen in der weiteren Wirklichkeitsverarbeitung einhergeht. Diese Effekte der Überantwortung hat *K. Pistor* am Beispiel der Kapitalcodierung anschaulich beschrieben. Sie zeigt dabei, wie bestimmte Akteure der Zivilgesellschaft, vor allen Dingen kommerziell und monetaristisch interessierte Akteure, durch Rechtsanwält:innen, aber auch Gerichte, rechtliche Optionsräume strukturieren und rechtliche Entscheidungsprämissen faktisch definieren. In Anlehnung an *H. Willkes* Beschreibung, dass die Ausläufer der Zivilgesellschaft »wie die Tentakel einer riesigen Krake« die Politik umgarnen,[77] ließe sich dieses Bild nach *K. Pistor* auch für das Recht zeichnen. Das Rechtssystem greift die angebotene Expertise und Partizipation auf, auch weil es vor dem Hintergrund seiner Funktion des Abstützens und Begleitens gesellschaftlicher Selbstorganisationsprozesse darauf ausgelegt ist. Diese enge Kopplung einer kommerziellen und monetaristisch interessierten Zivilgesellschaftsschicht oder -gruppe und Recht wird zwar auch von dem finanziellen Anreiz angetrieben, aber auch von den Komplexitäten einer Wissensgesellschaft. Unabhängig von der Frage, inwiefern das Rechtssystem dies steuern kann oder soll, geht es jedenfalls mit einer Eigendynamiken entwickelnden, einseitig interessierten Entwicklung rechtlicher Möglichkeitsräume einher.

K. Pistor zeigt in »Code of Capital« anhand spezifischer Rechtsmodule des Privatrechts, wie Recht Ungleichheit hervorbringt.[78] Sie identifiziert dabei die – für Selbstorganisationsprozesse funktionalen Elemente der – subjektiven Privatrechte[79] und die Unbestimmtheit des Rechts.[80] Durch Rechtsmodule wie etwa das Vertragsrecht, das Insolvenzrecht, das Gesellschaftsrecht oder das Recht der Kreditsicherheiten werden Güter

77 Helmut Willke, *Dezentrierte Demokratie. Prolegomena zur Revision politischer Steuerung*, Berlin: Suhrkamp 2016, S. 14.

78 Pistor, *Der Code des Kapitals.*

79 Ebd., S. 326: »Die Wurzeln der Fähigkeit des Kapitals, durch das Recht zu regieren, liegen tief und gründen im Aufkommen moderner Rechte als Privatrechte, die zwar von der Macht des Staates abhängig waren, sich aber von den gesellschaftlichen Präferenzen der Bürger der Staaten, die diese Rechte schaffen, abgelöst haben. Das Wesen dieser modernen Rechte ist nicht ihr Inhalt, sondern ihre Form als individuelle oder subjektive Rechte, wie der Philosoph Christoph Menke in seinem 2015 erschienenen Werk *Kritik der Rechte* gezeigt hat« mit Verw. auf Menke, *Kritik der Rechte.*

80 Pistor, *Der Code des Kapitals*, S. 331: »Zwei Merkmale des Privatrechts haben ein Entwicklungsmuster massiv begünstigt, das die einen auf Kosten der anderen mit rechtlichen Privilegien ausgestattet hat: seine Unvollständigkeit oder Unbestimmtheit und seine Formbarkeit. Unbestimmtheit macht das Recht manipulierbar, und da das Privatrecht nicht nur unbestimmt, sondern auch in hohem Maße formbar ist, wird die Manipulation in diesem Fall noch einfacher.«

zu Kapital verwandelt.[81] Die Güter, die zu Kapital codiert werden, sind dabei vielfältig. Ursprünglich waren die wichtigsten zu Kapital codierten Güter Land und Unternehmen. Allerdings werden auch andere Güter wie etwa Ideen (Wissen), genetische Codes oder Daten zu Kapital codiert und damit zu einer Vermögensquelle.[82] Durch diese rechtlichen Codierungsprozesse erhalten Kapitalgüter bestimmte Attribute (wie Priorität, Beständigkeit, Universalität und Konvertierbarkeit), die letztlich zu einer Privilegierung des Kapitals und damit des Kapitalinhabers führen,[83] was – unter Berücksichtigung von *T. Pikettys* Beobachtungen – mit einer Konzentration von Vermögen in den Händen weniger und einer Verschärfung ökonomischer Ungleichheit einhergeht. Zentrale Akteure dieser rechtlichen Codierung von Kapital, die sogenannten »Herren des rechtlichen Codes«, sind Anwälte.[84] Sie tragen durch rechtsrelevante Einzelbeiträge wie beispielsweise durch Vertragsformulierungen oder die Erfindung gänzlich neuer gesellschaftsrechtlicher oder steuerrechtlicher Konstruktionen entscheidend zu den Neuerungen des Rechts bei.[85] Diese rechtsrelevanten Einzelbeiträge werden im Rahmen weiterer rechtsrelevanter Handlungen in anderen Sachverhalten durch Verhandeln und Argumentieren oder aufgrund von Gewohnheit und Funktionalität wieder aufgegriffen, indem sie entweder bestätigt, abgewandelt oder weiterentwickelt werden. So haben sich bestimmte rechtliche Herangehensweisen, Argumentationsformen und -inhalte bei der Codierung von Gütern zu Kapital als besonders effektiv herausgestellt. Sie werden durch das wiederholte Aufgreifen, unabhängig von ihren konkreten Inhalten, in und für andere Sachverhalte bestätigt und verfestigt. Man könnte insofern auch sagen, dass sie zu Dogmatik gerinnen. Es gibt dabei keinen übergeordneten Rechtsrahmen, der die Interaktion der Einzelbeiträge der Anwält:innen determinierend in ihren spezifischen inhaltlichen Ausformungen bestimmt. Das kollektive Ergebnis dieser Einzelbeiträge ist nicht vorhersehbar. Durch die Rückkopplung der zu Dogmatik gerinnenden Einzelbeiträge entstehen bewusst und unbewusst Muster, die spezifische kommerzielle und monetaristisch interessierte Rechtsgehalte herausbilden und schließlich mit Ungleichheitseffekten einhergehen. Die von *K. Pistor* identifizierten rechtlichen Module des Kapitals sind überwiegend Institutionen des Privatrechts. Sie bilden die Normschicht, die die Selbstorganisation zwischen den Privaten strukturiert. Die subjektiven Privatrechte, die in den Rechtsmodulen vorgesehen sind, ermöglichen es dem

81 Ebd., S. 17.

82 Ebd., S. 46 u. insbes. Kap. 5.

83 Ebd., S. 17 f.

84 Ebd., Kap. 7.

85 Vgl. Ralf Michaels, »Der Code des Kapitals und seiner Portabilität«, in: *Rabels Zeitschrift für ausländisches und internationales Privatrecht*, 85: 4 (2021), S. 897.

Einzelnen, einen Willen zu bilden, die eigenen Interessen im horizontalen Miteinander zu verfolgen, und zwar grundsätzlich unabhängig davon, ob dieses Interesse moralisch, ökonomisch oder politisch wünschenswert ist oder nicht. Sie ermöglichen es darüber hinaus, den Willen und das Interesse durchzusetzen. Diese nicht weiter determinierten Räume sind grundsätzlich in jede denkbare Richtung zur Ausfüllung freigelassen. So ermöglicht etwa das Vertragsrecht, das heißt mit *K. Pistor* gesprochen, »ein rechtliches Modul des Kapitals«, oder mit *C. Menke* gesprochen, ein die Privatautonomie ausbauendes Regelgeflecht, es den am Vertrag beteiligten Parteien, nach ihrem eigenen Willen den Inhalt des Vertrags zu bestimmen. Das Recht erzwingt die Einhaltung des Vertrags, indem es den Parteien zur Durchsetzung der berechtigten Interessen einen Anspruch gewährt. Was inhaltlich vereinbart wird, liegt in dem Verantwortungsbereich der jeweiligen Partei.[86] Es liegt an ihnen, die eigenen Interessen zu forcieren. Das Vertragsrecht hält ›lediglich‹ die Rechte zur Durchsetzung bereit, und zwar grundsätzlich unabhängig von den Rahmenbedingungen, beispielsweise bestehenden Disparitäten in der Verhandlungsmacht, ihren Ressourcen oder benachteiligenden Inhalten des Vertrages. Wer eine gute Ausgangsposition hat, mit finanziellen Ressourcen ausgestattet ist, um Anwält:innen zu engagieren, die die Rechtsfiguren verstehen und geschickt darin sind, diese Rechtsfiguren, die für bestimmte Güter geschaffen worden sind, abzulösen und auf neue Güter zu übertragen (wie etwa das Eigentumsrecht, das ursprünglich für Land geschaffen wurde und mittlerweile selbstverständlich auf Finanzgüter angewandt wird), die also die Unbestimmtheit des Rechts für die Interessen ihrer Mandant:innen fruchtbar machen, denjenigen ermöglicht es das Privatrecht, neue Kapitalgüter zu schaffen.[87] Um dieses System der Selbstorganisation effektiv zu halten, gibt es staatliche Regulierung in Form der Verbote (durch das Strafrecht), der Auferlegung von Bedingungen (etwa im Finanzrecht durch Transparenzanforderungen) oder der Regelung von Marktstrukturen (Wettbewerbsrecht). Eine ex post Korrektur der Ergebnisse dieses Systems erfolgt etwa durch das Steuerrecht, das Sozialrecht und Eigentumsreformen, deren Effektivität durch das geschickte Fruchtbarmachen der Spielräume des Rechts (etwa in Form der Steuerumgehung durch rechtliche Codierung) oder durch eine bestimmte Konzeptualisierung subjektiver Rechte (wie etwa die Freiheitsrechte im formalen Sinn als negative Abwehrrechte gegen den Staat und WSK-Rechte als Minimalgewährleistungen der Teilhabe) unterlaufen werden.

Die Rolle des Rechts für die Entstehung von Ungleichheit durch rechtliche Infrastruktur zur Selbstorganisation (wie etwa der Unbestimmtheit des Rechts) und durch rechtliche Prä-Entscheidung zur

86 Pistor, *Der Code des Kapitals*, S. 327.
87 Ebd., S. 255.

Selbstorganisation (wie etwa subjektive Rechte) scheint in den abstrakten Zusammenhängen naheliegend, aber alles andere als klar, sobald man genauer hinsieht. So bleiben etwa der Einfluss der Umstände der Rechtsanwendung als auch die strukturimmanenten Effekte des rechtsanwendungsspezifischen Konstruktionsprozesses, ihre Rückwirkung auf den Gehalt des Rechts und die Bedeutung für die Fortentwicklung des Rechts bei der Entstehung von Ungleichheit unklar.

D. Dogmatik als operationalisierender Umgang mit Ungewissheit/mit der rechtlichen Wissensproblematik

I. Einleitung

Bei der Bestimmung der Gehalte des Rechts und der Art und Weise ihrer Ermittlung kommt der Dogmatik eine bedeutende Rolle zu. Sie hat sich im Umgang mit der Unbestimmtheit des Rechts als besonders produktiv und leistungsfähig erwiesen, indem Dogmatik einerseits Unbestimmtheiten im Recht identifiziert und Anleitungsangebote im Umgang mit den Spielräumen des Rechts bereitstellt, das heißt eine Anleitung bietet, die Unbestimmtheit des Rechts für den spezifischen Kontext, Sachverhalt oder die Interessen fruchtbar zu machen. Dogmatik stellt damit eine Art operationalisierende Zwischenschicht zwischen der – Entwicklungspotential für alternative Möglichkeiten – schaffenden Rechtsnorm und der Rechtsanwendung im Einzelfall, das heißt der Verwirklichung der alternativen Möglichkeit.[88] Dogmatik ist dabei allerdings nicht als Bestimmungsmaschinerie dahingehend misszuverstehen, dass sie die Unbestimmtheit in Bestimmtheit, Unsicherheit in Sicherheit wandeln würde, zumal dies der Leistungsfähigkeit der Unbestimmtheit des Rechts für Entwicklung entgegenlaufen würde. Vielmehr erweist sich Dogmatik andererseits als besonders produktiv und leistungsfähig im Umgang mit Unbestimmtheit, weil sie neue und eigene Formen der Unbestimmtheit hervorbringt und so wieder durch Unsicherheit Entwicklungspotential, das heißt Möglichkeiten alternativer Zustände, schafft. Dogmatik ist damit nicht nur eine operationalisierende Zwischenschicht zwischen Rechtsnorm und Rechtsanwendung, sondern stellt, abstrakter gefasst, eine Zwischenschicht zwischen Unsicherheitsabsorption und Herstellen der Möglichkeiten alternativer Zustände durch Unsicherheit dar. Indem die kontinuierlich und dezentral sich entwickelnden dogmatischen

88 Eifert, *Zum Verhältnis von Dogmatik und pluralisierter Rechtswissenschaft.*

Begriffs-, System- und Ordnungsbildungen eine Anleitung für den Umgang mit den Spielräumen des Rechts bereithalten, absorbieren sie einerseits die Unsicherheit und schaffen andererseits durch die dogmatischen Wissensformen eigene, neue Formen der Unbestimmtheit, die ebenfalls Unsicherheit als produktiven Nährboden für Entwicklungspotential schaffen. Anknüpfungspunkte der Strukturen der Ungleichheit, die im Großen und Ganzen bei selbstorganisierten Bereichen relativ klar identifiziert werden konnten, sind bei der rechtsanwendungsspezifischen Funktionsweise der Dogmatik weniger eindeutig.

II. Zwischenschicht zwischen Unsicherheitsabsorption und Herstellen neuer Möglichkeiten alternativer Zustände

1. Einleitung

Dogmatik ist nicht lediglich eine Zwischenschicht zwischen Rechtsnorm und Rechtsanwendung, sondern zugleich auch Zwischenschicht zwischen Unsicherheitsabsorption und Herstellen der Möglichkeit alternativer Rechtszustände. Indem die kontinuierlich und dezentral sich entwickelnden dogmatischen Begriffs-, System- und Ordnungsbildungen eine Anleitung für den Umgang mit den Spielräumen des Rechts bereithalten, absorbieren sie Unsicherheit. Die fortlaufende Bestätigung und Weiterentwicklung der rechtsanwendungsspezifischen System- und Ordnungsbildung, die im Zusammenspiel mit der Rechtswissenschaft zu Dogmatik gerinnt, bringt ein rechtliches Gefüge bestehend aus Rechtssätzen, aber auch Begrifflichkeiten, Institutionen, Grundsätzen und Regeln hervor, das sich von den ständig wandelnden Lebenssachverhalten als selektierbar darstellt. So kann die dogmatische System- und Ordnungsbildung Normativität ausstrahlen und in Momenten, in denen die Rechtsanwendung mit aktuellen Rechtsproblemen und konkreten Rechtsfragen konfrontiert ist, die gerade aufgrund des sich unablässig wandelnden Kontextes entstehen, Verlässlichkeit schaffen. Die dargestellte Entkleidung des Rechts von Zwecken und Interessen, Personen und Zeit, demzufolge die Abstraktion von konkreten Kontexten, kreiert durch wiederkehrende Bestätigung ein rechtliches Gefüge, das Rechtsfragen und Rechtsprobleme auf Grundkonstellationen und -kategorien zurückführen kann, um diese formal gleich zu lösen. Dogmatische Wissensformen haben Überzeugungskraft und damit auch eine steuernde, wenn nicht sogar normative Wirkung, indem ihre Darstellung ohne Einbezug theoretischer Konzepte wie etwa der Sozialwissenschaften, aber auch ohne Einbezug der Umstände des aktuellen Kontextes erfolgen. So entsteht der Eindruck, Dogmatik folge einer eigenen, rechtsimmanenten

Sachlogik in dem Sinne, dass sie freigesetzt von Zeit-, Gesellschafts- und Sachabhängigkeiten sei.

Zum anderen schafft sie durch dogmatische Wissensformen und deren neu kreierten Anschluss- und Verzweigungsmöglichkeiten eigene, neue Formen der Unbestimmtheit, die ebenfalls Unsicherheit als produktiven Nährboden für rechtliches Entwicklungspotential erzeugt.

2. Die wechselseitige Steigerung von Bestimmung und Unbestimmtheit

Die Unbestimmtheit des Rechts als produktive Ressource zeigt, dass Ziel rechtsmethodischer Zugriffe im Recht als auch von Dogmatik nicht sein kann, Unbekanntes in Bekanntes, Uneindeutiges in Eindeutiges, Unbestimmtes in Bestimmtes oder Unsicherheit in Sicherheit zu wandeln.[89] Dies würde die Unbestimmtheit des Rechts als produktive Ressource im Sinne der Infrastruktur für Selbstorganisationsprozesse und damit für Entwicklung konterkarieren. Anders als manche Rhetorik der »Wissensgesellschaft« vermuten lässt, geht Wissenswachstum nicht mit weniger Unbestimmtheit und weniger Nichtwissen einher; ganz im Gegenteil bringt neues Wissen auch neues Nichtwissen hervor,[90] was besonders deutlich etwa im Bereich technologischen Fortschritts beobachtet werden kann (zum Beispiel im Bereich der Digitalisierung).[91] Gleiches gilt für das Wachstum von Wissen über das Recht

89 Vgl. Wolfgang Hoffmann-Riem, »Methoden einer anwendungsorientierten Verwaltungsrechtswissenschaft«, in: ders., *Offene Rechtswissenschaft. Ausgewählte Schriften und begleitende Analysen,* Tübingen: Mohr Siebeck 2010, S. 86.

90 Niklas Luhmann, *Die Wissenschaft der Gesellschaft,* Frankfurt am Main: Suhrkamp 1998, S. 103; Niklas Luhmann, *Soziologie des Risikos,* Berlin, Boston: De Gruyter 2003, S. 37.

91 So hat beispielsweise Jerome Ravetz bereits 1987 vor dem Hintergrund neu aufkommender Risiko- und Technologiekonflikte beobachtet, dass ein wechselseitiger Zusammenhang zwischen Wissen und Nichtwissen besteht: »Now we face the paradox that while our knowledge continues to increase exponentially, our relevant ignorance does so, even more rapidly.«, Jerome Ravetz, »Usable Knowledge, Usable Ignorance. Incomplete Science with Policy Implications«, in: *Science Communication*, 9: 1 (1987), S. 100; Peter Weingart, *Die Stunde der Wahrheit? Zum Verhältnis der Wissenschaft zu Politik, Wirtschaft und Medien in der Wissensgesellschaft,* Weilerswist: Velbrück Wissenschaft 2005, S. 20; Niklas Luhmann, »Juristische Argumentation. Eine Analyse ihrer Form«, in: Gunther Teubner (Hg.), *Entscheidungsfolgen als Rechtsgründe. Folgenorientiertes Argumentieren in rechtsvergleichender Sicht,* Baden-Baden: Nomos 1995, S. 32.

durch dogmatische Wissenserzeugungsprozesse.[92] Durch jedes erzeugte dogmatische Wissen entstehen typischerweise Anschlussfragen, die sich zuvor nicht gestellt haben und auch nicht stellen konnten und so wieder zum Anlass und Anreiz weiterer dogmatischer Wissensgenerierungsprozesse werden. Die Bemühungen, die Unbestimmtheit des Rechts für den Moment der Rechtsanwendung handhabbar zu machen, das heißt den Prozess des Fruchtbarmachens der Spielräume des Rechts anzuleiten, führen letztlich selbst dazu, dass Unbestimmtheit (dann in neuer Form, nämlich im Fall der Dogmatik in und durch dogmatische Wissensformen wie etwa Begriffsbildungen) entsteht beziehungsweise erst erzeugt wird. Dogmatik bildet im Umgang mit der Unbestimmtheit des Rechts zum einen Unbestimmtheiten im Recht ab, indem sie sie identifiziert und in Form dogmatischer Wissensformen Anleitungsangebote im Umgang mit den Spielräumen des Rechts bereitstellt. Zum anderen erzeugt der spezifische Umgang mit der Unbestimmtheit eigene und neue Formen der Unbestimmtheiten, indem innerhalb des Systems Recht durch die Herausbildung dogmatischer Verästelungen bis hin zu feinsten Ausdifferenzierungen in spezifische dogmatische Begriffsbildungen, Typologien oder Figuren dogmatikeigene Facetten der Unbestimmtheit entsteht. Ein Beispiel für die dogmatikeigenen Unbestimmtheiten markieren etwa die Typisierungen, die sich durch die rechtsanwendungsspezifische Funktionsweise dezentral herausbilden. Ihnen geht es gerade nicht darum, das in der Typisierung Gefasste in größtmöglicher Genauigkeit festzuhalten, sondern um die Erzeugung eines (allgemeinen und damit immer abstrakt bleibenden) Variabilitätsrahmens,[93] um letztlich bei der Rechtsanwendung Erwartungen sichernd und entlastend Recht bei gleichen Umständen gleich anzuwenden.[94] An jedem Rechtsgegenstand gibt es grundsätzlich unendlich viel zu beschreiben, sodass dogmatische Typisierungen nicht zu detailfixiert, zu feinkörnig, das heißt auf Genauigkeit aus sein können.[95] Die Akteure des dogmatischen Diskurses bearbeiten

92 Wolfgang Hoffmann-Riem, »Methoden einer anwendungsorientierten Verwaltungswissenschaft«, in: Eberhard Schmidt-Aßmann (Hg.), *Methoden der Verwaltungsrechtswissenschaft,* Baden-Baden: Nomos 2004, S. 63.

93 Teil 3 C. III.

94 Vgl. Jo Reichertz, »Plädoyer für das Ende einer Methodologiedebatte bis zur letzten Konsequenz«, in: Tilmann Sutter (Hg.), *Beobachtung verstehen, Verstehen beobachten. Perspektiven einer konstruktivistischen Hermeneutik,* Wiesbaden: Springer Fachmedien 1997, S. 119 f.; Ortmann, »*Die Mauer um den Sumpf*«, S. 187.

95 Geert Keil, »Halbglatzen statt Halbwahrheiten. Über Vagheit, Wahrheits- und Auflösungsgrade«, in: Martin Grajner und Adolf Rami (Hg.), *Wahrheit, Bedeutung, Existenz,* Berlin, Boston: De Gruyter 2010, S. 70; allg. wissenssoziologische Erklärung zur Unvermeidlichkeit von Vagheit, vgl. Ortmann, »*Die Mauer um den Sumpf*«, S. 187.

in unterschiedlicher Art und Weise und auch vor dem Hintergrund unterschiedlicher Perspektiven und Motivationslagen die Unbestimmtheit des Rechts und müssen sie zugleich – mit Abschichtungen – in einem gewissen Maße virulent halten, damit weitere Anschlussmöglichkeiten und Anschlussnotwendigkeiten nicht nur des Rechts, sondern auch Anschlussmöglichkeiten und -notwendigkeiten im dogmatischen Diskurs, möglich bleiben beziehungsweise möglich werden.[96]

Die dogmatikeigenen Formen der Unbestimmtheit ermöglichen durch Unsicherheit wieder innerrechtliches Entwicklungspotential, das heißt dogmatikeigene Spielräume, um innerrechtlich mit den Anforderungen, die die außerrechtliche Umwelt an das Recht stellt, umgehen zu können.[97] Die mit der Unbestimmtheit einhergehende Unsicherheit wird damit nicht kompensiert oder kaschiert, sondern ganz im Gegenteil multipliziert, in unterschiedliche dogmatische Wissensformen diversifiziert und zwischen den unterschiedlichen am dogmatischen Diskurs beteiligten Akteuren der Rechtswissenschaft und Rechtspraxis verteilt.

Dogmatische Wissensgenerierungsprozesse erzeugen durch die Schaffung von Anschluss- und Verzweigungsmöglichkeiten für künftige Rechtsanwendung eine Vergrößerung und Diversifikation rechtlicher Möglichkeiten, gesellschaftliche Selbstorganisationsprozesse zu begleiten und rechtlich abzustützen.

3. Unsicherheitsabsorption

Wenn es bei der dogmatischen Generierung von Wissen über das Recht nicht darum gehen kann, die produktive Unbestimmtheit des Rechts in rechtliche Bestimmtheit, das Nichtwissen in Wissen und die Ungewissheit in Gewissheit transformieren zu wollen (zumal dies auch nicht möglich wäre),[98] stellt sich die Frage, was Aufgabe von Dogmatik dann ist. Dogmatische Wissensgenerierungsprozesse möchten zum einen die mit der Unbestimmtheit des Rechts einhergehende Unsicherheit absorbieren,[99] um die Rechtspraxis im Rahmen der Wiederholung zu entlasten,

96 Armin Nassehi, *Geschlossenheit und Offenheit,* Frankfurt am Main: Suhrkamp 2010, S. 58 f.

97 Vgl. Andreas Voßkuhle, »Wie betreibt man offen(e) Rechtswissenschaft?«, in: Wolfgang Hoffmann-Riem (Hg.), *Offene Rechtswissenschaft. Ausgewählte Schriften und begleitende Analysen,* Tübingen: Mohr Siebeck 2010, S. 169 f.

98 Vgl. zum automatisch mitproduzierten Nichtwissen u.a. Luhmann, *Die Wissenschaft der Gesellschaft*, S. 68 ff.

99 Vgl. Niklas Luhmann, *Organisation und Entscheidung,* Wiesbaden: VS Verlag für Sozialwissenschaften 2011, S. 183.

Erwartung zu sichern, Konsistenz und Kontingenz zu gewährleisten, das heißt die Produktivität der Rechtspraxis in einer Rechtsanwendungssituation sicherzustellen und Recht bei gleichen Umständen gleich anzuwenden. Die dogmatischen Wissenserzeugungs- und Verdichtungsprozesse stellen mit der Unsicherheitsabsorption Verfahren bereit, »den wechselnden Gewißheitsbedarf befriedigen zu können, ohne jemals Gewißheit herzustellen«[100]. Letzteres verweist auf die zweite Schicht dogmatischer Wissensgenerierungsprozesse, nämlich die Schaffung von Anschluss- und Verzweigungsmöglichkeiten für künftige Rechtsanwendung und damit für Neuerungen. Die beiden Schichten, das heißt die Unsicherheitsabsorption als auch das Herstellen alternativer Möglichkeiten, stellen dabei keine Gegensätze dar, sondern sind in ihrer Verflechtung zu konzeptualisieren.[101] Anschluss- und Verzweigungsmöglichkeiten bedürfen zugleich der Anknüpfbarkeit an bereits Vorhandenes als auch der Ungewissheit als Nährboden für Entwicklung und Neuerungen, das heißt rechtlicher Spielräume, welche im Rahmen dogmatischer Wissenserzeugungsprozesse durch dogmatische Spielräume ermöglicht werden. Die dogmatischen Spielräume sind spiegelbildlich erforderlich, um die Neuerungen im Recht zu bewältigen, die auf die wandelnden Anforderungen der Wirklichkeit zurückzuführen sind. Die Funktion der Unsicherheitsabsorption, die der Produktivität der Rechtspraxis und formaler Gleichheit dient, kann damit nicht im Herstellen von Sicherheit oder in der Vereinheitlichung im Sinne der Gleichmachung liegen, da dies letztlich rechtliche Spielräume schließen und damit Unsicherheit als Prämisse für Entwicklung aufheben würde.[102] Dogmatische Unsicherheitsabsorption bedeutet vielmehr ein Begrenzen von Wahlmöglichkeiten im Rahmen der Rechtsanwendung, indem Dogmatik den Rückgriff auf andere Gründe in einer Entscheidung beschränkt oder – je nach fortgeschrittenem Stand dogmatischer Wissensverdichtung – ausschließt,[103] und zwar auch dann,

100 Baecker, *Information und Risiko in der Marktwirtschaft*, S. 33.

101 Vgl. Augsberg, *Informationsverwaltungsrecht*, S. 37; Ino Augsberg, »Von der Gefahrenabwehr zu Risikomanagement und Opportunitätswahrnehmung. Neue Paradigma im Verwaltungsrecht«, in: Claudia Peter und Dorett Funcke (Hg.), *Wissen an der Grenze. Zum Umgang mit Ungewissheit und Unsicherheit in der modernen Medizin*, Frankfurt am Main: Campus 2013.

102 »Denn ohne Unsicherheit bliebe nichts zu entscheiden, die Organisation fände im Zustande kompletter Selbstfestlegung ihr Ende und mangels Tätigkeit aufhören zu existieren.«, Luhmann, *Organisation und Entscheidung*, S. 186.

103 Ein solcher Ausschluss von anderen Erwägungen als die, die sich bereits so zu dogmatischen Wissensformen verdichtet haben, dass eine Veränderung nicht oder nur sehr langsam möglich wäre, etwa bei »guten Sitten«, »die im Verkehr erforderliche Sorgfalt«, vgl. Karl-Heinz Ladeur, »Richterrecht und Dogmatik - eine verfehlte Konfrontation? Eine Untersuchung am Beispiel der Rechtsprechung des Europäischen Gerichtshofs«, in: *Kritische*

wenn es sich um sachlich plausible Gründe handelt.[104] Die Begrenzung der Wahlmöglichkeiten erzeugt Verlässlichkeit und letztlich Anschluss- und Verzweigungsmöglichkeiten und damit neue rechtsanwendungsspezifische Spielräume.[105] Die an dem dogmatischen Diskurs beteiligten Akteure der Rechtswissenschaft und Rechtspraxis bilden dabei fortlaufend Regeln und Muster heraus, wonach Informationen als »rechtlich relevant/nicht relevant« selektiert und zu dogmatischen Wissensformen wie Begriffs-, Typen- oder Figurenbildungen gefasst oder verdichtet werden. Sie stellen eine Form der Speicherung[106] erprobten und als rechtlich relevant gekennzeichneten Wissens bereit, an das für weitere Interpretationsleistungen in einer weiteren Rechtsanwendungssituation angeknüpft werden kann. Erst der dogmatische Formalisierungs- bzw. Typisierungsprozess ermöglicht durch Anknüpfbarkeit Wiederholbarkeit.[107] Die Typisierung ermöglicht es, die dogmatische Wissensform in und für andere Kontexte fruchtbar zu machen, indem auf das ihr Vorangegangene durch die Formalisierung Bezug genommen werden kann. Durch die Wiederholung entsteht durch Regelmäßigkeit Bindungswirkung und durch Bindungswirkung eine Begrenzung der Wahlmöglichkeiten.[108] Vor dem Hintergrund, dass der Gehalt des Rechts für den spezifischen Kontext, Sachverhalt und die jeweiligen Interessen in einer spezifischen Rechtsanwendungssituation konkretisiert wird, wird in jeder Wiederholung zumindest eine winzige Differenz ins Spiel gebracht,[109] die die Selbstreferentialität dogmatischer Wissenserzeugung und -verdichtung als auch des Rechts allgemein für neue Anschluss- und Verzweigungsmöglichkeiten, das heißt Spielräume, durchbricht. Die den dogmatischen Wissensgenerierungsprozessen inhärenten Muster und Regeln wie auch die eigenen Zeit-, Gesellschafts- und Sachabhängigkeiten[110] strukturieren das Oszillieren zwischen Wiederholbarkeit und Differenz. Sie strukturieren,

Vierteljahresschrift für Gesetzgebung und Rechtswissenschaft, 79: 1 (1996), S. 80.

104 Alexander Stark, »Über Kritikpotenziale und blinde Flecken der Rechtsdogmatik«, in: *Kritische Justiz*, 54: 2 (2021), S. 165.

105 Vgl. Karl-Heinz Ladeur, »Gesetzesinterpretation, ›Richterrecht‹ und Konventionsbildung in kognitivistischer Perspektive. Handeln unter Ungewißheitsbedingungen und richterliches Entscheiden«, in: *Archiv für Rechts- und Sozialphilosophie*, 77: 2 (1991), S. 179 f.

106 Zur Rechtsdogmatik als Wissensspeicher vgl. Augsberg, *Informationsverwaltungsrecht*, S. 190; Albers, *Höchstrichterliche Rechtsfindung und Auslegung gerichtlicher Entscheidungen*, S. 270.

107 Vgl. Möllers, *Die Möglichkeit der Normen*, S. 271.

108 Luhmann, *Das Recht der Gesellschaft*, S. 479 ff.; Ladeur, *Richterrecht und Dogmatik - eine verfehlte Konfrontation?*, S. 85.

109 Augsberg, *Die Lesbarkeit des Rechts*, S. 90 f.

110 Vesting, *Rechtstheorie*, S. 127 f., Rn. 210 f.

ob und inwieweit welche Informationen als rechtlich relevant gelten und als relevante Differenz ins Spiel gebracht werden können oder auch nicht. Die Bewältigung der Unsicherheit bei gleichzeitigem Aufrechterhalten der Unsicherheit für Anschluss- und Verzweigungsmöglichkeiten ist die Hauptaufgabe der Dogmatik. Ihr Umgang mit Unsicherheit formt die Spielräume, die die Unbestimmtheit des Rechts bereitstellt. In Abhängigkeit von den inhärenten Mustern und Strukturen dogmatischer Wissensgenerierungsprozesse entwickeln sich die Spielräume und die Entwicklungspotentiale.

a. Wiederholung und Differenz

Bevor näher auf die für die Entstehung von Ungleichheit relevanten der Dogmatik inhärenten Muster und Strukturen eingegangen werden soll, ist es für die Frage, welches Wissen durch Dogmatik aufgrund welcher Stellschrauben erzeugt und verdichtet wird, hilfreich, die Schichten, zwischen denen Dogmatik oszilliert, und damit die Funktion der Dogmatik als operationalisierende Zwischenschicht genauer zu betrachten. Eine Schicht der Dogmatik markiert die Unsicherheitsabsorption, welche die Rechtspraxis im Rahmen der Wiederholung entlasten, Erwartung sichern, Konsistenz gewährleisten, das heißt die Produktivität der Rechtspraxis in einer Rechtsanwendungssituation sicherstellen und Recht bei gleichen Umständen gleich anwenden soll. Die daraus folgenden Voraussetzungen und Anforderungen können nicht ohne die andere Schicht erfasst werden, da es zur Erhaltung und Schaffung von Anschluss- und Verzweigungsmöglichkeiten der Unsicherheit und damit Spielräumen für Differenz bedarf, die Produktivität der Rechtspraxis und formale Gleichheit damit nicht auf Sicherheit, Homogenität oder reine Selbstreferentialität hinauslaufen können. Die Einsicht nicht nur der Unumgänglichkeit der Unsicherheit,[111] sondern vor allen Dingen die Einsicht ihrer Leistungsfähigkeit als produktive Ressource für Entwicklung (und dabei immer mitgedacht der Ort der Entstehung von Strukturen der Ungleichheit als die »zweite Seite einer Medaille«) stellt Anforderungen an die Strategie ihres Umgangs.[112] Die Strukturen, Muster und Umstände dogmatischer Wissenserzeugungsprozesse bestimmen dabei das Oszillieren zwischen Unsicherheitsabsorption und Entwicklungspotential und damit,

111 Vgl. Abschnitt zur wechselseitigen Steigerung von Bestimmung und Unbestimmtheit; Augsberg, *Informationsverwaltungsrecht*, S. 238.

112 Ebd., S. 237 ff.; Augsberg, *Einleitung: Ungewissenheit als Chance – eine Problemskizze;* Dirk Baecker, »Durch diesen schönen Fehler mit sich selbst bekannt gemacht«, in: ders., *Organisation und Management. Aufsätze*, Frankfurt am Main: Suhrkamp 2003, S. 36 ff.

ob, inwiefern und in welche Richtung sich Spielräume für Abwandlung und Weiterentwicklung und letztlich für Entwicklungspotential bilden.

b. Hintergrund

Das unablässige Hervorbringen des Neuen durch Selbstorganisationsprozesse und ihre spiegelbildliche Erfassung durch die Unbestimmtheit des Rechts bedeuten zwangsläufig Neuerungen im Recht, indem es ebenso unablässig seine Vorgaben verändert, um so auf den Wandel gesellschaftlicher Verhältnisse zu reagieren. So wenig, wie die Ergebnisse als auch die Selbstorganisationsprozesse selbst vorbestimmt sind oder bereits zu Beginn einem konsistenten Ordnungsmuster folgen, können auch die rechtlichen Veränderungen weder antizipiert noch auf eine gemeinsame grundlegende Entwicklungsrichtung oder auf ein Ordnungsmuster reduziert werden. Rechtsanwendung erfolgt damit immer unter Bedingungen unvollständiger Informationen und der Unmöglichkeit der Beobachtung aller potentiellen Folgen.[113] Dies ist für die Produktivität und Handlungsfähigkeit der Rechtspraxis als auch das Ideal formaler Gleichheit voraussetzungsvoll. Dogmatik übernimmt für die Erwartungssicherung, Entlastung und Konsistenz durch Systematisierung und Ordnung – als Facetten der Produktivität der Rechtspraxis als auch formaler Gleichheit – eine wesentliche Funktion.

Indem Recht durch seine Unbestimmtheit Selbstorganisationsprozesse begleiten und abstützen möchte, dementsprechend durch Setzung und Anwendung rechtlicher Bestimmungen nicht nur unablässig neue Erwartungen entstehen (die zugleich mit jeder Änderung und Aufhebung einer Regel wieder enttäuscht werden),[114] sondern auch Neuerungen im Recht hervorgebracht werden, für deren Bewältigung neues Wissen über Recht benötigt und produziert wird (was zugleich unspezifisches Nichtwissen und damit Ungewissheit mitproduziert), verändern sich die kognitiven Anforderungen, denen die Rechtspraxis im Umgang mit komplexen gesellschaftlichen Phänomenen entsprechen muss. Dogmatik stabilisiert das durch die Ambivalenz des Rechts frustrierte Vertrauen, entlastet die

113 Zum Problem der Folgenberücksichtigung vgl. etwa Georg Hermes, »Folgenberücksichtigung in der Verwaltungspraxis und in einer wirkungsorientierten Verwaltungsrechtswissenschaft«, in: Eberhard Schmidt-Aßmann (Hg.), *Methoden der Verwaltungsrechtswissenschaft,* Baden-Baden: Nomos 2004.

114 Friedhelm Hase, »Vertrauensschutz. Erwartungssicherung bei beschleunigtem sozialem Wandel«, in: Roland Broemel u.a. (Hg.), *Forschung als Handlungs- und Kommunikationszusammenhang. Beiträge zur Verarbeitung gesellschaftlichen Wandels im Recht: Festschrift für Hans-Heinrich Trute zum 70. Geburtstag,* Tübingen: Mohr Siebeck 2023, S. 351.

Rechtspraxis durch Bereitstellung eines Argumentationsreservoirs und sorgt für innere Konsistenz, indem sie einerseits Regeln im Umgang mit der Unbestimmtheit des Rechts bereitstellt und andererseits durch die kontinuierliche Erarbeitung der dogmatischen System- und Ordnungsbildung juristische Normativität und damit Momente der Verlässlichkeit und Wiederholbarkeit schafft.

c. Erwartungssicherung

Dogmatik geht es bei der Erarbeitung einer System- und Ordnungsbildung auch um Schaffung von Erwartungssicherung. Sie hält ein Wissensreservoir bereit, dessen Inhalt einer systemimmanenten Logik entsprechen und folgen soll. Dabei zielt Dogmatik nicht auf die Evokation eines bestimmten Inhalts oder einer bestimmten Wirkung. Vielmehr beabsichtigt Dogmatik, durch fortlaufende Organisation, Ordnung und Systematisierung der Rechtsmaterie ein generelles und universales Sinnschema zur Anleitung der Rechtspraxis im Umgang mit der Unbestimmtheit des Rechts bereitzustellen,[115] welches die Rechtsanwendung durch Sicherstellung von Konsistenz und Kohärenz berechenbar mache.[116] Indem die dogmatische System- und Ordnungsbildung solche universalen, generellen und (vermeintlich rein) objektiven Strukturen und Formen bereitstellt, kann sie die Rechtsanwendung unabhängig von den spezifischen Umständen des Einzelfalls anleiten. Sie ermöglicht es dem Einzelnen darüber hinaus, sein Verhalten anzupassen, indem das eigene rechtsrelevante Handeln mit dem System- und Ordnungsgerüst abgeglichen und überprüft werden kann. Die fortlaufend bestätigende System- und Ordnungsbildung erfolgt dabei durch den selbstreferentiellen Charakter des Rechts und der Rechtsanwendung im Allgemeinen, aber auch spezifisch durch Dogmatik, die gerade auf die Beförderung von Anwendungsroutinen und Wiederholbarkeit angelegt ist.[117] Durch das fortlaufende Anknüpfen an vorgängiges rechtsrelevantes Handeln werden bestimmte

115 Vgl. Rudolf Thienel, *Kritischer Rationalismus und Jurisprudenz. Zugleich eine Kritik an Hans Alberts Konzept einer sozialtechnologischen Jurisprudenz,* Wien: Manz 1991, S. 212 ff.; Matthias Jestaedt, »Verfassungstheorie als Disziplin«, in: Otto Depenheuer und Christoph Grabenwarter (Hg.), *Verfassungstheorie,* Tübingen: Mohr Siebeck 2010, Rn. 65; Philipp Reimer, *Verfahrenstheorie. Ein Versuch zur Kartierung der Beschreibungsangebote für rechtliche Verfahrensordnungen,* Tübingen: Mohr Siebeck 2015, S. 107.

116 Vgl. allg. Hoffmann-Riem, *Methoden einer anwendungsorientierten Verwaltungswissenschaft*, S. 67.

117 Zu den Merkmalen der Beförderung von Anwendungsroutinen und Verkürzung von Begründungswegen vgl. Matthias Jestaedt, *Die Verfassung hinter der Verfassung. Eine Standortbestimmung der Verfassungstheorie,*

rechtliche Konstruktionen, Begriffe oder Argumentationsformen wiederholt aufgegriffen,[118] damit bestätigt und vor dem Hintergrund des rechtsanwendungsspezifischen Kontextes angepasst und weiterentwickelt. Die Anpassung einzelner Elemente des rechtlichen Gefüges im Rahmen anderer Kontexte rechtsrelevanten Handelns steht nicht im Widerspruch zur intendierten Berechenbarkeit. Der Anpassungsprozess setzt voraus, dass die Rechtsanwender:innen das System bestehend aus Grundregeln und -prinzipien als auch Begriffe und Typologien aufgreifen und sich mit diesen auseinandersetzen, was letztlich auf eine der durch sie generierten rechtlichen Strukturen und Formen hinausläuft. Aufgrund der fortwährenden Anwendung der Grundregeln, -prinzipien, Begriffe und Typologien und damit ihrer impliziten Bewährung beanspruchen die herausgebildeten Strukturen und Formen auch ohne ausdrückliche gesetzliche Regelung allgemeine Anerkennung und Befolgung.[119]

Die Erarbeitung eines generellen und universalen Sinnschemas bedeutet gleichzeitig, unbestimmt genug zu sein,[120] um notwendige Spielräume für Differenzen und damit Möglichkeiten für Durchbrechungen dogmatischer Selbstreferentialität bereitzustellen.[121] Dogmatischer System- und Ordnungsbildung kommt grundsätzlich das Potential zu, zwischen notwendiger Veränderlichkeit und dem ebenso unabweisbaren Erfordernis der Erwartungssicherung zu oszillieren. Die grundlegende Perspektive auf Dogmatik als eine Art operationalisierende Zwischenschicht zwischen Unsicherheitsabsorption und Entwicklung bedeutet daher für die Bestimmung der Erwartungssicherung durch Dogmatik, dass es ihr nicht um Konservierung eines einmal gesetzten Rechts oder um Konservierung spezifischer Inhalte und Strukturen im Sinne der Erhaltung eines Rechtszustands gehen kann,[122] sondern um die Sicherung der Erwartung an fortlaufende Abwandlung und Weiterentwicklung des Rechts. Dies stellt

Schöningh 2009, S. 33. Zur These der Dogmatik als Selbstorganisationsprozess, Teil 3 C. V.

118 Christian Bumke, *Rechtsdogmatik. Eine Disziplin und ihre Arbeitsweise: zugleich eine Studie über das rechtsdogmatische Arbeiten Friedrich Carl von Savignys,* Tübingen: Mohr Siebeck 2017b, S. 56–99; Alexander Stark, »Interdisziplinarität der Rechtsdogmatik«, in: *Grundlagen der Rechtswissenschaft* (2020), 77 ff.

119 Winfried Brohm, »Kurzlebigkeit und Langzeitwirkung der Rechtsdogmatik«, in: Max-Emanuel Geis (Hg.), *Festschrift für Hartmut Maurer. Staat, Kirche, Verwaltung,* München: C.H. Beck 2001, S. 1086.

120 Zur Prämisse der Variabilität dogmatischer Wissensformen, vgl. Teil 3 C. III.

121 Zur These der Dogmatik als Selbstorganisationsprozess, vgl. Teil 3 C. V.; zum prozeduralen Verfahrensabschnitt des Einspielens solcher Differenzen, vgl. Teil 3 D. IV. 1. und 2.

122 Anders etwa bei Alexander Stark, *Interdisziplinarität der Rechtsdogmatik,* Tübingen: Mohr Siebeck 2019, S. 117.

wiederum Anforderungen an dogmatische Wissenserzeugungsprozesse. Eine solche Konzeptualisierung der Rolle von Dogmatik im Hinblick auf Erwartungssicherung bedeutet nicht, dass Dogmatik nicht spezifische Inhalte im Sinne materieller Pfadabhängigkeiten hervorbringt, das heißt zu einer Konservierung eines Rechtszustands – und damit zu geschlossenen Spielräumen für Differenzen – neigt, die unter Umständen nicht länger den Anforderungen entsprechen, die die Wirklichkeit an das Recht stellt. Ein Beispiel hierfür ist etwa die Dogmatik zu Freiheitsrechten und ihre primäre Konzeptualisierung als formale negative Freiheit, die angesichts der vorherrschenden Ungleichheit zumindest nicht für alle mit den Möglichkeiten einhergeht, die sie versprechen. Diese Konservierungstendenzen sind Ausdruck verengender Strukturbildung dogmatischer Wissensgenerierungsprozesse.

d. Entlastung

Eine weitere zentrale Funktion der Dogmatik ist die Entlastung der Rechtspraxis.[123] Indem Dogmatik geltendes Recht und Entscheidungsjudikatur in ihrem generellen und universalen Sinnschema durch argumentative Verarbeitung systematisierend aufbereitet und kontinuierlich einfügt,[124] gewährt sie Komplexität reduzierend einen Überblick über das geltende Recht und stellt Argumentationsangebote bereit, die die Entwicklung von Begründungswegen erleichtern.[125] Sie leistet so einen funktionalen Beitrag zur Produktivität der Rechtspraxis als auch zur Gewährleistung formaler Gleichheit. Die Entlastung durch Dogmatik ist vor dem Hintergrund der Entwicklung einer Begründung unter Bedingungen unvollständiger Informationen als auch mit Blick auf

123 Friedrich Müller, *Normstruktur und Normativität. Zum Verhältnis von Recht und Wirklichkeit in der juristischen Hermeneutik, entwickelt an Fragen der Verfassungsinterpretation*, Berlin: Duncker & Humblot 1966, S. 190; Esser, *Vorverständnis und Methodenwahl in der Rechtsfindung*, S. 88 f.; Reimer, *Verfahrenstheorie*, S. 110; Rüthers, *Rechtsdogmatik als Schranke des Richterrechts?*, S. 334; Bumke, *Rechtsdogmatik*, S. 53.

124 Schönberger, *Höchstrichterliche Rechtsfindung und Auslegung gerichtlicher Entscheidungen*, S. 323; Helmuth Schulze-Fielitz, »Staatsrechtslehre und Bundesverfassungsgericht - prozedural gesehen«, in: Ivo Appel (Hg.), *Festschrift für Rainer Wahl. Öffentliches Recht im offenen Staat*, Berlin: Duncker & Humblot 2011, S. 417.

125 Esser, *Vorverständnis und Methodenwahl in der Rechtsfindung*, S. 88; Jestaedt, *Die Verfassung hinter der Verfassung*, S. 33; Thomas Würtenberger, »Grundlagenforschung und Dogmatik aus deutscher Sicht«, in: Rolf Stürner (Hg.), *Die Bedeutung der Rechtsdogmatik für die Rechtsentwicklung. Ein japanisch-deutsches Sympoium*, Tübingen: Mohr Siebeck 2010, S. 7.

die Unmöglichkeit der Beobachtung aller potentiellen Folgen[126] eines rechtsrelevanten Handelns oder einer Entscheidung notwendig.[127] Die Leistungsfähigkeit des dogmatischen Argumentationsreservoirs liegt dabei nicht darin, dass es vollständige Informationen bereitstellt oder jede erdenkliche Folge vorhersehbar machen würde, zumal dies der Entstehung neuer Anschluss- und Verzweigungsmöglichkeiten – eben durch das Operieren unter Bedingungen unvollständiger Informationen und der Unmöglichkeit der Beobachtung aller Folgen – entgegenstehen würde. Die unterschiedlichen dogmatischen Wissensformen (Begriffsbildungen, Typologien, Argumentationsfiguren etc.) als auch kleine und größere systematisierte dogmatische Systeme stellen einen Speicher sedimentierten, teilweise auch impliziten Wissens dar, das über eine Vielzahl an Auslegungen, Anwendungen und Beobachtungen der Folgen generiert und über die Herausbildung dogmatischer Wissensformen explizit gemacht wird.[128] Allein die Speicherung und Systematisierung des Wissens stellt eine Entlastung für die Rechtspraxis dar. Sie bilden darüber hinaus ein Argumentationsreservoir, aus dem die Rechtspraxis unterschiedliche Versatzstücke wählen und für die eigene Begründungsfindung heranziehen kann. Die Entlastungswirkung dieses Argumentationsreservoirs erfolgt dabei auf zwei Weisen: zum einen durch die Segmentierung dogmatischen Wissens, die eine Form des Umgangs mit Komplexität darstellt, und zum anderen durch die zeit- und ressourcensparende Anwendung von Versatzstücken. Beides ist dabei miteinander verflochten.

Durch rechtsdogmatische Begriffsbildungen, Typologien, Grundprinzipien und -regeln oder auch größere und kleinere dogmatische Teilsysteme werden fertige Versatzstücke gebildet, die der Rechtsanwendung als eine Art Argumentationsreservoir im Rahmen der Begründungsfindung

126 Zum Problem der Folgenberücksichtigung vgl. etwa Hermes, *Folgenberücksichtigung in der Verwaltungspraxis und in einer wirkungsorientierten Verwaltungsrechtswissenschaft.*

127 Zur Komplexität der Ungleichheit und der Unmöglichkeit einer vollständiger Erfassung aller Facetten oder Folgen, Einleitung A. und B.; vgl. u.a. auch Ivo Appel, »Methodik des Umgangs mit Ungewissheit«, in: Eberhard Schmidt-Aßmann (Hg.), *Methoden der Verwaltungsrechtswissenschaft,* Baden-Baden: Nomos 2004.

128 Andreas Voßkuhle, »Was leistet Rechtsdogmatik? Zusammenfuhrung und Ausblick in 12 Thesen«, in: Gregor Kirchhof u.a. (Hg.), *Was weiß Dogmatik? Was leistet und wie steuert die Dogmatik des Öffentlichen Rechts?,* Tübingen: Mohr Siebeck 2012, S. 112; Bumke, *Rechtsdogmatik*, S. 53; Dreier, *Rechtswissenschaft als Wissenschaft*, S. 30; Christian Boulanger, »Die Soziologie juristischer Wissensproduktion«, in: Christian Boulanger u.a. (Hg.), *Interdisziplinäre Rechtsforschung,* Wiesbaden: Springer Fachmedien 2019a.

zur Verfügung stehen.[129] Diese fertigen Versatzstücke können als »Vorratswissen«[130] bzw. »Verfügungswissen«[131] zeit- und ressourcensparend eingesetzt werden.[132] Sie stellen die Produktivität der Rechtspraxis angesichts der mit der rechtlichen Begleitung von Selbstorganisationsprozessen einhergehenden Komplexität sicher.[133] Vor dem Hintergrund einer unter Entscheidungszwang[134] stehenden Richterin oder Verwaltungsbeamtin bei gleichzeitig begrenzt zur Verfügung stehender Zeit und Ressourcen kommt dem Argumentationsreservoir eine wichtige Funktion der Erhaltung der Produktivität der Rechtspraxis zu. Um als Argumentationsreservoir entlastend zu wirken, sind dogmatische Wissensformen auf Wiederholbarkeit in anderen Entscheidungssituationen, das heißt auf Anwendungsroutinen, angelegt. Die Entlastung erfolgt hier auf dem Wege der Nutzung kognitiver Routinen.[135] Dies setzt einen andauernden Prozess der Sedimentierung des »relevanten« Wissens einer Entscheidung bzw. eines rechtsrelevanten Handelns voraus, das sich dann zu einer dogmatischen Wissensform verdichtet. Diese Sedimentierung wird der Komplexität der ursprünglichen Entscheidungssituationen nicht länger gerecht, ermöglicht allerdings Verknüpfungen, damit eine fortlaufende Konsistenzbildung zum Zwecke der Unsicherheitsabsorption. Das setzt voraus, dass rechtsrelevantes Handeln von den Umständen des jeweiligen Einzelfalls, das heißt von seinem spezifischen Kontext und den damit einhergehenden spezifischen Zeit-, Gesellschafts- und Sachabhängigkeiten als abstrahiert dargestellt wird; nur so können wiederholbare

129 W. *Kahl* spricht dabei von einem Werkzeugkasten, vgl. Wolfgang Kahl, »Dogmatik im EU-Recht«, in: *Archiv des öffentlichen Rechts*, 144 (2019), S. 195; idem, *Wissenschaft, Praxis und Dogmatik im Verwaltungsrecht*, S. 84.

130 Vorratswissen verstanden als das im rechtswissenschaftlichen Diskurs verifizierte und validierte Wissen, vgl. auch Peter Häberle, *Verfassung als öffentlicher Prozeß. Materialien zu einer Verfassungstheorie der offenen Gesellschaft*, Berlin: Duncker & Humblot 1998, S. 567, 658: »Wissenschaftliche Vorratspolitik«; Dreier, *Rechtswissenschaft als Wissenschaft*, S. 58: »Wissenschaftliche Vorratshaltung«.

131 Matthias Jestaedt, »Vom Beruf der Rechtswissenschaft – zwischen Rechtspraxis und Rechtstheorie. Annährungen eines Staatsrechtslehrers«, in: Horst Dreier (Hg.), *Rechtswissenschaft als Beruf*, Tübingen: Mohr Siebeck 2018, S. 236.

132 Lennartz, *Dogmatik als Methode*, S. 1; Kahl, *Wissenschaft, Praxis und Dogmatik im Verwaltungsrecht*, S. 85 (Fn. 67, 68).

133 Zu den Merkmalen der Beförderung von Anwendungsroutinen und Verkürzung von Begründungswegen vgl. Jestaedt, *Die Verfassung hinter der Verfassung*, S. 33.

134 Luhmann, *Das Recht der Gesellschaft*, S. 315 ff., 320.

135 Vgl. idem, *Organisation und Entscheidung*, S. 250 ff.

›Standardargumente‹[136] bzw. ein ›Gewebe von Entscheidungsgesichtspunkten‹[137] bereitgestellt werden. Das rechtsrelevante Handeln, etwa in Form einer Entscheidung, wird entkontextualisiert, das heißt von den vermeintlich außerrechtlichen, jedenfalls als nicht relevant gekennzeichneten Informationen ›bereinigt‹ und durch die Sedimentierung auf die relevanten Informationen konzentriert, damit ›haltbar‹ und ›wiederverwertbar‹ gemacht.[138] Die Entlastungsfunktion würde leerlaufen, wenn die Prämissen einer Entscheidung noch einmal zu evaluieren und auf ihre Übertragbarkeit hin zu überprüfen wären.[139] Darüber hinaus würde ein systematischer Einbezug des Wirklichkeitsbereichs außerrechtliche Beschreibungs- und Aufbereitungsangebote erfordern, was entweder eine enorme Komplexitätssteigerung der Rechtsanwendung bedeuten würde, allein weil es eine systematisierend aufbereitende Verallgemeinerung der Wirklichkeitsbereiche nicht gibt, oder aufgrund der inhärenten Komplexität nicht möglich ist. Die lässt sich beispielsweise an der Schwierigkeit illustrieren, das Phänomen Ungleichheit überhaupt als einen *Gegenstand* erfassbar zu machen.[140]

Die Entlastungswirkung der Dogmatik liegt damit nicht allein in der Speicherung des Wissens, sondern vielmehr in der implizit und explizit vorgenommenen Selektion des als relevant gekennzeichneten Wissens.[141] Um entlastend zu wirken, erfolgt die Darstellung dogmatischen Wissens als von den räumlichen und zeitlichen Kontexten, Akteuren und Interessen als auch außerrechtlichen normativen Erwägungen und Gründen selektierbar. »Es hält im Großen und Ganzen [...] nur das fest, was als Entscheidungsprämisse bei weiteren Entscheidungen in Anspruch genommen wird.«[142] Individuelle Kontexte, Akteure und Interessen, aber auch außerrechtliche normative Erwägungen können nicht per se für ein weiteres rechtsrelevantes Handeln, das ebenfalls in einem spezifischen Kontext eingebettet ist, in Anspruch genommen werden, es sei denn, diese Informationen sind selbst als Zweifel oder Änderungsvorbehalt in eine Entscheidung eingegangen bzw. festgehalten worden.[143] Dieses sedimentierte und selektierte Wissen, das im

136 Morlok, *Was heißt und zu welchem Ende studiert man Verfassungstheorie?*, S. 40.

137 Luhmann, *Das Recht der Gesellschaft*, S. 367.

138 M. Jestaedt vergleicht die Funktion der Dekontextualisierung mit den Reinigungs- und Konzentrationsprozessen im Lebensmittelbereich, die der Haltbarmachung und Wiederverwertbarkeit dienen, Jestaedt, *Wissenschaftliches Recht*, S. 125.

139 Vgl. Luhmann, *Organisation und Entscheidung*, S. 193, 222.

140 Vgl. Abschnitt Einleitung A.

141 Vertiefend Teil 3 C. IV.

142 Ebd., S. 193.

143 Ebd.

dogmatischen Argumentationsreservoir lagert, kann so mit vergleichsweise geringem Konkretisierungsaufwand für neue Rechtsanwendungssituationen fruchtbar gemacht werden.[144] Die dogmatische Entlastung liegt damit nicht in der Speicherung des Wissens als solchem, sondern vielmehr in der Art des Wissens, das durch Selektion erzeugt und im fortlaufenden dogmatischen Wissensgenerierungsprozess weiter konzentriert, verfeinert und letztlich für die Wiederholbarkeit gespeichert wird. Deutlich wird dabei auch, dass es bei der Selektion nicht allein um eine Entlastung in Form der innerrechtlichen Auseinandersetzung mit Entscheidungsprämissen und der Begründungsfindung anhand innerrechtlicher Maßstäbe gehen kann, sondern um Entlastung im Umgang mit komplexen gesellschaftlichen Fragestellungen, die Selbstorganisationsprozesse hervorbringen und zwangsläufig mit Ungewissheit einhergehen. Die Entlastung durch das dogmatische Argumentationsreservoir funktioniert, gerade weil Dogmatik sich gegenüber der Komplexität der (Rechts-)Wirklichkeit immunisiert[145] und außerrechtliche Informationen der Wirklichkeit (zumindest in der Darstellung dogmatischer Wissensformen) ausklammert. Die Wirklichkeitsdimension des Rechts wird durch eine scheinbare Verlagerung auf eine allein innerrechtliche Sachdimension kaschiert.[146]

Der Prozess der Segmentierung und Spezialisierung des Wissens ist allgemein ein zu beobachtender Umgang mit Komplexität, indem er die Komplexität durch perspektivische Zuschnitte reduziert und durch die Vertiefung des Wissens neue Aspekte sichtbar macht, an die dann angeknüpft werden kann. Die dogmatische Segmentierung der Informationen nach rechtseigenen Kriterien[147] unter Ausklammerung außerrechtlicher Relevanzkriterien (und damit konsequenterweise auch der außerrechtlichen Informationen des Wirklichkeitsbereichs, da die Relevanzkriterien als Erkennungs- und Wahrnehmungsmuster die Informationsverarbeitung strukturieren) führt zum einen zu einer Begrenzung der Wahlmöglichkeit, indem nur die als relevant gekennzeichneten Informationen in den Begründungsprozess und damit in das dogmatische Argumentationsreservoir einfließen. Dogmatik beschränkt so den Rückgriff auf andere Gründe oder schließt sie – je nach fortgeschrittenem Stand dogmatischer Wissensverdichtung – aus,[148] und zwar auch dann,

144 Vgl. Schmidt-Aßmann, *Das allgemeine Verwaltungsrecht als Ordnungsidee*, S. 29, Rn. 48.

145 Voßkuhle, *Wie betreibt man offen(e) Rechtswissenschaft?*, S. 161.

146 Vgl. Augsberg, *Informationsverwaltungsrecht*, S. 248.

147 Niklas Luhmann, *Rechtssystem und Rechtsdogmatik*, Stuttgart: Kohlhammer 1974, S. 22.

148 Ein solcher Ausschluss von anderen Erwägungen als die, die sich bereits so zu dogmatischen Wissensformen verdichtet haben, dass eine Veränderung nicht oder nur sehr langsam möglich wäre, etwa bei »guten Sitten«, »die im

wenn es sich um plausible, den aktuellen Anforderungen eines ggf. gewandelten Wirklichkeitsbereichs entsprechende Gründe handelt.[149] Zum anderen führt die dogmatische Segmentierung zu neuen Anschluss- und Verzweigungsmöglichkeiten, indem eine Argumentation als rechtsdogmatisch ausgezeichnet werden kann, was sowohl Anknüpfbarkeit und damit Wiederholbarkeit als auch die Stabilisierung der Grenzen des Rechts zur Wirklichkeit, damit Verlässlichkeit, Beständigkeit und ebenso Wiederholbarkeit ermöglicht. Jede vorangegangene Argumentation, die in einem dezentral sich entwickelnden Argumentationsreservoir lagert, hinterlässt Spuren sowohl in Form der Anschlusszwänge als auch der Anschlussmöglichkeiten. Sie halten gleichzeitig an der Vergangenheit fest und erlauben zugleich neue Zustände, allerdings nicht im Sinne ›futurisch offener, nach vorne verweisender und in diesem Sinne konstitutiv unsicherer‹ Zustände,[150] sondern im Sinne von Verzweigungs- und Anschlussmöglichkeiten, die an das bereits Vorentschiedene und damit an das Vergangene anknüpfen. »Die beste Möglichkeit, mit Unsicherheit zurechtzukommen, ist: sich an das zu halten, was bereits geschehen ist.«[151] Für die Entwicklung von rechtlichen Spielräumen bedeutet dies demnach eine Verstärkung und Festigung der Richtung, in die sich die Spielräume entwickeln.[152] Eine offene Entwicklung rechtlicher Spielräume zu erhalten, um den wandelnden Anforderungen, die die Wirklichkeit an das Recht stellt, gerecht zu werden, bedeutet die Ermöglichung vielfältiger Rechtskonflikte, die Differenzen ins Spiel bringen und damit das Argumentationsreservoir durchmischen. Um eine Differenz ins Spiel zu bringen, bedarf es eines bestimmten Maßes an Unbestimmtheit und Ungewissheit. Sie ist demnach Funktionsbedingung, »um eine bloße Irritation in eine systeminterne Information, an die sich weitere kommunikative Akte anschließen können, zu transformieren«.[153] Dies stellt wiederum Anforderungen an die Strukturen dogmatischer Wissensgenerierungsprozesse.

e. Ordnung und Systematisierung

Die systematisierende und ordnende Kategorisierung des geltenden Rechts als auch der Entscheidungsjudikatur durch dogmatische Aufbereitung

Verkehr erforderliche Sorgfalt«, vgl. Ladeur, *Richterrecht und Dogmatik – eine verfehlte Konfrontation?*, S. 80.

149 Stark, *Über Kritikpotenziale und blinde Flecken der Rechtsdogmatik*, S. 165.

150 Vgl. Augsberg, *Informationsverwaltungsrecht*, S. 247.

151 Luhmann, *Organisation und Entscheidung*, S. 48; Augsberg, *Informationsverwaltungsrecht*, S. 247.

152 Zu den Pfadabhängigkeiten der Dogmatik, vertiefend Teil 3 C. VI. 1.

153 Augsberg, *Informationsverwaltungsrecht*, S. 241.

des Rechts ist ebenfalls zentrale Funktion von Dogmatik und dient zugleich der Konsistenzbildung[154] wie auch der Erprobung und Beurteilung des Neuen.[155] Bei der systematisierenden Darstellung und dem Ordnen etwa der Rechtsbegriffe, Rechtsnormen oder Rechtsordnungen nach rechtseigenen Kriterien ist nicht von dem einen dogmatischen System auszugehen, sondern von einer Vielzahl von rechtsdogmatischen Systemen, die teils fein verästelt sind und teils größere Linien hervorbringen. Wie bereits an unterschiedlichen Stellen gesehen, kann es bei der dogmatischen Systembildung aufgrund des rechtlichen Wandels nicht um einen fixen Bestand im Sinne der Konservierung eines sich nach spezifischen Inhalten oder Strukturen ausformenden Zusammenhangs gehen, sondern vielmehr um eine Art flexibles Gerüst, das die fortlaufende Abwandlung und Weiterentwicklung des Rechts systematisierend aufnehmen und ordnen kann. Die Systematisierung zielt damit auf das Ideal ab, das sich unablässig wandelnde geltende Recht und die Entscheidungsjudikatur in der Gesamtheit ihrer Einzelelemente in einen Zusammenhang zu bringen und durch dezentrale Weiterentwicklungen in einem solchen Zusammenhang zu halten, auch um die Wechselbeziehungen untereinander gegenüber der Wirklichkeit abzugrenzen. Vor dem Hintergrund der Betrachtung der Unbestimmtheit und damit einhergehenden Ungewissheit als produktive Ressource für die Entstehung von Spielräumen und Entwicklung kann es sich bei dem Herstellen und Halten eines Zusammenhangs nicht, zumindest nicht primär, um das Identifizieren und Auflösen von Wertungswidersprüchen, Übersichtlichkeit und Einheitlichkeit handeln.[156] Unter stärkerer Beachtung des Potentials der Unbestimmtheit und Ungewissheit ist dogmatische Systematisierung vielmehr als eine Strategie der systematischen Erprobung und Beurteilung des Neuen angelegt.[157] Die Neuerungen des Rechts, die aufgrund der Unbestimmtheit des Rechts rechtsanwendungsspezifisch entstehen, diversifizieren sich in dogmatische Neuerungen, die wiederum durch Dogmatik-interne Unbestimmtheiten etwa in der Sprache, den Begriffsbildungen, Typisierungen oder Argumentationsfiguren als auch durch den unbestimmten Verweisungszusammenhang zwischen den unterschiedlichen

154 Vgl. Eberhard Schmidt-Aßmann, *Verwaltungsrechtliche Dogmatik. Eine Zwischenbilanz zu Entwicklung Reform und künftigen Aufgaben,* Tübingen: Mohr Siebeck 2013a, S. 18.

155 Vgl. Augsberg, *Informationsverwaltungsrecht*, S. 262.

156 So allerdings Stark, *Interdisziplinarität der Rechtsdogmatik*, S. 130 ff. mit zahlreichen Nachweisen für eine so gelagerte Perspektive.

157 Angelehnt an Karl-Heinz Ladeur, »Risikooffenheit und Zurechnung. insbesondere im Umweltrecht«, in: Wolfgang Hoffmann-Riem und Eberhard Schmidt-Aßmann (Hg.), *Innovation und Flexibilität des Verwaltungshandelns. Kolloquium im Internationalen Wissenschaftszentrum Heidelberg im Juni 1993,* Baden-Baden: Nomos 1994, S. 128 ff.

dogmatischen Wissensformen entstehen. Aufgrund dieser eigenen, Dogmatik-internen Unbestimmtheit bilden sich Spielräume, die es der Dogmatik ermöglichen, die Neuerungen des Rechts anhand der dogmatischen System- und Ordnungsbildung auf bestimmte Kriterien rechtlicher Relevanz zu überprüfen und – sofern sie diese »Bewährungsprobe« bestehen – in das flexible Gerüst einzupflegen; ein Prozess, der selbst eine individuelle Konkretisierungsleistung im dogmatischen Diskurs darstellt und damit ebenfalls kontextabhängig ist. Als prozedurales Gesamtarrangement führt Dogmatik so zu einer prozeduralen Kontrolle des Gehalts der Spielräume nach innen, was der Konsistenzbildung dient und letztlich im Rahmen der Rechtsanwendung ein pragmatisches Entscheiden von Fall zu Fall nach Interessenslage verhindert. Die systematische Erprobung und Beurteilung des Neuen durch unablässige Systematisierung und Ordnung im Rahmen des Fruchtbarmachens dogmatischer Spielräume verläuft unter interner Irritation des Bestehenden und bringt beherrschbare Veränderungen dogmatischer Variablen hervor, an die dann wieder Kommunikationsakte anknüpfen. So entstehen entsprechende Fortentwicklungen sowohl in der Dogmatik als auch in Form von Neuerungen im Recht im Zusammenspiel mit der Rechtsanwendung.

Bei der dogmatischen System- und Ordnungsbildung geht es neben der Erprobung, Beurteilung und dem kontrollierten Einpflegen von Neuerungen auch um eine weitere Facette des Umgangs mit Unsicherheit bzw. der Unsicherheitsabsorption, nämlich die Fraktionierung der Unsicherheit[158] auf diversifizierte und verteilte einzelne dogmatische Wissensformen, die durch die System- und Ordnungsbildung in einem Zusammenhang gehalten werden, ohne dass sich die diversifizierten Unsicherheiten durch Dogmatik-interne Unbestimmtheiten zu einer unproduktiven Unsicherheit kumulieren, die die Produktivität der Rechtspraxis beeinträchtigt. Dabei geht es nicht um ein arbeitsteiliges Abschichten von Unsicherheitsbereichen. Vielmehr erfolgt die Unsicherheitsabsorption durch ein sich dezentral entwickelndes Wissensgeflecht, an welchem sektoral (in Form dogmatischer Teilsysteme), temporal (in Abhängigkeit von den Neuerungen im Recht in Reaktion auf Wandel in der Wirklichkeit) und kompetenziell (in Form unterschiedlicher Akteure der Rechtswissenschaft und Rechtspraxis) in ihren Verflechtungen gearbeitet wird. Während die dogmatischen Funktionsmerkmale der Erwartungssicherung und Entlastung auf die Produktivität der Rechtspraxis bei der Entscheidungsfindung eines Einzelfalls abzielen, nimmt die dogmatische System- und Ordnungsbildung eine von der individuellen Entscheidungssituation losgelöste Perspektive ein. Angelehnt an das Konzept eines Netzwerks, dessen ›soziale Epistemologie darin besteht, dass sie in ihrer Vielzahl von autonomen Knoten die Relativität unterschiedlicher

158 Angelehnt an Appel, *Methodik des Umgangs mit Ungewissheit*, S. 352.

Beobachtungspositionen buchstäblich institutionalisiert‹,[159] geht es bei der dogmatischen Systembildung ebenfalls nicht um Unsicherheitsabsorption in Form der Harmonisierung etwaiger Dissonanzen, sondern im Gegenteil um ihre Institutionalisierung, um auf Neuerungen des Rechts ohne primären Rekurs auf bereits Vorhandenes, sondern durch die Verknüpfungen der einzelnen dogmatischen Wissensformen untereinander, ohne einem vorab feststehenden inhaltlichen Ordnungsschema zu folgen, zu reagieren. Dogmatische Systembildung bewältigt so spiegelbildlich die Neuerungen des Rechts, die durch ihre Rolle als begleitende und abstützende Infrastruktur für Selbstorganisationsprozesse entstehen, die ebenfalls keinem vorab identifizierbaren Ordnungsmuster folgen, indem sie eigene komplexe Anschlussmöglichkeiten hervorbringt. Dogmatische Systembildung ermöglicht damit »Entscheidungen unter Bedingungen von Unentscheidbarkeit.«[160]

4. Zwischenergebnis: Die Notwendigkeit einer Doppelbewegung

Vor dem Hintergrund der Einsicht einer unausweichlichen Ungewissheit dergestalt, dass zusätzliches dogmatisches Wissen das Unwissen nicht aufhebt, sondern selbst Anlass weiterer Dogmatik-interner Ungewissheit wird, die wiederum Anreiz für Folgereflexionen erzeugt,[161] als auch des Oszillierens der Dogmatik zwischen Unsicherheitsabsorption und Bereitstellung von Verzweigungs- und Anschlussmöglichkeiten hinsichtlich der Gewährleistung der Funktionen des Rechts für Gesellschaft, ist eine Art Doppelbewegung in der Dogmatik notwendig: Zum einen bedarf es der »Reduktion« des zur Dogmatik geronnenen Bedeutungsgehalts einer Vielzahl von Einzelentscheidungsfindungsprozessen auf dogmatische Kategorien, um bewusst Konsistenzbildung zu ermöglichen, indem Rechtsanwendungen und ihre dogmatische Aufbereitung fortlaufend zur Prämisse für neue Rechtsanwendungen und ihre dogmatische Aufbereitung transformiert werden.[162] Kurzum, es bedarf der (Komplexitäts-)

159 Gunther Teubner, »›So ich aber die Teufel durch Beelzebub austreibe, …‹. Zur Diabolik des Netzwerkversagens«, in: Stephan A. Jansen u.a. (Hg.), *Fragile Stabilität – stabile Fragilität*, Wiesbaden: Springer Fachmedien Wiesbaden 2013, S. 190.

160 Ladeur, *Postmoderne Rechtstheorie*, S. 139.

161 Niklas Luhmann, »Die Soziologie des Wissens: Probleme ihrer theoretischen Konstruktion«, in: ders., *Gessellschaftsstruktur und Semantik Bd. 4. Studien zur Wissenssociologie der modernen Gesellschaft*, Frankfurt am Main: Suhrkamp 1995, S. 177.

162 Zu den dogmatischen Wissensformen allgemein, vgl. Teil 3 C., und zur (Komplexitäts-) Reduktion durch Dekontextualisierung und Vertypung insbes. Teil 3 C. III. 2.

Reduktion durch Abbau von Ungewissheit. Damit einhergehender Effekt ist allerdings, dass sich Dogmatik auf eine (rechtseigene) Wirklichkeitsannahme festlegt, die sie selbst konstruiert hat,[163] was mit selbstreferentiellen und schließlich verengenden Effekten in der weiteren Verarbeitung von Wirklichkeit einhergeht.[164] Dies stellt wiederum Anforderungen an Dogmatik, als eine Art Widerlager Verzweigungs- und Anschlussmöglichkeiten bereitzuhalten. Dogmatik muss damit nicht nur Ungewissheit durch Komplexitätsreduktion abbauen, sondern sich zugleich produktiv auf diese einlassen und ggf. darüber hinaus Ungewissheit ausbauen, sie also erneuern.[165] Kurzum, es bedarf zugleich auch einer Komplexitätssteigerung. Eine solche Dogmatik-eigene Ungewissheit entsteht zunächst durch den Spielraum schaffenden Variationsrahmen dogmatischer Wissensformen.[166] Sie eröffnen den Spiel- und Optionsraum für Praktiken dogmatischen Entwerfens, Herstellens und Konstruierens. Die Qualität der Praktiken ist maßgeblich für die Intensivierung und Ausweitung der dogmatischen Wissensbasis (etwa durch Herausbildung von Knotenpunkten)[167] und kann so auf den gesteigerten Wissensbedarf einer rechtlichen Entscheidung in Reaktion auf die Komplexität gesellschaftlicher Selbstorganisationsprozesse reagieren. Die Komplexitätssteigerung der Dogmatik basiert auch auf der Qualität des Variationsrahmens dogmatischer Wissensformen, die letztlich aus den dogmatischen Praktiken hervorgehen und damit aus praktischem Wissen bestehen. Entscheidend ist damit die Qualität der dogmatischen Praktiken, die den Ungewissheitsanforderungen zur Komplexitätssteigerung genügen muss. Dies verweist etwa auf Formen des in der Schwebe Haltens und des Experimentierens mit offenem Ausgang.[168]

163 Vgl. Luhmann, *Organisation und Entscheidung*, S. 216; vgl. zur These der Dogmatik als Selbstorganisationsprozess, Teil 3 C. V.

164 Zu diesen Effekten dogmatischer Wissensformen, vgl. Teil 3 C. IV.

165 Ebd., S. 167.

166 Vgl. Teil 3 C. III.

167 Zum entscheidenden Verfahrensabschnitt der Herausbildung von Knotenpunkten, vgl. Teil 3 D. IV. 2. a.; vertiefend zu den Knotenpunkten, vgl. Teil 4 B.

168 Zu den Praktiken dogmatischen Entwerfens, Herstellens und Konstruierens allgemein, vgl. Teil 3 D., und zur produktiven Ungewissheitserzeugung insbes. Teil 3 D. IV. 1., 2. c.

Teil 3: Der Prozess dogmatischer Wissensgenerierung

A. Einleitung

Die vorangegangene Analyse hat die Unbestimmtheit des Rechts als Anlass und Anreiz für rechtsrelevantes Handeln identifiziert und zeigen können, dass ihr Gerinnen zu Dogmatik produktiver Umgang mit Ungewissheit ist und zugleich eine Vergrößerung und Diversifikation rechtlicher Möglichkeitsräume zur Begleitung gesellschaftlicher Selbstorganisationsprozesse erzeugen kann. Je nach Ausgestaltung und aufgebauter Struktur der Dogmatik oszilliert sie mehr in Richtung Unsicherheitsabsorption (und ist damit auf Wiederholbarkeit ausgerichtet) oder in Richtung Anschluss- und Verzweigungsmöglichkeiten (und ist damit auf Entwicklungspotential ausgerichtet). Dies entscheidet mit darüber, ob bereits vorhandene Rechts- und Handlungsmöglichkeiten vertieft, verfestigt und weiter ausgebaut werden und es damit zu einer asymmetrischen und einseitig interessierten Vergrößerung und Diversifikation von Möglichkeitsräumen zur Begleitung spezifischer gesellschaftlicher Selbstorganisationprozesse kommt, was sich dann mittelbar und spiegelbildlich auf die faktischen Möglichkeitsräume, persönliches Entwicklungspotential unter Zuhilfenahme rechtlicher Strukturen zu verwirklichen, auswirkt. Eine solche asymmetrische und einseitig interessierte Entwicklung von Möglichkeitsräumen kann mit den Effekten der Inklusion bzw. Exklusion der Verarbeitung anderer Wirklichkeitsannahmen einhergehen. Die Effekte der asymmetrischen Entwicklung als auch der Inklusion bzw. Exklusion können sich als ungleichheitsrelevant erweisen. Diese Zusammenhänge werfen Fragen auf, wie es zu diesem Hin-und-Her-Oszillieren kommt, welche Muster, Strukturen, Bedingungen oder Akteure auf diese Zusammenhänge einwirken und welche Stellschrauben für eine offene, flexible und lernfähige Entwicklung bestehen. Um diese Herstellungsfaktoren und -praktiken näher in den Blick zu nehmen, sind die dogmatischen Wissensgenerierungsprozesse und die wirklichkeitskonstruierende Kraft des praktischen Wissens der Dogmatik näher zu untersuchen.

In Spiegelung zum theoretischen Teil 1 werden entlang der unterschiedlichen prozeduralen Stationen dogmatischer Wissensgenerierung die Fragmente der Konstruktion der rechtseigenen Wirklichkeit (und damit immer mitgedacht der Ungleichheit als eine Facette von Wirklichkeit) entfaltet: Die Wissensspeicherung nimmt dabei die dogmatischen Wissensformen, das heißt dogmatische Kategorien, als Handlungskoordinierung und -kanalisierung in den Blick. Das in dogmatischen Wissensformen festgehaltene Wissen ist sowohl für die konstitutive Leistung der Rechtsanwendung hinsichtlich des Umgangs mit Ungewissheit und der Vergrößerung und Diversifikation rechtlicher Möglichkeitsräume als auch für die Ausformung des Gehalts des Rechts zentral. Dogmatische Kategorien bewirken eine Kanalisierung rechtsrelevanten Handelns, indem sie den Variationsrahmen für die Rechtsinterpretation setzen. Dogmatische Kategorien formen den Handlungskorridor rechtsrelevanten Handelns und damit die rechtlichen Möglichkeitsräume, bestimmte gesellschaftliche Selbstorganisationsprozesse zu begleiten, nämlich nur solche, die zur in einer dogmatischen Wissensform enthaltenen vertypten Wirklichkeitsbeschreibung passen. Dogmatische Wissensformen strukturieren damit das rechtlich und mittelbar faktisch Mögliche und gehen mit Pfadabhängigkeiten wie Anschlusszwängen in der weiteren Wirklichkeitsverarbeitung durch Recht einher.

Das in dogmatischen Wissensformen festgehaltene Wissen basiert dabei auf den Praktiken dogmatischen Entwerfens, Herstellens und Konstruierens. Die Begrenzung des in dogmatischen Wissensformen festgehaltenen praktischen Wissens wird bestimmt durch praktische Zwänge und rückt die Muster und Rahmenbedingungen der Praktiken in den Fokus. Vor dem Hintergrund pluraler Konstruktionskulturen und Herstellungsweisen als auch des Umstands, dass sich die Praktiken dogmatischen Entwerfens oftmals unbewusst vollziehen, sind sie nur begrenzt beobachtbar. Gleichwohl lassen sich rückblickend die Praktiken zu Mustern verdichten. Die Beschreibung der sozialen Praxis hat zum einen den Vorteil, den Herstellungsprozess eines ›intuitiven, in Institutionen und Traditionen versenkten Wissens‹,[1] dessen inhaltliche Produktion[2] und damit die wirklichkeitskonstruierende Kraft des praktischen Wissens,

1 Stefan Oeter, »Responsive Regulierung und das Verhältnis der Rechts-, Wirtschafts-, und Sozialwissenschaften in der Politikberatung«, in: Kilian Bizer (Hg.), *Responsive Regulierung. Beiträge zur interdisziplinären Institutionenanalyse und Gesetzesfolgenabschätzung : [Beiträge hervorgegangen aus einer Fachtagung der Evangelischen Akademie Loccum,* Tübingen: Mohr Siebeck 2002, S. 201. Zur Dogmatik als implizites Wissen, vgl. u.a. Werner Krawietz, *Recht als Regelsystem,* Wiesbaden: Steiner 1984, S. 6; Werner Krawietz, »Was leistet Rechtsdogmatik in der richterlichen Entscheidungspraxis«, in: *Österreichische Zeitschrift für öffentliches Recht,* 23 (1972), S. 48, 50; Konrad Zweigert, »Rechtsvergleichung, System und Dogmatik«, in: Karl August Bettermann und Albrecht Zeuner (Hg.), *Festschrift für Eduard Bötticher,* Berlin: Duncker & Humblot 1969, S. 445; Rüthers, *Rechtsdogmatik als Schranke des Richterrechts?*, S. 313.

2 *C. Bumke* spricht vor dem Hintergrund auch von der Rechtsdogmatik als eine *black blox*, »über deren Inhalt im Wesentlichen nur implizites Wissens existiert«, Bumke, *Rechtsdogmatik*, S. 2.

das so wenig greifbar erscheint, näher zu beleuchten. Die Praktiken in den Blick zu nehmen, eröffnet darüber hinaus die Möglichkeit, ihre Kontextrelationalität und damit die Rahmenbedingungen der Praktiken dogmatischen Entwerfens, Konstruierens und Herstellens thematisierbar zu machen, was einen realitätsnäheren Blick auf dogmatische Wissensgenerierung ermöglicht. Ein solcher Zugriff erlaubt es, die für eine offene und flexible Entwicklung wesentlichen Stellschrauben zu identifizieren.

B. Dogmatik als Wissensgenerierungsprozess zur Funktionsgewährleistung des Rechts

Wissen ist nicht mit zusammenhanglosen Informationen gleichzusetzen, sondern umfasst einen Prozess der Auswahl, Selektion und Integration von Informationen. Rechtsdogmatik generiert Wissen über Recht,[3] indem es die relevanten Informationen des Rechts und rechtlichen Handelns auswählt, selektiert, integriert und in spezifische dogmatische Wissensformen (wie etwa Begriffe, Typologien, Sätze etc.) fasst. Mit diesen Formen dogmatischen Wissens soll das Recht begrifflich-systematisch durchdrungen werden, um so seine Anwendung anzuleiten,[4] konkrete Rechtsfragen zu lösen und Rechtsentscheidungen zu treffen.[5] Durch den Auswahl- und Konstruktionsprozess wird diesen Informationen spezifische Relevanz zugeschrieben.[6] »Wissen ist in diesem Sinne immer verknüpft mit einem Prozess der Sinngebung und der Herstellung und Verbesserung von Handlungsfähigkeiten angesichts einer Konfrontation mit einer Unzahl von Informationen und Daten über die soziale Umwelt.«[7] Auch dem dogmatischen Wissen liegt ein solcher Prozess der Sinngebung und Verbesserung von Handlungsfähigkeit zugrunde. Der Dogmatik, bzw. konkreter, den dogmatischen Wissensgenerierungsprozessen kommt die Aufgabe zu, die prozessualen und strukturellen

3 Christian Bumke, »Erzeugung und Gebrauch von Wissen in der Rechtswissenschaft«, in: Ino Augsberg und Gunnar Folke Schuppert (Hg.), *Wissen und Recht,* Baden-Baden: Nomos 2022, S. 443.

4 Vgl. Uwe Volkmann, »Veränderungen der Grundrechtsdogmatik«, in: *JuristenZeitung* (2005), S. 262.

5 Larenz/Canaris, *Methodenlehre der Rechtswissenschaft*, S. 55.

6 Vgl. Margit Seckelmann, »Wissen, Technik, Recht«, in: Ino Augsberg und Gunnar Folke Schuppert (Hg.), *Wissen und Recht,* Baden-Baden: Nomos 2022, S. 265.

7 Hubert Heinelt und Wolfram Lamping, *Wissen und Entscheiden. Lokale Strategien gegen den Klimawandel in Frankfurt am Main, München und Stuttgart,* Frankfurt am Main: Campus 2015, S. 10; Berger/Luckmann, *Die gesellschaftliche Konstruktion der Wirklichkeit.*

Bedingungen dafür zu schaffen, dass das Recht seine Funktion für Gesellschaft gewährleisten kann, das heißt durch Regelmäßigkeit Erwartungen zu sichern als auch die Öffnung für das Neue und Unbekannte zu ermöglichen. Beides ist zentral für ein rechtliches Begleiten und Abstützen gesellschaftlicher Selbstorganisationsprozesse. Dogmatik stellt der Rechtsanwendungspraxis Strukturen, Prozesse und Regeln bereit, die der Rechtspraxis eine handhabbare Anwendungshilfe bieten, an der sie sich im Rahmen des Entscheidungsfindungsprozesses orientieren kann.[8] Dogmatische Wissensformen stellen dabei einen Spiel- und Optionenraum bereit, in welchem sich die Praktiken dogmatischen Entwerfens, Konstruierens und Herstellens, etwa im Rahmen der Rechtsanwendung, aber auch im Rahmen ihrer dogmatischen Aufbereitung, entfalten können. Sie reduzieren so durch Unsicherheitsabsorption die Komplexität und tragen zur Handlungsfähigkeit insbesondere der Rechtsanwendungspraxis bei.[9] Die Leistungsfähigkeit der Dogmatik wird vor diesem Hintergrund auch in der »Fähigkeit zur Falllösung« gesehen.[10] Indem Dogmatiker:innen Ergebnisse der Einzelfalljudikatur von ihren jeweiligen Kontexten (das heißt den zentralen Akteuren, ihren Interessen und den allgemeinen gesellschaftlichen Umständen) abstrahieren, das heißt dekontextualisieren, und schließlich zu dogmatischen Kategorien (Begriffe, Typologien, Grundprinzipien etc.) vertypen, schaffen sie eine Variabilität, die es

8 Marietta Auer, *Zum Erkenntnisziel der Rechtstheorie. Philosophische Grundlagen multidisziplinärer Rechtswissenschaft*, Baden-Baden: Nomos 2018, S. 14; Jestaedt, *Wissenschaft im Recht*, S. 1; Christian Bumke, »Rechtsdogmatik. Überlegungen zur Entwicklung und zu den Formen einer Denk- und Arbeitsweise der deutschen Rechtswissenschaft«, in: *JuristenZeitung*, 13 (2014a); Christian Waldhoff, »Kritik und Lob der Dogmatik«, in: Gregor Kirchhof u.a. (Hg.), *Was weiß Dogmatik? Was leistet und wie steuert die Dogmatik des Öffentlichen Rechts?*, Tübingen: Mohr Siebeck 2012, S. 26; Schulze-Fielitz, *Die Wissenschaft des Öffentlichen Recht im Prozess der Selbstreflexion*, S. 356.

9 Dogmatik kann auch aus der Beobachterperspektive betrieben werden, was dann allerdings vielmehr ein Reflektieren über Dogmatik als die Dogmatik selbst ist. O. Lepsius markiert diesen Unterschied durch die Verwendung der Begrifflichkeit »Meta-Dogmatik« oder »Dogmatisierung«, Lepsius, *Problemzugänge und Denktraditionen im Öffentlichen Recht*, S. 79; Boulanger, *Die Soziologie juristischer Wissensproduktion*, S. 176.

10 Stephan Lorenz, »Forschung, Praxis und Lehre im Bericht des Wissenschaftsrats ›Perspektiven der Rechtswissenschaft in Deutschland‹«, in: *JuristenZeitung*, 68: 14 (2013), S. 708; Thomas Gutmann, »Intra- und Interdisziplinarität. Chance oder Störfaktor«, in: Eric Hilgendorf und Helmuth Schulze-Fielitz (Hg.), *Selbstreflexion der Rechtswissenschaft*, Tübingen: Mohr Siebeck 2021, S. 94; Schulze-Fielitz, *Die Wissenschaft des Öffentlichen Rechts im Prozess der Selbstreflexion*, S. 356.

ermöglicht, das dogmatische Wissen mit so wenig Problematisierung und Aufwand für andere Sachverhalte und Kontexte fruchtbar zu machen.

Die Verbesserung der Handlungsfähigkeit durch dogmatisches Wissen erfolgt allerdings nicht nur vor dem Hintergrund der Erwartungssicherung und der damit einhergehenden Komplexitätsreduktion, sondern zugleich auch vor dem Hintergrund der Komplexitätssteigerung, indem Dogmatik die Ungewissheit nicht nur akzeptiert oder annimmt, sondern sie ausbaut und erneuert. Dies gelingt, indem sich Dogmatik für ein wandelbares Wissen öffnet und das dogmatische Wissen immer wieder selbst in Frage stellt. Dogmatische Praktiken sind grundsätzlich darauf angelegt, produktiv auf eine plurale Welt zu antworten, indem sie es ermöglichen, plurale Wissensbausteine so miteinander zu vernetzen, dass Knotenpunkte für neue Anschlüsse und Verzweigungen entstehen. Sie tragen so zu einer Intensivierung und Ausweitung der dogmatischen Wissensbasis und durch die vergrößerten und diversifizierten Möglichkeitsräume zu einer verbesserten Handlungsfähigkeit der Rechtsanwendungspraxis bei.[11]

Diese beiden prägenden Säulen der Dogmatik der Verbesserung der Handlungsfähigkeit der Rechtsanwendungspraxis, welche im Folgenden anhand der prozeduralen Stationen dogmatischer Wissensgenerierung näher erläutert werden, basieren allerdings auf der unausgesprochenen Prämisse, dass Verzerrungen aufgrund der Rahmenbedingungen entweder nicht bestehen oder aufgrund von Randomisierung keine Rolle spielen. Diese Rahmenbedingungen sind als Prämissen des Potentials dogmatischer Wissensgenerierungsprozesse nicht als etwas der Dogmatik Außenstehendes, sondern als Funktionsvoraussetzungen mit in den Blick zu nehmen.

C. Dogmatische Wissensformen: die Wissensspeicherung

I. Einleitung

Für die dogmatische Wissensgenerierung sind die dogmatischen Wissensformen (wie etwa dogmatische Begriffs-, System- oder Argumentationsgebilde) zentral. Sie speichern Wissen über praktizierte Dogmatik.[12] In dogmatischen Wissensformen wird die zur Dogmatik geronnene, sedimentierte Bedeutung der Aussagen praktizierten Rechts als artikuliertes Wissen festgehalten. Entscheidend für die Weiterverwendung

11 Vgl. Teil 4.

12 Zur Speicherfunktion der Dogmatik, Schmidt-Aßmann, *Das allgemeine Verwaltungsrecht als Ordnungsidee*, S. 4, 336.

dogmatischer Wissensformen in anderen Kontexten ist ihre Variabilität und damit die Darstellung einer »reinen« Bedeutung der Aussagen praktizierten Rechts. Dieses artikulierte Wissen beruht dabei auf einem latent gehaltenen kontextuellen Wissen, das sich aus den Gesamtumständen einer rechtlichen Aussage, ihren Entstehungsbedingungen, aus der Wirklichkeit, die sie verarbeitet, als auch aus den Praktiken, das heißt den einzelnen Konstruktionsschritten, ihren dazugehörigen Arbeitstechniken und Methoden speist. Sie sind nicht artikuliert, aber als implizites Wissen gleichwohl in einer dogmatischen Wissensform mit enthalten. Dieses mit enthaltene implizite Wissen verdeutlicht, dass dogmatische Wissensformen trotz der Darstellung der »reinen« Bedeutung der Aussagen praktizierten Rechts keine neutralen oder objektiven im Sinne bereinigter Speicher- und Kommunikationsmedien sind. Als latentes Wissen tritt es im Moment des Fruchtbarmachens der dogmatischen Wissensform, das heißt durch praktizierte Dogmatik, in Form spezifischer Anschlussmöglichkeiten wie -zwänge in Erscheinung: Wirklichkeit wird nicht einfach nur in einer dogmatischen Wissensform als Teil einer rechtlichen Aussage und damit als kontextuelles, implizit gehaltenes Wissen mit abgelegt. Dogmatische Wissensformen bringen sowohl die Bedeutung der Aussagen praktizierten Rechts als auch die Wirklichkeit, die sie verarbeitet, in gleichem Maße hervor, wie sie sie aufzeichnen und festhalten. Die dogmatischen Wissensformen strukturieren aktiv die weiteren Kommunikationszusammenhänge mit. Sie haben damit für die Praktiken des Rechts (insbesondere der Rechtsanwendung) und der Ausformung des Gehalts des Rechts keine sekundäre, rein passive Relevanz; sie sind keine rein nachgelagerte Dokumentation vergangener Rechtsanwendungen, die zu Dogmatik gerinnen. Vielmehr wirken sie selbst auf den Prozess ein, indem sie die kognitiven Strukturen vorzeichnen. Dogmatische Wissensformen stellen darüber hinaus eine »Art Stoppregeln für Begründungen suchendes Räsonieren« dar.[13] Dies zeigt, dass sie nicht nur kognitive Strukturen vorzeichnen, sondern auch normativ richtungsweisend sind. Die Handlungskanalisierung dogmatischer Wissensformen erfolgt damit durch ihre kognitive wie normative Prägung der Optionsräume für dogmatische Praktiken. Dies darf allerdings nicht als ein linearer Prozess dahingehend verstanden werden, dass dieser mit einer Form beginnt und in – zur Struktur der Form passenden – Praktiken endet. Vielmehr erzeugen die Praktiken nach und nach das in einer dogmatischen Wissensform festgehaltene Wissen und damit sowohl die kognitiven wie auch die normativen Strukturen in einer verschleiften Art und Weise.

13 Luhmann, *Das Recht der Gesellschaft*, S. 387 mit Verweis auf Josef Esser, *Juristisches Argumentieren im Wandel des Rechtsfindungskonzepts unseres Jahrhunderts. Vorgelegt am 21. Oktober 1978*, Heidelberg: C. Winter 1979, S. 20 ff.

II. Dogmatische Wissensformen – eine Übersicht

1. Die performative Speicherqualität

Dogmatische Wissensformen spielen bei der Konstruktion, Interpretation und Funktionsweise von Recht und dessen Praktizierung eine wichtige Rolle. Sie fungieren dabei als (Variations-)Rahmen, innerhalb dessen die Praktiken und daraus hervorgehenden Aussagegehalte organisiert werden, Informationen als rechtlich relevant »etikettiert«, klassifiziert und interpretiert werden. Dogmatische Wissensformen bezeichnen und bestimmen die Bedeutung der Aussagen praktizierten Rechts, begrenzen ihre weiteren Verwendungsspielräume und spezifizieren die damit verbundenen Normen und Werte. Der Bedeutungsgehalt der Aussagen praktizierten Rechts wird durch die Formfassung und Fixierung in einer dogmatischen Wissensform rechtlich und über die Rechtspraxis auch gesellschaftlich kommunizierbar und bekommt so eine über das Recht hinausreichende expandierende Wirkung.[14] Die Bedeutung dogmatischer Wissensformen für Recht und Gesellschaft kann kaum überschätzt werden.

Auf dem Weg von einer Information zu einem »kodifizierten« Bedeutungsgehalt des Rechts, dem dann für das weitere rechtsrelevante Handeln ein kanalisierender Effekt zukommt, spielen dogmatische Wissensformen mindestens eine dreifache Rolle: Zunächst versehen sie eine Information mit einer Bedeutung, indem sie diese als rechtlich relevant *etikettieren* Diese Etikette der rechtlichen Relevanz sind für den weiteren Rezeptionsvorgang und damit für die Herausbildung kognitiver Strukturen zentral. Sie enthalten zugleich Bedeutungen, die in normativen Konzepten eingebettet sind. Sie bestimmen die *Deutung* einer als rechtlich relevant etikettierten Information und damit die Bandbreite der autorisierten Interpretation. Dogmatische Wissensformen legen darüber hinaus den Rahmen fest, wie eine als rechtlich relevant etikettierte gedeutete Information zu *bewerten* ist. Diese drei Facetten der Handlungskanalisierung durch dogmatische Wissensformen verdeutlichen trotz der bestehen bleibenden Ungewissheit und damit ihres Zentralitätsverlusts[15] ihre wesentliche Rolle nicht nur in der dogmatischen Wissensgenerierung, sondern auch in dem rechtlichen Prozess der Wirklichkeitskonstruktion. Dogmatische Wissensformen sind wesentlich dafür, wieso manche Informationen für das Recht zugänglicher sind als andere. Sie strukturieren, inwiefern bestimmte Wirklichkeitsannahmen im Recht sichtbarer und darüber gesellschaftlich zugänglicher und verstärkt werden. Sie

14 Vgl. Teil 3 C. III. 1. b.
15 Vgl. Teil 3 D. II. 3.

sind damit erste Anknüpfungspunkte dafür, wieso bestimmte Wirklichkeitsannahmen im Recht stärker verbreitet sind als andere.

Dies verdeutlicht, dass die Speicherung dogmatischen Wissens kein sekundärer Aspekt dogmatischer Wissensgenerierung im Sinne der passiven Speicherung oder der rückblickenden Dokumentation des »Ergebnisses« eines dogmatischen Wissensgenerierungsvorgangs ist. Die Speicherung des dogmatischen Wissens in einer Form markiert nicht das Ende des Wissensgenerierungsprozesses, sondern zugleich einen Anfang.[16] Zwar ergibt sich eine Manifestation von Mustern in der Bedeutung der Aussagen praktizierten Rechts erst durch die rückwärtsgerichtete Perspektive auf vergangene rechtsrelevante Ereignisse mit der Konsequenz, dass dogmatische Wissensformen selbstredend ein Wissen über bereits die erfolgte Praktizierung des Rechts bereitstellen und damit auch ein passives Speichermedium darstellen. Zugleich geht aus dogmatischen Wissensformen eine auf die Zukunft ausgerichtete Bewegung hervor: Dogmatische Wissensformen können aufgrund der Unabgeschlossenheit ihrer Form nicht auf allgemeine Weise für jede ihrer Verwendungen bestimmen, was ihr Bedeutungsgehalt ist. Die unabgeschlossene Form initiiert damit notwendige und zukünftige Praktiken, welche für jede konkrete Annäherung von Fall und Rechtsnorm neu vorgenommen werden müssen.[17] Sie ist Anlass und Anreiz für solche Bewegungen, die die Herstellung von Wissen als Aufgabe und Entwurf begreifen, ohne dass man genau weiß, wohin der Wurf geht.[18] Sie initiieren die Notwendigkeit eines Prozesses der Wissensgenerierung, der sich grundsätzlich kaum ex ante abschätzen lässt. Bei der Wissensspeicherung bleibt es daher weder bei der Rückwärtsgerichtetheit noch bei einer rein passiven Darstellung gespeicherten Wissens. Sie zeichnet sich vielmehr auch durch ihre Zukunftsgerichtetheit und performative Herstellungsqualität aus.

Diese (Un-)Gleichzeitigkeit zwischen Rückwärts- und Zukunftsgerichtetheit wie auch zwischen unabgeschlossener und handlungskanalisierender Speicherqualität begünstigt den Aufbau komplexer Wissensformen, welcher auf der Möglichkeit beruht, Erfahrungen zu bewahren

16 Vgl. Thomas Vesting, *Kein Anfang und kein Ende. Die Systemtheorie des Rechts als Herausforderung für Rechtswissenschaft und Rechtsdogmatik* 2001.

17 Vgl. Teil 3 D. II.

18 Vgl. Vesting, *Legal Knowledge – die kulturwissenschaftliche Perspektive*, S. 100. Vgl. auch Voßkuhle, *Was leistet Rechtsdogmatik?*, S. 112: »Dabei bleibt der Herstellungsprozess von Rechtsdogmatik nur schwer aufhellbar und damit auch nur schwer steuerbar. Das Geheimnis ihrer Klugheit beruht gerade auf der Vielfalt von Einflüssen, denen sie permanent ausgesetzt ist. Rechtsdogmatik ist insofern auf Evolution angelegt, nicht auf Revolution. Sie entwickelt sich– häufig subkutan und zufällig – vor allem weiter über permanente kleine Anbauten und Ausbauten«.

und zugleich weiterzuverarbeiten, indem neue Informationen in bestehende Erfahrungskontexte integriert und diese damit fortgesetzt weiterentwickelt werden.[19]

2. Das explizit und implizit gespeicherte Wissen

Als Wissensspeicher halten dogmatische Wissensformen als eine Art »Schnappschuss« fest, wie Wirklichkeit in einer Vielzahl von Rechtsanwendungssituationen unter Heranziehung einer Rechtsnorm verarbeitet wurde, welche Umstände und Informationen hierfür als relevant herangezogen wurden und wie der dogmatische Herstellens-, Entwerfens- und Konstruktionsprozess in einer Vielzahl erfolgt ist, das heißt auch die dazugehörige Art und Weise, die Methoden, Techniken und Regeln des Herstellens-, Entwerfens- und Konstruktionsprozesses. Dabei wird in diesem Schnappschuss nur die sedimentierte, »reine« Bedeutung der Aussagen praktizierten Rechts sichtbar; nur sie wird in der dogmatischen Wissensform artikuliert und damit explizit gehalten. Dieses Wissen beruht dabei auf dem kontextuellen Wissen, das sich aus den Gesamtumständen einer rechtlichen Aussage, ihren Entstehungsbedingungen, aus der Wirklichkeit, die sie verarbeitet, als auch aus den Konstruktionsschritten und ihren dazugehörigen Arbeitstechniken und Methoden speist.[20] Dieses Wissen wird in dem Schnappschuss nicht sichtbar; es wird in der Darstellung der Form nicht artikuliert, ist allerdings als Teil der Bedeutung der Aussage *praktizierten* Rechts in der dogmatischen Wissensform gleichwohl mit enthalten. Diese Differenz zwischen explizit und implizit gehaltenem Wissen kann zum einen unter dem Blickwinkel einer bestimmten normativen Hintergrundfolie (und der daraus folgenden normativen Trennung zwischen Recht und Wirklichkeit) betrachtet werden.[21] Die Differenz ist allerdings zugleich Ergebnis eines kognitiven Vorgangs: Jede Formfassung geht notwendigerweise mit einer Grenzziehung zwischen artikulierbarem Wissen und nicht artikulierbarem Wissen einher, was sich insbesondere anhand des »Schnappschusses« gut vorstellen lässt, aber auch spezifisch anhand des dogmatischen Begriffsgebildes gezeigt werden kann; jeder Begriff geht immer auch mit begrifflich Unbekanntem, Ausgeschlossenem oder Unbestimmbarem einher.[22]

19 Augsberg, *Informationsverwaltungsrecht*, S. 158; Voßkuhle, *Was leistet Rechtsdogmatik?*, S. 112.

20 Vgl. zur »Latenzstruktur der Latenzstruktur«, Teil 3 C. III. 4.

21 Vgl. Teil 2 C. I.

22 Zu den Grenzen expliziten Wissens, insbes. Niklas Luhmann, *Die Gesellschaft der Gesellschaft,* Frankfurt am Main: Suhrkamp 1997, S. 38, 42 f.; Karl-Heinz Ladeur, »A critique of balancing and the principle of

Die Verwendung eines dogmatischen Begriffsgebildes bedeutet allerdings nicht, dass nur das artikulierte Wissen verwendet wird. Vielmehr tritt das latent gehaltene, kontextuelle Wissen im Moment der Verwendung einer dogmatischen Wissensform in Form von Anschlussmöglichkeiten und -zwängen in Erscheinung.

Die Darstellung der »reinen« Bedeutung der Aussagen praktizierten Rechts ermöglicht es, die dogmatische Wissensform variabel in anderen Kontexten wiederzuverwenden, und zwar ohne eine kleinschrittige Herleitung, ein eigenes Zusammenstellen und ohne nähere Überprüfung der Art und Weise des Konstruktionsprozesses, das heißt eine Wiederverwendung in anderen Fällen und Kontexten mit so wenig (Argumentations-)Aufwand und Problematisierung wie möglich.[23] Die dogmatischen Wissensformen halten ein Wissen bereit, das bereits sozial erprobt ist, sich bewährt hat und auf das man sich demnach verlassen kann. Die sedimentierte Bedeutung der Aussagen praktizierten Rechts und ihre Fixierung in einer Form verkürzen wie eine »mathematische Funktion oder ein mathematisches Integral Erfahrungen, ›so daß sie nicht immer neu durchgerechnet werden müssen‹.«[24] Als Informationsträger versorgen sie den Rechtsbetrieb der Rechtspraxis nicht nur mit einem arbeitserleichternden Vorratswissen[25] oder Verfügungswissen[26],[27] sondern sorgen mit Informationen vor, um eine Lage zu verhindern, in der eine unter Entscheidungszwang stehende, mit komplexen Fragen der Rechtsumwelt konfrontierte Rechtspraxis Gefahr laufen könnte, den verfassungsrechtlichen Anforderungen oder einem aus Zeit- und Ressourcengründen erwachsenen ökonomischen Bedarf nicht zu entsprechen, deren Ursprung die Herausforderung des Umgangs mit Ungewissheit ist.[28]

Die Fixierung der Bedeutung ist dabei nicht als etwas Feststehendes misszuverstehen, sondern entwickelt sich durch die Erfahrungen der Problemlösung von Fall zu Fall.[29] Die Verkürzung durch Formfassung

proportionality in constitutional law - a case for › impersonal rights‹?«, in: *Transnational Legal Theory*, 7: 2 (2016), S. 253 ff.

23 Vesting, *Rechtstheorie*, S. 13 f.

24 Ebd., S. 14.

25 Vgl. Häberle, *Verfassung als öffentlicher Prozeß*, S. 567, 658; Dreier, *Rechtswissenschaft als Wissenschaft*, S. 58.

26 Jestaedt, *Vom Beruf der Rechtswissenschaft - zwischen Rechtspraxis und Rechtstheorie*, S. 236.

27 Kahl, *Wissenschaft, Praxis und Dogmatik im Verwaltungsrecht*, S. 85.

28 Zur Informationsversorgung und Informationsvorsorge, vgl. Willke, *Systemisches Wissensmanagement*, S. 11; Kahl, *Wissenschaft, Praxis und Dogmatik im Verwaltungsrecht*, S. 52.

29 Vesting, *Rechtstheorie*, S. 15; Aleida Assmann, *Erinnerungsräume. Formen und Wandlungen des kulturellen Gedächtnisses*, München: C.H. Beck 2018, S. 20.

bedeutet darüber hinaus auch keine Bereinigung. Das kontextuelle Wissen ist Teil der sedimentierten Bedeutung der Aussagen praktizierten Rechts und damit Teil des Speichermediums einer dogmatischen Wissensform, ohne sich in der Darstellung zu artikulieren. Gleichwohl bildet sich das latent gehaltene Wissen im Moment ihrer Verwendung ab, und zwar in Form der bewirkten Anschlussmöglichkeiten wie -zwänge. Beide Wissensbausteine sind konstitutiv für die Generierung neuen Wissens.

III. Prämisse der Variabilität

Für eine dynamische Entwicklung des gespeicherten Wissens bedarf es der Variabilität der bestehenden Erfahrungskontexte, um neue Informationen in den bestehenden Erfahrungskontext integrieren zu können. Diese Variabilität wird durch dogmatische Wissensformen auf letztlich zwei, gleichwohl nicht klar voneinander unterscheidbaren Weisen gewährleistet, nämlich durch die Fixierung in einer Form und durch die spezifische Art des Wissens, das eine Form festhält wie hervorbringt. Diese durch Form und die spezifische Art ihres Inhalts hervorgebrachte Variabilität dogmatischer Wissensformen erzeugt ihre offene Struktur und ihre Unabgeschlossenheit, welche Praktiken dogmatischen Entwerfens, Herstellens und Konstruierens zugleich ermöglichen wie auch erfordern. Die offene Struktur einer dogmatischen Wissensform bezieht sich dabei auf ›ihre Zeitlichkeit, ihre Räumlichkeit, ihre Rezipierbarkeit und ihre Iterierbarkeit‹[30] als auch ihre inhaltliche Reichweite, die durch die dogmatischen Wissensformen selbst nicht bestimmbar sind, sondern praktischer Vorgänge (Praxis) bedürfen, die in diesen Hinsichten die möglichen wie erforderlichen Konkretisierungen entlang der Form vornehmen, und zwar aufgrund der Formung beliebig oft.[31]

1. Die Formfassung dogmatischer Wissensformen

a. Einleitung

Vergleichbar mit der schriftlichen Fixierung als Formfassung oraler Informationen erhöht das Fixieren in dogmatischen Wissensformen – scheinbar paradox – nicht nur die Speicherfähigkeit und Speicherqualität,

30 Vgl. zur offenen Struktur von Rechtsnormen, Müller-Mall, *Verfassende Urteile*, S. 73.

31 Vgl. ebd., S. 75.

sondern auch die Variabilität einer rechtlichen Aussage, indem es ihr eine Form, ein »Medium«, an die Seite stellt, das zum einen als (Kommunikations-)Mittel zwischen unterschiedlichen Akteuren (oder Kommunikationsbeteiligten) vermittelt und zum anderen die konkreten räumlichen, zeitlichen und sachlichen Beschränkungen einer spezifischen Rechtsanwendung hinter sich lässt und damit variabel für neue Fälle und Kontexte herangezogen werden kann. Die Bedeutung der Gebundenheit durch dogmatische Wissensformen für einen variablen Umgang hat beispielsweise Luhmann herausgearbeitet: »Die Funktion von Dogmatiken [...] liegt [...] nicht in der Fesselung des Geistes, sondern gerade umgekehrt in der Steigerung von Freiheiten im Umgang mit Erfahrungen und Texten. Dogmatische Begrifflichkeit ermöglicht eine Distanznahme auch und gerade dort, wo die Gesellschaft Gebundenheit erwartet. Das geschieht, indem dogmatisches Denken und Interpretieren seine Gebundenheit auf ›Materialität‹ [...] bezieht, über die sie begrifflich disponiert. Auch die Bindung selbst kann dann noch dogmatischer Interpretation unterworfen werden, so daß die Dogmatik ihre Freiheit aus ihrer Gebundenheit herleiten kann.«[32]

b. Mittel zur Erzeugung von Kommunikationszusammenhängen

Die Formung dogmatischen Wissens erzeugt Kommunikationszusammenhänge in unterschiedlichen Bezügen, indem sie – entlang der Form – Beziehungen in sachlicher wie auch akteursspezifischer Hinsicht schafft.

Raumbezogen schaffen die Formung und schließlich dogmatische Wissensformen eine Art Sphäre oder Forum (im übertragenen, nicht im physischen Sinn), die von den rezipierenden Akteuren der Rechtswissenschaft oder der Rechtspraxis aufgesucht und in Anspruch genommen werden können, um Wissen zu rezipieren, zu wiederholen und so »neues« Wissen zu produzieren. Die dogmatischen Wissensformen schaffen damit auch einen Kommunikationszusammenhang zwischen den unterschiedlichen rezipierenden Akteuren der Rechtswissenschaft und der Rechtspraxis, was neben dem räumlichen Bezug auch auf einen zeitlichen Zusammenhang verweist, ohne aber Simultanität oder Gleichzeitigkeit zu erfordern. Vielmehr versammelt sich in dogmatischen Wissensformen neues wie altes Wissen unterschiedlicher Akteure zu unterschiedlichen Zeitpunkten und gleichzeitig schaffen sie einen zeitlichen Zusammenhang zwischen diesen unterschiedlichen Bausteinen und Akteuren. Dogmatische Wissensformen erzeugen darüber hinaus nicht nur rein rechtliche Kommunikationszusammenhänge zwischen

32 Luhmann, *Rechtssystem und Rechtsdogmatik*, S. 16.

den Akteuren der Rechtspraxis und Rechtswissenschaft.[33] Durch ihre Formung werden dogmatische Wissensformen auch zu Übertragungsmedien oder Vehikeln, um die rechtseigene Wirklichkeit in den gesellschaftlichen Diskurs zu transportieren. Die rechtseigenen Wirklichkeitsannahmen finden über dogmatische Wissensformen ihren Weg in die Rechtspraxis und über die juristische Entscheidungsfindung in die außerrechtliche Umwelt. Sie schaffen damit auch Kommunikationszusammenhänge zwischen Recht und Wirklichkeit.

c. Mittel der Darstellung »reiner Bedeutungen«

Die durch den Formungsprozess bewirkte dargestellte reine Bedeutung praktizierten Rechts hat eine kognitive und eine normative Dimension.

Die kognitive Dimension verweist auf die Notwendigkeit eines variablen Erfahrungskontextes, um neue Informationen in bestehende Erfahrungskontexte integrieren und damit fortgesetzt weiterentwickeln zu können.[34] Die Fixierung der Bedeutung einer rechtlichen Aussage in einer dogmatischen Wissensform erzeugt die Ablösung von den konkreten Umständen des rechtsanwendungsspezifischen Herstellens, Konstruierens und Entwerfens einer konkreten Rechtsanwendungssituation, auf der eine rechtliche Aussage aufruht. Sie ermöglicht es so, zwischen einer singulär für eine konkrete Rechtsanwendungssituation relevanten Aussage praktizierten Rechts und einer allgemeinen Bedeutung einer Aussage zu unterscheiden, die dann – in Abgrenzung zur konkreten Rechtsanwendungssituation – über den gegenwärtigen Gebrauch, das gegenwärtige Heranziehen und Verarbeiten der Aussage praktizierten Rechts überdauert. Die dogmatische Wissensform schafft so ein artikulierbares Wissen, das sich von den Limitierungen der Umstände eines spezifischen Falls und Kontextes in der Darstellung der Form löst und damit variabel für einen neuen Fall und Kontext herangezogen werden kann. Die dogmatischen Wissensformen werden so im doppelten Sinn zum idealen Mittel der Darstellung »reiner Bedeutungen« der Aussagen praktizierten Rechts.[35] Die Medialität bzw. Formung einer dogmatischen Wissensform schafft eine Differenz zwischen der Ursprungserfahrung – und den mit ihr einhergehenden Abhängigkeiten und Limitierungen

33 Jestaedt, *Wissenschaftliches Recht*, S. 127; Jestaedt, *Vom Beruf der Rechtswissenschaft - zwischen Rechtspraxis und Rechtstheorie*, S. 236; Wissenschaftsrat, *Perspektiven der Rechtswissenschaft in Deutschland. Situation, Analysen, Empfehlungen* 2012, S. 31.

34 Augsberg, *Informationsverwaltungsrecht*, S. 158; Voßkuhle, *Was leistet Rechtsdogmatik?*, S. 112.

35 Vgl. Thomas Vesting, *Die Medien des Rechts: Schrift,* Weilerswist: Velbrück Wissenschaft 2011, S.14.

des gegenwärtigen Kontextes – und der »reinen« Bedeutung der Aussage praktizierten Rechts. In dieser Differenz begründet sich der kognitive Möglichkeitsraum des Fruchtbarmachens für andere Kontexte.[36] Dies zeigt nochmals, dass Wissensformen über die Rolle eines bloßen passiven Informations- und Wissensträgers hinausgehen; zum einen, weil sie das Fruchtbarmachen der sedimentierten Bedeutung einer Aussage praktizierten Rechts für neue Fälle und Kontexte ermöglichen als auch Konkretisierungen erfordern und so die Herstellung von »neuem« Wissen initiieren. Zum anderen zeigt auch die Handlungskanalisierung der Form, dass es sich bei dogmatischen Wissensformen nicht nur um eine passive, nachträgliche oder rein dokumentierende Qualität handeln kann. Die Form hat handlungskanalisierenden Effekt auf das rechtsrelevante Handeln und damit das Wissen praktizierten Rechts. Die Form bleibt der rechtsrelevanten Information bzw. dem Wissen, das heißt ihrem Inhalt, nicht äußerlich. Die Form wirkt sich präskriptiv auf den inhaltlichen Aussagegehalt aus.

Dogmatische Wissensformen halten ein spezifisches, nämlich dekontextualisiertes und vertyptes Wissen fest, das die Limitierungen – unter Inkaufnahme eigener zugriffsinhärenter Limitierungen – hinter sich lässt, die mit Wissensformen einhergehen, die die tatsächlichen Besonderheiten des Einzelfalles und damit ihre Nuancen explizit halten.[37] Die dogmatischen Wissensformen verkürzen »wie eine mathematische Funktion oder ein mathematisches Integral Erfahrungen«[38] und sedimentieren die als relevant erkannte Bedeutung der Aussagen praktizierten Rechts, sodass es weder einer umfassenden Reproduktion der Gesamtumstände einer rechtlichen »Ursprungserfahrung« noch der Konstruktionsschritte einer als richtig erkannten Problemlösung mehr bedarf.[39] Eine Verkürzung um die Umstände einer »Ursprungserfahrung« bedeutet eine Verkürzung der mit den tatsächlichen Besonderheiten des Einzelfalls einhergehenden Nuancen und ihren Abhängigkeiten, die eine Wiederholung des Wissens in anderen räumlichen, zeitlichen und sachlichen Zusammenhängen in anderen kommunikativen oder sozialen Beziehungen limitieren beziehungsweise mit erhöhtem (Argumentations-)Aufwand einhergehen würde. Dies ist eine Facette der komplexitätsreduzierenden Wirkung von Dogmatik. Die Fixierung in einer dogmatischen Wissensform durch Verkürzung der Nuancen und mitgedacht der aus ihr fließenden Limitierungen bringt ein spiegelbildliches, nämlich dekontextualisiertes und

36 Zur Latenzstruktur vgl. Teil 3 C. III. 3.

37 Thomas Vesting, *Die Medien des Rechts: Sprache*, Weilerswist: Velbrück Wissenschaft 2011, S. 102; vgl. etwa zur englischen Rechtsmentalität, Martin Flohr, *Rechtsdogmatik in England*, Tübingen: Mohr Siebeck 2016, S. 101.

38 Vesting, *Rechtstheorie*, S. 14.

39 Vgl. Assmann, *Erinnerungsräume*, S. 190.

schließlich vertyptes Wissen als artikulierten Wissensbestand hervor, die einen variablen Einsatz für neue Fälle und Kontexte und so neues Wissen über Recht und damit Innovation ermöglicht. Vor dem Hintergrund der Verbindung zwischen Recht und den dogmatischen Mitteln der Wissensproduktion müssen dogmatische Wissensformen als Medien des Wissens selbst angesprochen werden.[40] Entscheidend für die Variabilität ist damit die bereits in der Formung dogmatischer Wissensformen angelegte Darstellung der »reinen« Bedeutung der Aussagen praktizierten Rechts. An dieser Stelle sei nochmals betont, dass es sich nur um eine in der Darstellung erfolgte reine Bedeutung der Aussagen praktizierten Rechts und nicht um neutrale (Kommunikations-)Mittel oder -träger handelt. Allein dass dogmatische Wissensformen eine Art Stoppregel für ein Begründungen suchendes Räsonieren darstellen,[41] verweist bereits auf den per se maßgebenden, richtungsweisenden und damit normativen Gehalt von Wissensformen. Die »Stoppregeln für ein Begründungen suchendes Räsonieren« stehen dabei im Kontext spezifischer normativer Konzepte wie etwa dem Rechtsstaatsprinzip oder dem Prinzip formaler Gleichheit[42] als auch im Kontext eines ökonomischen Bedarfs, bei begrenzter Zeit und begrenzten Ressourcen ein rechtliches Problem effizient zu lösen,[43] was auf ihre spezifischen normativen Hintergrundfolien verweist, die auch für die daraus fließenden materiellen Wissensbestände und für die Entwicklung des Gehalts von Recht von Bedeutung sind.[44]

2. Dekontextualisiertes und vertyptes Wissen als artikuliertes Wissen

a. Dekontextualisierung

aa. Die Verkürzung und das »verdeckte Bewahren«

Mit Dekontextualisierung ist vor allen Dingen die Verkürzung der Nuancen der tatsächlichen Umstände einer rechtsrelevanten Aussage im

40 Vgl. Hans-Jörg Rheinberger, »Infra-experimentality. From traces to data, from data to patterning facts«, in: *History of Science*, 49: 3 (2011), S. 338.

41 Luhmann, *Das Recht der Gesellschaft*, S. 387 mit Verweis auf Esser, *Juristisches Argumentieren im Wandel des Rechtsfindungskonzepts unseres Jahrhunderts*, S. 20 ff.

42 Vgl. Stark, *Interdisziplinarität der Rechtsdogmatik*, S.117 m.w.N.

43 Ebd., S. 143.

44 Das Zusammenspiel zwischen Form und Inhalt etwa mit Blick auf subjektive Rechte, Menke, *Kritik der Rechte*.

Sinne einer Einzel- und Ursprungserfahrung und der damit einhergehenden Abhängigkeiten gemeint.[45] Sie zielt auf applizierbare Aussagen, die in anderen Kontexten mit wenig Argumentationsaufwand wiederverwendet werden können.[46] Eine rechtliche Aussage wird um ihren konkreten Fall- und damit Tatsachenbezug, ihre Umstände als auch grundsätzlich um ihren konkreten positivrechtlichen Normbezug verkürzt, ohne sich ihrer zu entledigen oder »bereinigen« zu können.[47] Durch die abstrahierende Dekontextualisierung bleibt nur noch der Extrakt oder auch die Essenz der Bedeutung der rechtlichen Aussage *sichtbar* und auch artikulierbar. Das Dekontextualisieren, welches im Dienste der Vertypung als zweiter Schritt steht,[48] ökonomisiert die Zeit und den Aufwand des Fruchtbarmachens des Bedeutungsgehalts einer rechtlichen Aussage, indem es den Gehalt auf »das Relevante« verkürzt, welches in der Logik der Dogmatik nicht in den tatsächlichen Nuancen eines Einzelfalls oder in den tatsächlichen Umständen, in denen so oft die *soziale Frage* wurzelt, liegen soll. Die Bedeutung des Dekontextualisierens erschöpft sich allerdings nicht in einer ökonomisierten Optimierung des nach Begründungen suchenden Räsonierens. Das Dekontextualisieren ist vielmehr auch Reaktion auf die komplexitätssteigernden Effekte gesellschaftlicher Selbstorganisationsprozesse, die etwa technische oder wirtschaftliche Entwicklungen hervorgebracht haben, die mit einer zunehmenden Ungewissheit einhergehen. Das rechtliche Herstellen, Konstruieren und Entwerfen in einer Rechtsanwendungssituation (und schließlich der Ausgestaltung des Gehalts des Rechts) ist auf eine Verkürzung der Kontexte, das heißt der Gesamtumstände und Entstehungsbedingungen einer rechtlichen Aussage, als auch der Wirklichkeit, die sie mitverarbeitet, angewiesen, um mit der Komplexität, dem unablässig Neuen und der damit einhergehenden Ungewissheit produktiv umzugehen.[49] Die Dekontextualisierung ist der Ort, über den Dogmatik dann die Umwelt in sich hineinspiegeln kann.[50] Der Vorgang des Dekontextualisierens

45 Zu dem Prozess der Dekontextualisierung, vgl. insbes. Jestaedt, *Wissenschaftliches Recht*, S. 125; Jestaedt, *Wissenschaft im Recht*, S. 6 f.; Matthias Jestaedt, »Phänomen Bundesverfassungsgericht. Was das Gericht zu dem macht, was es ist«, in: Matthias Jestaedt u.a. (Hg.), *Das entgrenzte Gericht. Eine kritische Bilanz nach sechzig Jahren Bundesverfassungsgericht*, Frankfurt am Main: Suhrkamp 2011, S. 132 f.

46 Vgl. Stark, *Interdisziplinarität der Rechtsdogmatik*, S. 116 f.

47 So allerdings Jestaedt, *Wissenschaft im Recht*, S. 6; Jestaedt, *Wissenschaftliches Recht*, S. 125; Jestaedt, *Phänomen Bundesverfassungsgericht*, S. 132. Das dem nicht so ist, zeigt nicht zuletzt die »Latenzstruktur der Latenzstruktur«, vgl. Teil 3 C. III. 4.

48 Jestaedt, *Wissenschaft im Recht*, S. 6.

49 Vgl. Vesting, *Legal Knowledge – die kulturwissenschaftliche Perspektive*, S. 91.

50 Idem, *Kein Anfang und kein Ende*, S. 11.

bedeutet allerdings nicht, dass der sedimentierte Bedeutungsgehalt, die »Essenz«, um die tatsächlichen Umstände oder das Tatsachenwissen bereinigt sei, vielmehr sind sie in ihr und damit letztlich in der dogmatischen Wissensform strukturell enthalten. Dogmatische Wissensformen bewahren etwas von den Umständen der rechtlichen Aussage, von ihren Entstehungsbedingungen, von der Wirklichkeit, die sie verarbeitet, auch wenn sie in einer materiell-rechtlichen, ergebnisorientierten Darstellung zwangsläufig nicht länger sichtbar sind, allerdings latent bzw. implizit angelegt sind und erst im Moment des Gebrauchens wieder in Erscheinung treten.[51] In der Übertragung, das heißt im Moment des Fruchtbarmachens, des Gebrauchens der dogmatischen Wissensformen wirken die in den Strukturen lagernden Entstehungsbedingungen und Wirklichkeitsannahmen, und zwar in Form spezifischer Anschlussmöglichkeiten und -zwänge der weiteren Informationsverarbeitung. Dogmatische Wissensformen enthalten und bewahren trotz Dekontextualisierung bestimmte Ausschnitte der Wirklichkeit und bestimmte Entstehungsbedingungen. Sie legen so die möglichen weiteren Informationsverarbeitungsvorgänge fest.[52]

bb. Der blinde Fleck der Ungleichheit

Nicht nur die Variabilität, neue Informationen in bestehende Erfahrungskontexte zu integrieren, zeichnet die Dekontextualisierung aus. Auch ihre Entlastungs-, Überzeugungs- und Bindungskraft liegt gerade in der abstrahierenden Dekontextualisierung und der damit einhergehenden – zumindest äußerlichen – Unkenntlichkeit der tatsächlichen Umstände der Ursprungserfahrung als auch weiterer Umstände und Einflüsse der Rechtsanwendung. Dabei liefern die Entstehungs- und Sachverhaltskontexte rechtlicher Aussagen, das heißt etwa die Eigenheiten oder sozialen Tatsachen dieser Kontexte als auch die weiteren Umstände und Einflüsse, Informationen, wie es zu einer bestimmten Normauslegung gekommen ist und welche Sachprobleme ausschlaggebend waren. Für die anwendungsnahe, am materiellen Recht orientierte Dogmatik werden Kontexte und weitere nicht materiell-rechtliche Einflüsse nicht nur nicht benötigt, ihre Bedeutung ist so weit wie möglich in der Darstellung unkenntlich zu machen, um die dogmatische Wissensform variabel zu halten. Die Rechtsfrage wird so von der Tatsachenfrage vermeintlich getrennt, ihre kontextuelle und individuelle Prägung sowie normative Wertungen werden nicht artikuliert und sichtbar gehalten. Wenn dogmatisches Arbeiten beschrieben wird als »juristische Erwägungen als aktuelle gegen historische, als rechtliche gegen induktive, als rationale gegen

51 Zur Latenzstruktur der Latenzstruktur, vgl. Teil 3 C. III. 4.
52 Vgl. Cornelia Vismann, *Akten. Medientechnik und Recht* 2011, S. 26.

emotionale, als rechtsanwendende gegen rechtspolitische, als autoritäre gegen kritische, als positive gegen bindungsfreie philosophische,«[53] dann verweist dies zum einen auf das Wissen, das artikuliert und explizit gehalten wird, und zum anderen auf das, was gleichwohl mit enthalten ist. Im dogmatischen Diskurs sollen konkrete Rechtsfragen aus dem materiellen Rechtssystem beantwortet werden, nicht die dahinterstehenden Probleme, die ihre Wurzeln im Tatsächlichen haben und etwa sozialen Bezug aufweisen. Bleiben solche Informationen in der Rechtswissenschaft unberücksichtigt, etwa aufgrund methodischer Engführung auf die Juristische Methode unter Ausblendung weiterer methodischer und theoretischer Zugänge, verfestigen sie Rezeptionsstrukturen und damit die Reproduktion bestimmter Wirklichkeitsannahmen.[54] Für die Wahrnehmung und schließlich Verarbeitung pluraler sozialer Konfliktlagen bedarf es allerdings flexibler Rezeptionsstrukturen für plurale soziale Informationen und ihre Verwendungskontexte. Die Berücksichtigung theoretischer Beschreibungsangebote in den Schnittstellen zu Sozial-, Politik- und Wirtschaftswissenschaften können den Verwendungskontext des Rechts und damit etwa auch ungleichheitsrelevante Informationen erfassen und beschreiben. Blinde Flecken der Wahrnehmung materieller Ungleichheit als rechtswissenschaftliches beziehungsweise rechtliches Problem könnten folglich in einer methodischen Engführung auf den dogmatischen Zugriff unter Ausklammerung theoretischer, insbesondere sozialwissenschaftlicher, Zugriffe begründet sein. Das Verhältnis zwischen dogmatischen und theoretischen Zugriffen wird dabei überwiegend als getrennt voneinander wahrgenommen. Dies gibt zum einen eine überwiegend auf die Praxis hin orientierte Rechtswissenschaft zu erkennen und ist zum anderen Ausdruck der Dominanz des anwendungsorientierten dogmatischen Zugriffs.[55] Die Trennung in theoretische und dogmatische Zugriffe ist nicht nur Effekt arbeitsteiliger Differenzierung. Nach konzeptionellem Selbstverständnis des dogmatischen Zugriffs, wonach Dogmatiker:innen letztlich Teilnehmer:innen an der Rechtskonkretisierung im Zusammenwirken mit der Praxis sind, bemüht sich Dogmatik darum, Vorstellungen und Einsichten über das Recht zu sichten

53 Oliver Lepsius, »Kritik der Dogmatik«, in: Gregor Kirchhof u.a. (Hg.), *Was weiß Dogmatik? Was leistet und wie steuert die Dogmatik des Öffentlichen Rechts?*, Tübingen: Mohr Siebeck 2012, S. 41.

54 Vgl. Heinreich Popitz, »Über die Präventivwirkung des Nichtwissens«, in: Friedrich Pohlmann und Wolfgang Eßbach (Hg.), *Heinrich Popitz - Soziale Normen*, Frankfurt am Main: Suhrkamp 2006.

55 *H. Schulze-Fielitz* spricht auch von einer »Dominanz der Dogmatik als entscheidungsorientierte Systematik«, Helmuth Schulze-Fielitz, *Staatsrechtslehre als Mikrokosmos. Bausteine zu einer Soziologie und Theorie der Wissenschaft des Öffentlichen Rechts*, Tübingen: Mohr Siebeck 2013, S. 228; Voßkuhle, *Neue Verwaltungsrechtswissenschaft*, Rn. 6.

und zu sichern, um so auf konkrete Rechtsfragen und akute Rechtsprobleme aus dem Recht selbst heraus zu antworten. Theoretische Näherungen sind entweder nicht notwendig, da Normauslegung rein normativ aus dem geltenden materiellen Recht betrieben wird,[56] oder sie gehen mit einer verzerrenden, da außerrechtlichen, Färbung des Rechts einher, dessen Abstraktion gerade die Leistung der Dogmatik ausmacht. Aus anwendungs- und praxisorientierter Rechtswissenschaftsperspektive scheint die Trennung zwischen theoretischen und dogmatischen Zugriffen entlang einer scharfen Grenze zu verlaufen.

Auch wenn die äußerliche Darstellung dogmatischer Wissensformen eine solche Grenzziehung nahelegt, ist die Trennung in theoretische und dogmatische Zugriffe genauso wenig scharf wie die Grenzziehung zwischen Recht und Wirklichkeit. Die Trennung von Theorie und Dogmatik ist zunächst eine perspektivisch bedingte Aufteilung.[57] Theoretische und dogmatische Herangehensweisen nähern sich Normen und rechtlichen Fragestellungen aus unterschiedlicher, nämlich aus Beobachter- und Teilnehmerperspektive.[58] Sie markieren damit lediglich verschiedene Techniken, die Welt darzustellen.[59] Dabei sind diese Techniken nicht eindeutig voneinander getrennt und schließen sich erst recht nicht gegenseitig aus. Ganz im Gegenteil enthalten dogmatisch gewonnene Aussagen entgegen ihrer äußerlichen Darstellung sowohl Wirklichkeitsannahmen wie normative Beschreibungsangebote, die letztlich darauf abzielen, am Ende in einer (höchst-)richterlichen Entscheidung Berücksichtigung zu finden.[60]

An dieser Stelle ist weniger der genaue Konstruktionsprozess dogmatischer Wissensformen relevant als die Erkenntnis, dass der methodische

56 Zur »dysfunktionalen Gegenüberstellung von dogmatischen Grundlagenfächern« vgl. Wissenschaftsrat, *Perspektiven der Rechtswissenschaft in Deutschland*, S. 40; Lepsius, *Problemzugänge und Denktraditionen im Öffentlichen Recht*, S. 78.

57 Lepsius, *Problemzugänge und Denktraditionen im Öffentlichen Recht*, S. 78 ff.; Boulanger, *Die Soziologie juristischer Wissensproduktion*, S. 176 Julika Rosenstock u.a., »Versuch über das Sein und Sollen der Rechtsforschung. Bestandsaufnahme eines interdisziplinären Forschungsfeldes«, in: Christian Boulanger u.a. (Hg.), *Interdisziplinäre Rechtsforschung. Eine Einführung in die geistes- und sozialwissenschaftliche Befassung mit dem Recht und seiner Praxis*, Wiesbaden, Heidelberg: Springer VS 2019, S. 11 ff. Zu unterschiedlichen Perspektiven auf einen Untersuchungsgegenstand, vgl. allg. Luhmann, *Die Gesellschaft der Gesellschaft*, S. 1120 ff.

58 Oliver Lepsius, »Themen einer Rechtswissenschaftstheorie«, in: Matthias Jestaedt und Oliver Lepsius (Hg.), *Rechtswissenschaftstheorie*, Tübingen: Mohr Siebeck 2008, S. 5.

59 Vgl. Möllers, *Methoden*, S. 92 ff., Rn. 22. ff.; Ino Augsberg, »Die Normalität der Normativität«, in: *JuristenZeitung*, 75: 9 (2020), S. 428.

60 Boulanger, *Die Soziologie juristischer Wissensproduktion*, S. 176.

Zugriff, das heißt die Technik, bestimmte dogmatische Wissensformen nach sich zieht, die nur ein bestimmtes Wissen über Recht verarbeiten und explizit halten können und damit einen spezifischen Gehalt des Rechts hervorbringen. Andere methodische Zugriffe und Techniken wirken sich auf die dogmatischen Wissensformen und schließlich auf die Fassung des Rechts aus. Die dogmatischen Wissensformen sind vor dem Hintergrund zentral in den Blick zu nehmen, da sie die narrativen Reste sind, welche die Entstehung eines Bedeutungsgehalts einer rechtlichen Aussage und ihre Entwicklung zurückgelassen haben. Sie sind zugleich Ausdruck eines Ausdifferenzierungsprozesses wie Auslagerungsprozesses (vermeintlich) Außerjuridischem aus dem Recht.

b. Vertypung

Weiteres zentrales Element der Variabilität dogmatischer Wissensformen, um über die passive Speicherqualität hinaus operativ funktional produktiv Wissen herzustellen, ist die Vertypung als zweiter, sich an die Dekontextualisierung anschließender Schritt. Wenn der Bedeutungsgehalt einer rechtlichen Aussage durch die Dekontextualisierung um den Produktionsprozess, die tatsächlichen Umstände der Ursprungserfahrung und damit um die aus den Abhängigkeiten der »Ursprungserfahrung« resultierenden Limitierungen gekürzt ist, dann kann der Bedeutungsgehalt der rechtlichen Aussage in anderen Fällen und Kontexten wiederholt werden. Im Zuge einer Vielzahl an Wiederverwendungen kristallisieren sich die Merkmale heraus, die für die Annäherung zwischen Gesetz und Fall beziehungsweise für die rechtliche Problemlösung als zentral und richtig anerkannt wurden, sich bewährt haben und über die Vielzahl an Wiederholungen erprobt sind. »Gerade [diese] Operationalität der Dogmatik ermöglicht eine Ablösung von den eigenen Quellen«[61], und zwar auf eine artifizielle und damit bewusst konstruierende Art, indem die Merkmale selektiert, verdichtet, auf die als relevant herauskristallisierten, übereinstimmenden Merkmale konzentriert zu vertypten Einheiten wie etwa zu dogmatischen Begriffen und Schematisierungen wie bereichsübergreifenden Fallgruppen, Wertungen, Prinzipien und Regeln gefasst werden.[62] Sie entstehen zunächst nicht durch a priori festgelegte Kategorien, sondern bilden sich dezentral durch die Vielzahl an rechtsanwendungsspezifischen Wiederholungen und damit durch Häufigkeit heraus. Gleichzeitig

61 Eifert, *Zum Verhältnis von Dogmatik und pluralisierter Rechtswissenschaft*, S. 86.

62 Vgl. Larenz/Canaris, *Methodenlehre der Rechtswissenschaft*, S. 56; Josef Esser, »Möglichkeiten und Grenzen des dogmatischen Denkens im modernen Zivilrecht«, in: *Archiv für die civilistische Praxis*, 172: 2/3 (1972), S. 99.

entwickeln sie für die zukünftigen Rechtsanwendungen eine handlungsleitende und je nach Wissensverdichtungsstand vorgebende Wirkung. Die Vertypungen ersparen für die nächste Rechtsanwendungssituation Zeit und Aufwand bei der Annäherung, ob und inwiefern Gesetz und Fall zusammenpassen, wie die einzelnen Konstruktionsschritte hierzu aussehen und welche Techniken dafür nötig sind. Die Vertypung erspart das Entwickeln eines neuen Deutungsschemas, ein kleinschrittiges Nachvollziehen des Konstruktionsprozesses einer dogmatischen Wissensform, das Merken der dahinführenden Konstruktionsschritte, der zugehörigen Arbeitsmethode und darüber hinaus komplexere Auseinandersetzungen mit den zugrundeliegenden rechtlichen wie faktischen Grundannahmen. Sie erspart Lese- und Sucharbeit und ermöglicht einen pointierten Zugriff auf die wesentlichen übereinstimmenden Merkmale, die in einer Vertypung aufbereitet sind.[63] So behandeln beispielsweise dogmatische Wissensformen im Verwaltungsrecht etwa »nicht mehr Handlungsformen als solche, sondern Ausgestaltungstypen dieser Handlungsformen (z.B. Typen von Verwaltungsakten), nicht mehr einzelne Verfahrensanforderungen, sondern Verfahrens- oder Organisationstypen bzw. andere, aufgabenbezogene gemischte Regelungsarrangements wie etwa die [...] Beauftragten oder das System von Akkreditierung und Zertifizierung.«[64]

Die Vertypungen stellen eine Distanz gewinnende Konzentration der übereinstimmenden Merkmale dar.[65] Sie sind die begrifflichen Verschlüsselungen der im Laufe der Vielzahl an Rechtsanwendungssituationen herauskristallisierten »Vorstellungen von der ›Eigenart‹ jedes typisierten Rechtsverhältnisses, Ansprüche usf. Denn sie beruht erstmals auf der Bemühung um lebensmäßige Typenbildung und deren adäquate Reflexion im dogmatischen Sprachgebrauch.«[66] Distanzgewinnend wirkt die Verdichtung auf Typen, da sie den durch die Dekontextualisierung begonnenen Ablösungsprozess von allem »Außerjuridischen«, das heißt vom Kontext, im Sinne der Umstände einer rechtlichen Aussage, ihren Entstehungsbedingungen und der Wirklichkeit, die sie verarbeitet, auf eine artifizielle und damit noch bewusstere Weise vertieft und so einen von der gegenwärtigen Rechtsanwendungssituation (und deren Kontext) unterscheidbaren Wissensbestand weiter ausbaut. Die Vertypung vergrößert

63 Vgl. Vismann, *Akten*, S. 142.

64 Eifert, *Zum Verhältnis von Dogmatik und pluralisierter Rechtswissenschaft*, S. 88 f. m.w.N.

65 Zur Maßgeblichkeit der Kategorisierung und Typologisierung, vgl. insbes. Schmidt-Aßmann, *Das allgemeine Verwaltungsrecht als Ordnungsidee*, S. 297 ff. am Beispiel der administrativen Rechts- und Handlungsformen; Eifert, *Zum Verhältnis von Dogmatik und pluralisierter Rechtswissenschaft*, S. 88; Kahl, *Wissenschaft, Praxis und Dogmatik im Verwaltungsrecht*, S. 81.

66 Esser, *Möglichkeiten und Grenzen des dogmatischen Denkens im modernen Zivilrecht*, S. 99.

so den Spielraum, neue Informationen in bestehende Erfahrungskontexte zu integrieren, welcher dann im Vorgang der Anwendung aktualisiert wird, was wieder auf die auf die Zukunft ausgerichtete Bewegung dogmatischer Wissensspeicherung verweist, die die Herstellung von Wissen als Aufgabe und Entwurf begreift.[67] Durch die Vertypung gewinnt die dogmatische Wissensform eine auf die Zukunft gerichtete Eigenständigkeit.[68] Vertypungen stellen damit mehr als nur Verkürzungen, »Abbreviaturen«,[69] im Sinne des sedimentierten Bedeutungsgehalts rechtlicher Aussagen vergangener Ursprungserfahrungen dar (und damit »ein Abbild der vergangenen Wirklichkeit«[70]), sondern ermöglichen durch die vertypte Identifizierung der Eigenart ein Wiedererkennen der Strukturen und Einzelheiten des konkreten Falls als auch der Rechtsnorm.[71] Es wird so nicht mehr nach der Angemessenheit und Richtigkeit der akzeptierten (und sozial erprobten und sich bewährten) Wertungsmaßstäbe und den kontextuellen Auskünften, die jene Maßstäbe erklären könnten, gefragt.[72] Sie fehlen unvermeidlich bei der Vertypung, was gleichermaßen den Ort der Entlastung wie auch einer möglichen verselbstständigenden Verzerrung markiert.

3. Latenzstruktur

Die Fixierung in einer dogmatischen Wissensform eines solchen dekontextualisierten und vertypten Wissens ermöglicht den gezielten Aufbau von Wissen als Latenzstruktur,[73] also einer kognitiven Form, die auch außerhalb des gegenwärtigen Gebrauchs[74] für etwaige künftige Wissenstransfers, -distributionen und auch -transformationen herangezogen werden kann. Die Latenzstruktur entsteht durch die Fixierung in einer dogmatischen Wissensform und des in der Form gespeicherten

67 Vesting, *Legal Knowledge – die kulturwissenschaftliche Perspektive*, S. 100.

68 M. Eifert spricht von »Verselbständigung«, vgl. Eifert, *Zum Verhältnis von Dogmatik und pluralisierter Rechtswissenschaft*, S. 86.

69 Ebd., S. 87.

70 Ebd.

71 Vgl. auch zum Ausdruck »gespeicherte Erfahrung in der Normanwendung«, Christian Baldus, »Gut meinen, gut verstehen? Historischer Umgang mit historischen Intentionen«, in: Christian Baldus u.a. (Hg.), »*Gesetzgeber*« *und Rechtsanwendung. Entstehung und Auslegungsfähigkeit von Normen*, Tübingen: Mohr Siebeck 2013, S. 25.

72 Esser, *Möglichkeiten und Grenzen des dogmatischen Denkens im modernen Zivilrecht*, S. 99 f.

73 Zum Begriff der »Latenzstruktur«, vgl. Augsberg, *Informationsverwaltungsrecht*, S. 165.

74 Ebd.

dekontextualisierten und typisierten Wissens. Durch ihr Fixieren in einer Form wird die Bedeutung der Aussage praktizierten Rechts von der gegenwärtigen Rechtsanwendung und ihren Abhängigkeiten in der Darstellung abgelöst und schließlich vertypt, sodass sie für künftige Anwendungen operationalisierbar, funktional, kurz: anwendbar ist. Die Latenzstruktur markiert die Differenz oder Distanz zwischen der Ursprungserfahrung – und den mit ihr einhergehenden Abhängigkeiten und Limitierungen des gegenwärtigen Kontextes einer Rechtsanwendung – und der Aktualisierung der »reinen« Bedeutung der Aussage praktizierten Rechts, die für neue Fälle und Kontexte nunmehr frei und ungebunden herangezogen werden kann. Diese Differenz oder Distanz entsteht dabei nicht allein vor dem Hintergrund des in der Darstellung erfolgten Ablösens des Kontextes im Sinne der Umstände einer rechtlichen Aussage, ihrer Entstehungsbedingungen und der Wirklichkeit, die sie verarbeitet, sondern auch durch die sich anschließende abstrakte Typenbildung, die den Ablösungsprozess von allem »Außerjuridischen« durch ihre Verdichtung auf Typen auf eine artifizielle und damit noch bewusstere Weise vertieft und so einen von der gegenwärtigen Rechtsanwendungssituation (und deren Kontext) unterscheidbaren Wissensbestand weiter ausbaut. In dieser Differenz begründet sich ein kognitiver Möglichkeitsraum, die sedimentierte Bedeutung der Aussage praktizierten Rechts für weiteres rechtsrelevantes (insbesondere rechtsanwendungsspezifisches) Herstellen, Konstruieren und Entwerfen fruchtbar zu machen und so auf neue Kontexte ausgedehnt zu werden, was wiederum darauf aufbauendes »neues« Wissen generiert.[75]

Dogmatische Wissensformen stellen vor allen Dingen der Rechtspraxis einen kognitiven Möglichkeitsraum zur Verfügung, Gesetz und Fall einander anzunähern.[76] Dies verweist wiederum auf das zentrale Element der Wiederholungen. Die mit der Latenzstruktur geschaffene kognitive Möglichkeit, die sedimentierte Bedeutung der Aussage praktizierten Rechts für neue Kontexte heranzuziehen, gewährleistet Wiederholungen, die die kontextuelle Bedingtheit und damit letztlich Zufälligkeit einer Bedeutung einer rechtlichen Aussage nicht als solche, also bedingt oder zufällig, erscheinen lassen beziehungsweise die Ungewissheit, die mit den Gründen für eine Bedeutung einer Aussage praktizierten Rechts, nämlich die Umstände, Entstehungsbedingungen oder Wirklichkeit, die sie verarbeitet, abzupuffern versuchen.[77] Es geht damit ebenfalls um

75 Zur pfadabhängigen Generierung neuen Wissens, vgl. vertiefend Teil 3 C IV.1.

76 Winfried Hassemer, »Dogmatik zwischen Wissenschaft und richterlicher Pragmatik. Einführende Bemerkungen«, in: Gregor Kirchhof u.a. (Hg.), *Was weiß Dogmatik? Was leistet und wie steuert die Dogmatik des Öffentlichen Rechts?*, Tübingen: Mohr Siebeck 2012, S. 7; Teil 3 C IV.1.

77 Esser, *Möglichkeiten und Grenzen des dogmatischen Denkens im modernen Zivilrecht*, S. 98.

Distanzgewinnung, um das in der Darstellung dogmatischer Wissensformen ermöglichte Herauslösen der kontextuellen Bedingtheit und ihrer Limitierungen. Dogmatische Wissensformen ermöglichen so die Emanzipation eines artikulierten Wissens über Recht von ihren Limitierungen einer konkreten wirklichkeitsverarbeitenden Rechtsanwendungssituation und damit von seiner Gebundenheit an die Wirklichkeit. In der Darstellung der Form werden sie in ihrem Informationsgehalt frei (um dann mit dogmatikeigenen Limitierungen in Form von Anschlusszwängen, etwa eines bestimmten Zugriffs auf Realität, der dann einen Variationsrahmen für Wiederholungen definiert, konfrontiert zu sein). In dem Maße, in dem dogmatische Wissensformen eine Aussage praktizierten Rechts aus seiner kontextuellen Verankerung lösen, steigt ihre Leistungsfähigkeit und Wiederholbarkeit.[78] Für die Wiederholung ist darüber hinaus ein grundsätzliches Vertrauen in die Übernahme des Wissens zentral, um nicht jede Information jedes Mal wieder von neuem auf ihre Validität zu überprüfen. Die Bedeutung einer Aussage praktizierten Rechts folgt aus einer Vielzahl an rechtsanwendungsspezifischen Prozesses des Herstellens, Entwerfens und Konstruierens; die zugrundeliegenden Konstruktionsschritte und das hervorgebrachte Wissen sind damit bereits sozial erprobt und haben sich über die Vielzahl der Rechtsanwendungen bewährt. Der gesamte Herstellungsprozess der rechtlichen Aussage tritt hinter sein Resultat, hinter eine ergebnisorientierte materiell-rechtliche Darstellung, zurück. Aufgrund der so entstehenden Latenzstruktur bedarf es nicht länger einer eigenen, kleinschrittigen Herleitung, eines eigenen Zusammenstellens und näherer Überprüfung der Art und Weise des Konstruktionsprozesses. Man kann sich vielmehr auf eine als richtig erkannte Problemlösung und dazugehörige Konstruktionsschritte verlassen.

Das Ablösen einer Aussage praktizierten Rechts von ihrem spezifischen Anwendungsfall und ihre Vertypung zu einer sedimentierten Bedeutung, das heißt der Moment der Distanzgewinnung, ist für die Ausarbeitung eines unterscheidungsgeschulten Denkens,[79] damit für die Genese eines spezifischen Wissens und einer spezifischen Wirklichkeit, zentral. Der kognitive Möglichkeitsraum dogmatischer Wissensformen, Gesetz und Fall einander anzunähern, schafft einen spezifischen rechtlichen Optionsraum oder Variationsrahmen, bestimmte gesellschaftliche Selbstorganisationsprozesse rechtlich abzustützen und zu begleiten.[80] Dabei ist die Beschaffenheit eines kognitiven Möglichkeitsraums, das heißt einer dogmatischen Wissensform (etwa in Form des spezifischen Zugriffs auf Realität), für die Beschaffenheit des rechtlichen Optionsraums und folglich

78 Vgl. Teil 2.
79 Vgl. Teil 3 C. IV.
80 Vgl. Teil 3 C IV.1.b. und c.

der rechtlichen Möglichkeiten, bestimmte Selbstorganisationsprozesse zu begleiten (und andere nicht), nicht unabhängig. Die dogmatische Wissensform prägt die auf sie gestützten weiteren kommunikativen Akte.[81] Dogmatische Wissensformen bringen zugleich Neuheit und Innovation wie auch sich selbstverstärkende Redundanz, Strukturbildung und Pfadabhängigkeiten hervor; sie sind miteinander verwoben und erscheinen wie zwei Seiten dogmatischer Wissensformen. Dieses Hin-und-Her-Oszillieren steht im Zusammenhang mit der durch Vertypung und Dekontextualisierung bewirkten dogmatikeigenen Unbestimmtheit.[82] Sie ist für Variabilität, das heißt für Abweichungen von der »Ursprungserfahrung«, zentral, indem sie Interpretation ermöglichend wie auch erfordernd unablässig *Neues* hervorbringen kann. Das, was als Information gesucht wird, ist nicht bereits als fertige Sinneinheit in der dogmatischen Wissensform hinterlegt, sondern wird erst im Moment des Entwerfens, Herstellens und Konstruierens unter Heranziehung einer dogmatischen Wissensform und der in ihr bereits vorhandenen, sozial erprobten und sich bewährten Wissensbestände produziert. Die Latenzstruktur dogmatischer Wissensformen ist aufgrund dieser Offenheit und Unbestimmtheit für das rechtliche Begleiten und Abstützen von Neuem zentral, gleichzeitig entsteht Unsicherheit, indem gerade der Kontext einer Bedeutung der Aussage praktizierten Rechts fehlt. Dies erfordert Prozeduren der Erzeugung von Autorität und Verbindlichkeit. Sowohl die im dogmatischen Diskurs implizite Herausbildung von Regeln der Herstellung des Umgangs mit dogmatischen Wissensformen als auch das rituelle Einüben, etwa in Form unzähliger Klausuren während der rechtswissenschaftlichen Ausbildung in Vorbereitung auf die Staatsexamina, erzeugen Kohärenz, die Strukturbildung (und mitgedacht Redundanz und Pfadabhängigkeiten) bewirkt und der Latenzstruktur dogmatischer Wissensformen Autorität und Verbindlichkeit verleiht.[83] Dogmatisches Wissen oszilliert daher zwischen Redundanz und Varietät, Strukturbildung und Offenheit, Lernfähigkeit und Innovation.[84] Dogmatische Wissensformen sind die medialen »Korrelate des Wechselspiels zwischen Stabilität und Veränderung, das für die charakteristische Zukunftsoffenheit des Experimentalprozesses sorgt, obwohl – oder sogar weil – von früheren Errungenschaften rückhaltlos Gebrauch gemacht wird.«[85]

81 Augsberg, *Informationsverwaltungsrecht*, S. 166; vgl. Teil 3. D.

82 Vgl. Teil 2. D.

83 Vertiefend Teil 3 D.

84 Esposito, *Soziales Vergessen*, S. 339.

85 Hans-Jörg Rheinberger, »Experimenteller Geist. Interview«, in: *Lettre international*, 112 (2016).

4. Die Latenzstruktur der Latenzstruktur

Die dogmatischen Wissensformen, die eine Latenzstruktur für die rechtsanwendungsspezifische Annäherung von Gesetz und Fall, das heißt für das rechtsrelevante Entwerfen, Herstellen und Konstruieren, bereitstellen, sind selbst durch latentes Wissen strukturiert und bedingt. Dieses latente Wissen stellt eine Art Latenzstruktur der Latenzstruktur dar. Wie bereits gesehen, bewahren dogmatische Wissensformen etwas von den Umständen einer rechtlichen Aussage, von ihren Entstehungsbedingungen, von der Wirklichkeit, die sie verarbeitet, als auch den Konstruktionsschritten und ihren dazugehörigen Arbeitstechniken und Methoden, auch wenn sie in einer materiell-rechtlichen, ergebnisorientierten Darstellung eines dekontextualisierten und vertypten Wissens nicht länger sichtbar sind beziehungsweise nicht explizit gehalten und artikuliert werden. Der sedimentierte Gehalt der Bedeutung der Aussagen praktizierten Rechts verkürzt dabei allerdings nur in der Darstellung die Umstände der Einzel- und Ursprungserfahrung, ihre Entstehungsbedingungen als auch die Konstruktionsschritte und zugehörige Arbeitsmethode, das heißt den Kontext und das *kontextuelle Wissen*, er entledigt sich ihrer nicht. Sie bleiben trotz ihrer Verkürzung struktureller Bestandteil der Erfahrung bzw. der Bedeutung der Aussage praktizierten Rechts. Sie lagern sich mit der Vielzahl an Rechtsanwendungssituationen in der Struktur der dogmatischen Wissensform ab, sind in ihr eingetragen, bevor sie in das rechtliche Bewusstsein gelangen.[86] Als latentes, in der dogmatischen Wissensform angelegtes und bewahrtes kontextuelles Wissen tritt es erst im Moment des rechtlichen Entwerfens, Herstellens und Konstruierens in einer Rechtsanwendungssituation in Form spezifischer Anschlusszwänge und Anschlussmöglichkeiten in Erscheinung.[87] Das kontextuelle und implizit gehaltene Wissen, das in der dogmatischen Wissensform eingetragen, das heißt Teil einer dogmatischen Wissensform ist, ist dabei für die Möglichkeit der Generierung neuen Wissens konstitutiv.

Sowohl die in einer dogmatischen Wissensform angelegten präskriptiven Strukturen der Mustererkennung, die die Annäherung von Gesetz und Fall anleiten, als auch die Konstruktionsschritte und dazugehörigen Arbeitstechniken und Methoden sind dabei keine Objekte der unmittelbaren Aufmerksamkeit der Dogmatik, da sie durch sie selbst nicht beobachtet werden können. Darüber hinaus ist gerade Ziel der Dogmatik die Verkürzung um den Kontext und das kontextuelle Wissen, sodass

86 Zum impliziten Wissen, vgl. Vesting, *Legal Knowledge – die kulturwissenschaftliche Perspektive.*

87 Vgl. Olaf Breidbach, *Neue Wissensordnungen. Wie aus Informationen und Nachrichten kulturelles Wissen entsteht,* Frankfurt am Main: Suhrkamp 2008, S. 13.

es keiner umfassenden Reproduktion weder der Gesamtumstände einer rechtlichen »Ursprungserfahrung«, der Entstehungsbedingungen und der Wirklichkeit, die sie verarbeitet, noch der Schritte des Herstellens, Entwerfens und Konstruierens einer als richtig erkannten Problemlösung mehr bedarf. Die fehlende unmittelbare Aufmerksamkeit der Dogmatik auf den eigenen Konstruktionsprozess als auch auf die Umstände, die sich zwar auf die Entscheidungsfindung einer Rechtsanwendungssituation auswirken, allerdings nach der Dogmatik selbst keine Rolle spielen,[88] sind demnach Instrumente derselben. Diese werden nicht an sich selbst beobachtet; sie beobachten etwas anderes, während sie sich ihrer intensiv bewusst sind, da es gerade um die Verkürzung derer geht.[89] Das explizit gehaltene dekontextualisierte und vertypte Wissen einerseits und das darin eingelassene, implizit gehaltene kontextuelle Wissen andererseits sind das, was die dogmatische Wissensform und den Aufbau einer Latenzstruktur so operativ funktional für die anderen Wissensgenerierungsstationen (das heißt die Wissensproduktion, den Wissenstransfer, die Wissenstransformation) als auch für den rechtlichen Umgang mit einer zunehmenden Komplexität und damit einhergehenden Ungewissheit der Lebensverhältnisse in modernen Gesellschaften machen.[90] Nur durch das implizit gehaltene Wissen um die Umstände und Rahmenbedingungen einer rechtlichen Aussage sowie um die Wirklichkeit, die sie verarbeitet, und das dadurch erst ermöglichte explizite Wissen kann neues Wissen entstehen. Hieraus folgt zum einen, dass eine dogmatische Wissensordnung, in der alles explizit gehalten wird, das heißt die produktiven dogmatikinternen Unbestimmtheiten – etwa durch Dekontextualisierung und Vertypung – aufzugeben, nicht möglich ist, ohne die dogmatische Wissensordnung auf Dauer zu ruinieren.[91] Zum anderen folgt hieraus, dass es eine autonome dogmatische Wissensordnung, die materiell-rechtliches Wissen von allem »Außerjuridischen« »bereinige«, nicht gibt. Vielmehr wird das »Außerjuridische« nicht artikuliert. Vor diesem Hintergrund müsste die Frage »Was weiß Dogmatik?«[92] mit *Polanyis* epistemologischer Einsicht beantwortet werden, dass dogmatische Wissensformen mehr wissen, als sie sagen können.[93]

88 Roland Broemel, »Wie verändert sich das Recht durch die Digitalisierung?«, in: Mareike Schmidt und Hans-Heinrich Trute (Hg.), *Lehre der Digitalisierung in der Rechtswissenschaft,* Baden-Baden: Nomos 2023, S. 54.

89 Vesting, *Legal Knowledge – die kulturwissenschaftliche Perspektive*, S. 90.

90 Ebd., S. 91.

91 Idem, *Kein Anfang und kein Ende*, S. 17.

92 Gregor Kirchhof u.a. (Hg.), *Was weiß Dogmatik? Was leistet und wie steuert die Dogmatik des Öffentlichen Rechts?*, Tübingen: Mohr Siebeck 2012.

93 Polanyi, *Implizites Wissen.*

IV. Selektion als Komplementär zur Speicherung

Die in der Formung stattfindende Differenzierung zwischen explizit gehaltenem und implizit mitgespeichertem Wissen markiert bereits für sich einen Selektionsvorgang. Sie setzt darüber hinaus einen Selektionsvorgang in der weiteren Verarbeitung rechtlicher und außerrechtlicher Informationen in Gang.[94] Dabei basieren dogmatische Wissensformen selbst auf Vorgängen des Selektierens, Sortierens und Ausblendens, die durch die jeweilig zugrunde gelegte Methode (wie beispielsweise die Juristische Methode oder die strukturierende Rechtslehre) und die verwendeten Rezeptionsinstrumente (wie etwa die Medien des Rechts), aber auch durch die dogmatischen Wissensformen selbst und damit verschleift hervorgebracht werden. Allgemein gibt es keinen Speichervorgang ohne Selektionsprozess, sowohl im Sinne der anschließenden Weiterverarbeitung als auch in dem davor gelagerten Vorgang, was überhaupt gespeichert wird. Es handelt sich daher weniger um sich einander ausschließende als um komplementäre Vorgänge. Anhand der Verschränkung von Selektion und Speicherung lässt sich beobachten, wie Dogmatik den Selektionsvorgang dogmatischer Wissensformen selbst erschafft, indem sie bestimmte Informationen rezipiert und bestimmte Anknüpfungen kanonisiert, während andere in Vergessenheit geraten.[95] Auf diese Weise bilden sich selektive kollektive Rezeptionsstrukturen aus, die bewirken, dass bestimmte Informationen aufgegriffen, dadurch aktualisiert und fortgeschrieben werden, das heißt eine dogmatische Wissensform hervorgebracht wird, welche selbst wiederum die Bedingungen dafür stellt, welche Informationen als relevant angesehen, demnach rezipiert und verarbeitet werden.

Das Selektieren, Sortieren und Ausblenden markiert dabei eine Zwischenebene zwischen dogmatischer Wissensspeicherung und der Wissensproduktion durch Praktiken dogmatischen Entwerfens, Konstruierens und Herstellens.[96]

1. Die komplexitätsreduzierende Bedeutung von Selektion

Unter den Bedingungen einer immer komplexer werdenden Rechtsumwelt und spiegelbildlich der Rechtsordnung selbst tritt ein Aspekt dogmatischer Wissensspeicherung hervor: die dogmatischen Techniken

94 Vgl. allg. Helmut Willke, *Systemtheorie II: Interventionstheorie. Grundzüge einer Theorie der Intervention in komplexe Systeme*, Stuttgart: Fischer 2005, S. 18.

95 Vertiefende Ausführung im Rahmen der »Beobachtung«, Teil 3 D. IV. 2. b.

96 Zu den dogmatischen Praktiken des Herstellens, Entwerfens und Konstruierens, vgl. Teil 3 D.

des Selektierens, Sortierens und Ausblendens.[97] Sie sind eine Reaktion auf die komplexitätssteigernden Effekte gesellschaftlicher Selbstorganisationsprozesse, die rechtlich begleitet und abgestützt werden und so auch zu einer Komplexitätssteigerung des Rechts führen,[98] sowohl quantitativ wie qualitativ, was wiederum »eine immer weitergehende Verfeinerung der dogmatischen Unterscheidungen und Regeln«[99] hervorbringt. Die Techniken des Sortierens, Selektierens und Ausblendens sind funktionale Prämissen für die dogmatischen Anleitungs- und Orientierungshilfen und damit für die Speicherungsfunktion der Dogmatik. Sie sind zentral im Umgang mit einer an Komplexität gewinnenden Vielzahl bereits verfügbarer und in Zukunft entstehender Informationen. Damit dogmatische Wissensformen bei der Annäherung von Fall und Rechtsnormen als eine Art Zuordnungsmuster das Auffinden der Strukturen und Einzelheiten des Falls als auch der Rechtsnorm erleichtern,[100] bedarf es eines vorangegangenen Sortierens, Selektierens und Ausblendens von Informationen nach Relevanzkriterien, damit dogmatische Wissensbestände sinnvoll anleiten und orientieren, das heißt Entlastung bewirken können.[101] Um die begrenzte

97 Zur Komplexitätsreduktion als gemeinsamer funktionaler Fluchtpunkt von Rezeption und Vergessen, vgl. Nikolaus Marsch, »Rechtswissenschaftliche Rezeptionsforschung«, in: Nikolaus Marsch u.a. (Hg.), *Apokryphe Schriften. Rezeption und Vergessen in der Wissenschaft vom Öffentlichen Recht,* Tübingen: Mohr Siebeck 2019, S. 245. Zur Selektionsleistung von Dogmatik, vgl. Boulanger, *Die Soziologie juristischer Wissensproduktion*; zu ähnlichen, aber abgeschwächten Beschreibungen im Kontext der Normativität von Dogmatik bei Lepsius, *Kritik der Dogmatik*, S. 41 f.; Voßkuhle, *Neue Verwaltungsrechtswissenschaft*, Rn. 6; Hubert Rottleuthner, *Rechtswissenschaft als Sozialwissenschaft,* Frankfurt am Main: Fischer-Taschenbücher 1973, S. 176. Kritisch hingegen Jestaedt, *Das mag in der Theorie richtig sein*, S. 64, Fn. 188.

98 Vesting, *Legal Knowledge – die kulturwissenschaftliche Perspektive*, S. 91; vgl. bspw. im Verfassungsrecht, Thomas Vesting, »Ende der Verfassung? Zur Notwendigkeit der Neubewertung der symbolischen Dimension der Verfassung in der Postmoderne«, in: Thomas Vesting und Stefan Korioth (Hg.), *Der Eigenwert des Verfassungsrechts. Was bleibt von der Verfassung nach der Globalisierung?,* Tübingen: Mohr Siebeck 2011, S. 71 f. oder im Sozialrecht, Friedhelm Hase, »Sozialrecht«, in: Thomas Vesting und Stefan Korioth (Hg.), *Der Eigenwert des Verfassungsrechts. Was bleibt von der Verfassung nach der Globalisierung?,* Tübingen: Mohr Siebeck 2011, S. 121; Kahl, *Wissenschaft, Praxis und Dogmatik im Verwaltungsrecht*, S. 86.

99 Eifert, *Zum Verhältnis von Dogmatik und pluralisierter Rechtswissenschaft*, S. 86.

100 Hassemer, *Dogmatik zwischen Wissenschaft und richterlicher Pragmatik*, S. 7.

101 Kahl, *Wissenschaft, Praxis und Dogmatik im Verwaltungsrecht*, S. 86.

Informationsverarbeitungskapazität (insbesondere der Rechtspraxis) mit Blick auf die aus der Vielzahl an juristischen Einzelentscheidungen und ihren Aufbereitungen fließenden Informationen freizuhalten und wiederzugewinnen und damit tatsächlich Entlastung für die Rechtspraxis zu bewirken, muss ein dogmatischer Wissensspeicher Informationen nach Relevanzmerkmalen filtern, klassifizieren, in einer Rangfolge oder Ordnung anordnen, (re-)kombinieren und die nicht brauchbaren Informationen »zurücklassen«, wobei das Zurücklassen kein vollständiges Vergessen im Sinne des Bereinigens meint, sondern vielmehr ein gezieltes Ausblenden.[102] Nur so können dogmatische Wissensbestände beim Auffinden der relevanten Strukturen und Einzelheiten Orientierung gewährleisten und darüber sicherstellen, wohin es geht, also anleiten.[103] *W. Kahl* beschreibt diesen Prozess auch als ein »Schneisenschlagen« in ein »Dickicht« von Normen und Einzelakten, um die »Masse an Recht noch einigermaßen transparent und überschaubar zu halten«.[104] Es bedarf der dogmatischen Techniken des Selektierens und Sortierens, damit dogmatische Wissensformen sinnvoll Orientierung beim Auffinden der relevanten Strukturen und Einzelheiten leisten, um schließlich in einer Rechtsanwendungssituation Fall und Rechtsnorm einander annähern zu können. Sie sind für die dogmatischen Wissensformen zentral, was verdeutlicht, wie sehr die Operationalisierbarkeit, Funktionsfähigkeit und damit Anwendbarkeit von Dogmatik auf Prozesse der Selektion, des Sortierens und Ausblendens als Facetten der Wissensspeicherung angewiesen ist. Sie sind damit keine gegenläufigen, sondern komplementäre Vorgänge.

Das Selektieren, Sortieren und Ausblenden markiert dabei eine Zwischenebene zwischen dogmatischer Wissensspeicherung und Wissensproduktion. Sie definieren mit, was als Information in einer dogmatischen Wissensform artikuliert wird, welche »Bezüge und Sinnzusammenhänge« transparent gemacht werden[105] und damit der Rechtspraxis zur Verfügung stehen, um etwa im Rahmen der Rechtsanwendung Fall und Rechtsnorm einander anzunähern, was wiederum in den Ausformungsprozess des Gehalts des Rechts einfließt. Verflochten mit dem Selektieren, Sortieren und Ausblenden (und damit Kehrseite der Erhaltung der Operationalisierbarkeit, Leistungsfähigkeit und Anwendbarkeit des Rechts) ist eine Art »Domestizierung der Rechtsmasse«,[106] welche diese

102 Vgl. zur Latenzstruktur der Latenzstruktur, Teil 3 C. III. 4.

103 Zur Bedeutung der Typologisierungen und Kategorisierung für die Ordnungsbildung vgl. Schmidt-Aßmann, *Das allgemeine Verwaltungsrecht als Ordnungsidee*, S. 298 am Beispiel administrativer Rechts- und Handlungsformen.

104 Kahl, *Wissenschaft, Praxis und Dogmatik im Verwaltungsrecht*, S. 86.

105 Ebd., S. 81.

106 Ebd., S. 86.

für die Alltagsanwendungen »beherrschbar«[107] mache; sie sind damit immer auch verflochten mit Macht- und Herrschaftsfragen.[108] Sich ihnen vor dem Hintergrund möglicher Mechanismen zu nähern und zumindest mögliche Anknüpfungspunkte zu formulieren, wäre vor dem Hintergrund ihrer strukturierenden Bedeutung für die dogmatische Wissensordnung und damit für die Rechtsanwendung und den Ausformungsprozess des Gehalts des Rechts wichtig. Die Selektions- und Sortiermechanismen verstärken die »Sagbarkeit« sowohl im normativen wie auch im epistemologischen Sinn als »Gesetz dessen, was gesagt werden kann«.[109] Auch insofern und mit Blick auf das Phänomen der Ungleichheit, das kein Thema der deutschen Rechtswissenschaft, in dem Sinne, nicht »sagbar« zu sein, scheint, rücken die dogmatischen Techniken des Selektierens, Sortierens und Ausblendens in den Fokus, zumal sie nicht auf einer dogmatischen Systembildungsebene verbleiben, sondern sich auch auf die Ebene der individuell-personalen Gedächtnisleistung auswirken können, indem sie einen bestimmten Blick auf das Recht, den Stil und das Selbstverständnis des Rechtsanwenders mitprägen. Aber auch umgekehrt gehen die Techniken des Selektierens, Sortierens und Ausblendens aus unbewussten Mustern hervor, die sich etwa aus dem Judiz speisen.

2. Der Rezeptionsvorgang zwischen Erinnern und Vergessen

Um die Produktivität der Dogmatik als eine Art kollektives Gedächtnis zu erhalten und zu steigern, sind Prozesse des Selektierens, Sortierens und Ausblendens zentral, damit die unablässige Generierung praktischen Wissens über Recht nicht destruktiv wird. Dies gilt erst recht, wenn die dogmatische Wissensspeicherung nicht durch ein Knappheitsproblem eine natürliche Limitierung erfährt. Allein die immer weitergehenden Verästelungen und Verfeinerungen dogmatischer Begriffe, Regeln und Konstruktionen als Ausfluss der Verarbeitung und Aufbereitung einer Vielzahl rechtsrelevanten Prozessen des Handelns und dessen Bedeutungsgehalts zeigen, dass dogmatische Wissensspeicherung nicht begrenzt ist, sondern ganz im Gegenteil sich ausdehnt und (allein aufgrund der unzähligen (Re-)Kombinationsmöglichkeiten dogmatischer

107 Ebd., S. 87.

108 Vgl. Lepsius, *Problemzugänge und Denktraditionen im Öffentlichen Recht*, S. 57.

109 Augsberg, *Informationsverwaltungsrecht*, S. 168 zitierend Markus Knut Ebeling und Stephan Günzel, »Einleitung«, in: Markus Knut Ebeling u.a. (Hg.), *Archivologie. Theorien des Archivs in Wissenschaft, Medien und Künsten,* Berlin: Kadmos 2009, S. 14.

Wissensformen) tendenziell auch weiter ausdehnen wird, was nicht nur die Speicherung von Wissen über Recht, also das, was »erinnert« wird, zu einer bedeutenden Aufgabe der Dogmatik macht, sondern insbesondere auch deren Filterung, also das, was »vergessen« wird. Mit der Organisation dogmatischen Wissens über Recht als ein dezentrales kollektives Gedächtnis über rechtsrelevantes Handeln und dessen Bedeutungsgehalt korreliert die Organisation des Vergessens.[110] Um zu entlasten, um formale Gleichheit, Rechtssicherheit und Vorhersehbarkeit von Rechtsanwendung zu gewährleisten, ist Dogmatik mit dem Problem befasst, »zwischen dem Erinnern und dem Vergessen ein immer prekäres Gleichgewicht zu halten«.[111] Die Kunst der Dogmatik liegt damit in einem Austarieren zwischen Vergessen und Erinnern,[112] in dessen Mitte die dogmatischen Selektions- und Sortierverfahren verortet werden können. Je besser dogmatische Selektions- und Sortierverfahren funktionieren, desto mehr kann vergessen bzw. ausgeblendet werden. »Selektion und Vergessen hängen dabei nicht nur dergestalt zusammen, dass die eine das andere ausschließt; beide bedingen und verstärken sich vielmehr auch wechselseitig in ihren jeweiligen Möglichkeiten.«[113] Man kann es sich leisten, nicht die Vielzahl von Einzelentscheidungsfindungen und die ihr zu entnehmenden rechtlichen Aussagen, ihre zugrundeliegenden einzelnen Konstruktionsschritte und die ihnen wiederum zugrundeliegenden Methoden und Techniken, als auch die Kontexte und Rahmenbedingungen der Rechtsanwendung aktiv als Gedächtnisleistung parat zu halten, weil sie verdichtet und konzentriert in dogmatischen Wissensformen lagern, dabei teilweise artikuliert und teilweise implizit gehalten werden, jedenfalls »Speicherkapazitäten externalisieren«[114] und damit die Verarbeitungskapazität der Rechtspraxis erhöhen. Das Vergessen bzw. Ausblenden ist zentral, um letztlich das erinnerungswürdige *Relevante* im Bedarfsfall für neue Rechtsanwendungssituationen nutz- und fruchtbar zu machen und im Moment des Fruchtbarmachens zu reaktualisieren. Das Ausblenden von Informationen durch Dogmatik ermöglicht es der Dogmatik (damit der Rechtsanwendung und schließlich dem Recht), Neues zu erkennen und in Rechnung zu

110 Vgl. Michael Stolleis, »Vom Verschwinden des verbrauchten Rechts«, in: Rainer Maria Kiesow und Regina Ogorek (Hg.), *Summa. Dieter Simon zum 70. Geburtstag*, Frankfurt am Main: Klostermann 2005, S. 556 f.

111 Harald Weinrich, *Lethe. Kunst und Kritik des Vergessens*, München: C.H. Beck 2000, S. 261.

112 Zum Vergessen als andere Seite der Gedächtnisleistung, vgl. insbes. Niels Werber, »Vergessen / Erinnern. Die andere Seite der Gedächtniskunst«, in: Günter Butzer und Manuela Günter (Hg.), *Kulturelles Vergessen. Medien, Rituale, Orte*, Vandenhoeck & Ruprecht 2004.

113 Vgl. Augsberg, *Informationsverwaltungsrecht*, S. 182.

114 Vgl. ebd.

stellen,[115] was für das Abstützen und Begleiten von Selbstorganisationsprozessen zentral ist. »Vergessen« bedeutet demnach nicht einen Akt der Löschung; vielmehr kann das Speichern, also das Bewahren der Bedeutung der Aussagen praktizierten Rechts in einer dogmatischen Wissensform, nicht ohne Vergessen erfolgen. Sie sind miteinander verflochten;[116] es wird »dort vergessen, wo man sich erinnert.«[117]

Dies setzt allerdings ein leistungsfähiges Selektions- und Sortierverfahren strukturell voraus. Nur so können eine Ordnung und ein System des Wissens entstehen, die wie eine Landkarte Orientierung und Anleitung für die Rechtspraxis leisten, die Strukturen und Einzelheiten eines Falls und einer Rechtsnorm wiederzufinden und so »Schritt für Schritt Gesetz und Fall einander anzunähern«[118], und zwar ohne die Vielzahl der Einzelentscheidungsfindungen und die mit ihr einhergehenden Informationen aktiv parat zu halten. Das »Vergessen« bzw. Ausblenden von Informationen durch Dogmatik ist selbst ein kreativ konstruktiver Prozess, da es die Fähigkeit zur Auswahl und Bewertung von Informationen und Eindrücken inkludiert, welche für den Umgang mit vergangenen Rechtsanwendungen zentral ist und damit Grundlage der sozialen Praxis der Dogmatik darstellt.[119] Erst durch Selektions- und Sortierverfahren werden Wiederholungen nicht zufällig, sondern gezielt ermöglicht, das heißt Wissensbestände nicht aus irgendwelchen Gründen als erinnerungswürdig erachtet, sondern mit Hilfe von Strukturbildungen[120], das heißt mit Hilfe der dogmatischen Ordnungs- und Systematisierungsstruktur,[121]

115 Esposito, *Soziales Vergessen*, S. 24. Auch *N. Luhmann* betont, dass die Hauptfunktion des Gedächtnisses im Vergessen liegt, da alles andere zur Selbstblockierung des Systems führe, Luhmann, *Die Gesellschaft der Gesellschaft*, S. 579.

116 Vgl. Günter Butzer und Manuela Günter, »Einleitung«, in: dies., *Kulturelles Vergessen. Medien, Rituale, Orte,* Vandenhoeck & Ruprecht 2004, S. 13.

117 Werber, *Vergessen / Erinnern*, S. 98.

118 Hassemer, *Dogmatik zwischen Wissenschaft und richterlicher Pragmatik*, S. 7.

119 Vgl. Butzer/Günter, *Einleitung*, S. 10.

120 Vgl. Werber, *Vergessen / Erinnern*, S. 90.

121 Zur Ordnungsbildung allg. vgl. Friedrich Schoch, »Die Rolle der Rechtsdogmatik bei der Privatisierung staatlicher Aufgaben«, in: Rolf Stürner (Hg.), *Die Bedeutung der Rechtsdogmatik für die Rechtsentwicklung. Ein japanisch-deutsches Sympoium,* Tübingen: Mohr Siebeck 2010, S. 99 f.; Rainer Wahl, »Rechtsdogmatik und Rechtspolitik im Öffentlichen Recht«, in: Rolf Stürner (Hg.), *Die Bedeutung der Rechtsdogmatik für die Rechtsentwicklung. Ein japanisch-deutsches Sympoium,* Tübingen: Mohr Siebeck 2010, S. 124; Waldhoff, *Kritik und Lob der Dogmatik*, S. 34 f.; Schmidt-Aßmann, *Verwaltungsrechtliche Dogmatik*, S. 66 ff.; Schmidt-Aßmann, *Das allgemeine Verwaltungsrecht als Ordnungsidee*, S. 3 f.

systematisch zugänglich gemacht, damit sie gezielt aufgefunden und herangezogen werden können.[122] Sie fassen die Möglichkeit, dogmatische Wissensbestände in neuen Erfahrungskontexten fruchtbar zu machen, in ein engeres Muster, und machen diesen Vorgang so erwartbarer.[123] Wenn das »Vergessen« bzw. Ausblenden von Informationen durch Dogmatik Teil des Erinnerns im Sinne des Bewahrens rechtsrelevanten Handelns und dessen Bedeutungsgehalts ist, sie selbst einen kreativ konstruktiven Prozess darstellen, der die Auswahl und Bewertung von Informationen und Eindrücken inkludiert, dann wird deutlich, dass dogmatische Wissensformen als Speicher »nicht einfach ein ›Vorrat an vergangenen Ereignissen‹, sondern in erster Linie die Organisation des Zugangs zu Informationen« darstellen.[124] Indem Dogmatik Informationen filtert, damit den Zugang zu Informationen organisiert, gestaltet sie inhaltlich nicht nur dogmatische Wissensbestände aus, sondern auch das, was in einer Rechtsanwendungssituation mit erhöhter Wahrscheinlichkeit durch die Rechtspraxis herangezogen wird. Die Selektionsprozesse, die das Gleichgewicht zwischen Vergessen und Erinnern strukturieren, können so bestimmte Gegenstände auf die rechtswissenschaftliche und rechtspraktische Tagesordnung setzen und als wichtig kennzeichnen (»agenda setting«). Indem sie bestimmte Gegenstände in den Vordergrund rücken, legen sie einen bestimmten Interpretationsrahmen (auch im übertragenen Sinne des Framings) als auch bestimmte Handlungen nahe. Die Speicherqualität dogmatischer Wissensformen ist damit performativ.

3. Selektionsmechanismen

Die Zentralität des Selektierens für die Wissensspeicherung rückt Fragen nach den Selektionsmechanismen in den Blick. Sie treten dabei nicht offen zutage. Die Dogmatik »vergisst das Selektionsprogramm, das dazu geführt haben muss, dass gezeigt wird, was gezeigt wird; oder anders formuliert: Das Werk ›vergisst, was bei der Herstellung hätte anders gemacht werden können‹.«[125] ›Man kann wohl sagen: Das Vergessen wird vergessen.‹[126] Erst die Lücken, all das, was nicht in einer dogmatischen

122 Vgl. Augsberg, *Informationsverwaltungsrecht*, S. 182.
123 Vgl. Luhmann, *Soziale Systeme*, S. 74.
124 Butzer/Günter, *Einleitung*, S. 12 mit Verweis auf Esposito, *Soziales Vergessen*, S. 24.
125 Werber, *Vergessen / Erinnern*, S. 95 mit Verweis auf Niklas Luhmann, *Das Erziehungssystem der Gesellschaft*, Frankfurt am Main: Suhrkamp 2020, S. 35.
126 Werber, *Vergessen / Erinnern*, S. 87.

Wissensform artikuliert wird, geben Aufschluss über verborgene Selektions- und Sortiermechanismen.[127]

Die konkreten Abläufe und Vorgänge des dogmatischen Selektierens bleiben schwer zu durchschauen, zum einen, weil es sich um individuelle und situations- und problemspezifische Gründe handelt, was nochmals zeigt, dass Informationen zwischen Akteuren der Rechtswissenschaft und der Rechtspraxis (und darüber hinaus zwischen Gesellschaftsbereichen) nicht einfach hin und her geschoben oder ausgetauscht werden können, sondern individuell rezipiert werden.[128] Sie können damit nicht zentral für alle dogmatischen Rezeptionsvorgänge übergreifend und allgemeingültig identifiziert werden, zumal die Gründe der Selektion den einzelnen Akteur:innen oftmals nicht bewusst sind. Zum anderen gibt es – abgesehen von Zitierregeln – keine allumfassenden Dokumentationsregeln oder -pflichten eines dogmatischen Herstellungs-, Entwerfens- und Konstruktionsprozesses im Sinne eines prozessbezogenen »lauten Denkens«, was und wie zu Dogmatik gerinnt, zumal wieder fraglich erscheint, ob ein solcher Selbstbericht überhaupt konkrete Selektionsprozesse sichtbar machen kann, da sie oftmals unbewusst, routinisiert, repetitiv, rechtsalltäglich-nebensächlich stattfinden, daher eine Reflektion des eigenen Selektionsprozesses insbesondere im Moment der Rechtsanwendung, wenn überhaupt, nur abstrahierte und generalisierte Erklärungen über die Bedürfnisse, Ziele und Strategien der Nutzung dogmatischer Wissensformen sichtbar machen würde, nicht allerdings, wieso genau ein Auswahlprozess so und nicht anders stattgefunden hat.[129] An dieser Stelle sind vor allen Dingen der Selektionscharakter dieses repetitiven, routinisierten und oftmals unbewussten Vorgehens und damit die Rolle des Judiz hervorzuheben, da es wie eine Art »strukturiertes Entscheidungsprogramm«[130] die Organisation des Flusses an Informationen aus der Umwelt sichtet, ordnet und nach den explizit vorgegebenen Kriterien der dogmatischen Wissensordnung[131] in dogmatikrelevante Infor-

127 Vgl. Ebeling/Günzel, *Einleitung*, S. 15; Augsberg, *Informationsverwaltungsrecht*, S. 185.

128 Vgl. Helmut Willke, *Dystopia. Studien zur Kritik des Wissens in der modernen Gesellschaft*, Frankfurt am Main: Suhrkamp 2002, S. 146.

129 Vgl. Helena Bilandzic, »Wie Selektion und Interpretation zusammenhängen: Kombination von Lautem Denken und Beobachtung«, in: Wiebke Loosen und Armin Scholl (Hg.), *Methodenkombinationen in der Kommunikationswissenschaft. Methodologische Herausforderungen und empirische Praxis*, Köln: von Halem 2012, S. 195 f.

130 Luhmann, *Organisation und Entscheidung*, S. 256 ff.; Niklas Luhmann, »Lob der Routine«, in: Niklas Luhmann u.a. (Hg.), *Schriften zur Organisation 1*, Wiesbaden: Springer Fachmedien 2018, S. 299.

131 Zum Ineinanderschieben kognitiver und normativer Ebenen und zum verschleiften Prozess von Maßstab und Maßstabsbildung, Teil 3 C. V.

mationen und schließlich in rechtsrelevante (und insbesondere rechtsanwendungsspezifische) Handlungen umformt.[132] Das oftmals unbewusste routinisierte Vorgehen und das herausgebildete Judiz sind damit funktional für die Organisation des Zugangs zu Informationen[133] und ermöglichen es so ebenfalls, mit einer sich permanent verändernden, Neues hervorbringenden Umwelt umzugehen und bestimmte Verhaltensweisen (wie etwa die einzelnen Konstruktionsschritte rechtsrelevanten Herstellens, Konstruierens und Entwerfens) beizubehalten.

Trotz dieser Schwierigkeit, strukturelle Selektionsmechanismen thematisierbar zu machen, können gleichwohl unterschiedliche Anknüpfungspunkte für Selektion identifiziert werden. So differenziert *L. Münkler* unter anderem zwischen autoren-, werk- und leserbedingten Rezeptionsbedingungen: »Dies zeigt sich in der Rechtswissenschaft etwa daran, dass Schriften von bestimmten Autoren aufgrund deren politischer Einstellungen teilweise nicht rezipiert werden. Selbst Klassiker werden vor allem dann zitiert, wenn sie unverfänglich sind. Werkbedingt kann die Rezeption durch sprachliche Unzugänglichkeit, oder aber werkimmanente Widersprüche gehemmt werden. Gelingt es dem Autor demgegenüber durch im Text enthaltene ›Appelle‹ einen Aneignungsprozess des Werks durch den Leser in Gang zu setzen, indem er für diesen Leerstellen belässt, die einen Mitvollzug der Erwägungen und somit einen Aneignungsprozess ermöglichen, steigert dies die Rezeptionswahrscheinlichkeit.«[134] Diese allgemeinen Rezeptionsbedingungen lassen sich zumindest für die rechtswissenschaftlich ausgeformte Dogmatik übertragen. Aber auch für die dogmatischen Wissensformen lässt sich Vergleichbares aufzeigen: Wie bereits gesehen, bewirken die Dekontextualisierung[135] als eine Facette des Selektionsprozesses und die Vertypung[136] als eine Facette des Sortierens, dass nur die »reine« Bedeutung der Aussagen praktizierten Rechts artikuliert wird, demnach die dogmatische Wissensform den politischen, ökonomischen, sozialen Kontext und die jeweiligen Rahmenbedingungen einer Ursprungserfahrung ablöst,[137] was sie als von all dem Außerrechtlichen losgelöst (»bereinigt«) erscheinen lässt, ihre Ver-

132 Luhmann, *Lob der Routine*, S. 299 ff.

133 Vgl. Abschnitt b.; Butzer/Günter, *Einleitung*, S. 12; Esposito, *Soziales Vergessen*, S. 24.

134 Vgl. allg. zu den Hintergründen und Bedingungen von Rezeption, Laura Münkler, »Was heißt und zu welchem Ende Rezeption und Vergessen studieren?«, in: Nikolaus Marsch u.a. (Hg.), *Apokryphe Schriften. Rezeption und Vergessen in der Wissenschaft vom Öffentlichen Recht*, Tübingen: Mohr Siebeck 2019, S. 10 f.

135 Teil 3 C. III. 2. a.

136 Teil 3 C. III. 2. b.

137 Eifert, *Zum Verhältnis von Dogmatik und pluralisierter Rechtswissenschaft*, S. 86.

wendung damit »unverfänglich« ist. Die sprachliche Verdichtung in einer dogmatischen Wissensform, insbesondere zu einem dogmatischen Begriffsgebilde, ermöglicht eine vereinfachte Zugänglichkeit. Darüber hinaus ermöglicht der sedimentierte Bedeutungsgehalt, dass werkimmanente Widersprüche eines Einzelentscheidungsfindungsprozesses durch die Vielzahl an einfließenden Entscheidungsprozessen randomisiert werden. Darüber hinaus belässt die Latenzstruktur dogmatischer Wissensformen genügend Leerstellen für einen eigenen Aneignungsprozess.[138] Dogmatische Wissensformen verkörpern demnach »ideale« Rezeptionsbedingungen für ein Erinnern. Sie blenden all das aus, was eine Relativierung und/oder Komplexitätssteigerung bedeuten könnte, beispielsweise den Kontext (zu dem etwa auch die politische Einstellung gehört), die einzelnen Konstruktionsschritte und -techniken, die unter Umständen auch widersprüchlich oder unzugänglich sein könnten. Sie dienen dem Erinnern, zu dem auch gehört, das auszublenden, was in diesem Vorgang ausgeblendet wird: Es kann nur das ergebnisorientierte, materiell-rechtliche Wissen erinnert werden, wenn das ihm zugrundeliegende, nicht artikulierte implizite Wissen etwa des Kontextes und der Rahmenbedingungen eines rechtsrelevanten Handelns oder der Konstruktionsschritte und zugrundeliegenden Techniken und Methoden ausgeblendet wird.[139]

V. Der verschleifte Prozess von Maßstab und Maßstabsbildung – Dogmatik als Selbstorganisationsprozess?

Dabei hängt es von der Praktizierung der Dogmatik ab, was erinnert und was vergessen bzw. ausgeblendet wird. Im Akt des dogmatischen Herstellens, Konstruierens und Entwerfens wird selektiert, was vergessen und erinnert wird,[140] sowohl für den gegenwärtigen Moment als auch für die zukünftigen Momente des Fruchtbarmachens dogmatischer Wissensformen. Dogmatische Wissensformen bewirken Orientierung und Anleitung für dogmatische Entwurfspraktiken. Sie stellen eine Art Maßstab bereit, der im Rahmen dogmatischer Praktiken herangezogen und zugleich gebildet wird; man bewegt sich im Moment des Hin-und-Her-Wanderns des Blicks zwischen Rechtsnorm und Fall, um für einen spezifischen Fall unter Heranziehung dogmatischer Wis-

138 Zu den Rezeptionshindernissen der sprachlichen Unzugänglichkeit und werkimmanenten Widersprüche, Münkler, *Was heißt und zu welchem Ende Rezeption und Vergessen studieren?*, S. 11.

139 Werber, *Vergessen / Erinnern*, S. 87.

140 Michel Foucault, *Archäologie des Wissens*, Frankfurt am Main: Suhrkamp 2020, S. 188.

sensformen eine plausible Begründung zu präsentieren, bereits auf dem Feld der Maßstabsbildung.[141] Die Selektionskriterien der Dogmatik sind demnach *in actu*, also einerseits dabei, sich durch dogmatische Praktiken unablässig zu »vollenden«, und andererseits sind sie bereits »vollendet«. Nur diejenigen Informationen, die sich an einer dogmatischen Wissensform bewähren und zu Dogmatik als Maßstab gerinnen konnten, werden dann im Rahmen dogmatischer Praktiken beobachtet und verarbeitet. Das, was zu Dogmatik gerinnt, wird im Rechtsbetrieb nicht als Singularität verworfen, sondern als Faktum akzeptiert, und nur das, was dogmatisch aufgrund der in den dogmatischen Wissensformen lagernden vertypten Rechts- wie Wirklichkeitsannahmen verarbeitet werden kann, wird dann rechtlich abgestützt und begleitet und damit letztlich Teil der Maßstabsbildung.[142]

Die Verflechtung von Maßstab und Maßstabsbildung erfolgt daher zugleich im Moment des tatsächlichen Rückgriffs auf die dogmatischen Wissensbestände als auch in der Bereitstellung einer strukturell vorangestellten und sich unablässig durch Gebrauchen weiterentwickelten Latenzstruktur, das heißt in der Potentialität des Fruchtbarmachens eines Wissensbestands, der bereits sozial erprobt ist und sich bewährt hat. Durch die Verweisungsmöglichkeit auf diesen erprobten, sich bewährten Wissensbestand schafft Dogmatik ein sich aus sich selbst heraus entwickelndes *kriteriengebundenes* Erinnern und Vergessen, eine gleichzeitig nachträgliche wie zukunftsgerichtete Kontrolle des Kontingenten, oder wie *J. Esser* es anschaulich beschrieben hat, den »Aufbau von Stoppregeln für Begründungen suchendes Räsonieren«, und zwar aus der dogmatischen Wissensordnung und damit aus sich selbst heraus,[143] deren Schattenseite die Verselbstständigung ist. Sie reduziert die interpretatorische Kontingenz der Latenzstruktur, indem sie stabile, von dem einzelnen Akteur unabhängige Maßstäbe für die Rechtsanwendung dezentral bereitstellt.[144] Die Rechtsanwendung und der Gehalt des Rechts sind keine Zufallsprodukte aus Gelegenheit und willkürlich weiterverwendeten, wiederaufgefundenen dogmatischen Wissensbeständen. Es liegt faktisch nicht im Belieben eines dogmatischen Akteurs, etwa eines Rechtsanwenders, Rechtsnorm und Fall einander anzunähern (insbesondere dann nicht, wenn der

141 Bumke, *Rechtsdogmatik*, S. 151; Bumke, *Rechtsdogmatik*, S. 151.

142 Zu den gesellschaftlichen Selbstorganisationsprozessen, vgl. Teil 1 B.V.

143 Vgl. allg. Ortmann, *Regel und Ausnahme*, S. 239.

144 Vgl. zur Reduktion interpretatorischer Kontingenz gefestigter Rechtsprechung, Klaus Ferdinand Gärditz, »Das Steuerungspotenzial der Rechtsprechung«, in: Wolfgang Kahl und Ute Mager (Hg.), *Verwaltungsrechtswissenschaft und Verwaltungsrechtspraxis,* Baden-Baden: Nomos 2019, S. 221, und ihre Vergleichbarkeit zur Dogmatik, Hassemer, *Dogmatik zwischen Wissenschaft und richterlicher Pragmatik*, S. 8 ff.

Wissensverdichtungsstand der Dogmatik weit fortgeschritten, etabliert und damit stabil ist), welche Konstruktionsschritte vorzunehmen sind, welche Informationen als relevant herangezogen werden können, welche tatsächlichen Konstellationen überhaupt durch Dogmatik etwa in der Rechtsanwendung durch die Rechtspraxis verarbeitet werden können. Vielmehr bewirken dogmatische Wissensformen eine Art »Weisung«, wie die Konstruktionen und damit inbegriffen die Selektion und Sortierung von (rechtlichen wie außerrechtlichen) Informationen vorzunehmen sind, deren (faktische) Bindungswirkung von dem Wissensverdichtungsstand und dem Grad ihrer Stabilität abhängig ist. Dogmatische Wissensformen strukturieren die Tätigkeit dogmatischen Entwerfens, Konstruierens und Herstellens und üben so Einfluss auf die Rechtsanwendung und Weiterentwicklung des Gehalts des Rechts aus, was nicht mit einer Vordetermination gleichzusetzen ist und auch nicht heißen soll, dass Modifikationen und Innovationen (etwa durch die unendlich erscheinenden Möglichkeiten der (Re-) Kombination einzelner dogmatischer Wissensbestände) nicht möglich sind, aber eben nur im Rahmen der durch dogmatikeigene Unbestimmtheiten ermöglichten Spielräume des dogmatischen Wissensgefüges, »dieses aber als sedimentiertes Wissen wie jedes Sediment vor allem ein Abbild der vergangenen Wirklichkeit ist.«[145] Sie hinterlassen eine latente Dauerspur der früheren Erfahrungen.[146] Nicht zuletzt die Gestaltungsmöglichkeiten dogmatischen Entwerfens und Konstruierens entscheiden, wie groß der Einfluss der Dogmatik auf die Rechtsanwendung und darüber die Entwicklung des Gehalts des Rechts ist, und über den Grad der Verselbstständigung. Je weiter fortgeschritten und in der sozialen Praxis etabliert der Wissensverdichtungsstand einer dogmatischen Wissensform ist, je bindender also Dogmatik ist, desto mehr sinkt das dogmatische Entwurfsgeschehen etwa im Rahmen der Rechtsanwendung zur bloßen Ausführung ohne faktische Entscheidungskompetenz herab.

Die dogmatischen Praktiken bringen demnach im Laufe der Zeit und dezentral dogmatische Wissensformen als Maßstab im Sinne normativer Kriterien für dogmatische Praktiken hervor, die ihrerseits *in* und *von* diesem »Schleifensalat« *selbst* hervorgebracht werden.[147] Diese selbsttragende Konstruktion der Dogmatik durch selbsterhaltende Wiederholungen ist letztlich eine Figur der Selbstbegründung, also endogen

145 Eifert, *Zum Verhältnis von Dogmatik und pluralisierter Rechtswissenschaft*, S. 87.

146 Zur Latenzstruktur der Latenzstruktur, Teil 3 C. III. 4.

147 Vgl. allg. zum verschleiften Normenbildungsprozess und des Begriffs »Schleifensalat«, Ortmann, *Regel und Ausnahme*, S. 239.

erzeugter normativer Fixpunkte.[148] Dies ließe zumindest die Formulierung der These zu, dass dogmatische Kategorien vergleichbar mit »Normen [...] Resultierende einer sozialen Selbstorganisation, Selbstproduktion und -reproduktion [sind].«[149] Eine solche Annahme dogmatischer Selbstorganisationsprozesse impliziert kein *Laissez-faire* und bedeutet auch nicht, dass dogmatische Wissensgenerierungsprozesse sich selbst überlassen werden können, was insbesondere die strukturierende Rolle der Rahmenbedingungen verdeutlicht.[150] Sie müssen vielmehr zur Offenhaltung mit pluralen Beiträgen regelmäßig »geimpft« werden. Die These der Dogmatik als Selbstorganisationsprozess heißt zunächst nur, dass im Verhältnis zwischen dogmatischen Wissensformen bzw. dogmatischen Kategorien und den dogmatischen Praktiken in sozialen Interaktionszusammenhängen[151] »Rückeinspeisezusammenhänge bestehen, aus denen ein selbsttragender Prozess resultiert – selbsttragend in dem Sinne, daß aus dem Prozeß ›Outputs‹ hervorgehen, die unweigerlich als ›Inputs‹ in neue Prozeßrunden wieder eingehen und das weitere Prozessieren besorgen.«[152]

Die Selbstständigkeit dogmatischer Wissensbestände (aufgrund des verschleiften Prozesses von Maßstab und Maßstabsbildung) ist dabei auch der Ort ihrer Autorität, sowohl mit Blick auf Dogmatik als Garant, was rechtlich zu erwarten ist, als auch – mit Abschichtungen – aufgrund der in ihr lagernden vertypten Realitätsannahmen als Garant des erwartbaren Realen. Erst diese in der Darstellung bestehende Selbstständigkeit schafft Dogmatik als Instanz, indem sich die dogmatischen Wissensbestände durch eine Vielzahl dogmatischen Herstellens, Konstruierens und Entwerfens unter Bezugnahme auf dogmatische Wissensbestände disziplinieren und so die eigenen Wissensbestände aus sich selbst heraus stabil halten. Sie schafft so Vertrauen, auf dem soziale Orientierungssicherheit und zugleich Pfadabhängigkeiten beruhen.[153] Von der Latenzstruktur ausgehend, bilden sich von da an die expansiven Bewegungen der Dogmatik ab, die die außerrechtlichen Neuerungen (gesellschaftlicher Selbstorganisationsprozesse) begleiten und abstützen, die zu dem Wissensgefüge passen und so weiter zu Dogmatik gerinnen und sich schließlich reproduzierend verfestigen. Die Selbstständigkeit der Dogmatik ist auch der Ort ihres Entwicklungspotentials und damit der Innovationen, die dogmatische Wissensgenerierungsprozesse für das Recht

148 Vgl. zur selbsttragenden Konstruktion von Selbstorganisation (ohne damit ein Laissez-faire Zugriff implizieren zu wollen), ebd., S. 265.

149 Ebd., S. 239.

150 Vgl. Teil 3 D. V.

151 Teil 3 D.

152 Vgl. allg. zum verschleiften Normenbildungsprozess ebd.

153 Vgl. zur gefestigten Rechtsprechung, Gärditz, *Das Steuerungspotenzial der Rechtsprechung*, S. 227.

bedeuten können. Sie räumen dabei zwar auch mehr Möglichkeiten für soziale Innovationen ein, aber eben in eine bestimmte Richtung weisend.

Wenn Dogmatik als Selbstorganisationsprozess konzeptualisiert wird, dann gilt für sie die gleiche Dualität wie für gesellschaftliche Selbstorganisationsprozesse auch: Sie weist zum einen Entwicklungspotential und zum anderen eine durch die Inklusions- und Abstandsvergrößerungsmechanismen bedingte Ungleichheitsrelevanz auf.[154] Ob sich auf diese Weise ökonomisch, kulturell oder sozial ungleiche Verhältnisse einspielen,[155] darüber ist mit der These der Dogmatik als Selbstorganisationsprozess allein noch nichts gesagt. Dies hängt vielmehr von den hinzutretenden strukturierenden Rahmenbedingungen ab.[156] Dogmatische Praktiken wie Selbstorganisationsprozesse allgemein sind nur für sich genommen indifferent. Indem sie entmaterialisiert, flexibel und reversibel als auch Entscheidungsbefugnisse dezentralisierend sind, gehen sie zwar mit (rechtlichem) Entwicklungspotential und damit einer Vervielfältigung rechtlicher Handlungsmöglichkeiten einher, erzeugen allerdings zugleich ein Vakuum, das von den jeweiligen vorherrschenden Strukturen der gesellschaftlichen und rechtlichen Strukturen geprägt bzw. ausgefüllt wird.[157]

VI. Modifikation der Möglichkeiten und ihre Ungleichheitsrelevanz

Wie die Latenzstruktur und die Latenzstruktur der Latenzstruktur dogmatischer Wissensformen bereits nahelegen, speichern sie nicht einfach nur ein bereits vorhandenes Wissen. Sie weisen eine performative Speicherqualität auf, die die weitere Informationsverarbeitung anleitet. Sie modifizieren dabei die Wirklichkeitsverarbeitung, indem sie durch ein unterscheidungsgeschultes Denken ein dekontextualisiertes und vertypptes Wissen explizit (und ein kontextuelles Wissen implizit) halten, welches dann präskriptive Muster bereitstellend die Rechtsanwendung anleitet. Sie strukturieren so die Bedingungen des Möglichen und bewirken Pfadabhängigkeiten in der weiteren Informationsverarbeitung und damit die Entwicklung der Möglichkeitsräume. Sie entwickeln sich mit Abstand zueinander weiter fort, was eine einseitig interessierte Diversifikation der Möglichkeitsräume bewirkt, die je nach Verdichtungsgrad mit inkludierenden und exkludierenden Effekten einhergehen und damit ungleichheitsrelevant sein kann.

154 Vgl. Teil 1 B. IV.5.
155 Zu den Facetten der Ungleichheit, vgl. Einleitung A.
156 Zur theoretischen Herleitung, vgl. Teil 1 B.III.1.c. und zur exemplarischen Ausführung vgl. Teil 3 D. V.
157 Vgl. Teil 3 D. V.

1. Pfadabhängigkeiten in der Wirklichkeitsverarbeitung

Der Vorgang der Speicherung des Wissens in einer dogmatischen Wissensform bestimmt durch den vorgeordneten selektiven und taxonomischen Vorgang mit darüber, was in einer juristischen Entscheidungsfindung als Wirklichkeit erfahren und verarbeitet werden kann.[158] Dogmatische Wissensformen sind demnach Instrumente der Erschließung und Verarbeitung von Wirklichkeit. Das explizit gehaltene dekontextualisierte und vertypte Wissen, das auf dem implizit gehaltenen kontextuellen Wissen beruht, welches in der sedimentierten Bedeutung der Aussagen praktizierten Rechts etwa in Form vertypter Realitätsannahmen eingelassen ist, hat zur Folge, dass nicht jede Information der Umwelt, nicht jede Wirklichkeit, verarbeitet werden kann, sondern nur solche Informationen, die in dem präskriptiven Muster und der in ihr enthaltenen vertypten, sozial erprobten Realitätsannahme im Sinne des vertypten Abbilds der vergangenen Wirklichkeit bereits angelegt sind.[159] Dogmatische Wissensformen wirken wie ein Maßstab, der festlegt, unter welchen Voraussetzungen und in welchem Umfang auf die Wirklichkeit zugegriffen werden kann und muss.[160] Sie bringen dabei nicht lediglich Recht und Wirklichkeit in Verbindung. Sie sind mehr als eine Kontaktzone. Sie prozessieren das Verhältnis zwischen Recht und Wirklichkeit, indem sie die Art und Weise des Bezugs zwischen ihnen strukturieren, mit dem Effekt, dass nicht irgendeine Wirklichkeit variabel durch Recht verarbeitet wird, sondern nur die, die in der sich aus dem impliziten kontextuellen Wissen entwickelnden vertypten Realitätsannahme bereits angelegt ist. Dies hat Implikationen auf den kreativ-schöpferischen Moment, wie Wirklichkeit unter Heranziehung einer Rechtsnorm in einer spezifischen Rechtsanwendungssituation verarbeitet wird, das heißt auf Momente rechtsrelevanten Herstellens, Entwerfens und Konstruierens, und damit darauf, welche Informationen zur sedimentierten Bedeutung der Aussagen praktizierten Rechts, also zu einem artikulierten, expliziten dogmatischen Wissen gerinnen. Die Relevanz dogmatischer Wissensformen erschöpft sich nicht in dem Bereitstellen kognitiver Möglichkeiten der Rechtspraxis, um rein rechtliche Optionsräume zu entfalten, sondern darin, gesellschaftliche Selbstorganisationsprozesse zu begleiten und abzustützen. Wirklichkeit wird demnach nicht einfach nur in dogmatischen Wissensformen als Teil einer rechtlichen Aussage mit abgelegt. Die dogmatischen Wissensformen bringen sowohl die Bedeutung der Aussagen praktizierten Rechts als auch die Wirklichkeit, die sie verarbeitet, in gleichem Maße hervor, wie sie sie

158 Vgl. Augsberg, *Informationsverwaltungsrecht*, S. 166.

159 Eifert, *Zum Verhältnis von Dogmatik und pluralisierter Rechtswissenschaft*, S. 87.

160 Bumke, *Rechtsdogmatik*, S. 151; Bumke, *Rechtsdogmatik*, S. 151.

aufzeichnen und festhalten, insoweit sie (tendenziell) diejenigen Selbstorganisationsprozesse rechtlich abstützen und begleiten, die bereits in der Struktur einer vertypten Realitätsannahme einer dogmatischen Wissensform angelegt sind. Die dogmatischen Wissensbestände sind für das Entstehen rechtlicher Möglichkeitsräume zum Begleiten und Abstützen gesellschaftlicher Selbstorganisationsprozesse und damit zur Verfolgung und Realisierung faktischer Optionsräume zentral.

Die Struktur dogmatischer Wissensformen leitet die Rechtsanwendung an und damit den »dogmatisierbaren« Inhalt, sowohl im Moment seiner Entstehung als auch in seiner Beziehung zur Zukunft. Vergleichbar mit das Archivieren ist der dogmatische Herstellungsprozess bedingt durch ihre Formen ein performativer, Fakten produzierender Akt[161]: Was nicht in eine dogmatische Wissensform passt, damit dogmatisch nicht relevant ist, wird in der Rechtspraxis nicht bzw. nur mit erhöhtem Aufwand verarbeitet und tendenziell rechtlich nicht abgestützt und begleitet. In den Momenten, in welchen Wirklichkeit im Recht verarbeitet wird, das heißt vor allen Dingen in Momenten der Rechtsanwendung, aber auch der Gesetzgebung, muss sie sich an dogmatischen Wissensformen bewahrheiten und wird sie zum Heimspiel der Dogmatik. Die dogmatische Wissensform und die mit ihr einhergehende Selektion, was gespeichert und als relevant akzeptiert oder als Singularität verworfen wird, prägen die Sicht der Rechtspraxis auf Wirklichkeit. Dogmatische Wissensformen bestimmen mit, was das Recht als seine Umwelt (an-)erkennt.[162]

Neben der Modifikation der kognitiven Möglichkeiten determiniert die sedimentierte Bedeutung der Aussagen praktizierten Rechts auch die normative Erwartung an rechtsrelevantes Handeln und wirkt damit handlungsleitend. Sowohl die kognitiven wie auch die normativen Komponenten dogmatischer Wissensformen entwickeln sich durch die laufende Rechtsanwendung und Mikrovariationen zwar fortlaufend weiter, allerdings in einer strukturell reproduzierenden Art und Weise. Dogmatische Wissensformen haben für die Rechtsanwendung, das heißt für die juristische Entscheidungsfindung und damit für die Ausformung des Gehalts des Rechts, keine lediglich sekundäre Relevanz; die scheinbar nachgelagerte Dokumentation vergangener Rechtsanwendungen, die zu Dogmatik gerinnen, wirken vielmehr auf den Prozess selbst ein, indem sie sowohl die kognitiven wie auch die normativen Horizonte vorzeichnen. Foucaults entlehnte Beschreibung des Archivs als »Gesetz dessen, was gesagt werden kann«, werden die dogmatischen Wissensformen für die Rechtspraxis zum Gesetz dessen, was gesagt werden kann.[163]

161 Vismann, *Akten*, S. 89.

162 Mit Blick auf die Selektionsleistung von Akten, vgl. ebd., S. 26.

163 Augsberg, *Informationsverwaltungsrecht*, S. 168 zitierend Ebeling/Günzel, *Einleitung*, S. 14.

2. Bedingungen des Möglichen

a. Bedingungen des juristisch Möglichen

Indem dogmatische Wissensformen kognitive Möglichkeiten zur Annäherung von Gesetz und Fall bereitstellen, schaffen sie rechtliche Optionsräume für die Rechtspraxis. Mit Hilfe dogmatischer Wissensformen (wie etwa Begriffen, Typologien, Grundsätzen und Regeln), das heißt durch zur Verfügung gestellte systematisch geordnete Wissensbestände, kann derjenige, der eine Rechtsnorm anwenden will, Strukturen und Einzelheiten seines Falls wiederfinden[164] und so Schritt für Schritt im Sinne eines iterativen Vorgangs Rechtsnorm und Fall konstruierend und entwerfend zusammenbringen. Die Wissensspeicher halten fest, wie in einer Vielzahl rechtsanwendungsspezifischer Herstellens-, Entwerfens- und Konstruktionsprozesse eine Rechtsnorm auf eine tatsächliche Konstellation angewendet wurde. Sie sind demnach Routinen des Fragens und Entscheidens, welche Umstände und Informationen als relevant heranzuziehen sind, welcher Konstruktionsprozess des Zusammenbringens sich bewährt hat und wie die einzelnen Konstruktionsschritte aussehen.[165] »Ohne diese Instrumente stünde, wer ein Gesetz auf eine tatsächliche Konstellation anwenden will, vor immer demselben Anfangsproblem: dieses Gesetz im Angesicht der Konstellation zu finden, zu verstehen und es mit der faktischen Konstellation nach und nach zusammenzubringen.«[166] Sie überbrückt das Bedürfnis der Rechtspraxis nach Informationen und gleichzeitiger Beschränkung, nicht jedes Wissen selbst und kleinschrittig entwerfen als auch über einen längeren Zeitraum beobachten zu können, bis es sozial erprobt ist und sich bewährt hat.[167] Indem dogmatische Wissensformen ein solches Wissen bewahren, informieren sie die Rechtspraxis über die aus einer Vielzahl an rechtsrelevanten (und insbesondere rechtsanwendungsspezifischen) Prozessen des Herstellens, Konstruierens und Entwerfens sedimentierte Bedeutung der Aussage praktizierten Rechts und damit die Verständigung über den Gehalt einer Rechtsnorm[168] nicht nur im Sinne der

164 Hassemer, *Dogmatik zwischen Wissenschaft und richterlicher Pragmatik*, S. 7.

165 Hoffmann-Riem, *Methoden einer anwendungsorientierten Verwaltungswissenschaft*, S. 18; Dietrich Murswiek, »Grundrechtsdogmatik am Wendepunkt«, in: *Der Staat*, 45 (2006), S. 473; Hassemer, *Dogmatik zwischen Wissenschaft und richterlicher Pragmatik*, S. 7

166 Hassemer, *Dogmatik zwischen Wissenschaft und richterlicher Pragmatik*, S. 7.

167 Vgl. Teil 3 C. II.

168 Eifert, *Zum Verhältnis von Dogmatik und pluralisierter Rechtswissenschaft*, S. 81.

nachgelagerten Dokumentation, sondern auch im Sinne eines Optionsraums für zukünftiges rechtsrelevantes Konstruieren und zwar auf eine Art und Weise, die dem Bedürfnis nach geordneter und berechenbarer Rechtsanwendung und Gesetzgebung entspricht. Indem Dogmatik die Vielzahl rechtsanwendungsspezifischen Prozessen des Herstellens, Konstruierens und Entwerfens im Prozess der Annäherung von Rechtsnorm und Fall präzise durchanalysiert und zu unterschiedlichen dogmatischen Formen systematisiert, erlaubt sie dem künftigen Rechtsanwender, unter den verschiedenen klar herausgearbeiteten und mit ihren prognostizierbaren Folgen möglichst anschaulich vergegenwärtigten Bausteinen zu wählen und die anderen bewusst und für die anderen Jurist:innen erkennbar auszuschließen, sie neu zu (re-)kombinieren und so Rechtsnorm und Fall schrittweise näherzubringen. Dies gilt auch für die Gesetzgebung, indem Dogmatik Regelungsalternativen für ein Gesetz bereithält. Die dogmatischen Alternativbildungen sind je nach Wissensverdichtungsstand bereits auf ihre widerspruchsfreie Eingliederung in ein Teilrechtsgebiet erprobt. »Die Dogmatik zeigt dem Gesetzgeber, wie sein Regelungsvorhaben in die geltende Rechtsordnung eingepaßt werden kann, welcher Spielraum ihm bleibt angesichts der Gesetze, die er fortgelten lassen will, welche Folgeänderungen sein Gesetzgebungsvorhaben für andere Gesetze erzwingt, und inwieweit seine Gestaltungsfreiheit durch übergeordnetes Recht begrenzt wird.«[169] Dogmatik stellt damit rechtliche Optionsräume bereit.

Indem Dogmatik die rechtsanwendungsspezifische Annäherung zwischen Rechtsnorm und Fall strukturiert – sowohl formal im Sinne des prozesshaften Vorgehens der einzelnen Konstruktionsschritte als auch materiell durch die sedimentierte Bedeutung der Aussagen praktizierten Rechts und insbesondere der in ihr lagernden impliziten Wirklichkeitsannahmen –, wirkt Rechtsdogmatik sowohl für Herangehensweisen als auch für rechtliche wie tatsächliche Konstellationen außerhalb dieser Struktur beschränkend.[170] Sowohl das Konstruktionsgerüst als auch die sedimentierte Bedeutung der Aussagen praktizierten Rechts bewirken zwar ein Reservoir an Wissen und eröffnen damit einen Optionsraum, zugleich wirken sie aber auch beschränkend, indem Dogmatik den »relevanten« Optionsraum auf diesen feststeckt.[171] Sie beschränken so den Möglichkeitsraum für anders gelagerte Konstellationen. Dogmatik definiert damit die »Bedingungen des juristisch

169 Wolfram Henckel, »Rechtsdogmatik und Gesetzgebung in der Gegenwart. Zivilrecht«, in: Okko Behrends (Hg.), *Gesetzgebung und Dogmatik. Die Funktion des Gesetzes in Geschichte und Gegenwart*, Göttingen: Vandenhoeck & Ruprecht 1989, S. 104.

170 Vgl. Murswiek, *Grundrechtsdogmatik am Wendepunkt*, S. 473.

171 Hassemer, *Dogmatik zwischen Wissenschaft und richterlicher Pragmatik*, S. 7.

Möglichen«,[172] was den Ungleichheitsmechanismus der Inklusion in den Blick rückt.

Dogmatik ist für die Inklusion in das System »Recht« zentral: Das, was nicht zu Dogmatik gerinnt, wird in dem Alltag der Rechtspraxis tendenziell nicht als relevant akzeptiert, letztlich nicht herangezogen und fließt in den Ausformungsprozess des Gehalts des Rechts tendenziell nicht ein. Das, was zu Dogmatik gerinnt, eröffnet dann einen rechtlichen Optionsraum, bestimmten faktischen Handlungs- und Entwicklungsmöglichkeiten nachzugehen. Dogmatische Wissensformen strukturieren nicht unmittelbar und auch nicht im Sinne eines zwingenden Zusammenhangs die Relation zwischen Person und System und damit die Frage der Inklusion einer Person in das System Recht, sondern mittelbar und kontingent in den und durch die dogmatischen (sekundären) Strukturbildungen, indem sie bestimmte Anschlussmöglichkeiten präferieren und darüber hinaus – je nach Grad des Wissensverdichtungsstands – sogar nur für bestimmte Konstellationen überhaupt anschlussfähig sind und damit strukturieren, was rechtlich möglich ist. Für das Recht werden die Inklusionschancen einer Person damit nicht unmittelbar über die *properties* einer Person bestimmt, was bedeutet, dass »Ungleichheit durch Recht« nicht unmittelbar auf leicht erkennbare und messbare Ressourcen wie etwa das Sach- und Geldvermögen zurückgeführt werden kann, aber auf eine mittelbare Strukturierung über die dogmatische Modifikation rechtlicher und schließlich faktischer Optionsräume.

Das, was zu Dogmatik gerinnt, gewinnt in der Beobachtung durch Recht an Bedeutung, was dann wiederum verstärkt in die dogmatische Strukturbildung durch Rechtsanwendung einfließt. Indem dogmatische Wissensformen für die Konstellationen künftig zu entscheidender Fälle die Struktur und den Gehalt derjenigen Rechtsnormen besser sichtbar machen, die auf diese Konstellationen passen, erleichtern dogmatische Wissensformen nicht nur die Annäherung von Rechtsnorm und Fall und die Begründung von Fallentscheidungen,[173] sie *kanalisieren* rechtliches Handeln. Akteure der Rechtspraxis suchen diejenigen Kategorien (*action settings*) auf, in denen sie ihre Intentionen verwirklichen können (etwa die Intention der aktiv-kreativen Rechtssystemnutzung[174] durch Rechtsanwält:innen, um die ökonomischen Interessen der Mandant:innen bestmöglich zu realisieren); und gleichzeitig beeinflusst die Struktur der dogmatischen Kategorie die verfolgbaren rechtlichen Möglichkeiten (und letztlich mittelbar die faktischen Möglichkeitsräume),[175] die dann

172 Luhmann, *Rechtssystem und Rechtsdogmatik*, S. 19; Boulanger, *Die Soziologie juristischer Wissensproduktion*, S. 184.

173 Teil 2 D. II. 3. d.

174 Schmidt-Aßmann, *Das allgemeine Verwaltungsrecht als Ordnungsidee*, S. 5.

175 Vgl. Weiß, *Soziologie globaler Ungleichheiten*, S. 194.

wieder verstärkt in die dogmatische Strukturbildung einfließen. Diese Verschleifung erinnert an eine *self-fulfilling prophecy*, deren Ursache in der bewirkten strukturellen Passung liegt. Je nach Grad der Verfestigung und Stabilität einer dogmatischen Wissensform wirkt sie nicht nur kanalisierend für rechtsrelevantes Handeln im Sinne einer faktischen Leitfunktion,[176] sondern entfaltet einen faktischen Anschlusszwang.

b. Bedingungen des faktisch Möglichen?

Dabei erleichtern dogmatische Wissensformen nicht nur das Auffinden und Verstehen einer Rechtsnorm, sondern auch das Auffinden, Verstehen und Selektieren der maßgeblichen tatsächlichen Umstände, indem sie eine implizite Grundannahme der Wirklichkeit transportieren. Dogmatische Wissensbestände verhelfen nicht nur in Richtung der Rechtsnorm, um deren Strukturen und Aussagegehalt zu verstehen und insbesondere sichtbar zu machen, sondern auch in Richtung der tatsächlichen Konstellationen und deren Strukturen. Dogmatische Wissensbestände sind nicht lediglich »Konkretisierungen des Gesetzes«, dessen Aussagegehalt künftig erwartet werden darf, sondern ebenso »Konkretisierungen« der faktischen Konstellationen, die erwartet werden dürfen. Sie stabilisieren die Grundannahmen über die Wirklichkeit in der Gesellschaft, erstmal unabhängig davon, ob es sich um eine verzerrte oder dysfunktionale Grundannahme handelt. So wie in einer komplexen Rechtsordnung ein durchsichtiges und wohlgeordnetes dogmatisches System die in ihr lagernden Wissensbestände leicht zugänglich macht, gilt dies auch in Richtung einer komplexen außerrechtlichen Umwelt.

Tatsachen werden vom Recht permanent benötigt[177] und zugleich einfach vorausgesetzt, ohne ihre Verarbeitung wie Konstruktion zu beleuchten.[178] Der Prozess der Verarbeitung der zugrundeliegenden konkreten Tatsachen im Rahmen der Rechtsanwendung ist nicht ein rein

176 Zum Steuerungspotenzial einer gefestigten Rechtsprechung, Mehrdad Payandeh, *Judikative Rechtserzeugung. Theorie, Dogmatik und Methodik der Wirkungen von Präjudizien*, Tübingen: Mohr Siebeck 2017, S. 478 ff.; Schönberger, *Höchstrichterliche Rechtsfindung und Auslegung gerichtlicher Entscheidungen*, S. 319 und ihre Schnittmenge zur Dogmatik, Hassemer, *Dogmatik zwischen Wissenschaft und richterlicher Pragmatik*, S. 8 ff.

177 Vgl. Wolfgang Hoffmann-Riem, *Innovation und Recht, Recht und Innovation. Recht im Ensemble seiner Kontexte*, Tübingen: Mohr Siebeck 2016, S. 54 ff.

178 Vgl. *K. F. Gärditz* Beitrag in der Podiumsdiskussion Franz Merli u.a., »Corona als Motor: Transformation und öffentliches Recht. Podiumsdiskussion«, in: Vereinigung der Deutschen Staatsrechtslehrer (Hg.), *Staat und Gesellschaft in der Pandemie. Berichte und Diskussionen auf der Sondertagung*

deklaratorisches Abbild einer (vermeintlich) außerjuridischen Wirklichkeit, sondern konstitutives Element des Entscheidungsfindungsprozesses und der Dogmatik.[179] Dogmatische Wissensformen präformieren die Bedingungen, unter denen ein bestimmtes Tatsachenwissen (an-)erkannt wird, welches dann im rechtlichen Prozess weiterverarbeitet wird, um letztlich wieder als (vermeintlich) außerjuridische Wirklichkeit in Bezug genommen zu werden.[180] Tatsachenwissen ist der Dogmatik nur scheinbar äußerlich, vielmehr wird es durch Dogmatik mitkonstruiert. Das durch dogmatische Wissensformen (an-)erkannte Tatsachenwissen ist von einer Grundannahme, wie Wirklichkeit ist, betroffen.[181] Je nach – ihrerseits perspektivenabhängigen[182] – Realitätsannahme ergeben sich unterschiedliche Möglichkeiten in der Wahrnehmung und Verarbeitung von Informationen, die sich dann im Zuge der Vielzahl an Wiederholungen in den Tiefschichten des dogmatischen Gedächtnisses ablegen und bestimmte Wirklichkeiten reproduzieren, indem die Wirklichkeitsannahmen mit bestimmten Anschlusszwängen und -möglichkeiten der weiteren Wissensverarbeitung einhergehen. Aufgrund der durch eine Vielzahl an Wiederholungen erfolgten Tradierungen ist die Grundannahme, wie Wirklichkeit ist, dann »in der Welt und niemand vermag zu sagen, wie es dort hingekommen ist, außer durch ständiges Wiederholen.«[183]

Trotz der Zentralität von Tatsachen und Tatsachenwissen im Recht fällt auf, dass die rechtswissenschaftliche Literatur insbesondere zu Dogmatik den Prozess der Wahrnehmung und Verarbeitung von Wirklichkeit nicht als integralen und konstitutiven Bestandteil des

der Vereinigung der Deutschen Staatsrechtslehrer in Wien am 9. April 2021, Berlin, Boston: De Gruyter 2021, S. 181.

179 Klaus Ferdinand Gärditz, »Die gerichtliche Kontrolle behördlicher Tatsachenermittlung im europäischen Wettbewerbsrecht zwischen Untersuchungsmaxime und Effektivitätsgebot«, in: *Archiv des öffentlichen Rechts*, 139: 3 (2014), S. 336; Hans Kelsen, *Reine Rechtslehre*, Wien 2009, S. 244.

180 Augsberg, *Die Normalität der Normativität*, S. 428.

181 Zur Verflechtung von Wissen und Recht, Alexander Somek (Hg.), *Wissen des Rechts*, Tübingen: Mohr Siebeck 2018; Augsberg, *Informationsverwaltungsrecht*. Zur juristischen Konstruktion von Tatsachen vgl. insbes. Karl-Heinz Ladeur, »›Legal Knowledge‹ - zur rechtlichen und instituionellen Verfassung des Wissens«, in: Ino Augsberg und Gunnar Folke Schuppert (Hg.), *Wissen und Recht*, Baden-Baden: Nomos 2022; zur historischen Herleitung der normativen Konstruktion von Tatsachen vgl. insbes. Barbara J. Shapiro, *A culture of fact. England, 1550-1720*, Ithaca, London: Cornell University Press 2000.

182 Vgl. Gärditz, *Das Steuerungspotenzial der Rechtsprechung*, S. 214; Andreas Voßkuhle, »Expertise und Verwaltung«, in: Hans-Heinrich Trute u.a. (Hg.), *Allgemeines Verwaltungsrecht - zur Tragfähigkeit eines Konzepts*, Tübingen: Mohr Siebeck 2008, S. 649 ff.

183 Vismann, *Akten*, S. 89 f.; Teil 3 C. III. 3.

Rechtsentscheidungsprozesses und erst recht nicht der Dogmatik selbst begreift.[184] Schwierigkeiten und mögliche Verzerrungen werden im Prozess der Verarbeitung des Tatsachenwissens als fallspezifische Effekte begriffen beziehungsweise auf fallspezifische Umstände zurückgeführt (etwa im Polizeirecht im Bereich der Gefahrenermittlung). Sie gehen jedenfalls nicht auf das Bestehen oder Nichtbestehen präskriptiver Strukturen der Mustererkennung dogmatischer Wissensformen zurück, die die Wahrnehmung (bzw. Nichtwahrnehmung) von Informationen anleitet und filtert. Ein möglicher Erklärungsansatz der fehlenden Reflektion der Verarbeitung eines bestimmten Ausschnitts an Tatsachenwissen und der Bedingtheit der tatsächlichen Umstände einer rechtlichen Aussage liegt in der Verkürzung um das vermeintlich Außerjuridische, das in der dogmatischen Wissensform nicht artikuliert wird und damit nicht sichtbar ist, gleichwohl in ihren Strukturen enthalten ist, weiter bewahrt wird und auf den Herstellungsprozess zurückwirkt. Dogmatische Wissensformen prozessieren die vermeintliche Trennung des Rechts von der Wirklichkeit.[185] Dabei haben die dogmatischen Wissensformen an der Herausbildung von Wirklichkeitsannahmen einen zentralen Anteil, indem der in der dogmatischen Wissensform bewahrte spezifische Ausschnitt der Wirklichkeit die weitere Informationsverarbeitung im Entscheidungsfindungsprozess und der Rechtserzeugung anleitet. Sie stellen damit eine Realität eigener Art her.[186] Wenn überwiegend nur in der Rechtswelt ist, was dogmatisch aufgrund der Wirklichkeitsannahmen verarbeitet werden kann, dann wird im weiteren Verlauf auch nur das rechtlich abgestützt und begleitet,[187] was sich an der Dogmatik bewährt hat. Mit der dogmatischen Operationsweise legt das Recht seine eigene Wahrheit über die Wirklichkeit an. Das, was zu Dogmatik gerinnt (oder vor dem Hintergrund des aktiven Prozesses treffender: das, was »dogmatisiert« wird), materialisiert sich faktisch. Die rechtseigene Wirklichkeit ist dann das, was in einer dogmatischen Wissensform zu finden ist. Dogmatik ist damit ein performativer faktenschaffender Akt sozialer Praxis. Um diese dogmatische Wirklichkeit, die allein aufgrund ihrer spezifischen kognitiven Selektivität kein Abbild der außerrechtlichen Welt ist, zu entkräften, muss man von da an mit erhöhtem Argumentationsaufwand darlegen, dass Dogmatik und die implizite Annahme der außerrechtlichen Welt nicht übereinstimmen. Dogmatik verschiebt damit die Argumentationslast und entfaltet eine Vermutungswirkung dahingehend, dass die Grundannahme der Wirklichkeit, die sich über einen längeren Zeitraum auch bewährt hat, damit überzeugend und richtig ist.

184 Ausnahme hiervon insbes. Müller/Christensen, *Juristische Methodik Bd. I.*
185 Vgl. Vismann, *Akten*, S. 8.
186 Vgl. ebd., S. 26.
187 Zu den gesellschaftlichen Selbstorganisationsprozessen, vgl. Teil 1 B. V.

Mit Blick auf Ungleichheit folgt hieraus Unterschiedliches. Wenn Ungleichheit in der Rechtswelt kein oder (insbesondere im Vergleich zu Freiheit und der ihr zugrundeliegenden Annahme, dass im Raum der Freiheit vermeintlich Gleiche ihre Interessen verfolgen und ihre Angelegenheiten lediglich auf dem Boden formaler Rechtsgleichheit und mit dem Mittel der Privatautonomie regeln können, die größte Bedrohung für die Freiheit des Einzelnen vom Staat ausgeht und nicht etwa von den tatsächlichen Umständen, die in der gesellschaftlichen Sphäre selbst wurzeln, etwa die Umstände des Arbeitsleben, Infrastrukturabhängigkeiten, Geschlechterverhältnisse, Oligopolstrukturen von Unternehmen, Medienmacht oder eben auch Vermögensungleichheit)[188] nur am Rande ein Thema zu sein scheint, verweist dies unter anderem auch auf die Prozesse dogmatischer Wissensgenerierung, die dafür zentralen Speichermedien dogmatischer Wissensformen und die in ihren Strukturen lagernden als präskriptive Mustererkennung wirkenden vertypten Realitätsannahmen. Dies rückt den dogmatischen Wissensformenbildungsprozess näher in den Blick.[189] Die strukturell bedingte Verschiebung der Argumentationslast enthält dann ein besonderes Gewicht, wenn Recht auf tatsächliche Zusammenhänge trifft, die aus unterschiedlichen Gründen komplex sind, etwa bei dem Phänomen der Ungleichheit aus normativen Gründen des Umgangs oder ihrer Steuerbarkeit.[190] Dies verstärkt dann die Dogmatik immanente Tendenz zur Verfestigung und Verselbstständigung.

3. Anschlusszwänge

a. Anschlusszwänge an das bereits rechtlich Vorhandene

Das Fruchtbarmachen dogmatischer Wissensformen unterliegt allein vor dem Hintergrund, dass dogmatisches Wissen aus einer Vielzahl rechtsrelevanten (und insbesondere rechtsanwendungsspezifischen) Prozessen des Herstellens, Konstruierens und Entwerfens fließt, einer angelegten Tendenz der Verfestigung des rechtlich Vorhandenen und Vorentschiedenen, unabhängig davon, ob sich ein gesellschaftlicher, politischer, moralischer oder ökonomischer Kontext geändert hat. Dogmatische Wissensformen halten einen bestimmten Meinungsstand der Bedeutung der Aussagen praktizierten Rechts fest.[191] Je nach Zuschnitt der dogmati-

188 Lepsius, *Problemzugänge und Denktraditionen im Öffentlichen Recht*, S. 68.

189 Vertiefend Teil 3 D.

190 Vgl. Einleitung A. und B.

191 Vgl. Matthias Goldmann, »Dogmatik als rationale Rekonstruktion: Versuch einer Metatheorie am Beispiel völkerrechtlicher Prinzipien«, in: *Der Staat*, 53: 3 (2014).

schen Wissensform fallen die Art und der Umfang der Dokumentation des Meinungsstands aus. Die Anknüpfung an das rechtliche Vorhandene bewirkt eine Argumentationslastverschiebung zugunsten des Bewährten, da in den »vorgemünzten begrifflichen Formeln schon Richtigkeitsgarantien« gesehen werden.[192] Das Beharrungsmoment ist im Ziel der Sicherung hoher Berechenbarkeit und der Entlastung durch Dogmatik bereits angelegt.[193] Als eine Art Kehrseite der Berechenbarkeit und der Entlastung geht Dogmatik mit dem Erfordernis einer »immer weitergehenden Verfeinerung dogmatischer Unterscheidungen und Regeln einher, die zu stetig wachsenden Wechselkosten führen. Denn ein Wechsel würde diese Arbeit entwerten und wegen der zunächst nur gröberen Vorgaben zumindest vorübergehende Funktionseinbußen mit sich bringen.«[194] Zwar sind rechtliche Innovationen und damit neue rechtliche Optionsräume durch dogmatischen Zugriff möglich, allerdings beschränkt durch und auf die Struktur des dogmatischen Wissensgefüges als Ausdruck der Berechenbarkeits- und Disziplinierungsfunktion. Rechtliche Innovation und Optionsräume sind durch dogmatischen Zugriff damit konsequenterweise auf Weiterentwicklung der grundsätzlichen Struktur des dogmatischen Wissensgefüges limitiert. Die Dogmatisierung (verstanden als aktiver Prozess des zu Dogmatik Gerinnens) ist wie ein weisungsgebundenes Erinnern und Vergessen, eine Art nachträgliche Kontrolle des Kontingenten. Umso häufiger im Rahmen der Rechtsanwendung unter Zuhilfenahme dogmatischer Wissensformen bestimmte Argumentationsstrukturen wiederholt und damit bestätigt werden, desto mehr geraten neue rechtliche Konstruktionen und Konstruktionsschritte unter Rechtfertigungsdruck. Es entstehen folglich Anschlusszwänge an ein bestehendes Gefüge und dessen materielle Gehalte und zwar unabhängig veränderter gesellschaftlicher Bedingungen und damit Anforderungen an das Recht. Diese Anschlusszwänge bewirken Pfadabhängigkeiten, die einerseits Entwicklungsoffenheit und damit die Möglichkeit des Rechts, adäquat auf veränderte Umweltbedingungen zu reagieren, mit Argumentationslast beschweren, und andererseits die in den dogmatischen Wissensformen lagernden vertypten Grundannahmen einer Wirklichkeit, beispielsweise gesellschaftlicher Verhältnisse, zementieren. Mit Blick auf das Phänomen Ungleichheit fällt die Langzeitwirkung[195], oder der *overspill*, der mit Dogmatik einhergeht, auf. Die Relevanz des Phänomens Ungleichheit findet sich in der Dogmatik nicht spiegelbild-

192 Esser, *Möglichkeiten und Grenzen des dogmatischen Denkens im modernen Zivilrecht*, S. 99.

193 Eifert, *Zum Verhältnis von Dogmatik und pluralisierter Rechtswissenschaft*, S. 86.

194 Ebd.

195 Vgl. Brohm, *Kurzlebigkeit und Langzeitwirkung der Rechtsdogmatik*, S. 1086.

lich wieder, was zu erheblichen Schwierigkeiten im rechtlichen Umgang mit Verteilungseffekten und Verteilungsverhältnissen als auch zu (rechtswissenschaftlichen) Fehlbeurteilungen der Relevanz des Phänomens der Ungleichheit führen kann.[196]

b. Anschlusszwänge an die vertypten Grundannahmen der Wirklichkeit

Vergleichbares gilt für die Anschlusszwänge an die vertypten Grundannahmen der Wirklichkeit. Die dogmatischen Wissensformen, in denen die vertypten Realitätsannahmen lagern, gehen mit Anschlusszwängen einher, da tendenziell nur das, was zur vertypten Wirklichkeitsannahme passt, im Rahmen einer Rechtsanwendung verarbeitet wird. Die dogmatischen Wissensformen produzieren so eine Art *overspill*[197]. Indem nur das zu Dogmatik gerinnt, was sich bereits durch eine Vielzahl an rechtsrelevanten (und insbesondere rechtsanwendungsspezifischen) Prozessen des Handelns sozial und historisch bewährt hat und damit als richtig anerkannt wird,[198] werden die dogmatischen Wissensformen zwar im dogmatischen Diskurs weiterentwickelt, allerdings nur selten (zumindest von der Rechtspraxis und in Abhängigkeit von dem Wissensverdichtungsstand einer dogmatischen Wissensform, aber auch von der Rechtswissenschaft) grundsätzlich in Frage gestellt oder angezweifelt, unter anderem auch, weil ein einmal in die Dogmatik inkludiertes Wissen sich so weiterentwickelt,[199] dass es mit erhöhten Wechselkosten etwa in Form von Begründungsaufwand und Argumentationslasten, aber auch in Form von Einbußen in den Bereichen formaler Gleichheit, Konsistenz, Rechtssicherheit und Vorhersehbarkeit einhergehen würde.[200] Dies gilt insbesondere für die nicht artikulierten, aber dennoch dem expliziten Wis-

196 Zu den Effekten der Selbstverstärkung durch historische Bewährung vgl. Eifert, *Zum Verhältnis von Dogmatik und pluralisierter Rechtswissenschaft*, S. 86; Maximilian Herberger, »Rangstufen der Dogmatik«, in: Okko Behrends (Hg.), *Gesetzgebung und Dogmatik. Die Funktion des Gesetzes in Geschichte und Gegenwart*, Göttingen: Vandenhoeck & Ruprecht 1989, S. 76 ff.

197 Vgl. zum Steuerungspotenzial der Rechtsprechung und dem Overspill über gesellschaftliche Akzeptanz und stabilisierte Verwaltungspraktiken, Gärditz, *Das Steuerungspotenzial der Rechtsprechung*, S. 216 f.

198 Herberger, *Rangstufen der Dogmatik*, S. 76 ff.

199 Vgl. zu den Ungleichheitsmechanismen der Inklusion und der Abstandsvergrößerung Teil 1 B. IV. 5.; vgl. zu einer ähnlichen Beschreibung unter dem Begriff des »First-Mover-Vorteils« bei *K. Pistor:* Pistor, *Der Code des Kapitals*, S. 334 f.

200 Eifert, *Zum Verhältnis von Dogmatik und pluralisierter Rechtswissenschaft*, S. 86.

sen zugrundeliegenden vertypten Realitätsannahmen. Sie zur Diskussion oder in Frage zu stellen, geht allein aufgrund ihrer nicht unmittelbaren Sichtbarkeit ebenfalls mit erhöhtem Argumentationsaufwand einher. Die vertypten Realitätsannahmen genießen so teilweise unbewusst über die dogmatischen Wissensformen eine hohe soziale Akzeptanz in der Rechtswelt und stabilisieren die faktischen Richtigkeitsannahmen in der Gesellschaft, obwohl dies aufgrund der kognitiven Selektivität und der präskriptiven Mustererkennung letztlich auf einer verzerrten Wahrnehmung und beispielsweise mit Blick auf das Phänomen der Ungleichheit auf einer dysfunktionalen Wahrnehmung beruht. Letzteres verweist erneut auf den Umgang mit Komplexität bzw. komplexen gesellschaftlichen Phänomenen, für die meist keine praktikablen und erprobten Konzepte zur Verfügung stehen, die alternativ herangezogen werden könnten, zumal dies mit erheblichen Wechselkosten einherginge.

4. Ungleichheitseffekte

Dogmatische Wissensformen sind für den Prozess der juristischen Entscheidungsfindung zentral. Die Speicherung der Vielzahl an rechtsrelevanten, insbesondere rechtsanwendungsspezifischen Prozessen des Konstruierens, Entwerfens und Herstellens ist nicht lediglich Dokumentation des Vergangenen, vielmehr wirkt sie selbst auf den Prozess ein, indem sie ihre epistemischen Horizonte vorzeichnet und bei der Ausformung des Gehalts des Rechts eine zentrale Rolle spielt. Dogmatische Wissensformen modifizieren die operativen Möglichkeiten der Rechtspraxis, gesellschaftliche Selbstorganisationsprozesse abzustützen und zu begleiten. Sie haben damit entscheidenden Anteil an der Realitätskonstruktion, die der juristischen Entscheidung nicht nur zugrunde liegt, sondern von ihr geschaffen wird.

Die dogmatische Modifikation dessen, was rechtlich möglich ist, als auch die Anschlusszwänge an das bereits rechtlich Vorhandene sind im Ziel der Berechenbarkeit und Erwartungssicherheit durch Einheitlichkeit der Rechtsanwendung bereits angelegt. Gleichzeitig führen sie zu einer asymmetrischen Entwicklung von zunächst rechtlichen Möglichkeitsräumen und betreffen damit den Ungleichheitsmechanismus der Abstandsvergrößerung.[201] Er knüpft an die Prozesse an, die nach einer bereits erfolgten dogmatischen Inklusion die weitere Entwicklung der Möglichkeitsräume prägen. Damit sind die Strukturen gemeint, die dazu führen, dass Möglichkeitsräume mit Abstand zwischen ihnen produziert werden und so bereits bestehende Unterschiede in den

201 Vgl. Nassehi, *Die Theorie funktionaler Differenzierung im Horizont ihrer Kritik*, S. 112 f.; vgl. Teil 1 B. IV. 5.

Möglichkeitsräumen weiter verstärkt werden. Sobald etwas zu Dogmatik gerinnt (bzw. »dogmatisiert« wird), wird es im Alltag der Rechtspraxis tendenziell als relevant akzeptiert, letztlich vermehrt herangezogen und fließt vermehrt in den Ausformungsprozess des Gehalts des Rechts ein. Die dogmatisch bedingten Optionsräume des Rechts entwickeln sich durch die Anschlusszwänge an das bereits Vorhandene mit Abstand zu denjenigen rechtlichen Optionsräumen, die entweder noch nicht oder nicht im dogmatischen Diskurs aufgegriffen wurden. Die dogmatisch abgesicherten rechtlichen Optionsräume führen zu einer Bündelung von Vorteilen oder Nachteilen in der Entstehung und Vervielfältigung von rechtlichen Möglichkeitsräumen zur Verfolgung bestimmter Handlungsziele bzw. zum Nachgehen faktischer Möglichkeiten. Die dogmatisch bedingte Abstandsvergrößerung ist für die Ungleichheitsgenese zentral, da sie nicht nur punktuell entsteht, sondern sich strukturell verfestigt und reproduziert.

Diese ungleichheitsrelevanten Effekte der Inklusion und Abstandsvergrößerung sind Kehrseite der Unsicherheitsabsorption durch Dogmatik und damit der Funktionsgewährleistung der Erwartungssicherung durch Recht für gesellschaftliche Selbstorganisationsprozesse. Damit Dogmatik zugleich die prozessualen Bedingungen für das Recht schafft, sich für das Neue und Unbekannte zu öffnen, ist es zunächst erforderlich, dass diese sich zu Mustern verdichtende einseitig interessierte Entwicklung von Möglichkeitsräumen beobachtet werden kann. Diese rückblickende Verdichtung zu Mustern und ihre Beobachtung sind entscheidend, um einen Spielraum für eine angemessene Entscheidung überhaupt zu ermöglichen. Dies erfordert eine Distanz, die nur mit dem Wechsel von Teilnehmer- zu Beobachterperspektive einhergehen kann. Die aktuelle Ausgestaltung der Dogmatik verhindert allerdings eine solche Distanz und führt zu einer dogmatikimmanenten Beschränkung in der Wahrnehmung und Verarbeitung von Informationen, die außerhalb der Sphäre der Rechtsdogmatik stehen. Es entstehen blinde Flecken.

Die fehlende Distanz zur Teilnehmerperspektive bricht nicht nur eine Reflexion über die Effekte der Abstandsvergrößerung und Inklusion ab, sondern auch über den Einfluss der Rahmenbedingungen.[202] Fragen nach der Bedingtheit durch außerrechtliche Faktoren sind in der Struktur der rechtsdogmatischen Perspektive, die auf eine ergebnisorientierte und materiell-rechtliche Perspektive ausgerichtet ist, nicht angelegt. Dies bedeutet nicht, dass außerdogmatische und außerrechtliche Faktoren keinen Einfluss auf Dogmatik entfalten. Vielmehr liegen sie ›lediglich‹ außerhalb des dogmatischen Diskursraumes. Ökonomische, politische oder moralische Erkenntnisse sollen nach der Selbstbeschreibung kein ›dogmatisches Gehör‹ finden. Sie stellen jedenfalls kein dogmatisches Argument

202 Vgl. Teil 3 D. V. 2.

dar.[203] Dabei werden die Entstehungs- und Sachverhaltskontexte rechtsrelevanter Handlungen, das heißt die Eigenheiten oder sozialen Tatsachen dieser Kontexte, Informationen, in einer Rechtsanwendung automatisch Teil dessen.[204] Für eine ergebnisorientierte, materiell-rechtliche Dogmatik werden Kontexte nicht nur nicht benötigt, ihre Bedeutung ist so weit wie möglich zu minimieren. Konsequenterweise provoziert Dogmatik selbst keine Nachfrage nach interdisziplinären Beiträgen und fordert diesbezügliche Perspektiverweiterungen ein. *O. Lepsius* fasst diese Trennung folgendermaßen zusammen: ›Juristen behandeln Rechtsprobleme, nicht gesellschaftliche Probleme.‹[205] Problematisch ist die reine Teilnehmerperspektive mit Blick auf die Verengung der Entwicklung von Möglichkeitsräumen durch Abstandsvergrößerung und Inklusion insbesondere vor dem Hintergrund ihrer selbstreferentiellen Funktionsweise, die so sowohl ihre kognitive wie auch normative Struktur selbst herstellt, reproduziert und verfestigt. Die selbstreferentielle Inbezugnahme[206] bewirkt, dass Pfadabhängigkeiten in der Dogmatik, Argumentationszwänge und blinde Flecken von vornherein nicht wahrgenommen werden und konsequenterweise auch nicht kritisch hinterfragt werden können. Der Raum für eine so gelagerte Reflexion ist in der Struktur der Teilnehmerperspektive der Rechtsdogmatik nicht angelegt, mit der Folge, dass sich eine diesbezügliche kritische Reflexion im Vorhinein nicht einstellen kann. Damit können auch kein reflexives oder reflektiertes Lernen und kein reflektierter Wissensaufbau erfolgen.

D. Dogmatische Praktiken: die Wissensproduktion in Interaktionszusammenhängen

I. Einleitung

Die vorangegangene Analyse der dogmatischen Wissens*formen* hat die Wirkung der Form dogmatischer Kategorien als Handlungskanalisierung und -koordinierung in den Blick genommen. Sie hat zeigen können, dass das sich zu Handlungsmustern manifestierende und in dogmatischen Wissensformen gespeicherte Wissen sowohl für die konstitutive Leistung der Rechtsanwendung für die Ausformung des Gehalts des Rechts als auch ihrerseits für die Ausformung der Formen der Dogmatik zentral ist. Die dogmatischen Wissensformen bewirken als

203 Stark, *Über Kritikpotenziale und blinde Flecken der Rechtsdogmatik*, S. 170.
204 Lepsius, *Problemzugänge und Denktraditionen im Öffentlichen Recht*, S. 57.
205 Ebd.
206 Vgl. Teil 3 C. V. 4.

Strukturen bzw. Infrastrukturen für rechtsrelevantes Handeln eine Kanalisierung und Koordinierung rechtsrelevanten Handelns, indem sie den Variationsrahmen der Rechtsinterpretation im Rahmen der Rechtsanwendung (in Abschichtungen; je nach Wissensverdichtungsstand und damit Grad der Etablierung und Stabilität) vorgeben. Dogmatische Kategorien formen die möglichen Handlungen und gestalten dabei nicht nur die rechtlichen Möglichkeitsräume, sondern darüber, inwiefern spezifische, nämlich zur Form passende, gesellschaftliche Selbstorganisationsprozesse abgestützt und begleitet werden. Sie strukturieren so mittelbar die individuellen Handlungskorridore und damit die Spielräume, persönliche Entwicklungsmöglichkeiten unter Zuhilfenahme rechtlicher Strukturen zu verwirklichen. Die unterschiedliche Gestaltung der Handlungskorridore kann sich dann beispielsweise als ungleichheitsrelevant erweisen.

Die Zentralität der Wissensformen, letztlich für die individuellen Entwicklungsmöglichkeiten, rückt den Formungsprozess, das heißt die prozeduralen Stationen des Entstehens des dogmatischen Wissens, und Fragen nach verallgemeinerbaren Stellschrauben und Faktoren der (Aus-)Formung dogmatischer Kategorien in den Fokus. Der Formungsprozess dogmatischer Kategorien umfasst dabei neben der Wissensspeicherung die Wissensproduktion, -distribution und -transformation. Sie stellen die Hintergrundabläufe und regelmäßig die Hintergrundvoraussetzungen dar, die aufgrund des in der dogmatischen Wissensform explizit gehaltenen ergebnisorientierten materiell-rechtlichen Wissens nicht mehr ohne Weiteres thematisierbar sind bzw. thematisiert werden, unter anderem, weil sie nicht sichtbar sind, unbewusst vollzogen werden und angesichts pluralisierter Konstruktionskulturen und Herangehensweisen voraussetzungsvoll zu beschreiben sind. Dies verweist zugleich auch auf die Grenzen einer Untersuchung des Formungsprozesses, da nicht alle Faktoren und Stellschrauben ans Licht gebracht werden können.

Gleichwohl kann eine Perspektive, die den Formungsprozess und die prozeduralen Wissensgenerierungsstationen in den Blick nimmt, zeigen, dass das in – mal mehr, mal weniger feste – Formen gebrachte, institutionalisierte Wissen ein praktisches Wissen ist. Es entsteht durch soziale Praktiken rechtsrelevanten (und insbesondere rechtsanwendungsspezifischen) Herstellens, Entwerfens und Konstruierens durch unterschiedliche Akteure der Rechtspraxis und der Rechtswissenschaft als eine Art Gesamtwerk. Die Betrachtung der prozeduralen Herstellung dogmatischer Wissensformen kann die Relevanz der sozialen Interaktionszusammenhänge für die Handlungskanalisierung durch dogmatische Wissensformen herausstellen. Eine Konzeption der Dogmatik als soziale Praxis kann so zeigen, dass der Formungsprozess dogmatischer Kategorien (und darüber die Gestaltung rechtlicher wie mittelbar faktischer Möglichkeitsräume) ihrerseits durch das Handeln bzw. die sozialen

Interaktionen der Akteure selbst erfolgt und damit die Möglichkeitsräume durch sie selbst produziert werden. Sie ermöglicht es damit, das rekursive Verhältnis von Form und Handlung der vorangegangenen Analyse der Wissens*formen* feingliedriger und realitätsnäher zu beschreiben.

Die Betrachtung der sozialen Interaktionszusammenhänge der Dogmatik macht zum einen die Rolle pluraler Akteure thematisierbar. Die unterschiedlichen Akteure der Dogmatik, einerseits der Rechtswissenschaft und andererseits der Rechtspraxis, haben unterschiedliche Instrumente, Möglichkeitsräume, aber auch Interessen, am Prozess der Ausformung dogmatischer Kategorien mitzuwirken bzw. diese zu gestalten. Allein der differenzierte Blick auf die unterschiedlichen Akteure jeweils der Rechtswissenschaft und Rechtspraxis (das heißt in ihren jeweiligen weiteren Ausdifferenzierungen, etwa in der Rechtswissenschaft in Form der Subdisziplinen und Institute und in der Rechtspraxis etwa in Form der Justiz, Gesetzgebung und Verwaltung) erlaubt nicht nur, die einzelnen Beiträge im Gesamtwerk dogmatischer Wissensformen, sondern vor allen Dingen die spezifischen Eigenrationalitäten, Funktionsvoraussetzungen und eigenen Möglichkeitsräume der Akteure zu benennen. Die Differenzierung der Beiträge im Gesamtwerk nach Akteuren kann so mögliche Stellschrauben und Faktoren der verzerrenden Wirkung dogmatischer Kategorien im Sinne der unterschiedlichen Gestaltung individueller Handlungskorridore für Entwicklung identifizieren.

Die Beschreibung der Dogmatik als soziale Praxis und das Kenntlichmachen der Relevanz sozialer Interaktionen (pluraler) Akteure erlauben es dann, den Blick auf ihre Rahmenbedingungen zu lenken. Eine Perspektive, die die prozedurale Herstellung dogmatischer Wissensformen im Sinne der Mittel der Handlungskanalisierung in den Blick nimmt, kann demnach zum anderen die kontextuelle und damit etwa die soziokulturelle und materielle Bedingtheit von Rechtsanwendung und Dogmatik thematisieren. Der strukturelle Einfluss der kontextuellen Rahmenbedingungen einer Aussage praktizierten Rechts auf den Aussagegehalt selbst und das Festhalten ihrer durch die Rahmenbedingungen strukturierten Bedeutung in dogmatischen Kategorien[207] bleibt dabei oftmals aufgrund des artikulierten ergebnisorientierten, materiell-rechtlichen Wissens unbeobachtet und wird tendenziell nicht, jedenfalls nicht durch Dogmatik, thematisiert. Die kontextuellen (und damit inbegriffen – für Ungleichheit besonders relevanten – materiellen) Rahmenbedingungen, das heißt die materiellen Gegebenheiten der Wirklichkeit, prägen dabei den Handlungskorridor, rechtliche Strukturen zur Verfolgung der eigenen Ziele und Interessen fruchtbar zu machen. Die materiellen Gegebenheiten können rechtsrelevantes (und insbesondere rechtsanwendungsspezifisches) Handeln ermöglichen, unterstützen, optimieren, aber eben

207 Zur Latenzstruktur der Latenzstruktur, Teil 3 C. III. 4.

auch hemmen und verhindern. Sie wirken wie eine Art Weichenstellung, die in den Rechtsbetrieb einfließt und über eine Vielzahl an Rechtsanwendungen zu Dogmatik gerinnt. Die materiellen Gegebenheiten bleiben dabei der Aussage praktizierten Rechts nicht äußerlich, sondern prägen die dogmatischen Praktiken des Entwerfens, Herstellens, Konstruierens und damit die Bedeutung der Aussage praktizierten Rechts, welche dann als Handlungsmuster in der dogmatischen Kategorie festgehalten wird.[208] Die materiellen Gegebenheiten reichen als »Latenzstruktur der Latenzstruktur« damit in die soziale Praxis hinein. Dabei werden soziale Interaktionen nicht zwangsläufig durch das Materielle bedingt; die Sachstrukturen der materiellen Wirklichkeit übersetzen sich weder automatisch noch eins zu eins in die sozialen Strukturen der Dogmatik. Vielmehr entsteht ein Überschneidungsbereich aus sozialer und materieller Dimension. Entscheidend ist dabei weniger, dass ein solcher hybrid sozial-materieller Bereich entsteht, sondern vielmehr, dass er eine auf Dauer gestellte Passung zwischen den dogmatischen Kategorien und den Möglichkeitsräumen bewirkt. Es handelt sich damit nicht lediglich um einen verzerrenden Effekt konkreter materieller Rahmenbedingungen einer einzelnen Rechtsanwendung, die dann Teil einer einzelnen Aussage praktizierten Rechts wird, sondern aufgrund der auf Wiederholung angelegten Latenzstruktur der Dogmatik vielmehr um eine strukturelle Passung und einen strukturellen Passungseffekt. Die Passung geht darauf zurück, dass sich im Laufe der Zeit durch eine Vielzahl rechtsrelevanten (rechtsanwendungsspezifischen) Herstellens, Konstruierens und Entwerfens die materiellen Gegebenheiten dieses Handelns in den dogmatischen Kategorien als struktureller Bestandteil der Bedeutung der Aussagen praktizierten Rechts ablegen. So zeichnen sich beispielsweise als materielle Gegebenheiten die jeweilige Sozialstruktur, in die ein Akteur eingebettet ist, in einer Aussage praktizierten Rechts ab. Im Rahmen des rechtsrelevanten Handelns zeigen sich etwa die materiellen Gegebenheiten der gesellschaftlichen Sozialstruktur in Form der rechtlich verfolgten (und verfolgbaren) Ziele und Handlungsinteressen oder etwa in Form des Geld- und Sachvermögens und des soziokulturell vermittelten Vermögens; die *properties* einer Person, Recht überhaupt zu mobilisieren, wobei die Dimensionen ebenfalls miteinander verknüpft sein können. So ist es beispielsweise naheliegend, dass marktwirtschaftliche Interessen allein aufgrund des finanziellen Anreizes eher rechtlich verfolgt werden als Phänomene der Armut oder Ungleichheit. Akteure, die von Armut und Ungleichheit betroffen sind, sind dagegen mit einer finanziellen Hürde konfrontiert, ihre Interessen rechtlich zu verfolgen. Diese materiellen, außerrechtlichen Rahmenbedingungen, etwa der gesellschaftlichen Sozialstruktur, sind Bestandteil einer Aussage praktizierten Rechts. Sie lagern sich mit

208 Vgl. Abschnitt zur Latenzstruktur der Latenzstruktur, Teil 3 C. III. 4.

der Vielzahl an Rechtsanwendungen in den dogmatischen Kategorien ab. Sie bestimmen so, welche Ausschnitte von Wirklichkeit in der Beobachtung durch Recht an Bedeutung gewinnen und (an-)erkannt werden, welche dann wiederum verstärkt in den Ausformungsprozess einfließen und so wieder für spezifische Wirklichkeiten nur anschlussfähig sind. Diese rekursive Verschleifung beschreibt den Passungseffekt.

Die Handlungskanalisierung und -koordinierung durch die Dogmatik sowohl im Sinne der innerdogmatischen Mechanismen (wie etwa der Pfadabhängigkeiten; im Sinne der Bedingungen des Möglichen und der Anschlusszwänge) als auch der nicht-rechtlichen Mechanismen bilden gemeinsam über die sozialen Praktiken des Herstellens, Konstruierens und Entwerfens (institutionalisiert in dogmatischen Wissensformen) die Infrastrukturen der Rechtsanwendung und letztlich des Rechts. Die Beschreibung der Dogmatik als soziale Praxis ermöglicht es, die materiellen Gegebenheiten und ihre handlungskanalisierende Wirkung auf Rechtsanwendung nicht als etwas außerhalb des Rechts Stehendes zu beschreiben, sondern als integralen Bestandteil der Dogmatik.

Eine solche Perspektive erlaubt es dann, die Anforderungen an die Qualität der Dogmatik als handlungskanalisierendes Annäherungsprogramm von Fall und Rechtsnorm realitätsnäher zu formulieren. Die Berücksichtigung der Rahmenbedingungen, etwa der materiellen Gegebenheiten, kann nicht lediglich einem außerrechtlichen (Verantwortungs-) Bereich überlassen werden. Sie sind als Funktionsvoraussetzungen einer entwicklungsoffenen und damit gelungenen Handlungskoordinierung durch Dogmatik zu thematisieren. Ob und wie dann mit beispielsweise ungleichheitsrelevanten Rahmenbedingungen (etwa den *properties* einer Person) normativ umzugehen ist, hängt dann von dem gewählten normativen Zugriff ab. Die Berücksichtigung der Rahmenbedingungen ist dann (auch, aber eben nicht nur) eine normative Frage, die zunächst von der Frage der Berücksichtigung der Funktionsvoraussetzungen zu trennen ist.

II. Die Rolle instituierter Praktiken dogmatischen Entwerfens, Konstruierens und Herstellens

1. Ein Perspektivwechsel: vom Werk zum Entwerfen – der Zentralitätsverlust dogmatischer Wissensformen

Die dogmatische Wissensform hat eine wichtige Stellung im rechtspraktischen Gefüge, insbesondere im Rahmen der Rechtsanwendung (und darüber bei der Ausformung des Gehalts des Rechts). Sie ist ein zentrales Medium in der Gewährleistung rechtsstaatlicher Bindung durch

Rechtsanwendung als auch der Ermöglichung von Kontrolle.[209] Die in der Form explizit gehaltene ergebnisorientierte, materiell-rechtliche Bedeutung der Aussagen praktizierten Rechts ist der erste Anknüpfungspunkt zur Annäherung von Rechtsnorm und Fall als auch Anknüpfungspunkt gerichtlicher Kontrolle. Dogmatische Wissensformen gehen mit einer in der Funktion der Dogmatik angelegten und demnach intendierten handlungskanalisierenden Wirkung für künftiges rechtsrelevantes (und insbesondere rechtsanwendungsspezifisches) Entwerfen, Konstruieren und Herstellen einher, indem sie den Variationsrahmen feststecken. Abgesehen von den intendierten Wirkungen dogmatischer Wissensformen sind sie mit Blick auf die nicht-intendierten Wirkungen der Strukturierung von Handlungszusammenhängen in Form der identifizierten Pfadabhängigkeiten und Modifikationen der Möglichkeitsräume nicht ohne Ambivalenz. Die Bedeutung dogmatischer Wissensformen, sowohl vor dem Hintergrund der intendierten wie nicht-intendierten Wirkungen, ist für die Kanalisierung rechtsrelevanten (und insbesondere rechtsanwendungsspezifischen) Handelns und damit zugleich für die Kanalisierung dogmatischen Entwerfens, Herstellens und Konstruierens von zentraler Bedeutung.

Die Entstehung dogmatischer Wissensformen durch dogmatische Praktiken, ihre konstitutive Rolle für Wissensformen als auch für die intendierten wie nicht-intendierten Wirkungen werden dabei leicht übersehen, allein weil dogmatische Praktiken oftmals unbewusst stattfinden und darüber hinaus nicht von zentraler Stelle als feste Momentaufnahme beobachtet werden können, sie damit weniger greifbar sind als die in Einheiten gefassten und damit zumindest für einen Moment feststehenden dogmatischen Kategorien. Dabei basiert das strukturierende Wissen dogmatischer Wissensformen auf Praktiken des Entwerfens, Herstellens und Konstruierens.[210] Es sind die Praktiken, die im Zusammenspiel mit den dogmatischen Wissensformen entscheiden, was als dogmatisches Wissen fortwirken kann. Der Zentralitätsverlust dogmatischer Wissensformen ist dabei eine Facette der sozialen Praktiken. In ihnen wird der weitere Verlauf dogmatischen Wissens vorgeprägt, wenn nicht sogar vorgeschrieben. Die dogmatischen Praktiken des Entwerfens, Konstruierens und Herstellens konstituieren den Bedeutungsgehalt dogmatischer Wissensformen und sind über ihre Formfassung zentral für die Rechtsanwendung und die Ausformung des Gehalts des Rechts. Praktiken und Wissensformen bilden eine gemeinsame Matrix, die das dogmatische Entwurfsgeschehen, damit den Ausformungsprozess des Bedeutungsgehalts einer dogmatischen Wissensform und schließlich den

209 Vgl. Kahl, *Wissenschaft, Praxis und Dogmatik im Verwaltungsrecht*, S. 92.
210 Zur Dogmatik als soziale Praxis, vgl. etwa Lepsius, *Kritik der Dogmatik*, S. 41; Voßkuhle, *Neue Verwaltungsrechtswissenschaft*, Rn. 6.

rechtsanwendungsspezifischen Entscheidungsfindungsprozess prägen. Die konstituierende Dimension dogmatischer Praktiken liegt dabei in dem präfigurierenden Effekt einmal erstellter Darstellung, der nachfolgenden Beobachtung und den damit eventuell einhergehenden, neu erstellten und überarbeiteten Darstellungen. Die zentrale Bedeutung dogmatischer Wissensformen für die Handlungskanalisierung gründet auf den dogmatischen Praktiken, die die Gestalt und den Gehalt dogmatischer Wissensformen erst hervorbringen (2.).

Der Zentralitätsverlust dogmatischer Wissensformen erfolgt dabei nicht nur aufgrund eines näheren Blicks »hinter die Kulissen« der Ordnung dogmatischer Wissensformen auf die instituierenden Praktiken, sondern auch vor dem Hintergrund der Grenzen ihrer Fähigkeit zur Handlungskanalisierung in Anbetracht der ungewissen Lebensverhältnisse, und der daraus resultierenden unablässigen Veränderungen konkreter Anforderungen an das Recht und Rechtsanwendung, und die Frage, wie dogmatische Wissensformen aussehen müssten, um eine gelungene Anleitung zur Annäherung von Fall und Rechtsnorm bereitzustellen. Diese Ungewissheit, letztlich basierend auf den unablässig Neuerungen hervorbringenden gesellschaftlichen Selbstorganisationsprozessen, verdeutlicht die illusionäre Vorstellung sowohl vollständiger Determinierung des Bedeutungsgehalts einer dogmatischen Wissensform als auch eines vollständigen Explizithaltens allen Wissens. Vielmehr erfordert sie unbestimmte dogmatische Wissensformen, die einen variablen Erfahrungskontext (etwa durch Dekontextualisierung und Vertypung) bereitstellen, um so neue Informationen, die sie selbst nicht vorwegnehmen können, aufnehmen und operationalisieren zu können. Diese Abstraktheit dogmatischer Wissensformen wirft per se Fragen nach der Fähigkeit zur Handlungskanalisierung auf. Die dogmatikeigene Wissensproblematik zwischen der dogmatischen Wissensform und ihrem Entwerfen, Konstruieren und Herstellen, also die kognitive Grenze, antizipieren zu können, wie eine dogmatische Wissensform aussehen muss, um zukünftig gelungen Fall und Rechtsnorm anzunähern, rückt den Blick erneut weg von der dogmatischen Wissensform hin zu den instituierten dogmatischen Praktiken, die als eine Art Wissensgenerator oder epistemisches Verfahren durch das Entwerfen selbst das nötige Wissen produzieren und den Akteuren der Dogmatik bereitstellen (3.).

Dass die Gestalt und der Gehalt dogmatischer Wissensformen dabei weder von zentraler Stelle der dogmatisch arbeitenden Rechtswissenschaft noch von zentraler Stelle der Rechtspraxis antizipiert und damit Dogmatik-inhärente Wissensproblematik ebenfalls nicht antizipierend und zentral gelöst werden kann, verweist auf die dezentrale und plurale dogmatische Wissensproduktion. Das dogmatische Wissen wird durch eine Vielzahl pluraler Tatbeiträge pluraler Akteure dezentral durch dogmatische Praktiken produziert. Insofern werden sowohl die Vorstellungen einer dogmatischen Wissensform, die gelungen Rechtsnorm und Fall annähert, wie auch die dogmatischen Entwurfs-, Konstruktions- und Herstellungskulturen (jedenfalls im Prinzip) dezentriert. Die dezentrale und plurale Wissenserzeugung ist ein weiterer Grund des Zentralitätsverlusts dogmatischer Wissensformen.

Der Zentralitätsverlust dogmatischer Wissensformen erzeugt vor dem Hintergrund der Bedeutung dogmatischer Wissensformen für die Gewährleistung rechtsstaatlicher Bindung, formaler Gleichheit, Konsistenz und Erwartungssicherung Unbehagen. Auf einen ersten Blick scheint er die Leistungsfähigkeit des dogmatischen Systems für die Rechtspraxis in Frage zu stellen. Entscheidende Kompensation des Zentralitätsverlusts dogmatischer Wissensformen zur Sicherung legitimer Erwartungen an rechtsrelevantes (und insbesondere rechtsanwendungsspezifisches) Handeln sind institutionalisierte Strukturen der dogmatischen Praktiken des Entwerfens, Konstruierens und Herstellens zur Herstellung einer einheitlichen dogmatischen Praxis, die viel mehr zur Herausbildung einer einheitlichen Sichtweise einer gelungenen Annäherung von Fall und Rechtsnorm beiträgt als inhaltlich determinierte (illusionäre) dogmatische Wissensformen. Die gemeinsamen, über eine Vielzahl an Wiederholungen eingeübten Praktiken vermitteln letztlich über ihre Qualität als strukturelles Verfahren des Entwurfs einen sich im Prozess entwickelnden, abgesteckten Rahmen,[211] der viel präziser eine bestimmte Handlungsorientierung und -kanalisierung bewirkt als das in einer Form artikulierte, abstrakt gehaltene Wissen der Bedeutung der Aussage praktizierten Rechts, zum einen aufgrund der Vagheit der Sprache, aber auch des spezifischen Inhalts im Sinne eines dekontextualisierten und vertypten Wissens. Die instituierten Praktiken tragen zu einer einheit lichen Entwicklung von Dogmatik und (rekursiver) Rechtsanwendung bei, die dann ihre Funktion im Sinne der Gewährleistung der Rechtssicherheit, formaler Gleichheit und Konsistenz (und damit eine mehr oder weniger einheitliche Sichtweise auf die Bedeutung des Gehalts des Rechts) garantieren. Die Bedeutung der instituierten Praktiken dogmatischen Herstellens, Konstruierens und Entwerfens sowohl durch Akteure der Rechtspraxis als auch der Rechtswissenschaft ist für die gleich*mäßige* und gleich*förmige* Ausarbeitung der Bedeutung der Aussagen praktizierten Rechts nicht zu überschätzen. Dies verweist auf die Ausbildung institutioneller Strukturen beispielsweise durch die rechtswissenschaftliche Ausbildung oder am Gericht, um die Voraussetzungen der Erfahrung, routinisierter Abläufe und Übungen zu schaffen.

211 Zur gleichzeitigen Maßstabsbildung, vgl. Teil 3 C. V.

2. Praktiken dogmatischen Entwerfens als Bedeutungskonstitution

Die dogmatische Wissensform, die die sedimentierte Bedeutung der Aussagen praktizierten Rechts explizit hält, strukturiert als eine Art Variationsrahmen die Annäherung von Fall und Rechtsnorm und vermittelt eine relative Bindung künftigen rechtsrelevanten (insbesondere rechtsanwendungsspezifischen) Handelns. Dabei wird das explizit gehaltene Wissen in den Prozessen rechtsrelevanten Handelns und mitgedacht in den Prozessen dogmatischer Praktiken des Entwerfens, Herstellens und Konstruierens erarbeitet und hergestellt.[212] Es gründet demnach auf dogmatischen Praktiken. Der Bedeutungsgehalt einer dogmatischen Wissensform wird nicht durch die symbolische Form, sondern in *wirklichen* Praktiken konstituiert.[213] Dogmatische Wissensformen halten als Bestandteil des Bedeutungsgehalts praktizierten Rechts fest, wie der Annäherungsprozess von Rechtsnorm und Fall in einer Vielzahl von Rechtsanwendungssituationen und, mitgedacht, wie das dogmatische Entwurfsgeschehen erfolgt ist. Im dogmatischen Entwurfsgeschehen sind wiederum die Art und Weise, die Methoden, Techniken und Regeln des Herstellens-, Entwerfens- und Konstruktionsprozesses eingelassen. Die Praktiken sind demnach im artikulierten Wissen einer dogmatischen Form eingelassen, damit Bestandteil dessen, auch wenn sie als »stummes Wissen« nicht artikuliert werden, sondern nur implizit und latent im Moment des Entwerfens in Erscheinung treten.

Wenn das explizit gehaltene Wissen der Dogmatik, also die sedimentierte Bedeutung der Aussagen praktizierten Rechts, in den und durch die dogmatischen Praktiken erarbeitet wird, sie auf ihnen beruht, und diese konstitutive Leistung der Praktiken ernst genommen wird, dann determiniert im strengen Sinne letztlich nicht nur die Bedeutung der Aussagen praktizierten Rechts – das heißt die Latenzstruktur[214] – den Variationsrahmen für rechtsrelevantes Handeln, sondern auch die Praktiken dogmatischen Entwerfens, Konstruierens und Herstellens, das heißt die Latenzstruktur der Latenzstruktur.[215] Der Bedeutungsgehalt einer dogmatischen Wissensform und die dogmatischen Praktiken sind dabei nicht nur kreisförmig miteinander verschleift in dem Sinne, dass aus den Praktiken der Bedeutungsgehalt folgt und der wiederum die Praktiken prägt. Vielmehr bilden sie einen hybriden Bereich des Zusammenwirkens: Die dogmatischen Praktiken konstituieren die Regeln, wie Norm und Fall etwa im Rahmen der Rechtsanwendung einander anzunähern

212 Zu »Instituierte Praktiken und konstituierte Ordnungen«, Vesting, *Legal Knowledge – die kulturwissenschaftliche Perspektive*, S. 94–98.

213 Vgl ebd., S. 94–98.

214 Vgl. Teil 3 C. III. 3. zur Latenzstruktur.

215 Vgl. Teil 3 C. III. 4. zur Latenzstruktur der Latenzstruktur.

sind. Sie erzeugen *in progressu* den normativen Erwartungsstil der Annäherung von Fall und Rechtsnorm, welcher schließlich in dogmatischen Kategorien festgehalten wird. Die dogmatischen Kategorien bilden in ihrem Zusammenwirken eine Ordnung, die wiederum die Praktiken dogmatischen Entwerfens, also den Ausformungsprozess des Bedeutungsgehalts einer dogmatischen Kategorie, durchdringt und von innen heraus strukturiert. Die dogmatischen Wissensformen, mit denen die Praktiken dogmatischen Entwerfens operieren, sind damit zugleich ihr eigenes Produkt.[216] Indem eine dogmatische Wissensform im Rahmen rechtsrelevanten und insbesondere rechtsanwendungsspezifischen Handelns angewendet wird, produziert und – vor dem Hintergrund der Mikrovariationen einer jeden situationsabhängigen Anwendung – reproduziert sie ihren normativen Erwartungsstil als ihr eigenes Produkt, und zwar im dogmatischen Entwurfsgeschehen. Die Akteure der Dogmatik (sowohl der Rechtswissenschaft als auch der Rechtspraxis in ihrem Zusammenwirken) arbeiten demnach im Moment des Entwerfens an der buchstäblichen Realisierung von Gebilden.[217] Dabei übersetzen sich dogmatische Entwurfsgeschehen nicht direkt und unmittelbar in Ausformungs- und Entscheidungsprozesse. Es handelt sich vielmehr um einen dezentralen, auf Dauer angelegten Prozess. Dieser inkrementelle, evolutionäre Prozess hat im Hinblick auf Wissensgenerierung die Stärke eines kontinuierlichen, kleinschrittigen Lernprozesses, der mit Blick auf die Funktion des Rechts für Gesellschaft im Sinne der Gewährleistung der Erwartungssicherung wesentlich ist. »Für langsame und graduelle Veränderungen der gesellschaftlichen Konstellationen reicht sie hin, bei dynamischen und einschneidenden Veränderungen ist sie jedoch überfordert«,[218] was sich

216 Vgl. zur Bedeutungskonstitution des Rechts durch Rechtsanwendung, Luhmann, *Das Recht der Gesellschaft*, S. 306; Somek, *Rechtliches Wissen*, S. 113; am Beispiel des Telekommunikationsrechts Augsberg, *Informationsverwaltungsrecht*, S. 56.

217 Vgl. Karin Krauthausen, »Vom Nutzen des Notierens. Verfahren des Entwurfs«, in: Karin Krauthausen und Omar W. Nasim (Hg.), *Notieren, Skizzieren. Schreiben und Zeichnen als Verfahren des Entwurfs*, Zürich: Diaphanes 2010, S. 9.

218 Vgl. zum »inkrementalen Durchwursteln« demokratischer Prozesse und den Anforderungen, die komplexe gesellschaftliche Selbstorganisationsprozesse an Demokratie stellen, deren inkrementales Verfahren auch nur langsame und graduelle, nicht aber dynamische und einschneidende Veränderungen abstützen kann, Willke, *Dezentrierte Demokratie*, S. 17 f. mit weiteren Verweisen auf finanzökonomische Beschreibungen etwa Jay Forrester, »Understanding the Counterintuitive Behavior of Social Systems«, in: John Beishon und Geoff Peters (Hg.), *Systems behaviour*, London, New York: Harper and Row 1972; Stephany Griffith-Jones, »Counter-cyclicality: The New Consensus, How it Could Be Implemented«, in: Stephany Griffith-Jones u.a.

etwa am rechtlichen Umgang mit der europäischen Staatsschuldenkrise exemplifizieren lässt.[219]

3. Die kognitive Grenze dogmatischer Wissensformen und das epistemische Verfahren der Praktiken des Entwurfs

a. Einleitung

Dass instituierte Praktiken dogmatischen Entwerfens, Konstruierens und Herstellens den Bedeutungsgehalt dogmatischer Wissensformen erarbeiten und so die normativen Erwartungen an künftiges rechtsrelevantes Handeln herstellen wie sichern, verweist auf die Variabilität dogmatischer Wissensformen, die notwendige Prämisse ist, um die Veränderungen des Rechts im Zusammenspiel mit den Veränderungen der Wirklichkeit etwa im Rahmen der Rechtsanwendung zu verarbeiten.[220] Sie müssen notwendigerweise abstrakt sein, um neue Informationen, die sie nicht vorwegnehmen können, in einen bestehenden Erfahrungskontext integrieren zu können. Generalisiert man den Aspekt, dass dogmatische Wissensformen ihren eigenen Bedeutungsgehalt nicht antizipieren können, wirft dies erneut die Frage nach dem Umgang mit Ungewissheit und dem Umgang mit dem inhärenten Wissensproblem auf. Während auf der abstrakteren Ebene des Rechts der Ort des Umgangs mit Ungewissheit aufgrund der dem Recht inhärenten Unbestimmtheit die konstitutive Rolle der Rechtsanwendung ist, die ebenfalls eine Praktik des Konstruierens, Herstellens und Entwerfens ist,[221] markieren für die Wissensordnung der Dogmatik die dogmatischen Praktiken des Entwerfens, Konstruierens und Herstellens den Ort des Umgangs mit der dogmatikeigenen Ungewissheit in Form des ungewissen Variationsrahmens dogmatischer Wissensformen. Das dogmatikeigene Wissensproblem ist zwischen der dogmatischen Wissensform und ihrem Herstellen, Entwerfen und Konstruieren lokalisiert und verweist auf die wissensproduzierende Leistung von Praktiken. Das dogmatische Entwurfsgeschehen[222] stellt

(Hg.), *The Financial Stability Board: An Effective Fourth Pillar of Global Economic Governance?*, Centre for International Governance Innovation 2010; Helmut Willke u.a., *Systemic risk. The myth of rational finance and the crisis of democracy*, Campus 2013.

219 Vgl. Teil 6.

220 Teil 3 C. III.

221 Für eine Übersicht insbes. Trute, *Die konstitutive Rolle der Rechtsanwendung*.

222 Vgl. zum prozeduralen Verfahren des dogmatischen Entwurfsgeschehen Teil 3 D. III.

einen wissensproduzierenden Prozess der Bedeutungsfindung dogmatischer Wissensformen dar, welcher letztlich ein produktiver Umgang mit den kognitiven Grenzen und schließlich mit ungewissen Lebensverhältnissen ist. Dass die soziale Praxis der Dogmatik ein produktiver Umgang mit Ungewissheit ist, ist demnach nicht neu und auch keine für Dogmatik spezifische Eigenheit. Bereits N. *Luhmann* hat allgemein für soziale Prozesse festgehalten, dass die Reduktion von Komplexität und Ungewissheit ein grundlegender Bestandteil sozialer Prozesse ist.[223] Die Lokalisierung des Umgangs mit Ungewissheit auf der Ebene der Dogmatik ermöglicht es, deren Stellschrauben und Faktoren als auch deren Verzerrungen aufgrund dogmatischer Eigenrationalitäten noch konkreter (und vor allen Dingen realitätsnäher) zu beschreiben.

b. Das dogmatikeigene Wissensproblem

Die die Ungewissheiten der Lebensverhältnisse operationalisierende Unbestimmtheit des Rechts geht mit unablässigen rechtlichen Neuerungen einher, die dogmatische Wissensformen dadurch bewältigen, dass der durch sie bereitgestellte Erfahrungskontext variabel ist, um neue Informationen in die bestehenden Erfahrungskontexte integrieren zu können.[224] Dies zeigt sowohl die Grenzen eines umfassenden Explizithaltens allen Wissens wie auch die Grenzen der Handlungskanalisierung allein durch ein in der dogmatischen Wissensform artikuliertes Wissen des sedimentierten Bedeutungsgehalts der Aussagen praktizierten Rechts. Es bedarf eines nicht artikulierten Wissens wie etwa der jeweiligen kontextuellen Umstände oder der erfahrungsbasierten Konstruktionstechniken und -schritte und spiegelbildlich eines artikulierten und dennoch abstrakt gehaltenen Wissens im Sinne der sedimentierten, das heißt dekontextualisierten und vertypten, Bedeutung der Aussage praktizierten Rechts, damit die dogmatische Wissensform variabel die rechtlichen Veränderungen im Zusammenspiel mit den Veränderungen der Wirklichkeit verarbeiten und durch dogmatisches Ordnen, Systematisieren und dogmatische Begriffsbildungen begleiten und abstützen kann. Die Ungewissheit ist damit in die dogmatische Wissensform unaufhebbar eingeschrieben. Sie markiert nicht nur den Normalfall, sondern ist auch produktive Quelle im rechtlichen bzw. rechtsanwendungsspezifischen Umgang mit den Neuerungen hervorbringenden gesellschaftlichen Selbstorganisationsprozessen. Ziel von Dogmatik (und insbesondere dogmatischer Praktiken als Wissensgenerator schlechthin) kann damit nicht sein, dogmatische Wissensformen und das in ihnen artikulierte Wissen in einer

223 Luhmann, *Soziale Systeme*.
224 Vgl. Teil 3 C. III.

umfassenden und schematischen Art und Weise »gewisser«, »eindeutiger« und »konkreter« zu machen oder, allgemeiner gefasst, das »Nicht-Wissen« zielgerichtet in »Wissen« transformieren zu wollen, zumal dies aufgrund begrenzter Erkenntnismöglichkeiten auch nicht möglich ist.

Die Wissensproblematik der Dogmatik hat unterschiedliche Facetten: Zum einen umfasst sie ein Zeitproblem. Akteure der Dogmatik können im Moment des dogmatischen Entwerfens nicht antizipieren, wie eine dogmatische Wissensform aussehen und durch dogmatische Entwurfspraktiken hergestellt werden muss, um gelungen Rechtsnorm und Fall aneinander anzunähern, einerseits weil die künftigen Sachverhalte aufgrund der ungewissen Lebensverhältnisse bedingt durch die Komplexität gesellschaftlicher Selbstorganisationsprozesse unvorhersehbar sind und andererseits weil auch die in Reaktion auf diese gesellschaftlich bedingten Veränderungen des Rechts ebenfalls nicht antizipiert werden können.[225] Dem entworfenen dogmatischen Bedeutungsgehalt liegt damit immer eine gewisse Nachträglichkeit,[226] ein prinzipieller Verzug[227] zugrunde.

Eine weitere Facette des dogmatischen Wissensproblems betrifft das Maßstabsproblem. Die Komplexität gesellschaftlicher Selbstorganisationsprozesse ist so groß, dass diese von keiner zentralen Stelle aus überblickt werden können.[228] Weder Staat noch Wissenschaft lassen sich als einzelne zentrale Stellen benennen, die eine Prognose über mögliche Risiken der die gesellschaftlichen Selbstorganisationsprozesse hervorbringenden Neuerungen, ihre Auswirkungen auf Rechtsgüter, die Wahrscheinlichkeit des Eintritts, die einzusetzenden Mittel, Techniken und Methoden im Umgang mit ihnen als auch die beabsichtigten wie unbeabsichtigten Effekte abgeben können. Erst recht können sie dann keinen darauf aufbauenden dogmatischen Maßstab entwickeln, der die Einzelentscheidung über den Bedeutungsgehalt einer dogmatischen Wissensform vorgibt.[229]

Eine weitere Facette des dogmatischen Wissensproblems markiert das Bewirkungsproblem. Eine dogmatische Wissensform kann nur dann ihre Funktionsgewährleistung der Erwartungssicherung, formalen Gleichheit und Konsistenz bewirken, wenn ein Bedeutungsgehalt von den

225 Allgemein zur Herausforderung des Zeitproblems für das Recht, Arno Scherzberg, »Wissen, Nichtwissen und Ungewissheit im Recht«, in: Christoph Engel u.a. (Hg.), *Wissen, Nichtwissen, unsicheres Wissen*, Baden-Baden: Nomos 2002, S. 122 f.

226 Vgl. Trute, *Die konstitutive Rolle der Rechtsanwendung*, S. 216.

227 Scherzberg, *Wissen, Nichtwissen und Ungewissheit im Recht*, S. 122.

228 Vgl. Augsberg, *Theorien der Grund- und Menschenrechte*, S. 40.

229 Allgemein zur Herausforderung des Maßstabsproblems für das Recht, Scherzberg, *Wissen, Nichtwissen und Ungewissheit im Recht*, S. 123; Trute, *Die konstitutive Rolle der Rechtsanwendung*, S. 219.

unterschiedlichen an dem Ausformungsprozess der Dogmatik beteiligten Akteuren rekursiv aufgegriffen und wiederverwendet wird. Ob und inwiefern Akteure bestimmte Bedeutungsgehalte aufgreifen, kann nicht von zentraler Stelle, wenn überhaupt, dann nur punktuell, antizipiert werden, zumal die jeweiligen Akteure spezielles Erfahrungswissen über den jeweils für sie richtigen Bedeutungsgehalt haben.[230]

Die Akteure der Dogmatik sind im Moment dogmatischen Entwerfens mit einem ungewissen Variationsrahmen dogmatischer Wissensformen und den Facetten des dogmatikeigenen Wissensproblems konfrontiert, nicht antizipieren zu können, wie die dogmatische Wissensform generell entworfen werden müsste, um gelungen als operationalisierende Zwischenschicht zu funktionieren.[231] Dies zeigt an, dass dogmatisches Wissen kein gesicherter Bestand ist, der den Akteuren der Dogmatik einfach zur Verfügung steht und im dogmatischen Entwurfsgeschehen einfach abgerufen werden kann.[232]

An dieser Stelle ist auf eine weitere Facette des dogmatikeigenen Wissensproblems hinzuweisen, die allerdings auf einer Metaebene die Art dogmatischer Wissensgenerierungsprozesse betrifft, und zwar in Form des der Dogmatik zugrundeliegenden kontinuierlichen, kleinschrittigen Lernprozesses, der ›für langsame und graduelle Veränderungen der gesellschaftlichen Konstellationen ausreicht, bei dynamischen und einschneidenden Veränderungen jedoch überfordert ist.‹[233]

c. Das epistemische Verfahren des Entwurfs

Vor dem Hintergrund der Facetten der Wissensproblematik und der Unmöglichkeit, das notwendige Wissen zur Beurteilung der Frage, wie der Bedeutungsgehalt einer dogmatischen Wissensform entworfen werden muss, um als operationalisierende Zwischenschicht Rechtsnorm und Fall gelungen einander anzunähern, an einer einzigen zentralen Stelle so zu akkumulieren, entwickeln sich institutionalisierte Wissensstrukturen. Sie heben die Ungewissheit nicht auf, sondern ermöglichen einen

230 Allgemein zur Herausforderung des Bewirkungsproblems für das Recht, Scherzberg, *Wissen, Nichtwissen und Ungewissheit im Recht*, S. 123 f.

231 Zur Wissensproblematik abstrakt zwischen instituierten Praktiken und konstituierten Ordnungen, Vesting, *Legal Knowledge – die kulturwissenschaftliche Perspektive*, S. 94. Zur Wissensproblem zwischen Rechtsanwendung und Recht, insbes. Trute, *Die konstitutive Rolle der Rechtsanwendung*.

232 Allg. zur Wissensproblematik des Rechts, Ino Augsberg, »Der Staat der Netzwerkgesellschaft - Zur Einführung«, in: ders., *Der Staat der Netzwerkgesellschaft. Karl-Heinz Ladeurs Verständnis von Staat und Gesellschaft*, Baden-Baden: Nomos 2023, S. 13.

233 Vgl. Willke, *Dezentrierte Demokratie*, S. 17 f.; vgl. Teil 4.

produktiven Umgang mit ihr. Für den Bereich der Dogmatik verkörpern die Praktiken dogmatischen Entwerfens diese institutionalisierten Wissensstrukturen. Das dogmatische Wissen wird in einem Prozess dogmatischen Entwerfens immer wieder neu in sozialen Interaktionszusammenhängen[234] generiert.[235] Sie ermöglichen dabei nicht nur auf der Ebene des dogmatischen Systems einen produktiven Umgang mit der dogmatikeigenen Wissensproblematik, sondern darüber auf abstrakterer Ebene der Rechtsanwendung auch einen Umgang mit der Wissensproblematik des Rechts, das heißt einen Umgang mit der Frage, wie der Bedeutungsgehalt einer Rechtsnorm rechtsanwendungsspezifisch erarbeitet werden muss, um gesellschaftliche Selbstorganisationsprozesse gelungen abzustützen und zu begleiten.

Die instituierten Praktiken dogmatischen Entwerfens, Herstellens und Konstruierens stellen ein prozedurales dezentrales Programm dar, das der dogmatisch arbeitenden Rechtswissenschaft wie auch der Rechtspraxis einen strukturierten Verfahrensrahmen für den Ausformungs- und Findungsprozess des Bedeutungsgehalts einer dogmatischen Wissensform (und damit immer mitgedacht den rechtsanwendungsspezifischen Entscheidungsfindungsprozess) bereitstellt. In den mehrstufigen Verfahrensabschnitten eines dogmatischen Entwurfs[236] wird das notwendige Wissen, wie Rechtsnorm und Fall gelungen einander anzunähern sind, also die Herstellung eines Einzelelements auf dem Weg der Ausformung eines Bedeutungsgehalts einer dogmatischen Wissensform, für eine konkrete Situation vor dem Hintergrund eines konkreten Kontextes erarbeitet. Das notwendige Wissen wird im dogmatischen Entwurfsprozess und damit im Findungsprozess des Bedeutungsgehalts dogmatischer Wissensformen vor dem Hintergrund eines konkreten Problems, eines bestimmten Wissensstands, einer spezifischen Perspektive und einer ihnen zugrundeliegenden Modellannahme hergestellt. Es geht bei dem einzelnen dogmatischen Entwurfsgeschehen damit nicht um die Erkenntnis des allgemein richtigen oder allgemein wünschenswerten Bedeutungsgehalts einer dogmatischen Wissensform,[237] sondern um eine konkrete situations- und problembezogene plausible Begründung des situativ erforderlichen Bedeutungsgehalts. Die Praktiken dogmatischen Entwerfens markieren eine Technik, die das Treffen einer Entscheidung über den

234 Vgl. Teil 3 D. III.

235 Allg. zur Wissensgenerierung als »Prozess, in dem das Wissen immer wieder neu in den Praxen der gesellschaftlichen Kommunikation entsteht«, Augsberg, *Der Staat der Netzwerkgesellschaft – Zur Einführung*, S. 13.

236 Vgl. Abschnitt IV.; zum Verfahren des Entwurfs, insbes. die Beiträge in Karin Krauthausen und Omar W. Nasim (Hg.), *Notieren, Skizzieren. Schreiben und Zeichnen als Verfahren des Entwurfs*, Zürich: Diaphanes 2010.

237 Zur Unmöglichkeit eines solchen Vorhabens vor dem Hintergrund der dogmatikeigenen Wissensproblematik, vgl. Teil 2 A. II., Teil 3 D. II. 3. b.

Bedeutungsgehalt einer dogmatischen Wissensform mit Hilfe von Prozeduren und darüber die Produktion des notwendigen Wissens ermöglicht. Dieses dogmatikeigene Verfahren des Entwurfs ist als Wissensgenerator schlechthin produktiver Umgang mit der dogmatikeigenen und darüber hinaus der rechtsspezifischen Wissensproblematik.[238] Zentrale Leistung von Dogmatik ist nicht die Darstellung eines materiell-rechtlichen Ergebnisses im Sinne eines abgeschlossenen Werks, welches die Bedeutung der Aussagen praktizierten Rechts festhält, sondern die wissensproduzierende Dimension der Praktiken des Entwerfens auf dem Weg zu einem »Werk«. Dass es dem einzelnen dogmatischen Entwurfsgeschehen um eine konkrete situations- und problembezogene plausible Begründung des situativ erforderlichen Bedeutungsgehalts geht, ist Ausdruck der möglichst breiten Streuung der Bedeutungsfindungsprozesse in Reaktion auf die gesellschaftliche Komplexität, die Unmöglichkeit, von einer zentralen Stelle aus einen allgemeingültigen Maßstab wie auch das notwendige Wissen bereitzustellen, was schließlich in den Facetten des dogmatikeigenen Wissensproblems zum Ausdruck kommt. Diese Dezentralisierung des Ausformungsprozesses des Bedeutungsgehalts dogmatischer Wissensformen durch eine Vielzahl einzelner dogmatischer Entwurfsprozesse bedeutet, dass ein vielschichtiger »Varietätspool von Wissensbeständen«[239] in den Ausformungsprozess des Bedeutungsgehalts einer dogmatischen Wissensform einfließt, der wiederum für die Vervielfältigung von Handlungsmöglichkeiten zentral ist.[240]

Dabei übersetzt sich ein einzelnes dogmatisches Entwurfsgeschehen nicht direkt und unmittelbar in Ausformungs- und Entscheidungsprozesse. Es handelt sich zunächst »nur« um einen einzelnen dogmatischen Entwurf im Sinne eines Beitrags eines einzelnen Akteurs, der allerdings Anstoß und Anreiz für eine Ausformungsentwicklung des Bedeutungsgehalts einer dogmatischen Wissensform werden kann. Auf der Grundlage eines dogmatischen Entwurfs entstehen weitere Entwürfe, die als eine Art Zwischenwerke jeweils für sich neue Assoziationen und Anschlussmöglichkeiten hervorrufen. Im Verlauf von dogmatischem Entwurf zu Entwurf wird der Bedeutungsgehalt situativ angemessen bestätigt, angepasst oder revidiert, bis er sich schließlich zu einer dogmatischen Wissensform verdichtet. Bei dem dogmatischen Entwurfsprozess handelt es sich demnach nicht um ein lineares Schichtenproduzieren, sondern vielmehr um einen wuchernden Prozess immer neuer Assoziationen und Anknüpfungspunkte. In diesen Anknüpfungen kristallisiert sich dann

238 Vgl. Christoph Hoffmann, »Festhalten, Bereitstellen. Verfahren der Aufzeichnung«, in: ders., *Daten sichern. Schreiben und Zeichnen als Verfahren der Aufzeichnung*, Berlin: Diaphanes 2008, S. 7.

239 Augsberg, *Theorien der Grund- und Menschenrechte*, S. 42.

240 Ebd., S. 43; Vesting, *Staatstheorie*, S. 108.

dezentral und im Verlauf der Zeit der »produktivste« Bedeutungsgehalt heraus.[241]

Aus dem zunächst innerlichen Verfahren eines einzelnen Entwurfs bildet sich im Laufe der Zeit nicht nur ein sich als besonders produktiv erweisender und letztlich artikulierter Bedeutungsgehalt heraus, sondern auch die anschlussfähigsten Entwurfsschritte, -techniken und -methoden, die sich verfestigen und zu einer sozialen Struktur werden, mit Hilfe derer die Entscheidung über die Bedeutung einer dogmatischen Wissensform erarbeitet und schließlich getroffen, und wodurch so epistemologische Gewissheit auf Zeit produziert wird.

d. Epistemologische »Gewissheit«

Die dogmatischen Praktiken des Entwerfens finden dabei in einem Variationsrahmen statt, der ungewiss ist. Konsequenterweise sind auch die dogmatischen Praktiken von einer gewissen Ziel- und Instrumentenlosigkeit gekennzeichnet, die trotz der Ungewissheit zugleich eine epistemologische Gewissheit hervorbringt. Dies wirkt auf einen ersten Blick widersprüchlich. Dabei sind Wissen, Nichtwissen, Gewissheit und Ungewissheit nicht erst auf abstrakter Ebene des Rechts in ihren Interrelationen zu konzeptualisieren, sondern bereits in der Dogmatik.[242]
Die Ungewissheit des Variationsrahmens einer dogmatischen Wissensform ist für das epistemische Verfahren dogmatischen Entwerfens zentral. Die Ungewissheit betrifft zum einen den rekursiven Entstehungsprozess dogmatischer Wissensformen. Der Bedeutungsgehalt dogmatischer Wissensformen wird durch die Praktiken des Entwerfens unablässig produziert; er stellt damit letztlich selbst einen permanenten Entwurf dar,[243] der in einem endlosen Prozess der Überarbeitung von einem fertigen

241 Im ökonomischen Bereich firmiert dieses Konzept als Marktwirtschaft.

242 Zur Verknüpfung von Ungewissheit und beschleunigter Wissensproduktion allgemein Hans-Jörg Rheinberger, *Experimentalität. Hans-Jörg Rheinberger im Gespräch über Labor, Atelier und Archiv*, Kulturverlag Kadmos 2018, S. 240. Für das Recht allg. Scherzberg, *Wissen, Nichtwissen und Ungewissheit im Recht*; Karl-Heinz Ladeur, »›Begriffs- oder Interessenjurisprudenz – falsche Fronten im IPR und Wirtschaftsverfassungsrecht‹ - neu gelesen nach dem ›practical turn‹ in der Wissenschaftsgeschichte«, in: *Kritische Justiz*, 52: 4 (2019), S. 510. Für das Informationsverwaltungsrecht als Referenzgebiet bspw. Augsberg, *Informationsverwaltungsrecht*, S. 37 ff.; Augsberg, *Von der Gefahrenabwehr zu Risikomanagement und Opportunitätswahrnehmung*.

243 Zum Werk als Entwurf, vgl. Stephan Kammer, »Das Werk als Entwurf. Textpolitik und Schreibpraxis bei Arthur Schopenhauer«, in: Karin Krauthausen und Omar W. Nasim (Hg.), *Notieren, Skizzieren. Schreiben und Zeichnen als Verfahren des Entwurfs*, Zürich: Diaphanes 2010.

Werk stets wieder in ein vorläufiges verwandelt wird.[244] Der Bedeutungsgehalt ist demnach kein statisches, sondern in Bewegung und Entstehung bleibendes Gebilde, das allein vor diesem Hintergrund mit dem Unbehagen der Ungewissheit einhergeht. Dass der ungewisse Variationsrahmen durch die Praktiken in einem dogmatikeigenen Verfahren selbst konstituiert wird, erweckt den Eindruck der Fabrikation und der Beliebigkeit, was das Unbehagen der Ungewissheit verstärkt. Darüber hinaus sind die dogmatischen Praktiken selbst von einer Ungewissheit betroffen, da sie weder einen präzisen Bedeutungsgehalt anstreben noch spezifische Methoden, Techniken oder Instrumente vorgeben.[245] Der durch dogmatische Praktiken des Entwerfens instituierte Ausformungsprozess des Bedeutungsgehalts dogmatischer Wissensformen ist nach vorne hin offen.[246] Die Praktiken streben keinen spezifischen Bedeutungsgehalt als präzises Zielobjekt an. Aufgrund dieser Ziellosigkeit der Praktiken und konsequenterweise der Technikoffenheit instituieren sie eine besondere Form der sozialen Praxis, die ständig in Bewegung ist, ohne zugleich ein übergeordnetes Ziel zu verfolgen. Aus dem Zusammenspiel dieser Facetten der Ungewissheit ergibt sich das Bild eines ungewissen Variationsrahmens, dessen Bedeutungsgehalt sich selbst durch ziellose, teilweise auch vage, ambivalente und diffuse Einzelentwürfe im Laufe der Zeit konstituiert. Diese Ungewissheit scheint konträr zu den Funktionen der Dogmatik im Sinne der Erwartungssicherung, Gewährleistung von formaler Gleichheit und Konsistenz zu stehen.[247]

Die Bedeutungskonstitution durch ziellose Praktiken des Entwerfens übersetzt sich gleichwohl nicht in eine anomische Tendenz; zum einen aufgrund der Institutionalisierung der Praktiken, die einen geleiteten Findeprozess instituieren, womit die Bedeutungskonstitution weder fabriziert noch beliebig ist, und zum anderen aufgrund des Koordinationseffekts der Praktiken in dezentralen Interaktionszusammenhängen, die bei einer Gesamtbetrachtung einen konsistenten, erwartungssichernden und formal gleichen Bedeutungsgehalt hervorbringen.[248] Es geht bei der Herstellung des notwendigen Wissens und damit der Erhöhung der epistemologischen Gewissheit durch dogmatische Praktiken nicht um die Herstellung eines »richtigen« oder »gewünschten« Bedeutungsgehalts

244 Krauthausen, *Vom Nutzen des Notierens*, S. 23.

245 Teil 3 D. III. 3. b. aa.

246 H.-J. Rheinberger (mit Verweis auf T. Kuhn) beschreibt das Verfahren des Entwurfs von vorneherein durch Mehrdeutigkeit charakterisiert. Es ist nach vorne offen, Hans-Jörg Rheinberger, *Experimentalsysteme und epistemische Dinge. Eine Geschichte der Proteinsynthese im Reagenzglas*, Göttingen: Wallstein-Verlag 2019, S. 25.

247 Zu den dogmatischen Praktiken als prozedurales Arrangement im Umgang mit Ungewissheit, vgl. Teil 2 D.

248 Hierzu vgl. Teil 3 D. III.

einer dogmatischen Wissensform. Praktiken dogmatischen Entwerfens sind im Umgang mit der dogmatikeigenen Wissensproblematik insbesondere vor dem Hintergrund besonders leistungsfähig, dass sie nach vorne hin offen sind, das heißt gerade keinen spezifischen Bedeutungsgehalt als präzises Zielobjekt oder ein übergeordnetes Ziel anstreben und aufgrund dieser Ziel- und Objektlosigkeit ein für die Wissenserzeugung produktives experimentelles Handeln[249] und schließlich vor dem Hintergrund ihrer Institutionalisierung einen gleichzeitig experimentellen wie strukturellen (und damit Halt gebenden) Prozess hervorbringen.[250] Sie begreifen die Herstellung neuen Wissens zugleich als Aufgabe und Entwurf, ohne zu wissen, wo der Entwurf hingeht.[251] »Der Entwurf gestaltet sich im Verfahren und im Fortfahren selber.«[252] Paradoxerweise ist es genau dieses Gestalten im Verfahren und Fortfahren selbst, das die Praktiken zu einer Quelle der Gewissheit macht. Die Praktiken markieren eine Weise, sich der Ungewissheit zu nähern, ohne eine konkrete Vorstellung von dem präzisen Bedeutungsgehalt einer dogmatischen Wissensform zu haben. Die Praktiken dogmatischen Entwerfens spielen eine epistemologische Rolle, sie sind ein Weg, um den Bedeutungsgehalt in einer konkreten Entwurfssituation im Prozess des Entwerfens zu erkennen, ohne dabei den allgemeinen Rahmen eines Geltung beanspruchenden Bedeutungsgehalts zu kennen. Er bleibt ungewiss. Die Ungewissheit wird auf diese Weise *operationalisiert*. Sie wird auf eine verlässliche, das notwendige Wissen generierende Struktur gesetzt, die mit Blick auf dogmatische Interaktionen eine Art prozeduralen Fixpunkt bietet, auf dem und von dem aus sich weitere Interaktionen beginnen lassen. Die Praktiken dogmatischen Entwerfens avancieren zu einer zuverlässigen Quelle der Wissensproduktion, die sich im Vollzug der Praxis zwar selbst verändern und damit anpassungsfähig sind, allerdings aufgrund ihrer Rekursivität gleichwohl ein stabiles Verfahren der Bedeutungskonstitution entwickeln.[253] Indem die Praktiken institutionalisierte Wissensstrukturen

249 I. Augsberg spricht im Kontext der allgemeinen Wissensproblematik gesellschaftlicher Selbstorganisationsprozesse auch von der Notwendigkeit von »trial and error Verfahren«, Augsberg, *Theorien der Grund- und Menschenrechte*, S. 41.

250 Teil 3 D. IV.

251 Vesting, *Legal Knowledge – die kulturwissenschaftliche Perspektive*, S. 100 Zum Wissen als Entwurf durch Praktiken, etwa durch Schreiben und Zeichnen, vgl. insbes. die Beiträge in Krauthausen und Nasim, *Notieren, Skizzieren.*

252 Zitat bei Vesting, Quellen checken Hans-Jörg Rheinberger, »Papierpraktiken im Labor. Interview mit Hans-Jörg Rheinberger«, in: Karin Krauthausen und Omar W. Nasim (Hg.), *Notieren, Skizzieren. Schreiben und Zeichnen als Verfahren des Entwurfs*, Zürich: Diaphanes 2010, S. 143; Vesting, *Legal Knowledge – die kulturwissenschaftliche Perspektive*, S. 100.

253 Teil 3 IV. 3. b. bb.

hervorbringen, erlauben sie es den Akteuren der Dogmatik, Anhaltspunkte, Schemata oder Muster einer dogmatischen Interaktion zu erkennen, die den Akteuren nicht nur dazu verhilft, sich in der dogmatischen Interaktion zurechtzufinden, sondern einen mehr oder weniger wahrscheinlichen Handlungsverlauf vorherzusagen und dafür den geeigneten Werkzeugkasten für einen dogmatischen Entwurf auszuwählen. Mit anderen Worten, institutionalisierte dogmatische Praktiken bringen demnach Gewissheit, weil sie auf einem gut sortierten Bündel an impliziten Regeln beruhen, wie selbst hervorbringen, und einzelne dogmatische Beiträge bzw. dogmatische Interaktionen zwischen Rechtspraxis und Rechtswissenschaft in vertraute Bahnen wechselseitiger Bedeutungserforschung lenken, deren Resultat das Befolgen einer Reihe von absehbaren Schritten ist, was sich als produktiv im Umgang mit Ungewissheit erweist. Ob der Ausgang dieser Praktiken dogmatischen Entwerfens im Sinne eines Bedeutungsgehalts als richtig oder wünschenswert erachtet wird, hängt dann von der Bewertung des gewählten normativen Zugriffs ab und ist eine – nicht unbedingt den dogmatischen Praktiken nachgelagerte, allerdings – anders gelagerte Frage.

aa. Institutionalisierung von Praktiken als Wissensstrukturen

Die Praktiken des Entwerfens durch die Wiederverwendung der dogmatischen Kategorien und damit auch die Wiederholung der in ihr eingelassenen dogmatischen Praktiken werden in feste Strukturen gebracht, das heißt institutionalisiert. Die Wiederholung dogmatischer Praktiken im Moment des Entwerfens, Konstituierens und Herstellens bringt die Praktiken im Moment ihres Vollzugs als institutionelle Struktur selbst hervor; es handelt sich insofern um *instituierte Praktiken*.[254] Die Bedeutung dogmatischer Praktiken liegt nicht nur in der Bedeutungskonstitution, das heißt in ihrem performativen Charakter des *Bewirkens* und Herstellens des Bedeutungsgehalts als ein Werk, sondern vor allen Dingen im *Bearbeiten*, ohne dass »bereits ein Ausgang oder eine Adresse in der Zukunft benannt werden kann«.[255] Das Ziel der Dogmatik »ist nicht die klare begriffliche Unterscheidung, sondern bloß ›keep running‹ (M. Shapiro). Es sieht nicht immer nur Grundsatzprobleme, es produziert neue Möglichkeiten im Modus einer gewissen ›produktiven Oberflächlichkeit‹ innerhalb eines ›assemblage‹ (G. Deleuze) von Anschlüssen und

254 Zu den Zusammenhängen iterierter Selbstreferentialität oder »bootstrapping«, Günther Ortmann, »Kafka: bootstrapping avant la lettre«, in: Günther Ortmann und Marianne Schuller (Hg.), *Kafka. Organisation, Recht und Schrift,* Weilerswist: Velbrück Wissenschaft 2019, S. 182 ff.

255 Krauthausen, *Vom Nutzen des Notierens*, S. 22.

kommt – auch im Bereich des Rechts – zu Ergebnissen, die nicht ex ante durch ›explizites Wissen‹ kontrolliert oder gar daraus abgeleitet worden sind.«[256] Im Moment des Bearbeitens bzw. im »keep running« der Dogmatik entwickelt sich die besondere Form der Praktiken dogmatischen Entwerfens als »Experimente mit offenem Ausgang«.[257] Die instituierten Praktiken tragen entscheidend zum Aufbau der dogmatischen Ordnung bei, ohne aber von dieser vollständig angeeignet werden zu können, allein weil sie nur implizit in den Dogmatikbetrieb eingehen und dort nicht zur Disposition stehen,[258] auch weil Dogmatik sich selbst nicht beobachten, ihren eigenen Herstellungsprozess nicht reflektieren kann.

Die Bedeutung institutionalisierter Praktiken zur Herstellung einer einheitlichen dogmatischen Wissensform, letztlich zur Herstellung einheitlichen rechtsrelevanten (und rechtsanwendungsspezifischen) Handelns und einer einheitlichen Entscheidungsfindungspraxis ist dabei nicht zu unterschätzen. Indem dogmatische Praktiken institutionalisiert werden, werden sie in einer klaren Struktur verankert und damit zur Quelle der Gewissheit, die Erwartungssicherung, formale Gleichheit und Konsistenz gewährleisten kann. Zugleich sind die Strukturen nach vorne offen und weisen einen experimentellen Charakter auf. Dieses Zusammenwirken von fest und offen stellt eine haltgebende Struktur für das Vorläufige und Nicht-Definitive bereit, in welcher ein ›Experimentieren in Gedanken‹ ermöglicht wird.[259] Zum einen wirken die institutionalisierten Strukturen dogmatischer Praktiken wie ein Rahmen für die autonome dogmatische Entwurfssphäre, die kein Ziel im Sinne eines »richtigen« Bedeutungsgehalts und damit keine eindeutige Richtung kennt. Dieser Rahmen ist als ein kognitiver, perzeptiver und sozialer Prozess zu verstehen, der es den Akteuren der Dogmatik erlaubt, die Anhaltspunkte, Schemata oder Muster eines eigenen dogmatischen Entwurfsprozesses als auch des Gegenübers zu lesen, um diese einzuordnen und sich in und an ihr zu orientieren. Das Entwurfsgeschehen wird so als geleiteter Findeprozess gefasst, der auf einen günstigen ›Zufall‹ zielt,[260] wobei ein solcherart provozierter »Zufall« kein singulärer Einfall ist. Er gründet weder in bewusster Intention noch in unerklärlicher Willkür, sondern ist eine durch ausdauernde Entwurfsarbeit begünstigte Wahrscheinlichkeit. Der Rahmen institutionalisierter Praktiken ermöglicht es

256 Ladeur, *»›Begriffs- oder Interessenjurisprudenz - falsche Fronten im IPR und Wirtschaftsverfassungsrecht‹ - neu gelesen nach dem ›practical turn‹ in der Wissenschaftsgeschichte«*, S. 507.

257 Zur Notwendigkeit des Einstellens von »Begriffs- und Regelbildung auf mehr Experimente mit offenem Ausgang«, ebd.

258 Vesting, *Legal Knowledge – die kulturwissenschaftliche Perspektive*, S. 91, 97.

259 Krauthausen, *Vom Nutzen des Notierens*, S. 8.

260 Ebd. m.w.N.

etwa, eigengesetzlich ablaufende Assoziationsvorgänge, die sich nicht unbedingt bewusst, jedenfalls nicht kontrolliert vollziehen, in vertraute Bahnen zu lenken und so systematisch fruchtbar machen zu können. Sie ermöglichen die Entzifferung des eigenen Entwurfsgeschehens als auch des Gegenübers und als Resultat das Befolgen einer Reihe von absehbaren Schritten. Zum anderen ermöglichen institutionalisierte Strukturen ein Anknüpfen an frühere Entwurfsgeschehen, die wiederum selbst neue Anschlüsse für künftige Herstellungsprozesse darstellen. Die in Form bzw. Struktur gebrachten Praktiken setzen eine Art metonymische Kette in Gang; sie werden zum Anlass und Anreiz für neue Entwurfsvorgänge basierend auf vorangegangenen erprobten und sich bewährten Entwürfen. Sie geben Halt, ohne dabei präzise und konkrete Vorgaben zu machen beziehungsweise machen zu können, zum einen, weil es sich um ein stummes, implizites, damit nicht artikuliertes Wissen handelt, das per se weder präzise noch konkret ist, und zum anderen vor dem Hintergrund der prozeduralen Natur dogmatischer Praktiken des Entwerfens, die nach vorne hin offen sind, keine Finalität kennen und keine konkreten Vorgaben im Sinne eines spezifischen Bedeutungsgehalts machen. Das Grundmotiv instituierter Praktiken ist damit die Bereitstellung institutioneller, damit stabilitäts- und erwartungssichernder Strukturen, die im Umgang mit der Unabgeschlossenheit dogmatischer Kategorien (und im Umgang mit begrenzten Erkenntnismöglichkeiten) Halt geben.

bb. Koordinationseffekt der Praktiken in dezentralen Interaktionszusammenhängen

Dass der Bedeutungsgehalt dogmatischer Kategorien in teils diffusen, vagen, ambivalenten und ziellos anmutenden Praktiken ihres Entwerfens und Konstruierens konstituiert wird, setzt sich vor dem Hintergrund ihrer Einbettung in dezentralen und auf Dauer angelegten sozialen Interaktionszusammenhängen ebenfalls nicht dem Vorwurf des Arbiträren aus. Zum einen basiert der Ausformungsprozess des Bedeutungsgehalts dogmatischer Kategorien auf einem dezentralen Entstehungsprozess, der weder auf einem individuellen oder zentralen Akteur noch auf einem einzigen rechtsrelevanten Handeln gründet. Vielmehr erfolgt die Bedeutungskonstitution dogmatischer Wissensformen dezentral durch eine Vielzahl von Einzelbeiträgen unterschiedlicher Akteure der Rechtswissenschaft und der Rechtspraxis, die in ihrem gegenseitigen Bezug und Zusammenwirken in Interaktionszusammenhängen ein konsistentes Gesamtwerk bilden.[261] Das dogmatische System geht dabei selbst von den begrenzten Erkenntnismöglichkeiten insbesondere eines zentralen

261 Vgl. Teil 3 D. IV. 2.

Akteurs einer zentralen Stelle aus. Das Geflecht sozialer Interaktionszusammenhänge zwischen unterschiedlichen Akteuren der Rechtspraxis und Rechtswissenschaft verdeutlicht darüber hinaus zum anderen, dass das dogmatische System mit Abweichungen rechnet, die durch ihr gegenseitiges Aufgreifen und Verarbeiten kohärent in die dogmatische Ordnung eingepflegt werden. Für den Umgang sowohl mit den begrenzten Erkenntnismöglichkeiten als auch mit Abweichungen sind die instituierten Praktiken zentral, indem sie etwas Unentschiedenes haben, das gerade nicht auf einen präzisen Bedeutungsgehalt als Zielobjekt fixiert ist und so ein iteratives Vorgehen, prozesshaftes Denken und ein ständiges Nachkorrigieren ermöglicht.

III. Das Entwurfsgeschehen in Interaktionszusammenhängen: Dogmatik als soziale Praxis

1. Einleitung

Die Betrachtung der Dogmatik als soziale Praxis verdeutlicht, dass die Entstehung dogmatischer Kategorien und die dadurch bedingte Gestaltung rechtlicher sowie faktischer Möglichkeitsräume durch die sozialen Interaktionen der Akteure hervorgebracht werden und diese selbst wieder durch die dogmatischen Kategorien bedingt sind. Das heißt, dass die Akteure selbst die Möglichkeitsräume formen und von einem sich selbst verstärkenden Verhältnis von Form und Handlung auszugehen ist. Der perspektivische Schwerpunkt auf den Praktiken erlaubt eine präzisere Beschreibung des rekursiven Verhältnisses zwischen Form und Handlung.

2. Plurale Beiträge pluraler Akteure

Der handlungskanalisierende Rahmen dogmatischer Wissensformen wird durch die pluralen Beiträge pluraler Akteure selbst hergestellt und aufgebaut. Dabei sind unterschiedliche Akteure der Rechtswissenschaft und Rechtspraxis in die Konstruktionsleistung dogmatischer Wissensformen eingebunden. Die handlungskanalisierenden Effekte dogmatischer Wissensformen, letztlich um die Funktionen der Erwartungssicherung, formalen Gleichheit und Konsistenz zu gewährleisten, folgen nicht aus einem feststehenden und »vorgegebenen« Maßstab im Sinne der in einer dogmatischen Wissensform festgehaltenen materiellen Substanz des Bedeutungsgehalts. Die Maßstabsbildung erfolgt im Moment der Anwendung des Bedeutungsgehalts, das heißt im Moment der Vornahme der Praktiken dogmatischen Entwerfens, und stellt den Maßstab unablässig selbst her, der dadurch zugleich aktualisiert wird. Entscheidend ist dabei, dass die konkreten Entwurfspraktiken innerhalb der institutionellen Wissensstruktur institutionalisierter Praktiken stattfinden, die jede dogmatische Entwurfshandlung und ihre Wiederholung selbst hervorbringen, es sich demnach um instituierte Praktiken dogmatischen Entwerfens handelt. Die Möglichkeitsräume und Handlungskorridore des Variationsrahmens dogmatischer Wissensformen werden durch die Entwurfspraktiken der Akteure (eingebettet in kognitiv und auch normativ vorgezeichneten Strukturen) selbst produziert. Vor dem Hintergrund dieses rekursiven Verhältnisses zwischen Struktur und Handlung bzw. des Verständnisses dogmatischer Praktiken als instituierte Praktiken ist das dogmatische Entwurfsgeschehen näher zu beleuchten, um realitätsnäher die Handlungskanalisierung der Dogmatik erfassen zu können.

Der Herstellungsprozess des Variationsrahmens erfolgt dezentral durch die pluralen Beiträge pluraler Akteure, die im Moment des Entwerfens, also der Vornahme dogmatischer Praktiken, zusammenkommen und -wirken. Der dogmatische Wissensformungsprozess erfolgt in einer netzwerkartigen Entwurfsstruktur bzw. in einem Netzwerk. Akteure dieses Netzwerks sind plural und umfassen Akteure der Rechtspraxis, die sich wiederum aus Akteuren der Rechtsanwendung (Verwaltung, Gerichte, Anwält:innen, Private wie etwa Unternehmen, Verbände oder internationale Organisationen und NGOs) und der Gesetzgebung (gesetzesvorbereitende Exekutive, aber auch Private etwa in Form von Interessengruppen, Politikberatung, aber auch Großkanzleien, die gesamte Gesetzesentwürfe aus- bzw. vorformulieren[262]), und Akteure der Rechtswissenschaft, die sich aus Hochschullehrer:innen, Forscher:innen und Studierenden zusammensetzen.[263] Dabei gibt es keine Hierarchien in dem dogmatischen Netzwerk dergestalt, dass die Rechtspraxis dogmatische Beiträge produziert und anschließend die Rechtswissenschaft diese dann im vertikalen Sinne aufgreift und verarbeitet oder andersherum, dass die Rechtswissenschaft Dogmatik entwickelt, die dann von

262 Stefanie Egidy, *Finanzkrise und Verfassung. Demokratisches Krisenmanagement in Deutschland und den USA*, Tübingen: Mohr Siebeck 2019, S. 515 ff. m. w. Nachw; Julian Krüper, »Lawfirm - legibus solutus? Legitimität und Rationalität des inneren Gesetzgebungsverfahrens und das ›Outsourcing‹ von Gesetzentwürfen«, in: *JuristenZeitung*, 65: 13 (2010).

263 Zur akteurstheoretischen Perspektive bei der Gesetzgebung, Gunnar Folke Schuppert, »Zur Rolle des Gesetzes in der Governance-Theorie«, in: Hans-Heinrich Trute u.a. (Hg.), *Allgemeines Verwaltungsrecht - zur Tragfähigkeit eines Konzepts*, Tübingen: Mohr Siebeck 2008, S. 168; Gunnar Folke Schuppert, *Governance und Rechtsetzung. Grundfragen einer modernen Regelungswissenschaft*, Baden-Baden: Nomos 2011, S. 44 ff.

der Praxis genutzt wird.[264] Es besteht keine linear-kausale Beziehung zwischen Rechtspraxis und Rechtswissenschaft, keine hierarchische Trennung von Systembildung und Systemnutzung.[265] Vielmehr handelt es sich um eine horizontale Verknüpfung der Beiträge der Akteure zu einem rekursiven und nachbarschaftlichen operierenden Netzwerk, es handelt sich um zugleich Systemnutzung wie -bildung, was eine netzwerkartige dogmatische Entwurfsordnung oder -struktur als dogmatische Wissensordnung bildet.[266] Innerhalb des »konexionistischen Musters von rekursiven Anschlussmöglichkeiten«[267] erzeugt ein dogmatisches Entwurfsgeschehen eine provisorische Fixierung des Bedeutungsgehalts, die dann im Rahmen des Wiederaufgreifens konfiguriert wird und wodurch sich der Bedeutungsgehalt so von dogmatischem Beitrag zu Beitrag dezentral entwickelt. An die Stelle von vertikalen Autoritäten, das heißt sowohl mit Blick auf die Akteure als auch mit Blick auf den Bedeutungsgehalt einer dogmatischen Wissensform, »tritt eine namenslose Autorität von zerstreuten horizontalen Bewegungen«[268] im Sinne dogmatischer Entwurfsgeschehen, die letztlich nichts anderes als zerstreute horizontale soziale Interaktionen sind.

Das dogmatische Entwurfsgeschehen ist dabei durch die Eigenrationalitäten der jeweiligen Akteure geprägt.[269] Sie nehmen unterschiedliche Rollen im dogmatischen Diskurs ein und üben unterschiedliche Funktionen aus.[270] Das jeweilige Entwurfsgeschehen gestaltet sich in

264 So allerdings Jestaedt, *Wissenschaftliches Recht*, S. 128 oder Stark, *Interdisziplinarität der Rechtsdogmatik*, S. 141, der sich für die Notwendigkeit der Aufrechterhaltung der Trennung zwischen Judikatur und Wissenschaft trotz ihrer Verschränkungen ausspricht.

265 Jestaedt, *Wissenschaftliches Recht*, S. 128: »Dort Systembildung, hier Systemnutzung«.

266 Vgl. allg. zum Recht, Vesting, *Rechtstheorie*, S. 79; Luhmann, *Das Recht der Gesellschaft*, S. 144. Zum Begriffspaar der Systemnutzung wie Systembildung, vgl. Schmidt-Aßmann, *Das allgemeine Verwaltungsrecht als Ordnungsidee*, S. 5. Zur Ko-Produktion von Wissen, vgl. u.a. Gunnar Folke Schuppert, »Governance durch Wissen. Überlegungen zum Verhältnis von Macht und Wissen aus governancetheoretischer Perspektive«, in: Gunnar Folke Schuppert und Andreas Voßkuhle (Hg.), *Governance von und durch Wissen*, Baden-Baden, Berlin: Nomos; WZB Wissenschaftszentrum Berlin für Sozialforschung 2008, S. 266.

267 Vgl. allg. zum Recht Vesting, *Rechtstheorie*, S.140.

268 Ebd., S. 146.

269 Vgl. Udo Steiner, »Richterliche Rechtsfindung und die Wissenschaft vom Öffentlichen Recht«, in: *Deutsches Verwaltungsblatt*, 133: 17 (2018), S. 1098: »Richterliche Rechtsfindung und Rechtswissenschaft agieren also nach unterschiedlichen ›Drehbüchern‹, aber zum beiderseitigen Vorteil, ohne Vorranganspruch und ohne Streit, wer die Krönung der Juristenschöpfung darstellt.«

270 Kahl, *Wissenschaft, Praxis und Dogmatik im Verwaltungsrecht*, S. 41 m.w.N.

Abhängigkeit von den jeweiligen »institutionellen Kompetenzen, Aufgaben und Anforderungen sowie Selbstverständnissen und Pfadabhängigkeiten.«[271] Die Einteilung in Akteure *der* Rechtswissenschaft und Akteure *der* Rechtspraxis ist für eine erste Annäherung an die Eigenrationalitäten, Rollen und Funktionsbereiche zwar hilfreich, da so die rechtlichen Rahmenbedingungen, die aus den jeweiligen Eigenrationalitäten der Akteure mit hervorgebracht werden, thematisierbar werden. Sie ist aufgrund der Heterogenität der Akteure innerhalb der Rechtswissenschaft oder innerhalb der Rechtspraxis allerdings auch nur das: eine erste Annäherung. Gegen eine solche Differenzierung spricht daher, dass sie die bedeutenden Rationalitäts-, Funktions- und Möglichkeitenunterschiede innerhalb der Akteure der Rechtspraxis und der Rechtswissenschaft vermischt. Darüber hinaus sind die Grenzen zwischen Rechtspraxis und Rechtswissenschaften weniger eindeutig, als eine solche Differenzierung nahelegt. »Rechtswissenschaft ist kein Privileg oder Monopol von Hochschullehrer:innen, sondern wird vielfach auch von Praktikern, insbesondere Verwaltungsbeamt:innen, Richter:innen und Anwält:innen betrieben.«[272] Sie werden rechtswissenschaftlich tätig, wenn sie dogmatische Beiträge nach rechtswissenschaftlichen Standards[273] in den von der *scientific community* anerkannten Medien (Fachzeitschrift, Kommentar, Handbuch, Lehrbuch und Festschrift) und Foren (Verfassungsblog) veröffentlichen. Auch umgekehrt werden Hochschullehrer:innen rechtspraktisch etwa in Form von Prozessvertretung und Gutachtenerstellung tätig. Eine solche Perspektive der Einteilung ist damit per se ungenau. Sie kann allerdings grundsätzlich bestehende, unterschiedliche Handlungsspielräume aufzeigen und ist vor dem Hintergrund der Beschreibung der strukturierenden Rolle von Rahmenbedingungen, das heißt hier der rechtlichen Rahmenbedingungen, gleichwohl produktiv.

Die Rolle und die Funktionen der Akteure der Rechtspraxis nehmen erste Konturen an, wenn sie in ihren grundsätzlichen Kommunikationszusammenhängen betrachtet werden. Die Kommunikationspartner:innen von Rechtsanwält:innen und Richter:innen sind in erster Linie Kläger und Beklagter (sowie deren Prozessvertreter:innen) als auch andere Gerichte und Behörden.[274] Sie finden sich demnach in anderen primären Kommunikationszusammenhängen wieder als Akteure der Rechtswissenschaft. Dies strukturiert nicht nur die einzelnen Kommunikationsbeiträge, sondern formt unter anderem auch ihre Rolle. So ergibt

271 Stark, *Interdisziplinarität der Rechtsdogmatik*, S. 141.

272 Kahl, *Wissenschaft, Praxis und Dogmatik im Verwaltungsrecht*, S. 3.

273 Klaus Ferdinand Gärditz, »Die äußeren und inneren Grenzen der Wissenschaftsfreiheit. Zur politischen Struktur von Forschung und Lehre«, in: *Wissenschaftsrecht*, 51: 1 (2018), S. 21 ff.

274 Schulze-Fielitz, *Das Bundesverwaltungsgericht als Impulsgeber für die Fachliteratur*, S. 426.

sich aus diesen Kommunikationszusammenhängen für das dogmatische Entwurfsgeschehen eine perspektivische Ausrichtung auf das Besondere des Falls und die Herausarbeitung des besonderen Fallbezugs, um eine brauchbare und überzeugende Entscheidung zu »liefern«, ohne (mit Abschichtungen insbesondere zur höchstrichterlichen Rechtsprechung) in größerer Breite und Tiefe den Fall zu durchdenken.[275] Vor dem Hintergrund dieser Kommunikationsbeziehungen nehmen Akteure der Rechtspraxis, insbesondere Richter:innen, auch eine andere Funktion ein. Auch sie prägt ihre Rolle. Aus Gründen der Einheit, Konsistenz sowie Vorhersehbarkeit und Berechenbarkeit wird die Rechtsprechung im Zweifel »›strukturkonservativ‹, sprich innerhalb tradierter, durch höhere Instanzen vorgezeichneter Bahnen und unter Berücksichtigung von Kontinuitäten und Pfadabhängigkeiten«[276] entscheiden. Die Rolle im dogmatischen Entwurfsgeschehen ist damit weniger auf einen innovativen oder größeren Wurf ausgerichtet als auf den konkreten Fallbezug und damit auf die entscheidungserheblichen Gründe[277] auf dem Weg und in systemstabilisierender Fortführung von Entwicklungspfaden.[278] Die für die Rolle der Akteure der Rechtspraxis charakteristische Orientierung an Präjudizien und gefestigter Dogmatik folgt auch aus den Rahmenbedingungen: Akteure der Rechtspraxis, insbesondere der Rechtsanwendung und in Abschichtungen auch der Gesetzgebung, handeln unter faktischen Zwängen. Begrenzte informationelle, personelle und zeitliche Kapazitäten gehen oftmals mit einer erhöhten Notwendigkeit einher, auf eingeschliffene, stabilisierte und standardisierte Entwicklungspfade zurückzugreifen, was zugleich eine Ausrichtung an Präjudizien und Dogmatik weiter befördert.[279]

Die Rolle, Funktion und Rahmenbedingungen der Akteure der Rechtswissenschaft und damit ihre Eigenrationalität im Rahmen eines dogmatischen Entwurfsgeschehens sind dagegen andere. Die Rolle der Akteure der Rechtspraxis ist (grundsätzlich) eine reflektierende. Sie kann die Veränderungen in dem und außerhalb des Rechtssystems sowohl in der Tiefe als auch in der Breite beobachten und mit den dogmatischen Beiträgen auf ihre Kompatibilität abgleichen wie auch der Rechtspraxis ins

275 Vgl. allg. Müller-Mall, *Verfassende Urteile.*
276 Kahl, *Wissenschaft, Praxis und Dogmatik im Verwaltungsrecht*, S. 55 f. m.w.N.
277 Gärditz, *Das Steuerungspotenzial der Rechtsprechung*, S. 223 »Konkret bedeutet dies, dass abstrakt-generelle Maßstabsbildung durch Interpretation auf die jeweils tragenden – entscheidungserheblichen – Gründe beschränkt bleiben muss. Die Entwicklung breiträumiger Dogmatiken in *obiter dicta* ist daher funktionsdurchbrechender Formenmissbrauch, camoufliert im Urteilsstil.«
278 Marsch, *Rechtswissenschaftliche Rezeptionsforschung*, S. 252, Fn. 70.
279 Kahl, *Wissenschaft, Praxis und Dogmatik im Verwaltungsrecht*, S. 54; Gärditz, *Das Steuerungspotenzial der Rechtsprechung*, S. 220 ff.

Bewusstsein rufen. Die Aufbereitung der Beiträge durch die Rechtswissenschaft kann durch eine rückblickende Beobachtung und Verdichtung zu Mustern kritische Anregungen und Impulse geben, die die Entwicklungspfade mit Irritationen impfen und so Dogmatik von einem toten Gleis umleiten.[280] Aufgrund anderer Infrastrukturen und Spielräume (nicht zuletzt aufgrund der wissenschaftlichen Freiheit) können Akteure der Rechtswissenschaft sich weitaus autonomer im dogmatischen Entwurfsgeschehen bewegen. Die Infrastrukturen an Universitäten ermöglichen beispielsweise intra- und interdisziplinäre Kommunikationszusammenhänge und eröffnen damit zumindest die Möglichkeit, zur Beobachtung andere Beobachtungsinstrumente und Beschreibungsangebote heranzuziehen bzw. bestehende zu erweitern. Sie unterliegen grundsätzlich auch geringeren faktischen Restriktionen als etwa Akteure der Rechtspraxis, wobei die ›chronische staatliche Unterfinanzierung der Universitäten, der Drittmitteleinwerbungsdruck, die begrenzte Zahl an Mitarbeiter:innen, schlechte Betreuungsrelationen, (zu) hohe Prüfungslasten, Überbürokratisierung etc.‹[281] als Restriktionen eine Rolle spielen können. Gleichzeitig werden trotz vielfältigerer Kommunikationsanschlussmöglichkeiten als auch grundsätzlich bestehender finanzieller Autonomie rechtswissenschaftliche Entwicklungspfade beobachtet, was etwa die Rezeptionsforschung[282] als Facette der Rechtswissenschaftstheorie[283] bzw. der rechtswissenschaftlichen Selbstreflexion[284] thematisiert.[285]

3. Das Zusammenwirken der Beiträge pluraler Akteure im Rahmen dogmatischer Praktiken

Es ist nicht der explizit gehaltene sedimentierte Bedeutungsgehalt einer dogmatischen Wissensform, welcher die dogmatischen Interaktionsbeiträge

280 Vesting, *Rechtstheorie*, S. 15.

281 Kahl, *Wissenschaft, Praxis und Dogmatik im Verwaltungsrecht*, S. 43, Fn. 9.

282 Vgl. Nikolaus Marsch u.a. (Hg.), *Apokryphe Schriften. Rezeption und Vergessen in der Wissenschaft vom Öffentlichen Recht*, Tübingen: Mohr Siebeck 2019.

283 Matthias Jestaedt und Oliver Lepsius (Hg.), *Rechtswissenschaftstheorie*, Tübingen: Mohr Siebeck 2008.

284 Eric Hilgendorf und Helmuth Schulze-Fielitz (Hg.), *Selbstreflexion der Rechtswissenschaft*, Tübingen: Mohr Siebeck 2021.

285 Zum engen Verständnis der Rechtswissenschaftstheorie als Mesotheorie zwischen Rechtsdogmatik und Grundlagenfächer und damit die Verengung des Begriffs der Rechtswissenschaftstheorie auf Fragen der Rezeption, Anne van Aaken, »Funktionale Rechtswissenschaftstheorie für die gesamte Rechtswissenschaft«, in: Matthias Jestaedt und Oliver Lepsius (Hg.), *Rechtswissenschaftstheorie*, Tübingen: Mohr Siebeck 2008, S. 81 f.

bzw. die Interaktionsakteure der Rechtswissenschaft und der Rechtspraxis zusammenbringt, sondern es sind vielmehr die Prozeduren und die in ihnen eingelassenen Regeln dogmatischer Praktiken. Die Prozeduren des dogmatischen Entwerfens, das heißt dessen einzelne Phasen und Schritte, sind der Ort der Entstehung von Interaktions*zusammenhängen* in Form des Zusammenbringens und damit Zusammenwirkens der pluralen Beiträge unterschiedlicher Akteure. Der dogmatische Entwurfsprozess entsteht durch verschiedene Schichten, die auch als Verfahrensschritte begriffen werden können, innerhalb derer unterschiedliche Möglichkeitsräume des Aufgreifens, Verarbeitens, Ablehnens von Wissensfragmenten und damit Interaktionen entstehen. Die die Dogmatik kennzeichnende Handlungskanalisierung entsteht in den einzelnen Verfahrensschritten des dogmatischen Entwurfs in einer institutionalisierten Struktur dogmatischer Praktiken. Sie zu untersuchen, ermöglicht es, die handlungskanalisierenden Effekte dogmatischer Wissensformen und ihre Implikationen auf die rechtlichen (und letztlich faktischen) Möglichkeitsspielräume auf das Handeln der dogmatischen Akteure zurückzubeziehen und so auf Stellschrauben und Faktoren zu verweisen.

IV. Typisierte Verfahrensabschnitte der Praktiken dogmatischen Entwerfens

Die Konzeptualisierung dogmatischer Wissensformen als prozedurales Verfahren anstelle eines ergebnisorientierten materiell-rechtlichen Verständnisses ermöglicht es, die Leistung der Dogmatik im Umgang mit ungewisser Rechtsentwicklung bedingt durch die ungewissen Zustände näher zu beschreiben. Um den Mehrwert eines solchen prozeduralen Verständnisses dogmatischer Praktiken als Wissensgenerator zu identifizieren, sind die dogmatischen Praktiken als epistemisches Verfahren im Umgang mit der dogmatikeigenen Wissensproblematik nachzuzeichnen. Ein Rückbezug auf die Beschreibung des dogmatischen Herstellungsprozesses als Black Box reicht dabei nicht aus.[286] Vielmehr sind die einzelnen Akte des Entwurfsgeschehens der dogmatischen Praktiken näher zu beschreiben.

Eine Differenzierung des Entwurfsgeschehens in einzelne Entwurfs- oder Herstellungsakte lenkt den Blick auf den mehrstufigen Prozess, der es wiederum erlaubt, kleinschrittig mögliche Stellschrauben und Faktoren des Entwurfsgeschehens thematisierbar zu machen, um darauf basierend die Funktionsvoraussetzungen einer entwicklungsoffenen und

286 Vgl. etwa im Bereich des Schreibens und Zeichnens, Hoffmann, *Festhalten, Bereitstellen*, S. 7. Für die Dogmatik im spezifischen, vgl. u.a. Bumke, *Rechtsdogmatik*, S. 2 ff.; Sahm, *Elemente der Dogmatik*, S. 42.

damit gelungenen Handlungskoordinierung durch Dogmatik näher benennen zu können.

1. Die individuelle Ermittlung des situationsspezifischen Bedeutungsgehalts – der Ausgangspunkt

Für einen dogmatischen Entwurf eines Bedeutungsgehalts bedarf es der Sammlung und Auswertung von Informationen über die Rechts- und Sachstrukturen. Dabei können »Wissen und Information nicht als einfach aus dem einen Systembereich in einen anderen importierfähige, objektförmige Gebilde verstanden werden. Vielmehr wird Wissen als solches immer erst mit Blick auf die spezifische Relevanz einer konkreten Entscheidungssituation innerhalb der zuständigen Instanz generiert.«[287] Das Beobachten der Rechts- und Sachstrukturen erfolgt damit immer problem- und situationsbezogen vor dem Hintergrund einer konkreten Annäherung von Fall und Rechtsnorm oder vor dem Hintergrund einer konkreten dogmatischen Ordnungs- und Systematisierungsleistung, das heißt vor dem Hintergrund der Findung eines situations- und problemspezifischen dogmatischen Bedeutungsgehalts, und zwar durch die Brille eines Individuums.[288] Dies bedeutet, dass es sich bei dem einzelnen dogmatischen Entwurfsgeschehen nicht um die Erkenntnis des allgemein richtigen oder allgemein wünschenswerten Bedeutungsgehalts einer dogmatischen Wissensform handelt,[289] sondern um eine konkrete situations- und problembezogene plausible Begründung des Bedeutungsgehalts. Das in diesem dogmatischen Entwurfsgeschehen produzierte »situativ richtige« Wissen fließt dann über die weiteren Verfahrensabschnitte, etwa das Wiederaufgreifen eines dogmatischen Beitrags und die Konfiguration vor dem Hintergrund der situativen Anforderungen, in den Ausformungsprozess der Bedeutung einer dogmatischen Wissensform ein.[290] Diese breite Zerstreuung in eine Vielzahl einzelner dogmatischer Entwurfsprozesse bedeutet zum einen, dass ein vielschichtiger

287 Augsberg, *Informationsverwaltungsrecht*, S. 46.

288 Für die Rechtspraxis bspw. anhand der Auswertung eines Interviews von *P. Stegmaier* mit einem Richter: »[Der Richter] erarbeite sich eine Akte unter dem Gesichtspunkt, was für die Sitzung ›nötig ist‹ [...]. Das Wissensinteresse ist begrenzt und gezielt.«, Peter Stegmaier, *Wissen, was Recht ist. Richterliche Rechtspraxis aus wissenssoziologisch-ethnografischer Sicht*, Wiesbaden: VS Verlag für Sozialwiss 2009, S. 145.

289 Zur Unmöglichkeit eines solchen Vorhabens vor dem Hintergrund der dogmatikeigenen Wissensproblematik, vgl. Teil 3 D. II. 3.

290 Zur Aktualisierung des Wissens durch den jeweiligen Kontext der Anwendung, Trute, *Wissen - Einleitende Bemerkungen*, S. 15.

»Varietätspool von Wissensbeständen«[291] in den Ausformungsprozess des Bedeutungsgehalts einer dogmatischen Wissensform einfließt, der wiederum für die Vervielfältigung von rechtlichen (und letztlich darüber faktischen) Handlungsmöglichkeiten zentral ist.[292] Zum anderen bedeutet die Konzentration eines dogmatischen Entwurfsgeschehens auf die situativen Anforderungen und das spezifische Problem eine sachliche wie normative Komplexitätsreduktion. Gleichwohl bleibt es auch bei dem Zuschnitt der Ermittlung auf eine Situation und auf ein spezifisches Problem bei der Herausforderung der Ungewissheit, da das notwendige Wissen erst produziert werden muss, demnach Wissenslücken bestehen.

2. Der tentativ-kombinatorische Verfahrensabschnitt und die Entstehung eines überlappenden Netzwerks

Die individuelle Ermittlung des situationsspezifischen Bedeutungsgehalts, also der einzelne dogmatische Entwurfsakt, ist in seiner Vielzahl und dezentralen Verflechtung für den Ausformungsprozess dogmatischer Wissensformen zentral. Der dogmatische Entwurfsakt lässt sich als ein individuell geprägtes, situationsabhängiges und problemspezifisches tentativ-kombinatorisches Ineinanderschieben unterschiedlicher Wissensbausteine beschreiben (a.). Das Ineinanderschieben der Wissensbausteine verknüpft dabei Rechts- und Sachstrukturen, vergangene Informationen mit neuen wie auch eigene Erfahrungen und Erkenntnisse mit denen der anderen. Das tentativ-kombinatorische Ineinanderschieben dieser Bausteine, das im Moment eines Entwurfsgeschehens ein überlappendes Netzwerk bildet (aa.), erfolgt situations- und problemspezifisch durch einen individuellen Akteur, was weder ex ante noch ex post, auch nicht durch den Akteur selbst, bis ins Detail rekonstruiert werden kann und mit einer Dämpfung der Rationalitäts- und Objektivitätsansprüche einhergeht (bb.). Gleichwohl können Knotenpunkte bzw. Praktiken, die solche Knotenpunkte zwischen den Wissensbausteinen herausbilden, identifiziert werden (cc.). Diese brückenbildenden Praktiken sind die Beobachtung anderer (b.) und die mimetische Orientierung an ihnen (c.). Sie bauen die Brücken zwischen den verschiedenen, internen wie externen, vergangenen und neuen, eigenen und fremden Wissensbausteinen. Die Beobachtung und Mimesis wirken als selbstverstärkende Mechanismen auf die Entwicklung rechtlicher und faktischer Handlungsmöglichkeiten ein (d.).

291 Augsberg, *Theorien der Grund- und Menschenrechte*, S. 42.
292 Ebd., S. 43; Vesting, *Staatstheorie*, S. 108.

a. Konstruktionsprozesse dogmatischer Entwürfe

aa. Das Ineinanderschieben unterschiedlicher Wissensbestände in einem überlappenden Netzwerk

Wie bereits allgemein im Rahmen der Dezentralisierung und Pluralisierung des Findungsprozesses des Bedeutungsgehalts festgestellt, ist der durch sie entstehende Varietätspool an Wissensbeständen produktiv im Umgang mit Ungewissheit bzw. der dogmatikeigenen Wissensproblematik.[293] Diese für das dogmatische System im Allgemeinen und den Ausformungsprozess des Bedeutungsgehalts einer dogmatischen Wissensform getroffene Beobachtung setzt sich im Kleinen innerhalb eines einzelnen dogmatischen Entwurfsgeschehens weiter fort: Das dogmatische Entwurfsgeschehen bildet ein »überlappendes Netzwerk«[294] verschiedener Wissensbestände sachlicher, zeitlicher und akteursspezifischer Art, die ebenfalls einen Varietätspool von Wissensbeständen bilden, in welchem nicht nur Rechts- und Sachstrukturen zusammengeführt, sondern auch Erfahrungen der Vergangenheit mit neuen Informationen verknüpft als auch eigene Erfahrungen und Erkenntnisse mit den Wissensbeständen anderer vernetzt werden. All diese unterschiedlichen Wissensbausteine schieben Akteur:innen im Moment der Vornahme einer dogmatischen Praktik, also im Moment des Entwerfens, tentativ-kombinatorisch ineinander, um plausibel den Bedeutungsgehalt für den jeweiligen Untersuchungs- bzw. Entwurfsrahmen begründen zu können. Es entsteht demnach ein individueller, situationsspezifischer Varietätspool an Wissensbeständen, die experimentell tentativ-kombinatorisch im Moment einer Praktik dogmatischen Entwerfens miteinander verknüpft werden. Das im Kleinen entstehende überlappende Netzwerk verknüpft

293 Vgl. Teil 3 D. II.3.c.

294 Zum Begriff des »überlappenden Netzwerks«, der hier weitergehender als das Überlappen von Rechts- und Sachstrukturen verstanden wird, Vesting, *Rechtstheorie*, S. 141. Zu den grundlegenden Überlegungen hierzu, vgl. u.a. Thomas Vesting, »Gegenstandsadaquate Rechtsgewinnungstheorie. Eine Alternative zum Abwagungspragmatismus des Bundesdeutschen Verfassungsrechts«, in: *Der Staat*, 41 (2002), S. 82 f.; Gunther Teubner und Peer Zumbansen, »Rechtsentfremdungen. Zum gesellschaftlichen Mehrwert des zwölften Kamels«, in: *Zeitschrift für Rechtssoziologie*, 21: 1 (2000), S. 192 f.; Ladeur und Augsberg, *Auslegungsparadoxien*, S. 173. Für eine Übersicht zum rechtstheoretischen Zugriff des transnationalen Rechts, das auch als »law in action« oder »law in context« beschrieben werden kann vgl. insbes. Peer Zumbansen, »Transnational Law, with and beyond Jessup«, in: ders., *The Many Lives of Transnational Law. Critical Engagements with Jessup's Bold Proposal*, Cambridge: Cambridge University Press 2020, S. 9.

damit Teilnehmer- und Beobachterperspektive, rechtsinterne und rechtsexterne, rechtswissenschaftliche und rechtspraktische Erkenntnisse als auch Altes wie Neues. Diese Perspektive auf Dogmatik impliziert damit nicht nur eine veränderte Perspektive auf dogmatische Wissensformen, deren Zentralitätsverlust zugunsten dezentraler Praktiken bereits geklärt ist, sondern auch eine veränderte Perspektive auf Praktiken dogmatischen Entwerfens, die nicht nur wissensgenerierend (und damit ein epistemologisches Verfahren im Umgang mit der dogmatikeigenen Wissensproblematik), sondern auch ein Koordinationsforum verschiedener Wissensbestände sind. Werden Praktiken dogmatischen Entwerfens als ein Koordinationsformat des Zusammenbringens und -wirkens der verschiedenen Wissensbausteine konzeptualisiert, dann folgen hieraus Freiräume für unterschiedliches Ausprobieren in der Zusammenstellung der Wissensbestände, um dann im Sinne des Experiments mit offenem Ausgang »zu schauen, was rauskommt«, was dann »in reflexiver Wendung zugleich selbst als Lerntechnik begriffen werden und damit gezielt zum Wissensaufbau genutzt werden kann.«[295]

Ein völlig sachlich rechtsinterner und rein rechtswissenschaftlicher oder rein rechtspraktischer dogmatischer Entwurfsprozess, also eine Reinform dogmatischer Wissenserzeugung, kann nach der hier eingenommenen Perspektive nicht bestehen. Entscheidend bei dem Konzept eines überlappenden Netzwerks ist, dass es bei den dogmatischen Praktiken nicht darum geht, mit Hilfe dogmatikspezifischer Übersetzungs- und Zurechnungsprozesse »fremde« im Sinne rechtsfremder und/oder akteursfremder Wissensbausteine zu »übersetzen« und/oder »zuzurechnen«.[296] Ohne die Differenzierung der Wissensbausteine (und letztlich die Ausdifferenzierungsprozesse gesellschaftlicher Bereiche)[297] in Abrede zu stellen und die Unterscheidungen einebnen zu wollen, geht es bei den Praktiken dogmatischen Entwerfens vielmehr um ein Ineinanderschieben und ein Überlappen differenziert bleibender Wissensbestände mit der Konsequenz, dass die Trennung von Innen und Außen, Dogmatik (bzw. auf abstrakterer Ebene Recht) und Wirklichkeit[298] im Moment der Praktik dogmatischen Entwerfens (und noch spezifischer im tentativ-kombinatorischen Verfahrensabschnitt eines einzelnen dogmatischen Entwurfsgeschehens) destabilisiert wird. Dies ist letztlich Reaktion auf

295 Augsberg, *Informationsverwaltungsrecht*, S. 45 im Kontext des konzeptionellen Zugriffs auf »den« Staat als Wissenskoordinator anstelle einer zentralen Stelle.

296 Stark, *Interdisziplinarität der Rechtsdogmatik*, S. 211 ff.

297 Willke, *Systemisches Wissensmanagement*, S. 10 f.: »jede Information [ist] systemspezifisch und abhängig von den Relevanzkriterien eines bestimmten Systems.«

298 Zu dieser Verflechtung von Innen und Außen insbesondere Ladeur und Augsberg, *Auslegungsparadoxien*.

die Fragmentierung moderner Wissensbestände aufgrund der Zunahme der Komplexität gesellschaftlicher Selbstorganisationsprozesse, was den Rekurs auf unterschiedliche Wissensbausteine tendenziell noch weiter verstärken wird und letztlich die beschworene Einheit und Autonomie der Dogmatik[299] (und auf abstrakterer Ebene des Rechts) noch weiter relativiert und konsequenterweise eine hinreichende Kompetenz mit entsprechenden externen Erkenntnissen im Rahmen dogmatischer Praktiken erfordert.[300] Die differenziert bleibenden Wissensbestände sind dabei nicht als objektiv-neutrale Bausteine zu verstehen, die einfach zur Verfügung stehen und herangezogen werden können. Es geht im tentativ-kombinatorischen Verfahrensabschnitt demnach nicht um die Fähigkeit zur Verknüpfung »objektiver« Sachverhalte, Tatsacheninformationen oder anderer Wissensbausteine, sondern um ein Ineinanderschieben vor dem Hintergrund eines systemeigenen, individuellen, situativen und problembezogenen Verständnis- und Erwartungshorizonts, was ebenfalls wieder einen Selektionsprozess darstellt, wonach Relevantes von Irrelevantem abgegrenzt und in bestehende Verwendungszusammenhänge integriert wird.[301] Dieser Verständnis- und Erwartungshorizont hängt dabei an den Strukturen, in denen er sich herausgebildet hat, und an den Praktiken, die ihn vollziehen.

bb. Abdämpfung von Rationalitäts- und Objektivitätsansprüche

Das dogmatische Verfahren des Entwerfens ist nicht nur geprägt durch die situations- und problemspezifischen Anforderungen, sondern insbesondere auch durch das Individuum, dessen individuelle Erfahrungen, aus denen sich der Geschmack, Kunstfertigkeiten, Handlungsziele und eben auch die Verknüpfungen von Wissensbeständen entwickeln.[302] Dabei geht das Individuum, der »Wissende«, dem eigenen Wissen nicht voran,[303] vielmehr wird es durch das prozedural generierte Wissen und die sozialen Interaktionszusammenhänge geprägt. »Die Subjektivität

299 Jestaedt, *Wissenschaft im Recht*, S. 3, 9; Stark, *Interdisziplinarität der Rechtsdogmatik*, S. 211–213 m.w.N.

300 Dies verweist u.a. auch auf das rechtswissenschaftliche Ausbildungssystem, Teil 3 D. V. 2. b. dd.

301 Augsberg, *Informationsverwaltungsrecht*, S. 284.

302 So verweist beispielsweise ein Richter in einem Interview mit *P. Stegmaier* etwa bei der Bearbeitung eines Falls auf sein »sehr persönliches Dokumentationssystem«, das von der referendarslehrbuchartigen Manier abweicht und das ihm so ein individuelles Orientierungssystem, damit ein eigenes »Orientierungswissen im Kopf« ermöglicht, Stegmaier, *Wissen, was Recht ist*, S. 146.

303 Augsberg, *Der Staat der Netzwerkgesellschaft – Zur Einführung*, S. 13.

zeichnet sich gerade dadurch aus, dass sie immer unvollständig, unfertig, aber offen ist für das Andere und die Anderen und damit den sich ändernden Mustern von deren Beobachtungen.«[304] Dies führt nicht zuletzt zu unvorhersehbaren Impulsen, Assoziationen und Verknüpfungen im Rahmen der situations- und problemspezifischen Wissensgenerierung eines dogmatischen Entwurfsgeschehens. Entsprechend zum Wissen, das keinen feststehenden Bestand markiert, der einfach zur Verfügung steht und abgerufen werden kann, ist auch das Individuum »kein bloß feststehendes Resultat entsprechend feststehender Strukturen«.[305] Die Ungewissheit, die mit dem »konstitutiv unfertigen«[306] Individuum als dogmatischem Wissensproduzenten einhergeht und daher selbst prozedural verstanden werden muss, markiert eine Dämpfung der Rationalitäts- und Objektivitätsansprüche an dogmatische Praktiken. Es ist zugleich notwendige und produktive Ressource der Praktiken dogmatischen Entwerfens für Variationen, Neuerungen und letztlich für die Vervielfältigung von Handlungsmöglichkeiten, was anhand des tentativ-kombinatorischen Verfahrensabschnitts besonders deutlich wird. Die Praktiken dogmatischen Entwerfens sind aufgrund ihres experimentellen und nach vorne offenen Verfahrens nicht nur zum Abstützen und Begleiten der rechtlichen Neuerungen produktiv, sondern operationalisieren sie so, dass unablässig neue Anschlussmöglichkeiten entstehen. Es geht bei den Praktiken des Entwerfens gerade nicht um die Vorwegnahme des Gebildes (im Sinne eines allgemeingültigen Bedeutungsgehalts und zunächst auch nicht des konkreten Bedeutungsgehalts).[307] Die Form des Gebildes ist am Anfang des dogmatischen Entwurfs, das heißt im tentativ-kombinatorischen Verfahrensabschnitt, noch unklar, vage und ambivalent. Die Form ergibt sich iterativ im Verlauf der verschiedenen Entwurfsschritte. Die Leistungsfähigkeit dogmatischer Praktiken zeigt sich gerade darin, dass sie ein Verfahren des Entwerfens, einen sich fortentwickelnden (Möglichkeits-)Raum für Erkundungen bereitstellen, in welchem sich der Akteur frei bewegen kann, seine individuellen Erfahrungen und Erkenntnisse[308] mit denen der beobachteten anderen, mit den Informationen zu den Sach- und Rechtsstrukturen als auch Altes und Neues so überlappend und ineinanderschiebend vernetzen kann, dass für den individuellen, situationsabhängigen Entwurf eine plausible Begründung

304 Ladeur, *Der Anfang des westlichen Rechts*, S. 45.

305 Augsberg, *Der Staat der Netzwerkgesellschaft - Zur Einführung*, S. 14.

306 Ebd.

307 Vgl. ebd., S. 16. Das praktische Verfahren ist bereits teleologisch nicht auf ein festes Ergebnis ausgerichtet, was als »Finding as Founding« beschrieben werden kann.

308 Vgl. beispielsweise zum beschriebenen »inneren Blick« eines Richters und dem »Wissen, das [auf] Erinnertes/ Erinnerbares Bezug [nimmt]«, vgl. Stegmaier, *Wissen, was Recht ist*, S. 229.

präsentiert werden kann. Die Kunstfertigkeit eines dogmatischen Akteurs liegt gerade in der Fähigkeit, mit diesen Unvorhersehbarkeiten (bedingt durch das Ineinanderschieben an Wissensbausteinen) – anderer wie eigener – gekonnt umzugehen. Es geht bei dem dogmatischen Entwurfsgeschehen vor diesem Hintergrund auch um kreatives und improvisatorisches Geschick.[309] Es geht gerade nicht um strenge Regelbefolgung und ein allzu mechanisches Reproduzieren bereits im Vorhinein bekannter und vorgegebener Reihenstrukturen (wie etwa in der Juristischen Methodenlehre), sondern um eine problembezogene und situativ experimentelle Konstruktion eines plausiblen Bedeutungsgehalts.[310] Aufgrund der Modifikationsfähigkeit des tentativ-kombinatorischen Verfahrensabschnitts ist das dogmatische Entwurfsgeschehen auf die Ungewissheit der Ermittlung des Bedeutungsgehalts produktiv ausgerichtet und zugleich darauf angewiesen, den notwendigen Eindruck zu vermitteln, einem festen Weg folgen zu wollen, auch zum Zwecke der Selbstkontrolle. Dies wird insbesondere durch mimetische Orientierung an Vorbildern im nicht-statischen Sinne, das heißt im Sinne des Vormachens, sichergestellt.[311] Dazu braucht es eine »latente Intuition des Gesamtmodells« und eine gewisse Fähigkeit, den eigenen Entwurfsakt mit dem Original zu vergleichen. Dies wird insbesondere durch routinisierte Abläufe und Übungen sowohl am Gericht, in der Verwaltung, als auch in der Rechtswissenschaft, etwa durch das endlose Einüben von Klausuren, hergestellt[312] und ist damit Teil der institutionalisierten Praxis. Das durch routinisierte Abläufe erworbene Repertoire und die damit verbundene Intuition bestimmen den individuellen Handlungs- bzw. Entwurfsraum eines individuellen Akteurs der Dogmatik (sowohl in der Rechtspraxis wie auch der Rechtswissenschaft).

309 Vgl. beispielsweise zur »hohen Improvisationsquote in der Tätigkeit« eines Richters etwa dessen Zitat im Rahmen eines Interviews durch P. Stegmaier: »[…] Gott sei Dank – ist Juristerei ja nur in den Grundlagen wissenschaftlich, in der Umsetzung (–) läuft es auf sehr viel Improvisation hinaus«, ebd., S. 311 f.

310 Vgl. allg. zu »jurisgenerativen Praxen«, Augsberg, *Der Staat der Netzwerkgesellschaft - Zur Einführung*, S. 19 mit Verweis auf Karl-Heinz Ladeur, »›Rechte gegen Rechte‹ – Kann diese Konfrontation dem Prozessieren des Rechts gerecht werden?«, in: Ino Augsberg u.a. (Hg.), *Recht auf Nicht-Recht: Rechtliche Reaktionen auf die Juridifizierung der Gesellschaft*, Weilerswist: Velbrück 2020, S. 230 ff.

311 Zur Rolle der Mimesis, vgl. Abschnitt 2.c.bb.; allg. Ortmann, *Regel und Ausnahme*, S. 146 ff.

312 Zu den produktiven Effekten der »Wechselwirkungen oder Überlagerungen zwischen Umbrüchen und Kontinuitäten« für die Wissensproduktion, Rheinberger, *Papierpraktiken im Labor*, S. 142.

cc. Knotenpunkte

Dieses individuell geprägte, situationsabhängige und problemspezifische tentativ-kombinatorische Ineinanderschieben unterschiedlicher Wissensbausteine, also das überlappende Netzwerk, lässt sich weder ex ante noch ex post bis ins kleinste Detail rekonstruieren. Dies schließt allerdings nicht aus, dass Knotenpunkte zwischen den Wissensbausteinen bzw. vielmehr Praktiken, die Knotenpunkte herausbilden, identifiziert werden können.[313] Es ist wichtig, den eigentümlichen und produktiven Prozess verstehen zu lernen, bei dem immer wieder Dinge ins Spiel kommen, die den dogmatischen Akteur dazu bringen, den Korpus des vorhandenen dogmatischen Wissens im Sinne des Bedeutungsgehalts umzuformen – ohne dass er dies aus dem bereits vorhandenen Wissen im Vorhinein hätte ableiten können.[314] »Wenn man sie deduktiv erschließen könnte, wäre es eine einfache Geschichte, denn dann würde man eben am Schreibtisch sitzen und Ableitungen vornehmen. Doch so ist es nicht.«[315] Dieses unvorhersehbare Element einer Praktik dogmatischen Entwerfens dämpft die Rationalitäts- und Objektivitätsansprüche, die oftmals an rechtsrelevantes (und insbesondere rechtsanwendungsspezifisches) Handeln und damit mittelbar inbegriffen an ein dogmatisches Entwurfsgeschehen gestellt werden.[316] Sie sind situations- und problemspezifisch wie individuell geprägt, damit unvorhersehbar, nur bedingt steuerbar[317] und weder ex ante noch ex post bis ins kleinste Detail rekonstruierbar, was mit dem Unbehagen der Ungewissheit einhergeht.[318] Wenn Knotenpunkte bzw. Praktiken, die Knotenpunkte herausbilden,

313 Zu dem Konzept der Knotenpunkte etwa Augsberg, *Informationsverwaltungsrecht*, S. 49.

314 Vgl. allg. zur Bedeutung von Praktiken des Entwerfens, Konstruierens und Herstellens (dort im Wissenschaftskontext), Rheinberger, *Papierpraktiken im Labor*, S. 142.

315 Ebd.; zur rechtstheoretischen Kritik am Rechtspositivismus und der juristischen Hermeneutik, Vesting, *Rechtstheorie*, S. 116 ff.

316 Teil 2 D. II. 3. e.; zu den Rationalitätsanforderungen an Dogmatik, Wahl, *Rechtsdogmatik und Rechtspolitik im Öffentlichen Recht*, S. 124; Eberhard Schmidt-Aßmann, *Verwaltungsrechtliche Dogmatik. Eine Zwischenbilanz zu Entwicklung, Reform und künftigen Aufgaben*, Tübingen: Mohr Siebeck 2013b, S. 4 f.

317 Zum strukturierenden Einfluss instituierte Praktiken als institutionelle Wissensstrukturen, vgl. Teil 3 D. II. Im Spezifischen zur Rolle von Routinen und Einübungen, vgl. Teil 2 D. 3. d.; Jestaedt, *Die Verfassung hinter der Verfassung*, S. 33.

318 Zum dogmatikeigenen Wissensproblem, Teil 3 D. II. 3. d., zur wechselseitigen Steigerung von Bestimmtheit und Unbestimmtheit, Teil 2 D. II. 2., zur Rolle der Unsicherheitsabsorption der Dogmatik, Teil 2 D. II. 3.

identifiziert werden wollen, dann geht es nicht um ein holistisch konzipiertes Analyseraster eines dogmatischen Entwurfsgeschehens zum Zwecke der Rationalisierung und Objektivierung. Gleichwohl können Praktiken im Rahmen eines dogmatischen Entwurfsgeschehens identifiziert werden, die Brücken zwischen den unterschiedlichen Wissensbausteinen bilden. Diese Brücken sind vor dem Hintergrund der Systemgebundenheit der Wissensbausteine, also dass sie nicht als feststehende, objektiv-neutrale Bausteine einfach zur Verfügung stehen und kombiniert werden können, notwendig. Ein Ineinanderschieben der Wissensbausteine kann nur dann gelingen, wenn man sie versteht, das heißt sie sinnvoll gebrauchen kann.[319] Zur Ermittlung der Frage, ob und wie Wissensbausteine sinnvoll gebraucht werden können, spielen die Beobachtung der anderen und die Mimesis eine zentrale Rolle. Sie markieren demnach brückenbildende Praktiken. Bei der Identifizierung von Praktiken, die Knotenpunkte bilden, geht es nicht um ein allgemeingültiges Analyseraster, sondern darum, die Stellschrauben der Entstehung der verzerrenden Effekte auf die Entwicklung von Handlungsmöglichkeiten[320] zu identifizieren und damit Möglichkeitsräume für Anpassungen aufzuzeigen.

b. Tastendes Sammeln: Gegenseitige Beobachtung

Ausgangspunkt des dogmatischen Entwurfsgeschehens im Rahmen des tentativ-kombinatorischen Verfahrensabschnitts und grundlegendes Element des »überlappenden Netzwerks« ist die Beobachtung der anderen bzw. die gegenseitige Beobachtung. Ihr kommt eine grundlegende Bedeutung für die Herausbildung der dogmatischen Wissensformen und Ordnung und ihre Operationsweise zu. Die Beobachtung markiert dabei (im Zusammenspiel mit der Mimesis) die Tiefenstruktur dogmatischer Praktiken und ihre Ausformung zu dogmatischen Wissensformen. Will man die Formen und Muster verstehen, die die dogmatischen Praktiken annehmen, ist es unumgänglich, die Tiefenstruktur »bis hinab zur basalen Operation der Beobachtung«[321] aufzuklären.

aa. Beobachtung und die Rolle dogmatischer Wissensformen – eine Einleitung

Im Umgang mit der situations- und problemspezifischen Ungewissheit des zu entwickelnden Bedeutungsgehalts ist die Beobachtung wesentlich,

319 Vgl. Augsberg, *Informationsverwaltungsrecht*, S. 285.
320 Teil 3 C. IV.
321 Willke, *Systemtheorie II: Interventionstheorie*, S. 19.

da durch Beobachtung Unterschiede, Abweichungen, Besonderheiten, Unregelmäßigkeiten oder Auffälligkeiten bemerkt werden. Um diese Unterschiede zu bemerken, bedarf es bereits erfolgter Beobachtungen und darauf basierender Vorannahmen sowie bereits vorhandener Wissensbestände.[322] Die Beobachtung knüpft an die relevanten Beiträge anderer Akteure an, an denen sich der Entwerfende schließlich in mimetischer Einstellung orientiert. Sie findet demnach in sozialen Interaktionszusammenhängen statt. Nur das, was beobachtbar ist und beobachtet wird, wird dann in den weiteren kognitiven Verfahrensabschnitten verarbeitet. Die Beobachtung (strukturiert durch die Verwendung technischer und medialer Hilfsmittel) geht mit Anschlusskognitionen einher bzw. löst – von der Beobachtung ausgehend – Kommunikations- und Handlungsimpulse aus. Dies verortet das selektive Moment dogmatischer Praktiken bereits in einem frühen Stadium der Wissensproduktion.[323] Die Beobachtung ist damit im dogmatischen Entwurfsgeschehen ein wirkmächtiger Filter und erster Anknüpfungspunkt der Beschreibung der Dogmatik als Kommunikationsbarriere. Der Vorwurf der Kommunikationsbarriere bezieht sich in der Literatur oftmals auf eine Erschwerung oder gar Verhinderung der Kommunikation im interdisziplinären[324] und transnationalen Diskurs[325]. ›Kommunikationsbarriere‹ soll an dieser Stelle allerdings nicht allein im Sinne des generalisierenden Vorwurfs der Rechtsdogmatik als »deutscher Sonderweg«[326] verstanden werden, zumal rechtsdogmatische Zugriffe auch in anderen kontinentalen Rechtsordnungen und in anderer Ausprägung und Form auch im anglo-amerikanischen Rechtskreis zu beobachten sind.[327] Die

322 Ralf Klausnitzer, »Beobachten«, in: Roland Borgards u.a. (Hg.), *Literatur und Wissen. Ein interdisziplinäres Handbuch*, Stuttgart, Weimar: Verlag J. B. Metzler 2013, S. 241.

323 Zur Bedeutung der Orientierung in mimetischer Einstellung am Handeln anderer, insbes. Ortmann, *Regel und Ausnahme*, S. 146.

324 Möllers, *Methoden*, Rn. 42; Jestaedt, *Wissenschaft im Recht*, S. 3; a.A. Hans Christian Röhl, »Öffnung der öffentlich-rechtlichen Methode durch Internationalität und Interdisziplinarität. Erscheinungsformen, Chancen und Grenzen«, in: Vereinigung der Deutschen Staatsrechtslehrer (Hg.), *Öffnung der öffentlich-rechtlichen Methode durch Internationalität und Interdisziplinarität. Band* 74, Berlin, Boston: De Gruyter 2015, S. 26 ff.

325 Oliver Lepsius (Hg.), *Relationen. Plädoyer für eine bessere Rechtswissenschaft*, Tübingen: Mohr Siebeck 2016, S. 8; Armin von Bogdandy, »Deutsche Rechtswissenschaft im europäischen Rechtsraum«, in: *JuristenZeitung* (2011), S. 4.

326 Vgl. Christoph Schönberger u.a. (Hg.), *Der »German Approach«. Die deutsche Staatsrechtslehre im Wissenschaftsvergleich*, Tübingen: Mohr Siebeck 2015.

327 Vgl. etwa Flohr, *Rechtsdogmatik in England;* Schmidt-Aßmann, *Verwaltungsrechtliche Dogmatik*, S. 6; a.A. Lepsius, *Kritik der Dogmatik*, S. 47;

Kommunikationsbarriere greift in dem Sinne weiter, dass sie den Marker beinhaltet, der besagt was ›rechtlich‹ relevant ist. Die Effekte dieses Markers (etwa im Sinne der Kommunikationsbarriere oder Kommunikationsermöglichung) hängen von der Qualität des Ausformungsprozesses dogmatischer Wissensformen und damit von der Qualität der Praktiken und damit als eine Art Ausgangspunkt von der Beobachtung ab. Sofern eine Verengung in den Beobachtungsinstrumenten der Dogmatik besteht, strukturiert diese verengend den Prozess der Informationsverarbeitung und Erkenntnisgewinnung. Sie entwickelt dann einseitig, was ›rechtlich‹ relevant und nicht relevant ist. Vor dem Hintergrund der Bedeutung der Dogmatik als Verständigung über die Öffnung und Schließung der Gehalte des Rechts und der Verarbeitung und Transformation außerrechtlichen Wissens ist damit auf die Qualität der Beobachtung besonderes Augenmerk zu legen.[328]

Es lässt sich demnach zusammenfassend festhalten, dass es sich bei der Beobachtung zum einen um die Feststellung eines bedeutsamen Unterschieds[329] und zum anderen um ein kommunikatives und selektiv-aufmerksames Wahrnehmen und Durchsehen von Informationen handelt, um dem für das eigene dogmatische Entwurfsgeschehen relevanten Unterschied auf die Spur zu kommen. Das Bemerken eines Unterschieds verlangt zunächst elaborierte Möglichkeiten, überhaupt Unterschiede feststellen zu können, und dann Möglichkeiten, aus den festgestellten Unterschieden Bedeutungen abzuleiten. Die jeweils herangezogene Methode als auch die Instrumente des Beobachtens wie etwa die Medien des Rechts[330] und allen voran die dogmatischen Wissensformen selbst[331] stellen diese Möglichkeit bereit, Unterschiede überhaupt feststellen zu können. Eine Bedeutung aus dem bemerkten Unterschied abzuleiten, ist dabei weit schwieriger zu greifen. Ein solches *Bemerken* setzt zunächst eine Instanz voraus, die in der Lage ist, zwischen »so« und »anders« zu unterscheiden. Dies verweist erneut auf die Rolle dogmatischer Wissensformen, die als Speichermedium Zustände festhalten, an denen gemessen

Rolf Stürner, »Die Zivilrechtswissenschaft und ihre Methodik – zu rechtsanwendungsbezogen und zu wenig grundlagenorientiert?«, in: *Archiv für die civilistische Praxis*, 214: 1/2 (2014), S. 10 ff.

328 Zum Problemkreis der Dogmatik in Rechtswissenschaft und Methode, vgl. Teil 2 D., Teil 3 C. III. 2. a. bb.; zur bereits im Rezeptionsvorgang relevanten »Qualität« dogmatischer Wissensformen Teil 3 C. und ebenfalls bereits im Rezeptionsvorgang relevanten Rahmenbedingungen Teil 3 D. V. 2.; i.Ü. Eifert, *Zum Verhältnis von Dogmatik und pluralisierter Rechtswissenschaft*, S. 81 f.

329 Willke, *Systemtheorie II: Interventionstheorie*, S. 12.

330 Teil 3 D. V. 2. b. dd.; insbesondere Thomas Vesting, *Die Medien des Rechts (Bd. I–IV)*, Weilerswist: Velbrück Wissenschaft.

331 Teil 3 C. IV. 3.

sich etwas als vergleichsweise anders feststellen lässt, was erneut auf die dogmatische Selbstreferenz, die einen verschleiften Prozess von Maßstab und Maßstabsbildung hervorbringt, verweist.[332] Die Möglichkeit der Beobachtung durch dogmatische Wissensformen und die Selbstproduktion dogmatischer Wissensformen sind nur im Paket zu haben: Dabei schließt die Selbstproduktion Dogmatik von einer außerdogmatischen und außerrechtlichen Umwelt ab, während die Beobachtung die Dogmatik gegenüber Differenzen öffnet, allerdings nur gegenüber denjenigen, die die dogmatischen Wissensformen als relevant etikettiert haben.[333]

bb. Die Realisierung von Beobachtung in sozialen Zusammenhängen

Bei der Beobachtung handelt es sich nicht um einen interaktionslosen, internen Vorgang, der in den Akteuren selbst stattfindet, oder um einen dem kommunikativen Austausch vorgeschalteten rein individuellen, inneren Vorgang. Vielmehr erfolgt die Beobachtung vor dem Hintergrund des kommunikativen Austauschs,[334] indem es gerade darauf ankommt, sich entweder mit dem Beobachteten zu identifizieren, das Beobachtete also zu bestätigen oder, darauf aufbauend weiterzuentwickeln, oder zu konkurrieren, das heißt eine Neuerung vorzuschlagen,[335] um am dogmatischen Diskurs zu partizipieren und schließlich für andere dogmatische Entwurfsgeschehen anschlussfähig zu sein, das heißt aufgegriffen zu werden.[336] So geht es etwa bei einem dogmatischen Beitrag eines rechtswissenschaftlichen Akteurs letztlich darum, ›am Ende in einer (höchst-)richterlichen Entscheidung Berücksichtigung zu finden.‹[337] Die Beobachtung als ein gedanklich erster Schritt des interaktionalen Prozesses dogmatischer Wissensproduktion lässt sich auch an dem Selbstverständnis der Aufgabe der Rechtsdogmatik illustrieren: »Kernaufgabe der Rechtsdogmatik besteht in der *Sichtung* des Rechtsstoffes, um diesen begrifflich zu durchdringen und am Ende systematisch

332 Vgl. Teil 3 C. V.

333 Vgl. Teil 3 C. II. 1. Zu den daraus entstehenden Effekten in der weiteren Wirklichkeitsverarbeitung, vgl. Teil 3 C. VI.

334 Vgl. zur Dogmatik als gemeinsames Kommunikationsformat, Jestaedt, *Wissenschaftliches Recht*, S. 127.

335 Heinelt/Lamping, *Wissen und Entscheiden*, S. 43 f.

336 Jestaedt, *Wissenschaftliches Recht*, S. 130; Wissenschaftsrat, *Perspektiven der Rechtswissenschaft in Deutschland*, S. 31. Zur Kreativität und Flexibilität in der Rechtsdogmatik aufgrund dieses Austauschprozesses, vgl. Schmidt-Aßmann, *Verwaltungsrechtliche Dogmatik*, S. 5; Jan Henrik Klement, *Verantwortung. Funktion und Legitimation eines Begriffs im Öffentlichen Recht,* Tübingen: Mohr Siebeck 2006, S. 39 ff.

337 Boulanger, *Die Soziologie juristischer Wissensproduktion*, S. 176.

auszuformen.«[338] Das Durchdringen, Präzisieren und Verfeinern von Rechtsregeln und Rechtsbegriffen als auch die anschließende Systematisierung der Begriffe, Figuren und Institute setzen demnach zunächst eine *Sichtung*, das heißt einen zweigliedrigen Prozess des Wahrnehmens und des Durchsehens des Rechtsstoffs, das heißt der Rechtsstrukturen, voraus. Auf der anderen Seite kann die Ermittlung des Bedeutungsgehalts den jeweiligen Fachkontext und dessen detailreiche Sachstrukturen der verschiedenen Gesellschaftsbereiche (Wirtschaft, Politik, Medien usw.) nicht aus der Beobachtung ausschließen.[339] Auch in diese Richtung erfolgt eine Sichtung der als relevant erachteten Informationen. Der zweigliedrige Prozess des Wahrnehmens und Durchsehens bedeutet konkret im Rahmen einer Recherche, zunächst zu beobachten, wie sich das Feld bewegt, und dann in einem weiteren Schritt den Lektürefund zu rezipieren.

cc. Der Sichtungsprozess

Der Prozess des Wahrnehmens und Durchsehens, also der Sichtung, des gesamten Stoffs umfasst sowohl den Rechtsstoff, das heißt die Rechtssätze des geltenden positiven Rechts, als auch seine dogmatische Fassung und Ausformungen, wie auch die Informationen zum Fallkontext. Je nach dogmatischem Betätigungsfeld (das heißt die Annäherung von Fall und Rechtsnorm in der Rechtsanwendung oder die System- und Ordnungsbildung)[340] sieht der Prozess der Sichtung anders aus. Bei der Lösung eines konkreten Fallproblems, weil etwa »Leerstellen, Diffuses oder Grenzfälle beim Umgang mit den Merkmalen eines Gesetzes sichtbar werden«,[341] nimmt die *Sichtung* einen mehr oder minder geteilten Bestand an Vorstellungen und Überzeugungen zu diesem konkreten Gesetzesmerkmal, sowohl aus der Rechtswissenschaft als auch aus der Rechtspraxis, unter Umständen aber auch über den Bereich des Rechts hinausgehend, in den Blick.[342] Im Falle der dogmatischen System- und Ordnungsbildung, etwa in Form der Erarbeitung übergreifender verallgemeinernder Rechtsbegriffe, um gemeinsame Eigenschaften

338 Bumke, *Rechtsdogmatik*, S. 45.

339 Zur Bedeutung der Sach- und Rechtsstruktur bei der Rechtsinterpretation, vgl. Vesting, *Rechtstheorie*, S. 141 ff.

340 Zur Differenzierung, vgl. u.a. ebd., S. 13 f. Zur Bedeutung der unterschiedlichen Betätigungsfelder in der Wissenserzeugung vgl. Bumke, *Erzeugung und Gebrauch von Wissen in der Rechtswissenschaft*, S. 450.

341 Bumke, *Rechtsdogmatik*, S. 451.

342 C. *Bumke* zeichnet dies etwa am Merkmal der Menschenwürde nach, vgl. idem, *Erzeugung und Gebrauch von Wissen in der Rechtswissenschaft*, S. 452 m.w.N.

herauszuarbeiten und die Rechtspraxis zu vereinheitlichen,[343] nimmt die Sichtung eine leicht andere Gestalt an. In diesem Betätigungsfeld werden zunächst punktuelle und scheinbar zusammenhanglose Erscheinungen in den Blick genommen, die dann später argumentativ zu einem verallgemeinernden Rechtsbegriff verarbeitet werden.[344] Trotz leicht unterschiedlicher Ausformung handelt es sich in beiden Konstellationen dogmatischer Betätigung um eine Form der Beobachtung anderer Akteure rechtsdogmatischer Wissenserzeugung.

Die beobachteten dogmatikrelevanten Beiträge entspringen dabei unterschiedlichen Bereichen und sozialen Räumen der (Rechts-)Wissenschaft wie auch anderen gesellschaftlichen Bereichen, wobei die Beobachtungen der Beiträge nicht entlang scharfer Grenzen innerhalb der jeweiligen sozialen, etwa rechtlichen, Handlungsarena erfolgen. Das, was die Erzeugung und Formung dogmatischen Wissens auszeichnet, sind gerade die Verflechtung und das Ineinanderschieben nicht nur von Beobachtungen der Beiträge aus der Rechtswissenschaft und Rechtspraxis, was oftmals mit Schlagworten wie »arbeitsteiliges-kooperatives Grundverhältnis«[345] beschrieben wird,[346] sondern auch die Verflechtung der Wissensbestände anderer Bereiche der Wissenschaft und der Gesellschaft. Die dogmatischen Praktiken bilden einen Interaktionsraum, in dem die pluralen Tatbeiträge pluraler Akteure so zusammenkommen können, dass sich ein Varietätspool an Wissensbeständen herausbildet, der vor dem Hintergrund der Komplexitätsbedingungen moderner Gesellschaften zentral ist, wenn Dogmatik als kognitive Grundlage des Rechts produktiv die Neuerungen gesellschaftlicher Selbstorganisationsprozesse verarbeiten möchte.

dd. Netzwerkartige Qualität

Die gegenseitige Beobachtung unterstreicht die netzwerkartige Eigenschaft dogmatischer Entwurfspraktiken, indem der Beobachtungsvorgang (zum Beispiel das Exzerpieren von Lektürefunden zu den Rechts- und Sachstrukturen) auf Vernetzung als Begründungsbrücke ausgerichtet ist. Es geht gerade darum, den eigenen individuellen Wissensbestand mit

343 Ebd., S. 461.

344 Ebd.

345 Kahl, *Wissenschaft, Praxis und Dogmatik im Verwaltungsrecht*, S. 16.

346 Vgl. Lepsius, *Kritik der Dogmatik*, S. 43 ff. Differenzierter beispielsweise bei *Alexy*, der zwischen der Rechtswissenschaft, welche rechtsdogmatisches Wissen *erzeugt*, und der Rechtspraxis (insbesondere Gerichte), welche Rechtsdogmatik *entwickelt*, Robert Alexy, *Theorie der juristischen Argumentation. Die Theorie des rationalen Diskurses als Theorie der juristischen Begründung*, Frankfurt am Main: Suhrkamp 2012, S. 313.

neuen Informationen und mit den Wissensbeständen anderer so zu vernetzen, dass die Wissensleerstellen des jeweiligen dogmatischen Entwurfsgeschehens, entweder in der Annäherung von Fall und Rechtsnorm im Rahmen einer Rechtsanwendung oder im Rahmen der Systematisierungs- und Ordnungsleistung, ergänzt werden und so eine plausible Begründung für einen Bedeutungsgehalt präsentiert werden kann. Die Beobachtung anderer und schließlich die Orientierung an ihnen – als Elemente der Nachahmung – tragen »über die Kluft der Kontingenz, die sich gerade dort auftut, wo Begründungsbrücken für unser Handeln fehlen oder nicht genug reichen.«[347] Die Beobachtung anderer bildet Brücken, die die Wissensleerstellen ergänzen;[348] ein Vernetzungsprozess, der sich schließlich zu einem überlappenden Netzwerk verdichtet.[349] Dabei geht es bei der Beobachtung anderer nicht nur um die normativen Leerstellen des Maßstabs, also nicht zu wissen, was der Bedeutungsgehalt einer dogmatischen Wissensform sein *soll*, sondern vor dem Hintergrund der Komplexität gesellschaftlicher Phänomene auch um die faktischen Leerstellen, was der Fall *ist*.

c. Das tentative Verbinden der Wissensbausteine in mimetischer Einstellung

Die epistemische Leistung dogmatischen Entwerfens als ein die Ungewissheit operationalisierendes epistemologisches Verfahren beruht vor allen Dingen auf dem versuchsweisen Verbinden und Ineinanderschieben der unterschiedlichen Wissensbestände, einem Vorgang, der in mimetischer Einstellung erfolgt. Für das Zusammenbringen der Wissensbestände gibt es keine trennscharfen Vorgaben, weder aus den Techniken der Entwurfspraktiken noch aus der dogmatischen Wissensform selbst, es handelt sich vielmehr um ein Experiment mit offenem Ausgang (aa), das sich nicht an einem im Vorhinein feststehenden Gebilde eines Entwurfs orientieren kann. Die notwendige Orientierung erfolgt daher vielmehr durch Nachahmung und damit durch mimetische Orientierung an anderen (bb.).

aa. Das Experiment mit offenem Ausgang

Das versuchsweise Zusammenfügen der verschiedenen Wissensbausteine entwickelt näherungsweise, was noch unbekannt und nicht eindeutig

347 Ortmann, *Regel und Ausnahme*, S. 147.

348 Zum rekursiven Verhältnis von Ungewissheit und Gewissheit, Wissen und Nichtwissen, Teil 2 D. II.

349 Krauthausen, *Vom Nutzen des Notierens*, S. 24.

zu erstellen ist. »Tatsachlich ist nichts schwieriger, als sich eine freie und fluktuierende Zeit vorzustellen, die noch nicht vollständig determiniert ist, in der die Forscher auf ihrer Suche im Grunde noch nicht eigentlich wissen, was sie suchen, während sie es unwissentlich bereits wissen.«[350] Die Entwurfsschichten operieren projektiv in einem Bereich der Unschärfe, das heißt, sie repräsentieren Verfahren eines tentativen Entwerfens, das nicht mit einer Konstruktion einer dogmatischen Wissensform bzw. eines Bedeutungsgehalts identisch ist, selbst wenn es auf sie zuarbeitet.[351] *M. Serres* beschreibt diese Experimentalsituation wie folgt: »Wer forscht, weiß nicht, sondern tastet sich vorwärts, bastelt, zögert, hält seine Entscheidungen in der Schwebe. [...] Tatsachlich gelangt der Forscher auf beinahe wundersame Weise zu einem Ergebnis, das er nicht deutlich voraussah, auch wenn er es tastend suchte.«[352] In Anlehnung an *M. Serres'* Beschreibung des Forschungsprozesses lässt sich für das dogmatische Entwerfen festhalten: Wer versuchsweise die unterschiedlichen Wissensbausteine zu einem dogmatischen Entwurf zusammenbringt, *weiß* nicht, sondern tastet sich vorwärts, bastelt, zögert, hält seine dogmatischen Schichten und Tatbeiträge in der Schwebe.[353] Dieses »In-der-Schwebe-Halten« fällt in Abhängigkeit von den rechtlichen Rahmenbedingungen, das heißt der Eigenrationalität, Rolle und Funktion des jeweiligen Akteurs im dogmatischen Diskurs, als auch in Abhängigkeit von den jeweiligen materiellen Rahmenbedingungen im Sinne der zur Verfügung stehenden Ressourcen wie etwa Zeit, technische Hilfsmittel oder personelle Unterstützung unterschiedlich aus, was sich dann in unterschiedlichen dogmatischen Bearbeitungs- bzw. Herstellungsprozessen und schließlich in unterschiedlichen Entwürfen materialisiert.[354]

350 Michel Serres, *Elemente einer Geschichte der Wissenschaften*, Frankfurt am Main: Suhrkamp 1994, S. 17.

351 Vgl. zur skizzenhaften Konstruktion von Abbildungen, Krauthausen, *Vom Nutzen des Notierens*, S. 107.

352 Serres, *Elemente einer Geschichte der Wissenschaften*, S. 35.

353 Zu dem vorwärts tastenden, bastelnden, zögernden Entwurfsprozess von Schicht zu Schicht etwa die Beschreibung einer Richterin, dass sie problematische Akten in mehreren Anläufen bewältigt (im Rahmen eines von P. Stegmaier geführten Interviews): »Zwei Tage später setz ich mich wieder dran und merk, ich muss da noch wegen was in die Bibliothek. Nach ein paar Tagen geh ich in die Bibliothek, les mir was dazu durch. Ich muss ja auch *Entscheidungsalternativen* prüfen. Und man muss das auch mal *sacken lassen*. Irgendwann ist es mir klar, *jetzt mach ichs so*«, Stegmaier, *Wissen, was Recht ist*, S. 191. P. Stegmaier beschreibt dies in seiner Auswertung als eine wiederkehrende Feststellung von Richtern; das Beiseiteschieben gehe durch aus einher mit »drüber schlafen« und das Problem »im Hinterkopf arbeiten lassen«, ebd.

354 Vgl. ebd., S. 149–195.

Trotz der Abschichtungen je nach Rahmenbedingungen und daraus folgenden Anschlusszwängen besteht bei allen dogmatischen Entwürfen ein kürzerer oder längerer Zustand der Schwebe, der Vorläufigkeit, weil der dogmatische Akteur im tentativ-kombinatorischen Verfahrensabschnitt, das heißt im Rahmen der Beobachtung und Orientierung an anderen, ständig abgleichen muss, intern wie extern, von alt zu neu, usw.[355] Dieses Abgleichen impliziert ein kognitives Offenhalten, das es im Sinne eines iterativen Vorgehens ermöglicht, den aufgrund des Abgleichens der vorhandenen Informationen mit den neu hinzukommenden Informationen entstehenden Assoziationen oder Impulsen nachgehen zu können, was wiederum auf die Eigenschaft von Praktiken dogmatischen Entwerfens verweist, die einen (Möglichkeits-)Raum für Erkundungen bereitstellen.[356] Darüber hinaus erlaubt das kognitive Offenhalten eine ständige Überprüfung und situationsangepasste Weiterentwicklung.[357]

Das tentative Verbinden der Wissensbausteine im Rahmen der Ermittlung eines situationsspezifischen Bedeutungsgehalts ist ein Experiment mit offenem Ausgang.

bb. Mimesis

Für das versuchsweise Verbinden der Wissensbausteine zu einer Schicht eines dogmatischen Beitrags bzw. direkt zu einem dogmatischen Beitrag gibt es keine trennscharfen Vorgaben. Weder die Techniken der Entwurfspraktiken noch die dogmatischen Wissensformen geben solche trennscharfen Markierungen vor. Zum einen kann sich der dogmatische Akteur nicht (oder zumindest nicht nur) an rein juristischen Techniken und Regeln des Entwerfens wie etwa an der Juristischen Methode orientieren, allein weil sie lediglich die Normauslegung und davon im rechtspositivistischen oder hermeneutischen Sinne abgeleitet die Anwendung auf einen konkreten Sachverhalt in den Blick nimmt, damit allerdings für die (Re-)Konstruktion konkreter Sachverhalte, ihre zugrundeliegenden gesellschaftlichen Strukturen oder gesellschaftliche Funktionszusammenhänge als auch ihre Effekte auf Handlungsspielräume untauglich ist.[358] Für die Wirklichkeitserfassung gibt es überhaupt keine übergreifende rechtswissenschaftliche Methode – und das, obwohl dogmatische

355 Vgl. Rheinberger, *Papierpraktiken im Labor*, S. 144.

356 Vgl. Teil 3 D. IV. 2. a.

357 Vgl. für das Verwaltungsrecht Christian Quabeck, *Dienende Funktion des Verwaltungsverfahrens und Prozeduralisierung*, Tübingen: Mohr Siebeck 2010, S. 193.

358 Wolfgang Hoffmann-Riem, »Sozialwissenschaften in der Rechtsanwendung. Am Beispiel der Nutzung der Medienforschung in der Rechtsprechung zum Medienrecht«, in: *Zeitschrift für Rechtssoziologie*, 22: 1 (2001), S. 13.

Wissensformen voller vertypter Wirklichkeitsannahmen und -beschreibungen sind.[359] Auch die dogmatische Wissensform kann aufgrund ihrer Abstraktheit und ihrer Funktion als Variationsrahmen nicht vorgeben, was genau entworfen werden soll und wie dort hinzukommen ist. Die dogmatische Wissensform markiert ein dekontextualisiertes, vertyptes, situationsübergreifendes »Vorbild« des zu entwerfenden Gebildes, das handlungskanalisierenden Effekt hat, aber keine trennscharfen Vorgaben machen kann, wie die Wissensbausteine zu einem Entwurf zusammengebracht werden können. Wenn es keine trennscharfen Vorgaben gibt und der Prozess des Entwerfens selbst experimentell ist, das heißt sich vollzieht, ohne auf ein im Vorhinein feststehendes Gebilde ausgerichtet sein zu können, stellt sich die Frage, an was sich ein Akteur dann orientiert. Bei dem tentativ-kombinatorischen Ineinanderschieben der Wissensbausteine orientiert sich ein Akteur an anderen. Die mimetische Orientierung an anderen gibt Hinweise auf die faktische Geltung eines Bedeutungsgehalts und ihr situatives Fruchtbarmachen sowie Hinweise auf die von anderen praktizierten Entwurfsschritte und -techniken im Rahmen ihres situativen Entwurfs. Während die dogmatischen Wissensformen einen sedimentierten dekontextualisierten und vertypten Bedeutungsgehalt festhalten, der in der Darstellung »entleert« zu sein scheint, um situationsübergreifend angewendet werden zu können, ist die Nachahmung situationsspezifisch, kontextualisiert und »gefüllt« im Sinne von materialisiert. Die Nachahmung als Teil dogmatischer Praktiken schließt die Lücke zwischen der dogmatischen Wissensform und der Ermittlung des situationsspezifischen Bedeutungsgehalts.

Die mimetische Orientierung an anderen gibt vor allen Dingen für Entscheidungsfindungen in einer komplexen Umwelt, also nicht zu wissen, was der Fall ist, wie auch in einer dynamischen Umwelt ständig sich verändernder Entscheidungsgrundlagen (was insbesondere im Gesellschaftsbereich der Wirtschaft gut beobachtet werden kann)[360] eine »schnelle, einigermaßen situationsgerechte Information ›how to go on‹.«[361] Die Nachahmung trägt damit über die Kluft, die entsteht, da aufgrund sachlicher Komplexität und/oder mangels Erfahrungswissens ein Sachverhalt oder Tatbestand sowie die ihnen zugrundeliegenden Wirklichkeitsannahmen erst unter Zuhilfenahme normativer Konzepte erarbeitet werden müssen.[362] Die Nachahmung entlastet situativ, indem sie sowohl Orientierung bei der faktischen wie normativen Ungewissheit

359 Bezogen auf Gerichtsentscheidungen, ebd.

360 Insbes. Marktverhalten an der Börse.

361 Ortmann, *Regel und Ausnahme*, S 147.

362 Vgl. für das Verwaltungsrecht bspw. Hans Christian Röhl, »Ausgewälte Verwaltungsverfahren«, in: Wolfgang Hoffmann-Riem u.a. (Hg.), *Grundlagen des Verwaltungsrechts Bd. 2. Informationsordnung, Verwaltungsverfahren, Handlungsformen,* München: C.H. Beck 2012, Rn. 34.

gewährleistet. Nachahmung entsteht damit immer dort, wo Begründungsbrücken für das eigene (rechtsrelevante, rechtsanwendungsspezifische, dogmatische) Handeln aufgrund von Wissenslücken fehlen.[363] Die Nachahmung steht dabei auch nicht im Widerspruch zum experimentellen Charakter der Praktiken dogmatischen Entwerfens.[364] Die Nachahmung ist vielmehr Teil der Weichenstellung der Richtung des Entwurfs, bzw. präziser, des Ineinanderschiebens der unterschiedlichen Wissensbestände, indem sie eine Brücke zwischen ihnen bildet, nicht allerdings das Gebilde eines Bedeutungsgehalts vorgibt. Die Nachahmung gibt noch spezifischer als eine dogmatische Wissensform den Spielraum für situatives Abweichen und dafür, wie weit abgewichen werden darf vor. Sie ist damit die zentrale Praktik, die darüber entscheidet, inwiefern und inwieweit eine verschiebende und verändernde Entwicklung dogmatischen Entwerfens eines Bedeutungsgehalts gebremst oder in ihrer Wirkung vereinheitlicht oder forciert wird.[365] Vor dem Hintergrund ihrer Brückenbildungsfunktion geht jede Nachahmung mit einer Abweichung einher. »Keine Nachahmung, die nicht ihrerseits verschiebt und verändert«.[366] Es geht demnach mehr um das Austarieren einer gelungenen Nachahmung im Sinne einer »unbedeutenden« Abweichung. Was dann als unbedeutend gilt, wird anhand der im dogmatischen Diskurs ausgehandelten Relevanzkriterien im Rahmen der sozialen Interaktionen beurteilt. Ein dominantes Relevanzkriterium im dogmatischen Diskus markiert das materielle Recht bzw. die materiell-rechtliche Argumentation.[367]

Die Qualität des Ergebnisses dieser Nachahmungsprozesse mit Blick auf ihre Anschlussfähigkeit hängt dabei zum einen von dem Reflexionsgrad der Mimesis, das heißt zum Beispiel die retrospektive Beobachtung von Mustern und deren Abgleich mit ihrer gesellschaftlichen Kompatibilität, und zum anderen von der Pluralität der Vorbilder ab.

d. Die Bedeutung routinisierter Vorgänge

Erst die Übung und routinisierte Vorgänge versetzen den dogmatischen Akteur in den Stand, mit Unvorbereitetem bedingt durch Wissenslücken umzugehen, was nicht heißen kann, Gelerntes auswendig vorzuführen, sondern im Moment der Praktiken des dogmatischen Entwerfens die unterschiedlichen Wissensbausteine situativ und problembezogen zu

363 Ortmann, *Regel und Ausnahme*, S. 147.
364 Rheinberger, *Papierpraktiken im Labor*, S. 142.
365 Vgl. allg. Ortmann, *Regel und Ausnahme*, S. 149.
366 Ebd.
367 Vertiefend zur Nachahmung und materiell-rechtlicher Argumentation vgl. Teil 3 D. V. 2. b. cc. (2).

vernetzen. Es geht demnach nicht um einen vorhersehbaren, mit einer Karte bestimmbaren direkten Weg der Vernetzung, sondern um ein situatives Navigieren. Die Herausbildung von Routinen in und durch Praktiken dogmatischen Entwerfens hat daher eine stabilisierende Funktion im Rahmen des tentativ-kombinatorischen Verfahrensabschnitts. Sie liefern die notwendigen förderlichen Strukturen, um zum einen kreativ Wissensbausteine situativ und problembezogen miteinander zu vernetzen, sodass eine plausible Bedeutung entworfen werden kann, und zum anderen wirken sie restriktiv, um sich im Rahmen der Vielfalt an Vernetzungsmöglichkeiten zurechtzufinden und sich auf erprobte und bewährte Herangehensweisen verlassen zu können.[368] Für den Umgang mit Herausforderungen, die im Zusammenhang mit rechtlichen Neuerungen als auch einer komplexen Rechtsumwelt stehen, bedarf es Abläufe, die nicht bewusst vom Verstand gesteuert werden, was insbesondere durch Fertigkeiten und Routinen erfolgt. Dies ist vorteil- und nachteilhaft zugleich und erfordert das Offenhalten der Möglichkeit, Routinen abändern oder ihnen eine neue Richtung geben zu können. Es geht bei der Übung um das Aneignen von Konstruktionsschritten, -techniken und -regeln, die wesentlichen Einfluss auf das tentativ-kombinatorische Ineinanderschieben von Wissensbausteinen haben, indem sie die zentralen Untersuchungsgegenstände wie Fragen, zu setzende Schwerpunkte, heranzuziehende Methoden und Vorgehensweisen prägen.[369] Der Ursprung eines dogmatischen Entwurfs liegt damit zu einem beträchtlichen Teil in einer regelmäßigen Praxis, die das Individuum, dessen Perspektive auf das Recht und die Wirklichkeit in einer bestimmten Weise ausbildet.

Dabei kommt der rechtswissenschaftlichen Ausbildung eine zentrale Rolle zu. Sie ist auf das Erste Staatsexamen und demnach bereits früh auf das Üben der Falllösung, der Vermittlung der Bedeutung des Handlungs- und Rechtsformsystems (im Verwaltungsrecht insbesondere der Verwaltungsakt) und des Gesetzes (Vorrang und Vorbehalt des Gesetzes) als auch auf die Fokussierung auf das materielle Recht sowie die binäre Codierung in rechtswidrig und rechtmäßig ausgerichtet. Sie vermittelt damit die Vorstellung einer einzig richtigen materiell-rechtlichen Entscheidung. Dieses Einüben erfolgt durch unzählige mehrstündige Klausuren an den Universitäten und in den Repetitorien. Überwacht und faktisch erzwungen wird es letztlich in den Prüfungen des Staatsexamens und der Bedeutung der Punktzahl für die anschließende juristische Tätigkeit. Die Vermittlung des juristischen »Handwerks« über eine langjährige und intensive Ausbildung soll eine Bewältigung des beruflichen

368 Vgl. Johann Fortwengel u.a., »Studying Organizational Creativity as Process: Fluidity or Duality?«, in: *Creativity and Innovation Management*, 26: 1 (2017), S. 6.

369 Vgl. ebd.

Alltags gewährleisten und verdeutlicht die Tradierung der Sozialisierung der Ausbildung in der Praxis.[370] So werden in den Amtsgerichten Hunderttausende von Fällen größtenteils gleichförmig abschließend entschieden oder – bei als zu stark erachteten Abweichungen von den Kriterien und Regeln der Ermittlung des Gehalts des Rechts – von den höheren Instanzen aufgehoben.[371] Die Sozialisierung an rechtswissenschaftlichen Fakultäten im Zusammenspiel mit einem hierarchischen Gerichtssystem bewirkt eine Steuerungswirkung der Rechtsdogmatik, der zwar keine normative Verbindlichkeit wie etwa von Gesetzen, Urteilen oder Verwaltungsakten,[372] aber letztlich eine faktische Autorität zukommt.[373] Anwendungsroutinen aufgrund eingeübter Arbeitstechniken und -praktiken,[374] nicht nur in der rechtswissenschaftlichen Ausbildung durch das Einüben von Klausuren, sondern auch bei (erstinstanzlichen) Gerichten, an welchen allein aufgrund der hohen Fallzahl bei begrenzter Zeit eine gewisse Gleichförmigkeit entlastend wirkt, bewirken kognitive Bahnungen, das heißt im Kontext dogmatischer Wissenserzeugung bevorzugte Verwendungen von Argumentationsformen und Vorgehensweisen, die sich dann zu dogmatischen Bauelementen und Lehrgebäuden ausformen und durch wiederholtes Aufgreifen verfestigen, wobei weniger ihr konkreter Inhalt entscheidend ist, sondern die Heranziehung der Form der dogmatischen Bauelemente und Lehrgebäude.

e. Die Formbildung als Ergebnis des tentativ-kombinatorischen Verfahrensabschnitts

Der tentativ-kombinatorische Verfahrensabschnitt, also die Beobachtung anderer und die Nachahmung, heißt, Einzelnes aus einer Fülle gegebener Eindrücke zu unterscheiden, es mit anderen Wissensbausteinen zu kombinieren und so eine erste Schicht oder direkt einen dogmatischen Beitrag zu entwerfen, mithin *Formen zu bilden*, um weitere Informationen »diskriminierend« (im Sinne von »das und nicht jenes«) durch

370 Kahl, *Wissenschaft, Praxis und Dogmatik im Verwaltungsrecht*, S. 160.

371 Boulanger, *Die Soziologie juristischer Wissensproduktion*, S. 184 f.

372 Bumke, *Rechtsdogmatik*, S. 646.

373 Vgl. Bernd Grzeszick, »Steuert die Dogmatik? Inwiefern steuert die Dogmatik des Öffentlichen Rechts? Gibt es eine rechtliche Steuerungswissenschaft jenseits der Rechtsdogmatik?«, in: Gregor Kirchhof u.a. (Hg.), *Was weiß Dogmatik? Was leistet und wie steuert die Dogmatik des Öffentlichen Rechts?*, Tübingen: Mohr Siebeck 2012.

374 Michael Wrase, »Rechtsinterpretation als soziale Praxis. Eine rechtssoziologische Perspektive auf juristische Methodik«, in: Verena Frick u.a. (Hg.), *Politik und Recht. Umrisse eines politikwissenschaftlichen Forschungsfeldes*, Baden-Baden: Nomos 2017, S. 79.

weitere epistemische Prozesse einspeisen zu können. Der tentativ-kombinatorische Verfahrensabschnitt »geschieht im Dienste einer anderen Sache«.[375] Er steht im Dienst des Festhaltens in einer Form. Wie bereits im Rahmen der dogmatischen Wissensform gesehen, gewährleistet die Formfassung die Möglichkeit künftiger Wiederholung und verleiht dem Festgehaltenen zugleich Stabilität wie Beweglichkeit.[376] Auch die erste Schicht oder der dogmatische Tatbeitrag als erste Stufe eines mehrstufigen Ausformungsprozesses stellt eine solche Formfassung dar. So ermöglicht etwa die Skizze als aufgezeichnete Form ein Weiterskizzieren, ein dogmatischer Entwurf ein Weiterentwerfen. Die Formenbildung markiert den Rahmen, in welchem die weiteren Informationen eingepflegt werden; er geht mit spezifischen Anschlussmöglichkeiten wie -zwängen in der Weiterverarbeitung und Neuordnung für die weiteren Entwurfsakte (wie etwa das Wiederaufgreifen und die Konfiguration) im Prozess der Ausformung des Bedeutungsgehalts einher. Im tentativ-kombinatorischen Verfahrensabschnitt entwickelt sich demnach ein erster Anknüpfungspunkt, was als dogmatisches Wissen fortwirken kann. Erste Impulse der Verwendungsweisen dogmatischer Wissensformen entstehen damit bereits im Prozess der Beobachtung und Nachahmung im Rahmen eines dogmatischen Entwurfsgeschehens.

Am vorläufigen Ende des tentativ-kombinatorischen Verfahrensabschnitts entsteht ein (vorläufiges) Werk entweder in Form einer Schicht oder direkt eines dogmatischen Tatbeitrags eines Akteurs, die wieder Anlass und Anreiz für eine weitere dogmatische Entwurfsskizze wird. Der formgefasste dogmatische Entwurf wird demnach zum Anlass und Anreiz weiterer Entwurfsakte entweder in Form weiterer Schichten oder in Form eines dogmatischen Tatbeitrags eines anderen Akteurs. Durch das Wiederaufgreifen entwickeln sich zugleich Kontinuität wie Variabilität, da jedes Wiederaufgreifen mit einer Konfiguration einhergeht. Die aufgezeichnete Form wird gesehen und provoziert ein erneutes dogmatisches Entwerfen, das eine ähnliche, aber abweichende Form erzeugt.[377] Die Praktiken dogmatischen Entwerfens funktionieren daher nach Art einer »metonymischen Kette«: Der Entwurf und innerhalb dessen die ersten Schichten werden zum Anlass und Anreiz weiterer Schichten und Entwürfe, ein dogmatischer Beitrag wird zum Anlass und Anreiz eines weiteren Beitrags usw. Bei ausreichenden Wiederholungen bildet sich schließlich eine stabile dogmatische Wissensform heraus. Die dem dogmatischen Entwurfsprozess inhärente metonymische Kette verweist auf

375 Hoffmann, *Festhalten, Bereitstellen*, S. 10.

376 Zu den grundlegenden Überlegungen, insbes. Bruno Latour, »Drawing things together«, in: Michael Lynch und Steve Woolgar (Hg.), *Representation in Scientific Practice*, MIT Press 1990.

377 Krauthausen, *Vom Nutzen des Notierens*, S. 95.

das Zusammenwirken der pluralen Tatbeiträge pluraler Akteure, die sich unablässig ineinanderfügen und sich im Laufe der Wiederholungen zu einer etablierten dogmatischen Wissensform verdichten. Dabei ist das Ineinandergreifen der einzelnen dogmatischen Tatbeiträge nicht als ein lineares Prozess dahingehend zu verstehen, dass die dogmatischen Beiträge sich hintereinander, wie Perlen auf einer Schnur, zu einer dogmatischen Wissensform aufreihen. Das Bild der dezentralen Vernetzung dogmatischer Tatbeiträge erscheint treffender. Das Anknüpfen an und Wiederaufgreifen von Bestehendes geht in Ansehung der jeweiligen individuellen Situation mit einer Konfiguration einher, das heißt, die Skizze, die Schicht und von da ausgehend auch der Entwurf und die einzelnen dogmatischen Tatbeiträge werden ergänzt und beginnen schließlich zu *wuchern*.[378]

3. Kontinuität und Varietät durch konfigurierendes Wiederaufgreifen

Ebenso wie die Beobachtung und Orientierung ist auch der Verfahrensabschnitt der konfigurierenden Wiederholung kein interner und kommunikationsloser Prozess, sondern auf Interaktion ausgelegt. Die Wiederholung der Entwurfsschichten oder Beiträge teilt die Suche nach Mitteilung, Artikulation und Verständigung und die Wiederholung der Praktiken die Suche nach Interaktion, Koordination und Kooperation. Sie sind trotz der für die Wiederholung zentralen Formfassung Teil der sozialen Praxis.

Der Bedeutungsgehalt einer dogmatischen Wissensform tritt prozessual von Entwurfsschicht zu Entwurfsschicht und von dogmatischem Beitrag zu Beitrag hervor und changiert dabei zwischen Rekursion und Versuch. Die Wiederholung lässt das entstehen, was nicht als dogmatisch irrelevante Singularität verworfen, sondern im Rahmen rechtsrelevanten Handelns akzeptiert und wieder herangezogen wird. Die durch Wiederholung geschaffene Kontinuität[379] ist letztlich der Ort der Gewährleistung von Erwartungssicherung, formaler Gleichheit und Konsistenz: »Ein ›Anfang‹ ist nicht ohne die Voraussetzung der Bindung an Vorentscheidungen möglich.«[380] Dies verweist zugleich auf die Effekte, die mit

378 Vgl. ebd., S. 24.

379 Rheinberger, *Papierpraktiken im Labor*, S. 142.

380 Karl-Heinz Ladeur, »Der Staat der Systemtheorie und die postmoderne Herausforderung. Die Krise des ›Unversalismus des Politischen‹«, in: Marcelo Neves und Rüdiger Voigt (Hg.), *Die Staaten der Weltgesellschaft. Niklas Luhmanns Staatsverständnis*, Baden-Baden: Nomos 2007, S. 150; Augsberg, *Der Staat der Netzwerkgesellschaft - Zur Einführung*, S. 18.

den Bindungen an Vorentscheidungen einhergehen.[381] Sie gleichen die Unberechenbarkeit des individuellen Entwurfsgeschehens (basierend auf dem nicht rekonstruierbaren tentativen Ineinanderschieben unterschiedlicher Wissensbausteine) aus, indem die Praktiken dogmatischen Entwerfens durch die Wiederholung eine dogmatikeigene Kontinuität rekursiv herstellen, die sich zu einer Struktur entwickelt, die unabhängig von dem einzelnen dogmatischen Akteur ist. Die Unberechenbarkeit des tentativ-kombinatorischen Verfahrensabschnitts steht demnach nicht im Widerspruch zur Gewährleistung der dogmatischen Funktionen.

Die sich in dem Wiederaufgreifen einer Schicht oder eines Beitrags manifestierenden selektiven Rechts- und Wirklichkeitsannahmen prägen – wie bereits im Rahmen der dogmatischen Wissensformen gesehen – die rechtlichen wie faktischen Handlungsspielräume. Selbstverständlich gibt es kein Wiederaufgreifen einer Schicht und eines Tatbeitrags, welches nicht seinerseits verschiebt und verändert.[382] Jede Variation repräsentiert einen situations- und problemspezifischen Aspekt der Ermittlung eines konkreten Bedeutungsgehalts durch die Brille eines individuellen Akteurs. Das dogmatische Entwurfsgeschehen ist damit durch eine Doppelbewegung gekennzeichnet, die aufgrund von etwas Bestehendem erfolgt, an das ein dogmatischer Entwurf anschließt, dabei allerdings nicht nur wiederholt, sondern vor dem Hintergrund der Ermittlung des konkreten Bedeutungsgehalts transzendiert und durch Wiederholung eine Differenz erzeugt wird.[383] Diese Differenzen sind Prämissen der Wiederholung und zugleich der Gewährleistung einer offenen Entwicklung von Handlungsspielräumen. Eine selbsterhaltende Wiederholung bedarf demnach der Abweichung,[384] was zum einen auf die produktiven Strukturen des »überlappenden Netzwerks« im Rahmen des tentativ-kombinatorischen Verfahrens und zum anderen auf die Notwendigkeit verweist, diese kontinuierlich zum Offenbleiben anzuregen bzw. das Offenbleiben zu gewährleisten.[385] Diese Variationen ändern allerdings nichts an der Kontinuität und der eingeschlagenen Richtung. Wenn ein dogmatischer Entwurf letztlich anders erfolgt als der wiederaufgegriffene, so handelt es sich trotz Absetzung oder Abgrenzung um ein Wiederaufgreifen und damit eine grundsätzliche Bestätigung.[386]

381 Vgl. Teil 3, C. IV.

382 Ortmann, *Regel und Ausnahme*, S. 149.

383 Augsberg, *Der Staat der Netzwerkgesellschaft - Zur Einführung*, S. 19.

384 Ortmann, *Regel und Ausnahme*, S. 15 f., 50 f.

385 Zu den Rahmenbedingungen, die strukturierenden Effekt auf das tentativ-kombinatorische Verfahren haben, Teil 3 D. V. 2.

386 Ebd., S. 148.

V. Effekte der prozeduralen Formung auf die Entwicklung von Handlungsspielräumen

Vor dem Hintergrund der Ungewissheit des Rahmens dogmatischer Wissensformen führen dogmatische Praktiken als epistemologisches Verfahren zu einer Flexibilisierung, Entmaterialisierung und Delegation der Entscheidungsbefugnisse der Dogmatik. Sie sind einerseits notwendig und produktiv, um vor dem Hintergrund der ungewissen Lebensverhältnisse Fall und Norm gelungen anzunähern und damit zugleich Handlungskorridore eröffnen und offen halten zu können. Sie räumen andererseits den materiellen Rahmenbedingungen dogmatischer Praktiken einen kaum zu überschätzenden Einfluss auf die Strukturierung der Praktiken ein, die als Kehrseite – zu der Eröffnung von Handlungskorridoren – zugleich dazu führen, dass sich die Handlungskorridore unterschiedlich gestalten und weiterentwickeln, was sich mit Blick etwa auf die sozioökonomischen Rahmenbedingungen als ungleichheitsrelevant erweisen kann.

1. Vervielfältigung von Handlungsmöglichkeiten

a. Flexibilität und Reversibilität

Die Umstellung der Perspektive vom artikulierten/explizit gehaltenen Bedeutungsgehalt einer dogmatischen Wissensform hin zu den Praktiken dogmatischen Entwerfens ermöglicht es, auf die durch die Dynamik der Rechtsumwelt hervorgebrachten veränderten und unvorhersehbaren Fallkonstellationen zu reagieren, den Anforderungen entsprechend Rechtsnorm und Fall gelungen einander anzunähern und so den für die jeweilige Situation und das jeweilige Problem richtigen Bedeutungsgehalt zu produzieren. Die dogmatische Entwurfsleistung stellt die Maßstabsbildung für diese Situation her.[387] Die dogmatischen Praktiken des Entwerfens bringen aufgrund der Pluralität der dogmatischen Tatbeiträge immer nur vorläufig richtige Bedeutungsgehalte hervor, die zum einen durch die Temporalisierung einen produktiven Umgang mit dem Zeitproblem und zum anderen aufgrund der Pluralität einen produktiven Umgang mit dem Maßstabsproblem bereitstellen. So aktualisieren die dogmatischen Praktiken des Entwerfens die Erkenntnisgrundlagen der Dogmatik fortlaufend und stellen eine Art unablässige »lernende Dogmatik« bereit, was zum einen flexiblen Raum für Anpassungen und zum

387 Vgl. für die Rechtsanwendung Trute, *Die konstitutive Rolle der Rechtsanwendung*, S. 219.

anderen Freiräume für wissensgenerierendes, experimentelles Entwerfen mit offenem Ausgang ermöglicht.[388]

Konkret werden die Flexibilität und Reversibilität durch unterschiedliche Schritte des dogmatischen Entwerfens erzielt. Auf einer abstrakteren Ebene stellt jeder dogmatische Tatbeitrag eines Akteurs letztlich selbst einen permanenten Entwurf dar,[389] der in einem endlosen Prozess der Überarbeitung von einem fertigen Werk stets wieder in ein vorläufiges verwandelt wird. Zwar wird in einem einzelnen dogmatischen Tatbeitrag eines Akteurs über die einzelnen Voraussetzungen einer Norm und die einzelnen Elemente der Fallkonstellationen für die konkrete, damit abgrenzbare, Situation abschließend der Bedeutungsgehalt erarbeitet. Es entfaltet allerdings »Bindungswirkung« nur nach Maßgabe der Vorläufigkeit, wenn sich keine Modifikationen, Abweichungen oder Änderungen der Tatsachen- und Rechtslage ergeben, die für einen weiteren dogmatischen Entwurfsprozess einen leicht modifizierten Bedeutungsgehalt erfordert. Der einzelne dogmatische Tatbeitrag schreibt sich dabei allerdings trotz der Vorläufigkeit bei jedem nachfolgenden dogmatischen Entwurf fort und verfestigt sich.[390] Auch innerhalb eines dogmatischen Entwurfsgeschehens lassen sich unterschiedliche Elemente der Teilung und Stufung auf dem Weg zu einem dogmatischen Entwurf im Sinne eines fertigen (wie vorläufigen) Werks identifizieren, nämlich das tentative Sammeln und Beobachten anderer, das versuchsweise Zusammenfügen der gesammelten Informationen, das Wiederaufgreifen einer Schicht und ihre Konfiguration in einer neuen Schicht. Auch sie schaffen – mit Abstufungen – auf jeder Stufe ein Moment der Vorläufigkeit, das ein ständiges Nachkorrigieren von Schicht zu Schicht erlaubt, um sich iterativ dem Bedeutungsgehalt zu nähern, indem während des Entwerfens die Richtung des Entwurfs prozessual erarbeitet wird. Ob und wie diese Flexibilisierung genutzt werden kann, hängt oftmals von den materiellen Rahmenbedingungen wie etwa den zeitlichen und sachlichen zur Verfügung stehenden Ressourcen ab.

b. Entmaterialisieren

Vor dem Hintergrund der Heterogenität der Sachverhalte und Normen können die dogmatischen Wissensformen nur abstrakt-generelle, interpretationsfähige wie -notwendige Bedeutungsgehalte festlegen, die als variable Variationsrahmen die Annäherung von Fall und Rechtsnorm

388 Vgl. Vesting, *Kein Anfang und kein Ende*, S. 19 f.; Scherzberg, *Wissen, Nichtwissen und Ungewissheit im Recht*, S. 123.

389 Zum Werk als Entwurf, vgl. Kammer, *Das Werk als Entwurf*.

390 Teil 3 C. V. und VI. 1.

nicht determinieren, sondern lediglich Entwurfsspielräume feststecken, ohne dabei eine eindeutig festlegbare Grenze zu kennen. Der Variationsrahmen der dogmatischen Wissensformen kann demnach nur einen abstrakten Bedeutungsgehalt vorzeichnen, nicht aber vorgeben, welche rechtlichen wie außerrechtlichen Beschreibungsangebote, Methoden und Techniken für die Ausformung des Bedeutungsgehalts in einem konkreten rechtsrelevanten (und insbesondere rechtsanwendungsspezifischen) Handeln, sei es der Rechtswissenschaft oder der Rechtspraxis, heranzuziehen bzw. einzusetzen sind. Dies schlägt sich zum einen in der Ziel- und Objektlosigkeit wie auch der Mittellosigkeit der Praktiken (also nicht den »richtigen« oder »wünschenswerten« Bedeutungsgehalt oder eine besonders produktive Technik oder Methode zu verfolgen) nieder. Grundsätzlich ist im dogmatischen Entwurfsgeschehen jede Inkorporation theoretischer und empirischer Beschreibungsangebote der Rechtswissenschaft wie anderer Wissenschaften und auch jede Methode oder Methodenkombination möglich. Insoweit bedeuten der ungewisse Variationsrahmen und die spiegelbildliche Offenheit dogmatischer Praktiken einen Spielraum und die Freigabe, dogmatische Entwurfspraktiken etwa an ökonomischen Parametern auszurichten. Die Entmaterialisierung hinterlässt ein Vakuum, dessen Ausfüllung zwar dezentral geschieht, allerdings durch die Rahmenbedingungen (wie etwa Macht- und Herrschaftsverhältnisse) geprägt wird, was die Entwicklungsoffenheit rechtlicher und letztlich faktischer Handlungsmöglichkeiten verzerren kann und Anforderungen an die Qualität des dogmatischen Wissensgenerierungsprozesses stellt.

c. Delegierung von Entscheidungsbefugnissen

Dogmatische Wissensformen können insbesondere dann ihrer Funktion der Erwartungssicherung, formalen Gleichheit und Konsistenz gerecht werden, wenn ein Bedeutungsgehalt von den unterschiedlichen an dem Ausformungsprozess der Dogmatik beteiligten Akteuren rekursiv aufgegriffen und wiederverwendet wird. Es scheint naheliegend, dass diejenigen dogmatischen Beiträge für das eigene dogmatische Entwurfsgeschehen aufgegriffen und verarbeitet werden, wenn sie von einer vertrauensvollen Stelle, das heißt von demjenigen Akteur produziert wird, der spezielles Erfahrungs- oder Expertenwissen hat. Die Inkorporation des Wissens einer wissenschaftlich-technischen Kommunikation erkennt dann – in Ermangelung eines dogmatikeigenen konkreten Maßstabs – den jeweiligen wissenschaftlich-technischen Maßstab sowie die ihm zugrundeliegenden Methoden und normativen Konzepte und Wertungen an. Wissen, das etwa vor dem Hintergrund einer technischen Perspektive unter Zuhilfenahme technischer Kriterien erzeugt wurde, geht mit perspektivischen blinden Flecken einher, die sich in einer fehlenden ausreichenden Berücksichtigung sozialer, politischer oder ethischer Aspekte niederschlagen kann. Ein solcher Inkorporationsprozess delegiert Verantwortung, Macht und Einfluss, was nicht per se problematisch ist, sofern ein offener Zugang zum Ausformungsprozess der Dogmatik besteht, das heißt etwa Wissen eingespeist wird, das vor dem Hintergrund einer sozialen Perspektive unter Zuhilfenahme sozialer Kriterien erzeugt wurde. Welches Wissen erzeugt, im Diskurs sichtbar und so aufgegriffen und verarbeitet wird, hängt oftmals von den jeweiligen Rahmenbedingungen ab.

d. Zwischenergebnis: Vakuum – Vervielfältigung

Zusammenfassend lässt sich festhalten, dass die durch die prozedurale Formung der Dogmatik ermöglichte Flexibilität, Reversibilität, Entmaterialisierung und Delegierung von Entscheidungsbefugnissen Freiräume für Anpassungen schafft und damit eine Vervielfältigung von Handlungsmöglichkeiten bedeutet. Zugleich ermöglicht erst dieses Vakuum, dass aufgrund von Macht- und Interessensdynamiken die Freiräume einseitig materiell ausgestaltet werden, sodass sich die Handlungsmöglichkeiten asymmetrisch entwickeln, was letztlich aufgrund der selbstreferentiellen und selbstverstärkenden Eigendynamiken der Dogmatik zu In- bzw. Exklusion führt.[391] Die prozedurale Formung der Dogmatik im Sinne der sozialen *Praxis* zeichnet sich damit durch eine gewisse Janusköpfigkeit aus. Sie schafft sowohl eine Vervielfältigung von Handlungsmöglichkeiten als auch ein Vakuum. Dabei ist die Vervielfältigung von Handlungsmöglichkeiten ohne das Vakuum nicht zu haben und zugleich ist das Vakuum zentraler Ort der Verengung von Handlungsmöglichkeiten. Diese Dualität zwischen Verengung und Vervielfältigung von Handlungsmöglichkeiten erzeugt eine komplexe Spannung, die besonders voraussetzungsreiche Anforderungen an Dogmatik stellt.

2. Die strukturierenden Rahmenbedingungen

a. Einleitung: Die Effekte der Rahmenbedingungen auf dogmatische Praktiken

Bei den dogmatischen Praktiken des Entwerfens geht es gerade darum, dass der Entwurfsprozess nach vorne offen ist, d. h. kein spezifisches Ziel

391 Zu den Ungleichheitsmechanismen der Dogmatik, Teil 1 B. IV. 5.

verfolgt wird, sondern ein »Experiment mit offenem Ausgang«[392] und damit ein iteratives Vorgehen, prozesshaftes Denken und ein ständiges Nachkorrigieren ermöglicht werden, um so einen ergebnisoffenen Ausformungsprozess des Bedeutungsgehalts einer dogmatischen Wissensform bereitzustellen. Dogmatische Praktiken prägen damit den durch dogmatisches Wissen ermöglichten rechtsanwendungsspezifischen Handlungsspielraum (und über die Rechtsanwendung die rechtlichen und letztlich faktischen Handlungsspielräume) nicht auf dem Wege einer materiell-rechtlichen Determinierung, sondern über die Strukturierung des dogmatischen Entwurfsgeschehens und dessen Rahmenbedingungen.

Dass die materiellen Rahmenbedingungen wie etwa der ökonomische Kontext die Praktiken dogmatischen Entwerfens prägen, damit faktisch gerade nicht jedes beliebige Interesse verfolgt wird und sich dementsprechend der Bedeutungsgehalt nicht in jeder Hinsicht entwicklungsoffen gestaltet, verdeutlichen – vor dem Hintergrund des Blickwinkels der Ungleichheitsrelevanz – etwa der ökonomische Wert und die kapitalerzeugende Rolle dogmatischer Entwurfspraktiken (aa.). Dies wirft vor allem die Frage nach den unausgesprochenen Prämissen des prozeduralen Verständnisses auf. Die unausgesprochenen Prämissen stellen dabei den Charakter des Experimentierens mit offenem Ausgang nicht in Abrede, vielmehr lenken sie den Blick auf die Stellschrauben und Faktoren, die zu berücksichtigen sind, damit dogmatische Praktiken des Entwurfs tatsächlich ein offenes Ende und damit eine entwicklungsoffene Ausformung ermöglichen (bb.).

b. Die rechtlichen Rahmenbedingungen

aa. Selbstverstärkende Mechanismen dogmatikgeleiteter Beobachtung und Mimesis

Mit Blick auf die »gewaltige, sich bewegende und wandelnde Stoffmasse«[393] sowohl der Rechts- als auch der Sachstrukturen stellt sich unwillkürlich die Frage, wie im Rahmen der Sichtung der relevante Ausschnitt aus dem breiten Fluss der Informationen ausgewählt wird, welche Informationen in den Blick genommen werden und welche nicht. Auf welche Informationen Rechtsdogmatiker:innen ihr Augenmerk legen, und welche sie schließlich nachahmen, ist dem jeweiligen Akteur selbst überlassen. Er entscheidet selbst über Art und Umfang der Ermittlung der

392 Zur Notwendigkeit des Einstellens von »Begriffs- und Regelbildung auf mehr Experimente mit offenem Ausgang«, Ladeur, »›*Begriffs- oder Interessenjurisprudenz – falsche Fronten im IPR und Wirtschaftsverfassungsrecht*‹ *– neu gelesen nach dem* ›*practical turn*‹ *in der Wissenschaftsgeschichte*«, S. 507.

393 Bumke, *Rechtsdogmatik*, S. 57.

Sach- und Rechtsstrukturen. Um eine konkrete situations- und problembezogene plausible Begründung des Bedeutungsgehalts entwerfen zu können, bedarf es Informationen über die Sach- und Rechtsstrukturen, wobei sich ein Mehr an Informationen und Wissen nicht zwangsläufig in einen besseren Entwurf übersetzen lässt, Wissen also nicht mit der »Fähigkeit zum Handeln« gleichgesetzt werden muss.[394] Gleichzeitig muss ein Mehr an Wissen auch nicht zwangsläufig einen *information overload* bedeuten, der per se mit dysfunktionalen und paralysierenden Effekten einhergeht.[395] Eine plausible Begründung eines Bedeutungsgehalts zu entwerfen, basiert vielmehr auf einer gelungenen Balance, die letztlich in der Selektion liegt, das heißt gegenüber den meisten Ereignissen in der Umwelt gleichgültig zu sein zugunsten der wenigen, die einen Unterschied machen, und so eine Information für den Entwurf eines spezifischen Bedeutungsgehalts darzustellen.[396]

Der sich in der Beobachtung und schließlich Nachahmung vollziehende Selektionsprozess erfolgt durch die »Mechanismen dogmatikgeleiteter Beobachtung und Nachahmung«: Die dogmatischen Wissensformen setzen den Variationsrahmen für die Beobachtung und Nachahmung. Sie stellen dabei keinen feststehenden Bestand an Erfahrungen und Erkenntnissen dar, der aus der Vielzahl der Bedeutungsfindungsprozesse folgt. Sie entwickeln sich kontinuierlich mit den Bedeutungsfindungsprozessen und damit mit den Praktiken dogmatischen Entwerfens weiter fort, die wiederum auf dem unablässigen Beobachten, Abgleichen und Nachahmen basieren.[397] Der Selektionsprozess durch den Variationsrahmen dogmatischer Wissensformen ist damit nichts anderes als das Ergebnis der Praktiken dogmatischen Entwerfens (und spezifischer des tentativ-kombinatorischen Verfahrensabschnitts und seiner Grundpfeiler der Beobachtung und Nachahmung) und damit soziale Konstruktion.

Neben den dogmatischen Wissensformen spielen auch die diskursiven Bindungen als auch die Medien des Rechts eine zentrale Rolle.

bb. Dogmatische Wissensformen als Erkennungsmuster

Dogmatische Wissensformen stellen die Muster bereit, wonach Informationen entweder integriert oder selektiert werden.[398] Zum einen leiten die dogmatischen Wissensformen, das heißt der sedimentierte

394 Vgl. Nico Stehr, »Wissen«, in: Christoph Engel u.a. (Hg.), *Wissen, Nichtwissen, unsicheres Wissen,* Baden-Baden: Nomos 2002, S. 20.

395 Ebd., S. 18; Augsberg, *Informationsverwaltungsrecht*, S. 45.

396 Esposito, *Soziales Vergessen*, S. 25, 344 f.; Augsberg, *Informationsverwaltungsrecht*, S. 45.

397 Teil 3 D. IV. 2.

398 Teil 3 C. III. 3.

Bedeutungsgehalt, an, welche Informationen wesentlich sind. Zum anderen erfolgt der Erfassungs- und Auswahlprozess der Sichtung entlang des impliziten Wissens.[399]

Auch das implizite Wissen stellt eine Form der Mustererkennung bereit, welche sich aus den persönlichen Erfahrungen, das heißt dem individuellen Verstehenskontext, speist, mit denen Rechtsdogmatiker:innen die Beiträge anderer Akteure wahrnehmen und werten. Der individuelle Verstehenskontext ist durch die jeweilige Sozialisierung geprägt und verweist damit auf die persönlichen Rahmenbedingungen wie auch auf den institutionellen Rahmen etwa der rechtswissenschaftlichen Ausbildung. Zu dem Habitus kommen auch eingeübte Arbeitstechniken und Routinen hinzu, die ebenfalls das implizite Wissen prägen.[400] Die Erkennungsmuster entlang der dogmatischen Wissensstruktur und entlang des impliziten Wissens haben dergestalt eine Selektions- und Integrationsfunktion, dass sie normative und kognitive Rezeptionsstrukturen bereitstellen, anhand derer die Fülle des Rechtsstoffs nach denjenigen Informationen selektiert und integriert wird, die die Erkennungsmuster vorgeben.

cc. Die Rolle diskursiver Bindungen am Beispiel der materiell-rechtlichen Argumentation

(1) Facetten diskursiver Autoritäten

Ein dogmatischer Akteur ist eingebettet in einer Welt von Bezügen, die die Beobachtung und schließlich mimetische Orientierung prägen. Grundsätzlich findet sich ein Autor »inmitten einer Vielzahl von Gemeinschaften und Lebenswelten [wider], und damit verschieben sich die Rezeptions- und Kanonbildungsprozesse vom souveränen Autor, der das Objektive in die Form der Subjektivität versetzt, zu einer Subjektivität, die sich vervielfältigt und ihre Substanz aus je unterschiedlichen Gruppierungen gewinnt.«[401] Diese Bezüge spielen damit im Rahmen der Praktiken dogmatischen Entwerfens und insbesondere im Rahmen des tentativ-kombinatorischen Verfahrensabschnitts, das heißt bei der Beobachtung von und Orientierung an anderen, eine Rolle. Für die Herausbildung der Kriterien, was als relevantes und nicht relevantes Wissen gilt, sind sie zentral. Für eine offene Entwicklung eines Entwurfsgeschehens

399 Teil 3 C. III. 4.

400 Wrase, *Rechtsinterpretation als soziale Praxis*, S. 79.

401 Thomas Vesting, »Wie verändert der Medienwandel juristische Rezeptionsprozesse?«, in: Nikolaus Marsch u.a. (Hg.), *Apokryphe Schriften. Rezeption und Vergessen in der Wissenschaft vom Öffentlichen Recht*, Tübingen: Mohr Siebeck 2019, S. 72.

ist die Pluralität dieser Bezugsquellen in Form von Gemeinschaften und Lebenswelten wichtig. Diskursive Autoritäten wirken dieser grundsätzlich bestehenden Pluralität an Bezügen entgegen bzw. verengen sie. Neben weiteren Facetten diskursiver Autoritäten sollen an dieser Stelle vor allen Dingen akteursspezifische und materielle im Sinne inhaltlicher diskursiver Bindungen in den Blick genommen werden. Dabei sind die Facetten diskursiver Autoritäten nicht trennscharf voneinander zu trennen, vielmehr sind sie miteinander verflochten.

Diskursive Bindungen können sich akteursspezifisch entwickeln, etwa in Form der Orientierung an höchstrichterlicher Rechtsprechung, können aber auch andere Formen annehmen, wie etwa Zitierkartelle und Lehrer-Schüler-Verhältnisse zeigen.[402] Die Zitierweisen beispielsweise, also die Kenntlichmachung des Beobachteten und der Orientierung, können solche diskursiven Bindungen ans Tageslicht bringen, indem die Zitierung selbst ein Akt der Zuschreibung von Relevanz ist. Auch wenn eine Fußnote zwar auch als Nachweis für einzelne eigene Übernahmen und das Einordnen des eigenen Gedankens in einen größeren Ordnungs- und Verweisungszusammenhang dient,[403] geht es im kommunikativen Austausch auch um das Herausheben, welche Informationen und Wissensbausteine welcher Akteure relevant sind. Im Rahmen der argumentativen Konstruktion sowohl im dogmatischen Betätigungsfeld der Lösung konkreter Fallprobleme als auch der Systematisierungs- und Ordnungsleistung wird darüber hinaus auch zur Kennzeichnung der Relevanz des eigenen Beitrags, aber auch als Rechtfertigungs- und damit Argumentationsinstrument auf Autoritäten verwiesen.[404] Dabei kommt es gerade auf Autoritäten an, mit denen unmittelbar interagiert wird. Im Rahmen des für die Dogmatik kennzeichnenden ›arbeitsteiligen-kooperativen Grundverhältnisses‹[405] oder ›Kommunikationsverbunds‹[406] bedeutet dies insbesondere den Verweis auf (höchst-)richterliche Rechtsprechung (etwa des EuGH oder BVerfG). Daneben wird auch, wie es etwa bei Kommentierungen sichtbar ist, auf andere reputationsträchtige Autor:innen verwiesen. Der Verweis auf Autoritäten spricht sowohl der eigenen als auch der Ansicht, auf die verwiesen wird Bedeutung zu, und kennzeichnet sie als

402 Vgl. Boulanger, *Die Soziologie juristischer Wissensproduktion*, S. 181.

403 Helmuth Schulze-Fielitz, »Was macht die Qualität öffentlich-rechtlicher Forschung aus?«, in: Peter Häberle (Hg.), *Jahrbuch des Öffentlichen Rechts der Gegenwart. Band 50*, Tübingen: Mohr Siebeck 2002, S. 32.

404 Vgl. Heinelt/Lamping, *Wissen und Entscheiden*, S. 49; s. auch Laura Münkler, *Expertokratie. Zwischen Herrschaft kraft Wissens und politischem Dezisionismus*, Tübingen: Mohr Siebeck 2020.

405 Kahl, *Wissenschaft, Praxis und Dogmatik im Verwaltungsrecht*, S. 16 m.w.N.

406 Frank Schorkopf, »Gesetzgebung durch Höchstgerichte und Parlamente«, in: *Archiv des öffentlichen Rechts*, 144: 2 (2019), S. 228 f.

relevant. Die diskursiven Bindungen einer solchen Verweiskultur werden auch unter dem Schlagwort von sog. Zitierkartellen beschrieben.[407] Die argumentative Reichweite eines Verweises auf eine Autorität wird an den Stellen besonders deutlich, an welchen keine ausführliche, bis ins Detail eines jeden Einzelmerkmals zurückgehende Begründung des Warums im Rahmen einer Argumentation angeführt wird, sondern lediglich auf sie verwiesen wird.[408] Die Überzeugungskraft einer bestimmten rechtlichen Ansicht allein aufgrund des Verweises auf einen selbst am dogmatischen Diskurs beteiligten Wissensakteur (wie etwa BVerfG und EuGH) verdeutlicht, dass für die Herausbildung von Wissenshierarchien der Prozess der Legitimierung eines Status als Experte beziehungsweise als dogmatikrelevanter Wissensakteur wesentliches Element darstellt und rekursiv entsteht.[409] Mit solchen Autoritäten beziehungsweise Wissensakteuren können jedoch nicht nur negative Effekte einhergehen wie etwa die Entstehung von Pfadabhängigkeiten, sondern auch neue Debatten angestoßen werden, die darauf hinauslaufen, die zuvor bestehenden Wissensbestände anders zu akzentuieren oder zu präzisieren.

Eine weitere Facette diskursiver Autoritäten betrifft die materiellrechtliche Argumentation und die dahinterstehende Differenzierung zwischen Tatsachen- und Rechtsfragen, die zunächst auf legitimatorische Gründe zurückgeführt werden kann. Jurist:innen seien nach vorherrschender Selbstwahrnehmung allein für das Rechtsspezifische zuständig.[410] Diese Zuständigkeit und sachliche Befähigung geht implizit mit der erforderlichen Verantwortungsübernahme für das jeweilige rechtsrelevante Handeln, etwa für ein Urteil, einher.[411] In diesem Zusammenhang wird auch auf das in diesem Kontext oft angebrachte funktionale Argument der Ausdifferenzierung und insbesondere auf die Eigenrationalität des Rechts verwiesen[412]: Wenn Recht den eigenen Auftrag angemessen

407 Boulanger, *Die Soziologie juristischer Wissensproduktion*, S. 181; Friederich Günther, *Denken vom Staat her. Die bundesdeutsche Staatsrechtslehre zwischen Dezision und Integration 1949-1970*, Berlin, Boston: Oldenbourg 2004, S. 24: »So werden zentrale Publikationen von einzelnen Staatsrechtslehrern ebenfalls berücksichtigt. Insbesondere wird auf solche Arbeiten von Meinungsprotagonisten zurückgegriffen, die von anderen Staatsrechtslehrern im untersuchten Zeitraum immer wieder zitiert und von Rezensenten in maßgeblichen staatsrechtlichen Zeitschriften als bedeutungsvoll bewertet werden.«

408 Vgl. Vesting, *Wie verändert der Medienwandel juristische Rezeptionsprozesse?*, S. 75.

409 Vgl. Heinelt/Lamping, *Wissen und Entscheiden*, S. 51.

410 Lepsius, *Problemzugänge und Denktraditionen im Öffentlichen Recht.*

411 Zur Verantwortungsübernahme durch Zuständigkeit vgl. Augsberg, *Wissen und Recht - eine Problemskizze*, S. 16 f.

412 Ann-Katrin Kaufhold, »Transfer und Transformation ökonomischen Wissens im Recht der Bankenaufsicht«, in: Ino Augsberg (Hg.), *Extrajuridisches*

erfüllen möchte, dann muss es sich von anderen Bereichen strukturell entkoppeln.[413] Dabei ist das Verhältnis von Rechts- und Tatsachenfragen und von Normativität und Faktizität, wie bereits an unterschiedlichen Stellen gezeigt, nicht trennscharf voneinander abzugrenzen, sondern durch Verflechtungen und Interdependenzen gekennzeichnet, gleichwohl hat sich eine materiell-rechtliche Argumentation durchgesetzt. Die Autorität und Akzeptanz der materiell-rechtlichen Argumentation folgt nicht aus der ihr zugrundeliegenden Normativität, sondern aus den sozialen Interaktionen und diskursiven Auseinandersetzungen in den einschlägigen Kritik- und Kommunikationsforen.[414] Um Wirkung zu erzeugen, ist rechtsrelevantes Handeln auf Akzeptanz angewiesen. Akzeptanz wird kommunikativ hergestellt und folgt nicht einfach aus der ihr eingeschriebenen Normativität. Ort dieser weichen Form der Macht, dieser ›sozialen Korrektive‹,[415] ist der professionell-juristische Diskurs als Kommunikationsforum. Ihm kommt die »Funktion als Filter- und Anerkennungsinstanz« zu.[416] Maßgeblich ist, »was im Alltagsdiskurs von Juristen als maßgeblich anerkannt ist, was als valides Argument gilt und als Ordnungs- und Deutungsmuster Akzeptanz gefunden hat«.[417] Sie wirken wie eine Art Filter- und Anerkennungsinstanz und setzen daher nicht nur »Standards« und Anforderungen an einen dogmatischen Beitrag, sondern bestimmen auch die Relevanz und Wichtigkeit von Wissensbeständen[418] und wie diese tentativ-kombinatorisch so ineinandergeschoben werden, dass eine Begründung für einen situationsspezifischen Bedeutungsgehalt plausibel ist. Dabei ist es nicht so, dass die Akteure bewusst bestimmen und auch nicht aushandeln, was der Standard und die Anforderungen an

Wissen im Verwaltungsrecht. Analysen und Perspektiven, Tübingen: Mohr Siebeck 2013, S. 152, Fn. 9; Karl Heinz Ladeur, »§ 21 Die Kommunikationsinfrastruktur der Verwaltung«, in: Andreas Vosskuhle u.a. (Hg.), *Grundlagen des Verwaltungsrechts Bd. I,* München: C.H. Beck 2022, S. 1540 ff., Rn. 46 ff.

413 Augsberg, *Wissen und Recht - eine Problemskizze*, S. 17.

414 Vgl. grundlegend Berger/Luckmann, *Die gesellschaftliche Konstruktion der Wirklichkeit*; Zur kommunikativen Konstruktion von Wirklichkeit, vgl. Hubert Knoblauch, *Wissenssoziologie,* Konstanz: UVK Lucius 2005, S. 167 ff. Vgl. im Bereich der Verfassungspraxis (m.w.N.) Anuscheh Farahat, *Transnationale Solidaritätskonflikte. Eine vergleichende Analyse verfassungsgerichtlicher Konfliktbearbeitung in der Eurokrise,* Tübingen: Mohr Siebeck 2021, S. 56.

415 André Brodocz, *Die Macht der Judikative,* Wiesbaden: VS Verlag für Sozialwissenschaften 2009, S. 112: ›soziale *accountability*‹.

416 Gunnar Folke Schuppert, *Wissen, Governance, Recht. Von der kognitiven Dimension des Rechts zur rechtlichen Dimension des Wissens,* Baden-Baden: Nomos 2019, S. 161.

417 Ebd., S. 162.

418 Vgl. Teil 3 C. IV.

einen dogmatischen Beitrag sind. Eine Reflektion über und eine Herausarbeitung von Standards geschehen erst in einem späteren Entwicklungsschritt im Rahmen der kritischen Beobachtung der eigenen *scientific community*.[419] Am Anfang der Herausbildung diskursiver Autoritäten stehen die Beobachtung und vor allen Dingen die Mimesis.

(2) Die materiell-rechtliche Argumentation als beweglicher Haltepunkt der Mimesis

Ein wesentliches Element der Nachahmung der im Rahmen der Sichtung als relevant identifizierten Informationen betrifft ihre Ver- und Aufbereitung. Die mimetische Orientierung erfolgt zunächst nicht anhand abstrakter und stabilisierter dogmatischer Wissensformen, was erst auf einer späteren Entwicklungsstufe geschieht. »Bis dahin geht es um einen an konkreten Bewegungsbildern orientierten mimetischen Vollzug.«[420] Es geht demnach um das Vormachen bzw. das praktizierte Vorbild. Dabei wird nicht durch das begriffliche Durchdringen oder etwa durch diskursethische Begründungen die Bedeutung einer dogmatischen Wissensform verstanden und akzeptiert, sondern durch das Vormachen, was im dogmatischen Diskurs überwiegend das materiell-rechtliche Fruchtbarmachen bzw. Argumentieren bedeutet. Man kommt zu einem anderen Verständnis dogmatischer Wissensformen und ihrer handlungskanalisierenden Wirkweise, wenn der Anteil von Nachahmung an der Handlungskanalisierung in Rechnung gestellt wird: Die Ausformung einer in der Darstellung materiell-rechtlichen, ergebnisorientierten dogmatischen Wissensform ist soziale Konstruktion durch Nachahmung der materiell-rechtlichen Argumentation und nicht Ergebnis begrifflicher Durchdringung oder der ihr zugrundeliegenden normativen Annahmen etwa der Rechtsstaatlichkeit und formalen Gleichheit. Die Mimesis ist wesentliche Fähigkeit eines dogmatischen Akteurs, gleiche und konsistente Entwurfshandlungen wie sein *Vorbild* auszuführen. Mit seinen eigenen Entwurfshandlungen erzeugt der dogmatische Akteur dann einen Maßstab, mit dessen Hilfe er die Gleichheit seiner Entwurfsschichten oder seines dogmatischen Beitrags beurteilen kann und je nach mimetischer Intuition[421] weitere Schichten produziert, bis eine Situationsangemessenheit aus seiner Sicht besteht. Auf diese mimetisch entstehenden dogmatischen Beiträge reagieren dann die anderen am dogmatischen Diskurs

419 Vgl. etwa die Beiträge des Sammelbands Hilgendorf und Schulze-Fielitz, *Selbstreflexion der Rechtswissenschaft*.

420 Ortmann, *Regel und Ausnahme*, S. 154.

421 Diese Intuition entsteht etwa durch routinisierte Abläufe an Gericht und in der Verwaltung oder in der rechtswissenschaftlichen Ausübung etwa durch das Einüben von Klausuren.

Teilnehmenden. »Übereinstimmungen und Abweichungen werden beantwortet, bestätigt oder mißbilligt.«[422] Sie sorgen dann als soziale Korrektive dafür, dass sich formal gleiche, konsistente und erwartungssichernde dogmatische Beiträge herausbilden. In diesen Nachahmungen und Reaktionen auf Nachahmungen entstehen »Fixpunkte« nicht im statischen Sinne einer festen Ordnung oder eines Ursprungs, sondern bewegliche Haltepunkte. Sie sind für die dogmatischen Prozesse der Selbstbegründung und Selbstunterscheidung zentral. Die materiell-rechtliche Argumentation ist ein solcher beweglicher Haltepunkt, welcher keine absolute Bezüglichkeit und auch kein oberstes Prinzip darstellt, sondern sich vielmehr »ursprungslos« durch die Praktiken dogmatischen Entwerfens in sozialen Interaktionen entwickelt hat, dabei allerdings vor dem Hintergrund der Institutionalisierung der Praktiken (und auch vor dem Hintergrund der materiellen etwa politischen und ökonomischen Rahmenbedingungen) auch nicht willkürlich ist.[423] Dies verdeutlicht, dass der Haltepunkt dogmatischer Praktiken auch ein anderer als die materiell-rechtliche Argumentation hätte sein können, wenn die Struktur der Bezugsquellen dies hergegeben hätte.

Dies verweist auf Unterschiedliches: Zum einen verweist dies auf die strukturierenden Effekte rechtlicher Rahmenbedingungen, hier in Form diskursiver Autoritären. Die Vorstellung, dass durch die Prozeduralisierung durch Praktiken dogmatischen Entwerfens »eine fluide namenlose Autorität von zerstreuten horizontalen Bewegungen«[424] entsteht, die sich so koordiniert, dass eine erwartungssichernde Richtung besteht, die sich aber entwicklungsoffen ändern kann, trifft nur unter der Prämisse idealer Rahmenbedingungen zu. Sobald sich allerdings vertikale Autoritäten bilden, sowohl akteursspezifisch (BVerfG, EuGH) als auch materiell (materiell-rechtliche ergebnisorientierte Argumentation im Vergleich zu anderen Zugriffen), besteht nur bedingt eine Entwicklungsoffenheit, sondern eher eine Tendenz zur Selbstverstärkung des Bestehenden. Positiv gefasst, verweist dies auf die veränderbaren Stellschrauben dogmatischer Handlungskanalisierung, die bereits in der Mimesis zu verorten sind.

Zum anderen verweist dies auf den bereits illustrierten Zusammenhang zwischen instituierten Praktiken und konstituierten Ordnungen.[425] Auch im Kleinen (das heißt dem Zusammenspiel von situationsspezifischer

422 Ebd., S. 155.

423 Ein solcher bewegliche Haltepunkte für Selbstbegründung und Selbstunterscheidung, dessen ›Ursprung weder nicht existent oder nicht fassbar noch ein letzter Grund oder eine absolute Bezüglichkeit ist‹, ist der Gedanke der Selbstorganisation, ebd., S. 159.

424 Vesting, *Rechtstheorie*, S. 146.

425 Vgl. Abschnitt D.II.2. zur Bedeutungskonstitution dogmatischer Wissensformen durch dogmatische Entwurfspraktiken und abstrakter für das Recht, insbes. idem, *Legal Knowledge – die kulturwissenschaftliche Perspektive*.

Nachahmung und Ermittlung des situativ angemessenen Bedeutungsgehalts) zeigt sich die wechselseitige Verflechtung von Praktiken und Ordnungen.

(a) Die Rolle des kommunikativen Austauschs

Der kommunikative Austausch ist das, was die mimetische Orientierung erlaubt. Weil der entstehende dogmatische Beitrag darauf angelegt ist, im Rahmen des ›arbeitsteiligen-kooperativen Grundverhältnisses‹[426] oder ›Kommunikationsverbunds‹[427] aufgegriffen zu werden, muss er anschlussfähig sein. Die Anschlussfähigkeit setzt voraus, dass sich die Akteure bzw. Kommunikationsteilnehmer auf ein gemeinsam Geteiltes, Anerkanntes, auf etwas Drittes beziehen, das wie eine gemeinsame Sprache eine Verständigung und damit eine Nachahmung überhaupt erst ermöglicht beziehungsweise erleichtert.[428] Der Bezug auf einen anerkannten Haltepunkt ist dabei nicht nur kommunikationsermöglichend, sondern geht auch mit inhaltlichen als auch strukturellen Prägungen der argumentativen Verarbeitung einher. Letzteres umfasst etwa die Effekte auf Rechtfertigungslasten. So kann die Einigung auf ein gemeinsam geteiltes bzw. anerkanntes Drittes sowohl mit einer erleichterten Rechtfertigung bestimmter Sichtweisen und Entscheidungen einhergehen als auch einen argumentativen Rechtfertigungszwang auslösen, wenn von dem anerkannten Dritten abgewichen wird. Das anerkannte Dritte wird so zum Bezugspunkt für die diskursive Auseinandersetzung, was als handlungs- bzw. entscheidungsrelevantes Wissen gilt. Es stellt damit ebenfalls ein wichtiges Element in der Entstehung von Wissenshierarchien dar.

Dabei erlaubt nicht nur die Kommunikation eine mimetische Orientierung, sondern umgekehrt ist der kommunikative Austausch auf eine mimetische Einstellung angewiesen, »weil sie nämlich mit Sinndeutung und also mit einem jedenfalls auch mimetischen Erfassen von Um-zu-Motiven des anderen operiert, das ja nur auf Basis von Selbstauslegung möglich ist.«[429] Das Verstehen dogmatischer Beiträge anderer basiert auf Akten der Selbstauslegung. Die Brücke zwischen dem Fremden und dem Selbst, zwischen eigenen Erfahrungen und Erkenntnissen mit dem Wissen anderer, läuft zunächst in der Form der Mimesis ab. Erst in der mimetischen Orientierung wird die Differenz deutlich.

(b) Die materiell-rechtliche Argumentation

Für den dogmatischen Diskurs und kommunikativen Austausch zwischen dogmatisch arbeitender Rechtswissenschaft und Rechtspraxis

426 Kahl, *Wissenschaft, Praxis und Dogmatik im Verwaltungsrecht*, S. 16.

427 Schorkopf, *Gesetzgebung durch Höchstgerichte und Parlamente*, S. 228 f.

428 Heinelt/Lamping, *Wissen und Entscheiden*, S. 46.

429 Ortmann, *Regel und Ausnahme*, S. 162.

markiert die gemeinsame Sprache die materiell-rechtliche ergebnisorientierte Argumentation und damit eine schwerpunktmäßige Betrachtung des Rechts unter dem perspektivischen Zuschnitt des materiellen Rechts vor allen Dingen in Form von Gesetzen. Eine materiell-rechtliche Argumentation klammert grundsätzlich sowohl Informationen des Realbereichs des Rechts und des gesellschaftlichen und politischen Entstehungszusammenhangs aus.[430]

Die Entwicklung des positiven materiellen Rechts als gemeinsamer und anerkannter Haltepunkt hat zum einen komplexitätsreduzierenden Effekt, indem der Gegenstand des (überwiegend an der Rechtspraxis orientierten) Diskurses so verengt wird, dass die Rechtspraxis den Beitrag ebenfalls argumentativ verarbeiten kann. Das Recht stößt in der Rechtspraxis auf eine erhöhte Komplexität. Möchte die Rechtswissenschaft einen Beitrag zum produktiven Umgang der Rechtspraxis mit dieser Komplexität leisten, setzt dies notwendigerweise gemeinsame Problemdefinitionen und -lösungen beziehungsweise anerkannte Entscheidungsorientierungen voraus. Konkret bedeutet dies eine Einigung darauf, dass die Antwort auf die Frage, was rechtlich gelten soll, allein aus dem positiven materiellen Recht fließt und nicht etwa aus Effizienz-, Gerechtigkeits- oder Interessenüberlegungen. Die Entwicklung eines Haltepunktes darüber, was überhaupt als rechtliches Problem gilt (etwa, dass Ungleichheit kein grund- oder menschenrechtliches Problem sei und lediglich Armut eine freiheitsrechtliche Beeinträchtigung darstelle)[431], welche Lösungen das Recht dafür bereithält (wie etwa mit Blick auf Armut die Gewährleistung eines Existenzminimums[432]) und an welchen normativen Erwägungen sich eine Rechtsentscheidung orientieren darf, verhandelt im Kern das, was als Wissen gelten kann und was nicht. Kennzeichnend für die Art und Weise dogmatischer Argumentation in den unterschiedlichen dogmatischen Betätigungsfeldern, z. B. im Bereich der Lösung konkreter Fallprobleme, und mit Abstufungen auch im Rahmen der Ordnungs- und Systematisierungsleistung, ist die Begrenzung auf das geltende materielle Recht und ihre Fassung in dogmatische Wissensformen als Marker.[433] Auch wenn Akteure des dogmatischen Diskurses Rechtssprache zur Erreichung konkreter Ziele verwenden,[434] wie es etwa *K. Pistor* anhand der rechtlichen Codierung von Gütern (*assets*)

430 Lepsius, *Problemzugänge und Denktraditionen im Öffentlichen Recht*, S. 62.

431 Zur historischen Entwicklung eines solchen konzeptionellen Verständnisses insbes. Samuel Moyn, *Not Enough. Human Rights in an Unequal World*, Cambridge: Harvard University Press 2018.

432 Vgl. Samuel Moyn, »Sufficiency, equality, and human rights«, in: *Oxford Handbook of Economic and Social Rights* (2021).

433 Lennartz spricht weiter gefasst von der Begrenzung auf das *Juristische*, vgl. Lennartz, *Dogmatik als Methode*, S. 122.

434 Ebd., S. 125.

zu Kapital veranschaulicht hat,[435] was mit Abstufungen auch für andere Akteure der Diskursgemeinschaft (wie etwa für den EuGH und das BVerfG) gilt, also ökonomische oder politische Interessen und Ziele mit und durch Rechtssprache verfolgt werden, wird die dogmatische Argumentation nicht mit Effizienz- oder Gerechtigkeitsüberlegungen dargestellt, was nicht bedeutet, dass diese im Herstellungsprozess keine Rolle gespielt haben. Um im kommunikativen Austausch aufgegriffen und als »relevant« identifiziert zu werden, braucht es den Bezug auf das geltende materielle Recht, also den konkreten Quellenbezug, oder den Bezug auf sonstige dogmatisch aufbereitete Rechtsbegriffe, -figuren, -institute oder -prinzipien als Marker.[436] »Es reicht nicht zu sagen, etwas sei ungerecht, ineffizient, dumm. Alles muss juristisch rückgebunden werden.«[437] Auch *C. Bumke* beobachtet, dass im Rahmen dogmatischer Argumentation ›nicht in den allgemeinen Raum praktischen Denkens und Urteilens‹ gelangt wird, sofern bereits eine hinreichende dogmatische Wissensverdichtung durch Rechtspraxis und Rechtswissenschaft stattgefunden hat. Er erklärt dies mit der dann ›ausschließlich rechtlichen Natur der Fragen‹, auf die dogmatisch argumentative Bearbeitung mit ›allein rechtlichen Kategorien, Konzepten, Unterscheidungen und Zusammenhängen‹ antworten kann.[438] *C. Bumke* spricht insofern auch von dem »Allein-im-Recht-Vorhandensein«,[439] was letztlich eine Kurzform für Allein-im-geltenden-materiellen-Recht-und-in-der-Rechtsdogmatik-Vorhandensein ist. Trotz dieser mit der Einigung auf ein gemeinsam geteiltes, anerkanntes ›Drittes‹ einhergehenden Komplexitätsreduktion bedeutet dies nicht, dass allein aufgrund gemeinsam geteilter Problemdefinitionen und -lösungen und Entscheidungsorientierung weniger Unsicherheit oder Unbestimmtheit besteht, was materiell-rechtlich gelten soll. Die mimetische Orientierung kann daher zunächst nicht anhand abstrakter und stabilisierter dogmatischer Wissensformen erfolgen. Erst die Art und Weise ihrer *Füllung*, das heißt die materiell-rechtliche Argumentation, wird zu einem Vorbild bzw. zu einem relevanten Vormachen, das Auskunft über die faktische Geltung dogmatischer Wissensformen und ihre situationsspezifischen Entwurfsschritte und damit Auskunft über relevantes und irrelevantes Wissen gibt.

Die Facetten materiell-rechtlicher Argumentation etwa im Rahmen der dogmatischen Begriffsbildung und eines Systematisierungs- und Ordnungsbeitrags setzen beide auf der Unbestimmtheit dogmatischer

435 Pistor, *Der Code des Kapitals.*

436 Lennartz, *Dogmatik als Methode*, S. 122.

437 Ebd.

438 Bumke, *Erzeugung und Gebrauch von Wissen in der Rechtswissenschaft*, S. 458.

439 Ebd.

Wissensformen auf. Die argumentative Verarbeitung im Rahmen der Nachahmung bedarf dieser »vorerfahrenen Idealtypen« als Deutungsschemata, die handlungskanalisierend wirken. Darüber hinaus ist die Unbestimmtheit der vertypten situationsübergreifenden Formen gerade der Anlass für diskursive Auseinandersetzungen und erlaubt damit erst eine argumentative Konkretisierung und Interpretation. Bei der dogmatischen Bearbeitung des Rechts kommt es gerade darauf an, im jeweiligen dogmatischen Betätigungsfeld zu konturieren, was der Bedeutungsgehalt ist. Die am dogmatischen Diskurs beteiligten Akteure sind also darauf verwiesen, das als entscheidungsrelevantes Wissen argumentativ zu entwickeln.

So geht es etwa im Betätigungsfeld der Lösung eines konkreten Fallproblems in der Rechtsanwendung (etwa bei der Bearbeitung eines gesetzlichen Merkmals) gerade darum, das rechtlich Gebotene in dem spezifischen Fall herauszuarbeiten und so das geltende materielle Recht zu spezifizieren. Der Prozess dogmatisch argumentativer Verarbeitung baut auf der Grundlage der durch die Sichtung zusammengetragenen Bestandsaufnahme aller Vorstellungen und Überzeugungen zu dem infrage stehenden gesetzlichen Merkmal auf, deutet diese dann vor dem Hintergrund der konkreten Rechtsfrage und arbeitet so ›neue Aspekte und Linien heraus.‹[440] Es werden neue Maßstäbe und Unterscheidungen eingeführt, um anhand dessen die entscheidungserheblichen rechtlichen Gesichtspunkte herauszuarbeiten und die Informationen der gesichteten Materialien entlang dieser als entscheidungserheblich identifizierten Kriterien im Rahmen der Argumentation zu integrieren oder auszusortieren.[441] Dieser argumentative Prozess markiert ein geistiges Zueigenmachen und stellt damit einen individuellen Konstruktionsvorgang dar, der letztlich zu einer Aktualisierung des normativen Gehalts eines gesetzlichen Merkmals führt.

Im Rahmen des dogmatischen Betätigungsfeldes der Systematisierung und Ordnung erfolgt die argumentative Ver- und Bearbeitung der gesichteten Beiträge nicht gänzlich verschieden. Wird etwa ein übergreifender Rechtsbegriff herausgearbeitet, legt der Akteur ein Konzept zugrunde, entlang dessen die Informationen der gesichteten Materialien selektiert und integriert werden. Mit Hilfe solcher Konzepte können dann gemeinsame Eigenschaften identifiziert werden, die von übergeordneter Gültigkeit oder Wichtigkeit sind und deshalb auch für andere Entscheidungskontexte gelten oder innerhalb eines bestimmten Entscheidungskontextes bestimmend sein sollten, um so gegebenenfalls bestehende Widersprüche der Rechtsordnung aufzuheben und zur Einheitlichkeit und Übersichtlichkeit des Rechtsstoffs beizutragen, was sowohl zur

440 Ebd., S. 452.
441 Ebd.

Kohärenz und Konsistenz als auch zur Entlastung beiträgt.[442] Je nach zugrunde gelegtem Konzept ergeben sich unterschiedliche Regelungssituationen und -aufgaben, die mit unterschiedlichen rechtlichen Anforderungen einhergehen und Implikationen auf Anwendungsvorschläge oder Handhabungen für die Rechtspraxis haben. Diese Systematisierungsleistung geht oftmals unter Zuhilfenahme bestehender und routiniert verwendeter »dogmatischer Bauelemente« und bereits »vorhandener dogmatischer Lehrgebäude« vonstatten.[443] Dies verweist auf die strukturierende Rolle der bereits für die Beobachtung identifizierten Erkennungsmuster.

Neben den Schlüsselbegriffen wird auch bei der Erarbeitung von Leitbildern (wie etwa dem Gewährleistungsstaat oder dem schlanken Staat) ein bestimmtes Konzept zugrunde gelegt, um größere Zusammenhänge, Entwicklungen und Veränderungen, die für das Recht und die Rechtsanwendung elementar sind, herauszuarbeiten. Dies markiert zugleich einen anerkannten Moment im dogmatischen Diskurs, in dem die argumentative Verarbeitung außerrechtliches Wissen so einbezieht und in der Darstellung kenntlich macht, dass ein außerrechtlicher Gehalt auch erkennbar ist. Dieser Moment ist auf Situationen beschränkt, in denen noch keine hinreichende dogmatische Wissensverdichtung stattgefunden hat, um unvertraute Phänomene dogmatisch erfassen zu können. Grundsätzlich weist dogmatische Argumentation nicht allein, aber auch aufgrund der Einigung auf ein gemeinsam geteiltes, anerkanntes Drittes, als auch aufgrund der Funktion, die sie erfüllen möchte, eine gewisse Selbstreferentialität auf, welche bereits bestehende Erkennungs- und Denkmuster sowohl in der Problemwahrnehmung als auch in den vorgeschlagenen Problemlösungen, und mitgedacht auch den Inhalte, die mit diesen Denkmustern nur erfassbar sind, verfestigt. Dogmatische Argumentation, die einen (vermeintlich) rein genuin rechtlichen Bezugspunkt erkennen lässt, »sichert durch geringere Bedeutungsvarianz Rechtssicherheit und stärkt durch die Reduktion möglicher Aussagen gerade die Überzeugungskraft möglicher Argumente«.[444] Kreative und innovative Argumentation, insbesondere solche, die über das geltende materielle Recht und ihre Fassung in dogmatische Formen hinausreicht, etwa aufgrund fehlender materiell-rechtlicher Regelung oder unzureichender dogmatischer Verdichtung, geht nicht nur mit einer erhöhten Rechtsfertigungslast einher, sondern läuft dem, was Dogmatik leistet und leistungsfähig für die Rechtspraxis macht, nämlich der Gewährleistung von Kohärenz und Konsistenz oder der Bewirkung kognitiver und normativer Entlastung, entgegen. Die Rückbindung an das materielle Recht, also die

442 Ebd., S. 461.
443 Ebd., S. 462.
444 Lennartz, *Dogmatik als Methode*, S. 124.

präzise Bestimmung und Begründung, was gelten soll, unter Verweis auf einen konkreten Quellenbezug und die mit ihm in Verbindung gebrachten Gründe, gilt zwar insbesondere für die Lösung konkreter Fallprobleme, allerdings auch für den Bereich der Systematisierungs- und Ordnungsleistung etwa bei der Erarbeitung von Schlüsselbegriffen. Sie sind grundsätzlich aufgrund ihrer Offenheit gerade »darauf angelegt, mit anderen Disziplinen ins Gespräch zu kommen, um die unvertrauten Phänomene und Prozesse zu erfassen, zu begreifen und nach Möglichkeit zu erklären, um Anstöße zum Weiter-, Um- und Andersdenken zu erhalten [...].«[445] Die Herausarbeitung der Schlüsselbegriffe erfolgt dabei allerdings nicht unter Heranziehung beliebiger Konzepte, sodass auch nicht beliebige ›außerrechtliche‹ Wissensbestände verarbeitet werden können. Allein der Umstand, dass diese ›unvertrauten‹ Phänomene und Prozesse im dogmatischen Diskurs durch dogmatische Argumentation (in dem Fall durch Herausarbeitung von Schlüsselbegriffen) eingefangen werden können, verweist auf Merkmale dieser Phänomene, die von dem dogmatischen Erkennungs- und Denkmuster erfassbar sind, das heißt bereits eine materiell-rechtliche Anschlussfähigkeit aufweisen. Das Bild konzeptioneller Netze, die ausgeworfen werden, um darin die Realität einzufangen, macht den Zusammenhang deutlich, da ›der Fang von der Struktur des Netzes abhängt‹.[446] Dies könnte mitunter ein Erklärungsansatz dafür sein, dass materielle Ungleichheit nicht als ›unvertrautes Phänomen‹ im dogmatischen Diskurs aufgegriffen und durch dogmatische Schlüsselbegriffe adressiert wird, da sie keine materiell-rechtliche Anschlussfähigkeit aufweist, und daher nur unter dem Begriff Freiheit und verschiedenen Freiheitskonzepten wie etwa positive/negative oder reale/formale Freiheit adressiert wird, nicht jedoch eigenständiger Inhalt dogmatischer Auseinandersetzung ist. Darüber hinaus kommt dem Hintergrund des kommunikativen Austauschs ebenfalls eine strukturierende Rolle dergestalt zu, dass eine erhöhte Rechtfertigungslast bei allem, was außerhalb des reinen (materiell-)rechtlichen Bezugspunktes liegt, besteht. Soll die Systematisierungs- und Ordnungsleistung etwa in Form des Schlüsselbegriffs im dogmatischen Diskurs Anklang finden, wird trotz ihrer Offenheit und damit strukturellen Anlage, außerrechtliche Wissensbestände aufzugreifen und zu verarbeiten, die argumentative Konstruktion des Schlüsselbegriffs nicht schwerpunktmäßig mit Effizienz- oder Gerechtigkeitsüberlegungen geführt, sondern ebenfalls auf das geltende materielle Recht zurückgeführt oder zumindest in Verbindung gebracht.

445 Bumke, *Erzeugung und Gebrauch von Wissen in der Rechtswissenschaft*, S. 463.

446 Martin Morlok, »Soziologie der Verfassung«, in: ders., *Soziologie der Verfassung*, Tübingen: Mohr Siebeck 2014, S. 34.

(c) Stabilisierung dogmatischer Wissensbestände und fortlaufende Selbstbegründung

Indem auf die mimetisch entstehenden dogmatischen Beiträge durch die anderen am dogmatischen Diskurs Teilnehmenden reagiert wird, indem Übereinstimmungen und Abweichungen von der materiell-rechtlichen ergebnisorientierten Argumentation beantwortet, bestätigt oder missbilligt werden, entwickelt sich die materiell-rechtliche Argumentation zu einem gemeinsam anerkannten Haltepunkt, der als allgemeiner Rahmen die weiteren diskursiven Auseinandersetzungen über relevante Wissensbestände strukturiert. Dies bewirkt zum einen die Stabilisierung des dogmatischen Zugriffs und seiner Wissensbestände und zum anderen eine fortlaufende Selbstbegründung – ein Effekt, der bereits an den dogmatischen Wissensformen illustriert wurde.[447]

Die Herausbildung eines solchen dogmatischen Haltepunktes wirkt dabei nicht nur auf den Prozess dogmatischer Wissenserzeugung und -verdichtung, sondern darüber auf die rechtliche Wissensproduktion insgesamt, indem nur einer bestimmten Auswahl von dogmatischen Beiträgen, nämlich solchen, die einer materiell-rechtlichen Argumentation folgen, Sinn und Bedeutung zugeschrieben werden. Die Kommunikationsteilnehmer:innen werden auf diese Art und Weise der *Füllung* dogmatischer Wissensformen als ›echtes‹ dogmatisches Arbeiten verwiesen. Es muss damit letztlich auch nicht weiter begründet werden, warum dieser und nicht jener Zugriff mit Vorrang gewählt wird.[448] Praktiken dogmatischen Entwerfens werden dadurch (bewusst oder unbewusst) auf eine bestimmte Weise ausgerichtet, nämlich materiell-rechtlich, um dann wiederum sowohl in der Rechtswissenschaft als auch in der Rechtspraxis aufgegriffen und verarbeitet zu werden, was letztlich dazu führt, dass die Rahmung und der Zuschnitt der Informationen, die damit nur erfassbar und verarbeitbar sind, nicht hinterfragt werden, sondern (kritische) Auseinandersetzungen auf das Innere des Rahmens beschränkt sind und damit Kritik lediglich an der inhaltlichen Konkretisierung des materiellen Rechts oder an der ›korrekten‹ Art und Weise materiell-rechtlicher Argumentation geübt wird. Der dogmatische Zugriff kann in dem Sinne durchaus kreativ und innovativ sein, rechtliche Handlungen evaluieren und kritisieren,[449] allerdings nur innerhalb des materiell-rechtlichen

447 Teil 3 C.

448 Zu einem Mangel an Rechenschaft, vgl. Rolf Stürner, »Das Zivilrecht der Moderne und die Bedeutung der Rechtsdogmatik«, in: *JuristenZeitung*, 67: 1 (2012), S. 17.

449 Für ein solches Innovations-, Evaluations-, und Kritikpotential vgl. insbes. Josef Esser, »Dogmatik zwischen Theorie und Praxis«, in: Fritz Baur (Hg.), *Festschrift für Ludwig Raiser. Funktionswandel der Privatrechtsinstitutionen,* Tübingen: Mohr Siebeck 1974, S. 522, 530, 533; Christian Starck, »Rechtsdogmatik und Gesetzgebung im Verwaltungsrecht«, in:

Zuschnitts im Sinne des »Inneren des Rahmens«, den die dogmatische Wissenserzeugung bereitstellt. Die Selbstreferentialität dogmatischer Wissensproduktion, indem Rechtspraxis und Rechtswissenschaft fortlaufend die dogmatischen Beiträge des jeweils anderen aufgreifen und verarbeiten, hat daher neben der Stabilisierung eines materiell-rechtlichen Wissensregimes auch einen Immunisierungseffekt dahingehend, dass alternative Wissensangebote, wenn überhaupt, dann nur in einem geringen Umfang hervorgebracht werden.[450] Konkretisierend bedeutet dies, dass einmal auf diese Weise ergangene Entscheidungen nicht als solche hinterfragt werden, sondern lediglich eine fortwährende Präzisierung, Aktualisierung und Weiterentwicklung erfahren.[451] Dies bedeutet insbesondere vor dem Hintergrund des Potentials der Praktiken dogmatischen Entwerfens, als überlappendes Netzwerk unterschiedliche Wissensbausteine miteinander zu verflechten, eine der Dogmatik nicht gerecht werdende Schließung. Darüber hinaus macht dies auf eine ungleiche Sprecherposition aufmerksam. Wenn immer nur von einem bestimmten Standpunkt aus gesprochen werden kann, stellt sich die Frage, wie dann grundlegende Begriffe der Dogmatik, etwa im Bereich der Grundrechtsdogmatik »Freiheit«, zu denken sind. Insbesondere bei den grundlegenden Begriffen der Grundrechtsdogmatik wird deutlich, dass eine rein materiell-rechtliche Argumentation, die gesellschaftliche Strukturen, Verhältnisse und Anforderungen nicht in den Blick nehmen kann, nicht geeignet ist, eine situationsangepasste Weiterentwicklung zu ermöglichen.

Die durch Mimesis bedingte Entwicklung eines allgemein akzeptierten Haltepunkts in Form der materiell-rechtlichen Argumentation ist zwar als Versuch einleuchtend, dem Nicht-Wissen bzw. der normativen wie faktischen Komplexität entgegenzutreten und trotz dieser einen Weg zur

Okko Behrends (Hg.), *Gesetzgebung und Dogmatik. Die Funktion des Gesetzes in Geschichte und Gegenwart,* Göttingen: Vandenhoeck & Ruprecht 1989, S. 116; Jan C. Schuhr, *Rechtsdogmatik als Wissenschaft. Rechtliche Theorien und Modelle,* Berlin: Duncker & Humblot 2006, S. 219; Bumke, *Rechtsdogmatik*, S. 103; Schmidt-Aßmann, *Verwaltungsrechtliche Dogmatik*, S. 5; Klement, *Verantwortung*, S. 39 f.; Neil MacCormick, »Reconstruction after deconstruction. A response to CLS«, in: *Oxford Journal of Legal Studies*, 10: 4 (1990), S. 556 f.; Pauline C. Westerman, »Open or Autonomous? The Debate on Legal Methodology as a Reflection of the Debate on Law«, in: Mark van Hoecke (Hg.), *Methodologies of legal research: which kind of method for what kind of discipline?*, Bloomsbury Publishing 2011, S. 93 f.

450 Vgl. etwa *S. Kadelbachs* Formulierung: »Der Begriff Dogmatik suggeriert Unumstößliches.«, Stefan Kadelbach, *Allgemeines Verwaltungsrecht unter europäischem Einfluss*, Tübingen: Mohr Siebeck 1999, S. 276.

451 Zu den Pfadabhängigkeiten, vgl. Teil 3 C. VI. 1., 3.

Ermittlung des situativen Bedeutungsgehalts bereitzustellen, allerdings vor dem Hintergrund ihrer Ausformung zu einer diskursiven Autorität unproduktiv, wenn eine situationsangemessene Weiterentwicklung dogmatischer Bedeutungsgehalte ermöglicht werden soll. Dogmatische Praktiken, die in ihrem tentativ-kombinatorischen Verfahrensabschnitt ein überlappendes Netzwerk bereitstellen, um unterschiedliche Wissensbausteine und Quellen miteinander zu verflechten, sind für sich genommen geeignet, eine solche Weiterentwicklung zu ermöglichen, sofern die rechtlichen Rahmenbedingungen stimmen.[452] Die nicht auszuräumende Ungewissheit darf demnach nicht zu einer Limitierung der Leistungsfähigkeit dogmatischer Praktiken führen, was auf das Offenhalten ihrer kognitiven Infrastrukturen und damit auf die Rahmenbedingungen verweist.

dd. Die Rolle der rechtswissenschaftlichen Ausbildung bei der Bildung von Erkennungsmustern

Neben anderen institutionellen Rahmenbedingungen ist vor allen Dingen die rechtswissenschaftliche Wissensvermittlung für die Herausbildung der Dogmatik als dominantes Wissensregime wesentlich.

Generell geht mit Ausdifferenzierung und Spezialisierung die Notwendigkeit spezialisierten Wissenserwerbs und spezialisierter Wissenspflege einher, was konsequenterweise die Struktur der Wissensvermittlung in den Fokus rückt. Wissensvermittlung, -erwerb und -pflege sind gleichzeitig mit einer sekundären Sozialisation verbunden, die juristisches Denken auch außerhalb der universitären Handlungsarena prägt. Die Wissensvermittlung an rechtswissenschaftlichen Fakultäten in Deutschland ist überwiegend anwendungsorientiert und letztlich auf Dogmatik ausgerichtet. Dies führt zur Herausbildung bestimmter normativer wie kognitiver Erkennungsmuster im juristischen Denken, die bei Engführung auf Dogmatik letztlich eine Verfestigung und Verstärkung des dogmatischen Sonderwissens und implizit mitgedacht der blinden Flecken und Pfadabhängigkeiten durch Dogmatik bewirken. Die institutionellen Strukturen der rechtswissenschaftlichen Wissensvermittlung versehen den methodischen Zugriff der Dogmatik – und mitgedacht der durch sie erfassbaren Inhalte – erst mit der zu beobachtenden Relevanz, die sich im allgemeinen rechtswissenschaftlichen Diskurs zu dem entscheidenden Selektionsmarker für »relevante/nicht relevante Wissensbestände« entwickelt hat. Mit Blick auf die soziale Wirksamkeit der Dogmatik aufgrund ihrer Rolle als gemeinsames Kommunikationsformat mit der Rechtspraxis

452 Zur unausgesprochenen Prämisse eines prozeduralen Verständnisses von Dogmatik, vgl. Teil 3 D. V. 4.

geht diese institutionell angelegte Grenzziehung zwischen relevantem und nicht relevantem Wissen mit weitreichenden Konsequenzen auch außerhalb der Wissensvermittlung einher.

Die rechtswissenschaftliche Ausbildung ist von einer langen Tradition geprägt und seit jeher maßgeblich auf die berufliche Tätigkeit in den klassischen juristischen Berufen, das heißt vor allen Dingen Staatsdienst und Anwaltschaft, gerichtet.[453] Obwohl die Ausbildung durch Reformen Neuerungen erhielt und nicht länger allein auf die »Befähigung zum Richteramt« abzielt,[454] sondern auch die Tätigkeit in der rechtsberatenden Praxis umfasst, besteht gleichwohl das traditionelle Leitbild eines Richters fort.[455] Dies geht zum einen mit der Fallorientierung der Ausbildung einher, die allerdings nicht etwa die Vermittlung von Fallwissen im Sinne des Einbezugs des Tatsachen- und Sachverhaltsbereichs umfasst, sondern auf die Vermittlung einer materiell-rechtlichen Falllösungskompetenz abzielt. Die Fallbezogenheit schult juristisches Denken zu einer »zielgerichteten, logisch stringenten und effizienten Rechtsanwendung, weil sie zu einer methodensicheren, präzisen Subsumtion zwingt und die juristische Argumentation [auf Dogmatik] diszipliniert.«[456] Zum anderen impliziert die Fallorientierung die Perspektive einer richterlichen Beurteilung der Rechtslage *ex post*.[457] Dies verdeckt nicht nur den konkreten individuellen Konstruktionsbeitrag der Rechtsanwender:innen, sondern die generelle Gestaltung und Steuerung durch Recht. ›Wenn die Praxis ohne interdisziplinäre Erträge auskommt, weil es ihr im dogmatischen Rechtsdiskurs gelingt, die Normauslegung rein normativ am geltenden materiellen Recht zu betreiben‹,[458] besteht vor dem Hintergrund des Ausbildungsziels wenig Anreiz, methodische Zugriffe zu vermitteln, die geeignet sind, den Verwendungskontext und damit etwa auch die zugrundeliegenden sozialen Tatsachen der Fälle oder die Prägung durch die eigene Konstruktionsleistung, die erst zu einer bestimmten Auslegung einer Rechtsnorm geführt haben, zu beleuchten. Dabei sind ›die gesellschaftlichen und politischen Strukturen, Interessen und Bedürfnisse

453 Wilhelm Krull, »Neue Entwicklungen in der Hochschulpolitik und ihre Folgen für die Rechtswissenschaft«, in: Eric Hilgendorf und Helmuth Schulze-Fielitz (Hg.), *Selbstreflexion der Rechtswissenschaft,* Tübingen: Mohr Siebeck 2021, S. 295.

454 Vgl. §§ 5 a und 5 d DRiG.

455 Heino Schöbel, »Bedeutung von Methodik und Rechtsgestaltung für die Erste Juristische Staatsprüfung«, in: Hagen Hof und Peter Götz von Olenhusen (Hg.), *Rechtsgestaltung - Rechtskritik - Konkurrenz von Rechtsordnungen. Neue Akzente für die Juristenausbildung,* Baden-Baden: Nomos 2012, S. 84.

456 Ebd., S. 84 f.

457 Ebd., S. 85.

458 Lepsius, *Problemzugänge und Denktraditionen im Öffentlichen Recht*, S. 57.

eine entscheidende Voraussetzung für schlüssige juristische Entscheidungen, ihre Auffassung, Auslegung und Anwendung.‹[459] Die Ausrichtung der Ausbildung integriert schwerpunktmäßig methodische Zugriffe, die für eine effiziente und rechtssichere Rechtsanwendungspraxis funktional sind, was letztlich auf Dogmatik hinausläuft. Sie integriert damit Wissensbestände des geltenden materiell-rechtlichen Rechts. Andere methodische (insbesondere theoretische) Zugriffe werden aufgrund mangelnder Anschlussfähigkeit für die Rechtspraxis[460] (und damit konsequenterweise auch die inhaltlichen Wissensbestände, die durch solche Zugriffe erst sichtbar werden) vernachlässigt. Der Integrations- und Selektionsprozess von ›relevantem‹ rechtlichen Wissen in der rechtswissenschaftlichen Ausbildung wird vor allen Dingen durch die Abschlussprüfungen, das heißt das Erste und Zweite Staatsexamen, strukturiert.[461] Examensrelevant – und damit Schwerpunkt der rechtswissenschaftlichen Ausbildung – sind die Ansprüche und Anfragen der Rechtsanwendungspraxis, was letztlich auf den dogmatischen Zugriff hinausläuft.[462] Allein vor dem Hintergrund der zu bewältigenden Masse des Rechtsstoffs muss dies mit einem Selektionsvorgang einhergehen, der mit dem Effekt eines Filters verbunden ist. So werden die Informationen einer Vorlesung in »examensrelevant/nicht examensrelevant«, »wichtig/unwichtig« und »rechtlich relevant/nicht relevant« kategorisiert. Diese Integrations- und Selektionsprozesse in der Wissensvermittlung strukturieren die Wahrnehmung und damit die Verarbeitung bestimmten Wissens, nämlich lediglich solchen Wissens, das für die rechtsanwendungsorientierte Dogmatik von Bedeutung ist. Inhaltlich bedeutet das vor allen Dingen das geltende materielle Recht. Durch die prüfungsbedingte Schwerpunktsetzung der Wissensvermittlung werden die Rezeptionsstrukturen für bestimmtes, von der Diskursgemeinschaft als »relevant« identifiziertes, also materiell-rechtliches Wissen gestärkt und andere vernachlässigt. Die mit der Wissensvermittlung notwendigerweise einhergehende Wissenspflege bedeutet neben der Integration in, Selektierung von und Fokussierung auf bestimmtes Wissen vor allen Dingen ihr routinemäßiges Einüben. So schreiben Rechtswissenschaftsstudierende unzählige mehrstündige Probeklausuren und Klausuren, nicht nur, um die Methodik, sondern auch das durch Dogmatik generierte rechtliche Gefüge so einzuüben, dass es für unterschiedliche Sachverhalte fruchtbar gemacht werden kann. So stellt *R. Wahl* fest, dass es »zum

459 Krull, *Neue Entwicklungen in der Hochschulpolitik und ihre Folgen für die Rechtswissenschaft*, S. 294.

460 Broemel, *Wie verändert sich das Recht durch die Digitalisierung?*, S. 52.

461 Lepsius, *Themen einer Rechtswissenschaftstheorie*, S. 6; Jestaedt, *Die Verfassung hinter der Verfassung*, S. 30.

462 Jestaedt, *Die Verfassung hinter der Verfassung*, S. 28.

Selbstverständnis, man möchte sagen: zum selbstverständlichen Selbstverständnis deutscher Juristen gehört, dass juristisches Arbeiten dogmatisches Arbeiten heißt. [...] Der deutsche Jurist ist in die Dogmatik und in dogmatisches Denken durch die Ausbildung hineingewachsen (hineinsozialisiert), sie sind ihm zur Gewohnheit geworden.«[463] Diese Routinen bewirken die Vertiefung und Verfestigung von Rezeptionsstrukturen für bestimmte Informationen und für die Generierung bestimmten Wissens. Neben der Herausbildung und Vertiefung von Rezeptionsstrukturen können solche Routinen und Gleichförmigkeit auch Anschlusszwänge und Pfadabhängigkeiten begründen, allein indem der (argumentative) Mehraufwand eines anderen Zugriffs tendenziell hemmend wirkt. Das Erste Staatsexamen als Abschluss der universitären Ausbildung prägt die Wissensvermittlung nicht nur unmittelbar vor dem Hintergrund inhaltlicher Vorgaben und methodischer Zugriffe, sondern auch mittelbar. Das Staatsexamen ist von ›großer Lern- und Fleißanstrengung bestimmt und kann zumeist nur mit Hilfe eines (kommerziellen) Repetitors mit gutem bis sehr gutem Resultat abgeschlossen werden.‹[464] Für einen erheblichen Teil der Studierenden stellt neben diesen Herausforderungen auch die Tragweite der Resultate der Staatsexamina eine schwierige Hürde dar. Diese Rahmenbedingungen befördern zu Teilen auch die hohe Qualität der Abschlüsse im traditionellen Sinne, allerdings weniger Kreativität und Innovation. So sind etwa Originalität, Einfallsreichtum und Eigeninitiative, die über den methodischen Zugriff der Dogmatik und die fallorientierte ex post Kontrollperspektive hinausreichen, in der Prüfungspraxis einer Klausur in aller Regel nicht nur nicht gewollt, sondern fehlgehend. Es würde nicht einer ›zielgerichteten, logisch stringenten und effizienten Rechtsanwendung‹[465] und damit nicht dem an der Rechtspraxis orientierten Ausbildungsziel entsprechen. Diese bereits institutionell angelegte durch die Abschlussprüfung strukturierte Verengung auf Dogmatik kann individuelle Wissenspräferenzen und -interessen, die auf unterschiedliche Schichten- und Klassenunterschiede, Lebensstile, Lebenslagen und Milieus rückführbar sind, nicht berücksichtigen und damit auch keine kreative Beteilung am (Rechts-)Wissenschaftsprozess und letztlich Kreativitäts- und Neuerungspotentiale in der Wissenschaft befördern. Dies kann mit der Gefahr einhergehen, dass der Wissenserzeugungsprozess zu hermetisch und zu homogen ist und letztlich nur dogmatische Wissensbestände und -inhalte hervorbringt.

463 Wahl, *Rechtsdogmatik und Rechtspolitik im Öffentlichen Recht*, S. 121.

464 Krull, *Neue Entwicklungen in der Hochschulpolitik und ihre Folgen für die Rechtswissenschaft*, S. 297.

465 Schöbel, *Bedeutung von Methodik und Rechtsgestaltung für die Erste Juristische Staatsprüfung*, S. 84.

Dogmatik setzt so den Standard für den nahezu gesamten rechtswissenschaftlichen Diskurs, was als normativ angemessen gelten soll und welche Wissensbestände relevant sind.

ee. Die Rolle der Medien des Rechts bei der Bildung von Erkennungsmustern

Neben diesen durch Mimesis sich herausbildenden materiell-rechtlichen Erkennungsmustern kommen weitere Weichenstellungen, vor allen Dingen die der Medien des Rechts, wie die jeweiligen Publikationsformate (wie etwa Buchveröffentlichungen, Zeitschriften, Blogbeiträge und ihre Bereitstellung auf Plattformen wie juris und beck)[466] hinzu. Sie spielen bei der Herausbildung von Erkennungsmustern im Prozess der Sichtung des Rechtsstoffs, das heißt der Beobachtung anderer, eine strukturierende Rolle. Nur das, was im Rahmen der Sichtung des Rechtsstoffs wahrgenommen und durchgesehen werden kann, wird in den weiteren kommunikativen Prozessverläufen, etwa der argumentativen Verarbeitung und Fassung zu Begriffen, Typologien und Figuren, aufgegriffen und kann in Form der Operationalisierung durch Recht Wirksamkeit erlangen, was dann wiederum durch die rechtsdogmatischen Erkennungsmuster erkannt und im Rahmen einer sichtenden Beobachtung wieder aufgegriffen werden kann.[467] Die diskursiven Bindungen und Transmissionsriemen der Veröffentlichungen prägen die Erkennungsmuster juristischen Denkens, bauen sie weiter aus und vertiefen sie. Dies geht mit kognitiven, aber auch normativen selbstverstärkenden Effekten einher, die nicht nur den rechtswissenschaftlichen Binnendiskurs betreffen, sondern durch die Rechtspraxis und damit die (vermeintlich außerrechtliche) gesellschaftliche Wirklichkeit.

Bereits die Sichtung spielt für die Vertiefung rechtsdogmatischer Rezeptionsstrukturen und deren Inhalte, die damit beobachtet werden können (und mitgedacht die kognitiven und normativen Leerstellen und damit die Inhalte, die unbeobachtet bleiben), eine wesentliche Rolle: »Knoten und Kanten, die oft eingeschlagen werden, werden dichter und stabiler, andere Knoten und Kanten fallen weg und je stärker die Verfestigung und Verdichtung wird, desto aufwendiger gestaltet sich die Veränderung.«[468]

466 Boulanger, *Die Soziologie juristischer Wissensproduktion*, S. 182.
467 Ebd.
468 Bumke, *Erzeugung und Gebrauch von Wissen in der Rechtswissenschaft*, S. 459.

c. Die materiellen Rahmenbedingungen

Es ist unmöglich, die dogmatischen Praktiken von ihren materiellen Rahmenbedingungen, die dem jeweiligen Kontext entspringen, zu trennen, in denen sie sich entfalten. In den Prozeduren dogmatischen Entwerfens schlagen sich die vorherrschenden wirtschaftlichen, sozialen und kulturellen Umstände und Interessen der Zeit nieder.

aa. Die Kommodifizierung dogmatischer Entwurfspraktiken als Beispiel ökonomischer Rahmenbedingungen

Vor dem Hintergrund des Blickwinkels der Ungleichheitsrelevanz sind die dogmatischen Entwurfspraktiken nicht von ihrem ökonomischen Kontext zu trennen, allein weil sie zu einer kapitalerzeugenden Dienstleistung oder Ware auf dem Rechtsmarkt geworden, das heißt kommodifiziert sind. So erzeugen die dogmatischen Praktiken für denjenigen wirtschaftlichen Wert, der die finanziellen Möglichkeiten hat, Anwält:innen zu engagieren, die die dogmatischen Entwurfstechniken besonders gut beherrschen und geschickt darin sind, dogmatische Wissensformen fruchtbar zu machen, etwa um neue Arten von Verträgen, neue Unternehmensstrukturen oder neue Kapitalgüter (wie etwa neue Finanzgüter oder neue Finanzintermediäre) zu entwerfen, die den kommerziellen und monetaristischen Interessen der Mandanten bestmöglich dienen und mit denen sich Kapital erzeugen lässt. Gerinnen Entwurfspraktiken, die mit ihnen verfolgten (etwa kommerziellen und monetaristischen) Interessen und damit (etwa kommerzielle und monetaristische) Bedeutungsgehalte zu anerkanntem dogmatischen Wissen, können sie im Rechtsbetrieb durch Rechtsanwendung und gerichtliche Kontrolle faktisch Geltung beanspruchen, was wiederum den ökonomischen Wert des neuen Vertrags, der neuen Unternehmensstruktur oder des neuen Kapitalguts im Rahmen der Ermittlung und Bewertung ihres Werts steigert, da sie rechtlich (und letztlich mit Hilfe des Staats) durchgesetzt und damit verwirklicht werden können. Auch die rechtlichen Instrumente der Durchsetzung bauen wiederum auf dogmatischen Entwurfspraktiken auf. Das zur Dogmatik Geronnene wird wiederum zum Anknüpfungspunkt weiterer, darüberhinausgehender dogmatischer Entwurfspraktiken zur Verfolgung und Verwirklichung kommerzieller und monetaristischer Interessen. »Es geht darum, die Grenzen des Rechtlichen zu verschieben, um den Mandaten Möglichkeiten einzuräumen, die die anderen Wettbewerber noch nicht erkannt haben.«[469] Dogmatische Entwurfspraktiken sind damit von den

469 Jacobin Magazin, »Der Code des Kapitalismus wird von Anwälten geschrieben - Interview mit K. Pistor«, 18.01.2021 (2021).

Arenen des Kommerziellen und Monetaristischen nicht zu trennen. Sie erzeugen als kleinste rechtliche Einheit über die Rechtsanwendung und die Ausformung des Gehalts des Rechts Kapital.[470]

Dies schließt selbstverständlich nicht aus, dass durch dogmatische Entwurfspraktiken auch andere Interessen wie soziale oder ökologische Interessen und Handlungsziele verfolgt werden und damit auch nicht-kommerzielle und nicht-monetaristische Interessen von der Flexibilisierung und Entmaterialisierung der Dogmatik durch Prozeduralisierung profitieren können. Allerdings profitieren überproportional bestimmte Interessen und bestimmte Akteure[471] von der Ziel- und Objektlosigkeit der Dogmatik, da es oftmals von dem sozioökonomischen und soziokulturellen Vermögen einer Person abhängt, die Vorteile der Interessensverwirklichung nutzbar zu machen. So überrascht es nicht, dass kommerzielle und monetaristische Interessen allein aufgrund des finanziellen Anreizes tendenziell eher verfolgt werden als soziale oder ökologische, die dann aufgrund der dogmatischen Tendenz zur Herausbildung von Pfadabhängigkeiten einen selbstverstärkenden Effekt haben und die Argumentationslast zugunsten ökonomischer und zulasten ökologischer oder sozialer Interessen verschieben. Die sozioökonomischen und soziokulturellen Umstände der Praktiken dogmatischen Entwerfens und damit die Frage, *wer* die Möglichkeit hat, dogmatische Wissensformen fruchtbar zu machen, beeinflussen auch, *was* und *wie* dogmatisch entworfen, hergestellt und konstruiert wird und schließlich in den Bedeutungsgehalt einer dogmatischen Wissensform einfließen kann. Bestimmte Handlungsziele, insbesondere solche, die soziale, aber auch ökologische Belange zum Inhalt haben, und darüber bestimmte Erfahrungen und Perspektiven sozialer Gruppen werden so im Prozess dogmatischer Wissensgenerierung unwahrscheinlicher bzw. kommerzieller und monetaristische Handlungsziele wahrscheinlicher.[472]

Geht es bei den dogmatischen Praktiken des Entwerfens gerade darum, kein spezifisches, damit auch kein kommerzielles und monetaristisches Ziel zu verfolgen, flexibel und entmaterialisiert zu sein, entwickeln sich dogmatische Entwurfspraktiken zu einer bezahlbaren Quelle der Mehrwertgenerierung für eine Reihe kommerzieller und monetaristischer Interessen. Die Flexibilisierung und Entmaterialisierung der Dogmatik durch ihre Konzeptualisierung als prozedurales Gesamtarrangement in

470 Pistor, *Der Code des Kapitals.*

471 Ebd.

472 Zur Positionierung von Wissenschaftler:innen und ihre Auswirkung auf die Wissensgenerierung, Maryam Mohseni u.a., »Wer Wissen schafft: Zur Positionierung von Wissenschaftler*innen«, in: Hanna Mai u.a. (Hg.), *Pädagogik in Differenz- und Ungleichheitsverhältnissen: Aktuelle erziehungswissenschaftliche Perspektiven zur pädagogischen Praxis,* Wiesbaden: Springer Fachmedien 2018, S. 22.

Reaktion auf eine immer komplexer und ungewisser werdende Rechtsumwelt verlagert den Schwerpunkt auf dogmatische Praktiken, deren Ziel- und Objektlosigkeit zwar ein im Umgang mit Ungewissheit produktives, wissensgenerierendes Experimentieren mit offenem Ausgang ermöglichen, aber zugleich mit dem Effekt einer einflussreicheren/prägenderen Rolle des jeweiligen Kontextes und damit der Rahmenbedingungen einhergehen.

bb. Die verflochtene ökonomische und mediale Wertproduktion als Beispiel mehrdimensionaler Rahmenbedingungen

Dass dogmatische Entwurfspraktiken zu einer bezahlbaren Quelle der Mehrwertgenerierung für eine Reihe kommerzieller und monetaristischer Interessen geworden sind, ist auf ihren ökonomischen und symbolischen Wert (und damit auf die ökonomischen und medialen Rahmenbedingungen) zurückzuführen. Möglich gemacht wird der wirtschaftliche Wert dogmatischer Entwurfspraktiken durch dessen kommerzielle Verwandlung in eine auf dem Rechtsmarkt handelbare Dienstleistung, die sich über ein ausgedehntes Netz verschiedener Akteure weiter ausbreitet und weder an nationalen Grenzen noch an spezifischen Branchen und Bereichen stoppt. Möglich gemacht wird es durch den jeweiligen wirtschaftlichen und medialen Kontext, der die Umstände und Interessen der Zeit, also die Rahmenbedingungen, prägt. Der ökonomische Wert dogmatischer Praktiken ist dabei nicht auf den Rechtsmarkt multinationaler Großkanzleien begrenzt, sondern betrifft etwa auch den Markt für Gutachten und Prozessvertretungen, in welchem Hochschullehrer für ein Ministerium, einen Verband oder ein Wirtschaftsunternehmen Gutachten zu Rechtsfragen oder Prozessvertretungen übernehmen, die dabei sowohl politischen wie auch wirtschaftlichen Interessen dienen.[473]

Der ökonomische Wert von Praktiken dogmatischen Entwerfens zeigt sich allerdings auch auf Sekundärmärkten zur Verbesserung und Formung dogmatischer Praktiken wie etwa dem der kommerziellen juristischen Ausbildung etwa in Form kommerzieller Repetitorien oder anderer Formen privater juristischer Ausbildung als auch Konsumgüter in Form der Ausbildungsliteratur, aber auch in Form von Kommentaren

473 Zur »Rolle von Staatsrechtslehrern als Gutachter und Prozessvertreter, ein Problem, das weniger die Auftraggeber angeht als die den ›Gutachtermarkt‹ dominierenden und dafür auch in der Regel ganz attraktiv bezahlten Hochschullehrer«, Schuppert, *Governance durch Wissen*, S. 274. Zur Verknüpfung mit dem politischen wie wirtschaftlichen Interesse, vgl. auch Andreas Voßkuhle, »Die politischen Dimensionen der Staatsrechtslehre«, in: Helmuth Schulze-Fielitz (Hg.), *Staatsrechtslehre als Wissenschaft,* Duncker & Humblot Gmb H 2007, S. 147.

oder Modulabonnements bei Medienunternehmen wie etwa Beck, was wiederum auf die Wertschöpfung dogmatischer Praktiken durch die Medienindustrie verweist. Vor dem Hintergrund, dass Medienunternehmen, die sich auf den Rechtsmarkt spezialisiert haben, ein eigenes kommerzielles Interesse verfolgen und dogmatische Beiträge von ökonomischem Wert sind, dürfte es nicht überraschen, wenn dogmatische Beiträge im Verhältnis zu rein theoretischen Beiträgen mit erhöhtem Ausmaß zu sehen wären. Diese dogmatischen Beiträge können dann entweder im Rahmen zu abonnierender Module oder als kostenpflichtige Einzelbeiträge bezogen werden. Sind damit einmal Praktiken dogmatischen Entwerfens zu einer *konsumierbaren, ökonomisch visuellen Einheit* verwandelt, werden sie durch weitere, sekundäre Formen weiter zu ökonomischem Wert konvertiert. Indem dogmatische Praktiken des Entwerfens und schließlich dogmatische Beiträge zu einer auf dem Rechtsmarkt handelbaren Ware werden, treffen sich die dogmatische Beiträge produzierenden Akteure der Rechtswissenschaft und der Rechtspraxis als Wertschaffende und Wertkonsumenten in einem sozialen Feld, das die Form eines Marktes hat und mit all den exkludierenden und inkludierenden wie selbstverstärkenden und damit ungleichheitsrelevanten Effekten einhergeht, die nun mal Märkte und die »Kultur des Marktes« hervorbringen.

Zusammenfassend lässt sich demnach vor dem Hintergrund der Perspektive des ökonomischen Werts dogmatischer Praktiken und durch sie hergestellter visueller Beiträge festhalten, dass sie mittels einer Fülle von Konsumgütern zur Verbesserung und Nutzbarmachung dogmatischer Praktiken zu einer konsumierbaren, ökonomisch visuellen Einheit und Ware werden, welche dann erneut in unterschiedliche Märkte »investiert« wird, um Kapital zu erzeugen. Der Geldumlauf in diesen Märkten wird durch eine symbolische/mediale Ökonomie gestützt, die dogmatischen Beiträgen Sichtbarkeit verschafft und dadurch rechtswissenschaftliche (i. S. dogmatischer) Arbeit »auszeichnet«. Dieser Wandlungsprozess in eine konsumierbare, ökonomisch visuelle Einheit ist mittlerweile charakteristisches Merkmal rechtswissenschaftlich-dogmatischer Arbeit. Die Visualität und Kommodifizierung dogmatischer Praktiken macht Dogmatik zu einer »Konsummaschine«: Der dogmatische Beitrag wird in der produktiven Sphäre der Arbeit in ein Wirtschaftsgut verwandelt, er behauptet die Praktiken dogmatischen Entwerfens als eine Form von Kompetenz, die eine Ausbildung von Experten verlangt; er kann durch eine Reputationsökonomie in Medientechnologien zirkulieren und schließlich kann er Akteuren zu einem hohen Ansehen im dogmatischen Diskurs verhelfen, wenn er etwa von einem obersten Gericht aufgegriffen wird. Es lässt sich damit von einem Netzwerk vielfältiger und durchaus auch divergierender Interaktionsräume (oder eben auch von Märkten) sprechen. Eine Konsummaschine, die dogmatische Praktiken des Entwerfens und dogmatische Beiträge zu einem

Konsumgegenstand, in eine Ware, verwandelt, wird von der Wirtschaft unablässig neu befeuert, gerade weil sie die dogmatischen Praktiken in eine Quelle von Kapitalerzeugung verwandelt hat und kontinuierlich weiter verwandeln wird.

cc. Ausblick: Anschlussfragen und -untersuchungen

Nach *P. Ricoueur* unterscheiden sich Ideologie und Utopie darin, dass »Ideologie« Macht und Interessen reproduziert und »Utopie« die rationale Fantasievorstellung von alternativen gesellschaftlichen Beziehungen artikuliert. Angewandt auf Dogmatik könnte sich aus dem Vorangegangenen die Anschlussfrage stellen, inwiefern Dogmatik (und spezifischer dogmatische Wissensformen) eine Vorstellungskategorie von alternativen Möglichkeiten, versehen mit einem Realisierungsmarker,[474] darstellt, demnach eine »Utopie« ist, oder aber ein ideologisches System bildet, das der Macht und den Interessen des »Kapitalismus« dient und damit immer auch Ungleichheit befördert. Über den Referenzpunkt der Ungleichheit hinaus ließe sich allgemeiner fragen, wie sich die Einbeziehung der »Kultur des Marktes« und der »Kultur der Medien« in dogmatische Praktiken (und in umgekehrter Richtung die Einbeziehung von Dogmatik in die Kultur der Medien und des Marktes) auf die Bedeutung von Dogmatik auswirkt.

Anknüpfend an *K. Marx'* Analyse der Auswirkung des Kapitals auf Gesellschaft, wonach das Kapital die Art und Weise der Interaktion vollständig durchdrungen hat, lässt sich zumindest auch für die soziale Praxis der Dogmatik festhalten, dass die »Kultur des Marktes« auch in die Praktiken der Dogmatik vorgedrungen ist. Auch wenn sie nicht das gesamte Spektrum der sozialen Praxis der Dogmatik dominiert, so hängen doch viele der dogmatischen Praktiken direkt oder indirekt von dem Konsum in symbolische oder visuelle Einheiten transformierter, käuflich zu erwerbender dogmatischer Beiträge (etwa in Form von Kommentaren, Zeitschriftenartikeln, Ausbildungsliteratur, Modulabonnements wie etwa bei Beck etc.) ab. Diese Formen des Konsums prägen die Vorstellungen und Erwartungen an einen gelungenen dogmatischen Entwurf, beispielsweise wenn ein dogmatischer Beitrag in einem reputationsträchtigen Format (Zeitschrift, Schriftenreihe oder Verlag) erscheint. Die Einbeziehung der »Kultur des Marktes« (und der »Kultur der Medien«) in dogmatische Praktiken kann allerdings nicht mit dem Standardvorwurf

474 Vgl. Möllers, *Die Möglichkeit der Normen*, S. 111, zur Beschreibung von Normen: »Normen bestehen aus der Darstellung einer Möglichkeit [Element 1: Möglichkeit] und einer positiven Bewertung von deren Verwirklichung [Element 2: Realisierungsmarker]«.

gegen die Kommodifizierung und Kommerzialisierung einhergehen, dass sich die Qualität der sozialen Praxis der Dogmatik und die Qualität der Kommunikationsbeziehungen zwischen den dogmatischen Akteuren dadurch automatisch verschlechtert haben. Anknüpfungspunkt einer Untersuchung der normativen Bewertung im Sinne einer Verbesserung oder Verschlechterung der Dogmatik durch die Einbeziehung der »Kultur des Marktes« und der »Kultur der Medien« in die soziale Praxis der Dogmatik folgt aus der Beobachtung, dass die nunmehr *konsumierbaren, ökonomisch-visuellen Einheiten* zu zentralen Vermittlern (zu einem Nadelöhr) zwischen Akteuren der Rechtswissenschaft und Akteuren der Rechtspraxis werden. Dieses Nadelöhr für die Aufnahme von Interaktionsbeziehungen bedeutet auch, dass aufgrund relativ hoher Preise (etwa Modulabonnements von Beck, aber auch von Kommentaren in der aktuellsten Auflage) finanziell weniger starke Akteure der Dogmatik (kleinere Kanzleien, aber auch von Budgetkürzungen betroffene Universitäten) von dieser Kommunikationsbeziehung ausgeschlossen werden könnten. Dass die Einbeziehung nicht per se eine Verschlechterung des Zustandekommens von Interaktion und Beziehungen sein muss, sondern ganz im Gegenteil auch Interaktionsmöglichkeiten eröffnet und vervielfältigt, die Einbeziehung damit eher als Zugewinn anstelle einer Beschränkung wahrgenommen werden kann, zeigt, wie komplex eine solche normative Bewertung ist. Eine anschließende Untersuchung müsste demnach differenziert die Praktiken der Dogmatik dahingehend untersuchen, inwiefern die unsichtbaren, indirekten, aber gleichwohl sehr mächtigen Markt- und Medienkräfte, wie sie in Konsum- und Mediengütern verkörpert sind (Kommentare, Zeitschriftenartikel, Modulabonnements etc.), ausgeübt werden. Wie schon *K. Marx* und *M. Weber* festgestellt haben, ist es schwierig, die Stellschrauben der Wirkkräfte, die vom Kapitalismus ausgehen, und wie Transmissionsriemen auch auf andere, »fremde« Bereiche wirken, zu identifizieren.

Es ist demnach wenig überraschend, dass es alles andere als klar ist, wie dogmatische Praktiken als Waren und wiederum ihr Konsum letztlich mitstrukturieren, ob und inwiefern andere Wirklichkeitsbeschreibungen aufgegriffen und verarbeitet werden und sich damit rechtliche Möglichkeitsräume zur Verwirklichung faktischer Möglichkeiten inkludierend/exkludierend und/oder asymmetrisch entwickeln, was letztlich Fragen der persönlichen Freiheit und damit auch die Grundrechtsdogmatik selbst betrifft. Der Umstand, dass die »Kultur des Marktes« (und letztlich auch die »Kultur der Medien«) in ihrem strukturierenden Einfluss auf *Praktiken* allgemein so wenig greifbar ist, ist eine Beobachtung, die auch von *K. Marx* gemacht wird, indem er davon ausgeht, dass das Bewusstsein die wahre Natur sozialer Praktiken ignoriert und den Schein fälschlicherweise als Sein wahrnimmt. Die Verschleierung der Kommodifizierung und schließlich Kommerzialisierung dogmatischer Praktiken wird auch dadurch befeuert, dass dogmatische Praktiken (auch verstanden als Ware) scheinbar von der Wirklichkeit (und immer mitgedacht von der Ungleichheit als einer Facette von Wirklichkeit), die sie mit hervorbringt, getrennt seien; dass die dogmatischen Wissensformen das Ergebnis abstrakter, rein rechtlicher Kräfte seien und gerade nicht von den konkreten ökonomischen und medialen oder, abstrakter gefasst, sozialen »Produktionsverhältnissen« strukturiert sind, die sie zugleich selbst hervorbringen. Das kommodifizierte und kommerzialisierte Element dogmatischer Praktiken wird – mit einem von *Bourdieus* Lieblingsausdrücken gesagt – »verkannt«, insbesondere von Dogmatik selbst, in welcher alles nicht Materiell-rechtliche keine Rolle spielt bzw. keine Rolle spielen darf. Durch diese Verschleierung und die Selbstverständlichkeit der Heranziehung von Kommentaren, Zeitschriften und die Nutzung von Modulen bei Beck verlieren Dogmatiker:innen (mit Abschichtungen) den konsumorientierten und kommodifizierten Charakter ihrer eigenen Praktiken aus den Augen, reproduzieren und befeuern damit (unbewusst) die Vermarktlichung der Dogmatik. Ein kritisches Bewusstsein oder eine kritische Reflektion darüber, dass im Rahmen der dogmatischen Praktiken und der Heranziehung wie zugleich Formung dogmatischer Wissensformen kulturell geprägte Szenarien mit abgespult werden, die nicht originär die eigenen sind und sein müssen, ist eine Privilegierung, die denjenigen vorbehalten ist, deren Praktiken nicht von Zwängen oder Notwendigkeit geprägt sind, was insbesondere die Akteure der Rechtswissenschaft betrifft, die weniger personale, monetäre oder zeitliche Notwendigkeiten treffen und die damit die Rechtspraxis mit Irritationen impfen können. Eine etwas anders gelagerte Gruppe, nämlich die der Anwält:innen in Großkanzleien, hat ebenfalls eine privilegierte Ausgangslage, die sie vor allen Dingen für die eigenen monetaristischen und kommerziellen Interessen, etwa die der Mandant:innen, zu nutzen weiß.

3. Der hybrid sozial-materielle Bereich

a. Die rekursive Verflechtung von Rahmenbedingungen, Handlung und Form

Die soziale Praxis der Dogmatik findet immer innerhalb bestimmter materieller (ökonomischer, politischer, soziokultureller, medialer, technologischer usw.) und rechtlicher Rahmenbedingungen statt, die die soziale Praxis der Dogmatik strukturieren: Praktiken dogmatischen Entwerfens formen den Bedeutungsgehalt dogmatischer Wissensformen aus. Der Ausformungsprozess des Bedeutungsgehalts vollzieht sich in sozialen Interaktionszusammenhängen, die innerhalb bestimmter rechtlicher wie materieller Rahmenbedingungen stattfinden. Sie prägen die Möglichkeitsspielräume der Praktiken dogmatischen Entwerfens und strukturieren damit, *wie* und *was* sich als Bedeutungsgehalt ausformen kann und in einer dogmatischen Wissensform festgehalten wird, die als allgemeines Erkennungsmuster und Deutungsschema die groben Spuren der Handlungskanalisierung setzt. Durch die dogmatischen Wissensformen entstehen rechtliche Möglichkeitsspielräume und Handlungskorridore, um spezifische gesellschaftliche Selbstorganisationsprozesse zu begleiten und abzustützen, nämlich nur solche, die zu den in ihnen lagernden vertypten Wirklichkeitsannahmen passen. Die gesellschaftlichen Selbstorganisationsprozesse und die mit ihnen einhergehenden Handlungsmöglichkeiten, verfolgten Interessen, Vorteile wie Nachteile fließen verstärkt in den Ausformungsprozess des Bedeutungsgehalts ein und verstärken damit spezifische Wirklichkeitsannahmen und -konstruktionen. Sie stellen dann wieder die Rahmenbedingungen der sozialen Praxis der Dogmatik und prägen als Handlungskorridore die Spielräume der Praktiken, die ihrerseits die dogmatischen Wissensformen und mit ihnen einhergehenden Möglichkeitsspielräume ausformen. Es handelt sich damit nicht nur um ein rekursives Verhältnis zwischen Handlung und Form, sondern zwischen Rahmenbedingungen, Handlung und Form, was mit dem Effekt einhergeht, dass spezifische gesellschaftliche Selbstorganisationsprozesse und damit auch nur spezifische faktische Handlungsmöglichkeiten abgestützt werden, was nicht nur zu einer abstandsvergrößernden Entwicklung von Handlungsmöglichkeiten führt, sondern sich auch zu einem Inklusionsfilter manifestieren kann.

b. Der Passungseffekt

Vor dem Hintergrund dieser rekursiven Verflechtung von Dogmatik, rechtlichen und faktischen Handlungsmöglichkeiten zeigt sich, dass Dogmatik nicht jenseits gesellschaftlicher Strukturen gedacht werden kann. Die dogmatische Wissensordnung ist materiell und gerade nicht objektiv. Der von *D. Haraway* entwickelte Begriff des »situierten Wissens«,[475] wonach Wissen von einem bestimmten sozialen und kulturellen Ort aus erzeugt wird und damit kontextabhängig ist, passt demnach auch auf das dogmatische Wissen, da die Praktiken dogmatischen Entwerfens stets sozial, ökonomisch, kulturell usw. zu verorten sind.

475 Donna Haraway, »Situiertes Wissen - die Wissenschaftsfrage im Feminismus und das Privileg einer partialen Perspektive«, in: Elvira Scheich (Hg.), *Vermittelte Weiblichkeit. Feministische Wissenschafts- und Gesellschaftstheorie* 1996. Für eine Übersicht, s. etwa Mohseni/Merl/Mai, *Wer Wissen schafft: Zur Positionierung von Wissenschaftler*innen*, S. 22 ff.

Dogmatische Wissensproduktion kann demnach nicht von den gesellschaftlichen Strukturen losgelöst, allgemeingültig und objektiv begriffen werden. Spezifisch bezogen auf Ungleichheit bedeutet dies, dass Dogmatik ebenfalls nicht herrschafts-, macht- oder verteilungsneutral ist. Dogmatische Wissensgenerierung ist immer Ausdruck gesellschaftlicher Verhältnisse und damit auch der vorherrschenden Verteilungsverhältnisse.

Die Rahmenbedingungen, etwa in Form kommerzieller und monetaristischer Handlungsziele, oder die sozioökonomischen und soziokulturellen Umstände der Mobilisierung von Recht beschreiben ein strukturelles *Prä* der dogmatischen (und abstrakter der rechtlichen) Umwelt, das nahelegt, ob und inwiefern dogmatische Wissensformen aufgesucht werden können. Sie prägen, wie dogmatische Interaktionszusammenhänge zustande kommen, die für die Bedeutungskonstitution dogmatischer Wissensformen wiederum zentral sind. Die Rahmenbedingungen prägen damit unmittelbar, *wer* die Möglichkeit hat, dogmatische Wissensformen fruchtbar zu machen, und beeinflussen darüber, *was* und *wie* dogmatisch entworfen, hergestellt und konstruiert wird und schließlich in den Bedeutungsgehalt einer dogmatischen Wissensform einfließen kann. Mit den dogmatischen Wissensformen gehen rechtliche Möglichkeitsräume zur Realisierung faktischer Möglichkeitsräume einher. Die Rahmenbedingungen beeinflussen dabei auch, welche Handlungsziele als rechtlich relevant nicht nur in das Recht einfließen, sondern als materiell-rechtlich legitime Ziele akzeptiert und andere als Singularität wieder verworfen werden. Die Vorstellung der Autonomie und Einheit der Dogmatik (und abstrakter des Rechts), die den Eindruck der Interessens- und Wertfreiheit oder Objektivität, also eine Loslösung von dem strukturierenden Einfluss der Rahmenbedingungen, vermittelt, ist vor dem Hintergrund problematisch, dass spezifische Inhalte, Perspektiven und Erfahrungen bestimmter sozialer Gruppen, nämlich solcher, die die Möglichkeit haben, Dogmatik zur Verfolgung ihrer Interessen fruchtbar zu machen, verstärkt Problematiken, Konzepte, Annahmen und Lösungen in der dogmatischen Wissensordnung definieren und damit ihren sozialen, ökonomischen und kulturellen »Fingerabdruck« in der dogmatischen Wissensordnung hinterlassen, auf der dann die rechtlichen und letztlich faktischen Handlungsmöglichkeiten aufbauen,[476] ohne dass dies Erwähnung findet, geschweige denn durch Dogmatik selbst beobachtet wird. Die materiellen Bedingungen bleiben dabei der sozialen Praxis der Dogmatik nicht äußerlich. Indem sie prägen, *was* und *wie* dogmatisch entworfen, hergestellt und konstruiert wird und schließlich in den Bedeutungsgehalt einer dogmatischen Wissensform einfließt, entsteht ein

476 Ebd., S. 22; zum Begriff des sozialen Fingerabdrucks insbes. Sandra Harding, *Das Geschlecht des Wissens. Frauen denken die Wissenschaft neu*, Frankfurt: Campus 1994, S. 207.

hybrid sozial-materieller Bereich. Der Einschreibeprozess der Rahmenbedingungen in die dogmatischen Wissensformen über die soziale Praxis ist kein einseitiger, sondern wirkt über ihre Handlungskanalisierung auf die Praktiken und schließlich auf die Entwicklung der Handlungsmöglichkeiten und auf das Individuum selbst zurück.[477] Es entsteht demnach ein hybrid sozial-materieller Bereich, der eine strukturelle Passung zwischen der durch die Rahmenbedingungen strukturierten dogmatischen Wissensform und den Handlungsmöglichkeiten bewirkt, und zwar im Moment der Praktiken dogmatischen Entwerfens. Anders gefasst geht der soziale, ökonomische und kulturelle »Fingerabdruck« in der dogmatischen Wissensordnung mit spiegelbildlichen sozialen, ökonomischen und kulturellen Handlungsmöglichkeiten einher. Dieser Passungseffekt entsteht dabei nicht einmalig, sondern erst im Laufe der Zeit über eine Vielzahl dogmatischer Einzelbeiträge.

Diese Passung zwischen Rahmenbedingungen, Form und Handlung weist dabei eine selbstverstärkende abstandsvergrößernde Tendenz auf, die sich bei fehlenden Irritationen zur Offenhaltung des Ausformungsprozesses zu einem Inklusionsfilter entwickeln kann. Durch die Passung werden bestimmte Handlungsziele, insbesondere solche, die soziale Belange zum Inhalt haben, und darüber bestimmte Erfahrungen und Perspektiven sozialer Gruppen im Prozess dogmatischer Wissensgenerierung immer unwahrscheinlicher und entwickeln sich mit Abstand zu den wahrscheinlicheren (oftmals kommerziellen und monetaristischen) Handlungszielen, Erfahrungen und Perspektiven weiter fort. Sie fließen verstärkt/weniger verstärkt in die dogmatische Strukturbildung ein, ohne dabei von der Dogmatik selbst greifbar zu sein. Anhand des Phänomens der Ungleichheit, das in der Dogmatik insbesondere in Relation zu Freiheit, aber auch in Relation zu Armut kein Gegenstand zu sein scheint, zeigen sich darüber hinaus nicht nur die abstandsvergrößernden Mechanismen, sondern auch der Inklusionsfilter.

An der rekursiven Verflechtung von Rahmenbedingungen, Handlung und Form lässt sich auch erkennen, dass rechtliche und weitere gesellschaftliche (insbesondere ökonomische) Strukturen ein bestimmtes dogmatisches Wissen hervorbringen und nicht nur bloß fördern, anwenden oder nutzen. Die Rahmenbedingungen und die dogmatische Wissensgenerierung schließen sich unmittelbar einander ein, sodass es keine Rahmenbedingungen (und damit mitgedacht etwa gesellschaftliche

477 Zur Bedingtheit des »Wissenden«, Augsberg, *Der Staat der Netzwerkgesellschaft - Zur Einführung*, S. 13 »Überdies gilt, was insofern für das Wissen festzustellen ist, ganz entsprechend und sogar erst recht für den Wissenden: Auch dieser geht dem eigenen Wissen nicht voran, sondern wird durch das Wissen und damit die ihm wiederum zugrundeliegenden Diskurse [...] allererst geformt.«

Verteilungsverhältnisse) gibt, ohne dass sich ein entsprechendes Wissensfeld konstituiert, und kein dogmatisches Wissen, das nicht gleichzeitig die entsprechenden Wirklichkeitsannahmen voraussetzt und konstituiert.

An dem dogmatischen Bedeutungsgehalt dogmatischer Wissensformen lassen sich demnach auch herrschende gesellschaftliche, etwa klassen- oder auch geschlechtsspezifische, Strukturen als auch die Relevanzkriterien und Regeln rekonstruieren, *was* und *wie* durch dogmatische Praktiken als Wissen generiert wird. So gibt die klassisch liberale Ausformung des Bedeutungsgehalts freiheitlicher Grundrechte etwa Rückschlüsse auf den spezifischen sozialen, ökonomischen und kulturellen »Fingerabdruck«. Zum einen verweist die Grundrechtsdogmatik der Freiheitsrechte auf die vorherrschende Wirklichkeitsannahme, dass die größte Bedrohung für die Freiheit des Einzelnen (und nicht etwa allen Menschen gemeinsam oder jedenfalls nur bestimmten Gruppen) vom Staat und nicht etwa von den tatsächlichen Umständen ausgeht,[478] Umständen wie des Arbeitslebens, Infrastrukturabhängigkeiten, Geschlechterverhältnisse, Oligopolstrukturen von Unternehmen, Medienmacht oder eben auch Vermögensungleichheit.[479] Eine Rekonstruktion des sozialen, ökonomischen und kulturellen »Fingerabdrucks« verweist darauf, dass es bei den dogmatischen Entwurfsgeschehen um den Schutz bereits bestehender Rechte und damit um die Absicherung der Möglichkeit, bereits bestehende Freiheiten tatsächlich wahrnehmen zu können, ging. Es sind demnach Akteure an dem Ausformungsprozess beteiligt, die eine bereits bestehende Freiheit gegen Eingriffe und Bedrohungen abwehren wollen. Die notwendigen Voraussetzungen zur erstmaligen Entstehung eines Rechts oder die Rolle der Rahmenbedingungen wie etwa die notwendigen finanziellen Ressourcen oder ein soziokulturell vermitteltes Vermögen spielten bei dem Ausformungsprozess keine oder nur eine nicht entscheidende Rolle. Dies verweist auf die spezifischen Erfahrungen einer spezifischen sozialen Gruppe, die allerdings nicht die Realitäten sozialer, ökonomischer oder kulturell marginalisierter Gruppen widerspiegelt, in denen Rahmenbedingungen sehr wohl eine Rolle spielen, um Rechte verwirklichen zu können. Diese in einer dogmatischen Wissensform lagernde Wirklichkeitsannahme gesellschaftlicher Verhältnisse, in denen Rechte bereits bestehen und Rahmenbedingungen keine Rolle

478 Auch wenn das BVerfG in seiner Lüth-Entscheidung im weiteren Verlauf der Argumentation darüber hinaus gehen sollte, bestätigt es gleichwohl die überwiegend anerkannte Sicht auf Freiheitsrechte als Abwehrrechte gegen den Staat: »»Ohne Zweifel sind die Grundrechte in erster Linie dazu bestimmt, die Freiheitssphäre des einzelnen vor Eingriffen der öffentlichen Gewalt zu sichern; sie sind Abwehrrechte des Bürgers gegen den Staat.«, BVerfGE 7, 198 (204 f.) – Lüth.

479 Lepsius, *Problemzugänge und Denktraditionen im Öffentlichen Recht*, S. 68.

spielen, geht dann mit spezifischen Anschlusszwängen, gesellschaftliche Selbstorganisationsprozesse rechtlich zu begleiten, einher, da in dem Fall nur solche Konstellationen umfasst sind, in denen bereits Rechte und Freiheiten bestehen und Rahmenbedingungen für das Fruchtbarmachen grundsätzlich bestehender Rechte keine Rolle spielen.

Dies ist in einem außerordentlich problematischen Sinn selbstreferentiell. Eine dogmatische Wissensform, deren Bedeutungsgehalt Informationen zur erstmaligen Entstehung von Rechten oder die Rahmenbedingungen der Verwirklichung der Rechte strukturell nicht verarbeiten kann, bezieht sich einseitig auf entsprechende Wirklichkeitskonstruktionen und findet immer weniger Anschlüsse an dasjenige Wissen, das auch in gesellschaftlichen Prozessen fortlaufend gebildet wird und die Rahmenbedingungen (wie etwa sozioökonomische oder soziokulturelle Vermögen) betrifft wie bestimmt. Dies bedeutet, dass die experimentell ausgerichtete Dogmatik, deren Leistungsfähigkeit gerade die Vernetzung unterschiedlicher Wissensbausteine ist, die relevanten Wirkzusammenhänge und -möglichkeiten immer weniger zu erkennen vermag, vor allem auch, soweit es um die eigenen dogmatischen Prozesse geht. Eine solche Blindheit der Dogmatik ist nicht nur unproduktiv, da sie der Fähigkeit der Dogmatik zur Verflechtung von Wissensbausteinen nicht gerecht wird, sondern vor allen Dingen fatal, da dogmatische Wissensformen durchweg an äußerst sensiblen Schnittstellen zwischen individuellen Handlungsmöglichkeiten und dem abstrakten dogmatischen Gefüge ansetzen.

4. Die unausgesprochenen Prämissen der prozeduralen Perspektive/ des epistemologischen Verfahrens dogmatischer Praktiken

Die Rahmenbedingungen, in denen sich die Praktiken dogmatischen Entwerfens entfalten, sind nicht von dem dogmatischen Entwurfsprozess und demnach auch nicht von dem entworfenen Bedeutungsgehalt einer dogmatischer Wissensform zu trennen. Der Kontext eines Entwurfsprozesses, der die Rahmenbedingungen der dogmatischen Praktik setzt, prägt vielmehr den Gegenstand des Entwurfs, damit die Art und Weise des Entwurfsprozesses, etwa welche Schritte, Techniken und Methoden ergriffen werden. Wenn Praktiken dogmatischen Entwerfens ein ›Experimentieren mit offenem Ausgang‹ sein sollen, die einen flexiblen, entmaterialisierten und auf dezentralen Entscheidungen beruhenden Ausformungsprozess des Bedeutungsgehalts hervorbringen, der für unterschiedliche Bedeutungsgehalte offen ist, dann liegt dem die unausgesprochene Prämisse zugrunde, dass die durch Dogmatik und insbesondere dogmatische Praktiken des Entwerfens ermöglichten Handlungs- und Kommunikationsmöglichkeiten, um die eigenen Interessen zu verwirklichen, etwas ist, das jeder Akteur »hat«, »nutzen« oder fruchtbar machen kann. Die Optionen müssten lediglich von dem Akteur ergriffen und ausgeübt werden. Sie gehen damit von der unausgesprochenen Prämisse aus, dass es bestehende Möglichkeitsräume gibt und dass für den Ausformungsprozess dogmatischer Bedeutungsgehalte durch dogmatische Praktiken (und abstrakter gefasst für die durch Dogmatik rechtsanwendungsspezifisch entstehenden Handlungskorridore und Spielräume für persönliche Entwicklungsmöglichkeiten) die Rahmenbedingungen entweder keine Rolle spielten oder dass formal gleiche Rahmenbedingungen bestünden und sie damit keine Rolle spielten. Ein solches Postulat der Gleichheit unterstellt, dass jeder die formal gleichen Möglichkeiten hat, die Vorteile der Dogmatik nutzen zu können; das Fruchtbarmachen, also die Vornahme dogmatischer Praktiken, nicht durch das sozioökonomische oder soziokulturelle Vermögen einer Person oder durch andere ressourcenabhängige Umstände wie etwa Vermögen oder – insbesondere am Gericht die Ressource – Zeit bedingt ist. Sie unterstellen damit, dass es keine präexistenten Handlungskorridore gibt, die die Handlungs- und Kommunikationsoptionen so strukturieren, dass ein Betreten der dogmatischen Möglichkeitsräume von vornherein unmöglich, erschwert oder fernliegend ist.

Insofern teilt die Konzeptualisierung der Dogmatik sowohl vor dem Hintergrund der Leistungsfähigkeit der Praktiken dogmatischen Entwerfens als »Experimentieren mit offenem Ausgang« im Umgang mit ungewissen Lebensverhältnissen als auch mit Blick auf ihre unausgesprochenen Prämissen und damit einhergehenden Verzerrungen eine gewisse Wahlverwandtschaft zur klassisch liberalen freiheitsrechtlichen Grundrechtsdogmatik. Sie ist ebenfalls im Umgang mit der Wissensproblematik und Ungewissheit produktiv[480] und weist zugleich als Kehrseite den blinden Fleck des strukturierenden Einflusses materieller Rahmenbedingungen und des selbstverstärkenden Effekts des bereits Vorhandenen auf, die

480 Ricardo Resende Campos, »Prozeduralisierung als Wissens-Fertigung im Recht«, in: *Kritische Justiz*, 52: 4 (2019), S. 405; Karl-Heinz Ladeur, *Negative Freiheitsrechte und gesellschaftliche Selbstorganisation: die Erzeugung von Sozialkapital durch Institutionen*, Mohr Siebeck 2000; Karl-Heinz Ladeur, *Kritik der Abwägung in der Grundrechtsdogmatik. Plädoyer für eine Erneuerung der liberalen Grundrechtstheorie*, Tübingen: Mohr Siebeck 2019; Karl-Heinz Ladeur, »Die transsubjektive Dimension der Grundrechte«, in: Thomas Vesting u.a. (Hg.), *Grundrechte als Phänomene kollektiver Ordnung. Zur Wiedergewinnung des Gesellschaftlichen in der Grundrechtstheorie und Grundrechtsdogmatik*, Tübingen: Mohr Siebeck 2014; Augsberg, *Theorien der Grund- und Menschenrechte*, S. 40 ff.; Ino Augsberg, »›Wer glauben will, muss zahlen‹? Erwerb und Aufgabe der Kirchenmitgliedschaft im Spannungsfeld von Kirchenrecht und Religionsverfassungsrecht«, in: *Archiv des öffentlichen Rechts*, 138: 4 (2013), S. 527 ff.

in dem Zusammenspiel mit der Dogmatik inhärenten selbstreferentiellen Tendenz Einfluss auf die Entwicklung rechtlicher und mittelbar auch auf die persönlichen Handlungskorridore haben. Die unterschiedliche Entwicklung der Spielräume, persönliche Entwicklungsmöglichkeiten unter Zuhilfenahme rechtlicher (und damit inbegriffen rechtsanwendungsspezifischer) Strukturen zu verwirklichen, kann sich dann als ungleichheitsrelevant erweisen.

Teil 4: Anforderungen an die Qualität der Dogmatik für eine komplexere Architektur

Legt man Dogmatik ein prozedurales Verständnis zugrunde, ermöglicht dies einzelnen Akteur:innen im Rahmen des dogmatischen Entwerfens über den Bedeutungsgehalt einer dogmatischen Wissensform in Anbetracht der jeweiligen Anforderungssituation, Norm und Fall gelungen einander anzunähern, selbst zu entscheiden. Das Gravitationszentrum verschiebt sich demnach weg von einer ergebnisorientierten Normativität, wonach ein Bedeutungsgehalt richtig oder falsch ist, hin zu den Regeln, dem Verfahren und den Voraussetzungen, die erforderlich sind, damit Dogmatik für Recht die prozessualen und strukturellen Bedingungen schafft, gesellschaftliche Selbstorganisationsprozesse zu begleiten und abzustützen. Dabei oszilliert Dogmatik zwischen Unsicherheitsabsorption einerseits und Entwicklungsoffenhaltung andererseits, um sowohl die Funktion des Rechts der Erwartungssicherung als auch die Öffnung für das Neue und Unbekannte zu ermöglichen. Die Leistungsfähigkeit der Dogmatik bemisst sich nicht allein an der Funktionsgewährleistung der Regelmäßigkeit, sondern auch in der Ermöglichung kontrollierbarer Gleichgewichtsverluste.[1] Vor dem Hintergrund pluraler Wirklichkeitsannahmen in einer pluralen Gesellschaft, die mit immer neuen gesellschaftlichen Irritationen einhergehen, die das Recht unablässig neuen Anforderungen und Konfliktlagen aussetzen, ist die Sicherstellung eines entwicklungsoffenen Ausformungsprozesses der Dogmatik zentral. Die dogmatischen Entwurfspraktiken sind aufgrund ihres experimentellen und Wissen verknüpfenden Charakters grundsätzlich von ihrer Anlage her geeignet, die an das Recht gestellte Anforderung zu erfüllen, flexible kognitive Grundlagen bereitzustellen, um flexibel und offen Selbstorganisationsprozesse zu begleiten und abzustützen.

A. Die rückblickende Beobachtung und Verdichtung zu Mustern

Dabei bleiben allerdings die Voraussetzungen unberücksichtigt, von denen abhängt, inwieweit dogmatische Praktiken tatsächlich offen und flexibel, der jeweiligen Anforderungssituation entsprechend, Bedeutungsgehalte entwerfen. Diese Voraussetzungen betreffen die rechtlichen wie

1 Allg. zum Recht, vgl. Vesting, *Die grundlegende Neubestimmung des Verhältnisses von Staat und Gesellschaft*, S. 120.

materiellen Rahmenbedingungen der dogmatischen Praktiken, die diesen nicht äußerlich bleiben. Vielmehr prägen sie die Handlungskorridore der Praktiken. Sie bilden im Laufe der Wiederholungen insoweit gemeinsam die institutionelle Struktur der Dogmatik und gestalten, welche Möglichkeitsspielräume des Rechts bestehen, das Neue und Unbekannte rechtlich zu verarbeiten. Sie sind als der Teil der institutionellen Struktur der Dogmatik Funktionsvoraussetzung einer entwicklungsoffenen und damit gelungenen Handlungskoordinierung durch Dogmatik. Gleichzeitig werden die Rahmenbedingungen als etwas der Dogmatik Außenstehendes und Vorgebendes begriffen, die gerade nicht der Beobachtungs- und der Einflusssphäre der Dogmatik unterlägen.[2] Die rechtlichen und nicht-rechtlichen Mechanismen der Handlungskoordinierung sind als Funktionsvoraussetzung der Dogmatik zu thematisieren. Dies kann selbstverständlich nicht in etwaige Anforderungen übersetzt werden, dass Dogmatik umfassend und grenzenlos für die Gewährleistung und Sicherstellung funktionaler Rahmenbedingungen zuständig sei. Eine solche Absage an eine Allzuständigkeit folgt insbesondere für die materiellen Rahmenbedingungen vor dem Hintergrund der jeweiligen Systemreferenz, wonach die materiellen Informationen systemspezifisch und abhängig von den Relevanzkriterien des jeweiligen Gesellschaftsbereichs, demnach systemgebunden sind. Der Verweis auf die Systemgebundenheit und die Ausdifferenzierung der Gesellschaft kann allerdings auch nicht dazu führen, dass die Funktionsvoraussetzungen (und damit auch die materiellen Bedingungen) lediglich einem außerdogmatischen Verantwortungsbereich überlassen werden, insbesondere dann nicht, wenn es um die Gewährleistung einer gelungenen, das heißt entwicklungsoffenen Handlungskanalisierung durch Dogmatik gehen soll. Aus dieser Ambivalenz, keine Allzuständigkeit der Dogmatik begründen und gleichzeitig die Funktionsvoraussetzungen nicht einem außerdogmatischen Verantwortungsbereich überlassen zu wollen, kann eine Mindestanforderung an Dogmatik formuliert werden: Dogmatik muss ihre eigenen Entwürfe auf die Kompatibilität mit den Anforderungen der anderen Gesellschaftsbereiche hin beobachten.[3] Das Rechtssystem ist auf die Beobachtung seiner Umwelt angewiesen, um operieren zu können.[4] Wie Recht auf seine Umwelt wirkt, ist dabei eine Erkenntnis, die

2 Die Gründe hierfür liegen in der vorherrschenden Konzeptualisierung der Trennung von Recht und Wirklichkeit, die sich in einer materiell-rechtlichen Argumentation materialisiert und sich als diskursive Autorität herausgebildet hat.

3 Vgl. Karl-Heinz Ladeur, »The Postmodern Condition of Law and Societal ›Management of Rules‹ Facts and Norms Revisited«, in: *Zeitschrift für Rechtssoziologie*, 27: 1 (2006), S. 99.

4 Gutmann, *Intra- und Interdisziplinarität*, S. 101; Luhmann, *Das Recht der Gesellschaft*, S. 77 f.

für die Funktionsfähigkeit des Rechts unerlässlich ist. Vor dem Hintergrund der Zentralität der Dogmatik für das Recht kann diese nicht davon ausgeklammert werden.

Dies verweist zum einen auf die rechtlichen Rahmenbedingungen und dort insbesondere auf die diskursive Autorität der materiell-rechtlichen Argumentation, die aufgrund der schwerpunktmäßig innerrechtlichen Perspektive nicht geeignet ist, die Kompatibilität mit den Anforderungen der anderen Gesellschaftsbereiche hin zu beobachten. Allgemein ist die Herausbildung diskursiver Autoritäten unproduktiv, um Strukturen eines »überlappenden Netzwerks« und damit ein experimentelles Ineinanderschieben unterschiedlicher Wissensbausteine herauszubilden, was dann »in reflexiver Wendung zugleich selbst als Lerntechnik begriffen werden und damit gezielt zum Wissensaufbau genutzt werden kann.«[5] Ein *Monitoring* des eigenen Verfahrens kann nicht aus einer rein internen Teilnehmerperspektive erfolgen, sondern bedarf einer Beobachterperspektive, etwa der Rechtstheorie, Rechtsphilosophie und anderer Grundlagendisziplinen. Diese Anforderungen an Dogmatik betreffen (nicht nur, aber vor allen Dingen) die Rechtswissenschaft, in der die einzelnen *scientific communities* neben der Rechtspraxis die dogmatischen Mechanismen der Handlungskoordinierung ausprägen. Sie können den Ausformungsprozess des Bedeutungsgehalts mit Beobachterperspektiven »impfen«, welche sie in den Praktiken dogmatischen Entwerfens dann zur Geltung bringen. Die Rechtswissenschaft hat im Vergleich zur Rechtspraxis andere Spielräume und damit Einflussmöglichkeiten, die sie bei einem dogmatischen Entwurfsgeschehen zumindest in den Blick nehmen kann. Auch hier geht es in gewisser Weise um die Ausbildung einer eigenständigen dogmatischen Entwurfspraktik, die zu offeneren Strukturen der dogmatischen Entwurfspraxis beitragen und so auch die diskursive Autorität der materiell-rechtlichen Argumentation auflockern kann. Über die gemeinsame Sprache der Dogmatik wird die Rechtspraxis dann in die Lage versetzt, diese »geimpften« dogmatischen Beiträge aufzugreifen und ebenfalls entsprechende Strukturen zu bilden, die dann wieder von der Rechtswissenschaft auf mögliche Fehlentwicklungen hin überprüft werden können.

Zum anderen verweist die Mindestanforderung auf die materiellen Rahmenbedingungen, die vor dem Hintergrund der Systemgebundenheit weit schwieriger zu greifen sind, da bereits eine rein äußerliche Beschreibung des Gegenstands materieller Umstände bzw. Bedingungen »ohne Hinzufügung ihres speziellen Verwendungszusammenhangs allenfalls eine extrem lückenhafte Kenntnis ermöglicht.«[6] Die Rezeption rechtsexternen Wissens ist voraussetzungsvoll und erfolgt zumindest nicht von

5 Augsberg, *Informationsverwaltungsrecht*, S. 45.

6 Ebd., S. 286.

selbst. »Ein gelingender Informationsaustausch ist erst dann möglich, wenn die beteiligten Akteure und Systeme zuvor die Mühe auf sich genommen haben, ihre Relevanzkriterien aneinander anzupassen und zu einer gemeinsamen Sprache zu kommen.«[7]

Die rückblickende Beobachtung und Verdichtung zu Mustern ist dabei Grundlage der Herausbildung einer lernfähigen und innovativen Dogmatik. Sie schafft die Bedingung für ein produktives Heranziehen von Wissensbeständen; es bedarf zunächst einer rückblickenden Beobachtung, um Bereiche zu identifizieren, die eine strukturelle Verengung oder blinde Flecken in der Wirklichkeitsverarbeitung aufweisen. Erst dann können sich Strukturen bilden, die kontinuierlich Aufgaben oder Mechanismen für Dogmatik vorsehen, die bei der Bewältigung der Pfadabhängigkeiten und blinden Flecken helfen. Dies verweist auf die grundlegende Aufgabe von Dogmatik, für Recht die prozessualen und strukturellen Bedingungen zu schaffen, um gesellschaftliche Selbstorganisationsprozesse offen und flexibel zu begleiten und abzustützen.

B. Herausbildung von Knotenpunkten

Die Beobachtung gesellschaftlicher Veränderungen und der Kompatibilität der eigenen dogmatischen Entwürfe mit diesen Veränderungen ist ein erster Schritt, um der sich auftuenden Schere zwischen verengender Dogmatik und den pluralen sozialen Konfliktlagen und Bedürfnissen entgegenzuwirken. Sie bildet die Prämisse für die Herausbildung gezielter Knotenpunkte, die Bedingungen der Möglichkeit schaffen, in einer operativ und kognitiv hochgradig differenzierten Gesellschaft nicht nur Wissensbausteine, sondern im Idealfall Wissensgenerierungsprozesse anderer »*communities of practice*« anschließbar zu machen.

Nach wie vor ändern sich Gesellschaften auch in kleinen evolutionären Schritten, die sich kontinuierlich vollziehen und von den in der Dogmatik etablierten kleinschrittigen Anpassungsroutinen aufgefangen und verarbeitet werden. Diese evolutionären Anpassungsroutinen sind insbesondere im Hinblick auf die Funktion der Dogmatik für das Recht, erwartungssichernde Prozesse und Strukturen zu schaffen, produktiv. In dieser Hinsicht ist die bisherige Ausgestaltung der Dogmatik angemessen und auch erfolgreich. Gesellschaftliche Selbstorganisationsprozesse bringen allerdings nicht nur langsame und graduelle Veränderungen mit sich. Nicht zuletzt anhand der Staatsschuldenkrise zeigt sich, dass die komfortable Lage der Dogmatik, sich graduell und langsam an die

7 Helmut Willke, *Einführung in das systemische Wissensmanagement*, Heidelberg: Carl-Auer Verlag GmbH 2011, S. 32; Augsberg, *Informationsverwaltungsrecht*, S. 287.

gesellschaftlichen Veränderungen anzupassen, erschüttert wird. Eine in Form des inkrementellen Lernprozesses der Dogmatik sichergestellte Erwartungssicherung scheint jedoch nicht länger mit den dynamischen wie auch einschneidenden Veränderungen der Gesellschaft kompatibel zu sein. Für Letzteres ist ein inkrementeller Lern- und Anpassungsprozess der Dogmatik nicht länger angemessen. Anforderungen an die Qualität der Dogmatik erschöpfen sich damit nicht in der Notwendigkeit der Beobachtung und Verdichtung von Mustern, sondern markieren eine erste Stufe der Herausbildung einer komplexeren Architektur der Dogmatik. Für eine solche komplexere Architektur der Dogmatik muss diese von der Gesellschaft und ihren Lebensformen her begründet werden, was die Architektur der Dogmatik an die Dynamik der Gesellschaften anpassen bzw. auf die gesellschaftlichen Selbstorganisationsprozesse und die mit ihnen verbundene Ungewissheit zuschneiden würde. Dies bedeutet zunächst einmal nur, die Komplexität gesellschaftlicher Selbstorganisationsprozesse durch Dogmatik nicht reduzieren zu wollen, sondern vielmehr in spiegelbildlicher Antwort eine ebenso gesteigerte Komplexität und Differenzierung in der Dogmatik zu erzeugen, die wiederum eine Vergrößerung und Diversifikation zunächst dogmatischer und schließlich rechtlicher Möglichkeitsräume zum offenen Begleiten und Abstützen pluraler sozialer Konfliktlagen und Bedürfnisse erzeugt.[8] Eine solche »kontrollierte« Komplexitätssteigerung der Dogmatik gelingt durch Herausbildung von Knotenpunkten zur pluralen Welt, die mit Ungewissheit und Kontingenz möglicher Verknüpfungen in der Zukunft einhergehen. Über die Knotenpunkte kann das dogmatische System spiegelbildlich die Komplexität gesellschaftlicher Selbstorganisation in sich aufnehmen und verarbeiten. Sie bilden Anreiz und Infrastruktur für einen kreativen Prozess, unterschiedliche Wissensbausteine miteinander tentativ-kombinatorisch zu verknüpfen und so eine verstärkte dogmatikeigene Dynamik als auch neue Optionsräume für Entwicklungen zu erzeugen. Bei der Herausbildung der Knotenpunkte spielt die Beobachtung der Veränderungen in der Gesellschaft und der Kompatibilität der eigenen Entwürfe mit diesem Wandel eine wesentliche Rolle, da es nicht einfach nur um die Herausbildung irgendwelcher Knotenpunkte gehen kann und nicht um ein wahlloses Mehr an Wissen, zumal eine »unkontrollierte« Komplexitätssteigerung den Zerfall der dogmatischen Wissensordnung und ihrer zentralen Funktion der Erwartungssicherung riskieren würde.

8 Vgl. allg. zum Zusammenhang zwischen »Steigerung der Ungewissheit« im Umgang der »pluralen Welt der Möglichkeiten«, Ladeur, *Recht – Wissen – Kultur*, S. 63; Ladeur, *Der Anfang des westlichen Rechts*, S. 111; Augsberg, *Einleitung: Ungewissenheit als Chance - eine Problemskizze*, S. 1 ff.; Vesting, *Die grundlegende Neubestimmung des Verhältnisses von Staat und Gesellschaft*, S. 119.

Entscheidend ist vielmehr, aus den Beobachtungen und rückblickenden Verdichtungen zu Mustern gezielte Anreize zur Herausbildung von Knotenpunkten zu nutzen, um so eine reflexive Lernfähigkeit der Dogmatik strukturell aufzubauen. Die Herausbildung von Kotenpunkten bedarf demnach als Prämisse einer rückblickenden Beobachtung, unter welchen Bedingungen dogmatisches Wissen entsteht, und einer kritischen Evaluation, ob diese vor dem Hintergrund der Ungewissheit und Pluralität gesellschaftlicher Selbstorganisationsprozesse die Bedingungen der Möglichkeit unterschiedlicher Anknüpfungen und Verzweigungen schaffen.

Zusammenfassend lässt sich die Funktion der Knotenpunkte in Kombination mit einer rückblickenden Beobachtung als eine Form der Steigerung der Lernfähigkeit der dogmatischen Wissensordnung beschreiben. Sie dienen dem gezielten Aufbau einer komplexeren und pluralen Architektur der dogmatischen Wissensordnung. Über eine komplexe Architektur der Dogmatik kann das Recht die Entwicklungsdynamik gesellschaftlicher Selbstorganisationsprozesse abstützen und im besten Fall verstärken.

Teil 5: Der normative Umgang mit ungleichheitsrelevanten Rahmenbedingungen anhand des LPE-Konzepts

Ein Zugriff der Beobachtung von Rahmenbedingungen der Entstehung des Rechts und der Herausbildung von Knotenpunkten zu disziplinfremden Wissensgenerierungsprozessen markiert der Law-and-Political-Economy (LPE) Ansatz. Der LPE-Ansatz ist in erster Linie ein normatives Konzept, das die materiellen Rahmenbedingungen der politischen Ökonomie auf das Recht und – in ihrer rekursiven Verflechtung – die strukturierende Rolle des Rechts als Rahmenbedingung für die politische Ökonomie beschreibt, deren Zusammenspiel oftmals unanalysiert verbleibt. Der LPE-Zugriff formuliert dann normative Relevanzkriterien für einen Umgang mit den verzerrenden Effekten. Die Berücksichtigung der Rahmenbedingungen ist damit (auch, aber nicht nur) eine normative Frage, die zunächst von der grundsätzlichen Notwendigkeit der Berücksichtigung der Funktionsvoraussetzungen von Dogmatik zu trennen ist. Es gibt demnach auch andere Beschreibungsangebote der strukturierenden Effekte der Rahmenbedingungen auf das Recht und – in ihrer rekursiven Verflechtung – des Rechts auf die Wirklichkeit. Je nach normativem Zugriff folgt eine unterschiedliche Beantwortung der Frage, ob und wie mit den Rahmenbedingungen normativ umzugehen ist. Es hängt demnach von dem gewählten normativen Zugriff ab.

A. LPE-Zugriff – eine Übersicht

Die grundlegende Perspektive des LPE-Zugriffs geht von der Prämisse aus, dass Politik und Ökonomie nicht etwas Feststehendes und dem Recht Außenstehendes sind, auf das das Recht Bezug nimmt. Vielmehr geht der LPE-Zugriff davon aus, dass Verflechtungen zwischen Politik, Ökonomie und Recht bestehen, die durch den tatsächlichen Vorgang der Rechtsanwendung entstehen. Sie gehen darüber hinaus davon aus, dass das normativ als getrennt konzeptualisierte Verhältnis von Politik und Ökonomie durch das Recht und, spezifischer, durch die Art und Weise der Rechtskonkretisierung strukturiert ist. Diese rechtlich strukturierte Trennung bewirkt blinde Flecken in der Wahrnehmung der Interdependenzen und ihrer verzerrenden Effekte. Dabei soll eine normative Aufdeckung des durch das Recht strukturierten und als getrennt konzeptualisierten Verhältnisses von Politik und Ökonomie und ihrer gesellschaftlichen Effekte einen neuen Blick auf das Recht und die

Rechtsanwendung ermöglichen und damit ein anderes Bewusstsein und schließlich eine veränderte Rechtspraxis in Gang setzen.

B. Vernetzung von Perspektiven

Es geht dem LPE-Ansatz dabei nicht um die Kombination verschiedener Perspektiven zum Zwecke der Gewinnung eines einheitlichen Bildes, zumal er nicht auf der Vorstellung einer gemeinsamen Realität basiert, die lediglich aus unterschiedlichen Perspektiven und mit unterschiedlichen Abschattungen wahrgenommen und durch den LPE-Ansatz dann zu einem »gemeinsamen Bild der einen Realität« zusammengeführt wird, um etwa die verzerrenden Effekte auf die Gesellschaft zu beleuchten und einen normativ anderen Umgang vorzuschlagen. Dem LPE-Ansatz geht es vielmehr um die Vernetzung unterschiedlicher Perspektiven, die zum einen Aspekte sichtbar machen kann, die sonst unbeobachtet blieben, und zum anderen Anschlussmöglichkeiten etwa für das Recht bietet, seine eigene Praxis (sowohl der Rechtswissenschaft wie auch der Rechtspraxis) zu überdenken. So heißt es etwa in einer Selbstbeschreibung des LPE-Projekts: »Scholars working in this vein are seeking to reconnect political conversations about the economic order with questions of dignity, belonging, or ›recognition‹ and to challenge versions of ›freedom‹ or ›rights‹ that ignore or downplay social and economic power.«[1]

Vergleichbar mit dem Law-and-Economics-Zugriff geht es dem LPE-Ansatz bei der Vernetzung der Perspektiven um die Kompatibilisierung von Wissensformen und ihre Institutionalisierung durch die Rechtsanwendungspraxis. Er ist insofern auch als ein Gegengewicht zum L&E-Ansatz zu verstehen. Vor dem Hintergrund, dass die Gesellschaftsbereiche und wegen der funktionsspezifischen Praxisbezüge auch die Fachdisziplinen durch ihre jeweiligen Eigenrationalitäten bestimmt sind, die jeweils spezifische Kommunikationsformen hervorbringen, ist ein einfacher Wissensaustausch zur Kompatibilisierung ausgeschlossen.[2] Wenn allerdings die Fachdisziplinen innerhalb der Grenzen ihrer Praxisbezüge verbleiben, bleibt der aus der LPE-Perspektive entscheidende Aspekt jedoch unerkannt, nämlich die Wirkzusammenhänge zwischen Ökonomie und Politik und Recht und die strukturierende Rolle der Rechtsanwendung, was in ihrem Zusammenspiel verzerrende Effekte hervorbringt, ohne dass diese rechtliche Erwähnung finden. Hieraus folgt die Frage,

1 Britton-Purdy u.a., *Building a Law-and-Political-Economy Framework: Beyond the Twentieth-Century Synthesis*.

2 Vgl. zur Beschreibung der Bestimmung des Wissens durch »eine auf Erfahrungen gegründete, kommunikativ konstituierte und konfirmierte Praxis«, Willke, *Einführung in das systemische Wissensmanagement*, S. 33.

wie sich die Perspektiven der Fachdisziplinen gegenseitig informieren können, um eine Kompatibilisierung der Wissensformen herbeizuführen, wenn sie einerseits getrennt sein sollen und sich andererseits – wie etwa der LPE-Ansatz, aber auch der L&E-Ansatz zeigt – anscheinend doch zusammenführen lassen.

Ausgangspunkt ist, dass der LPE-Zugriff eigene Relevanzkriterien entwickelt, nach denen er normativ die Transformation der Wissensformen aus der eigenen Perspektive anleitet. Diese normative Anleitung aus der eigenen Perspektive ist dabei nicht sonderlich neu: »Das Recht trifft insoweit immer schon auf die Beschreibungen anderer Wissenschaften, die es nach Maßgabe seiner eigenen Kriterien integrieren muss«.[3] So wie das systemeigene Wissen, sowohl dasjenige über sich selbst wie das über die Umwelt des Systems, jeweils systemspezifisch konfiguriert wird und somit in seiner Aussagekraft und Relevanz zumindest nicht ohne weiteres auf andere Gesellschaftsbereiche übertragbar ist,[4] gilt dies auch für das disziplinspezifische wissenschaftliche Wissen. Es geht dem LPE-Zugriff demnach nicht darum, einen wissenschaftlichen Metadiskurs zwischen Rechts-, Politik- und Wirtschaftswissenschaften zu begründen, sondern aus der eigenen Perspektive des Rechts Relevanzkriterien zu entwickeln, die zumindest partiell Anschlussmöglichkeiten an die Beobachtungen der anderen Disziplinen erlauben, um damit partiell Konvergenzen in der Beobachtung zu erlauben. Der LPE-Ansatz versucht, über die gemeinsamen Relevanzkritierien gezielt Knotenpunkte zu entwickeln, die die Wissensgenerierungsprozesse anderer »*communities of practice*«, in dem Fall der Politischen Ökonomie, anschließbar machen, um so die (politökonomischen) Rahmenbedingungen der Entstehung des Rechts (und des Wissens über Recht) beobachtbar und letztlich verarbeitbar zu machen. Um solche für die Beobachtungen anderer Disziplinen anschlussfähigen Anschlussstellen bzw. Knotenpunkte zu entwickeln, muss das Entwickelte von den Disziplinen verstanden werden, das heißt sinnvoll *gebraucht* werden können.[5] Der Referenzpunkt des Verstehens ist damit erneut die Praxis. Bezogen auf die Rechtsanwendung und Dogmatik ist damit der Referenzpunkt des Verstehens der Praktiken dogmatischen Entwerfens.[6]

Die Entwicklung von Relevanzkritierien aus der eigenen Perspektive des Rechts bedeutet auch, dass eine einfache Übernahme von Erkenntnissen anderer Disziplinen ausscheidet, da dies die fehlende Ausbildung eigener Erkenntnismuster und dementsprechend fehlende Handlungsmöglichkeiten bedeutet. Wenn eine auf eine bestimmte

3 Trute, *Staatsrechtslehre als Sozialwissenschaft?*, S. 129.
4 Augsberg, *Informationsverwaltungsrecht*, S. 285.
5 Ebd.
6 Vertiefend hierzu siehe Teil 5 C.

Wirklichkeitsannahme gestützte Fremdrationalität in andere Systembereiche wie etwa das Recht übernommen wird, wozu etwa die Effizienzüberlegungen aus der Wirtschaft gehören, dann kann dies zum einen mit Wertübernahmen und verzerrenden Effekten einhergehen, die für das Recht nicht ersichtlich bzw. beobachtbar sind. So trifft etwa das Effizienzprinzip, das als Instrument der allgemeinen Wohlstandssteigerung gilt, implizit Verteilungsentscheidungen, die mit nachteiligen Effekten für ressourcenschwächere Personen einhergehen,[7] da das Effizienzprinzip mit einer strukturellen Priorisierung der Interessen derjenigen mit mehr zur Verfügung stehenden Ressourcen verbunden ist.[8] Das Effizienzprinzip findet oftmals in Rechtsbereiche Eingang, die sich typischerweise mit Märkten beschäftigen, das heißt marktwirtschaftliche Schnittstellen aufweisen, und damit eine Anschlussstelle für normative Beschreibungsangebote etwa der L&E und damit Kosten-, Nutzen- oder Effizienzüberlegungen auch für das Recht ermöglichen. In der Struktur der Rechtsbereiche, die sich typischerweise mit Märkten beschäftigen, etwa des Handels- und Gesellschaftsrechts, sind keine Erkenntnismuster zur Beobachtung von gesamtgesellschaftlichen Verteilungs-, Macht-, Herrschafts- und Autoritätsfragen angelegt, da die Relevanzkriterien andere sind und damit nur die als relevant erachteten Informationen rechtlich beobachtet werden.

Stellt sich nun heraus, dass die auf eine bestimmte Wirklichkeitsannahme gestützte Fremdrationalität in ihrem eigenen Systembereich einen Fehler aufweist, nicht funktioniert oder aus normativen Erwägungen nicht gewünscht ist, bleibt dies rechtlich unauffällig und vor allen Dingen nicht durch das Recht behebbar. Dieser epistemische Fehler[9] ist besonders vor dem Hintergrund auffällig, dass »in allen kognitiven Operationen [...] das Rechtssystem für sich in Anspruch [nimmt], sich rechtskräftig irren zu können und im Anschluß daran dann selbst zu entscheiden, ob etwas und was zu tun ist, wenn der Irrtum sich herausstellt.«[10]

Nun ließe sich am Beispiel der Übernahme der Effizienzüberlegungen als eine Art Versatzstück, mit dem untrennbar spezifische Effekte und Anschlusszwänge wie -möglichkeiten verknüpft sind, entgegenhalten, dass dafür aber das Verfassungsrecht etwa die für die Verteilungseffekte notwendigen Erkenntnismuster zur Beobachtung von gesamtgesellschaftlichen Verteilungs-, Macht-, Herrschafts- und Autoritätsfragen strukturell bereitstelle und damit thematisierbar mache. Dabei fällt

7 Britton-Purdy u.a., *Building a Law-and-Political-Economy Framework: Beyond the Twentieth-Century Synthesis*, S. 1790.
8 Liscow, *Is Efficiency Biased?*
9 Augsberg, *Informationsverwaltungsrecht*, S. 292.
10 Luhmann, *Das Recht der Gesellschaft*, S. 90; Augsberg, *Informationsverwaltungsrecht*, S. 292.

allerdings auf, dass sich das Verfassungsrecht mit Verteilungs-, Macht-, und Herrschaftsüberlegungen bei der juristischen Beschäftigung mit wirtschaftlichen Binnenlogiken zurückhält und durch das so entstehende komplementäre Gefüge Verteilungsfragen kein Thema des Rechts zu sein scheinen. Die Erklärung des LPE-Zugriffs ist, dass der Markt, der sich aus Konzepten der Freiheit, des Eigentums und der Gleichheit als Grundbedingungen der Ökonomie heraus entwickelte, in die Verfassung »zurückgelesen« wurde und sich so eine bestimmte Form der (marktwirtschaftlichen) Freiheit verankert hat. Dabei wurde das Fremdwissen rechtlich zur Gänze assimiliert, was die »marktwirtschaftliche Herkunft« unerkennbar macht. Diese nunmehr vorherrschende Verfassungsdogmatik folge in ihren grundlegenden Strukturen der Denkweise einer Marktlogik mit dem Ergebnis einer durch Rechtsanwendungspraxis konstitutionalisierten Gleichheit und Freiheit, in der nicht nur nicht Verteilungseffekte unbeobachtet bleiben, sondern durch das Verfassungsrecht selbst abgesichert und reproduziert werden.[11] Durch dieses komplementäre Zusammenspiel der Rechtsbereiche bleiben Verzerrungen dann durch das Recht gänzlich unbeobachtet und unerwähnt.

An diesem für die LPE-Perspektive grundlegenden Ausgangspunkt lassen sich unterschiedliche Dinge zeigen. Zum einen zeigt sich, dass die Fremdrationalitäten nicht automatisch und auch nicht von selbst auf das Recht wirken, sondern sich die Übernahmen durch Praktiken *vollziehen*, die Knotenpunkte für Anschlussmöglichkeiten herausbilden und sich so verdichten, dass sich insitutionalisierte Wissensformen herausbilden und verfestigen, deren Fremdrationalitäten nicht erkennbar sind. Zum anderen zeigt sich, dass Verknüpfungen trotz Eigenrationalitäten und eigenen Kommunikationsformen möglich sind und auch bestehen. Dies verweist auch darauf, dass die Verknüpfungen stärker methodisch in Rechnung gestellt werden müssten.

C. Doppelbewegung

Nicht zuletzt vor diesem Hintergrund der verzerrenden Effekte durch übernommene Fremdrationalitäten, ohne dass diese als solche mehr erkennbar sind, kann der Mehrwert des LPE-Ansatzes nicht in der Vorgabe bestimmter normativer Ergebnisse und der Identifikation alternativer normativer Fluchtpunkte für das Recht (etwa von Effizienz zu Machtfragen,[12] von Neutralitätskonzepten zu materiellen Freiheits- und

11 Britton-Purdy u.a., *Building a Law-and-Political-Economy Framework: Beyond the Twentieth-Century Synthesis*, S. 1791.

12 Ebd., S. 1818.

Gleichheitskonzepten[13] und von Entpolitisierung zu Demokratisierung[14]) erschöpft sein. Der Mehrwehrt des LPE-Ansatzes liegt vielmehr in der Sichtbarmachung und damit Thematisierbarkeit des Umstands, dass Recht nicht herrschafts-, macht- oder verteilungsneutral ist, sondern immer Ausdruck gesellschaftlicher Verhältnisse, und umgekehrt Recht gesellschaftliche Verhältnisse mittelbar mit hervorbringt. Die *rechtliche* Thematisierbarkeit gelingt, weil dieses Wissen nicht aus einer außerhalb des Rechts stehenden (politökonomischen) Perspektive generiert und von außen an das Recht herangetragen wurde, sondern letztlich eine rechtseigene Perspektive ist, für die eine Art »Doppelbewegung« vollzogen wurde.

I. Augsberg zeigt, dass es für eine produktive Auseinandersetzung mit fremddisziplinärem Wissen dieser Art Doppelbewegung bedarf, »die dieses Wissen nicht einfach juristisch zur Gänze assimiliert, also in seiner Herkunft unerkennbar macht und damit die Differenz vollständig zur Seite des rezipierenden Systems hin auflöst, es aber doch für rechtliche Folgeoperationen weiterverwendbar gestaltet. Dafür werden zwar spezielle Regelungen benötigt, die ihrerseits aber gerade keinen allgemeinen transdisziplinären Charakter haben dürfen, sondern ausdrücklich aus der Sicht des rezipierenden Systems konzipiert, das heißt im Fall des Rechts selbst juristischer Art sein müssen.«[15] Die Doppelbewegung knüpft demnach an eine Integration fremddisziplinären Wissens nach Maßgabe der eigenen Kriterien des Rechts an.

Diese produktive Integration nicht nur fremddisziplinären, sondern allgemein außerrechtlichen Wissens leistet für das rezipierende System Recht etwa auch die auf der dogmatischen Praxis basierende Wissensordnung. Sie liefert von ihren grundsätzlichen strukturellen Anlagen solche Andockstellen. Zum einen sind die dogmatischen Wissensformen aufgrund ihres variablen Variationsrahmens für einen Wissenstransfer geeignet[16] und zum anderen werden die Fremdrationalitäten nicht einfach als objektive Wahrheiten übernommen, sondern durch das dogmatische Entwurfsgeschehen im Rahmen einer institutionalisierten *Praxis* in rechtseigene Kriterien transformiert und sinnvoll gebraucht, das heißt verstanden.[17] Die Fremdrationalitäten werden also nicht lediglich in die dogmatischen Wissensgenerierungsprozesse eingeführt, für den neuen Verwendungskontext angepasst und als »transdisziplinäre Universalia« aufgelöst.[18] Vielmehr werden sie innerhalb und mit den Mitteln der

13 Ebd., S. 1823.
14 Ebd., S. 1927.
15 Augsberg, *Informationsverwaltungsrecht*, S. 297.
16 Teil 3 C. III.
17 Teil 3 D. IV. 2.
18 Ebd., S. 298.

Dogmatik *transformiert.*[19] Ob und inwiefern fremddisziplinäres Wissen in das Recht transformiert wird, entscheidet – wie bereits an unterschiedlichen Stellen gezeigt – die »kommunikativ konstituierte und konfirmierte, also ›bewährte‹ Praxis«[20] im Sinne der *institutionalisierten Praktiken* dogmatischer Wissensgenerierung. Sie entscheiden, ob und inwiefern »passende Informationen an passender Stelle eingebaut werden« und sich zu handlungskoordinierenden Mustern verdichten.[21] Der zentrale Verfahrensabschnitt des Prozesses des Einspielens im Rahmen der dogmatischen Wissensgenerierungsprozesse ist der tentativ-kombinatorische Verfahrensabschnitt.[22] In diesem Abschnitt wird über die Transformation externen Wissens entschieden und die Doppelbewegung vollzogen. Ob und inwiefern es zu einer solchen transformativen Doppelbewegung kommt, hängt zum einen typischerweise von »Prozessen der Sozialisation, der Ausbildung, der Professionalisierung, insgesamt von Prozessen der Formierung, Formulierung und Internalisierung von Regeln oder deren Einschreibung in soziale Artefakte« ab[23], womit auf erforderliche institutionelle Vorkehrungen, insbesondere in der rechtswissenschaftlichen Ausbildung verwiesen wird. Für die Transformation externen Wissens im tentativ-kombinatorischen Verfahrensabschnitt ist ausschlaggebend, ob es *verstanden* wird, nur so kann es sinnvoll *gebraucht* werden.[24] In diesem Sinne ist eine Sensibilisierung für extrajuridisches Wissen zwar ein Anfang, allerdings nicht ausreichend, um sinnvoll Wissensbausteine anderer Disziplinen tentativ-kombinatorisch zu verbinden.

19 Allgemein für das Recht, ebd.
20 Willke, *Dystopia*, S. 147.
21 Ebd.
22 Teil 3 D. IV. 2.
23 Ebd., S. 148
24 Augsberg, *Informationsverwaltungsrecht*, S. 285.

Teil 6: Anwendungsbeispiel: Die Unabhängigkeit der Europäischen Zentralbank

A. Einleitung

Die rechtstheoretischen Zusammenhänge der Beziehung zwischen Recht und Ungleichheit im Rahmen der rechtlichen Mitkonstruktion von Wirklichkeit durch dogmatische Wissensgenerierungsprozesse soll anhand eines Anwendungsbeispiels illustriert werden. Als Anwendungsbeispiel dient das dogmatische Begriffsgebilde der »Unabhängigkeit der EZB«. Ziel des Anwendungsbeispiels ist keine in die Tiefe gehende Analyse, ob und inwiefern Ungleichheit durch die rechtliche (und insbesondere rechtsanwendungsspezifische) Ausformung des Bedeutungsgehalts der Zentralbankenunabhängigkeit mit hervorgebracht wird. Es geht demnach nicht um das Aufzeigen direkter Zusammenhänge zwischen Zentralbankenunabhängigkeit und Ungleichheit,[1] sondern vielmehr um die (oftmals weniger sichtbaren) rechtlichen und faktischen Entwicklungspfade, die mit der dogmatisch ausgeformten Unabhängigkeit der EZB einhergehen. Es geht damit um die dogmatischen Wissensgenerierungsstationen und ihre Effekte der Pfadabhängigkeiten und blinden Flecken in der weiteren Wirklichkeitsverarbeitung, im Rahmen deren auf Ungleichheitsrelevanzen exemplarisch verwiesen wird. Das Anwendungsbeispiel der Unabhängigkeit von EZB und nationalen Zentralbanken zeigt, wie sich im Rahmen des dogmatischen Ausformungsprozesses im Laufe der Zeit durch unterschiedliche dogmatische Entwurfsgeschehen pluraler Akteure (BVerfG, EuGH, Kommission, EZB und auch der Wissenschaft) ein spezifisches Wirklichkeitsmodell entwickelt hat, welches in dem dogmatischen Begriff der Unabhängigkeit der EZB implizit mit enthalten ist und als vertyptes Deutungsschema oder Erkennungsmuster mit Anschlussmöglichkeiten wie -zwängen in der weiteren Wirklichkeitsverarbeitung einhergeht. Diese Anschlusszwänge in der weiteren Wirklichkeitsverarbeitung zeigen sich durch die Strukturierung des rechtlich und faktisch Möglichen.

Die dogmatische Ausgestaltung der Unabhängigkeit der EZB, die mit Legitimationsproblemen einhergeht, zieht als rechtliche Konsequenz eine Kompensationsdogmatik in Form des materiell-rechtlichen Programms einer verstärkten Bindung der EZB an Rechtsgrundsätze im Sinne der

1 Vgl. Jan-Egbert Sturm u.a., *Central bank independence, income inequality and poverty: What do the data say?, Working Paper* 2020.

geldpolitischen Zielvorgabe der primären Gewährleistung von Preisstabilität nach sich. Dies bedeutet – als Strukturierung des rechtlich Möglichen – nicht nur eine Begrenzung der EZB auf ein enges Mandat der Preisstabilität und die spiegelbildliche höchstgerichtliche Kontrolle begrenzt auf den Maßstab der Einhaltung der primären Preisstabilität. Sie bedeutet konsequenterweise zugleich auch eine Absage an einen anderen Maßstab. Die aus dem Bedeutungsgehalt der Unabhängigkeit der EZB folgenden Pfadabhängigkeiten zeigen, wie dogmatische Wissensformen das rechtlich Mögliche, also den rechtlichen Möglichkeitsraum, nicht nur der EZB im Sinne der Mandatsbegrenzung, sondern auch der Gerichte bedingen.[2]

Das materiell-rechtliche Programm einer verschärften Bindung an die vorrangige Gewährleistung der Geldwertstabilität bedingt wiederum das faktisch Mögliche, was sich beispielsweise anhand des faktischen Möglichkeitsraums der Art und Weise der Bewältigung der europäischen Staatsschuldenkrise veranschaulichen lässt. Das der Unabhängigkeit der EZB und der daraus folgenden primären Ausrichtung auf die Sicherstellung der Geldwertstabilität zugrundeliegende Wirklichkeitsmodell geht mit Anschlusszwängen in Form von Maßnahmen einher, die auf die Begrenzung der Fiskalautonomie der Mitgliedstaaten abzielten und im Rahmen der Bewältigung der Staatsschuldenkrise konsequenterweise Austeritätsmaßnahmen bedeuteten.[3] Diese Anschlusszwänge in der Verarbeitung und Bewältigung der europäischen Staatsschuldenkrise sind zweiseitig und zeigen sich zum einen in Form der »Vorstrukturierung« des Sachverhalts der europäischen Staatsschuldenkrise und zum anderen in Form des faktischen Möglichkeitsraums ihrer Bewältigung. Dieser aus dem dogmatisch entwickelten Primärziel der Geldwertstabilität hervorgehende Variationsrahmen in der Konstruktion des Sachverhalts und konsequenterweise in der Art und Weise ihrer Bewältigung, vornehmlich in Form der Austeritätsmaßnahmen, weist Ungleichheitsrelevanzen auf. Austeritätsmaßnahmen verengen den staatlichen Möglichkeitsraum der Gewährleistung sozialstaatlicher Leistungen, was überproportional bereits diskriminierte, von Ungleichheit und Armut betroffene Bevölkerungsgruppen und -schichten trifft.

Mehrwert des Aufzeigens dieser Zusammenhänge ist dabei nicht, dass rechtlich mitstrukturierte Austeritätsmaßnahmen Ungleichheitsrelevanz aufweisen, und auch nicht allein, dass Austeritätsmaßnahmen auch Konsequenz und Pfadabhängigkeit eines dem dogmatisch ausgeformten Bedeutungsgehalts der Unabhängigkeit der EZB zugrundeliegenden

2 Vgl. Teil 3 C.

3 Vgl. Cristina Bodea und Masaaki Higashijima, »Central Bank Independence and Fiscal Policy: Can the Central Bank Restrain Deficit Spending?«, in: *British Journal of Political Science*, 47: 1 (2017).

Wirklichkeitsmodells sind und damit Ungleichheit in den dogmatischen Wissensgenerierungsprozessen verortet werden kann. Mehrwert ist vielmehr das über die Ungleichheit hinausgehende Aufzeigen der sich auftuenden Schere zwischen verengender Dogmatik und den pluralen sozialen Konfliktlagen und Bedürfnissen, welche aufgrund dieser Verengung nicht (oder zumindest nur mit erhöhter Argumentationslast) rechtlich abgestützt und begleitet werden können.

B. Dezentrale Ausformung des Bedeutungsgehalts

I. Unbestimmtheit des Rechts als Dreh- und Angelpunkt

Ausgangspunkt der Entwicklung dogmatischer Wissensgenerierungsprozesse und damit der Ausformung des Bedeutungsgehalts des dogmatischen Begriffsgebildes der »Unabhängigkeit der EZB« ist die Unbestimmtheit des Rechts.[4]

Die Mitgliedstaaten haben im Vertrag von Maastricht, um »die Stärkung und die Konvergenz ihrer Volkswirtschaften herbeizuführen und eine Wirtschafts- und Währungsunion zu errichten, die im Einklang mit diesem Vertrag eine einheitliche, stabile Währung einschließt«[5], die Garantie der Unabhängigkeit der EZB in Art. 130 AEUV und Art. 7 des Protokolls über die Satzung des Europäischen Systems der Zentralbanken und der Europäischen Zentralbank primärrechtlich festgeschrieben, wonach die EZB »bei der Wahrnehmung der [ihr] [...] übertragenen Befugnisse, Aufgaben und Pflichten« keine »Weisungen von Organen oder Einrichtungen oder Gemeinschaften, Regierungen der Mitgliedstaaten oder anderen Stellen einholen oder entgegennehmen darf.« Ohne dass das Wort Unabhängigkeit ausdrücklich Erwähnung findet, stattet das Unionsrecht Bestandteile des ESZB mit Unabhängigkeit aus.[6] Die Garantie der Unabhängigkeit folgt aus dem Weisungsverbot und gewährt damit die von Weisungen unbeeinflusste Aufgabenwahrnehmung der EZB bzw. des ESZB. Die Weisungsunabhängigkeit ist dabei nicht etwas Außergewöhnliches, zumal die Verträge sie auch anderen Institutionen der Europäischen Union gewähren, etwa der Kommission[7], dem

4 Teil 2.

5 Präambel EUV.

6 Ulrich Häde, »Art. 130 AEUV«, in: Christian Calliess und Matthias Ruffert (Hg.), *EUV, AEUV Kommentar. Das Verfassungsrecht der Europäischen Union mit Europäischer Grundrechtecharta*, München: C.H. Beck 2016, Rn. 1.

7 Art. 17 Abs. 3 UAbs. 3 S. 1 EUV.

Rechnungshof[8], dem Wirtschafts- und Sozialausschuss[9], dem Ausschuss der Regionen[10] und dem Bürgerbeauftragten[11], und doch scheint der Bedeutungsgehalt der Zentralbankenunabhängigkeit nicht nur aufgrund des inhaltlichen Referenzgebiets anders gelagert zu sein, was sich nicht zuletzt an seiner »umstrittenen Natur« und den unterschiedlichen Perspektiven etwa im Rahmen der dogmatischen Aufbereitung in der rechtswissenschaftlichen Literatur, aber auch in Form höchstgerichtlicher Urteile als auch der geldpolitischen Maßnahmen der EZB selbst zeigt. Aus der offenen Normstruktur des Art. 130 AEUV und des Art. 7 der ESZB/EZB-Satzung folgen kein konkreter Bedeutungsgehalt der Unabhängigkeit der EZB und kein konkreter handlungskanalisierender Effekt auf das rechtsrelevante Handeln von Regierungen, Parlamenten, Gerichten und der EZB selbst. Die Rechtsnormen zur Zentralbankenunabhängigkeit sind – allein aufgrund der Vagheit der Sprache selbst – viel zu abstrakt und allgemein, um für rechtsrelevantes Handeln handlungskanalisierend zu wirken. Multiplizierend kommen die Sprachenvielfalt und die unterschiedlichen Rechtskulturen sowohl der Rechtspraxis als auch der Rechtswissenschaft hinzu.[12] So verwundert es nicht, dass »sich die Mitgliedstaaten zwar auf den Text des primären Euro-Währungsrechts geeinigt, es aber nie einheitlich ausgelegt und verstanden haben«.[13] Die Unbestimmtheit und die daraus folgende fehlende Determinierungskraft für Auslegung und Verständnis des Bedeutungsgehalts der Zentralbankenunabhängigkeit ist dabei weder Spezifikum noch »Konstruktionsfehler« des Art. 130 AEUV und des Art. 7 der ESZB/EZB-Satzung, sondern allgemein Merkmal und produktive Eigenheit von Rechtsnormen und Gesetzen, um mit der Ungewissheit gesellschaftlicher Selbstorganisationsprozesse produktiv umzugehen, da sie Spielräume für dezentrale Ausformungsprozesse bereitstellen und zugleich Anlass und Anreiz für rechtsrelevantes Handeln sind, den Bedeutungsgehalt aktualisierend auszuformen. Im Moment rechtsrelevanten Handelns im Umgang mit den Facetten der Unbestimmtheit und letztlich der Ungewissheit ökonomischer Prozesse werden die Parameter des Art. 130 AEUV und Art. 7 der ESZB/EZB-Satzung und die relevanten Wirklichkeitsannahmen vor dem Hintergrund der jeweiligen Anforderungssituation spezifiziert und wodurch der Bedeutungsgehalt erst erarbeitet wird. Die Unbestimmtheit ermöglicht es in zeitlicher und sachlicher Hinsicht und damit je nach sozialer Lage und daraus hervorgehenden

8 Art. 286 Abs. 3 AEUV.

9 Art. 300 Absatz 4 AEUV.

10 Art. 300 Abs. 4 AEUV.

11 Art. 228 Abs. 3 S. 1 AEUV.

12 Ulrich Häde, »§23 Das Euro-Währungsrecht«, in: Ulrich Hufeld und Christoph Ohler (Hg.), *Bd. 9: Europäische Wirtschafts- und Währungsunion*, Baden-Baden: Nomos 2022, Rn. 94.

13 Ebd., S. 1106, Rn. 93.

Anforderungen, die Bedeutung und damit den Maßstab der »Unabhängigkeit der EZB« vor dem Hintergrund der Eigenrationalitäten der unterschiedlichen Akteure (Regierungen, EZB, EuGH, BVerfG und Rechtswissenschaft) fortlaufend auszuformen und zu aktualisieren.[14]

Dass das Recht die Bedeutung der Unabhängigkeit der EZB nicht vorwegnehmen kann und dies auch produktiv ist, wenn Recht es der EZB ermöglichen möchte, durch das Begleiten von Zahlungen die Prozesse des ökonomischen Systems abzustützen,[15] zeigt sich bereits in zeitlicher Hinsicht: Die Ausgangslage, und damit die Anforderungen an den Maßstab und die Bedeutung der Unabhängigkeit der EZB waren zur Zeit des Maastricht-Vertrags andere als heute. Die durch die rechtsrelevanten Handlungen in Form des Genscher-Memorandums oder des Delors-Reports ausgeformte Bedeutung der Unabhängigkeit der EZB am Vorbild der deutschen Bundesbank zur Zeit des Maastricht-Vertrags ist sichtbar eine andere als zu Beginn der Finanz- und Schuldenkrise, was allein durch die Beteiligung der EZB an der Troika bereits deutlich wird.[16] Aber auch durch anderes rechtsrelevantes Handeln der EZB etwa in Form der Übernahme der makroprudenziellen Aufsicht[17] oder in Form

14 So beschreibt auch *A. Vauchez* in Anlehnung an *W. B. Gallie* die Unmöglichkeit eines umfassenden, allgemeingültigen (Rechts-)Verständnisses, was Zentralbankenunabhängigkeit *wirklich* bedeutet und verweist im Zuge dessen auf die zentrale Rolle von Praktiken: »Following Walter Bryce Gallie's recommendations concerning ›essentially contested concepts‹, for such notions, the clarification can hardly come from a conceptual work that would seek to define a *true* abstract meaning of ›independence‹ - what it *really* means. Such an endeavor would risk to end (as has often been the case for the classic debate over judicial independence) in ›misleadingly vague terms and fuzzy ideas about judicial interpretation and decision-making, about the relationship between the judicial and the political, about the separation of powers, and so on‹. Conceptual clarification of such politically debated notions can only come from the empirical study of their conflicting usages *in practice.*« , Antoine Vauchez, *The Genie of Independence and the European Bottle. How Independence Became Europe's Most Contentious Political and Legal Category* 2021, S. 7.

15 N. Luhmann beschreibt die Zentralbank an einer Formulierung Kants als »Ich des Systems, das all seine Zahlungen muß begleiten können« und sie damit für das ökonomische System eine zentrale Rolle einnimmt, Niklas Luhmann, *Die Wirtschaft der Gesellschaft,* Frankfurt am Main: Suhrkamp 2019, S. 147.

16 Florian Meinel, »§20 Unionsverfassungsrecht des Europäischen Systems der Zentralbanken«, in: Ulrich Hufeld und Christoph Ohler (Hg.), *Bd. 9: Europäische Wirtschafts- und Währungsunion,* Baden-Baden: Nomos 2022, S. 955, Rn. 3.

17 Ann-Katrin Kaufhold, »§17 Der einheitliche Aufsichtsmechanismus für Banken (SSM)«, in: Ulrich Hufeld und Christoph Ohler (Hg.), *Bd. 9: Europäische Wirtschafts- und Währungsunion,* Baden-Baden: Nomos 2022, S. 799, Rn. 17, S. 804 f., Rn. 33 f.

ihrer expansiven geldpolitischen Maßnahmen[18] seit 2015 als auch durch das rechtsrelevante Handeln des BVerfG und des EuGH in Form der den Urteilen zugrundeliegenden Entscheidungsfindungsprozesse verändert sich der Bedeutungsgehalt der Unabhängigkeit, wird fortgeschrieben und aktualisiert. Die für das rechtsrelevante Handeln zentralen Umstände der Wirklichkeit, die immer implizit im Bedeutungsgehalt mit enthalten sind, hätten dabei nicht ex ante antizipiert und damit rechtlich vorweggenommen werden können. Vor dem Hintergrund der Komplexität ökonomischer und allgemein gesellschaftlicher Prozesse, die weder ex ante noch von einer zentralen Stelle aus beobachtbar sind, damit ein Wissensproblem aufweisen, bedarf es der Unbestimmtheit des Begriffs der Unabhängigkeit, um die Maßstabsbildung im Moment rechtsrelevanten Handelns immer wieder entsprechend den Anforderungen und vor dem Hintergrund der Eigenrationalitäten der Akteure zu aktualisieren. Dies erzeugt nicht zuletzt vor dem Hintergrund des inhaltlichen Referenzgegenstands der Unabhängigkeit der EZB die Sorge willkürlicher Fabrikation der Maßstabsbildung der Unabhängigkeit. Dass dem nicht so ist, zeigt die Einbindung der Ausformung des Bedeutungsgehalts der Unabhängigkeit der EZB in institutionalisierten Praktiken rechtsrelevanten Handelns, die zugleich (als Kehrseite der Medaille) mit Pfadabhängigkeiten einhergehen.

II. Der Bedeutungsgehalt und die ihm zugrunde gelegten Wirklichkeitsannahmen

1. Einleitung: Die EZB als »unbestechliche Hüterin einer unpolitischen Mechanik«

Möchte man einen einheitlichen sedimentierten Bedeutungsgehalt der in Art. 130 AEUV und Art. 7 ESZB/EZB-Satzung verankerten Garantie einer von Weisungen unbeeinflussten Aufgabenwahrnehmung des ESZB und der EZB formulieren und damit einen dogmatischen Begriff der Unabhängigkeit der EZB festhalten, dann wäre das der Schutz der Entscheidungsträger der EZB vor politischen Einfluss- und Indienstnahmen im Interesse einer langfristigen stabilen Geldwertentwicklung. Der Bedeutungsgehalt hat sich dabei in weitere dogmatische Kategorien der institutionellen, funktionellen und personellen Unabhängigkeit feiner

18 Jens van 't Klooster und Clément Fontan, »The Myth of Market Neutrality. A Comparative Study of the European Central Bank's and the Swiss National Bank's Corporate Security Purchases«, in: *New Political Economy*, 25: 6 (2020).

»verästelt« und ausdifferenziert.[19] Kritisch formuliert, ließe sich der Bedeutungsgehalt der Unabhängigkeit der EZB auch als Sicherstellung der Rolle einer (vermeintlich) ›unbestechlichen Hüterin einer unpolitischen Mechanik‹ fassen.[20]

Die Ausformung des sedimentierten Bedeutungsgehalts der Unabhängigkeit der EZB als Schutz vor politischer Einflussnahme für eine langfristige und stabile Geldwertentwicklung entwickelte sich dezentral durch rechtsrelevantes Handeln vor allen Dingen des BVerfG, des EuGH und der EZB selbst. Die Beiträge sind für sich genommen unterschiedlich und basieren teilweise auch auf unterschiedlichen Wirklichkeitsannahmen. Gleichwohl gibt es übereinstimmende Gehalts- und Wirklichkeitsannahmen, die sich zu einem dogmatischen Begriff verdichten. Der sich dezentral ausformende dogmatische Begriff der »Unabhängigkeit« speichert das durch die Entscheidungsfindungsprozesse des EuGH, des BVerfG, der EZB als auch ihre rechtswissenschaftliche Aufbereitung entstandene Wissen. Der dogmatische Begriff speichert dabei nicht nur den sedimentierten Bedeutungsgehalt als artikuliertes Wissen, sondern darüber hinaus auch das latent gehaltene Wissen, zu dem unter anderem auch die Wirklichkeitsmodelle gehören. Sie werden zwar nicht in der dargestellten »reinen« Bedeutung der Unabhängigkeit artikuliert, sind allerdings als implizites Wissen gleichwohl in dem Begriff der Unabhängigkeit mit enthalten.

Im Moment des Fruchtbarmachens des dogmatischen Begriffs der »Unabhängigkeit« tritt das latente Wissen in Form spezifischer Anschlussmöglichkeiten und -zwänge in Erscheinung. Wirklichkeit wird damit nicht nur implizit im dogmatischen Begriff passiv abgespeichert, er bringt eine rechtliche Maßnahme als auch die Wirklichkeit, die sie verarbeitet, im gleichen Maße hervor. Das latent gehaltene Wissen zeichnet dabei sowohl die kognitiven wie auch normativen Strukturen weiteren rechtsrelevanten Handelns vor.

2. Die Grundlinien der die WWU vorbereitenden Beiträge

Die zentralen Stationen des dogmatischen Ausformungsprozesses des Gehalts der Unabhängigkeit der EZB entstehen dabei nicht ad hoc, sondern knüpfen an vorangegangene Entscheidungsfindungs- und

19 Aus der Rechtspraxis insbes. GA Jacobs, SchlA Rs. C-11/00 Rn. 151 ff.

20 Zum Begriff des ›unbestechlichen Hüters einer unpolitischen Mechanik‹, verwendet zur Beschreibung des Korrekturmechanismus des Fiskalpakts, wonach dieser automatisch ausgelöst wird und die Vertragsstaaten verpflichtet, unabhängige Expertengremien einzurichten, Ulrich Hufeld, »§2 Europäische Wirtschafts- und Währungsunion. Das System«, in: Ulrich Hufeld und Christoph Ohler (Hg.), *Bd. 9: Europäische Wirtschafts- und Währungsunion*, Baden-Baden: Nomos 2022, S. 158 f., Rn. 196.

Konstruktionsprozesse, damit an Praktiken an, die bereits vor der Konstitutionalisierung der Unabhängigkeit der EZB in Art. 130 AEUV begannen. Der dogmatische Ausformungsprozess des Gehalts der Zentralbankenunabhängigkeit beginnt also nicht erst mit ihrer Konstitutionalisierung durch den Vertrag von Maastricht.[21] Die die Wirtschafts- und Währungsunion vorbereitenden Aushandlungsprozesse haben die Weichen für das verfassungsrechtliche Gepräge und das institutionelle Gefüge der WWU gestellt und dabei Strukturen geschaffen, die die Richtung der weiteren Entwicklung des Bedeutungsgehalts der Zentralbankenunabhängigkeit prädisponieren.[22] Die einzelnen Aushandlungsbeiträge auf dem Weg zur WWU mögen auf einen ersten Blick politischer und schließlich rechtspolitischer Natur sein und kein rechtsrelevantes Handeln darstellen, das klassischerweise in Dogmatik mündet. Sie fließen (nicht zuletzt) vor dem Hintergrund in den dogmatischen Ausformungsprozess des Bedeutungsgehalts der Unabhängigkeit der EZB mit ein, dass sie im rechtswissenschaftlich-dogmatischen Entwurfsgeschehen aufgegriffen, verarbeitet, damit Teil der rechtswissenschaftlichen Dogmatik zur Zentralbankenunabhängigkeit und im Zusammenspiel der aufgreifenden Rechtspraxis allgemein Bestand des dogmatischen Begriffs der Unabhängigkeit werden.

Einen solchen nicht nur die WWU vorbereitender, sondern auch für die Ausformung des Bedeutungsgehalts der Zentralbankenunabhängigkeit Weichen stellender Beitrag markiert etwa das *Genscher*-Memorandum,[23] nach welchem für die Errichtung einer Wirtschafts- und Währungsunion eine ›ideologische‹ Konvergenz in grundlegenden wirtschaftspolitischen Fragen dann ausreicht, wenn sich die Mitgliedstaaten normativ auf die deutsche Präferenz einer stabilen Währung einließen und institutionell eine nach dem Vorbild der Deutschen Bundesbank errichtete Zentralbank akzeptierten.[24] Damit entstand bereits in einem relativ frühen Stadium des Aushandlungsprozesses auf dem Weg eines Konsens der Wirtschafts- und Währungsunion das Konzept einer unabhängigen Geldpolitik, die institutionell durch die fachliche Eignung einer unabhängigen Zentralbank sichergestellt werden soll, indem sie

21 Vgl. insbes. Vauchez, *The Genie of Independence and the European Bottle.*

22 Vgl. Hufeld, *§2 Europäische Wirtschafts- und Währungsunion*, S. 159, Rn. 197.

23 Vgl. ebd., S. 159 f., Rn 197 ff.

24 Genscher-Memorandum abgedruckt in Henry Krägenau und Wolfgang Wetter, *Europäische Wirtschafts- und Währungsunion. Vom Werner-Plan zum Vertrag von Maastricht: Analysen und Dokumentation*, Baden-Baden: Nomos 1993, S. 309 f.; Christian Neumeier, »§10 Das Unionsrecht der Staatsfinanzierung. Fiskalregeln in der asymmetrischen Währungsunion«, in: Ulrich Hufeld und Christoph Ohler (Hg.), *Bd. 9: Europäische Wirtschafts- und Währungsunion*, Baden-Baden: Nomos 2022, S. 519, Rn. 33.

als primäres Ziel die vermeintlich gegenüber jeglichen materiellen Präferenzen indifferente, rein technisch zu bewerkstelligende Geldwertstabilität verfolgt.[25] Dieser den Bedeutungsgehalt der Unabhängigkeit der EZB ausformende Konstruktionsbeitrag steht im Kontext der deutschen Inflationserfahrung und des Narrativs der alleinigen Bewältigung durch die Deutsche Bundesbank. In dem Konstruktionsbeitrag wird der landesspezifische Kontext dekontextualisiert, indem die Nuancen der tatsächlichen Umstände der Hyperinflation und ihre Bewältigung, das heißt die Ursprungserfahrung, verkürzt werden, um so übergreifende (institutionelle) Merkmale der Bewältigung herauskristallisieren zu können, um sie dann für einen neuen Kontext fruchtbar zu machen.[26] Wie sich später in den weiteren Konstruktionsbeiträgen zeigen wird, bedeutet dieser Dekontextualisierungsvorgang keine Bereinigung oder Entledigung der Ursprungserfahrung. Ihre rechtlichen (wie etwa die deutschen positivrechtlichen Normbezüge und das rechtliche Normsystem) und faktischen Nuancen werden vielmehr nur verkürzt, um applizierbare Aussagen über die Unabhängigkeit einer Zentralbank treffen zu können, die dann in anderen Kontexten mit wenig Argumentationsaufwand wiederverwendbar sind. Diese Dekontextualisierung von der deutschen Ursprungserfahrung des Hyperinflationstraumas ermöglicht es dann in einem weiteren Schritt, allgemeine Merkmale der Deutschen Bundesbank herauszukristallisieren. Die identifizierten Merkmale umfassen die fachliche Eignung und den zugesprochenen weisungsfreien Raum, in welchem sie »hochgradig programmiert« handelt, indem sie primär das Ziel der Geldstabilität verfolgt. Diese Vertypung erspart die für die Konstruktion dieser Merkmale notwendigen Konstruktionsschritte, die zugehörige Arbeitsmethode und darüber hinaus komplexere Auseinandersetzungen mit den zugrundeliegenden rechtlichen wie faktischen Grundannahmen.

Das *Genscher*-Memorandum als dogmatischer Konstruktionsbeitrag wurde dann wiederum Anlass und Anreiz für eine weitere dogmatische Entwurfsskizze zur Zentralbankenunabhängigkeit,[27] nämlich in Form des *Delors*-Reports[28], der von Vertretern der mitgliedstaatlichen

25 Zur Vorreiterroller der Deutschen Bundesbank bezüglich der Unabhängigkeit von Zentralbanken nach dem Zweiten Weltkrieg, Michael Heine und Hansjörg Herr, *Die europäische Zentralbank. Eine kritische Einführung in die Strategie und Politik der EZB und die Probleme in der EWU*, Marburg: Metropolis 2008, S. 44, 48.

26 Zur Prämisse der Variabilität dogmatischer Wissensformen und ihre Gewährleistung durch Dekontextualisierung und Vertypung, Teil 3 C. III. (insbes. 2.).

27 Vgl. Teil. 3 D. IV. 2. e.

28 Delors-Bericht abgedruckt in Krägenau/Wetter, *Europäische Wirtschafts- und Währungsunion*, S. 146 ff.

Zentralbanken erarbeitet wurde.[29] Dieser knüpft an das *Genscher*-Memorandum in der Grundkonzeption einer unabhängigen Geldpolitik, institutionell sichergestellt durch ein besonders unabhängiges System der Zentralbanken, an, dekontextualisiert und vertypt selbst wiederum die vom *Genscher*-Memorandum herausgearbeiteten institutionellen Merkmale. Durch das Wiederaufgreifen des dogmatischen Beitrags des *Genscher-Memorandums* entwickelt sich zugleich Kontinuität wie Variabilität, da das Wiederaufgreifen mit einer Konfiguration einhergeht.[30] Der *Delors*-Report setzt nämlich andere Akzente und aktualisiert die im *Genscher*-Memorandum konzeptualisierte Bedeutung der Unabhängigkeit der EZB vor dem Hintergrund der Wechselkursproblematik, die mit der Deregulierung der Kapitalmärkte einhergehen würde.[31] In Anknüpfung an die durch die Einheitliche Europäische Akte beschlossene Vollendung des Binnenmarktprojekts sah der *Delors*-Report vor allen Dingen in der Liberalisierung bzw. Deregulierung der Kapitalmärkte bei den bestehenden ökonomischen Entwicklungsunterschieden die Gefahr der Wechselkursproblematik. Eine einheitliche und – durch das *Genscher*-Memorandum bereits konzeptionell vorbereitete – unabhängige Geldpolitik, sichergestellt durch eine unabhängige Zentralbank, würde instrumentell und institutionell zur Lösung dieser ökonomischen Probleme beitragen. Der Report stellte demnach fest, dass eine Koordinierung für die Wirtschaftsunion zwar ausreiche, es für die Währungsunion allerdings des »Übergangs« von der nationalen zu einer einheitlichen und unabhängigen Geldpolitik bedürfe.

Der Maastricht-Vertrag knüpft an den *Delors*-Report und dessen Ausgestaltung der Geld- und Fiskalpolitik an und bringt wiederum selbst eine Differenz dahingehend ins Spiel, dass er der monetären Integration (und damit auch der Verwirklichung einer einheitlichen und unabhängigen Geldpolitik, sichergestellt durch eine unabhängige Zentralbank) Vorrang vor der vorhergehenden Vergemeinschaftung der Wirtschafts- und insbesondere der Fiskalpolitik gab. Die einheitliche und unabhängige Geldpolitik wurde durch den Maastricht-Vertrag zum Instrument für die weitere ökonomische Integration, was für das konzeptionelle Verständnis der EZB und damit auch für den Bedeutungsgehalt der Unabhängigkeit eine nicht zu unterschätzende Bedeutung hat. Der Maastricht-Vertrag erhob den sich bereits in den vorangegangenen rechtsrelevanten

29 Neumeier, *§10 Das Unionsrecht der Staatsfinanzierung*, S. 519, Rn. 34.

30 Zur Entstehung einer metonymischen Kette durch Praktiken dogmatischen Entwerfens, vgl. Teil. 3 D. IV. 2. e.

31 Zu der dem Delors-Report zugrunde gelegten Annahme, dass die Unabhängigkeit unhintergehbarer Baustein der Erreichung der Stabilitätsziele ist, vgl. Vauchez, *The Genie of Independence and the European Bottle*, S. 20; Kathleen McNamara, »Rational fictions: Central bank independence and the social logic of delegation«, in: *West European Politics*, 25: 1 (2002).

Handlungen abzeichnenden Bedeutungsgehalt der Zentralbankenunabhängigkeit als Garanten und Hüter einer Geldpolitik, die durch eine rein technische Mechanik bewerkstelligt würde, zu einem zentralen Pfeiler nicht nur der Währungsunion.[32]

Diese die WWU vorbereitenden Beiträge und schließlich der Maastricht-Vertrag markieren Grundlinien des Bedeutungsgehalts der Zentralbankenunabhängigkeit und wirken wie Vorschattierungen auf die weiteren Ausformungsbeiträge, insbesondere des BVerfG. Der bis zu dieser Stelle ausgeformte Begriff der Unabhängigkeit speichert dabei nicht nur den sedimentierten Bedeutungsgehalt als artikuliertes Wissen, sondern darüber hinaus auch das latent gehaltene Wissen, zu denen unter anderem auch die Wirklichkeitsannahmen, voran jene des *Genscher-Memorandums*, gehören. Sie werden zwar nicht in der dargestellten »reinen« Bedeutung der Unabhängigkeit artikuliert, sind allerdings als implizites Wissen gleichwohl in dem Begriff der Unabhängigkeit mit enthalten. Im Moment des Fruchtbarmachens des dogmatischen Begriffs der »Unabhängigkeit« tritt das latente Wissen in Form spezifischer Anschlussmöglichkeiten und -zwänge in Erscheinung. Die Wirklichkeitsannahme, was Zentralbanken machen, wird damit nicht nur implizit im dogmatischen Begriff passiv abgespeichert, es bringt eine rechtliche Maßnahme (etwa der EZB) als auch die Wirklichkeit, die sie verarbeitet, im gleichen Maße hervor. Das latent gehaltene Wissen zeichnet dabei sowohl die kognitiven wie auch normativen Strukturen der weiteren Entscheidungsfindungsprozesse vor.

3. Fokus BVerfG

Dic Entscheidungsfindungsprozesse des BVerfG und ihre Ausformung des Gehalts der Unabhängigkeit der EZB sind maßgeblich durch das Maastricht-Urteil geprägt und wurden durch die weiteren Urteile zu OMT und PSPP weiter verdichtet und verfestigt. An diesen Urteilsentscheidungsfindungsprozessen des BVerfG lassen sich nicht nur die typisierten Verfahrensabschnitte der Praktiken dogmatischen Entwerfens[33] erkennen, sondern es lässt auch illustrieren, wie bereits bestehende dogmatische Wissensformen[34] wie Versatzstücke herangezogen werden und

32 Vgl. z.B. EZB Konvergenzbericht 2014 Lettland, S.55: »Um in Lettland ein der *nachhaltigen Konvergenz förderliches Umfeld zu schaffen und aufrechtzuerhalten*, bedarf es der *Durchführung einer auf* die Gewährleistung gesamtwirtschaftlicher Stabilität, *einschließlich dauerhafter Preisstabilität, ausgerichteten Wirtschaftspolitik.*«

33 Teil 3 D. IV.

34 Teil 3 C. II. und III.

so mit den beschriebenen Pfadabhängigkeiten und blinden Flecken[35] einhergehen.

a. Rekonstruktion des Entwurfsgeschehens des Bedeutungsgehalts

Das Bundesverfassungsgericht hat in seinem Maastricht-Urteil maßgeblich den Bedeutungsgehalt der Unabhängigkeit der EZB mit ausgeformt. So hält es fest, dass »[e]in wesentlicher Politikbereich, der mit dem Geldwert die individuelle Freiheit stützt und mit der Geldmenge auch das öffentliche Finanzwesen und die davon abhängigen Politikbereiche bestimmt, […] der *Weisungsbefugnis von Hoheitsträgern* und – außerhalb einer Vertragsänderung – *zugleich der gesetzgeberischen Kontrolle von Aufgabenbereichen und Handlungsmitteln entzogen* [wird]. Die Verselbständigung der meisten Aufgaben der Währungspolitik bei einer unabhängigen Zentralbank löst staatliche Hoheitsgewalt aus unmittelbarer staatlicher oder supranationaler parlamentarischer Verantwortlichkeit, *um das Währungswesen dem Zugriff von Interessentengruppen und der an einer Wiederwahl interessierten politischen Mandatsträger zu entziehen* […].«[36] Diese Ausformung des Bedeutungsgehalts der Unabhängigkeit der EZB als Schutz vor politischer Einflussnahme steht im Interesse einer langfristigen und stabilen Geldwertentwicklung. Die Ausrichtung und Begrenzung auf eine stabile Geldwertentwicklung ist zugleich Kompensation der mit der so konzeptualisierten Unabhängigkeit der EZB einhergehenden Legitimationsprobleme, die eine Bindung der EZB an ein eng verstandenes Mandat im Sinne der Priorität der Geldwertstabilität erfordern: »Diese Einschränkung der von den Wählern in den Mitgliedstaaten ausgehenden demokratischen Legitimation berührt das Demokratieprinzip, ist jedoch als eine in Art. 88 Satz 2 GG vorgesehene Modifikation dieses Prinzips mit Art. 79 Abs. 3 GG vereinbar. Die im Blick auf die Europäische Union vorgenommene Ergänzung des Art. 88 GG *gestattet eine Übertragung von Befugnissen der Bundesbank auf eine Europäische Zentralbank, wenn diese den ›strengen Kriterien des Maastrichter Vertrages* und der Satzung des Europäischen Systems der Zentralbanken hinsichtlich *der Unabhängigkeit der Zentralbank und der Priorität der Geldwertstabilität‹* entspricht […].«[37]

Die durch das dogmatische Entwurfsgeschehen des BVerfG erfolgte Ausformung des Bedeutungsgehalts ist dabei auch nicht willkürlich fabriziert, sondern – eingebettet in institutionalisierten Praktiken –: »Diese

35 Teil 3 C. VI.

36 BVerfG Urteil v. 12.10.1993, Az. 2 BvR 2134/92, 2 BvR 2159/92, *Maastricht,* in: *BVerfGE* 89, 155, Rn. 207 f.

37 Ebd., Rn. 208.

Modifikation des Demokratieprinzips im Dienste der Sicherung des in eine Währung gesetzten Einlösungsvertrauens ist vertretbar, weil es der - *in der deutschen Rechtsordnung erprobten und, auch aus wissenschaftlicher Sicht, bewährten* - Besonderheit Rechnung trägt, daß eine unabhängige Zentralbank den Geldwert und damit die allgemeine ökonomische Grundlage für die staatliche Haushaltspolitik und für private Planungen und Dispositionen bei der Wahrnehmung wirtschaftlicher Freiheitsrechte eher sichert als Hoheitsorgane, die ihrerseits in ihren Handlungsmöglichkeiten und Handlungsmitteln wesentlich von Geldmenge und Geldwert abhängen und auf die kurzfristige Zustimmung politischer Kräfte angewiesen sind.«[38] Die Ausformung des Bedeutungsgehalts der Unabhängigkeit der EZB durch das BVerfG knüpft damit an dogmatisches »Vorratswissen« einer durch die deutsche Rechtswissenschaft und Rechtspraxis geformten Rechtskultur an. Dieses »Vorratswissen« umfasst dabei nicht nur die bestehende Dogmatik zur Unabhängigkeit der Deutschen Bundesbank, sondern auch zu den freiheitlichen Grundrechten. Sie werden als argumentative Versatzstücke im dogmatischen Entwurfsgeschehen zum Bedeutungsgehalt der Unabhängigkeit der EZB verarbeitet.

Diese »Versatzstücke« gehen – wie es sich bereits im Maastricht-Urteil des BVerfG selbst abzeichnet – mit Anschlusszwängen einher, etwa in Form der aus diesem Konzept der Zentralbankenunabhängigkeit fließenden Legitimationsprobleme und der sich im Zuge dessen herausbildenden »Kompensationsdogmatik« des BVerfG. Die konsequenterweise entstehenden Legitimationsprobleme werden durch eine verstärkte materiell-rechtliche Bindung des EZB an den Rechtsgrundsatz der Priorität der Geldwertstabilität (Art. 127 AEUV) kompensiert. Die Kompensation durch die Konstruktion einer verstärkten materiell-rechtlichen Bindung eröffnet spiegelbildlich eine verschärfte gerichtliche Kontrolldichte, sowohl hinsichtlich der Mittel als auch der Auswirkungen der Zielsetzung der Maßnahmen der EZB; sie vergrößert damit den rechtlichen Möglichkeitsraum des Verfassungsgerichts, die Einhaltung dessen zu kontrollieren. So führt das BVerfG in seinem OMT-Urteil weiter aus: »Kompensatorisch gebieten Demokratieprinzip und Volkssouveränität jedoch eine restriktive Auslegung des währungspolitischen Mandates der EZB und eine *strenge gerichtliche Kontrolle seiner Einhaltung*, um das abgesenkte demokratische Legitimationsniveau ihres Handelns zumindest auf das unbedingt Erforderliche zu beschränken.«[39]

Im PSPP-Vorlagebeschluss greift das BVerfG dieselbe Argumentation noch einmal auf und erneuert sie vor dem Hintergrund des problem- und

38 Ebd., Rn. 208 f.

39 BVerfG Urteil v. 21.06.2016, Az. 2 BvR 2728/13, 2 BvR 2729/13, 2 BvR 2730/13, 2 BvR 2731/13, 2 BvE 13/13, *OMT*, in: *BVerfGE* 142, 123, Rn. 220 f. mit Verweis auf und in Fortführung BVerfG, *Maastricht*, Rn. 207 ff.

situationsspezifischen Hintergrunds.[40] Im PSPP-Schlussurteil heißt es dann, dass das Mandat des ESZB »wegen der mit der Unabhängigkeit der EZB und der nationalen Zentralbanken [...] verbundenen Absenkung des demokratischen Legitimationsniveaus ihrer Entscheidungen *eng begrenzt* sein müsse. Die gewährleistete *Unabhängigkeit bezieht sich nur auf die der EZB durch die Verträge eingeräumten Befugnisse und deren inhaltliche Ausgestaltung*, nicht aber auf die Bestimmung von Umfang und Reichweite ihres Mandats. [...] Mit dieser verfassungsrechtlich gebotenen restriktiven Auslegung ist eine Interpretation der währungspolitischen Einzelermächtigungen offensichtlich unvereinbar, die die Angabe eines geldpolitischen Ziels beim Einsatz von Anleihekäufen ausreichen lässt und die wirtschafts- und fiskalpolitischen Wirkungen des PSPP sowohl für die Abgrenzung der Kompetenztitel als auch im Rahmen der Verhältnismäßigkeitsprüfung für unmaßgeblich erklärt, selbst wenn diese Wirkungen vorhersehbar sind, bewusst in Kauf genommen oder möglicherweise sogar (stillschweigend) angestrebt wurden [...].«[41]

Vom Maastricht- zum OMT- und PSPP-Urteil kristallisiert sich ein sedimentierter Bedeutungsgehalt der Unabhängigkeit der EZB heraus, der im Zusammenspiel mit der deutschen Rechtswissenschaft sozial erprobt ist und sich in der deutschen Rechtsdogmatik bewährt hat. Vom Maastricht-Urteil zu den folgenden Urteilen wird bereits auch deutlich, dass die im Maastricht-Urteil aufwendigen Konstruktionsschritte zur Verkoppelung von Preisstabilität und Zentralbankenunabhängigkeit, ihre Abkoppelung von der Politik und die verstärkte Rechtsbindung an den Rechtsgrundsatz der Preisstabilität in den folgenden Urteilen verkürzt werden, indem lediglich der zur Dogmatik geronnene Begriff der Unabhängigkeit der EZB herangezogen wird. Der dogmatische Begriff verkürzt ›wie ein mathematisches Integral‹ die Konstruktionsschritte als auch die Wirklichkeitsmodelle, ›sodass sie nicht immer neu durchgerechnet werden müssen‹. Der aus den Urteilen des BVerfG und dessen rechtswissenschaftlicher Aufbereitung sedimentierte Bedeutungsgehalt der Unabhängigkeit der EZB entledigt sich allerdings diesen Konstruktionsschritten und zugrunde gelegten Wirklichkeitsmodellen nicht. Sie sind als latent gehaltenes Wissen in dem Bedeutungsgehalt

und mit Verweis auf und in Verarbeitung der rechtswissenschaftlichen Aufbereitung Alicia Hinarejos, »Gauweiler and the Outright Monetary Transactions Programme: The Mandate of the European Central Bank and the Changing Nature of Economic and Monetary Union. European Court of Justice, Judgment of 16 June 2015, Case C-62/14 Gauweiler and others v Deutscher Bundestag«, in: *European constitutional law review*, 11: 3 (2015).

40 BVerfG Urteil v. 05.05.2020, Az. 2 BvR 859/15, *PSPP*, in: *BVerfGE* 154, 17.

41 Ebd., Rn. 143.

der Unabhängigkeit mit enthalten. Durch die Verkürzung und Speicherung in dem dogmatischen Begriff stellen sie ein arbeitserleichterndes Vorratswissen bereit.[42]

Der Bedeutungsgehalt der Unabhängigkeit der EZB und die in ihr enthaltene Verkoppelung von Preisstabilität und Zentralbankenunabhängigkeit, ihre Abkoppelung von der Politik als auch die konsequente Kompensationsdogmatik einer verstärkten Rechtsbindung der EZB sind derart dogmatisch stabilisiert, dass deren Hintergrundfolien und -annahmen sowie deren zugrundeliegende Prämissen nicht mehr zur Disposition oder Reflektion stehen, sondern als verkürzter Begründungsweg im Entscheidungsfindungsprozess (wie etwa im OMT- oder PSPP-Fall) aufgegriffen und aktualisiert werden.[43]

b. Zugrunde gelegte Wirklichkeitsannahmen

Dem sedimentierten Bedeutungsgehalt der Unabhängigkeit der EZB liegt die Annahme zugrunde, dass eine langfristig stabile Geldwertentwicklung am besten durch die besondere fachliche Eignung einer unabhängigen Zentralbank abgesichert wird. »Danach ist eine nicht auf kurzfristige, tendenziell inflationäre Effekte, sondern auf langfristig stabile Geldwertentwicklung angelegte Geldpolitik am besten durch eine Entpolitisierung der Institution, d. h. ihre institutionelle Loslösung von direkter politischer Einflussnahme möglich, weil nur die Abkopplung von den elektoralen Entscheidungszyklen des politischen Systems hinreichend langfristige Entscheidungszyklen ermöglicht.«[44] Die größte Bedrohung für den geldpolitischen Entscheidungsspielraum einer Zentralbank für das langfristige Ziel der Preisstabilität geht demnach von der Politik (und insbesondere der expansiven Fiskalpolitik) kurzsichtig handelnder Regierungen aus, da sie maßgeblich von elektoralen Anreizen gesteuert seien.[45] Das Prinzip der Zentralbankenunabhängigkeit ist damit (je nach Ausgestaltung) ein Gegengewicht bzw. eine Begrenzung für eine ›verschuldungsfreudige Wirtschafts- und Sozialpolitik‹[46] (was gut in das Narrativ ›der Zähmung politischer Leidenschaft durch ökonomische

42 Vgl. Teil 3 C. III.

43 Vgl. Meinel, *§20 Unionsverfassungsrecht des Europäischen Systems der Zentralbanken*, S. 986, Rn. 70.

44 Ebd., S. 984, Rn. 68.

45 Zur fraglichen empirischen Belastbarkeit, vgl. insbes. Joscha Wullweber, *Zentralbankkapitalismus. Transformationen des globalen Finanzsystems in Krisenzeiten*, Berlin: Suhrkamp 2021, S. 44.

46 Zu diesem konzeptionellen Zusammenhang von Zentralbankenunabhängigkeit und Wirtschafts- und Sozialpolitik, Meinel, *§20 Unionsverfassungsrecht des Europäischen Systems der Zentralbanken*, S. 991, Rn. 80.

Vernunft‹[47] passt) und strukturiert darüber mittelbar den Möglichkeitsraum von Regierungen für (direkte und indirekte) Umverteilung, was auf die Ungleichheitsrelevanz des Zugriffs auf die Zentralbankenunabhängigkeit verweist. Die »Mittelbarkeit« der Strukturierung des Möglichkeitsraums der Regierungen für wirtschafts- und sozialpolitische Maßnahmen über die Ausgestaltung der Zentralbankenunabhängigkeit darf nicht über ihre weitreichenden Effekte und damit über ihre zentrale Rolle in Fragen der Ungleichheit hinwegtäuschen.[48]

Das Wirklichkeitsmodell der Bedrohung des Entscheidungsspielraums der Zentralbanken durch die Politik geht wiederum von der Vorstellung aus, was Zentralbanken machen bzw. machen sollten, nämlich durch die Steuerung der Geldmenge die Preisstabilität sichern. Ihre Aufgabe wird als »modulierend« verstanden,[49] während die Allokationsentscheidungen am besten den Finanzmärkten überlassen werden, die zwar durchaus »Marktgewinner und Marktverlierer« hervorbringen (wodurch ihnen damit immer eine gewisse Ungleichheitsrelevanz inhärent ist), was aber letztlich nur Ausdruck gesetzmäßiger Marktprozesse ist. Die geldpolitischen Maßnahmen einer Zentralbank selbst seien (allein aufgrund der Aufgabenzuordnung) neutral. Sie bilden lediglich die Prozesse der Konsumgüter- und Dienstleistungsmärkte und nach der Finanzkrise dann auch der Rohstoff- oder Finanzmärkte ab, die zwar durchaus Verteilungsimplikationen haben, die aber Ergebnis gesetzmäßiger Marktprozesse sind und darüber hinaus nichts an der Neutralität der Geldpolitik ändern. Die Annahme der neutralen Abbildung gesetzmäßiger Marktprozesse ist letztlich Kehrseite der Annahme der »Neutralität« des Geldes.[50] Die Geldpolitik sei demnach eine allen Präferenzen gegenüber indifferente »Maschine«, die alles wirtschaftliche Handeln abstützen und begleiten kann[51] und sich auf der Basis richtiger Geldmengenanalysen mehr oder

47 Christian Hjaate Lokdam, *Banking on Sovereignty. A Genealogy of the European Central Bank's Independence,* London: London School of Economics and Political Science 2019, S. 103; Meinel, *§20 Unionsverfassungsrecht des Europäischen Systems der Zentralbanken*, S. 985, Rn. 69.

48 Michael Aklin u.a., *Does central bank independence increase inequality?* 2021.

49 Robert Hockett und Saule Omarova, »Central Banking and Finance - The Franchise View«, in: *LPE Project Blog*, 03.13.2019 (03.13.2019); Robert Hockett, »A fixer-upper for finance«, in: *Washington University Law Review*, 87: 6 (2009).

50 Jakob de Haan, »Some Reflections on the Political Economy of Monetary Policy«, in: *Review of Economics*, 70: 3 (2019), S. 215; Alberto Alesina und Guido Tabellini, »Bureaucrats or politicians? Part II: Multiple policy tasks«, in: *Journal of Public Economics*, 92: 3–4 (2008).

51 Meinel, *§20 Unionsverfassungsrecht des Europäischen Systems der Zentralbanken*, S. 988 f., Rn. 75.

weniger ableiten lasse, demnach quasi automatisch sei. Hieraus folgt konsequenterweise auch, dass eine Geldpolitik, die über die Geldstabilität hinaus politisch ist, nicht allein die gesetzmäßigen Marktprozesse abbilde, misslingt und es demnach einer »entpolitisierten« Geldpolitik bedarf. Damit diese auf einem »rein« ökonomischen Sachverstand basierende, durch »rein« technologische Instrumente zu bewerkstelligende, für die Geldstabilität maßgebliche Geldpolitik betrieben werden kann, bedarf es eines weisungsfreien Raums, eines Politikreservats für die Zentralbank als »unbestechliche Hüterin«.[52]

Diese modellhaften Geldmengenanalysen setzen jedoch auf einer normativen Hintergrundfolie auf, die nur ein spezifisches Wirklichkeitsmodell abdeckt und demnach nur spezifische, dementsprechend als relevant identifizierte Informationen und gerade nicht indifferent alles wirtschaftliche Handeln verarbeitet. Das geldpolitische Handeln ist darüber hinaus von Rahmenbedingungen beeinflusst, welche nach dem zugrunde gelegten Wirklichkeitsmodell einer »unpolitischen Mechanik« der reinen Abbildung der Marktabläufe keine Rolle spielen (dürfen), demnach weder beobachtbar noch thematisierbar sind. Diese blinden Flecken werden durch die Eigenrationalitäten dogmatischer Wissensgenerierungsprozesse weiter verschärft, die aufgrund ihrer vorherrschenden Ausgestaltung ebenfalls ihre eigenen Prozesse der Rechts- und Wirklichkeitsverarbeitung (und ihrer strukturierenden Bedingtheit aufgrund der Rahmenbedingungen) nicht beobachtet und damit rückblickend reflektiert.

Zusammenfassend liegt der sedimentierten Bedeutung der Unabhängigkeit der EZB (Schutz vorpolitischem Druck und politischer Einflussnahme) eine konkrete inhaltliche Vorstellung dessen zugrunde, was unabhängige Zentralbanken tun, nämlich allein nach ihrem ökonomischen Sachverstand und mit Hilfe einer rein technischen Mechanik der Geldmengenanalyse eine für die Geldstabilität maßgebliche Geldpolitik zu *vollziehen*, und was sie nicht tun (bzw. tun sollten), nämlich über die Geldstabilität hinaus andere (damit in Konflikt stehende) politische Ziele und Effekte im Blick zu haben und zu verfolgen oder gerade nicht »marktneutral«, das heißt indifferent, Marktprozesse und ökonomische Wirklichkeiten unterschiedslos abzubilden, sondern durch die Geldpolitik selbst hervorzubringen. Diese Vorstellung, was eine Zentralbank macht (und machen sollte), wird durch ihre Ausrichtung und Begrenzung auf eine »rein technisch« zu bewerkstelligende Geldwertstabilität gewährleistet, deren Hüterin eine frei von Weisungen und allein von ihrem ökonomischen Sachverstand geleitete Zentralbank ist. Damit liegt das Wirklichkeitsmodell der EZB eines »unbestechlichen Hüters einer unpolitischen Mechanik« der Zentralbankenunabhängigkeit zugrunde.

52 Ebd., S. 987 f., Rn. 73 f.

4. Fokus EuGH

Ein weiterer den Bedeutungsgehalt der Unabhängigkeit der EZB ausformender Beitrag erfolgt durch die Entscheidungsfindungsprozesse des EuGH. Bereits in der Entscheidung Kommission/EZB hat der EuGH die Unabhängigkeit der EZB als Schutz der Entscheidungsträger der EZB »*vor externen Einflussnahmen*« gesehen, »die mit der Wahrnehmung der Aufgaben in Konflikt geraten könnten, die der AEU-Vertrag und das Protokoll über das ESZB und die EZB dem ESZB übertragen. So soll dieser Artikel das ESZB im Wesentlichen *vor jedem politischen Druck schützen*, damit es die für seine Aufgaben gesetzten Ziele durch die unabhängige Ausübung der spezifischen Befugnisse, über die es zu diesen Zwecken nach dem Primärrecht verfügt, wirksam verfolgen kann.«[53] Auch der EuGH formt den Bedeutungsgehalt der Unabhängigkeit der EZB als weisungsfreien Raum und Schutz vor politischer Einflussnahme für eine stabile Geldwertentwicklung aus. Diesem Bedeutungsgehalt liegt ein vergleichbares ökonomisches Wirklichkeitsmodell zugrunde, das auch das BVerfG seiner Konstruktion des Bedeutungsgehalts zugrunde legt, wonach die EZB unter Einsatz ihres (vermeintlich rein) »wirtschaftlichen Sachverstandes« und unter Einsatz (vermeintlich rein) »technischer Mittel« eine allein für die Geldstabilität maßgebliche Politik betreibt.[54] Demnach besteht auch bei den Ausformungsbeiträgen des EuGH die Vorstellung der EZB als »unbestechliche Hüterin einer unpolitischen Mechanik«. Auch wenn der EuGH nicht davon ausgeht, dass die EZB von jeder Rechtsbindung und -kontrolle ausgenommen sowie vor jeder Gesetzgebung geschützt und damit »keineswegs von jeder Form normativen Handelns des Gemeinschaftsgesetzgebers« entzogen sei,[55] strukturiert das der Ausformung des Bedeutungsgehalts der Unabhängigkeit zugrunde gelegte ökonomische Wirklichkeitsmodell die Frage, ob und inwiefern Rechtsbindung besteht.

Hierbei folgt der EuGH nicht der Kompensationslogik des BVerfG (wonach die Unabhängigkeit durch eine verschärfte materiell-rechtliche Bindung an ein enges Mandat der Preisstabilität und spiegelbildlich durch eine enge gerichtliche Kontrolldichte kompensiert wird). Vielmehr geht er – vor dem Hintergrund der technischen und ökonomischen Komplexität – von einer weiten Prärogative der EZB mit Blick auf die Instrumente und Effekte der Zielsetzung der Geldstabilität aus. In den

53 EuGH Urteil v. 16.06.2015, Az. C-62/14, ECLI:EU:C:2015:400, *Gauweiler*, Rn. 40; EuGH Urteil v. 10.07.2003, Az. C-11/00, ECLI:EU:C:2003:395, *Kommission/EZB*, Rn. 134.

54 EuGH, *Gauweiler*, Rn. 75.

55 EuGH, *Kommission/EZB*, Rn. 135; vgl. darüber hinaus auch EuGH, *Gauweiler*, Rn. 41; EuGH Urteil v. 11.12.2018, Az. C-493/17, EU:C:2018:1000, *Weiss*, Rn. 23.

Entscheidungen *Gauweiler*[56] und *Weiss*[57] betont der EuGH im Gegensatz zur Kompensationsdogmatik des BVerfG die Weite des Ermessens der EZB, welche lediglich hinsichtlich äußerster Beurteilungsfehler gerichtlich kontrolliert wird: »Insoweit kann der vom vorlegenden Gericht angeführte Umstand, dass gegen diese mit einer Begründung versehene Analyse Einwände erhoben wurden, als solcher nicht genügen, um mit einer Beurteilung in Frage zu stellen, dass vom ESZB mit Rücksicht darauf, dass geldpolitische Fragen gewöhnlich umstritten sind und *es über ein weites Ermessen* verfügt, nicht mehr als der Einsatz seines *wirtschaftlichen Sachverstands* und der ihm zur Verfügung stehenden notwendigen *technischen Mittel* verlangt werden kann, um diese Analyse mit Sorgfalt und Genauigkeit durchzuführen.«[58] Es erfolgt damit gerade keine verschärfte materiell-rechtliche Kontrolle der primären Verfolgung des Ziels der Preisstabilität, weder hinsichtlich der Mittel noch der Auswirkungen.[59] Die Mittel als auch die Beurteilung wirtschaftspolitischer Effekte der Geldpolitik als auch geldpolitische Effekte der Wirtschaftspolitik fallen demnach in die Unabhängigkeit der EZB.[60] Hieraus folgt, dass die inhaltliche Ausgestaltung der Rechtsbindung der EZB konsequenterweise auch eine andere sein muss. Der EuGH geht im Gegensatz zum BVerfG nicht von einer Verschärfung der Rechtsbindung an ein eng verstandenes Mandat, sondern von der Rechtsbindung durch den Grundsatz der Verhältnismäßigkeit aus, die ein »maßstabsähnlicher Platzhalter einer richterlich eher angeleiteten Selbstkontrolle der EZB« darstellt.[61] In Übereinstimmung mit dem BVerfG geht auch der EuGH von der inhaltlichen Vorstellung aus, dass die EZB allein nach ihrem ökonomischen Sachverstand und mit Hilfe einer rein technischen Mechanik der Geldmengenanalyse eine für die Geldstabilität maßgebliche Geldpolitik vollziehe.

C. Pfadabhängigkeiten in der ökonomischen Wirklichkeitsverarbeitung

An den Ausformungsprozessen lassen sich das zugrunde gelegte ökonomische Wirklichkeitsmodell rekonstruieren, das sich zwar im Zuge der rechtsrelevanten Handlungen zur Ausformung des Bedeutungsgehalts fortlaufend aktualisiert hat, bei denen es sich allerdings aufgrund der

56 EuGH, *Gauweiler*.
57 EuGH, *Weiss*.
58 EuGH, *Gauweiler*, Rn. 75.
59 Ebd., Rn. 46.
60 Ebd., Rn. 48 ff.; EuGH, *Weiss*, Rn. 73.
61 Meinel, §20 *Unionsverfassungsrecht des Europäischen Systems der Zentralbanken*, S. 999, Rn. 99.

Wiederholung der grundsätzlichen Architektur nur um eine Fortschreibungen und Anpassungen im Rahmen dessen handelt. Die grundsätzliche Perspektive und damit Richtung der Entwicklung des Bedeutungsgehalts bleiben unverändert.

Aus dem ökonomischen Wirklichkeitsmodell, das die Politik und spezifischer die expansive Fiskalpolitik kurzsichtig handelnder Regierungen als Bedrohungsquelle für den geldpolitischen Entscheidungsspielraum einer Zentralbank zur Verfolgung der Preisstabilität sieht und demnach die Unabhängigkeit der EZB als ›unbestechliche Hüterin einer unpolitischen Mechanik‹ ausformt, folgen Pfadabhängigkeiten für die Wirklichkeitsverarbeitung im Bereich der Wirtschaftspolitik und der Finanzmärkte. Das dem Bedeutungsgehalt zugrundeliegende Wirklichkeitsmodell strukturiert, was als »relevante« Information im Sinne der Identifikation der Quelle der Gefährdung der Unabhängigkeit der EZB in akteursspezifischer und gegenstandsbezogener Hinsicht überhaupt in Betracht zu ziehen ist. Sie strukturiert die Sachverhaltskonstruktion und rekursiv verflochten die rechtliche Bewertung und schließlich den rechtlichen wie faktischen Möglichkeitsraum.

I. Fiskalstabilität

Vor dem Hintergrund der Wirklichkeitsannahme, dass die größte Bedrohung für den geldpolitischen Entscheidungsspielraum einer Zentralbank für das langfristige Ziel der Preisstabilität von der Politik und spezifischer der expansiven Fiskalpolitik kurzsichtig handelnder Regierungen ausgeht, bedarf es konsequenterweise bindender Regeln, um eine expansive Fiskalpolitik der Mitgliedstaaten zu verhindern. Die Fiskalregeln sollen bereits die Entstehung inflationärer Tendenzen durch eine expansive Fiskalpolitik vermeiden.[62] In dieser Hinsicht sind die Fiskalregeln des Unionsrechts die Kehrseite der Zentralbankenunabhängigkeit[63] und können demnach als Pfadabhängigkeit in der Strukturierung des rechtlich und schließlich faktisch Möglichen beschrieben werden.[64] Sie haben in dieser Hinsicht keine eigenständige normative Bedeutung,[65] sondern

62 Vgl. auch die Erwägungsgründe des Stabilitäts- und Wachstumspakts, VO (EG) Nr. 1466/97 Nr. 1.

63 Ebd., S. 955 Rn. 3.

64 Zu den Fiskalregeln als funktionale Garantien einer unabhängigen Geldpolitik, vgl. insbes. Neumeier, *§10 Das Unionsrecht der Staatsfinanzierung*, S. 527 ff.

65 Vgl. Helmut Siekmann, »Law and Economics of the Monetary Union«, in: Thomas Eger und Hans-Bernd Schäfer (Hg.), *Research handbook on the economics of European Union law*, Cheltenham: Edward Elgar 2012, S. 367 ff.: »safeguards for procuring price stability«.

sollen vielmehr (präventiv) verhindern, dass es durch die Fiskalpolitik der Mitgliedstaaten zu fiskalischen Bedingungen kommt, die die EZB faktischen Handlungszwängen aussetzen, es zu Ein- und Rückwirkungen auf den Entscheidungsspielraum und damit der Unabhängigkeit der EZB kommt und so schließlich eine langfristige stabile Geldwertentwicklung gefährdet sein könnte.[66] Sie dienen demnach der »Sicherung eines geldpolitischen Entscheidungsspielraums der Europäischen Zentralbank«.[67] Die dahinterstehende Annahme ist unter anderem auch die Vermutung, dass »Länder mit höheren Schulden zugleich Anreize haben, sich inflationsfreundlich zu zeigen, um ihre reale Schuldenlast im Wege der Geldentwertung abzumildern«,[68] was wieder der dem Bedeutungsgehalt der Unabhängigkeit der EZB zugrundeliegenden Wirklichkeitsannahme der Bedrohung kurzsichtig handelnder Regierungen entspricht. Dabei ist der Zusammenhang zwischen expansiver Fiskalpolitik und Inflation alles andere als notwendig; ein Zusammenhang besteht nämlich nur dann, wenn die Verschuldung durch eine Ausweitung der Geldmenge finanziert werden würde,[69] das heißt die EZB eine expansive Fiskalpolitik der Mitgliedstaaten unmittelbar monetär finanzieren würde.[70]

66 Zum Zusammenhang zwischen Inflation und Verschuldung, vgl. Reinhard Neck und Jan-Egbert Sturm, »Sustainability of Public Debt: Introduction and Overview«, in: Jan-Egbert Sturm und Reinhard Neck (Hg.), *Sustainability of public debt,* Cambridge: MIT Press 2008, S. 5. Zum politischen Druck vgl. Ulrich Häde, »Art. 126 AEUV«, in: Christian Calliess und Matthias Ruffert (Hg.), *EUV, AEUV Kommentar. Das Verfassungsrecht der Europäischen Union mit Europäischer Grundrechtecharta,* München: C.H. Beck 2016, Rn. 2; Roel Beetsma und Harald Uhlig, »An analysis of the Stability and Growth Pact«, in: *The Economic Journal*, 109: 458 (1999), S. 547.

67 Neumeier, *§10 Das Unionsrecht der Staatsfinanzierung*, S. 527, Rn. 50.

68 Ebd. Zum dahinterstehenden moral hazard Argument, vgl. urspr. John M. Marshall, »Moral hazard«, in: *American Economic Review*, 66: 5 (1976). Zum moral hazard Argument speziell Kontext der WWU, vgl. Lars P. Feld u.a., »Divergence of liability and control as the source of over-indebtedness and moral hazard in the European Monetary Union«, in: Richard Baldwin und Francesco Giavazzi (Hg.), *The Eurozone crisis. A consensus view of the causes and a few possible remedies,* CEPR Press London 2015, S. 188. Vgl. auch Varadarajan. Chari und Patrick Kehoe, »Time Inconsistency and Free-Riding in a Monetary Union«, in: *Journal of Money, Credit and Banking*, 40: 7 (2008); Roel Beetsma und A. Lans Bovenberg, »Does monetary unification lead to excessive debt accumulation?«, in: *Journal of Public Economics*, 74: 3 (1999).

69 Bennett T. McCallum und Edward Nelson, »Monetary and fiscal theories of the price level: the irreconcilable differences«, in: *Oxford Review of Economic Policy*, 21: 4 (2005), S. 572.

70 Zum *monetary bail-out*, vgl. Willem Buiter u.a., »Excessive deficits: sense and nonsense in the Treaty of Maastricht«, in: *Economic policy*, 8: 16 (1993); Neumeier, *§10 Das Unionsrecht der Staatsfinanzierung*, S. 529 f., Rn. 55.

Die Fiskalregeln, die letztlich Pfadabhängigkeiten des dogmatisch ausgeformten Bedeutungsgehalts der Zentralbankenunabhängigkeit sind, bedeuten eine Beschränkung mitgliedstaatlicher Fiskalautonomie und damit eine weitere Entpolitisierung.[71] Die Beschränkung der Fiskalautonomie und bewirkte Entpolitisierung werden dabei als zentrales Verbindungsglied zwischen Zentralbankenunabhängigkeit und Ungleichheit erachtet,[72] indem durch die Einschränkung des fiskalischen Spielraums (strukturiert durch das Recht der Zentralbankenunabhängigkeit) die Fähigkeit der Regierungen, Umverteilung zu betreiben, geschwächt wird.

Wenn in akteurs- und gegenstandsspezifischer Hinsicht die kurzsichtig handelnde Regierung zu fiskalisch expansivem Handeln, damit zur Verschuldung neige, dies die Inflation antreibe und so das Ziel der Preisstabilität gefährde, dann zieht dies konsequenterweise nicht nur die Verpflichtung der Mitgliedstaaten auf Fiskalstabilität als Pfadabhängigkeit nach sich, sondern erfordert über die so bewirkten fiskalischen Freiheits- bzw. Autonomieverluste für die Mitgliedstaaten Kompensationsmaßnahmen. Auch sie sind Pfadabhängigkeiten des dogmatischen Begriffsgebildes der Unabhängigkeit der EZB. Die Geldstabilität, die unmittelbar mit der Unabhängigkeitsdogmatik verkoppelt ist, zieht als Pfadabhängigkeit die Zielvorgabe der Defizitbegrenzung nach sich, was als Eingriff in die fiskalische Autonomie der Mitgliedstaaten eine Kompensation erfordert und durch die Mittelfreiheit gewährt wird: »Das ›Ob‹ der Defizithöchstgrenze ist vorgegeben, das ›Wie‹ in der Auswahlfreiheit verbleibt bei den Mitgliedstaaten.«[73] Diese Art der Kompensation ist Teil einer sich abzeichnenden allgemeinen europäischen Kompensationsdogmatik, wie sie etwa auch im Rahmen der Koordinierung der Wirtschaftspolitiken nach Art. 121 AEUV vorgesehen ist, wonach ebenfalls »Grundzüge« vorgegeben und ansonsten die Eigenverantwortlichkeit der Mitgliedstaaten erhalten werden.[74] Für den Bereich der Fiskalpolitik bedeutet dies, dass Regierungen über die Zielvorgabe zwar mittelbar gezwungen werden, zwischen Ausgabenpositionen zu priorisieren, da die Ausgaben nicht beliebig erhöht werden können, aber grundsätzlich in ihrer Wahl und Höhe der Ausgabenpositionen bei der Aufstellung ihres Haushalts

71 Ulrich Hufeld und René Repasi, »§ 8 Das sekundäre Recht der wirtschaftspolitischen Koordinierung«, in: Ulrich Hufeld und Christoph Ohler (Hg.), *Bd. 9: Europäische Wirtschafts- und Währungsunion,* Baden-Baden: Nomos 2022, S. 401 f., Rn. 20.

72 Vgl. Aklin/Kern/Negre, *Does central bank independence increase inequality?*

73 Armin Steinbach, »§ 6 Marktwirtschaft und Systementscheidungen im Recht der WWU«, in: Ulrich Hufeld und Christoph Ohler (Hg.), *Bd. 9: Europäische Wirtschafts- und Währungsunion,* Baden-Baden: Nomos 2022, S. 335, Rn. 77.

74 Ebd.

frei sind. Die Zielvorgabe bei grundsätzlicher Mittelfreiheit bewirkt Flexibilität, Entmaterialisierung und Delegation von Entscheidungsbefugnissen[75] der Mitgliedstaaten, was die Eigenverantwortlichkeit der Mitgliedstaaten betont und ihre Möglichkeitsräume vervielfältigen kann: So ermöglicht die Kompensationskonstruktion für die Mitgliedstaaten grundsätzlich einen flexiblen Raum bei der Aufstellung ihrer Haushalte und Anpassungen bei der Priorisierung ihrer Ausgabenpositionen angesichts nicht vorhersehbarer und sich auch stetig ändernder nationaler Bedarfskonstellationen. Mitgliedstaaten haben so die Möglichkeit, erfahrungsbasiert bei Bedarf die Priorisierung der Ausgabenposition zu revidieren. Darüber hinaus wird dieser Prozess dahingehend entmaterialisiert, dass keine inhaltlichen Vorgaben für die Festlegung von Ausgabenpositionen und ihre Verteilung gemacht werden, was einen variablen Variationsrahmen der Ausgabenpolitik ermöglicht. Diese Ziel- und Objektlosigkeit bewirkt Ungewissheit, die zum einen als produktive Ressource fiskalischen Aushandlungsprozessen zwischen der Regierung und dem Parlament Spielräume der Ausgestaltung gewährt und zum anderen ein Vakuum hinterlässt, dessen Ausfüllung durch Rahmenbedingungen des jeweiligen Mitgliedstaats strukturiert wird.[76] Auch die Delegation der Entscheidungsbefugnisse an die Mitgliedstaaten bedeutet, dass national haushaltsrelevantes Wissen generiert und verarbeitet wird, was allerdings mit perspektivischen blinden Flecken einhergeht, die sich in Form fehlender ausreichender Berücksichtigung von Aspekten, die unional und kollektiv die Mitgliedstaaten betreffen (wie etwa Klimawandel, Migration, aber auch Finanzstabilität), niederschlagen. Die Kompensationsdogmatik der gewährten Mittelfreiheit geht demnach mit einer Vervielfältigung der rechtlichen und faktischen Möglichkeitsräume der Mitgliedstaaten bei der Aufstellung ihrer Haushalte einher, sie eröffnet – als Kehrseite der Medaille – das Tor für strukturierende Einflüsse nationaler Rahmenbedingungen. Zu diesen Rahmenbedingungen gehören beispielsweise die geografisch bedingte Exposition von durch den Klimawandel bedingten Naturkatastrophen, die fiskalische Mittel für die Prävention als auch für Wiederaufbaumaßnahmen erfordern, was einen Verschuldungszirkel bewirken kann, der weder durch den Mitgliedstaat bzw. durch eine kurzsichtig handelnde Regierung verursacht ist noch in das Narrativ der »Zähmung politischer Leidenschaft durch ökonomische Vernunft« passt. Dazu gehört etwa auch die geografische Expo-

75 Zur Vervielfältigung von Handlungsmöglichkeiten durch die prozedurale Formung der Dogmatik, Teil 3 D. V. 1; und ihren unausgesprochenen Prämissen Teil 3 D. V. 4.

76 Zu den strukturierenden Rahmenbedingungen und schließlich der asymmetrischen Entwicklung von Möglichkeitsräumen in der Dogmatik, Teil 3 D. V. 2. – 3.

sition von ebenfalls von Klimawandel und Krieg bedingter Migration, die ebenfalls mit erhöhten Ausgaben einhergehen kann und außerhalb des Entscheidungsspielraums eines Mitgliedstaats bzw. einer Regierung liegt. Darüber hinaus bestehen in manchen Ländern historisch gewachsene strukturschwache Regionen, die finanziell intensiver Förderung bedürfen. Diese Rahmenbedingungen strukturieren letztlich die »Mittelfreiheit« vor mit dem Effekt, dass nicht jeder Mitgliedstaat den per se gewährten Möglichkeitsraum der Aufstellung des Haushalts fruchtbar machen kann. Die Kompensationsdogmatik der fixierten Zielvorgabe bei gleichzeitiger Mittelfreiheit begünstigt diejenigen Mitgliedstaaten, die günstige Rahmenbedingungen vorfinden, und benachteiligt die Mitgliedstaaten, die strukturellen Bedingungen ausgesetzt sind, die gerade nicht von der Annahme kurzsichtiger Interessensbedienung durch Regierungen erfasst werden. Das heißt, dass die Kompensationsstrategie der Mittelfreiheit faktisch nicht zugunsten aller Mitgliedstaaten wirkt und darüber hinaus auch nicht für alle gleich gilt (wie etwa auch für Schuldnerstaaten), was insbesondere in der Staatsschuldenkrise sichtbar wurde. Die in der Staatsschuldenkrise mit den Schuldnerstaaten »vereinbarten« Anpassungsprogramme ermöglichten auflagenbasierte Durchgriffsrechte der Troika. Sie führen nicht nur dazu, dass die Mittelfreiheit als Kompensation zur Zielvorgabe der Defizitbegrenzung letztlich nur für diejenigen Mitgliedstaaten gilt, die ohnehin aufgrund der vorgefundenen günstigen Rahmenbedingungen von der Flexibilisierung, Entmaterialisierung und Delegation von Entscheidungsbefugnissen und damit von einer Vervielfältigung ihrer Möglichkeitsräume profitieren. Die Anpassungsprogramme – als »Gegenleistung« für staatliche Marktsubstitution –[77] führten darüber hinaus zu Austeritätsmaßnahmen und Strukturreformen etwa für den Arbeitsmarkt oder die Sozialversicherungssysteme, die mit massiven sozialen Einschnitten verbunden waren, insbesondere die Bevölkerungsgruppen und -schichten überproportional betrafen, die ohnehin bereits von Ungleichheit betroffen sind, und auch als menschenrechts- und verfassungswidrig eingestuft werden können. Von »gleicher« Mittelfreiheit und damit »gleicher« Kompensation der fiskalischen Autonomieverluste kann weder faktisch noch rechtlich gesprochen werden. Vielmehr führt die Kompensationsdogmatik letztlich zu einer asymmetrischen Entwicklung von Möglichkeitsräumen der Mitgliedstaaten bei der Aufstellung ihrer Haushalte.

Die Vorstellung, durch die »Mittelfreiheit« die vorherrschenden sozioökonomischen Disparitäten zwischen den Mitgliedstaaten einbeziehbar zu machen, verkehrt sich in ihr Gegenteil, indem die Rahmenbedingungen und insbesondere die dadurch bedingte asymmetrische Entwicklung

77 Zur Marktsubstitution durch Staatsfinanzierung vgl. ebd., S. 324 ff., Rn. 54 ff.

von Möglichkeitsräumen nicht länger thematisierbar sind. Die Kompensationsdogmatik der Mittelfreiheit weist keine Rezeptionsstrukturen auf, die Bedingtheit durch die individuellen Rahmenbedingungen und die strukturellen Verzerrungen, die eine spezifische Ausgabenstruktur des Haushalts begründen können, zu erfassen und zu verarbeiten. Dementsprechend bleibt ihr strukturierender Einfluss unbeobachtet und kann konsequenterweise auch keine dahingehenden notwendigen Knotenpunkte zur Verarbeitung dieser Informationen ausbilden. Sie werden weder von der Kompensationsdogmatik als Pfadabhängigkeit der Fiskalstabilität (letztlich der Preisstabilität) noch von der damit verkoppelten Unabhängigkeitsdogmatik verarbeitet.

Allgemein lässt sich festhalten, dass Bedrohungskonstellationen für die Unabhängigkeit der EZB zur Verfolgung der Preisstabilität, die nicht von der Fiskalpolitik kurzsichtiger Regierungen ausgehen, von der Unabhängigkeitsdogmatik tendenziell rechtlich nicht bzw. nur mit erhöhtem Begründungsaufwand verarbeitet werden können.

II. Finanzstabilität

Das ökonomische Wirklichkeitsmodell führt dazu, dass Bedrohungskonstellationen für die Unabhängigkeit der EZB zur Verfolgung einer langfristigen Geldstabilität, die in akteurs- und gegenstandsspezifischer Weise den Bereich der Finanzmärkte bzw. Finanzstabilität betreffen, kaum von der Unabhängigkeitsdogmatik verarbeitbar sind. Thematisierbar für die Unabhängigkeitsdogmatik wird die Finanzstabilität allenfalls über die Begründungskette der Fiskalpolitik durch die bezweckte Reduzierung der öffentlichen Kosten für Bankenrettungen, kaum aber als eigenständige Bedrohungskonstellation für den Entscheidungsspielraum und damit die Unabhängigkeit der EZB.

Ökonomisch ist der Zusammenhang zwischen Finanzstabilität und Preisstabilität unbestritten[78]: Finanzmärkte üben eine Brückenfunktion zwischen Geldpolitik und Realwirtschaft aus. Die Funktionsfähigkeit geldpolitischer Maßnahmen setzt die Existenz leistungsfähiger Finanzmärkte als Prämisse voraus. Auch die Wirksamkeit der geldpolitischen Maßnahmen hängt von der Kooperation der Finanzmärkte ab. Sie stellen demnach den Wirkraum der Geldpolitik. Zentrale Aufgabe der Finanzmärkte ist es, die Realwirtschaft mit Geld zu versorgen. Für die Funktionsfähigkeit der Finanzmärkte ist es notwendig, dass sie gegenüber wirtschaftlichen Schocks resilient sind, das heißt Finanzstabilität

78 Alexander Thiele, »§ 16 Die Europäische Bankenunion«, in: Ulrich Hufeld und Christoph Ohler (Hg.), *Bd. 9: Europäische Wirtschafts- und Währungsunion*, Baden-Baden: Nomos 2022, S. 770 ff. m.w.N.

aufweisen. Ist die Finanzstabilität nicht gewährleistet, ist auch der geldpolitische Transmissionsriemen gestört, weil die Geldpolitik dann nicht mehr die realwirtschaftliche Geldversorgung ansteuern kann.

Demnach kann die Sicherstellung der Finanzstabilität letztlich auch als Schutz des geldpolitischen Entscheidungsspielraums der EZB zur Gewährleistung der Preisstabilität (und damit als Pfadabhängigkeit) gesehen werden. Umgekehrt folgen aus einer fehlenden Finanzstabilität Bedrohungskonstellationen für den Entscheidungsspielraum und die Unabhängigkeit der EZB, was allerdings von der Dogmatik zumindest nicht als separate (von der Fiskalpolitik differenzierbare) Konstellation verarbeitet wird. So sind beispielsweise Einflussnahmen durch Finanzinstitute zumindest denkbar, wenn die EZB den Pfad ihrer expansiven Geldpolitik verlassen sollte, weil eine erhebliche Reduktion der Geldbasis einzelne Finanzinstitute in finanzielle Schwierigkeiten bringen könnte.[79] Nicht nur die Fiskalpolitik selbst kann Ein- und Rückwirkungen auf den Entscheidungsspielraum der EZB haben, nicht nur (fiskal-)politische Einflussnahmen bedrohen die Unabhängigkeit der EZB, sondern auch systemische Risiken in Finanzmärkten bzw. Einflussnahmen durch systemrelevante Finanzinstitute.

Dass eine Bedrohung des Entscheidungsspielraums der EZB und damit ihrer Unabhängigkeit gegenstands- und akteursspezifisch auch von den Finanzmärkten und systemrelevanten Finanzinstituten ausgeht, hat insbesondere die Finanz- und schließlich die Staatsschuldenkrise in Irland gezeigt. Erhebliche Risiken des irischen Bankensektors (nicht zuletzt aufgrund hochspekulativer Finanzprodukte) zwangen den irischen Staat zu massiven finanziellen Rettungsinterventionen, was wiederum dessen finanzielle Belastbarkeit überstieg. Die Finanzhilfen für den Bankensektor umfassten 40 % des irischen BIP. Die Risiken, die von den Finanzinstituten ausgingen, wurden in den irischen Staatshaushalt transferiert und mündeten in einer Staatsschuldenkrise, mit der pfadabhängig in Form von Anpassungs- und Austeritätsmaßnahmen faktisch und rechtlich umgegangen wurde. Die irische Finanz- und schließlich Staatsschuldenkrise veranschaulicht, dass das der Unabhängigkeitsdogmatik zugrundeliegende ökonomische Wirklichkeitsmodell der Bedrohung durch eine expansive Fiskalpolitik kurzsichtig handelnder Regierungen nur einen Ausschnitt der für den Schutz des Entscheidungsspielraums der EZB relevanten Wirklichkeiten verarbeitet. Zum einen zeigt sich, dass eine expansive Fiskalpolitik nicht nur durch elektorale Anreize gesteuert und per se kurzsichtig ist, sondern strukturell bedingt sein kann. Bedrohungsquellen, die etwa in (finanz-)marktwirtschaftlichen Prozessen und Strukturen begründet sind, können demnach nicht beobachtet und konsequenterweise von der Dogmatik auch nicht thematisiert werden.

79 Vgl. ebd., S. 780, Rn. 33.

Auch die indirekten Ein- und Rückwirkungen fehlender Finanzstabilität, zu denen etwa die Kosten gehören, die aufgrund eines möglichen wirtschaftlichen Abschwungs und der konsequenten Aktivierung von Stabilisatoren entstehen, als auch die reduzierten Steuereinnahmen, die wiederum die Mittelfreiheit bei der Aufstellung des Haushalts strukturieren, werden nicht (bzw. nur mit erhöhtem Begründungsaufwand) in der Unabhängigkeitsdogmatik verarbeitet.

Aufgrund der starken Verdichtung des Wissens in Form des Schutzes der EZB vor politischen (und nicht etwa finanzmarktwirtschaftlichen) Einflussnahmen ist die Entwicklung von Knotenpunkten zur Beobachtung der Ein- und Rückwirkungen der Strukturen der Finanzmärkte bzw. Einflussnahmen durch Finanzinstitute nur mit erhöhtem Aufwand möglich. Dass solche Knotenpunkte allerdings vorteilhaft wären, zeigt sich schließlich in der Verarbeitung der Bewältigung der irischen Finanz- und Staatsschuldenkrise: Die Aspekte, die die Fiskalpolitik betreffen und damit Austeritätsmaßnahmen vorsehen, werden durch die Dogmatik aufgegriffen. Die dogmatische Ein- und Zuordnung dieser Bewältigungsmaßnahmen verfestigen damit auch das Narrativ der »Zähmung politischer Leidenschaft durch ökonomische Vernunft«, obwohl der spezifische Kontext der irischen Krise konträr hierzu ist. Anpassungsprogramme, die unmittelbar auf die Finanzstabilität abzielen, scheinen nicht thematisierbar zu sein.

Die Finanzstabilität bzw. Finanzmärkte markieren dabei, wenn überhaupt, dann nur über die Begründungskette der Fiskalpolitik durch die Reduzierung der Kosten für Bankenrettungen einen für die Unabhängigkeit der EZB relevanten Sachverhalt, der dann spiegelbildlich (das heißt wieder über die Fiskalpolitik erfolgend) rechtlich – anhand der bestehenden Dogmatik – bewertet wird. In der Unabhängigkeitsdogmatik werden die Finanzstabilität selbst betreffende akteurs- und gegenstandsspezifische Rück- und Einwirkungen kaum thematisiert. So kommt eine etwaige Bedrohungskonstellation etwa durch die »Bankenpolitik kurzsichtig handelnder Investmentbanker« oder Einflussnahmen durch Finanzmarktakteure in der Dogmatik zur Unabhängigkeit der EZB nicht vor, und zwar weder in Bezug auf die Geldpolitik noch in Bezug auf ihre Aufsichtsrolle. So wird selbst im Gegenstandsbereich der Bankenaufsicht der Gehalt der Unabhängigkeit als »Schutz vor einer Beeinflussung durch die Mitgliedstaaten oder andere Unionsorgane« ausgeformt, der sicherstellt, »dass die Aufsichtspolitik nicht an kurzfristigen politischen Zielen, etwa einer raschen Erleichterung der Kreditvergabe, ausgerichtet und damit die Stabilität der Banken und des Finanzsystems insgesamt gefährdet wird.«[80] Selbst für den Bereich der Finanzmärkte wird

80 Kaufhold, *§17 Der einheitliche Aufsichtsmechanismus für Banken (SSM)*, S. 814, Rn. 66 mit Verweis auf die Kommentierung von C. *Ziliolo*, die Leiterin der Rechtsabteilung der EZB ist.

die Bedrohungsquelle des Entscheidungsspielraums der EZB allein in der politischen Einflussnahme und damit in der Politik kurzsichtig handelnder Regierungen verortet, nicht etwa in den Gegenständen und Akteuren der Finanzmärkte, die ihren Bereich durch ihre Eigenrationalitäten primär prägen.

D. Der blinde Fleck der Interaktionszusammenhänge

I. Unabhängigkeit und Interaktion – konträre Konzepte?

Neben den blinden Flecken hinsichtlich der strukturierenden Effekte der Rahmenbedingungen, unter denen Mitgliedstaaten operieren, und der asymmetrischen Entwicklung fiskalischer Möglichkeitsräume der Mitgliedstaaten blendet die vorherrschende Dogmatik der Unabhängigkeit der EZB aufgrund der ihr zugrunde gelegten Wirklichkeitsannahme auch die Interaktionszusammenhänge zwischen der EZB und politischen Akteuren aus.

Wenn das Wirklichkeitsmodell die zentrale Bedrohung des Entscheidungsspielraums der EZB in der Politik und spezifischer der expansiven Fiskalpolitik verortet, dann ist es nach diesem Zugriff nur konsequent, dass Interaktionen zwischen EZB und politischen Akteuren als Eingriff in den Entscheidungs- und Reflexionsraum der EZB und damit in ihre Unabhängigkeit verstanden werden und nicht etwa als produktive Ressource für ihre Entscheidungsfindungsprozesse und erst recht nicht als produktive Ressource für die Effektivität ihrer geldpolitischen Maßnahmen, was letztlich das hinter der Unabhängigkeit stehende Ziel ist. Auf einen ersten Blick scheinen die Zugriffe der Steigerung des geldpolitischen Gestaltungspotentials – zum einen durch die Gewährleistung der Unabhängigkeit und zum anderen durch die Vertiefung von Interaktionszusammenhängen zwischen EZB und politischen Akteuren – sich konträr gegenüberzustehen. Dass institutionalisierte Interaktionszusammenhänge zwischen EZB und politischen Akteuren potentiell die Effektivität geldpolitischer Maßnahmen steigern können, ist in der vorherrschenden Dogmatik nicht angelegt. Sie kann nicht nur nicht diese Interaktionszusammenhänge beobachten und in ihren eigenem Ausformungsprozess des Bedeutungsgehalts der Unabhängigkeit verarbeiten, sondern erschwert es dem Recht, diese Interaktionen abzustützen und zu begleiten. Problematisch ist dies insbesondere vor dem Hintergrund, dass dies die Entwicklung eines rechtlichen Rahmens für solche Interaktionen und mitgedacht auch der möglichen Wechselwirkungen mit der Unabhängigkeit – positiv wie negativ – erschwert, wenn nicht sogar blockiert. Die

Interaktionszusammenhänge zwischen EZB und politischen Akteuren, insbesondere dem Europäischen Parlament, haben eine produktive wissensgenerierende Facette, deren Beobachtung für die eigenen wissensgenerierenden Prozesse der Dogmatik, insbesondere für die Herausbildung rechtlicher Anschluss- und Verzweigungsmöglichkeiten, produktiv wäre.

II. Der gestörte Mechanismus des Oszillierens zwischen Unsicherheitsabsorption und Entwicklungspotential

Der Bedeutungsgehalt der Unabhängigkeit der EZB als Schutz vor politischer Einflussnahme und das ihm zugrundeliegende ökonomische Wirklichkeitsmodell weisen sowohl in der deutschen wie auch in der europäischen Dogmatik einen hohen Wissensverdichtungsgrad auf. Dies erweist sich mit Blick auf die dogmatische Funktionsgewährleistung der Unsicherheitsabsorption als produktiv,[81] verengt zugleich den Spiel- und Optionsraum für dogmatische Praktiken und letztlich des Rechts der Zentralbanken, ökonomische Prozesse begleiten und abstützen zu können. Der hohe Wissensverdichtungsgrad bewirkt, dass die Dogmatik der Zentralbankenunabhängigkeit kaum Formen des in der Schwebehaltens und des Experimentierens mit offenem Ausgang mehr vorsieht, mit der Konsequenz, dass andere Anschluss- und Verzweigungsmöglichkeiten als die bestehenden nicht bzw. nur mit erhöhtem Begründungsaufwand ausgebildet werden. So fällt auf, dass die LPE-Beiträge, insbesondere zu den Hintergrundannahmen der Neutralität und der überwiegend als modellierend konzeptualisierten Aufgabe der EZB als auch zu den Rahmenbedingungen, nicht anschlussfähig für die bestehende Dogmatik sind. Obwohl der LPE-Ansatz Andockstellen für das Recht und für die Dogmatik bereithält, bleiben die Diskursräume zusammenhanglos nebeneinander bestehen.[82] Dies hat zur Folge, dass die ungleichheitsrelevanten Effekte der geldpolitischen Maßnahmen keine relevanten Informationen bei der dogmatischen Ausgestaltung des Bedeutungsgehalts der Unabhängigkeit der EZB sind.

1. Unsicherheitsabsorption

Die dogmatische Begriffsbildung der Zentralbankenunabhängigkeit hält ein Wissensreservoir bereit, welches unabhängig von den spezifischen Umständen oder der Ausformung einer konkreten Maßnahme der EZB die Entscheidungsfindungsprozesse (der EZB im Moment der Vornahme

81 Zur Unsicherheitsabsorption allg., vgl. Teil 2 D. II. 3.

82 Zu den Andockstellen von LPE, vgl. Teil 5 C.

einer geldpolitischen, aber mittelbar auch aufsichtsrechtlichen Maßnahme, der Gerichte im Rahmen der gerichtlichen Kontrolle dieser Maßnahmen oder der Rechtswissenschaft im Moment ihrer Aufbereitung) mit Blick auf in Frage stehende Aspekte der Unabhängigkeit anleitet, indem sie ein generelles und universales Sinnschema im Umgang mit der Unbestimmtheit des Rechts der Zentralbanken bereithält. Sie macht so die unabhängigkeitsrelevante Aspekte betreffenden Entscheidungsfindungsprozesse der EZB, des EuGH und des BVerfG – trotz des inhaltlich weiten und vagen Referenzgebiets der Unabhängigkeit – berechenbar.[83] Die EZB kann ihre geldpolitischen Entscheidungsfindungsprozesse entsprechend der Dogmatik anpassen, indem sie ihr Handeln mit dem System- und Ordnungsgerüst der Dogmatik abgleichen und überprüfen kann. Auch die Entscheidungsfindungsprozesse des EuGH und BVerfG werden durch den hohen Wissensverdichtungsgrad berechenbar und gewährleisten formale Gleichheit, indem sie in ihren Urteilen auf sozial erprobter und bewährter Entscheidungsjudikatur und dogmatischen Versatzstücken aufbauen.

Die Berechenbarkeit insbesondere der Entscheidungsfindungsprozesse der Gerichte basiert auf der Entlastungswirkung dogmatischer Wissensbausteine. An den Entscheidungsfindungsprozessen des EuGH und BVerfG zeigt sich anschaulich, wie vorangegangenes Recht und Entscheidungsjudikatur in das dogmatische Sinnschema der Zentralbankenunabhängigkeit als argumentative Versatzstücke herangezogen und durch argumentative Verarbeitung aktualisiert werden.[84] Diese Versatzstücke stellen Argumentationsangebote für den EuGH und das BVerfG bereit, die die Entwicklung des Begründungswegs der Entscheidungen etwa zu Maastricht, OMT oder PSPP erleichtern und gleichzeitig so auch zur formalen Gleichheit beitragen.[85]

Die aus diesem hohen Wissensverdichtungsgrad der Dogmatik zur Zentralbankenunabhängigkeit resultierenden Anschlusszwänge wie Pfadabhängigkeiten, etwa in der Fiskalpolitik und der Finanzstabilität (und auch mit Blick auf ihre Ungleichheitsrelevanzen),[86] sind damit Facetten der intendierten Bewirkung von Erwartungssicherung und Entlastung durch Orientierung und Anleitung. Der hohe Wissensverdichtungsgrad bewirkt, dass sich die Dogmatik zur Zentralbankenunabhängigkeit auf die Rechts- und Wirklichkeitsannahmen festlegt, die sie selbst konstruiert hat, weiter hervorbringt und schließlich mit den pfadabhängigen Effekten der weiteren Verarbeitung von Wirklichkeit einhergeht. Die Produktivität der Unsicherheitsabsorption für Recht und

83 Zur Erwartungssicherung, vgl. Teil 2 D. II. 3. c.
84 Zur Wiederholung und Differenz, vgl. Teil 2 D. II. 3. a.
85 Zur Entlastung, vgl. Teil 2 D. II. 3. d.
86 Vgl. Teil 6 C.

Rechtsanwendung ist ohne diese Verengungen durch Pfadabhängigkeiten und Anschlusszwänge nicht zu haben.

2. Entwicklungspotential

Die Ausformung des dogmatischen Bedeutungsgehalts der Unabhängigkeit der EZB als Schutz vor politischer Einflussnahme und damit die Ausrichtung auf staatliche bzw. politische Bedrohungskonstellationen stehen nicht nur im Widerspruch zu der komplexeren Wirklichkeit, mit der die EZB konfrontiert ist, als auch zu den tatsächlichen Interaktionszusammenhängen zwischen der EZB und politischen Akteuren, sondern begrenzen auch die Leistungsfähigkeit, die grundsätzlich in Dogmatik angelegt ist.

Die EZB ist mit einer komplexen Wirklichkeit konfrontiert und dem ökonomischen Wirklichkeitsmodell entwachsen, das dem dogmatischen Begriffsgebilde der »Unabhängigkeit« der EZB zugrunde liegt. Aus der in der Komplexität gesteigerten Umwelt folgen dabei nicht nur ein spiegelbildlich ebenfalls komplexeres Aufgaben- und Tätigkeitsprofil der EZB, sondern auch neue und anders gelagerte Interaktionszusammenhänge, die die Unabhängigkeit der EZB (positiv wie negativ) tangieren. Diese sind weder ausschließlich in der politischen Sphäre (auf mitgliedstaatlicher und europäischer Ebene) noch ausschließlich in der privaten Sphäre (im Sinne des Finanzmarkts) zu verorten. Die Interaktionszusammenhänge und schließlich auch Abhängigkeits- und Interdependenzbeziehungen erfordern vielmehr die Entwicklung eines Rahmens, der weder ausschließlich das staatliche (etwa fiskalpolitische) noch ausschließlich das private (etwa finanzmarktwirtschaftliche) Bedrohungsszenario für die Unabhängigkeit der EZB zugrundelegt. Hinsichtlich der aufgezeigten Pfadabhängigkeiten und blinden Flecken[87] kann es demnach nicht darum gehen, das eine (staatliche oder politische) Bedrohungsszenario mit dem anderen (privaten bzw. finanzmarktwirtschaftlichen) Bedrohungsszenario auszutauschen, oder darum, den Bedeutungsgehalt der Unabhängigkeit der EZB um die letztgenannte Facette zu erweitern.

Erforderlich ist vielmehr die Ausformung eines dogmatischen Gehalts, der über die materiellen fiskalpolitischen oder finanzmarktwirtschaftlichen Gehalte (wie Grenzen) hinweg die tatsächlich stattfindenden Handlungen und Interaktionen der beteiligten Akteure, insbesondere der EZB selbst, erfassen kann, die gerade nicht vollständig in solche materiellen Standardkategorien der Bedrohung der Unabhängigkeit der EZB passen. Es ist der Komplexität der Wirklichkeit, auf die die EZB stößt, als auch der Interaktionszusammenhänge, die die EZB selbst sucht und aktiv unterhält, nicht länger angemessen, Bedrohungskonstellationen in der

87 Teil 6 C. I. und II.

politischen (als auch privaten) Sphäre zu verorten und Unabhängigkeit pauschal als Schutz gegen Einflussnahme und damit auch gegen Interaktion zu konzeptualisieren.

Wenn Recht es der EZB ermöglichen möchte, durch geldpolitische Maßnahmen die Prozesse des ökonomischen Systems abzustützen und Dogmatik diese Aufgabe des Rechts operationalisiert, dann kann sich die Dogmatik der Zentralbankenunabhängigkeit nicht allein auf die Funktionsgewährleistung der Unsicherheitsabsorption zurückziehen, sondern muss als eine Art produktive Durchbrechung der Unsicherheitsabsorption[88] (und letztlich der Selbstreferentialität der Dogmatik) Verzweigungs- und Anschlussmöglichkeiten für das Recht entwickeln und bereitstellen. Nur so kann das Recht der Zentralbanken produktiv die Ungewissheit ökonomischer Prozesse begleiten. Diese »Impfung« des Maßstabs erfolgt unter idealen Bedingungen im Moment der Maßstabsbildung, das heißt im Rahmen der dogmatischen Praktiken, und zwar im tentativ-kombinatorischen Verfahrensabschnitt.[89] Wenn die Unbestimmtheit der »Unabhängigkeit der EZB« als produktive Ressource, letztlich im Umgang mit der Ungewissheit ökonomischer Prozesse, verstanden wird, dann können die Parameter der Unabhängigkeit und die relevanten Wirklichkeitsannahmen vor dem Hintergrund der jeweiligen Anforderungssituation spezifiziert sowie aktualisiert und schließlich ein angemessenerer Bedeutungsgehalt erarbeitet werden.

III. Fokus EZB

1. Institutionalisierte Interaktionszusammenhänge als Gestaltungssubstrat effektiver Geldpolitik

Neben den Entscheidungsfindungsprozessen des EuGH und BVerfG prägt die EZB durch ihr rechtliches und vor allen Dingen kommunikatives Handeln das Verständnis von Unabhängigkeit.[90]

In rechtlicher Form prägt die EZB etwa durch die Konvergenzberichte den Bedeutungsgehalt der Unabhängigkeit, die eine Vereinheitlichung des Zugriffs auf Unabhängigkeit (und zwar nach ihren Wirklichkeitsmodellen) bezwecken und durchsetzen. So spricht *F. Meinel* der EZB sogar die »Definitionshoheit über die Unabhängigkeit« zu, indem sie »durch

88 Teil 2 D. II. 4.

89 Teil 3 D. IV. 2.

90 Zu einer sehr weitgehenden Rolle in diesem Ausformungsprozess, Meinel, *§20 Unionsverfassungsrecht des Europäischen Systems der Zentralbanken*, S. 980, Rn. 59 »Die Definitionshoheit über die Unabhängigkeit liegt allerdings im Schwerpunkt [...] bei der EZB selbst.«

die Konvergenzberichte einen Hebel in der Hand [hat], ihr Modell der Unabhängigkeit nicht nur zu propagieren, sondern auch durchzusetzen, weil sie nach Art. 140 Abs. 1 AEUV die Vereinbarkeit der innerstaatlichen Rechtsvorschriften der Beitrittskandidaten mit dem Grundsatz der Zentralbankunabhängigkeit prüft.«[91]

Auch die EZB geht in ihrem Unabhängigkeitsmodell von der unhintergehbaren Prämisse einer unabhängigen Zentralbank zur Erreichung der Preisstabilität als übergreifendes und vorrangiges Ziel aus: »Umfangreiche empirische Daten und theoretische Analysen haben gezeigt, dass unabhängige Zentralbanken besser in der Lage sind, die Inflationsrate niedrig zu halten.«[92]

Zugleich unterscheidet sich der Unabhängigkeitszugriff der EZB deutlich von dem Zugriff des BverfG und des EuGH, was sich anschaulich an den Interaktionszusammenhängen zwischen der EZB und den politischen Akteuren zeigen lässt. Die EZB betont zwar durchgehend die Bedeutung ihrer Unabhängigkeit für die Festlegung und Durchführung der Geldpolitik, sieht die Interaktionen mit politischen Akteuren, die sich zu institutionalisierten Interaktionszusammenhängen auszuformen scheinen, jedoch nicht per se als Bedrohung ihres Entscheidungs- und Reflexionsraums und damit ihrer Unabhängigkeit, sondern auch als Gestaltungsmöglichkeit effektiver Geldpolitik. Die Interaktionszusammenhänge mit politischen Akteuren sind naturgemäß zwiespältig, indem sie zum einen Entwicklungspotential durch die Erhöhung von Anschluss- und Entwicklungsmöglichkeiten schaffen und zum anderen den Raum für strategische Einflussnahmen eröffnen. Die Unabhängigkeit der EZB vermittelt ihr eine rechtlich gesicherte Position, sich vor Einflussnahmen politischer Akteure zu schützen, wenn sie die Effektivität ihrer Geldpolitik in Gefahr sieht, und zugleich Interaktionszusammenhänge zu Akteuren herzustellen, wenn und insoweit sic sie als produktiv für eine effektive Geldpolitik erachtet. Insofern ließe sich zumindest die These formulieren, dass die Unabhängigkeit gerade kein zur Interaktion konträr verlaufendes Konzept effektiver Geldpolitik ist, sondern vielmehr die Unabhängigkeit der EZB einen Möglichkeitsraum erschafft, situativ das Potential von Interaktionen als Gestaltungs- und Wirkinstrument geldpolitischer Maßnahmen zu nutzen. Die Unabhängigkeit der EZB könnte demnach auch als Prämisse verstanden werden, das wissensgenerierende Interaktionspotential situativ auszuschöpfen, sofern und soweit sie dies als produktiv erachtet.

Der Ausbau der Interaktionszusammenhänge durch die EZB zu anderen politischen Akteuren ermöglicht es ihr, Informationen und Einblicke

91 Ebd.

92 Europäische Zentralbank, *Warum ist die EZB unabhängig* 2017 https://www.ecb.europa.eu/ecb/educational/explainers/tell-me-more/html/ecb_independent.de.html.

in Bereiche zu erlangen, die zwar Schnittstellen zur Geldpolitik aufweisen, aufgrund der Ausdifferenzierung allerdings mit Grenzen des Wissenserwerbs einhergehen. Umgekehrt ermöglichen die Interaktionszusammenhänge es der EZB, ihre geldpolitischen Entscheidungen zu erläutern, sodass politische Entscheidungsträger die geldpolitischen Entscheidungen der EZB sowie den Einfluss ihrer eigenen Handlungen auf den Preisbildungsprozess besser verstehen. »Dieser Austausch verbessert den Informationsfluss und fördert das gegenseitige Verständnis der jeweiligen Standpunkte. Außerdem ermöglicht er einen Dialog über Themen von gemeinsamem Interesse.«[93] Die Interaktionszusammenhänge relativieren damit die wechselseitigen Grenzen des Wissenserwerbs und irritieren ebenfalls wechselseitig die Perspektivenabhängigkeit von Beobachtungen und den daraus resultierenden blinden Flecken. Sie sensibilisieren für Themen, die durch die jeweils eigene Perspektive nicht oder nur bedingt beobachtet werden können. Die Interaktionszusammenhänge der EZB mit politischen Akteuren bilden demnach ein wechselseitiges Angebot, sich mit den jeweils anderen Wahrnehmungen und Interpretationen von Wirklichkeit auseinanderzusetzen und die Beschränkungen der eigenen Perspektive zu relativieren.

Wenn das Interaktionspotential der Unabhängigkeit der EZB in den dogmatischen Ausformungsprozess des Bedeutungsgehalts aufgenommen werden würde, dann könnten an die Stelle materieller Gehalte (wie Grenzen)[94] prozedurale Selektionsmechanismen treten, die jeweils situativ austarieren, ob eine unproduktive Einflussnahme auf den Entscheidungs- und Reflexionsraum der EZB vorliegt oder nicht.

2. Interaktionszusammenhänge am Beispiel des sog. »monetary dialogue«

Die Unabhängigkeit der EZB geht mit entsprechenden Rechenschafts- und Berichtspflichten einher. Die den institutionellen Formen der parlamentarischen Verantwortlichkeit einer Regierung nachempfundenen Fragerechte und die korrespondierenden Rederechte des Direktoriums der EZB im Rahmen des sog. monetary dialogue ermöglichen dabei nicht nur einen Rahmen der parlamentarischen Befassung im Sinne einer Annäherung an eine »parlamentarische Kontrolle« der geldpolitischen Maßnahmen, sondern zugleich auch einen institutionalisierten Rahmen wissensgenerierender Interaktionen zwischen EZB und Parlament.

93 Europäische Zentralbank, *Zusammenarbeit in Europa.*, https://www.ecb.europa.eu/ecb/tasks/europe/cooperation/html/index.de.html.

94 Teil 6 C I. und II.

Gemäß Art. 184 Abs. 3 UAbs. 2 AEUV haben die Ausschüsse des Parlaments das Recht, die EZB-Präsidentin und Mitglieder des Direktoriums zu hören. Über die primärrechtlichen Regelungen hinaus hat das Parlament in Art. 135 Abs. 3-5 GO-EP geregelt, dass die EZB-Präsidentin viermal jährlich an den Sitzungen des ECON-Ausschusses teilnimmt, um Fragen zu beantworten und Erklärungen abzugeben. Im Rahmen dieses sog. monetary dialogue stellen etwa zwanzig Abgeordnete des Europäischen Parlaments Fragen. Nach Art. 140 GO-EP erfährt dieser Austausch eine Erweiterung dahingehend, dass die Möglichkeit besteht, Fragen zur schriftlichen Beantwortung vorzulegen, die dann auf der Website des Europäischen Parlaments zusammen mit den Antworten veröffentlicht werden. In diesem Forum wird darüber hinaus der Jahresbericht der EZB mit einer einleitenden Stellungnahme der EZB-Präsidentin vorgelegt, der dann Gegenstand einer sog. allgemeinen Aussprache des Europäischen Parlaments ist, die mit einer Entschließung zum Jahresbericht der EZB endet. In dieser Entschließung nimmt das Europäische Parlament eine politische Bewertung der Linien der Geldpolitik der EZB vor. Die Entschließung wird dann wiederum zum Gegenstand einer Stellungnahme durch die EZB-Präsidentin.

Auch wenn dieses Format als »geldpolitische Anhörung oder Befragung der EZB«[95] verstanden und damit der Schwerpunkt auf die parlamentarische Kontrolle durch kritische Befassung des Parlaments mit der Geldpolitik der EZB gesetzt werden kann,[96] so lässt sich in diesem Hin und Her des Austauschs zwischen EZB und Parlament auch eine andere, auf Wissensaustausch angelegte Facette erkennen. Die Kommunikation der geldpolitischen Maßnahmen in der Vorstellung des Jahresberichts versetzt das Parlament in die Lage, an die jeweilige Ausgestaltung der aktuellen Geldpolitik anzuknüpfen und Zusammenhänge mit den eigenen politischen Perspektiven und Linien herzustellen. Die allgemeine Aussprache und Entschließung durch das Parlament ermöglichen es der EZB, wiederum an die Beobachtungen und Einschätzungen des Parlaments anzuknüpfen und ebenfalls eigene Zusammenhänge herzustellen. Dieser Austausch im Sinne eines Hin und Her bietet einen Umgang mit unterschiedlichen Blickwinkeln auf ein Referenzgebiet angesichts der Unmöglichkeit, Geldpolitik als einen geschlossenen und einheitlichen Gegenstand zu erfassen und zu bewerten. An die Stelle feststehender inhaltlicher Bewertungskriterien der Geldpolitik tritt vielmehr der

95 Meinel, *§20 Unionsverfassungsrecht des Europäischen Systems der Zentralbanken*, S. 993.

96 Vgl. etwa Rosa Lastra und Sara Dietz, *Communication in monetary policy. Publication for the committee on Economic and Monetary Affairs, Policy Department for Economic, Scientific and Quality of Life Policies, European Parliament* 2022, S. 11.

in institutionalisierten Interaktionszusammenhängen eingebettete Austausch, der zur Erweiterung des jeweils eigenen Wissenshorizonts beiträgt, letztlich um situativ zusätzliche Handlungsoptionen herzustellen, indem wechselseitig das Verständnis für bestimmte Zusammenhänge und Hintergründe geschaffen wird. Im besten Fall ermöglicht der monetary dialogue wechselseitig ein differenziertes Verständnis der jeweiligen Anforderungen. Über die Anreicherung des Wissenspools hinaus entsteht so kontinuierlich neues, differenzierteres Wissen, das selbst wiederum neue Handlungsoptionen (wie auch Anschlusszwänge) für die Geldpolitik der EZB schafft.

Für die normative Bewertung dieser Anschlusszwänge wie auch der Rahmenbedingungen der Interaktionszusammenhänge wäre wiederum der LPE-Ansatz ein tauglicher Zugriff.

IV. Zwischenergebnis

Diese Interaktionszusammenhänge der EZB (etwa mit dem Europäischen Parlament) sind durch die jeweiligen materiellen, das heißt kulturellen und sozio-ökonomischen, Rahmenbedingungen geprägt. Sie sind Teil der sozialen Praxis, etwa des monetary dialogue, sie strukturieren damit den Ausformungsprozess des Bedeutungsgehalts der Unabhängigkeit der EZB mit. Diese materielle Dimension umfasst beispielsweise auch die personelle Besetzung des monetary dialogues, deren soziokulturelle Prägung und Hintergründe, die wiederum Einfluss darauf haben, welche Themen im monetary dialogue als relevant vorgestellt werden und welche nicht. Für das Sichtbarmachen dieser Rahmenbedingungen sind normative Zugriffe wie etwa jene des LPE-Ansatzes produktiv.

Teil 7: Ausblick auf eine demokratietheoretisch basierte Dogmatik zur Steigerung dogmatischer Steuerungskompetenz und Resilienz

Anstelle einer Zusammenfassung der erarbeiteten Erkenntnisse soll vielmehr ein Ausblick darauf gewährt werden, welche Anschlussmöglichkeiten und -überlegungen aus ihnen folgen könnten. Zentral und konsequent erscheinen etwa Überlegungen zur Notwendigkeit einer demokratietheoretisch basierten Dogmatik zur Steigerung der dogmatischen Steuerungskompetenz und Resilienz.

Ausgangspunkt einer solchen Überlegung ist zunächst die Beobachtung, dass das Recht gesellschaftliche Selbstorganisationsprozesse begleiten und abstützen möchte, die plural und hochgradig ungewiss sind.[1] Ein rechtliches Begleiten und Abstützen erweist sich demnach als anspruchsvoll und voraussetzungsreich. Dies führt nicht zuletzt dazu, dass das Recht unübersichtlich und auch umstritten ist. Hinzu kommt, dass das Wissen über Recht und damit die Möglichkeit rechtlichen Abstützens und Begleitens oftmals in den Händen spezialisierter Experten sind, etwa in den Händen von Anwält:innen in Großkanzleien, Richter:innen der oberen Instanzen (insbesondere höchstrichterliche Rechtsprechung) oder Professor:innen.[2]

Vor diesem Hintergrund nehmen die dogmatischen Wissensgenerierungsprozesse und schließlich die dogmatische Wissensordnung eine zentrale Rolle ein. Die vorrangige Aufgabe von Dogmatik ist es, Wissen über Recht zu produzieren, das Wissen – vornehmlich durch Praktiken[3] der Begriffsbildung, Systematisierung und Ordnung – so aufzubereiten, dass eine Art Landkarte entsteht, die sowohl der Forderung nach Gleichförmigkeit als auch der Achtung der konkreten Umstände des Einzelfalls einer Rechtsanwendung gerecht werden kann.[4] Beide Elemente sind für die Qualität des Rechts, gesellschaftliche Selbstorganisationsprozesse abzustützen und zu begleiten, zentral. Für gesellschaftliche Selbstorganisationsprozesse bedarf es sowohl der Erwartungssicherung durch Gleichförmigkeit und zugleich der Offenheit zur Achtung der Person und ihrer selbstbestimmten Entfaltung. Kernkompetenz einer gelungenen Dogmatik ist es, optimale Bedingungen für das Recht zu schaffen, plurale und hochgradig ungewisse gesellschaftliche Selbstorganisationsprozesse

1 Vgl. Teil 1 B. V.
2 Vgl. etw. zu den diskursiven Autoritäten, Teil 3 D. V. 2. b. cc.
3 Vgl. Teil 3 D.
4 Vgl. Teil 1 B. V. und C. I.

abzustützen und zu begleiten, indem es sowohl der Erwartungssicherung als auch der selbstbestimmten Entfaltung einer Person gerecht wird. Dabei muss Dogmatik selbst einen produktiven Umgang mit Wissen und Nichtwissen im Recht ermöglichen, die auch eine konstitutive Rolle in der Dogmatik selbst spielen.[5] Diese in der Dogmatik bereits angelegte Kompetenz für das Recht erfüllt sie im Idealfall durch eine dogmatische Wissensordnung, die sich von der Gesellschaft und ihren Lebensformen her begründet sowie den Anspruch des Rechts auf Achtung des Einzelfalls zur selbstbestimmten Entfaltung einer Person und die Forderung nach Einheitlichkeit und Vorhersehbarkeit verbindet.

Genau diese Fähigkeit zur Verbindung von Herrschafts- und Ordnungsmodell bei gleichzeitiger Achtung der Person beschreibt Merkmale der Demokratie und markiert ihre Stärke als gesellschaftliches Steuerungsmodell, und zwar auch hinsichtlich des Umgangs mit Wissen und Nichtwissen.[6] Als Herrschaftsform etabliert Demokratie die Souveränität des Volkes, begründet Herrschaft damit von der Gesellschaft aus. Die Stärke der Demokratie liegt in ihrer gleichzeitigen Achtung der Person für eine selbstbestimmte Entfaltung. Die systemische Stärke des demokratischen Modells im Sinne des Ordnungsmodells liegt wiederum in ihrer Organisation des Entscheidungsprozesses. »Dieses Zusammenspiel von personenbezogenen und systemischen Stärken macht die Demokratie singulär in Bezug auf die Steuerung komplexer moderner Gesellschaften und allen anderen Regimen überlegen. Diese Verknüpfung macht gleichzeitig ihren einzigartigen Charakter aus. Dies gilt in bemerkenswerter Weise auch hinsichtlich des Verhältnisses von Wissen und Nichtwissen. Demokratie erzeugt als Regime eine kollektive Intelligenz, die [...] das Nichtwissen der Individuen kompensiert und zu einem Gesamtwissen zusammenführt.«[7] Eine demokratisch basierte Dogmatik würde ihre Steuerungskompetenz als auch ihre Resilienz (im Sinne der Anpassungspassungsfähigkeit) steigern und so für das Recht optimale Bedingungen schaffen, gesellschaftliche Selbstorganisationsprozesse abzustützen und zu begleiten.

Bislang nehmen die dogmatischen Wissensgenerierungsprozesse Informationen und Wissen in intransparenter und – aufgrund der dogmatischen Eigendynamik[8] und nicht zuletzt aufgrund der strukturierenden materiellen Rahmenbedingungen[9] – selektiver Weise auf, um dann in prekärer (und ungleicher) Weise Wissen über Recht für die Rechtsanwendung bereitzustellen.[10] In dieser Hinsicht ließe sich die These formulieren,

5 Vgl. Teil 3 D. II. 3.

6 Willke, *Dezentrierte Demokratie*, S. 155.

7 Helmut Willke, *Demokratie in Zeiten der Konfusion*, Berlin: Suhrkamp 2015, S. 124 f.

8 Teil 3 C. V. und VI.

9 Teil 3 D. V. 2.

10 Teil 3 C.V. und VI, Teil 3 D. V.

dass das demokratische Potential der Dogmatik unausgeschöpft bleibt. Kritischer ließe sich die These auch dahingehend formulieren, dass die dogmatischen Wissensgenerierungsprozesse sich in ihrer aktuellen Ausgestaltung als undemokratisch erweisen und konsequenterweise eine dogmatische Wissensordnung hervorbringen, die aufgrund selektiver Aufnahmekanäle einseitig informiert und interessiert ist und gerade nicht das Recht in die Lage versetzt, indifferent die Person und ihre selbstbestimmte Entfaltung zu achten. Anknüpfungspunkte für die Ausbildung einer demokratischeren Dogmatik betreffen zum einen direkte Bedingungen wie etwa die soziokulturellen und sozioökonomischen Rahmenbedingungen[11] und zum anderen indirekte, das heißt mittelbare und damit oftmals wenig sichtbare Bedingungen, etwa die internen Strukturen der Aufnahmekanäle von Informationen und Wissen.[12] Die Wirkung dieser indirekten Bedingungen (insbesondere hinsichtlich ihrer Ein- und Rückwirkungen auf die direkten Bedingungen)[13] wird tendenziell unterschätzt, weil sie »unter Schichten verwickelter Kausalketten und unsicherer Wirkungen versteckt« sind.[14] Dabei sind es die Ausrichtung und Qualität der Struktur der Aufnahmekanäle der dogmatischen Wissensordnung,[15] die über die Aufgabenerfüllung der Dogmatik für das Recht entscheiden.

Faktoren der Struktur und Qualität der Aufnahmekanäle der dogmatischen Wissensordnung sind etwa die rückblickende Beobachtung und Herausbildung von Knotenpunkten. Sie sind wesentliche Elemente, um die dogmatische Wissensordnung intern so zu strukturieren, dass sie sich mit Blick auf die Pluralität und Ungewissheit der Gesellschaft spiegelbildlich plural und offen entwickeln kann, indem sie die Lernkompetenz der dogmatischen Wissensgenerierungsprozesse erhöhen. Die so in ihrer Lernkompetenz gesteigerten dogmatischen Wissensgenerierungsprozesse schaffen die prozessualen und strukturellen Bedingungen für eine kontinuierliche Weiterentwicklung der dogmatischen Wissensordnung. Dies würde nicht nur die Steuerungskompetenz und Anpassungsfähigkeit der Dogmatik angesichts unvorhersehbarer Entwicklungen und damit die Qualität der Dogmatik erhöhen, sondern auch die Qualität des Rechts steigern, gesellschaftliche Selbstorganisationsprozesse zu begleiten. Dabei sind Faktoren der rückblickenden Beobachtung und Herausbildung gezielter Knotenpunkte zur Steigerung der Lernfähigkeit der Dogmatik selbst anspruchsvoll und voraussetzungsreich.

11 Teil 1 B. IV. 4. d. und in spiegelbildlich vertiefender Ausführung Teil 3 D. IV. 2. c.
12 Teil 3 D. IV 2. (insbes. b. und c.)
13 Teil 4 A.
14 Willke, *Dezentrierte Demokratie*, S. 175.
15 Teil 3 D. IV. 2. a. cc, b. dd., c. aa.

Literatur

Acemoglu, Daron und Robinson, James A. (2006): *Economic origins of dictatorship and democracy,* Cambridge: Cambridge University Press.

Acemoglu, Daron und Robinson, James A. (2012): *Why nations fail. The origins of power, prosperity, and poverty,* New York: Crown Publishing.

Acker, Joan (2012): »Gendered organizations and intersectionality: Problems and possibilities«, in: *Equality, Diversity and Inclusion,* 31: 3, S. 214–224.

Aklin, Michael, Kern, Andreas und Negre, Mario (2021): *Does central bank independence increase inequality?*

Albers, Marion (2002): »Information als neue Dimension im Recht«, in: *Rechtstheorie,* 33: 1, S. 61–89.

Albers, Marion (2005): *Informationelle Selbstbestimmung,* Baden-Baden: Nomos.

Albers, Marion (2008): »Die Komplexität verfassungsrechtlicher Vorgaben für das Wissen der Verwaltung. Zugleich ein Beitrag zur Systembildung im Informationsrecht«, in: Indra Spiecker genannt Döhmann und Peter Collin (Hg.), *Generierung und Transfer staatlichen Wissens im System des Verwaltungsrechts,* Tübingen: Mohr Siebeck, S. 50–69.

Albers, Marion (2012): »Höchstrichterliche Rechtsfindung und Auslegung gerichtlicher Entscheidungen«, in: Georg Lienbacher u.a. (Hg.), *Grundsatzfragen der Rechtsetzung und Rechtsfindung,* Berlin, Boston: De Gruyter, S. 258–295.

Alemann, Annette von (2022): »Soziale Ungleichheit und Intersektionalität«, in: Astrid Biele Mefebue u.a. (Hg.), *Handbuch Intersektionalitätsforschung,* Wiesbaden: Springer Fachmedien, S. 21–34.

Alesina, Alberto und Tabellini, Guido (2008): »Bureaucrats or politicians? Part II: Multiple policy tasks«, in: *Journal of Public Economics,* 92: 3–4, S. 426–447.

Alexy, Robert (2012): *Theorie der juristischen Argumentation. Die Theorie des rationalen Diskurses als Theorie der juristischen Begründung,* Frankfurt am Main: Suhrkamp.

Altreiter, Carina und Atzmüller, Roland (2023): »Arbeit und soziale Ungleichheit«, in: Cornelia Dlabaja u.a. (Hg.), *Aktuelle Ungleichheitsforschung. Befunde, Theorien, Praxis,* Weinheim: Beltz Juventa, S. 15–29.

Ansell, Ben W. und Samuels, David J. (2014): *Inequality and Democratization. An Elite-Competition Approach,* Cambridge: Cambridge University Press.

Appel, Ivo (2004): »Methodik des Umgangs mit Ungewissheit«, in: Eberhard Schmidt-Aßmann (Hg.), *Methoden der Verwaltungsrechtswissenschaft,* Baden-Baden: Nomos, S. 327–358.

Arnauld, Andreas von (2009): »Die Wissenschaft vom Öffentlichen Recht nach einer Öffnung für sozialwissenschaftliche Theorie«, in: Andreas Funke und Jörn Lüdemann (Hg.), *Öffentliches Recht und Wissenschaftstheorie,* Tübingen: Mohr Siebeck, S. 65–118.

Assmann, Aleida (2018): *Erinnerungsräume. Formen und Wandlungen des kulturellen Gedächtnisses,* München: C.H. Beck.

Atkinson, Anthony B. (2015): *Inequality,* Cambridge: Harvard University Press.

Auer, Marietta (2018): *Zum Erkenntnisziel der Rechtstheorie. Philosophische Grundlagen multidisziplinärer Rechtswissenschaft,* Baden-Baden: Nomos.

Augsberg, Ino (2007): »Das Gespinst des Rechts: Zur Relevanz von Netzwerkmodellen im juristischen Diskurs«, in: *Rechtstheorie,* 38: 4, S. 479–494.

Augsberg, Ino (2009): *Die Lesbarkeit des Rechts. Texttheoretische Lektionen für eine postmoderne juristische Methodologie,* Weilerswist: Velbrück Wissenschaft.

Augsberg, Ino (2009): »Einleitung: Ungewissenheit als Chance - eine Problemskizze«, in: ders., *Ungewissheit als Chance. Perspektiven eines produktiven Umgangs mit Unsicherheit im Rechtssystem,* Tübingen: Mohr Siebeck, S. 1–16.

Augsberg, Ino (2013): »Multi-, inter-, transdisziplinär? Zum Erfordernis binnenjuristischer Metaregeln für den Umgang mit extrajuridischem Wissen im Verwaltungsrecht«, in: ders., *Extrajuridisches Wissen im Verwaltungsrecht. Analysen und Perspektiven,* Tübingen: Mohr Siebeck, S. 3–34.

Augsberg, Ino (2013): »Von der Gefahrenabwehr zu Risikomanagement und Opportunitätswahrnehmung. Neue Paradigma im Verwaltungsrecht«, in: Claudia Peter und Dorett Funcke (Hg.), *Wissen an der Grenze. Zum Umgang mit Ungewissheit und Unsicherheit in der modernen Medizin,* Frankfurt am Main: Campus, S. 209–234.

Augsberg, Ino (2013): »›Wer glauben will, muss zahlen‹? Erwerb und Aufgabe der Kirchenmitgliedschaft im Spannungsfeld von Kirchenrecht und Religionsverfassungsrecht«, in: *Archiv des öffentlichen Rechts,* 138: 4, S. 493–535.

Augsberg, Ino (2014): *Informationsverwaltungsrecht. Zur kognitiven Dimension der rechtlichen Steuerung von Verwaltungsentscheidungen,* Tübingen: Mohr Siebeck.

Augsberg, Ino (2020): »Die Normalität der Normativität«, in: *JuristenZeitung,* 75: 9, S. 425–431.

Augsberg, Ino (2021): *Theorien der Grund- und Menschenrechte. Eine Einführung,* Tübingen: Mohr Siebeck.

Augsberg, Ino (2022): »Wissen und Recht - eine Problemskizze«, in: Ino Augsberg und Gunnar Folke Schuppert (Hg.), *Wissen und Recht,* Baden-Baden: Nomos, S. 15–35.

Augsberg, Ino (2023): »Der Staat der Netzwerkgesellschaft - Zur Einführung«, in: ders., *Der Staat der Netzwerkgesellschaft. Karl-Heinz Ladeurs Verständnis von Staat und Gesellschaft,* Baden-Baden: Nomos, S. 11–34.

Aulenbacher, Brigitte (2008): »Auf gute Nachbarschaft? Über Bewegungen im Verhältnis von Soziologie und Geschlechterforschung«, in: *Österreichische Zeitschrift für Soziologie,* 33: 4, S. 9–27.

Aulenbacher, Brigitte (2020): »Auf neuer Stufe vergesellschaftet: Care und soziale Reproduktion im Gegenwartskapitalismus«, in: Karina Becker u.a. (Hg.), *Gespannte Arbeits- und Geschlechterverhältnisse im Marktkapitalismus,* Wiesbaden: Springer Fachmedien, S. 125–147.

Aulenbacher, Brigitte, Meuser, Michael und Riegraf, Birgit (2012): »Geschlecht, Ethnie, Klasse im Kapitalismus. Über die Verschränkung sozialer Verhältnisse und hegemonialer Deutungen im gesellschaftlichen Reproduktionsprozess«, in: *Berliner Journal für Soziologie,* 22: 1, S. 5–27.

Aulenbacher, Brigitte und Riegraf, Birgit (2012): *Intersektionalität und soziale Ungleichheit.* http://portal-intersektionalitaet.de/theoriebildung/ueberblickstexte/aulenbacherriegraf/ (07.03.2023).

Baecker, Dirk (1988): *Information und Risiko in der Marktwirtschaft,* Frankfurt am Main: Suhrkamp.

Baecker, Dirk (2003): »Durch diesen schönen Fehler mit sich selbst bekannt gemacht«, in: ders., *Organisation und Management. Aufsätze,* Frankfurt am Main: Suhrkamp, S. 18–41.

Baer, Susanne (2015): *Rechtssoziologie. Eine Einführung in die interdisziplinäre Rechtsforschung,* Baden-Baden: Nomos.

Baer, Susanne und Elsuni, Sarah (2021): »Feministische Rechtstheorien«, in: Eric Hilgendorf und Jan C. Joerden (Hg.), *Handbuch Rechtsphilosophie,* Stuttgart: J.B. Metzler, S. 296–303.

Baldus, Christian (2013): »Gut meinen, gut verstehen? Historischer Umgang mit historischen Intentionen«, in: Christian Baldus u.a. (Hg.), *»Gesetzgeber« und Rechtsanwendung. Entstehung und Auslegungsfähigkeit von Normen,* Tübingen: Mohr Siebeck, S. 5–28.

Beetsma, Roel und Bovenberg, A. Lans (1999): »Does monetary unification lead to excessive debt accumulation?«, in: *Journal of Public Economics,* 74: 3, S. 299–325.

Beetsma, Roel und Uhlig, Harald (1999): »An analysis of the Stability and Growth Pact«, in: *The Economic Journal,* 109: 458, S. 546–571.

Berger, Peter L. und Luckmann, Thomas (1980): *Die gesellschaftliche Konstruktion der Wirklichkeit. Eine Theorie der Wissenssoziologie,* Frankfurt am Main: Fischer-Taschenbücher.

Bilandzic, Helena (2012): »Wie Selektion und Interpretation zusammenhängen: Kombination von Lautem Denken und Beobachtung«, in: Wiebke Loosen und Armin Scholl (Hg.), *Methodenkombinationen in der Kommunikationswissenschaft. Methodologische Herausforderungen und empirische Praxis,* Köln: von Halem, S. 195–209.

Binner, Kristina und Décieux, Fabienne (2023): »(Sorge-)Arbeit, Geschlecht und soziale Ungleichheit«, in: Cornelia Dlabaja u.a. (Hg.), *Aktuelle Ungleichheitsforschung. Befunde, Theorien, Praxis,* Weinheim: Beltz Juventa, S. 30–43.

Bodea, Cristina und Higashijima, Masaaki (2017): »Central Bank Independence and Fiscal Policy: Can the Central Bank Restrain Deficit Spending?«, in: *British Journal of Political Science,* 47: 1, S. 47–70.

Bogdandy, Armin von (2011): »Deutsche Rechtswissenschaft im europäischen Rechtsraum«, in: *JuristenZeitung,* S. 1–6.

Boulanger, Christian (2019a): »Die Soziologie juristischer Wissensproduktion«, in: Christian Boulanger u.a. (Hg.), *Interdisziplinäre Rechtsforschung,* Wiesbaden: Springer Fachmedien, S. 173–192.

Boulanger, Christian (2019b): »Die Soziologie juristischer Wissensproduktion. Rechtsdogmatik als soziale Praxis«, in: Christian Boulanger u.a. (Hg.), *Interdisziplinäre Rechtsforschung. Eine Einführung in die geistes- und sozialwissenschaftliche Befassung mit dem Recht und seiner Praxis,* Wiesbaden, Heidelberg: Springer VS, S. 173–192.

Breidbach, Olaf (2008): *Neue Wissensordnungen. Wie aus Informationen und Nachrichten kulturelles Wissen entsteht,* Frankfurt am Main: Suhrkamp.

Britton-Purdy, Jedediah S., Grewal, David Singh, Kapczynski, Amy und Rahman, K. Sabeel (2020): »Building a Law-and-Political-Economy Framework: Beyond the Twentieth-Century Synthesis«, in: *Yale Law Journal,* 129, S. 1784–1835.

Brodocz, André (2009): *Die Macht der Judikative,* Wiesbaden: VS Verlag für Sozialwissenschaften.

Broemel, Roland (2023): »Wie verändert sich das Recht durch die Digitalisierung?«, in: Mareike Schmidt und Hans-Heinrich Trute (Hg.), *Lehre der Digitalisierung in der Rechtswissenschaft,* Baden-Baden: Nomos, S. 37–77.

Brohm, Winfried (2001): »Kurzlebigkeit und Langzeitwirkung der Rechtsdogmatik«, in: Max-Emanuel Geis (Hg.), *Festschrift für Hartmut Maurer. Staat, Kirche, Verwaltung,* München: C.H. Beck, S. 1079–1090.

Buiter, Willem, Corsetti, Giancarlo und Roubini, Nouriel (1993): »Excessive deficits: sense and nonsense in the Treaty of Maastricht«, in: *Economic policy*, 8: 16, S. 57–100.

Bumke, Christian (2014a): »Rechtsdogmatik. Überlegungen zur Entwicklung und zu den Formen einer Denk- und Arbeitsweise der deutschen Rechtswissenschaft«, in: *JuristenZeitung*, 13, S. 641–650.

Bumke, Christian (2017b): *Rechtsdogmatik. Eine Disziplin und ihre Arbeitsweise: zugleich eine Studie über das rechtsdogmatische Arbeiten Friedrich Carl von Savignys,* Tübingen: Mohr Siebeck.

Bumke, Christian (2022): »Erzeugung und Gebrauch von Wissen in der Rechtswissenschaft«, in: Ino Augsberg und Gunnar Folke Schuppert (Hg.), *Wissen und Recht,* Baden-Baden: Nomos, S. 443–486.

Butzer, Günter und Günter, Manuela (2004): »Einleitung«, in: dies., *Kulturelles Vergessen. Medien, Rituale, Orte,* Vandenhoeck & Ruprecht, S. 9–14.

BVerfG Urteil. 12.10.1993, Az. 2 BvR 2134/92, 2 BvR 2159/92, *Maastricht.*

BVerfG Urteil. 21.06.2016, Az. 2 BvR 2728/13, 2 BvR 2729/13, 2 BvR 2730/13, 2 BvR 2731/13, 2 BvE 13/13, *OMT.*

BVerfG Urteil. 05.05.2020, Az. 2 BvR 859/15, *PSPP.*

Campos, Ricardo Resende (2019): »Prozeduralisierung als Wissens-Fertigung im Recht«, in: *Kritische Justiz*, 52: 4, S. 400–406.

Chari, Varadarajan. und Kehoe, Patrick (2008): »Time Inconsistency and

Free-Riding in a Monetary Union«, in: *Journal of Money, Credit and Banking*, 40: 7, S. 1329–1356.

Christensen, Ralph und Kudlich, Hans (2001): *Theorie richterlichen Begründens*, Berlin: Duncker & Humblot.

Cohen, Morris R. (1927): »Property and Sovereignty«, in: *Cornell Law Review*, 13, S. 8–30.

Cohen, Morris R. (1932): »The Basis of Contract«, in: *Harvard Law Review*, 46, S. 553–592.

Cooper, Davina (1995): »Local government legal consciousness in the shadow of juridification«, in: *Journal of law and society*, 22: 4, S. 506–526.

Cowan, Dave (2004): »Legal consciousness: some observations«, in: *The Modern Law Review*, 67: 6, S. 928–958.

Cyba, Eva (2013): *Geschlecht und soziale Ungleichheit: Konstellationen der Frauenbenachteiligung*, Wiesbaden: Springer Fachmedien.

Dagan, Hanoch, Dorfman, Avihay, Kreitner, Roy und Markovits, Daniel (2020): »The Law of The Market«, in: *Law and Contemporary Problems*, 82: 2, S. i–xviii.

Deakin, Simon, Gindis, David, Hodgson, Geoffrey M., Huang, Kainan und Pistor, Katharina (2017): »Legal institutionalism: Capitalism and the constitutive role of law«, in: *Journal of Comparative Economics*, 45: 1, S. 188–200.

Diewald, Martin und Faist, Thomas (2011): »Von Heterogenitäten zu Ungleichheiten. Soziale Mechanismen als Erklärungsansatz der Genese sozialer Ungleichheiten«, in: *Berliner Journal für Soziologie*, 21: 1, S. 91–114.

DiPrete, Thomas A. und Eirich, Gregory M. (2006): »Cumulative advantage as a mechanism for inequality: A review of theoretical and empirical developments«, in: *Annual Review of Sociolgy*, 32, S. 271–297.

Dreier, Horst (2018): »Rechtswissenschaft als Wissenschaft. Zehn Thesen«, in: ders., *Rechtswissenschaft als Beruf*, Tübingen: Mohr Siebeck, S. 1–66.

Durner, Wolfgang (2015): »Die Wissenschaft vom Öffentlichen Recht in Verwaltung und Wirtschaft«, in: *Die Verwaltung*, 48: 2, S. 203–231.

Ebeling, Markus Knut und Günzel, Stephan (2009): »Einleitung«, in: Markus Knut Ebeling u.a. (Hg.), *Archivologie. Theorien des Archivs in Wissenschaft, Medien und Künsten*, Berlin: Kadmos, S. 7–28.

Egidy, Stefanie (2019): *Finanzkrise und Verfassung. Demokratisches Krisenmanagement in Deutschland und den USA*, Tübingen: Mohr Siebeck.

Ehs, Tamara und Zandonella, Martina (2021): »Different Class Citizens. Understanding the Relationship between Socio-economic Inequality and Voting Abstention«, in: *Politics in Central Europe*, 17: 3, S. 525–540.

Eifert, Martin (2012): »Zum Verhältnis von Dogmatik und pluralisierter Rechtswissenschaft«, in: Gregor Kirchhof u.a. (Hg.), *Was weiß Dogmatik? Was leistet und wie steuert die Dogmatik des Öffentlichen Rechts?*, Tübingen: Mohr Siebeck, S. 79–96.

Eller, Klaas Hendrik (2021): »Rechtswissenschaft als transdisziplinäres Netzwerk. Zur Verortung von Rechtssoziologie und Rechtsvergleichung«, in: *Zeitschrift für Rechtssoziologie*, 41: 2, S. 338–369.

Engisch, Karl (1963): *Logische Studien zur Gesetzesanwendung,* Heidelberg: C. Winter.
Esposito, Elena (2002): *Soziales Vergessen. Formen und Medien des Gedächtnisses der Gesellschaft,* Frankfurt am Main: Suhrkamp.
Esser, Josef (1972): »Möglichkeiten und Grenzen des dogmatischen Denkens im modernen Zivilrecht«, in: *Archiv für die civilistische Praxis,* 172: 2/3, S. 97–130.
Esser, Josef (1974): »Dogmatik zwischen Theorie und Praxis«, in: Fritz Baur (Hg.), *Festschrift für Ludwig Raiser. Funktionswandel der Privatrechtsinstitutionen,* Tübingen: Mohr Siebeck, S. 517–540.
Esser, Josef (1975): *Vorverständnis und Methodenwahl in der Rechtsfindung. Rationalitätsgrundlagen richterlicher Entscheidungspraxis,* Scriptor.
Esser, Josef (1979): *Juristisches Argumentieren im Wandel des Rechtsfindungskonzepts unseres Jahrhunderts. Vorgelegt am 21. Oktober 1978,* Heidelberg: C. Winter.
Esser, Josef (1990): *Grundsatz und Norm in der richterlichen Fortbildung des Privatrechts. Rechtsvergleichende Beiträge zur Rechtsquellen- und Interpretationslehre,* Tübingen: Mohr Siebeck.
EuGH Urteil. 10.07.2003, Az. C-11/00, *Kommission/EZB.*
EuGH Urteil. 16.06.2015, Az. C-62/14, *Gauweiler.*
EuGH Urteil. 11.12.2018, Az. C-493/17, *Weiss.*
Europäische Zentralbank: *Zusammenarbeit in Europa.*
Europäische Zentralbank (2017): *Warum ist die EZB unabhängig.*
Farahat, Anuscheh (2021): *Transnationale Solidaritätskonflikte. Eine vergleichende Analyse verfassungsgerichtlicher Konfliktbearbeitung in der Eurokrise,* Tübingen: Mohr Siebeck.
Feld, Lars P., Schmidt, Christoph, Schnabel, Isabel und Wieland, Joachim (2015): »Divergence of liability and control as the source of over-indebtedness and moral hazard in the European Monetary Union«, in: Richard Baldwin und Francesco Giavazzi (Hg.), *The Eurozone crisis. A consensus view of the causes and a few possible remedies,* CEPR Press London, S. 185–197.
Fernandez, Karina und Janschitz, Gerlinde (2023): »Bildung und soziale Ungleichheit«, in: Cornelia Dlabaja u.a. (Hg.), *Aktuelle Ungleichheitsforschung. Befunde, Theorien, Praxis,* Weinheim: Beltz Juventa, S. 72–85.
Fischer, Karin und Grandner, Margarete (Hg.) (2019): *Globale Ungleichheit. Über Zusammenhänge von Kolonialismus, Arbeitsverhältnissen und Naturverbrauch,* Wien: Mandelbaum.
Flesken, Anaid und Hartl, Jakob (2020): »Ethnicity, inequality, and perceived electoral fairness«, in: *Social Science Research,* 85, S. 707–724.
Flohr, Martin (2016): *Rechtsdogmatik in England,* Tübingen: Mohr Siebeck.
Forrester, Jay (1972): »Understanding the Counterintuitive Behavior of Social Systems«, in: John Beishon und Geoff Peters (Hg.), *Systems behaviour,* London, New York: Harper and Row, S. 200–217.
Fortwengel, Johann, Schüßler, Elke und Sydow, Jörg (2017): »Studying Organizational Creativity as Process: Fluidity or Duality?«, in: *Creativity and Innovation Management,* 26: 1, S. 5–16.

Foucault, Michel (2019): *Überwachen und Strafen. Die Geburt des Gefängnisses*, Frankfurt am Main: Suhrkamp.
Foucault, Michel (2020): *Archäologie des Wissens*, Frankfurt am Main: Suhrkamp.
Friedrich A. von Hayek (1968): *Der Wettbewerb als Entdeckungsverfahren*, Kiel: Inst. f. Weltwirtschaft.
Fuest, Clemens, Neumeier, Florian und Stöhlker, Daniel (2018): »Ungleichheit und Wirtschaftswachstum:. Warum OECD und IWF falsch liegen«, in: *ifo Schnelldienst*, 71: 10, S. 22–25.
Funder, Maria (2012): *Soziologie der Wirtschaft. Eine Einführung*, München: Oldenbourg.
Funkenstein, Amos (2018): *Theology and the scientific imagination: from the middle ages to the seventeenth century*, Princeton: Princeton University Press.
Galbraith, James (2012): *Inequality and instability. A study of the world economy just before the great crisis*, Oxford: Oxford University Press.
Gärditz, Klaus Ferdinand (2011): »Gerichtliche Feststellung genereller Tatsachen (legislative facts) im Öffentlichen Recht«, in: Hans-Ullrich Paeffgen u.a. (Hg.), *Festschrift für Ingeborg Puppe. Strafrechtswissenschaft als Analyse und Konstruktion*, Berlin: Duncker & Humblot, S. 1557–1578.
Gärditz, Klaus Ferdinand (2014): »Die gerichtliche Kontrolle behördlicher Tatsachenermittlung im europäischen Wettbewerbsrecht zwischen Untersuchungsmaxime und Effektivitätsgebot«, in: *Archiv des öffentlichen Rechts*, 139: 3, S. 329–383.
Gärditz, Klaus Ferdinand (2017): »Die ›Neue Verwaltungsrechtswissenschaft‹ - Alter Wein in neuen Schläuchen?«, in: Martin Burgi (Hg.), *Zur Lage der Verwaltungsrechtswissenschaft*, Berlin: Duncker & Humblot, S. 105–145.
Gärditz, Klaus Ferdinand (2018): »Die äußeren und inneren Grenzen der Wissenschaftsfreiheit. Zur politischen Struktur von Forschung und Lehre«, in: *Wissenschaftsrecht*, 51: 1, S. 5–44.
Gärditz, Klaus Ferdinand (2019): »Das Steuerungspotenzial der Rechtsprechung«, in: Wolfgang Kahl und Ute Mager (Hg.), *Verwaltungsrechtswissenschaft und Verwaltungsrechtspraxis*, Baden-Baden: Nomos, S. 207–240.
Gärditz, Klaus Ferdinand (2022): *Plädoyer für ein Naturwissenschaftsrecht*, Berlin: Berliner Wissenschafts-Verlag.
Goldmann, Matthias (2014): »Dogmatik als rationale Rekonstruktion: Versuch einer Metatheorie am Beispiel völkerrechtlicher Prinzipien«, in: *Der Staat*, 53: 3, S. 373–399.
Goldmann, Matthias (2020): »The European Economic Constitution after the PSPP Judgment: Towards Integrative Liberalism?«, in: *German Law Journal*, 21: 5, S. 1058–1077.
Grewal, David Singh (2014): »The Laws of Capitalism«, in: *Harvard Law Review*, 128, S. 632–641.
Griffith-Jones, Stephany (2010): »Counter-cyclicality: The New Consensus,

How it Could Be Implemented«, in: Stephany Griffith-Jones u.a. (Hg.), *The Financial Stability Board: An Effective Fourth Pillar of Global Economic Governance?,* Centre for International Governance Innovation, S. 49–51.

Grzeszick, Bernd (2012): »Steuert die Dogmatik? Inwiefern steuert die Dogmatik des Öffentlichen Rechts? Gibt es eine rechtliche Steuerungswissenschaft jenseits der Rechtsdogmatik?«, in: Gregor Kirchhof u.a. (Hg.), *Was weiß Dogmatik? Was leistet und wie steuert die Dogmatik des Öffentlichen Rechts?,* Tübingen: Mohr Siebeck, S. 97–110.

Günther, Friederich (2004): *Denken vom Staat her. Die bundesdeutsche Staatsrechtslehre zwischen Dezision und Integration 1949-1970,* Berlin, Boston: Oldenbourg.

Gutmann, Thomas (2021): »Intra- und Interdisziplinarität. Chance oder Störfaktor«, in: Eric Hilgendorf und Helmuth Schulze-Fielitz (Hg.), *Selbstreflexion der Rechtswissenschaft,* Tübingen: Mohr Siebeck, S. 93–118.

Haan, Jakob de (2019): »Some Reflections on the Political Economy of Monetary Policy«, in: *Review of Economics,* 70: 3, S. 213–228.

Häberle, Peter (1998): *Verfassung als öffentlicher Prozeß. Materialien zu einer Verfassungstheorie der offenen Gesellschaft,* Berlin: Duncker & Humblot.

Hacking, Ian (1998): *Rewriting the soul. Multiple personality and the sciences of memory,* Princeton: Princeton University Press.

Hacking, Ian (2006): »Making Up People«, in: *London Review of Books,* 28: 16.

Häde, Ulrich (2016): »Art. 126 AEUV«, in: Christian Calliess und Matthias Ruffert (Hg.), *EUV, AEUV Kommentar. Das Verfassungsrecht der Europäischen Union mit Europäischer Grundrechtecharta,* München: C.H. Beck.

Häde, Ulrich (2016): »Art. 130 AEUV«, in: Christian Calliess und Matthias Ruffert (Hg.), *EUV, AEUV Kommentar. Das Verfassungsrecht der Europäischen Union mit Europäischer Grundrechtecharta,* München: C.H. Beck.

Häde, Ulrich (2022): »§23 Das Euro-Währungsrecht«, in: Ulrich Hufeld und Christoph Ohler (Hg.), *Bd. 9: Europäische Wirtschafts- und Währungsunion,* Baden-Baden: Nomos, S. 1085–1108.

Haltern, Ulrich (2008): »Notwendigkeit und Umrisse einer Kulturtheorie des Rechts«, in: Horst Dreier und Eric Hilgendorf (Hg.), *Kulturelle Identität als Grund und Grenze des Rechts. Akten der IVR-Tagung vom 28.–30. September 2006 in Würzburg,* Stuttgart, Baden-Baden: Steiner; Nomos, S. 193–222.

Haraway, Donna (1996): »Situiertes Wissen - die Wissenschaftsfrage im Feminismus und das Privileg einer partialen Perspektive«, in: Elvira Scheich (Hg.), *Vermittelte Weiblichkeit. Feministische Wissenschafts- und Gesellschaftstheorie,* S. 217–248.

Harding, Sandra (1994): *Das Geschlecht des Wissens. Frauen denken die Wissenschaft neu,* Frankfurt: Campus.

Hart, Herbert L. A. (1997): *The concept of law,* Oxford: Oxford University Press.

Hartl, Jakob (2023): »Politische Teilhabe und soziale Ungleichheit«, in: Cornelia Dlabaja u.a. (Hg.), *Aktuelle Ungleichheitsforschung. Befunde, Theorien, Praxis,* Weinheim: Beltz Juventa, S. 44–56.

Hase, Friedhelm (2011): »Sozialrecht«, in: Thomas Vesting und Stefan Korioth (Hg.), *Der Eigenwert des Verfassungsrechts. Was bleibt von der Verfassung nach der Globalisierung?,* Tübingen: Mohr Siebeck, S. 121–134.

Hase, Friedhelm (2023): »Vertrauensschutz. Erwartungssicherung bei beschleunigtem sozialem Wandel«, in: Roland Broemel u.a. (Hg.), *Forschung als Handlungs- und Kommunikationszusammenhang. Beiträge zur Verarbeitung gesellschaftlichen Wandels im Recht: Festschrift für Hans-Heinrich Trute zum 70. Geburtstag,* Tübingen: Mohr Siebeck, S. 351–358.

Hassemer, Winfried (2012): »Dogmatik zwischen Wissenschaft und richterlicher Pragmatik. Einführende Bemerkungen«, in: Gregor Kirchhof u.a. (Hg.), *Was weiß Dogmatik? Was leistet und wie steuert die Dogmatik des Öffentlichen Rechts?,* Tübingen: Mohr Siebeck, S. 3–15.

Hayek, Friedrich A. von (2002): »Wahrer und falscher Individualismus (1945)«, in: Viktor Vanberg (Hg.), *Grundsätze einer liberalen Gesellschaftsordnung. Aufsätze zur Politischen Philosophie und Theorie Friedrich A. von Hayek,* Tübingen: Mohr Siebeck, S. 3–32.

Heine, Michael und Herr, Hansjörg (2008): *Die europäische Zentralbank. Eine kritische Einführung in die Strategie und Politik der EZB und die Probleme in der EWU,* Marburg: Metropolis.

Heinelt, Hubert und Lamping, Wolfram (2015): *Wissen und Entscheiden. Lokale Strategien gegen den Klimawandel in Frankfurt am Main, München und Stuttgart,* Frankfurt am Main: Campus.

Henckel, Wolfram (1989): »Rechtsdogmatik und Gesetzgebung in der Gegenwart. Zivilrecht«, in: Okko Behrends (Hg.), *Gesetzgebung und Dogmatik. Die Funktion des Gesetzes in Geschichte und Gegenwart,* Göttingen: Vandenhoeck & Ruprecht, S. 93–105.

Herberger, Maximilian (1989): »Rangstufen der Dogmatik«, in: Okko Behrends (Hg.), *Gesetzgebung und Dogmatik. Die Funktion des Gesetzes in Geschichte und Gegenwart,* Göttingen: Vandenhoeck & Ruprecht, S. 67–79.

Hermes, Georg (2004): »Folgenberücksichtigung in der Verwaltungspraxis und in einer wirkungsorientierten Verwaltungsrechtswissenschaft«, in: Eberhard Schmidt-Aßmann (Hg.), *Methoden der Verwaltungsrechtswissenschaft,* Baden-Baden: Nomos, S. 359–385.

Hilgendorf, Eric und Schulze-Fielitz, Helmuth (Hg.) (2021): *Selbstreflexion der Rechtswissenschaft,* Tübingen: Mohr Siebeck.

Hillgruber, Christian (2008): »Verfassungsrecht zwischen normativem Anspruch und politischer Wirklichkeit«, in: *Veröffentlichungen der Vereinigung der Deutschen Staatsrechtslehrer (VVDStRL),* 67: 7.

Hinarejos, Alicia (2015): »Gauweiler and the Outright Monetary Transactions Programme: The Mandate of the European Central Bank and the

Changing Nature of Economic and Monetary Union. European Court of Justice, Judgment of 16 June 2015, Case C-62/14 Gauweiler and others v Deutscher Bundestag«, in: *European constitutional law review*, 11: 3, S. 563–576.

Hockett, Robert (2009): »A fixer-upper for finance«, in: *Washington University Law Review*, 87: 6, S. 1213.

Robert Hockett und Saule Omarova, »Central Banking and Finance – The Franchise View«, in: *LPE Project Blog*, 03.13.2019 (03.13.2019).

Hodgson, Geoffrey M. (2015): *Conceptualizing Capitalism. Institutions, Evolution, Future*, Chicago: University of Chicago Press.

Hoffmann, Christoph (2008): »Festhalten, Bereitstellen. Verfahren der Aufzeichnung«, in: ders., *Daten sichern. Schreiben und Zeichnen als Verfahren der Aufzeichnung*, Berlin: Diaphanes, S. 7–20.

Hoffmann-Riem, Wolfgang (2001): »Sozialwissenschaften in der Rechtsanwendung. Am Beispiel der Nutzung der Medienforschung in der Rechtsprechung zum Medienrecht«, in: *Zeitschrift für Rechtssoziologie*, 22: 1, S. 3–24.

Hoffmann-Riem, Wolfgang (2004): »Methoden einer anwendungsorientierten Verwaltungswissenschaft«, in: Eberhard Schmidt-Aßmann (Hg.), *Methoden der Verwaltungsrechtswissenschaft*, Baden-Baden: Nomos, S. 9–72.

Hoffmann-Riem, Wolfgang (2010): »Innovationen durch Recht und im Recht«, in: ders., *Offene Rechtswissenschaft. Ausgewählte Schriften und begleitende Analysen*, Tübingen: Mohr Siebeck, S. 177–207.

Hoffmann-Riem, Wolfgang (2010): »Methoden einer anwendungsorientierten Verwaltungsrechtswissenschaft«, in: ders., *Offene Rechtswissenschaft. Ausgewählte Schriften und begleitende Analysen*, Tübingen: Mohr Siebeck, S. 35–110.

Hoffmann-Riem, Wolfgang (2016): *Innovation und Recht, Recht und Innovation. Recht im Ensemble seiner Kontexte*, Tübingen: Mohr Siebeck.

Hofmann, Hasso (1999): »Von der Staatssoziologie zu einer Soziologie der Verfassung?«, in: *JuristenZeitung*, S. 1065–1074.

Hörning, Karl H. (2001): *Experten des Alltags. Die Wiederentdeckung des praktischen Wissens*, Weilerswist: Velbrück Wissenschaft.

Hufeld, Ulrich (2022): »§2 Europäische Wirtschafts- und Währungsunion. Das System«, in: Ulrich Hufeld und Christoph Ohler (Hg.), *Bd. 9: Europäische Wirtschafts- und Währungsunion*, Baden-Baden: Nomos, 71–179.

Hufeld, Ulrich und Repasi, René (2022): »§8 Das sekundäre Recht der wirtschaftspolitischen Koordinierung«, in: Ulrich Hufeld und Christoph Ohler (Hg.), *Bd. 9: Europäische Wirtschafts- und Währungsunion*, Baden-Baden: Nomos, S. 387–455.

Hull, Kathleen E. (2003): »The cultural power of law and the cultural enactment of legality: The case of same-sex marriage«, in: *Law & Social Inquiry*, 28: 3, S. 629–657.

Jacobin Magazin, »Der Code des Kapitalismus wird von Anwälten geschrieben – Interview mit K. Pistor«, 18.01.2021 (2021).

Jestaedt, Matthias (2006): *Das mag in der Theorie richtig sein. Vom Nutzen der Rechtstheorie für die Rechtspraxis,* Tübingen: Mohr Siebeck.

Jestaedt, Matthias (2009): *Die Verfassung hinter der Verfassung. Eine Standortbestimmung der Verfassungstheorie,* Schöningh.

Jestaedt, Matthias (2010): »Verfassungstheorie als Disziplin«, in: Otto Depenheuer und Christoph Grabenwarter (Hg.), *Verfassungstheorie,* Tübingen: Mohr Siebeck, S. 4–56.

Jestaedt, Matthias (2011): »Phänomen Bundesverfassungsgericht. Was das Gericht zu dem macht, was es ist«, in: Matthias Jestaedt u.a. (Hg.), *Das entgrenzte Gericht. Eine kritische Bilanz nach sechzig Jahren Bundesverfassungsgericht,* Frankfurt am Main: Suhrkamp, S. 77–157.

Jestaedt, Matthias (2012): »Wissenschaftliches Recht. Rechtsdogmatik als gemeinsames Kommunikationsformat von Rechtswissenschaft und Rechtspraxis«, in: Gregor Kirchhof u.a. (Hg.), *Was weiß Dogmatik? Was leistet und wie steuert die Dogmatik des Öffentlichen Rechts?,* Tübingen: Mohr Siebeck, S. 117–138.

Jestaedt, Matthias (2014): »Wissenschaft im Recht. Rechtsdogmatik im Wissenschaftsvergleich«, in: *JuristenZeitung,* 1, S. 1–12.

Jestaedt, Matthias (2018): »Vom Beruf der Rechtswissenschaft - zwischen Rechtspraxis und Rechtstheorie. Annährungen eines Staatsrechtslehrers«, in: Horst Dreier (Hg.), *Rechtswissenschaft als Beruf,* Tübingen: Mohr Siebeck, S. 227–255.

Jestaedt, Matthias (Hg.) (2020): *Reine Rechtslehre: Einleitung in die rechtswissenschaftliche Problematik,* Tübingen: Mohr Siebeck.

Jestaedt, Matthias und Lepsius, Oliver (Hg.) (2008): *Rechtswissenschaftstheorie,* Tübingen: Mohr Siebeck.

Kadelbach, Stefan (1999): *Allgemeines Verwaltungsrecht unter europäischem Einfluss,* Tübingen: Mohr Siebeck.

Kahl, Wolfgang (2019): »Dogmatik im EU-Recht«, in: *Archiv des öffentlichen Rechts,* 144, S. 159–201.

Kahl, Wolfgang (2020): *Wissenschaft, Praxis und Dogmatik im Verwaltungsrecht,* Tübingen: Mohr Siebeck.

Kahn, Victoria (2020): *The Trouble with Literature,* Oxford: Oxford University Press.

Kammer, Stephan (2010): »Das Werk als Entwurf. Textpolitik und Schreibpraxis bei Arthur Schopenhauer«, in: Karin Krauthausen und Omar W. Nasim (Hg.), *Notieren, Skizzieren. Schreiben und Zeichnen als Verfahren des Entwurfs,* Zürich: Diaphanes, S. 27–60.

Kaufhold, Ann-Katrin (2013): »Transfer und Transformation ökonomischen Wissens im Recht der Bankenaufsicht«, in: Ino Augsberg (Hg.), *Extrajuridisches Wissen im Verwaltungsrecht. Analysen und Perspektiven,* Tübingen: Mohr Siebeck, S. 151–176.

Kaufhold, Ann-Katrin (2022): »§17 Der einheitliche Aufsichtsmechanismus für Banken (SSM)«, in: Ulrich Hufeld und Christoph Ohler (Hg.), *Bd. 9: Europäische Wirtschafts- und Währungsunion,* Baden-Baden: Nomos, S. 787–845.

Keil, Geert (2010): »Halbglatzen statt Halbwahrheiten. Über Vagheit, Wahrheits- und Auflösungsgrade«, in: Martin Grajner und Adolf Rami (Hg.), *Wahrheit, Bedeutung, Existenz,* Berlin, Boston: De Gruyter, S. 57–86.

Keller, Reiner (2011): *Diskursforschung. Eine Einführung für SozialwissenschaftlerInnen,* Wiesbaden: VS Verlag für Sozialwissenschaften.

Keller, Reiner (2013): »Kommunikative Konstruktion und diskursive Konstruktion«, in: Reiner Keller u.a. (Hg.), *Kommunikativer Konstruktivismus. Theoretische und empirische Arbeiten zu einem neuen wissenssoziologischen Ansatz,* Wiesbaden: Springer Fachmedien, S. 69–94.

Kelsen, Hans (2009): *Reine Rechtslehre,* Wien.

Kennedy, Duncan (2012): »Political ideology and comparative law«, in: Mauro Bussani und Ugo Mattei (Hg.), *The Cambridge Companion to Comparative Law,* Cambridge: Cambridge University Press, S. 35–56.

Kirchhof, Gregor, Magen, Stefan und Schneider, Karsten (Hg.) (2012): *Was weiß Dogmatik? Was leistet und wie steuert die Dogmatik des Öffentlichen Rechts?,* Tübingen: Mohr Siebeck.

Klausner, Martina (2012): »Klassifikationen und Rückkoppelungseffekte«, in: Stefan Beck u.a. (Hg.), *Science and Technology Studies - Eine sozialanthropologische Einführung,* transcript Verlag, S. 281–304.

Klausnitzer, Ralf (2013): »Beobachten«, in: Roland Borgards u.a. (Hg.), *Literatur und Wissen. Ein interdisziplinäres Handbuch,* Stuttgart, Weimar: Verlag J. B. Metzler, S. 241–253.

Klement, Jan Henrik (2006): *Verantwortung. Funktion und Legitimation eines Begriffs im Öffentlichen Recht,* Tübingen: Mohr Siebeck.

Knoblauch, Hubert (2005): *Wissenssoziologie,* Konstanz: UVK Lucius.

Knoblauch, Hubert (2014): *Wissenssoziologie,* Konstanz: UVK Lucius.

Knoblauch, Hubert (2016): *Die kommunikative Konstruktion der Wirklichkeit,* Wiesbaden: Springer Fachmedien.

Krägenau, Henry und Wetter, Wolfgang (1993): *Europäische Wirtschafts- und Währungsunion. Vom Werner-Plan zum Vertrag von Maastricht: Analysen und Dokumentation,* Baden-Baden: Nomos.

Krauthausen, Karin (2010): »Vom Nutzen des Notierens. Verfahren des Entwurfs«, in: Karin Krauthausen und Omar W. Nasim (Hg.), *Notieren, Skizzieren. Schreiben und Zeichnen als Verfahren des Entwurfs,* Zürich: Diaphanes, S. 7–26.

Krauthausen, Karin und Nasim, Omar W. (Hg.) (2010): *Notieren, Skizzieren. Schreiben und Zeichnen als Verfahren des Entwurfs,* Zürich: Diaphanes.

Krawietz, Werner (1972): »Was leistet Rechtsdogmatik in der richterlichen Entscheidungspraxis«, in: *Österreichische Zeitschrift für öffentliches Recht,* 23, S. 47–80.

Krawietz, Werner (1984): *Recht als Regelsystem,* Wiesbaden: Steiner.

Krull, Wilhelm (2021): »Neue Entwicklungen in der Hochschulpolitik und ihre Folgen für die Rechtswissenschaft«, in: Eric Hilgendorf und Helmuth Schulze-Fielitz (Hg.), *Selbstreflexion der Rechtswissenschaft,* Tübingen: Mohr Siebeck, S. 287–300.

Krüper, Julian (2010): »Lawfirm - legibus solutus? Legitimität und Rationalität des inneren Gesetzgebungsverfahrens und das ›Outsourcing‹ von Gesetzentwürfen«, in: *JuristenZeitung*, 65: 13, S. 655–662.

Laband, Paul (1964): *Das Staatsrecht des Deutschen Reiches Band 2*, Aalen: Scientia.

Ladeur, Karl Heinz (2016): *Die Textualität des Rechts. Zur poststrukturalistischen Kritik des Rechts,* Weilerswist: Velbrück Wissenschaft.

Ladeur, Karl Heinz (2022): »§ 21 Die Kommunikationsinfrastruktur der Verwaltung«, in: Andreas Vosskuhle u.a. (Hg.), *Grundlagen des Verwaltungsrechts Bd. I,* München: C.H. Beck, S. 1511–1660.

Ladeur, Karl-Heinz (1991): »Gesetzesinterpretation, »Richterrecht« und Konventionsbildung in kognitivistischer Perspektive. Handeln unter Ungewißheitsbedingungen und richterliches Entscheiden«, in: *Archiv für Rechts-und Sozialphilosophie*, 77: 2, S. 176–194.

Ladeur, Karl-Heinz (1994): »Risikooffenheit und Zurechnung. insbesondere im Umweltrecht«, in: Wolfgang Hoffmann-Riem und Eberhard Schmidt-Aßmann (Hg.), *Innovation und Flexibilität des Verwaltungshandelns. Kolloquium im Internationalen Wissenschaftszentrum Heidelberg im Juni 1993,* Baden-Baden: Nomos, S. 111–138.

Ladeur, Karl-Heinz (1995): *Postmoderne Rechtstheorie. Selbstreferenz - Selbstorganisation - Prozeduralisierung,* Berlin: Duncker & Humblot.

Ladeur, Karl-Heinz (1996): »Richterrecht und Dogmatik – eine verfehlte Konfrontation? Eine Untersuchung am Beispiel der Rechtsprechung des Europäischen Gerichtshofs«, in: *Kritische Vierteljahresschrift für Gesetzgebung und Rechtswissenschaft*, 79: 1, S. 77–98.

Ladeur, Karl-Heinz (1997): »Towards a Legal Theory of Supranationality. The Viability of the Network Concept«, in: *European Law Journal*, 3: 1, S. 33–54.

Ladeur, Karl-Heinz (2000): »Die rechtswissenschaftliche Methodendiskussion und die Bewältigung des gesellschaftlichen Wandels. Zugleich ein Beitrag zur Bedeutung der ökonomischen Analyse des Rechts«, in: *Rabels Zeitschrift für ausländisches und internationales Privatrecht*, 64: 1, S. 60–103.

Ladeur, Karl-Heinz (2000): *Negative Freiheitsrechte und gesellschaftliche Selbstorganisation: die Erzeugung von Sozialkapital durch Institutionen,* Mohr Siebeck.

Ladeur, Karl-Heinz (2006): *Der Staat gegen die Gesellschaft. Zur Verteidigung der Rationalität der »Privatrechtsgesellschaft«,* Tübingen: Mohr Siebeck.

Ladeur, Karl-Heinz (2006): »The Postmodern Condition of Law and Societal ›Management of Rules‹ Facts and Norms Revisited«, in: *Zeitschrift für Rechtssoziologie*, 27: 1, S. 87–108.

Ladeur, Karl-Heinz (2007): »Der Staat der Systemtheorie und die postmoderne Herausforderung. Die Krise des ›Unversalismus des Politischen‹«, in: Marcelo Neves und Rüdiger Voigt (Hg.), *Die Staaten der Weltgesellschaft. Niklas Luhmanns Staatsverständnis,* Baden-Baden: Nomos, S. 149–178.

Ladeur, Karl-Heinz (2009): »Soziale Epistemologie der Demokratie. Theoretische Überlegungen zur Bindung von Unbestimmtheit durch Insitutionen in der postmodernen Gesellschaft«, in: Ino Augsberg (Hg.), *Ungewissheit als Chance. Perspektiven eines produktiven Umgangs mit Unsicherheit im Rechtssystem,* Tübingen: Mohr Siebeck, S. 135–150.

Ladeur, Karl-Heinz (2014): »Die transsubjektive Dimension der Grundrechte«, in: Thomas Vesting u.a. (Hg.), *Grundrechte als Phänomene kollektiver Ordnung. Zur Wiedergewinnung des Gesellschaftlichen in der Grundrechtstheorie und Grundrechtsdogmatik,* Tübingen: Mohr Siebeck, S. 17–38.

Ladeur, Karl-Heinz (2016): »A critique of balancing and the principle of proportionality in constitutional law – a case for ›impersonal rights‹?«, in: *Transnational Legal Theory*, 7: 2, S. 228–256.

Ladeur, Karl-Heinz (2016): *Recht – Wissen – Kultur. Die fragmentierte Ordnung,* Berlin: Duncker & Humblot.

Ladeur, Karl-Heinz (2018): »Der Anfang des westlichen Rechts«, in: *Die Christianisierung der römischen Rechtskultur und die Entstehung des universalen Rechts.*

Ladeur, Karl-Heinz (2019): »›Begriffs- oder Interessenjurisprudenz – falsche Fronten im IPR und Wirtschaftsverfassungsrecht‹ – neu gelesen nach dem ›practical turn‹ in der Wissenschaftsgeschichte«, in: *Kritische Justiz*, 52: 4, S. 503–515.

Ladeur, Karl-Heinz (2019): *Kritik der Abwägung in der Grundrechtsdogmatik. Plädoyer für eine Erneuerung der liberalen Grundrechtstheorie,* Tübingen: Mohr Siebeck.

Ladeur, Karl-Heinz (2020): »Die Stellung des Abgeordneten im Parlament der digitalen Gesellschaft. Eine weitere Transformation der Repräsentation?«, in: Roland Broemel und Arne Pilniok (Hg.), *Die digitale Gesellschaft als Herausforderung für das Recht in der Demokratie,* Tübingen: Mohr Siebeck, S. 43–72.

Ladeur, Karl-Heinz (2020): »›Rechte gegen Rechte‹ - Kann diese Konfrontation dem Prozessieren des Rechts gerecht werden?«, in: Ino Augsberg u.a. (Hg.), *Recht auf Nicht-Recht: Rechtliche Reaktionen auf die Juridifizierung der Gesellschaft,* Weilerswist: Velbrück Wissenschaft, S. 211–235.

Ladeur, Karl-Heinz (2022): »Kann das Bundesverfassungsgericht seine Rechtsprechung auf den gesellschaftlichen und technologischen Wandel einstellen?«, in: *JuristenZeitung*, 77: 23, S. 1131–1138.

Ladeur, Karl-Heinz (2022): »›Legal Knowledge‹ - zur rechtlichen und instituionellen Verfassung des Wissens«, in: Ino Augsberg und Gunnar Folke Schuppert (Hg.), *Wissen und Recht,* Baden-Baden: Nomos, S. 117–144.

Ladeur, Karl-Heinz und Augsberg, Ino (2005): »Auslegungsparadoxien. Zu Theorie und Praxis Juristischer Interpretation Abhandlungen und Aufsatze«, in: *Rechtstheorie*, 36: 2, S. 143–184.

Larenz, Karl und Canaris, Claus-Wilhelm (1995): *Methodenlehre der Rechtswissenschaft,* Berlin, Heidelberg: Springer.

Lastra, Rosa und Dietz, Sara (2022): *Communication in monetary policy. Publication for the committee on Economic and Monetary Affairs, Policy*

Department for Economic, Scientific and Quality of Life Policies, European Parliament.
Latour, Bruno (1990): »Drawing things together«, in: Michael Lynch und Steve Woolgar (Hg.), *Representation in Scientific Practice,* MIT Press, S. 19–68.
Lee, Kye I. (2020): *Die Struktur der juristischen Entscheidung aus konstruktivistischer Sicht,* Tübingen: Mohr Siebeck.
Leibetseder, Bettina (2023): »Sozialpolitik und soziale Ungleichheit«, in: Cornelia Dlabaja u.a. (Hg.), *Aktuelle Ungleichheitsforschung. Befunde, Theorien, Praxis,* Weinheim: Beltz Juventa, S. 57–71.
Lennartz, Jannis (2017): *Dogmatik als Methode,* Tübingen: Mohr Siebeck.
Lepsius, Oliver (2005): »Sozialwissenschaften im Verfassungsrecht – Amerika als Vorbild?«, in: *JZ*, 60, S. 1–13.
Lepsius, Oliver (2008): »Themen einer Rechtswissenschaftstheorie«, in: Matthias Jestaedt und Oliver Lepsius (Hg.), *Rechtswissenschaftstheorie,* Tübingen: Mohr Siebeck, S. 1–50.
Lepsius, Oliver (2012): »Kritik der Dogmatik«, in: Gregor Kirchhof u.a. (Hg.), *Was weiß Dogmatik? Was leistet und wie steuert die Dogmatik des Öffentlichen Rechts?,* Tübingen: Mohr Siebeck, S. 39–62.
Lepsius, Oliver (Hg.) (2016): *Relationen. Plädoyer für eine bessere Rechtswissenschaft,* Tübingen: Mohr Siebeck.
Lepsius, Oliver (2021): »Problemzugänge und Denktraditionen im Öffentlichen Recht«, in: Eric Hilgendorf und Helmuth Schulze-Fielitz (Hg.), *Selbstreflexion der Rechtswissenschaft,* Tübingen: Mohr Siebeck, S. 53–92.
Lienbacher, Georg (2012): »Rationalitätsanforderungen an die parlamentarische Rechtsetzung im demokratischen Rechtsstaat«, in: Georg Lienbacher u.a. (Hg.), *Grundsatzfragen der Rechtsetzung und Rechtsfindung,* Berlin, Boston: De Gruyter, 8–48.
Liscow, Zachary (2018): »Is Efficiency Biased?«, in: *The University of Chicago Law Review*, 85: 7, S. 1649–1718.
Lokdam, Christian Hjaate (2019): *Banking on Sovereignty. A Genealogy of the European Central Bank's Independence,* London: London School of Economics and Political Science.
Lorenz, Stephan (2013): »Forschung, Praxis und Lehre im Bericht des Wissenschaftsrats ›Perspektiven der Rechtswissenschaft in Deutschland‹«, in: *JuristenZeitung*, 68: 14, S. 704–708.
Luhmann, Niklas (1974): *Rechtssystem und Rechtsdogmatik,* Stuttgart: Kohlhammer.
Luhmann, Niklas (1987): *Soziale Systeme. Grundriß einer allgemeinen Theorie,* Frankfurt am Main: Suhrkamp.
Luhmann, Niklas (1992): *Beobachtungen der Moderne,* Wiesbaden: VS Verlag für Sozialwissenschaften.
Luhmann, Niklas (1993): *Das Recht der Gesellschaft,* Frankfurt am Main: Suhrkamp.
Luhmann, Niklas (1995): »Die Soziologie des Wissens: Probleme ihrer theoretischen Konstruktion«, in: ders., *Gessellschaftsstruktur und Semantik*

Bd. 4. Studien zur Wissenssociologie der modernen Gesellschaft, Frankfurt am Main: Suhrkamp, S. 151–180.

Luhmann, Niklas (1995): »Juristische Argumentation. Eine Analyse ihrer Form«, in: Gunther Teubner (Hg.), *Entscheidungsfolgen als Rechtsgründe. Folgenorientiertes Argumentieren in rechtsvergleichender Sicht,* Baden-Baden: Nomos, S. 19–38.

Luhmann, Niklas (1997): *Die Gesellschaft der Gesellschaft,* Frankfurt am Main: Suhrkamp.

Luhmann, Niklas (1998): *Die Wissenschaft der Gesellschaft,* Frankfurt am Main: Suhrkamp.

Luhmann, Niklas (2003): *Soziologie des Risikos,* Berlin, Boston: De Gruyter.

Luhmann, Niklas (2011): *Organisation und Entscheidung,* Wiesbaden: VS Verlag für Sozialwissenschaften.

Luhmann, Niklas (2018): »Lob der Routine«, in: Niklas Luhmann u.a. (Hg.), *Schriften zur Organisation 1,* Wiesbaden: Springer Fachmedien, S. 293–332.

Luhmann, Niklas (2019): *Die Wirtschaft der Gesellschaft,* Frankfurt am Main: Suhrkamp.

Luhmann, Niklas (2020): *Das Erziehungssystem der Gesellschaft,* Frankfurt am Main: Suhrkamp.

MacCormick, Neil (1990): »Reconstruction after deconstruction. A response to CLS«, in: *Oxford Journal of Legal Studies,* 10: 4, S. 539–558.

Marsch, Nikolaus (2019): »Rechtswissenschaftliche Rezeptionsforschung«, in: Nikolaus Marsch u.a. (Hg.), *Apokryphe Schriften. Rezeption und Vergessen in der Wissenschaft vom Öffentlichen Recht,* Tübingen: Mohr Siebeck, S. 237–253.

Marsch, Nikolaus, Münkler, Laura und Wischmeyer, Thomas (Hg.) (2019): *Apokryphe Schriften. Rezeption und Vergessen in der Wissenschaft vom Öffentlichen Recht,* Tübingen: Mohr Siebeck.

Marshall, John M. (1976): »Moral hazard«, in: *American Economic Review,* 66: 5, S. 880–890.

Martens, Sebastian A. E. (2013): *Methodenlehre des Unionsrechts,* Tübingen: Mohr Siebeck.

Marx, Karl (2019): *Das Kapital: Kritik der politischen Ökonomie.*

Matthiesen, Ulf (2007): »Wissensmilieus und KnowledgeScapes«, in: Rainer Schützeichel (Hg.), *Handbuch Wissenssoziologie und Wissensforschung,* Konstanz: UVK Lucius, S. 679–693.

McCall, Leslie (2001): *Complex inequality. Gender, class, and race in the new economy,* New York: Routledge.

McCallum, Bennett T. und Nelson, Edward (2005): »Monetary and fiscal theories of the price level: the irreconcilable differences«, in: *Oxford Review of Economic Policy,* 21: 4, S. 565–583.

McNamara, Kathleen (2002): »Rational fictions: Central bank independence and the social logic of delegation«, in: *West European Politics,* 25: 1, S. 47–76.

Meinel, Florian (2022): »§ 20 Unionsverfassungsrecht des Europäischen Systems der Zentralbanken«, in: Ulrich Hufeld und Christoph Ohler (Hg.),

Bd. 9: Europäische Wirtschafts- und Währungsunion, Baden-Baden: Nomos, S. 951–1001.
Menke, Christoph (2015): *Kritik der Rechte,* Berlin: Suhrkamp.
Merli, Franz, Gärditz, Klaus Ferdinand, Heinig, Hans Michael, Lübbe-Wolff, Gertrude und Nassehi, Armin (2021): »Corona als Motor: Transformation und öffentliches Recht. Podiumsdiskussion«, in: Vereinigung der Deutschen Staatsrechtslehrer (Hg.), *Staat und Gesellschaft in der Pandemie. Berichte und Diskussionen auf der Sondertagung der Vereinigung der Deutschen Staatsrechtslehrer in Wien am 9. April 2021,* Berlin, Boston: De Gruyter, S. 175–214.
Michaels, Ralf (2021): »Der Code des Kapitals und seiner Portabilität«, in: *Rabels Zeitschrift für ausländisches und internationales Privatrecht,* 85: 4, S. 890–906.
Milanovic, Branko (2016): *Global inequality. A new approach for the age of globalization,* Cambridge: Harvard University Press.
Mohseni, Maryam, Merl, Thorsten und Mai, Hanna (2018): »Wer Wissen schafft: Zur Positionierung von Wissenschaftler*innen«, in: Hanna Mai u.a. (Hg.), *Pädagogik in Differenz- und Ungleichheitsverhältnissen: Aktuelle erziehungswissenschaftliche Perspektiven zur pädagogischen Praxis,* Wiesbaden: Springer Fachmedien, S. 19–36.
Molander, Per (2022): *The Origins of Inequality. Mechanisms, Models, Policy,* Cham: Springer International Publishing.
Möllers, Christoph (2008): »Pluralität der Kulturen als Herausforderung an das Verfassungsrecht?«, in: Horst Dreier und Eric Hilgendorf (Hg.), *Kulturelle Identität als Grund und Grenze des Rechts. Akten der IVR-Tagung vom 28.-30. September 2006 in Würzburg,* Stuttgart, Baden-Baden: Steiner; Nomos, S. 223–244.
Möllers, Christoph (2018): *Die Möglichkeit der Normen. Über eine Praxis jenseits von Moralität und Kausalität,* Berlin: Suhrkamp.
Möllers, Christoph (2022): »Methoden«, in: Wolfgang Hoffmann-Riem u.a. (Hg.), *Grundlagen des Verwaltungsrechts Bd. I. Methoden, Maßstäbe, Aufgaben, Organisation,* München: C.H. Beck.
Möllers, Christoph und Voßkuhle, Andreas (2003): »Die deutsche Staatsrechtswissenschaft im Zusammenhang der internationalisierten Wissenschaften«, in: *Die Verwaltung,* 36, S. 321–332.
Morlok, Martin (1988): *Was heißt und zu welchem Ende studiert man Verfassungstheorie?,* Berlin: Duncker & Humblot.
Morlok, Martin (2014): »Soziologie der Verfassung«, in: ders., *Soziologie der Verfassung,* Tübingen: Mohr Siebeck, S. 2–86.
Mörsch, Maie (2021): »Ungleichheit–Effekte grundlegender Strukturen des Rechts am Beispiel der Corona-Pandemie«, in: *Kritische Vierteljahresschrift für Gesetzgebung und Rechtswissenschaft,* 103: 2, S. 157–188.
Moyn, Samuel (2014): »Thomas Piketty and the future of legal scholarship«, in: *Harvard Law Review,* 128, S. 49–55.
Moyn, Samuel (2018): *Not Enough. Human Rights in an Unequal World,* Cambridge: Harvard University Press.

Moyn, Samuel (2021): »Sufficiency, equality, and human rights«, in: *Oxford Handbook of Economic and Social Rights.*

Müller, Friedrich (1966): *Normstruktur und Normativität. Zum Verhältnis von Recht und Wirklichkeit in der juristischen Hermeneutik, entwickelt an Fragen der Verfassungsinterpretation,* Berlin: Duncker & Humblot.

Müller, Friedrich (1994): *Strukturierende Rechtslehre,* Berlin: Duncker & Humblot.

Müller, Friedrich und Christensen, Ralph (2013): *Juristische Methodik Bd. I. Grundlegung für die Arbeitsmethoden der Rechtspraxis,* Berlin: Duncker & Humblot.

Müller-Mall, Sabine (2023): *Verfassende Urteile. Eine Theorie des Rechts,* Berlin: Suhrkamp.

Münkler, Laura (2019): »Was heißt und zu welchem Ende Rezeption und Vergessen studieren?«, in: Nikolaus Marsch u.a. (Hg.), *Apokryphe Schriften. Rezeption und Vergessen in der Wissenschaft vom Öffentlichen Recht,* Tübingen: Mohr Siebeck, S. 3–16.

Münkler, Laura (2020): *Expertokratie. Zwischen Herrschaft kraft Wissens und politischem Dezisionismus,* Tübingen: Mohr Siebeck.

Murswiek, Dietrich (2006): »Grundrechtsdogmatik am Wendepunkt«, in: *Der Staat,* 45, S. 473–500.

Nassehi, Armin (2004): »Die Theorie funktionaler Differenzierung im Horizont ihrer Kritik. The Theory of Functional Differentiation in the Horizon of Its Criticisms«, in: *Zeitschrift für Soziologie,* 33: 2, S. 98–118.

Nassehi, Armin (2010): *Geschlossenheit und Offenheit,* Frankfurt am Main: Suhrkamp.

Neck, Reinhard und Sturm, Jan-Egbert (2008): »Sustainability of Public Debt: Introduction and Overview«, in: Jan-Egbert Sturm und Reinhard Neck (Hg.), *Sustainability of public debt,* Cambridge: MIT Press, S. 1–14.

Neumeier, Christian (2022): »§10 Das Unionsrecht der Staatsfinanzierung. Fiskalregeln in der asymmetrischen Währungsunion«, in: Ulrich Hufeld und Christoph Ohler (Hg.), *Bd. 9: Europäische Wirtschafts- und Währungsunion,* Baden-Baden: Nomos, S. 499–568.

Nietzsche, Friedrich (1999): *Menschliches, Allzumenschliches I und II,* Berlin, Boston: De Gruyter.

Nowotny, Helga (1999): *Es ist so - es könnte auch anders sein. Über das veränderte Verhältnis von Wissenschaft und Gesellschaft,* Frankfurt am Main: Suhrkamp.

OECD (2018): *The Role and Design of Net Wealth Taxes in the OECD,* OECD.

Oeter, Stefan (2002): »Responsive Regulierung und das Verhältnis der Rechts-, Wirtschafts-, und Sozialwissenschaften in der Politikberatung«, in: Kilian Bizer (Hg.), *Responsive Regulierung. Beiträge zur interdisziplinären Institutionenanalyse und Gesetzesfolgenabschätzung : [Beiträge hervorgegangen aus einer Fachtagung der Evangelischen Akademie Loccum,* Tübingen: Mohr Siebeck, S. 195–214.

Ohly, Ansgar (2001): »Generalklausel und Richterrecht«, in: *Archiv für die civilistische Praxis*, 201: 1, S. 1–47.
Opielka, Michael (2007): »Wohlfahrtsglobalisierung: Wie Sozialpolitik die Globalisierungskritik unterläuft«, in: Ivonne Bemerburg und Arne Niederbacher (Hg.), *Die Globalisierung und ihre Kritik(er): Zum Stand der aktuellen Globalisierungsdebatte,* Wiesbaden: VS Verlag für Sozialwissenschaften, S. 114–134.
Opitz, Sven (2013): »Unbestimmtheit im Recht – Oder: Wie biegsam sind Systeme?«, in: Julian Müller und Victoria von Groddeck (Hg.), *(Un)Bestimmtheit. Praktische Problemkonstellationen,* München: Wilhelm Fink, S. 147–162.
Ortmann, Günther (2003): *Regel und Ausnahme. Paradoxien sozialer Ordnung,* Frankfurt am Main: Suhrkamp.
Ortmann, Günther (2013): »›Die Mauer um den Sumpf‹. Vom Affekt wider das Vage«, in: Julian Müller und Victoria von Groddeck (Hg.), *(Un)Bestimmtheit. Praktische Problemkonstellationen,* München: Wilhelm Fink, S. 183–196.
Ortmann, Günther (2016): »Innovation. In Ketten tanzen«, in: Werner Rammert u.a. (Hg.), *Innovationsgesellschaft heute: Perspektiven, Felder und Fälle,* Wiesbaden: Springer Fachmedien, S. 237–248.
Ortmann, Günther (2019): »Kafka: bootstrapping avant la lettre«, in: Günther Ortmann und Marianne Schuller (Hg.), *Kafka. Organisation, Recht und Schrift,* Weilerswist: Velbrück Wissenschaft, S. 167–210.
Pahlow, Louis (2020): »Recht und Kapitalismus. Die Justiz im 19. Jahrhundert zwischen Anpassung und Überforderung«, in: Jan-Otmar Hesse u.a. (Hg.), *Moderner Kapitalismus. Wirtschafts- und unternehmenshistorische Beiträge,* Tübingen: Mohr Siebeck.
Payandeh, Mehrdad (2017): *Judikative Rechtserzeugung. Theorie, Dogmatik und Methodik der Wirkungen von Präjudizien,* Tübingen: Mohr Siebeck.
Pickett, Kate E. und Wilkinson, Richard G. (2015): »Income inequality and health. A causal review«, in: *Social science & medicine*, 128, S. 316–326.
Piketty, Thomas (2014): *Das Kapital im 21. Jahrhundert,* München: C.H. Beck.
Piketty, Thomas (2020): *Ökonomie der Ungleichheit. Eine Einführung,* München: C.H. Beck.
Pistor, Katharina (2020): *Der Code des Kapitals. Wie das Recht Reichtum und Ungleichheit schafft,* Berlin: Suhrkamp.
Polanyi, Michael (2016): *Implizites Wissen,* Frankfurt am Main: Suhrkamp.
Popitz, Heinreich (2006): »Über die Präventivwirkung des Nichtwissens«, in: Friedrich Pohlmann und Wolfgang Eßbach (Hg.), *Heinrich Popitz – Soziale Normen,* Frankfurt am Main: Suhrkamp, S. 158–174.
Purdy, Jedediah (2010): *The meaning of property. Freedom, community, and the legal imagination,* New Haven: Yale University Press.
Quabeck, Christian (2010): *Dienende Funktion des Verwaltungsverfahrens und Prozeduralisierung,* Tübingen: Mohr Siebeck.

Ravetz, Jerome (1987): »Usable Knowledge, Usable Ignorance. Incomplete Science with Policy Implications«, in: *Science Communication*, 9: 1, S. 87–116.

Reichertz, Jo (1997): »Plädoyer für das Ende einer Methodologiedebatte bis zur letzten Konsequenz«, in: Tilmann Sutter (Hg.), *Beobachtung verstehen, Verstehen beobachten. Perspektiven einer konstruktivistischen Hermeneutik,* Wiesbaden: Springer Fachmedien, S. 98–132.

Reimer, Philipp (2015): *Verfahrenstheorie. Ein Versuch zur Kartierung der Beschreibungsangebote für rechtliche Verfahrensordnungen,* Tübingen: Mohr Siebeck.

Reskin, Barbara F. (2005): »Including mechanisms in our models of ascriptive inequality«, in: *Handbook of employment discrimination research: Rights and realities*, S. 75–97.

Rheinberger, Hans-Jörg (2010): »Papierpraktiken im Labor. Interview mit Hans-Jörg Rheinberger«, in: Karin Krauthausen und Omar W. Nasim (Hg.), *Notieren, Skizzieren. Schreiben und Zeichnen als Verfahren des Entwurfs,* Zürich: Diaphanes, S. 139–158.

Rheinberger, Hans-Jörg (2011): »Infra-experimentality. From traces to data, from data to patterning facts«, in: *History of Science*, 49: 3, S. 337–348.

Rheinberger, Hans-Jörg (2016): »Experimenteller Geist. Interview«, in: *Lettre international*, 112, S. 114.

Rheinberger, Hans-Jörg (2018): *Experimentalität. Hans-Jörg Rheinberger im Gespräch über Labor, Atelier und Archiv,* Kulturverlag Kadmos.

Rheinberger, Hans-Jörg (2019): *Experimentalsysteme und epistemische Dinge. Eine Geschichte der Proteinsynthese im Reagenzglas,* Göttingen: Wallstein-Verlag.

Röhl, Hans Christian (2012): »Ausgewälte Verwaltungsverfahren«, in: Wolfgang Hoffmann-Riem u.a. (Hg.), *Grundlagen des Verwaltungsrechts Bd. 2. Informationsordnung, Verwaltungsverfahren, Handlungsformen,* München: C.H. Beck, S. 731–798.

Röhl, Hans Christian (2015): »Öffnung der öffentlich-rechtlichen Methode durch Internationalität und Interdisziplinarität. Erscheinungsformen, Chancen und Grenzen«, in: Vereinigung der Deutschen Staatsrechtslehrer (Hg.), *Öffnung der öffentlich-rechtlichen Methode durch Internationalität und Interdisziplinarität. Band* 74, Berlin, Boston: De Gruyter, S. 7–37.

Rosenstock, Julika, Singelnstein, Tobias und Boulanger, Christian (2019): »Versuch über das Sein und Sollen der Rechtsforschung. Bestandsaufnahme eines interdisziplinären Forschungsfeldes«, in: Christian Boulanger u.a. (Hg.), *Interdisziplinäre Rechtsforschung. Eine Einführung in die geistes- und sozialwissenschaftliche Befassung mit dem Recht und seiner Praxis,* Wiesbaden, Heidelberg: Springer VS, S. 3–30.

Roßteutscher, Sigrid und Schäfer, Armin (2016): »Asymmetrische Mobilisierung: Wahlkampf und ungleiche Wahlbeteiligung«, in: *Politische Vierteljahresschrift*, S. 455–483.

Rottleuthner, Hubert (1973): *Rechtswissenschaft als Sozialwissenschaft,* Frankfurt am Main: Fischer-Taschenbücher.

Rüthers, Bernd (2016): »Rechtsdogmatik als Schranke des Richterrechts?«, in: *Jahrbuch des öffentlichen Rechts der Gegenwart*, 64: 1, S. 309–343.

Rüthers, Bernd (2017): *Die unbegrenzte Auslegung. Zum Wandel der Privatrechtsordnung im Nationalsozialismus*, Tübingen: Mohr Siebeck.

Sabine Carl (2018): »Geteilte Verantwortung als Bedingung für eine ökologisch nachhaltige, sozial gerechte, geschlechtergerechte Postwachstumsgesellschaft«, in: Anna Henkel u.a. (Hg.), *Reflexive Responsibilisierung: Verantwortung für nachhaltige Entwicklung*, Bielefeld: transcript Verlag, S. 351–368.

Sahm, Philipp (2018): *Elemente der Dogmatik*, Weilerswist: Velbrück Wissenschaft.

Scherzberg, Arno (2002): »Wissen, Nichtwissen und Ungewissheit im Recht«, in: Christoph Engel u.a. (Hg.), *Wissen, Nichtwissen, unsicheres Wissen*, Baden-Baden: Nomos, S. 113–144.

Scherzberg, Arno (2010): »Innovationen und Recht«, in: Wolfgang Hoffmann-Riem (Hg.), *Offene Rechtswissenschaft. Ausgewählte Schriften und begleitende Analysen*, Tübingen: Mohr Siebeck, S. 273–308.

Schlozman, Kay Lehman, Brady, Henry E. und Verba, Sidney (2018): *Unequal and unrepresented. Political inequality and the people's voice in the new Gilded Age*, Princeton: Princeton University Press.

Schmidt-Aßmann, Eberhard (2006): *Das allgemeine Verwaltungsrecht als Ordnungsidee. Grundlagen und Aufgaben der verwaltungsrechtlichen Systembildung*, Berlin, Heidelberg: Springer.

Schmidt-Aßmann, Eberhard (2006): *Das allgemeine Verwaltungsrecht als Ordnungsidee. Grundlagen und Aufgaben der verwaltungsrechtlichen Systembildung*, Dordrecht: Springer.

Schmidt-Aßmann, Eberhard (2013a): *Verwaltungsrechtliche Dogmatik. Eine Zwischenbilanz zu Entwicklung Reform und künftigen Aufgaben*, Tübingen: Mohr Siebeck.

Schmidt-Aßmann, Eberhard (2013b): *Verwaltungsrechtliche Dogmatik. Eine Zwischenbilanz zu Entwicklung, Reform und künftigen Aufgaben*, Tübingen: Mohr Siebeck.

Schöbel, Heino (2012): »Bedeutung von Methodik und Rechtsgestaltung für die Erste Juristische Staatsprüfung«, in: Hagen Hof und Peter Götz von Olenhusen (Hg.), *Rechtsgestaltung – Rechtskritik – Konkurrenz von Rechtsordnungen. Neue Akzente für die Juristenausbildung*, Baden-Baden: Nomos, S. 82–90.

Schoch, Friedrich (2010): »Die Rolle der Rechtsdogmatik bei der Privatisierung staatlicher Aufgaben«, in: Rolf Stürner (Hg.), *Die Bedeutung der Rechtsdogmatik für die Rechtsentwicklung. Ein japanisch-deutsches Sympoium*, Tübingen: Mohr Siebeck, S. 91–112.

Schoch, Friedrich (2017): »Verwaltungsrechtswissenschaft zwischen Theorie und Praxis«, in: *Die Verwaltung Beiheft*, 12, S. 11–32.

Schönberger, Christoph (2012): »Höchstrichterliche Rechtsfindung und Auslegung gerichtlicher Entscheidungen«, in: Georg Lienbacher u.a. (Hg.), *Grundsatzfragen der Rechtsetzung und Rechtsfindung*, Berlin, Boston: De Gruyter, S. 298–335.

Schönberger, Christoph, Takada, Atsushi und Jakab, András (Hg.) (2015): *Der »German Approach«. Die deutsche Staatsrechtslehre im Wissenschaftsvergleich,* Tübingen: Mohr Siebeck.

Schorkopf, Frank (2019): »Gesetzgebung durch Höchstgerichte und Parlamente«, in: *Archiv des öffentlichen Rechts,* 144: 2, S. 202–233.

Schuhr, Jan C. (2006): *Rechtsdogmatik als Wissenschaft. Rechtliche Theorien und Modelle,* Berlin: Duncker & Humblot.

Schulze-Fielitz, Helmuth (2002): »Was macht die Qualität öffentlich-rechtlicher Forschung aus?«, in: Peter Häberle (Hg.), *Jahrbuch des Öffentlichen Rechts der Gegenwart. Band 50,* Tübingen: Mohr Siebeck, S. 1–68.

Schulze-Fielitz, Helmuth (2003): »Das Bundesverwaltungsgericht als Impulsgeber für die Fachliteratur«, in: Eberhard Schmidt-Aßmann (Hg.), *Festgabe 50 Jahre Bundesverwaltungsgericht,* Köln: Heymann, S. 1061–1084.

Schulze-Fielitz, Helmuth (2011): »Staatsrechtslehre und Bundesverfassungsgericht - prozedural gesehen«, in: Ivo Appel (Hg.), *Festschrift für Rainer Wahl. Öffentliches Recht im offenen Staat,* Berlin: Duncker & Humblot, S. 405–431.

Schulze-Fielitz, Helmuth (2013): *Staatsrechtslehre als Mikrokosmos. Bausteine zu einer Soziologie und Theorie der Wissenschaft des Öffentlichen Rechts,* Tübingen: Mohr Siebeck.

Schulze-Fielitz, Helmuth (2021): »Die Wissenschaft des Öffentlichen Recht im Prozess der Selbstreflexion. Eine (Zwischen-)Bilanz«, in: Eric Hilgendorf und Helmuth Schulze-Fielitz (Hg.), *Selbstreflexion der Rechtswissenschaft,* Tübingen: Mohr Siebeck, S. 353–389.

Schuppert, Gunnar Folke (2008): »Governance durch Wissen. Überlegungen zum Verhältnis von Macht und Wissen aus governancetheoretischer Perspektive«, in: Gunnar Folke Schuppert und Andreas Voßkuhle (Hg.), *Governance von und durch Wissen,* Baden-Baden, Berlin: Nomos; WZB Wissenschaftszentrum Berlin für Sozialforschung, S. 259–303.

Schuppert, Gunnar Folke (2008): »Zur Rolle des Gesetzes in der Governance-Theorie«, in: Hans-Heinrich Trute u.a. (Hg.), *Allgemeines Verwaltungsrecht - zur Tragfähigkeit eines Konzepts,* Tübingen: Mohr Siebeck, S. 161–189.

Schuppert, Gunnar Folke (2011): *Governance und Rechtsetzung. Grundfragen einer modernen Regelungswissenschaft,* Baden-Baden: Nomos.

Schuppert, Gunnar Folke (2019): *Wissen, Governance, Recht. Von der kognitiven Dimension des Rechts zur rechtlichen Dimension des Wissens,* Baden-Baden: Nomos.

Schweitzer, Doris (2015): »Macht der Unbestimmtheit? Unbestimmte Rechtsbegriffe als Provokation für die poststrukturalistische Theorie«, in: *Zeitschrift für Rechtssoziologie,* 35: 1, S. 91–116.

Seckelmann, Margit (2022): »Wissen, Technik, Recht«, in: Ino Augsberg und Gunnar Folke Schuppert (Hg.), *Wissen und Recht,* Baden-Baden: Nomos, S. 259–288.

Serres, Michel (1994): *Elemente einer Geschichte der Wissenschaften,* Frankfurt am Main: Suhrkamp.

Shapiro, Barbara J. (2000): *A culture of fact. England, 1550-1720,* Ithaca, London: Cornell University Press.
Siekmann, Helmut (2012): »Law and Economics of the Monetary Union«, in: Thomas Eger und Hans-Bernd Schäfer (Hg.), *Research handbook on the economics of European Union law,* Cheltenham: Edward Elgar, S. 355–412.
Somek, Alexander (2006): *Rechtliches Wissen,* Frankfurt am Main: Suhrkamp.
Somek, Alexander (2017): *Rechtstheorie zur Einführung,* Hamburg: Junius.
Somek, Alexander (Hg.) (2018): *Wissen des Rechts,* Tübingen: Mohr Siebeck.
Somek, Alexander (2020): »Kategoriale Unterscheidung von Öffentlichem Recht und Privatrecht?«, in: Ute Sacksofsky u.a. (Hg.), *Öffentliches Recht und Privatrecht,* Berlin, Boston: De Gruyter, S. 7–43.
Sommermann, Karl-Peter (2017): »Das Verhältnis von Rechtswissenschaft und Rechtspraxis im Verwaltungsrecht. Vergleichende Betrachtungen zu Deutschland und Frankreich«, in: *Die Verwaltung,* 50: 1, S. 77–95.
Starck, Christian (1989): »Rechtsdogmatik und Gesetzgebung im Verwaltungsrecht«, in: Okko Behrends (Hg.), *Gesetzgebung und Dogmatik. Die Funktion des Gesetzes in Geschichte und Gegenwart,* Göttingen: Vandenhoeck & Ruprecht, S. 106–119.
Stark, Alexander (2019): *Interdisziplinarität der Rechtsdogmatik,* Tübingen: Mohr Siebeck.
Stark, Alexander (2020): »Interdisziplinarität der Rechtsdogmatik«, in: *Grundlagen der Rechtswissenschaft.*
Stark, Alexander (2021): »Über Kritikpotenziale und blinde Flecken der Rechtsdogmatik«, in: *Kritische Justiz,* 54: 2, S. 165–171.
Stegmaier, Peter (2009): *Wissen, was Recht ist. Richterliche Rechtspraxis aus wissenssoziologisch-ethnografischer Sicht,* Wiesbaden: VS Verlag für Sozialwiss.
Stehr, Nico (2002): »Wissen«, in: Christoph Engel u.a. (Hg.), *Wissen, Nichtwissen, unsicheres Wissen,* Baden-Baden: Nomos, S. 17–34.
Steinbach, Armin (2022): »§6 Marktwirtschaft und Systementscheidungen im Recht der WWU«, in: Ulrich Hufeld und Christoph Ohler (Hg.), *Bd. 9: Europäische Wirtschafts- und Währungsunion,* Baden-Baden: Nomos, S. 297–346.
Steiner, Udo (2018): »Richterliche Rechtsfindung und die Wissenschaft vom Öffentlichen Recht«, in: *Deutsches Verwaltungsblatt,* 133: 17, S. 1097–1101.
Stolleis, Michael (2005): »Vom Verschwinden des verbrauchten Rechts«, in: Rainer Maria Kiesow und Regina Ogorek (Hg.), *Summa. Dieter Simon zum 70. Geburtstag,* Frankfurt am Main: Klostermann, S. 539–558.
Sturm, Jan-Egbert, Bodea, Cristina, Haan, Jakob de und Hicks, Raymond (2020): *Central bank independence, income inequality and poverty: What do the data say?, Working Paper.*
Stürner, Rolf (2012): »Das Zivilrecht der Moderne und die Bedeutung der Rechtsdogmatik«, in: *JuristenZeitung,* 67: 1, S. 10–24.

Stürner, Rolf (2014): »Die Zivilrechtswissenschaft und ihre Methodik – zu rechtsanwendungsbezogen und zu wenig grundlagenorientiert?«, in: *Archiv für die civilistische Praxis*, 214: 1/2, S. 7–54.

Teubner, Gunther (2013): »›So ich aber die Teufel durch Beelzebub austreibe, …‹. Zur Diabolik des Netzwerkversagens«, in: Stephan A. Jansen u.a. (Hg.), *Fragile Stabilität – stabile Fragilität*, Wiesbaden: Springer Fachmedien Wiesbaden, S. 165–191.

Teubner, Gunther und Zumbansen, Peer (2000): »Rechtsentfremdungen. Zum gesellschaftlichen Mehrwert des zwölften Kamels«, in: *Zeitschrift für Rechtssoziologie*, 21: 1, S. 189–216.

Therborn, Göran (2006): *Inequalities of the world*, London, New York: Verso.

Therborn, Göran (2014): *The Killing Fields of Inequality*, New York: John Wiley & Sons.

Thiele, Alexander (2022): »§16 Die Europäische Bankenunion«, in: Ulrich Hufeld und Christoph Ohler (Hg.), *Bd. 9: Europäische Wirtschafts- und Währungsunion*, Baden-Baden: Nomos, S. 755–785.

Thienel, Rudolf (1991): *Kritischer Rationalismus und Jurisprudenz. Zugleich eine Kritik an Hans Alberts Konzept einer sozialtechnologischen Jurisprudenz*, Wien: Manz.

Thomas Vesting: *Die Medien des Rechts (Bd. I - IV)*, Weilerswist: Velbrück Wissenschaft.

Tilly, Charles (2009): *Durable inequality*, Berkeley: University of California Press.

Trute, Hans-Heinrich (2008): »Die konstitutive Rolle der Rechtsanwendung«, in: Hans-Heinrich Trute u.a. (Hg.), *Allgemeines Verwaltungsrecht - zur Tragfähigkeit eines Konzepts*, Tübingen: Mohr Siebeck, S. 211–231.

Trute, Hans-Heinrich (2010): »Staatsrechtslehre als Sozialwissenschaft?«, in: Helmuth Schulze-Fielitz (Hg.), *Staatsrechtslehre als Wissenschaft*, Berlin: Duncker & Humblot, S. 115–134.

Trute, Hans-Heinrich (2010): »Wissen - Einleitende Bemerkungen«, in: Hans Christian Röhl (Hg.), *Wissen - zur kognitiven Dimension des Rechts*, Berlin: Duncker & Humblot, S. 11–38.

Trute, Hans-Heinrich (2015): »Governance des Wissens«, in: Peter Weingart und Gert Wagner (Hg.), *Wissenschaftliche Politikberatung im Praxistest*, Baden-Baden: Nomos, S. 115–135.

van 't Klooster, Jens und Fontan, Clément (2020): »The Myth of Market Neutrality. A Comparative Study of the European Central Bank's and the Swiss National Bank's Corporate Security Purchases«, in: *New Political Economy*, 25: 6, S. 865–879.

van Aaken, Anne (2008): »Funktionale Rechtswissenschaftstheorie für die gesamte Rechtswissenschaft«, in: Matthias Jestaedt und Oliver Lepsius (Hg.), *Rechtswissenschaftstheorie*, Tübingen: Mohr Siebeck, S. 79–104.

Vauchez, Antoine (2021): *The Genie of Independence and the European Bottle. How Independence Became Europe's Most Contentious Political and Legal Category.*

Vesting, Thomas (2000): *Subjektive Freiheitsrechte als Elemente von Selbstorganisation- und Selbstregulierungsprozessen in der liberalen Gesellschaft. Dargestellt am Beispiel der Bedeutung der Intellectual Property Rights in der neuen Netzwerkökonomie.*

Vesting, Thomas (2001): *Kein Anfang und kein Ende. Die Systemtheorie des Rechts als Herausforderung für Rechtswissenschaft und Rechtsdogmatik.*

Vesting, Thomas (2002): »Gegenstandsadaquate Rechtsgewinnungstheorie. Eine Alternative zum Abwagungspragmatismus des Bundesdeutschen Verfassungsrechts«, in: *Der Staat*, 41, S. 73–90.

Vesting, Thomas (2009): »Politische Verfassung? Der moderne (liberale) Verfassungsbegriff und seine systemtheoretische Rekonstruktion«, in: Gralf-Peter Calliess u.a. (Hg.), *Festschrift für Gunther Teubner. Soziologische Jurisprudenz,* Berlin, New York: De Gruyter, S. 609–626.

Vesting, Thomas (2011): *Die Medien des Rechts: Schrift,* Weilerswist: Velbrück Wissenschaft.

Vesting, Thomas (2011): *Die Medien des Rechts: Sprache,* Weilerswist: Velbrück Wissenschaft.

Vesting, Thomas (2011): »Ende der Verfassung? Zur Notwendigkeit der Neubewertung der symbolischen Dimension der Verfassung in der Postmoderne«, in: Thomas Vesting und Stefan Korioth (Hg.), *Der Eigenwert des Verfassungsrechts. Was bleibt von der Verfassung nach der Globalisierung?,* Tübingen: Mohr Siebeck, S. 71–93.

Vesting, Thomas (2012): »§ 20 Die Bedeutung von Informationen und Kommunikationen für die verwaltungsrechtliche Systembildung«, in: Wolfgang Hoffmann-Riem u.a. (Hg.), *Grundlagen des Verwaltungsrechts Bd. 2. Informationsordnung, Verwaltungsverfahren, Handlungsformen,* München: C.H. Beck, S. 1–34.

Vesting, Thomas (2018): *Staatstheorie. Ein Studienbuch,* München: C.H. Beck.

Vesting, Thomas (2019): *Rechtstheorie. Ein Studienbuch,* München: C.H. Beck.

Vesting, Thomas (2019): »Wie verändert der Medienwandel juristische Rezeptionsprozesse?«, in: Nikolaus Marsch u.a. (Hg.), *Apokryphe Schriften. Rezeption und Vergessen in der Wissenschaft vom Öffentlichen Recht,* Tübingen: Mohr Siebeck, S. 63–76.

Vesting, Thomas (2022): »Legal Knowledge – die kulturwissenschaftliche Perspektive«, in: Ino Augsberg und Gunnar Folke Schuppert (Hg.), *Wissen und Recht,* Baden-Baden: Nomos, S. 89–116.

Vesting, Thomas (2023): »Die grundlegende Neubestimmung des Verhältnisses von Staat und Gesellschaft. Die kollektive Dimension der Freiheitsrechte«, in: Ino Augsberg (Hg.), *Der Staat der Netzwerkgesellschaft. Karl-Heinz Ladeurs Verständnis von Staat und Gesellschaft,* Baden-Baden: Nomos, S. 105–137.

Viellechner, Lars (2009): »The Network of Networks. Karl-Heinz Ladeur's Theory of Law and Globalization«, in: *German Law Journal*, 10: 4, S. 515–536.

Vismann, Cornelia (2011): *Akten. Medientechnik und Recht.*

Volkmann, Uwe (2005): »Veränderungen der Grundrechtsdogmatik«, in: *JuristenZeitung*, S. 261–271.

Völzmann, Berit (2019): »Postgender im Recht? Zur Kategorie ›Geschlecht‹ im Personenstandsrecht«, in: *JuristenZeitung*, 74: 8, S. 381–390.

Voßkuhle, Andreas (2007): »Die politischen Dimensionen der Staatsrechtslehre«, in: Helmuth Schulze-Fielitz (Hg.), *Staatsrechtslehre als Wissenschaft*, Duncker & Humblot Gmb H, S. 135–157.

Voßkuhle, Andreas (2008): »Expertise und Verwaltung«, in: Hans-Heinrich Trute u.a. (Hg.), *Allgemeines Verwaltungsrecht - zur Tragfähigkeit eines Konzepts*, Tübingen: Mohr Siebeck, S. 637–664.

Voßkuhle, Andreas (2010): »Wie betreibt man offen(e) Rechtswissenschaft?«, in: Wolfgang Hoffmann-Riem (Hg.), *Offene Rechtswissenschaft. Ausgewählte Schriften und begleitende Analysen*, Tübingen: Mohr Siebeck, S. 153–176.

Voßkuhle, Andreas (2012): »Was leistet Rechtsdogmatik? Zusammenfuhrung und Ausblick in 12 Thesen«, in: Gregor Kirchhof u.a. (Hg.), *Was weiß Dogmatik? Was leistet und wie steuert die Dogmatik des Öffentlichen Rechts?*, Tübingen: Mohr Siebeck, S. 111–116.

Voßkuhle, Andreas (2022): »Neue Verwaltungsrechtswissenschaft«, in: Wolfgang Hoffmann-Riem u.a. (Hg.), *Grundlagen des Verwaltungsrechts Bd. I. Methoden, Maßstäbe, Aufgaben, Organisation*, München: C.H. Beck, S. 1–64.

Wahl, Rainer (2010): »Rechtsdogmatik und Rechtspolitik im Öffentlichen Recht«, in: Rolf Stürner (Hg.), *Die Bedeutung der Rechtsdogmatik für die Rechtsentwicklung. Ein japanisch-deutsches Sympoium*, Tübingen: Mohr Siebeck, S. 121–136.

Waldhoff, Christian (2012): »Kritik und Lob der Dogmatik«, in: Gregor Kirchhof u.a. (Hg.), *Was weiß Dogmatik? Was leistet und wie steuert die Dogmatik des Öffentlichen Rechts?*, Tübingen: Mohr Siebeck, 17–37.

Weichhart, Peter (2003): »Gesellschaftlicher Metabolismus und Action Settings. Die Verknüpfung von Sach- und Sozialstrukturen im alltagsweltlichen Handeln«, in: Peter Meusburger (Hg.), *Humanökologie. Ansätze zur Überwindung der Natur-Kultur-Dichotomie*, Stuttgart: Steiner, S. 15–44.

Weingart, Peter (2005): *Die Stunde der Wahrheit? Zum Verhältnis der Wissenschaft zu Politik, Wirtschaft und Medien in der Wissensgesellschaft*, Weilerswist: Velbrück Wissenschaft.

Weinrich, Harald (2000): *Lethe. Kunst und Kritik des Vergessens*, München: C.H. Beck.

Weiß, Anja (2017): *Soziologie globaler Ungleichheiten*, Berlin: Suhrkamp.

Weiß, Anja (2020): »Globale Ungleichheiten«, in: Hans Joas und Steffen Mau (Hg.), *Lehrbuch der Soziologie*, Frankfurt am Main: Campus, S. 725–756.

Werber, Niels (2004): »Vergessen / Erinnern. Die andere Seite der Gedächtniskunst«, in: Günter Butzer und Manuela Günter (Hg.), *Kulturelles Vergessen. Medien, Rituale, Orte*, Vandenhoeck & Ruprecht, S. 81–98.

Uwe Wesel, »Wenn der Staat verhandelt. Die stille Reform: Der Staat kehrt in die Gesellschaft zurück«, in: *Die Zeit*, 18.11.1999 (1999).

Westerman, Pauline C. (2011): »Open or Autonomous? The Debate on Legal Methodology as a Reflection of the Debate on Law«, in: Mark van Hoecke (Hg.), *Methodologies of legal research: which kind of method for what kind of discipline?*, Bloomsbury Publishing.

Wilkinson, Richard G. und Pickett, Kate E. (2009): »Income inequality and social dysfunction«, in: *Annual Review of Sociolgy*, 35, S. 493–511.

Willke, Helmut (2001): *Systemisches Wissensmanagement*, Stuttgart: Lucius und Lucius.

Willke, Helmut (2002): *Dystopia. Studien zur Kritik des Wissens in der modernen Gesellschaft*, Frankfurt am Main: Suhrkamp.

Willke, Helmut (2005): *Systemtheorie II: Interventionstheorie. Grundzüge einer Theorie der Intervention in komplexe Systeme*, Stuttgart: Fischer.

Willke, Helmut (2011): *Einführung in das systemische Wissensmanagement*, Heidelberg: Carl-Auer Verlag GmbH.

Willke, Helmut (2015): *Demokratie in Zeiten der Konfusion*, Berlin: Suhrkamp.

Willke, Helmut (2016): *Dezentrierte Demokratie. Prolegomena zur Revision politischer Steuerung*, Berlin: Suhrkamp.

Willke, Helmut, Becker, Eva und Rostásy, Carla (2013): *Systemic risk. The myth of rational finance and the crisis of democracy*, Campus.

Wissenschaftsrat (2012): *Perspektiven der Rechtswissenschaft in Deutschland. Situation, Analysen, Empfehlungen.*

Wolf, Wilhelm (2016): »Richterliche Entscheidungsroutinen als Gegenstand und Leitfaden juristischer Methodenlehre. Zivilrechtliche Perspektiven«, in: Franz Reimer (Hg.), *Juristische Methodenlehre aus dem Geist der Praxis?*, Baden-Baden: Nomos, S. 75–90.

Wollenschläger, Burkard (2009): *Wissensgenerierung im Verfahren*, Tübingen: Mohr Siebeck.

World Bank (2022): *Poverty and shared prosperity. Correcting course*, The World Bank.

Wrase, Michael (2017): »Rechtsinterpretation als soziale Praxis. Eine rechtssoziologische Perspektive auf juristische Methodik«, in: Verena Frick u.a. (Hg.), *Politik und Recht. Umrisse eines politikwissenschaftlichen Forschungsfeldes*, Baden-Baden: Nomos, S. 63–84.

Wullweber, Joscha (2021): *Zentralbankkapitalismus. Transformationen des globalen Finanzsystems in Krisenzeiten*, Berlin: Suhrkamp.

Würtenberger, Thomas (2010): »Grundlagenforschung und Dogmatik aus deutscher Sicht«, in: Rolf Stürner (Hg.), *Die Bedeutung der Rechtsdogmatik für die Rechtsentwicklung. Ein japanisch-deutsches Sympoium*, Tübingen: Mohr Siebeck, S. 3–22.

Zumbansen, Peer (2003): »Das soziale Gedächtnis des Rechts. oder: Juristische Dogmatik als Standeskunst«, in: Christian Joerges und Gunther Teubner (Hg.), *Rechtsverfassungsrecht. Recht-Fertigung zwischen Privatrechtsdogmatik und Gesellschaftstheorie*, Baden-Baden: Nomos, S. 151–179.

Zumbansen, Peer (2009): »Law's Knowledge and Law's Effectiveness. Reflections from Legal Sociology and Legal Theory«, in: *German Law Journal*, 10: 4, S. 417–438.
Zumbansen, Peer (2020): »Transnational Law, with and beyond Jessup«, in: ders., *The Many Lives of Transnational Law. Critical Engagements with Jessup's Bold Proposal,* Cambridge: Cambridge University Press, S. 1–54.
Zweigert, Konrad (1969): »Rechtsvergleichung, System und Dogmatik«, in: Karl August Bettermann und Albrecht Zeuner (Hg.), *Festschrift für Eduard Bötticher,* Berlin: Duncker & Humblot, S. 443–449.

Theorie des Rechts

bei Velbrück Wissenschaft

Leo Merlin Eichele
Wo steht dem Recht der Kopf?
Zur radikalen Demokratietheorie des Rechts
416 Seiten · ISBN 978-3-95832-395-7 · EUR 44,90

Carolina Alves Vestena
Das Recht in Bewegung
Kollektive Mobilisierung des Rechts in Zeiten der Austeritätspolitik
336 Seiten · ISBN 978-3-95832-290-5 · EUR 44,90

Stephan Vesco
Die Erfindung der ökonomischen Rechtswissenschaft
Eine kritische Rekonstruktion von Jhering zu Posner
312 Seiten · ISBN 978-3-95832-274-5 · EUR 39,90

Ino Augsberg
Die Lesbarkeit des Rechts
Texttheoretische Lektionen für eine postmoderne juristische Methodologie
224 Seiten · ISBN 978-3-95832-222-6 · EUR 29,90

Andreas Engelmann
Rechtsgeltung als institutionelles Projekt
Zur kulturellen Verortung eines rechtswissenschaftlichen Begriffs
280 Seiten · ISBN 978-3-95832-209-7 · EUR 34,90

www.velbrueck-wissenschaft.de

Theorie des Rechts

bei Velbrück Wissenschaft

Philipp Sahm
Elemente der Dogmatik
224 Seiten · ISBN 978-3-95832-171-7 · EUR 39,90

Cara Röhner
Ungleichheit und Verfassung
Vorschlag für eine relationale Rechtsanalyse
430 Seiten · ISBN 978-3-95832-181-6 · EUR 44,90

Stephan Rübben
Bedeutungskampf
Zur Kritik der zeitgenössischen Rechtstheorie
248 Seiten · ISBN 978-3-95832-048-2 · EUR 29,90

Sabine Müller-Mall
Performative Rechtserzeugung
Eine theoretische Annäherung
360 Seiten · ISBN 978-3-942393-35-5 · EUR 38,–

Benjamin Lahusen
Rechtspositivismus und juristische Methode
Betrachtungen aus dem Alltag einer Vernunftehe
238 Seiten · ISBN 978-3-942393-20-1 · EUR 24,–

Sonja Buckel
Subjektivierung und Kohäsion
Zur Rekonstruktion einer materialistischen Theorie des Rechts
360 Seiten · ISBN 978-3-938808-29-0 · EUR 38,–

www.velbrueck-wissenschaft.de